FACHWÖRTERBUCH - HOCHBAU

TECHNICAL DICTIONARY - BUILDING CONSTRUCTION

DICTIONNAIRE TECHNIQUE - CONSTRUCTION IMMOBILIERE

ТЕХНИЧЕСКИЙ СЛОВАРЬ - СТРОИТЕЛЬСТВО ЗДАНИЙ

FACHWÖRTERBUCH - HOCHBAU
Deutsch - Englisch - Französisch - Russisch

TECHNICAL DICTIONARY - BUILDING CONSTRUCTION
German - English - French - Russian

DICTIONNAIRE TECHNIQUE - CONSTRUCTION IMMOBILIERE
Allemand - Anglais - Français - Russe

ТЕХНИЧЕСКИЙ СЛОВАРЬ - СТРОИТЕЛЬСТВО ЗДАНИЙ
Немецкий - Английский - Французский - Русский

Dipl.-Ing. Alexander Bergmann

unter Mitwirkung von
in collaboration with
en collaboration avec
сотрудничество с

Camille M. Ayoub, B.Sc. Arch.
Victoria Merkis, B.A., M.A.

Werner Verlag • Düsseldorf

1. Auflage 1999

Die Deutsche Bibliothek – CIP-Einheitsaufnahme

Bergmann, Alexander:
Fachwörterbuch Hochbau:
deutsch - englisch - französisch - russisch =
Technical Dictionary - Building Construction /
Alexander Bergmann. – Düsseldorf : Werner, 1999
ISBN 3-8041-4267-2

© Werner Verlag GmbH & Co. KG · Düsseldorf · 1999
Printed in Germany
Alle Rechte, auch das der Übersetzung, vorbehalten.
Ohne ausdrückliche Genehmigung des Verlages ist es auch nicht gestattet,
dieses Buch oder Teile daraus auf fotomechanischem Wege (Fotokopie,
Mikrokopie) zu vervielfältigen sowie die Einspeicherung und Verarbeitung
in elektronischen Systemen vorzunehmen.
Zahlenangaben ohne Gewähr.
Gesamtherstellung: ICS Communikations-Service GmbH, Bergisch Gladbach
Archiv-Nr.: 1074-11.98
Bestell-Nr.: 3-8041-4267-2

Für meine Frau und meine Kinder

INHALT
CONTENTS
TABLE DES MATIERES
ОГЛАВЛЕНИЕ

INHALT

Vorwort XI
Hinweise für Benutzer XV
Ausgewählte Literatur und Ausführungszeichnungen XIX
Deutsch 1
Englisch 135
Französisch 277
Russisch 405

CONTENTS

Foreword XII
Explanatory Notes for Users XVI
Selected Literature and Working Drawings XIX
German 1
English 135
French 277
Russian 405

TABLE DES MATIERES

Préface XIII
Notes Explicatives à l'Usager XVII
Littérature Sélectionnée et Dessins d'Exécution XIX
Allemand 1
Anglais 135
Français 277
Russe 405

ОГЛАВЛЕНИЕ

Предисловие XIV
О пользовании словарем XVIII
Избранная литература и рабочие чертежи XIX
Немецкий 1
Английский 135
Французский 277
Русский 405

VORWORT

Angesichts zunehmender, wirtschaftlicher Globalisierung und stetig wachsender Zusammenarbeit innerhalb und außerhalb der Europäischen Union ist schnelle und effektive Kommunikation, auch im Bauwesen, unerläßlich. Dafür sind allgemeine Lexika auf diesem Fachgebiet ungeeignet, da sie zu viel Material vereinigen und schon deshalb meist nur in zwei Sprachen angelegt sind. Dem Praktiker am Zeichentisch oder am Bau fehlen noch immer mehrsprachige Werke, die sich auf die heute gebräuchlichen, praxisbezogenen Fachwörter und -begriffe beschränken und diese in präziser Form darbieten. Dazu ist zu bemerken, daß in Fällen, wo exakte Äquivalente zwischen den verschiedenen Sprachen nicht existieren, Umschreibungen oder Erklärungen notwendig sind.

Zu diesem Zweck wurde die vorliegende Terminologie entwickelt, deren Vokabular sich vorrangig auf Ausführungszeichnungen, aller Art, basiert. Eine derartige Beschränkung garantiert, daß der Stoffumfang überschaubar bleibt, womit die Verständigung zwischen allen an der Ausführung internationaler Projekte Beteiligten vereinfacht und beschleunigt wird.

Die Wahl der Sprachen Deutsch, Englisch, Französisch, Russisch entspricht den heutigen Gegebenheiten in der Bauwirtschaft auf internationaler Ebene, wobei es dem Benutzer anheimgestellt bleibt, Fachwörter in einer weiteren beliebigen Sprache zum persönlichen Gebrauch hinzuzufügen.

Zur Gewährleistung schneller Orientierung und einfacher Handhabung ist dieses Nachschlagewerk folgendermassen angelegt: In vier Teilen sind die Fachwörter jeder beteiligten Sprache separat, die Muttersprache stets in alphabetischer Reihenfolge, angeordnet. Die Muttersprache steht immer in der ersten Kolonne, daneben in drei weiteren Kolonnen die fremden Sprachen. Die erste Kolonnenseite ermöglicht somit die unmittelbare Findung des Suchworts und führt damit zu sofortiger Verständigung, im Diskurs, zwischen verschiedensprachigen Baufachleuten.

Während das vorliegende Fachwörterbuch in erster Linie als Werkzeug für den technischen Zeichner gedacht ist, wendet es sich an einen weiteren Kreis von Interessenten zu: Architekten, Ingenieure, Bauleiter, Gartenarchitekten und -gestalter sowie Lehrende und Lernende an technischen Hoch- und Fachschulen, Übersetzer und Dolmetscher.

Das Fachwörterbuch enthält in der jeweiligen Muttersprache etwa 2500 Ausdrücke in jeder der vier benutzten Sprachen.

Ohne die engagierte Mitarbeit und die übersetzerischen Talente von Victoria Merkis, B.A., M.A. (Russian and Slavic Studies) und Camille M. Ayoub, B.Sc. Arch. hätte dieses Werk nicht entstehen können.

Witold Merkis, B.Comm., Präsident, Victoria Information Systems Inc. war instrumental für die Entwicklung des Datenverarbeitungsprogramms und die übersichtliche Präsentation des Materials. Ihm gilt mein besonderer Dank.

Diejenigen, die mit mir ebenfalls gearbeitet haben, drücke ich meinen innigen Dank aus.

Darüber hinaus bin ich meinen Kollegen und meiner Familie für vielerlei Hilfe und Unterstützung verpflichtet.

Alexander Bergmann

FOREWORD

Considering the increasing economic globalization and the steadily growing co-operation within and without the European Union, it is imperative that contemporary building technology be quickly and effectively communicated. This perhaps is not fully achieved by general architectural dictionaries, as they assemble too much material, mostly only in bilingual form. Those involved in the building industry require multilingual works of specific focus that offer commonly used modern terms in precise formulations. They require descriptive and / or explanatory translations where no exact equivalents exist between the languages.

The dictionary in hand is designed to address these needs. Based principally on working drawings of various types, its terms are restricted and therefore its volume remains manageable. This simplifies and accelerates communication between partners in the execution of multinational projects.

The choice of German, English, French and Russian is consistent with the current conditions of the international building trade. The reader may easily add terms in another language for his personal use.

To ensure quick orientation and simple handling, the dictionary is divided into four parts with the terms of each of the four languages in alphabetical order. The user language appears in the first column of each page, followed by the three other languages. This allows the user instantly to find the equivalent term in the required languages, thus facilitating and speeding up any discussion.

While the dictionary is conceived primarily as a tool for draughtsmen and detailers, it is intended for a wider group of professionals such as: architects, engineers, project managers and landscape architects, as well as teachers and students at universities and technical colleges, translators and interpreters.

The dictionary contains approximately 2,500 terms in each of the four languages.

This work could not have been accomplished without the dedicated collaboration and the translation expertise of Victoria Merkis, B.A., M.A. (Russian and Slavic Studies) and Camille M. Ayoub, B.Sc. Arch.

The process for the management of the terminology data was skilfully designed and developed by Witold Merkis, B.Comm., president of Victoria Information Systems Inc., to whom the clear presentation of the material is due.

To him goes my special thanks to all with whom I have worked on this venture I express my sincere thanks.

I am also indebted to my colleagues and to my family for their continued assistance and support.

Alexander Bergmann

PREFACE

Etant donné la globalisation économique grandissante et la croissance soutenue de la collaboration en dedans et en dehors de l'Union européenne, il devient impérieux que la technologie contemporaine de la construction soit transmise d'une manière efficace et rapide. Les dictionnaires généraux sur l'architecture ne peuvent accomplir cet objectif, étant donné qu'ils contiennent un trop grand nombre de matières et le plus souvent sous une forme bilingue seulement. Ceux qui sont impliqués dans l'industrie de la construction requièrent des ouvrages multilingues à visées spécifiques, qui puissent leur offrir des termes à jour, communément en usage et suivant une présentation précise. Ces usagers requièrent des traductions descriptives et/ou explicatives là où des équivalents exacts des termes n'existent pas entre les différentes langues.

Le dictionnaire en mains est conçu pour répondre à ces besoins. Il est basé principalement sur les dessins d'exécution de types divers de construction immobilière et le nombre de ses termes est succinct, ce qui le rend d'un volume non encombrant et pratique. Cela devrait simplifier et accélérer les communications entre partenaires dans l'exécution de projets multinationaux.

Le choix de l'allemand, l'anglais, le français et le russe est consistant avec les conditions courantes du monde des affaires internationales de la construction. L'usager peut facilement y ajouter des termes de toute autre langue pour son usage personnel.

Pour permettre une orientation rapide et un emploi facile, le dictionnaire est divisé en quatre sections. Chaque section contient la langue première de l'usager à la première colonne de la page en ordre alphabétique, suivie par la traduction dans les autres langues. Cela devrait permettre à l'usager de trouver instantanément le terme équivalent dans les langues requises, facilitant et expédiant ainsi les échanges d'information.

Quoique ce dictionnaire soit conçu originalement comme un outil de travail aux dessinateurs et concepteurs de détails de construction, il est aussi à l'intention d'un groupe plus étendu de professionnels tels que: architectes, ingénieurs, gérants de projets et architectes paysagistes, ainsi que professeurs et étudiants de collèges techniques et universités, traducteurs et interprètes.

Ce dictionnaire contient environ 2,500 termes en chaque langue employée.

Cet ouvrage n'aurait pu être achevé sans la collaboration dévouée et la traduction experte de Victoria Merkis, B.A., M.A. (Russian and Slavic Studies) et de Camille M. Ayoub, B.Sc. Arch.

Le procédé pour l'administration de l'information terminologique a été adroitement conçu et développé par Witold Merkis, B.Comm., président de Victoria Information Systems Inc., à qui revient le crédit de la netteté de la présentation de cet ouvrage. A tous ceux qui ont participés à cette entreprise, j'exprime mes sincères remerciements.

Je suis aussi redevable à mes collègues et à ma famille pour leur aide et leur soutien.

Alexander Bergmann

ПРЕДИСЛОВИЕ

Сегодня мы видим большое увеличение экономической глобализации и постоянный прирост сотрудничества, которые подпадают и под и за европейским союзом, и поэтому необходимо, что можно быстро и эффективно сообщать современную строительную технологию. Употребление современных, общих, архитектурных словарей до сих пор не достигает этой цели из за того, что они в основном сосредоточивают на общую терминологию. Эти словари тоже обыкновенно являются только на двоих языках. Те, которые занимаются строительной промышленностью и употребляют многоязычную справку требуют от них употреблённые, обыкновенные современные термины. Они нуждаются в описательных и объяснительных переводах, где не находятся точные язычные эквиваленты.

Этот технический словарь был замышлён адресовать эти нужды. Прилагаемые термины сосредоточивают на конкретные и определимые аспекты строительной промышленности и главным образом, пологаются на рабочие чертежи разных типов. Таким образом, числа терминов остаются удобные. Следовательно, сообщение между разными партнёрами, занимающимися многоязычными архитектурными проектами очень облегчено и ускорено.

Выбор немецкого, английского, французского и русского языка, не противоречит тому, что текущие условия встречаются в международной строительной промышленности в Европе. В результате этого, читатель, благодаря этому словарю, без труда может использовать переводные термины.

Чтобы облегчать его употребление, этот словарь разделен в четыре отличных части. Термины каждой части расположены в алфавитном порядке и родной язык находится в первой колонне. Другие три колонны, которые остаются, содержат эквивалентные термины на других языках. Этот формат обеспечивает, что читатель может быстро и эффективно использовать словарь и следовательно облегчает быстрые решения и обсуждения.

Данный словарь, написан в основном, как орудие для чертёжников и техник-проектировщиков. Разные профессионалы тоже могут заниматься этим словарём как архитекторы, инженеры, руководители проекта и архитекторы по ландшафту, профессоры и студенты в университетах по техники и так же переводчики и синхронные переводчики.

Этот справочник содержит около 2,500 терминов в каждом вышеупомятутым языке.

Эта работа была совершена самозабвенным сотрудничеством и компетентностью Victoria Merkis, B.A., M.A. (Russian and Slavic Studies) и Camille M. Ayoub, B.Sc. Arch.

Организация терминологических данных была ловко проектирована и обрабатывана Witold Merkis, B.Comm., директором компании Victoria Information Systems Inc. Благодаря ему, представление этого материала отчётливое и полезное пособие для интересующихся. В заключении, я очень благодарен и обязан моим коллегам и семье за их помощь и поддержку.

Alexander Bergmann

HINWEIS FÜR BENUTZER

Das Buch besteht aus vier Teilen: Deutsch, Englisch, Französisch, Russisch. Die Fachausdrücke und Sätze sind in alphabetischer Ordnung bei der Muttersprache angeordnet. Die Muttersprache steht stets in der ersten Kolonne.

Bei Abweichungen von der hier geltenden englischen Schreibweise folgt die U.S. Variante in Klammern;
    z.B.: centre (center)

(-)   Ein eingeklammerter Bindestrich zwischen zusammengehörenden Wörtern zeigt an, daß sie entweder mit oder ohne Bindestrich geschrieben werden;
    z.B.: non(-)skid

/   Ein Schrägstrich zwischen Wörtern, Wortteilen oder Begriffen bezeichnet gleiche Bedeutung;
    z.B.: Luftaustausch / Luftwechsel

,   Ein Komma zwischen zwei Wörtern, Wortteilen oder Begriffen bezeichnet das zweite als ähnlich;
    z.B.: Heizungsraum, Kesselraum

(Wort)   Ein eingeklammertes Wort nach dem Hauptterminus hat eine erklärende oder näher bezeichnende Funktion;
    z.B.: Drahtglas (Tür, Fenster)

EXPLANATORY NOTES FOR USERS

This book is divided into four parts: German, English, French, Russian. The terms and sentences are arranged in alphabetical order with the user language appearing in the first column.

U.S. spelling of a word, if different from the English used here, is shown in brackets;
    e.g.: centre (center)

(-)   A hyphen in brackets between connecting words indicates that the term can be spelled with or without a hyphen;
    e.g.: non(-)skid

/   A slash between words, parts of words or compound terms signifies synonymity;
    e.g.: land owner / land proprietor

,   A comma between words, parts of words or compound terms denotes the second term as similar;
    e.g.: clear width, clear span

(word)   A word in brackets after the main term has an explanatory or descriptive function;
    e.g.: sill (window)

NOTES EXPLICATIVES A L'USAGER

Ce volume est divisé en quatre sections et chaque section contient des termes et des phrases en quatre langues qui sont l'allemand, l'anglais, le français et le russe. Les termes et les phrases sont disposés dans chaque section de manière que la langue primaire de l'usager apparaisse à la première colonne de la page par ordre alphabétique.

L'orthographe américaine d'un mot, si différente de l'orthographe anglaise utilisée ici, est indiquée entre parenthèses;
    ex.: centre (center)

(-)   Un trait d'union reliant deux mots et indiqué entre parenthèses signifie que le terme peut être orthographié avec ou sans le trait d'union;
    ex.: anti(-)déparant = anti-déparant ou antidéparant

/   Un tiret oblique entre des mots, termes ou phrases signifie une synonymie;
    ex.: lot de terrain / parcelle de terrain

,   Une virgule entre des mots, termes ou phrases signifie une similitude;
    ex.: largeur libre, portée libre

(mot)   Un mot entre parenthèses après un terme principal a une fonction descriptive ou explicative;
    ex.: cadre (fenêtre)

О ПОЛЬЗОВАНИИ СЛОВАРЕМ

Данный словарь разделен в четыре части: немецкую, английскую, французскую и русскую. Термины расположны в алфавитном порядке - родной язык в первой колонне.

Американская орфография нескольких английских слов следует в скобках;
    напр: centre (center)

(-)   Чёрточка, которая находится в скобках между соединёнными словами, значит этот термин пишится с или без чёрточки;
    напр: non(-)skid

/   Косая черта между термами, частями терминов или сложными терминами, значит синонимость;
    напр: альков (м) / ниша (ж)

,   Запятая между терминами, частями терминов или сложными терминами, значит второй термин только похожий на первый и не синонимый;
    напр: воздухозаборник (м), воздухо приёмник (м)

(слово)   Одно слово или некоторые слова в скобках после основного термина, значат объяснение или описание;
    напр: декан (м) (университета)

AUSGEWÄHLTE LITERATUR - SELECTED LITERATURE - LITTERATURE SELECTIONNEE - ИЗБРАННАЯ ЛИТЕРАТУРА

Baumeister. Zeitschrift für Architektur, Planung, Umwelt, Bde. 66-91; München 1969-1994
J.-G.-G. Belle-Isle, Dictionnaire Technique Général Anglais-Français; Québec 1965
J.H. Calsat, Vocabulaire international des termes d'urbanisme et d'architecture, Paris 1970
E. Cziesielski., Hg., Lehrbuch der Hochbaukonstruktion; Stuttgart 1993
The Comprehensive English-Russian Technical Dictionary, 2 vols.; Moscow 1991
Deutsch-Russisches Polytechnisches Wörterbuch; Moskau 1963
English-Russian Medical Dictionary; Moscow 1992
O. Frick. K. Knöll, D. Neumann, U. Weinbrenner, Baukonstruktionslehre, Teil 1 & 2; Stuttgart 1992 & 1993
C.M. Gay and H. Parker, Materials and Methods of Architectural Construction, 2nd ed.; New York-London 1950
U. Gelbrich, Dictionary of Architecture and Building, English-German; Berlin-Paris 1989
Gouvernement du Canada, Thésaurus Canadien des Sciences et de la Technologie de la Construction, Version Française; Ottawa 1978
Government of Canada, Canadian Thesaurus of Construction Science and Technology, English Version; Ottawa 1978
B.V. Kuznetsov, Russian-English Dictionary of Scientific and Technical Usage, Moscow International School of Translation and Interpreting; Moscow 1992
J. MacLean, Elsevier's Dictionary of Building Construction, French-English, English-French; Amsterdam 1988 & 1989
E.K. Maslovsky, Russian-English-German-French Dictionary of Computer Science, Moscow 1990
G.V. Sakharoff, Dictionnaire Français-Russe du Bâtiment, Moscou 1976

AUSGEWÄHLTE AUSFÜHRUNGSZEICHNUNGEN - SELECTED WORKING DRAWINGS - SELECTIONNES DES DESSINS D'EXECUTION - ИЗБРАННЫЕ РАБОЧИЕ ЧЕРТЕЖИ

Deutsche Verkehrs und Kreditbank, Frankfurt, Main (completed 1950)
Bürogebäude Headquarters U.S.A., Mehlem-Godesberg (completed 1952)
Dow Planetarium, Montréal, Québec (completed 1964)
Institut Diagnostique de Recherches Cliniques de Montréal, Montréal, Québec (completed 1966)
Ecole Polyvalente de Cowansville, Cowansville, Québec (completed 1968)
High School Greenfield Park, Montréal, Québec (completed 1969)
Pharmaceutical Plant Hoffmann-Laroche, Vaudreuil, Québec (completed 1972)
Centre Hospitalier de L'Université Laval, Ste. Foy, Québec (completed 1973)
Hôpital Ste-Marie, Trois Riviéres, Québec (completed 1975)
Basic Medical Sciences Building, University of Alberta, Health Sciences Centre, Edmonton, Alberta (completed 1976)
Dr. Georges L. Dumont Hospital, Moncton, New Brunswick (completed 1977)
L'Hôpital neurologique de Montréal, McGill University Montréal, Québec (completed 1978)
Health Sciences Complex, University of Western Ontario, London, Ontario (completed 1980)
Red Cross National Centre, Ottawa, Ontario (completed 1989)

**DEUTSCH
ENGLISCH
FRANZÖSISCH
RUSSISCH**

Abbruch

DEUTSCH	ENGLISCH	FRANZÖSISCH	RUSSISCH

A

DEUTSCH	ENGLISCH	FRANZÖSISCH	RUSSISCH
Abbruch (m)	demolition	démolition (f)	слом (м)
Abbruchantrag (m)	request for demolition	demande (f) de démolition (f)	запрос (м) для разборки
Abbrucharbeiten (m)	demolition works	travaux (m) de démolition (f)	работы (ж) по сносу зданий
Abbruchgenehmigung (f)	approval for demolition	approbation (f) / permission (f) de démolition (f)	утверждение (ср) для сноса
Abbruchunternehmer (m), Abbruchunternehmen (n)	demolition contractor, demolition firm	entrepreneur (m) de démolition (f), compagnie (f) de démolition (f)	подрядчик (м) разборки
Abdachungswinkel (m)	roof slope	pente (f) de toiture (f)	наклон (м) крыши
Abdeckblech (n) aus Kupfer (n)	copper flashing	solin (m) de cuivre (m)	медный фартук (м)
Abdeckblech (n) / Blechverwahrung (f) / Blechwinkel (m) / Winkelstreifen (m) aus Blech (n) /	metal flashing	solin (m) en métal (m)	металлический флашинг (м)
Abdeckblechprofil (n)	metal flashing profile (shape)	coupe (f) du solin (m) métallique (profilé)	профиль (м) металлического фартука
Abdeckung (f) (einlagige Folie)	covering (one(-)ply foil)	couverture (f) (feuille un pli)	защитный слой (м) (однослойная фольга)
Abdeckungspappe (f) (einlagiger Rohfilz)	cover sheet (one(-)ply felt)	feuille (f) de protection (f) (feutre un pli)	покрывающий лист (м) (однослойный войлок)
Abdichtung (f), Bitumenbahn (f), Kunststoffbahn (f), heißer Asphaltmastix (m)	seal, bituminous layer, plastic-sealant layer, hot mastic asphalt	scellement (m), couche (f) de bitume, couche (f) de scellement en plastique, mastic (m) asphaltique à chaud	уплотняющий слой (м), битумная прокладка (ж), пластическая герметизирующая прокладка (ж), горячая асфальтовая мастика (ж)
Abdichtung (f) mit Bitumen-Dichtungshaut (f) (Schichten)	seal-off with bituminous waterproofing membrane (layers)	sceller avec une membrane (f) d'étanchéité bitumineuse (couches)	уплотнение (ср) с битумной гидроизоляционной мембраной (слои)

Abfangkonsole

DEUTSCH	ENGLISCH	FRANZÖSISCH	RUSSISCH
Abfangkonsole (f)	load-bearing support / load-bearing bracket	support (m) portant / console (f) portante	несущий опорный кронштейн (м)
Abfangung (f) / Unterfangung (f)	underpinning	en sous-oeuvre (f) / en étayage (m)	подведение (ср) фундамента
Abflußrohr (n) / Entwässerungsrohr (n) mit Wärmedämmung (f)	drain pipe with thermal insulation	tuyau (m) de drainage avec isolation (f) thermique	дренажная труба (ж) с теплоизоляцией
abgedichtete Fuge (f) / vergossene Fuge (f)	packed joint / filled-up joint	joint (m) bourré	уплотнённый шов (м)
abgehängte Putzdecke (f), abgehängte Gipskartondecke (f)	suspended plaster ceiling, suspended gypsum board ceiling	plafond (m) suspendu en plâtre (m), plafond (m) en planches (f) de gypse suspendues	подвесной штукатурный потолок (м), потолок (м) подвесных гипсовых листов (м)
abgehängte Zementputzdecke (f)	suspended cement plaster ceiling	plafond (m) suspendu en enduit (m) de ciment	подвесной цементный штукатурный потолок (м)
abgekantete Stufenvorderkante (f)	chamfered tread-nosing corner	coin (m) de nez (m) de marche (f) chanfreiné / biseauté	угол (м) со скошенным выступом (м) ступени
abgerundete Ecke (f) der Antrittsvorderkante (f)	rounded corner nosing of first step	coin (m) arrondi de nez (m) de marche (f) de départ	угол (м) с круглым выступом (м) первой ступени
abgetrepptes Fundament (n)	stepped footing	fondation (f) en gradins (m)	ступенчатый фундамент (м)
Abhänger (m) (Armierungsstab)	hanger rod	tige (f) de suspension	подвеска (ж) (стержневая)
Abhebung (f)	lifting / raising	soulèvement (m)	подъём (м)
Ablauf (m) / Entwässerung (f)	drain	drain (m)	водосток (м)
Abluft (f)	air exhaust	évacuation (f) d'air / retour (m) d'air	откачка (ж) воздуха
Abluftkanal (n)	exhaust duct	conduit (m) d'évacuation (f) de retour (m) / conduit (m) d'évacuation (f) de renvoi (m)	вытяжной воздуховод (м)
Abluftöffnung (f)	air exhaust opening	ouverture (f) retour (m) d'air	отверстие (ср) откачки воздуха
abnehmbare Stahlplatte (f)	removable steel plate	plaque (f) d'acier (m) amovible	съёмная стальная плита (ж)

DEUTSCH	ENGLISCH	FRANZÖSISCH	RUSSISCH
abnehmbares Dehnungsfugenprofil (n) aus Stahl, geschraubt an ...	removable steel joint cover screwed to ...	couvre-joint (m) amovible d'acier (m) vissé à ...	съёмная стыковая накладка (ж), завинчиванная к ...
abnehmbares Geländer (n)	removable railing	balustrade (f) amovible	снимающиеся перила (ср) / разборные перила (ср)
Abrechnung (f)	settlement of accounts	règlement (m) de comptes (m)	уплата (ж) по счётам
Abschrägung (f) / Abkantung (f)	chamfer	chanfrein (m) / biseau (m)	небольшая выемка (ж)
Abstandhalter (m)	spacer	espaceur (m)	распорка (ж)
Abstandsfläche (f)	clear distance	écartement (m) net	расстояние (ср) в свету
Abstandshalter (m)	blocking	blocage (m)	шашка (ж)
Abstellraum (m) des Hausmeisters (m)	janitor's closet	placard (m) de concierge	чулан (м) привратника
Abstellraum (m) / Lagerraum (m)	storage room	salle (f) d'entreposage	хранение (ср) (помещение)
Abwasser (n)	sewage	eaux (f) usées	сточные воды (ж)
Abwasserbehandlung (f)	sewage treatment	traitement (m) des égouts (m)	обработка (ж) сточных вод
Abwasserentsorgung (f)	sewer discharge	débouché (m) d'égout (m)	канализационный выпуск (м)
Abwasserklärung (f)	sewage purification	épuration (f) des égouts	осветление (ср) сточных вод
Abwasserohr (n) (Bad, Küche)	waste pipe (bathroom, kitchen)	descente (f) d'eaux ménagères (f)	сливная (спускная) труба (ж) (ванная, кухня)
Abzugshaube (f)	exhaust hood	hotte (f) d'évacuation	вытяжной шкаф (м)
Abzugsöffnung (f) / Entlüftungsöffnung (f)	exhaust opening	ouverture (f) d'évacuation	вытяжное отверстие (ср)
Achse (f) zu Achse (f) / Achsenlinie (f) zu Achsenlinie (f)	centre (center) to centre (center)	centre (m) à centre	межцентровое расстояние (ср)
Achsenlinie (f) / Achse (f)	centre (center) line	axe (m)	центровая (осевая) линия (ж)
Achsenraster (m)	grid centre (center) line	coordonnées (f) d'axes (m)	осевая линия сетки (ж)

Achsrastermaß

DEUTSCH	ENGLISCH	FRANZÖSISCH	RUSSISCH
Achsrastermaß (n)	centre (center) line to centre (center) line distance between grid lines	distance (f) entre les lignes (f) de centre du quadrillage	размер (м) сетки с осевой линии к осевой линией
ähnlich, doch umgekehrt	similar but reversed	similaire renversé	похожий но обратный
ähnlich zu ... / wie ...	similar to ... / same as ...	similaire à ... / égal(e) à ...	похожий на ... / как ...
Ahorn (m)	maple	érable (m)	клён (м)
Akte (f)	file	dossier (m)	файл (м)
Akustikdecke (f)	acoustical ceiling	plafond (m) acoustique	акустический потолок (м)
Akustiker (m) (Ingenieur)	acoustical engineer	ingénieur (m) en acoustique	инженер-акустик (м)
Akustikplatte (f)	sound-insulating panel	panneau (m) isolant acoustique	звукоизолирующая панель (ж)
Akustikputz (m)	acoustical plaster	enduit (m) acoustique	акустическая штукатурка (ж)
akustische Bauplatte (f) / Schalldämmplatte (f)	acoustical building board	panneau (m) de construction (f) acoustique	акустическая строительная доска (ж)
Alarmanlage (f)	alarm system	système (m) d'alarme	система (ж) аварийнойсигнализации
Alarmsignal (n)	alarm signal / warning signal	avertisseur (m)	сигнал (м) тревоги
Alkoven (m) / Nische (f)	alcove / bay	alcôve (f) / baie (f)	альков (м) / ниша (ж)
allgemeine Aufbewahrungsstelle (f)	general storage	dépôt (m) général	общее хранение (ср)
allgemeiner Hinweis (m)	general note	remarque (f) générale	общая заметка (ж) / общее замечание (ср)
allgemeiner Untersuchungsraum (m)	examination room (general)	salle (f) d'examens (général)	общий смотровой кабинет (м)
Aluminium (n)	aluminium (aluminum)	aluminium (m)	алюминий (м)
Aluminium-Abdeckblech (n)	aluminium (aluminum) flashing	solin (m) d'aluminium (m)	алюминиевый фартук (м)
Aluminium-Abdeckblechprofil (n)	aluminium (aluminum) flashing profile	coupe (f) (profilé) du solin (m) en aluminium	алюминиевый профиль (м) фартука

Aluminium

DEUTSCH	ENGLISCH	FRANZÖSISCH	RUSSISCH
Aluminium-Lochplattendecke (f)	aluminium (aluminum) perforated ceiling tiles	tuiles (f) de plafond (m) en aluminium perforé	алюминиевые перфорированные плитки (ж) потолка
Aluminium-Paneeldecke (f)	aluminium (aluminum) panelled ceiling	plafond (m) en panneaux (m) d'aluminium (m)	алюминиевый кессонный подшивной потолок (м)
Aluminiumdecke (f)	aluminium (aluminum) ceiling	plafond (m) d'aluminium (m)	алюминиевый потолок (м)
Aluminiumfenster (n)	aluminium (aluminum) window	fenêtre (f) en aluminium (m)	алюминиевое окно (ср)
Aluminiumfolie (f)	aluminium (aluminum) foil	feuille (f) d'aluminium (m)	алюминиевая фольга (ж)
ambulante Patienten (m)	outpatients	patients (m) externes / malades (m /f) externes	амбулаторные больные (м)
Amphitheater (n)	amphitheatre	amphithéâtre (m)	амфитеатр (м)
amtlicher Lageplan (m)	official site plan	plan (m) d'emplacement officiel	официальный ситуационный план (м)
an der Säule (f) / an der Stütze (f)	at column	à la colonne (f)	у колонны (ж)
Anbieter (m)	bidder (contractor)	soumissionnaire (m)	подрядчик (м), участвующий в торгах
Änderungen (f)	revisions	révisions (f)	изменения (ср) (модификации)
Änderungswünsche (m)	requests for revisions	demandes (f) de révisions (f)	запросы (м) для модификаций
Angebot (n) / Offerte (f)	bid	soumission (f)	заявка (ж) на подряд
angegebene Geländehöhen (f)	existing ground elevations (grade levels)	niveaux (m) existants du terrain (m) (du sol)	существующие высотные отметки (ж) грунта
Angestellten-Pausenraum (m)	employees' lounge area	foyer (m) des employés (m) / salle (f) commune	район (м) отдыха служащих
Anhydritestrich (m) (Beton, Zement)	anhydrite-topping (concrete, cement)	chape (f) d'anhidrite (béton, ciment)	ангидритная стяжка (ж) (бетонная, цементная)
Anker (m)	anchor	ancre (f) / ancrage (m)	анкер (м)
Ankerbolzen (m)	anchor bolt	boulon (m) d'ancrage	анкерный болт (м)

Ankerbolzen

DEUTSCH	ENGLISCH	FRANZÖSISCH	RUSSISCH
Ankerbolzen (m) im Achsenabstand (m) von ...	anchor bolt ... centre (center) to centre (center)	boulon (m) d'ancrage ... centre à centre	анкерный болт (м) на межцентровом расстоянии ...
Ankerdorn (m) / Stift (m)	dowel	goujon (m) / douille (f)	штырь (м)
Ankerführung (f)	anchor slot	rainure (f) d'ancrage (m)	анкерный паз (м)
Ankerschnellabhänger (m) mit Feder (f)	quick-spring-loaded rod hanger	tige de suspension (f) à ressort (m) à action rapide	быстроподпружиниванная стержневая подвеска (ж)
Ankleideraum (m)	dressing room	chambre (f) d'habillage	раздевалка (ж) / комната (ж) для одевания
Anmeldung (f) / Rezeption (f)	reception	réception (f)	приём (м)
Annahme (f) und Aufbewahrung (f)	receiving and storage	réception (f) et dépôt (m)	приём (м) и хранение (ср)
Anodisieren (n)	anodizing	anodisation (f)	анодирование (ср)
Anschlageisen (n) / Stahlleibung (f)	steel jamb	jambage (m) en acier	стальный косяк (м)
Anschlagleiste (f), Ecklasche (f)	bead, corner bead	baguette (f), baguette (f) de coin (m)	притвор (м), угловая защитная накладка (ж)
Anschluß (m) mit aufgeschweißter Kopfplatte (f) und Aussteifung (f)	connection with welded cap and stiffener	assemblage (m) avec couronnement (m) et raidisseur (m) soudés	соединение (ср) с последним слоем сварного шва и с элементом жёсткости
Anschlußfuge (f)	joint connection	joint (m) d'assemblage	соединительный шов (м)
Anschrift (f) / Adresse (f)	address	adresse (f)	адрес (м)
Ansicht (f) des ...	elevation of ...	façade (f) de ...	фасад (м) ...
Ansicht (f) / Fassade, Maßstab (m): ...	elevation, scale: ...	façade (f) / élévation, échelle (f): ...	фасад (м), масштаб (м): ...
Ansicht (f) / Fassade (f) und Querschnitt (m)	elevation / façade (facade) and cross section	façade (f) / élévation (f) et coupe (f) transversale	фасад (м) и поперечный разрез (м)
Ansicht (f) / Fassade (f) von ... gesehen	elevation seen from ...	façade (f) / élévation (f) vue du ...	фасад (м), виден от ...

DEUTSCH	ENGLISCH	FRANZÖSISCH	RUSSISCH
Anstoß (m) der Dehnungsfuge (f) an Hauptgebäude (n)	expansion joint against main building	joint (m) de dilatation à l'endroit du bâtiment (m) principal	температурный шов (м) у главного здания
Anstrich (m), Beschichtung (f)	coat, coating	couche (f), enduit (m)	слой (м), покрытие (ср)
Anstrich (m) der unteren Raum-Trennwandfläche (f) / Wandsockelanstrich (m)	dado / band at base of wall	dado (m) / bande à la base d'un mur	дадо / облицовка (ж) нижней части стены
Antrittspfosten (m) / Austrittspfosten (m)	newel	noyau (m) / pilastre (m)	концевая опорная стойка (ж)
Antrittstufe (f), Austrittstufe (f)	foot of the stair, end-step	pied (m) de l'escalier (m), dernière marche (f)	подошва (ж) лестницы
Anzahl (f) von ... (Tür, Fenster)	amount / number of ... (door, window)	nombre de ... (porte, fenêtre)	число (ср) / количество (ср) (дверь, окно)
Arbeitsfuge (f)	construction joint	joint (m) de construction (f)	строительный шов (м)
Arbeitsfuge (f) / Baufuge (f)	control joint	joint (m) de contrôle	деформационный шов (м)
Architekt (m)	architect	l'architecte (m)	архитектор (м)
Architektengemeinschaft (f)	architectural partnership	partenariat (m) d'architecture (f)	архитектурное партнёрство (ср)
Architektenhaftpflicht (f)	architect's liability	responsabilité (f) de l'architecte	ответственность (ж) архитектора
Architektenkammer (f)	architectural institute	institut (m) d'architecture (f)	архитектурный институт (м)
Architekturbüro (n)	architectural office	bureau (m) d'architecture (f)	архитектурное бюро (ср)
Armierungsstab (m)	steel bar	tige (f) d'acier (barre)	стальной арматурный стержень (м)
Armierungsstab-Abstandhalter (m)	rod spacers	espaceurs (m) pour ferraillage	стержневые распорки (ж)
Armierungsstab (m) an jeder ... Betonstufe (f)	reinforcing steel bar at every ... concrete step	barre (f) d'armature d'acier (m) à chaque ... marche (f) de béton	стальной арматурный стержень (м) у каждой ... бетонной ступени
Armierungsstab (m) (gerippt)	rod (threaded)	barre (f) (filetée)	стержень (м) (резьбовой)
Armierungsstab (m) / Stahlbetonstab (m)	reinforcing steel bar	barre (f) d'armature d'acier (m)	арматурный стальной стержень (м) / арматурный стальной прокат (м)

Armierungstab

DEUTSCH	ENGLISCH	FRANZÖSISCH	RUSSISCH
Armierungstab (m)	rod	barre (f) / tige (f) d'acier	стержень (м)
Arzt (m)	doctor (medical) / physician	médecin (m)	врач (м) / доктор (м)
Arztpraxis (f)	medical practise (practice)	cabinet (m) médicale	врачебная практика (ж)
Asbest (m)	asbestos	asbeste (m) / amiante (m)	асбест (м)
asbestfrei	free of asbestos	libre d'amiante (f)	без асбеста (м)
Asbestplatte (f)	asbestos board	planche (f) d'amiante (m)	асбестная плита (ж)
Asbestzementplatte (f)	asbestos(-)cement board	plaque (f) d'amiante-ciment	асбестоцементная овлицовочная плита (ж)
Asphalt (m) / Bitumen (n)	asphalt / bitumen	asphalte (m) / bitume (m)	асфальт (м) / битум (м)
Asphalt (m) und Kies (m)	asphalt and gravel	asphalte (m) et gravier (m)	асфальт (м) и гравий (м)
Asphaltbelag (m)	asphalt paving	pavage (m) en asphalte	асфальтьтовый тротуар (м)
Asphaltfliese (f) / Asphaltplatte (f)	asphalt tile	carreau (m) d'asphalte (m) / tuile (f) d'asphalte	битумная плитка (ж)
asphaltierte Dachschale (f) mit Kiesschüttung (f) (mehrschichtige Dachbahnen)	tar-gravel roofing (built-up roofing)	toiture (f) de goudron (m) et gravier (m) (toiture lamellaire)	безрулонная кровля (ж) с щебёночной посыпкой (многослойная рулонная кровля)
asphaltierte Schindel (f)	asphalt shingle	bardeau (m) d'asphalte (m)	рубероидная кровельная плитка (ж)
asphaltierte Schutzplatte (f)	asphalt protection board	planche (f) de protection asphaltée	асфальтовая защитная плита (ж)
Asphaltmastix (m)	asphalt mastic	mastic (m) bitumineux / mastic (m) d'asphalte (m)	битумная мастика (ж)
Attika (f) / Brüstung (f)	parapet	parapet (m)	парапет (м)
Aufbeton (m) / Betonfüllung (f)	concrete fill	remplissage (m) de béton (m)	бетонная насыпка (ж)
Aufenthaltsbereich (m), Aufenthaltsraum (m)	rest area, lounge	salle (f) (espace) de repos	район (м) отдыха
Aufenthaltsraum (m)	lounge / rest area	salon (m) / salle de repos (f)	зал (м) ожидания / район (м) отдыха

Auffüllen

DEUTSCH	ENGLISCH	FRANZÖSISCH	RUSSISCH
Auffüllen (n) von ...	fill-up with ...	remblayage (m) de ...	насыпка (ж) ...
Auffüllung (f) mit Erde (f)	filled soil	terrain (m) remblayé	насыпной грунт (м)
aufgebogener Stab (m)	bent bar	barre (f) pliée	изогнутая арматура (ж) (стержень)
aufgespitzte Oberflächenbehandlung (f)	bush hammered finish	surface (f) bouchardée	точечная фактура (ж) (бетона)
aufgeständerter Fußboden (m)	raised flooring	plancher (m) surélevé	фальшпол (м)
Auflade- und Ausladebühne (f)	loading and unloading dock	quai (m) de chargement et de déchargement	док (м) погрузки и выгрузки
Auflagerplatte (f) für Stahlträger	bearing plate for steel beam / load(-)bearing plate for steel beam	plaque (f) d'appui portante pour poutre (f) en acier	опорная плита (ж) для стальной балки
Aufnahme (f)	admissions	bureau (m) d'admission	приёмная (ж)
Aufschrift (f) / Titel (m)	title	titre (m)	титул (м)
Aufzugskabine (f)	elevator car	cabine (f) d'ascenseur (m)	кабина (ж) лифта
Aufzugsmaschinenraum (m)	elevator machine room	chambre (f) de machinerie d'ascenseur (m)	машинное отделение (ср) лифта
Aufzugspodest (n)	elevator landing	palier (m) d'ascenseur (m)	посадочная площадка (ж) лифта
Aufzugsschacht (m)	elevator well / elevator shaft	trémie (f) d'ascenseur / cage (f) d'ascenseur (m)	шахта (ж) лифта
Aufzugsschachtgrube (f)	elevator pit	fosse (f) d'ascenseur (m)	нижняя часть (ж) шахты лифта
Ausfachung (f)	fill-in	remplissage (m)	заполнение (ср)
Ausfachung (f) mit Außenputz (m) / Ausfachung (f) mit Stukkatur (f)	fill-in stucco	stuc (m) de remplissage	заполнение (ср) штукатуркой
Ausfachung (f) mit Mauersteinen (m)	fill-in with masonry	remplissage (m) de maçonnerie (f)	заполнение (ср) каменной кладкой
Ausführungszeichnungen (f), Werk- oder Arbeitspläne (m)	working drawings, shop drawings	dessins (m) d'exécution, dessins (m) d'atelier	рабочие чертежи (м) / сборочные чертежи (м)

Ausgang

DEUTSCH	ENGLISCH	FRANZÖSISCH	RUSSISCH
Ausgang (m)	exit	sortie (f)	выход (м)
ausgebautes Dachgeschoß (n)	finished attic	grenier (m) fini	законченная мансарда (ж)
ausgefachte leichte Vorhangwandplatten (f)	fill-in of lightweight curtain wall panels	panneaux (m) de remplissage (m) légers de murs-rideaux (m)	заполнение (ср) легковесных ненесущих стеновых панелей
ausgefachtes Mauerwerk (n)	fill-in brickwork	maçonnerie (f) de remplissage (m) en briques (f)	заполнение (ср) кирпичной (каменной) кладки
ausgemauerte Fachwerkwand (f)	half-timbered wall lined with masonry	mur (m) en colombage (m) apparent garni de maçonnerie (f)	фахверковая стена (ж), облицованная каменной кладкой
Aushubgrenze (f)	limit of excavation	limite (f) d'excavation (f)	предел (м) выемки
auskragendes Dach (n)	cantilevered roof	toiture (f) en porte-à-faux	консольная крыша (ж)
Auskragung (f)	cantilever	encorbellement (m) / porte-à-faux (m)	выступ (м) (консоль)
Auskunft (f)	information	information (f)	информация (ж)
Ausschreibung (f) (muß Leistungsbeschreibungen und Ausführungszeichnungen beinhalten)	tender (specifications and working drawings included)	soumission (f) (spécifications et dessins d'exécution inclus)	заявка (ж) на выполнение подряда (включая спецификации и рабочие чертежи)
Außenanlagen (f)	exterior lay(-)out	aménagement (m) extérieur	наружная планировка (ж)
Außenbekleidung (f)	cladding (exterior)	parement (m) (extérieur)	обшивка (ж) (наружная)
Außeneingang (m)	exterior entrance	entrée (f) extérieure	наружный вход (м)
Außenfläche (f) / Gesamtfläche (f) / Grundstücksgröße (f)	gross area / gross overall area (lot)	surface (f) totale brute (parcelle de terrain)	общая площадь (ж) по наружному периметру (земельный участок)
Außenglattputz (m) / Außenputz (m)	stucco (exterior)	crépi (m) extérieur / stuc (m) extérieur	наружная штукатурка (ж)
außenliegender Schornstein (m)	exterior chimney	cheminée (f) extérieure	наружная дымовая труба (ж)
Außenmaße (n)	overall dimensions	dimensions (f) hors tout	наружные размеры (м)

Außentreppe

DEUTSCH	ENGLISCH	FRANZÖSISCH	RUSSISCH
Außentreppe (f)	exterior stair	escalier (m) extérieur	наружная лестница (ж)
Außentür (f)	exterior door / outside door	porte (f) extérieure	наружная дверь (ж)
Außenwand (f)	exterior wall	mur (m) extérieur	наружная стена (ж)
Außenwand (f) mit Holzschindeln (f) / Außenwandbekleidung (f) mit Holzschindeln (f)	exterior wall with shingles	mur (m) extérieur en bardeaux (m)	наружная стена (ж) с плоскими кровельными плитками
Außenwand (f) mit Kerndämmung (f)	exterior wall with core insulation	mur (m) extérieur à noyau (m) d'isolation	наружная стена (ж) с центровой изоляцией
Außenwand (f) mit Luftschicht (f)	exterior wall with air space	mur (m) extérieur à l'espace d'air (m)	наружная стена (ж) с паровоздушным пространством (ср)
Außenwand (f) mit Luftschicht und Dämmung (f)	exterior wall including air space and insulation	mur (m) extérieur à espace d'air (m) et isolation (f)	наружная стена (ж) с паровоздушным пространством и изоляцией (ж)
Außenwand (f) mit senkrechter Stülpschalung (f)	exterior wall with vertical wood weather boarding	mur (m) extérieur avec bardage (m) de bois vertical	наружная стена (ж) с вертикальной деревянной обшивкой досками внакрой
Außenwand (f) mit waagerechter Stülpschalung (f)	exterior wall with horizontal wood weather boarding	mur (m) extérieur avec bardage (m) de bois horizontal	наружная стена (ж) с горизонтальной деревянной обшивкой досками внакрой
Außenwand (f) mit Zement-Sperrschicht (f)	exterior wall with cement parging	mur (m) extérieur avec crépi (m) de ciment (m)	наружная стена (ж) с цементной штукатуркой (ж)
Außenwandaufbau (m)	erection of exterior wall	érection du mur (m) extérieur	сооружение (ср) наружной стены
Außenwandbekleidung (f) aus Aluminium (n) (Vorhangfassade)	aluminium-sheathed elevation (curtain wall)	façade (f) à parement (m) en aluminium (mur-rideau)	алюминиевый обшиванный фасад (м) (ненесущая стена)
Außenwandbekleidung (f) aus Leichtmetall (n) / Vorhangwand (f) / Vorhangfassade (f)	metal-sheathed façade (facade) / curtain wall	façade (f) à parement (m) métallique / mur-rideau (m)	фасад (м) металлической оболочки / ненесущая стена (ж)

11

Außenwandbekleidung

DEUTSCH	ENGLISCH	FRANZÖSISCH	RUSSISCH
Außenwandbekleidung (f) mit waagerechten Profilbrettern (n)	exterior wall with horizontal drop sidings, wood sidings	mur (m) extérieur avec parement (m) horizontal surbaissé, parement de bois (m)	наружная стена (ж) с горизонтальными обшивками досками внакрой, древянными облицовками
Außenwandbekleidungselemente (f) wie: eloxiertes Leichtmetall (n), farbbeschichtetes Leichtmetall (n), emailliertes Stahlblech (n)	exterior wall-cladding components such as: anodized light metal, coloured light metal, enameled steel	éléments de parement (m) de mur extérieur tels que: métal léger anodisé (m), métal léger coloré (m), acier émaillé (m)	элементы (м) наружной стеновой обшивки как: анодный лёгкий металл (м), окрашенный лёгкий металл (м), эмалированная сталь (ж)
Außenwandplatte (f)	exterior wall panel	panneau (m) de mur (m) extérieur	наружная стеновая панель (ж)
äußere Stahlstütze (f), Säule (f)	exterior steel support, column	support (m) d'acier (m) extérieur, colonne (f)	наружная стальная опора (ж), колонна (ж)
Austrittstufe (f)	end step	dernière marche (f)	последная ступень (ж)
Autoabstellplatz (m)	space for car	espace (m) pour auto (f)	место (ср) для автомобиля
automatisch	automatic	automatique	автоматический
automatischer Türschließer (m)	automatic door closer	ferme-porte (m) automatique	автоматический закрыватель (м) двери

B

DEUTSCH	ENGLISCH	FRANZÖSISCH	RUSSISCH
Bach (m)	creek	ruisseau (m)	речка (ж)
Backsteingebäude (n)	brick building	bâtiment (m) en briques (f)	кирпичное здание (ср)
Badezimmer (n)	bathroom	salle (f) de bains	ванная (ж)
Badezimmerausstattung (f)	bathroom outfitting	équipement (m) de salle (f) de bains	оборудование (ср) ванной (комнаты)
Balken (m) / Träger (m)	beam	poutre (f) / poutrelle (f)	балка (ж) / прогон (м)
Balkon (m)	balcony	balcon (m)	балкон (м)
Balkonbrüstung (f)	balcony parapet	parapet (m) de balcon (m)	балконный парапет (м)

Balkondeckenplatte

DEUTSCH	ENGLISCH	FRANZÖSISCH	RUSSISCH
Balkondeckenplatte (f)	balcony floor slab	dalle (f) de plancher (m) de balcon	плита (ж) перекрытия балкона
Balkongeländer (n)	balcony railing	garde-corps (m) de balcon (m)	перила (ср) балкона
Balkonplatte (f)	balcony slab	dalle (f) de balcon (m)	балконная плита (ж)
Balkonplatte (f) auf Konsolen (f) und freistehenden Stützen (f)	balcony slab on consoles and freestanding columns	dalle (f) de balcon sur consoles (f) et colonnes (f) libres	балконная плита (ж) на консолях и свободностоящих колоннах
Balkonplatte (f) auf seitlichen Mauerscheiben (f)	balcony slab on two-sided wall tongues	dalle (f) de balcon appuyée sur deux murets (m) latéraux	балконная плита (ж) на двусторонных стенках
Balkonplatte (f) auf Trägern (m) / Balkonplatte (f) auf Kragträgern (m)	balcony slab on cantilevered beams	dalle (f) de balcon (m) sur poutres (f) en encorbellement	балконная плита (ж) на консольных балках
Bandraster (m)	band grid	coordonnées (f) en bandes (f)	ленточная сетка (ж)
Bauart (f)	type of building	type (m) du bâtiment (m)	тип (м) здания
Bauform (f)	shape of building	aspect (m) visuel de la structure du bâtiment (m)	конструкция (ж) (постройка)
Baugrube (f) (Gebäude)	excavation / construction pit (building)	excavation (f) (bâtiment)	котлован (м)
Baugrundstück (n)	building lot	lot (m) de construction (f)	строительный участок (м)
Bauholz (n)	timber / structural timber	bois (m) de construction / bois (m) de charpente	древесина (ж) / строительный лесоматериал (м)
Bauingenieur (m)	civil engineer	ingénieur (m) civil	инженер-строитель (м)
Bauingenieur (m) / Baustatiker (m) / Statiker (m)	structural engineer / civil engineer	ingénieur (m) en structure / ingénieur civil (m) en structure	инженер-проектировщик (м) строительных конструций / инженер-строитель (м)
Bauingenieurpläne (m) / Ingenieurpläne (m) (Standsicherheitsnachweis)	structural drawings	dessins (m) de structure	строительные чертежи (м)
Baukosten (f)	construction budget	budget (m) de construction	стоимость (ж) (бюджет) строительства

Bauleiter

DEUTSCH	ENGLISCH	FRANZÖSISCH	RUSSISCH
Bauleiter (m)	clerk of the works	surveillant (m) des travaux	представитель (м) заказчика на стройплощадке
Baulinie (f) / Baugrenze (f)	building line	alignement (m) des bâtiments (m) / alignement (m) de la construction (f)	линия (ж) постройки
Baulinie (f) / Baugrenze (f) laut Landesbauordnung (f) oder Bundesbaugesetz (n)	building line according to by-laws	alignement (m) de la construction conformément aux règlements (m)	линия (ж) постройки согласно с постановлениями
Baum (m)	tree	arbre (m)	дерево (ср)
Baum- und Strauchbeflanzung (f)	tree and shrub planting	plantation (f) d'arbres (m) et de buissons (m)	посадка (ж) деревьев и кустов
Baumgrenze (f)	tree boundary	limite (f) des arbres (m)	граница (ж) деревьев
Baumstamm (m)	tree trunk	tronc (m) d'arbre (m)	ствол (м) дерева
Baupappe (f)	building paper / construction paper	papier (m) de construction	строительный картон (м)
Bauplan Nr. ... auf dem sich das Detail (n) befindet	drawing number ... on which detail occurs	numéro du dessin (m) ... montrant le détail (m)	чертёж (м) № ... на котором деталь показана
Bauprojekt (n) / Projekt (n)	building project / project	projet (m) de construction / projet (m)	проект (м) постройки / проект (м)
Baustahl (m)	structural steel	acier (m) structural	структурная сталь (ж)
Baustelle (f)	building site / construction site	chantier (m) / chantier (m) de construction	строительная площадка (ж)
Baustellenbeton (m)	mixed in place concrete (construction site)	béton (m) préparé au chantier (m)	бетон (м), приготовленный на стройплощадке
Bauteil (n)	building component	élément (m) de construction (f)	элемент (м) постройки (здания)
Bauteil (m) (Konstruktion)	component (construction)	élément (m) (construction)	элемент (м) (конструкции)
Bauträger (m) / Bauherr (m)	client	client (m)	заказчик (м)
Bauunternehmer (m)	contractor	entrepreneur (m/f)	подрядчик (м)

Bauunternehmer

DEUTSCH	ENGLISCH	FRANZÖSISCH	RUSSISCH
Bauunternehmer soll alle Maßangaben auf der Baustelle und im Gebäude überprüfen	contractor shall verify all dimensions on the site and in the building	l'entrepreneur devra vérifier toutes les dimensions au chantier et au bâtiment	подрядчик-строитель должен проверить все размеры и на стройплощадке и в здании
Bauweise (f) (in Holz, in Stahl, in Stahlbeton)	type of building construction (in wood, in steel, in reinforced concrete)	type (m) de construction (f) (en bois, en acier, en béton armé)	тип (м) конструкции постройки (деревянная, стальная, железобетонная)
Bauweise (f) (Städtebau / Stadtplanung)	type of building construction (town planning / urban planning)	type (m) de construction (f) (urbanisme)	тип (м) домостроения (градостроительство)
Bauzeichnungen (f) / Baupläne der Haustechnik (f) (Heizung, Lüftung, Sanitär- und Elektrotechnik)	mechanical and electrical drawings	dessins (m) de mécanique et d'électricité	чертёжи (м) механики и электрики
Bauzeitenplan (m)	construction schedule / construction time table	calendrier (m) d'avancement des travaux (m)	график (м) производства строительных работ
Be- und Entlüftung (f) / Zuluft (f) und Abluft (f)	air supply and exhaust	amenée (f) et retour (m) d'air (m)	подача (ж) и выпуск (м) воздуха
Befestigungsanker (m) (für Fensterleibung oder Türleibung)	jamb anchor (for window jamb or door jamb)	patte (f) à scellement (pour cadre de fenêtre ou de porte)	анкер (м) дверной коробки (для оконной или дверной вертикальной обвязки)
beiderseitiger Plattenbalken (m) / T-Träger (m)	Tee-beam / T-beam	poutre (f) en Té	балка (ж) таврового сечения / тавровая балка (ж)
Bekleidung (f)	sheathing	bardage (m)	обшивка (ж)
Bekleidungsplatte (f) (Sichtplatte)	cladding panel	panneau (m) de parement	облицовочная панель (ж)
belüftetes Flachdach (n)	aerated / ventilated flat roof	toiture (f) plate ventilée	аэрированная плоская крыша (ж)
Belüftung (f) zwischen Grundlatten (f) / Grundlattung (f)	ventilation between furrings under lattice (lath)	ventilation (f) entre fourrures (f) sous lattes (f)	вентиляция (ж) между основаниями под рейкой
Belüftung (f) zwischen Sparren (m)	ventilation between rafters	ventilation (f) entre chevrons	вентиляция (ж) между стропилами
Bemerkungen (f)	remarks	remarques (f)	замечания (ср)

Beratende

DEUTSCH	ENGLISCH	FRANZÖSISCH	RUSSISCH
beratende Ingenieure der Haustechnik (f) (Heizung, Lüftung, Sanitär- und Elektrotechnik)	consulting mechanical and electrical engineers	ingénieurs-conseils en mécanique et électricité	инженер-консультанты сантехники (теплотехники, вентиляции воздуха и электрики)
beratender Bauingenieur (m) / beratender Statiker (m)	consulting structural engineer / civil engineer	ingénieur-conseil (m) en structure / ingénieur civil (m)	инженер-консультант (м), проектировщик (м) строительных конструкций / инженер-строитель (м)
Berichtigung (f) / Verbesserung (f)	correction / amendment	changement (m) / modification (f)	модификация (ж) / исправление (ср)
Beschichtung (f) der unteren Raum-Trennwandfläche (f) (einfach, zweifach, dreifach)	coating of dado (once, twice, three times)	enduit (m) de dado (m) (une, deux, trois fois)	слой (м) облицованной нижней части стены (раз, два, три раза)
Beschreibung (f)	description	description (f)	описание (ср)
Bestand (m) / Vorrat (m)	stock	quantité (f) en dépôt	запас (м)
Bestandszeichnungen (f) / Baubestandspläne (m)	as-built drawings	dessins (m) tels qu'exécutés	чертежи (м) закоченной постройки
bestehend / existierend / vorhanden / angegeben	existing	existant	существующий
Beton (m) / Normalbeton (m)	concrete	béton (m)	бетон (м)
Betonausbesserung (f)	concrete patching	pointage (m) du béton (m)	ямочный ремонт (м) бетонного покрытия
Betondach (n)	concrete roof	couverture (f) en béton (m)	железобетонная крыша (ж)
Betonestrich (m) als Schutzestrich (m)	concrete topping for protection	chape (f) de béton (m) de protection	бетонное покрытие (ср) пола как защита
Betonestrich (m) mit Bewehrung (f)	concrete topping with reinforcement	chape (f) en béton (m) avec armature (f)	бетонное покрытие (ср) с арматурой
Betonestrich (m), Zementestrich (m)	concrete topping, cement topping	chape (f) de béton, chape (f) de ciment	бетонное покрытие (ср), цементное покрытие (ср)

Betonfertigpfahl

DEUTSCH	ENGLISCH	FRANZÖSISCH	RUSSISCH
Betonfertigpfahl (m)	precast pile	pieu (m) précoulé	сборная свая (ж)
Betonfliese (f)	concrete tile	tuile (f) en béton (m)	бетонная черепица (ж)
Betonfugenvergußmasse (f)	concrete joint sealing compound	mastic (m) de scellement des joints (m) de béton (m)	уплотняющая мастика (ж) для заливки швов в бетонных конструкциях
Betonfundament (n)	concrete foundation	fondation (f) en béton (m)	бетонный фундамент (м)
Betonfußboden (m)	concrete floor	plancher (m) en béton (m)	бетонный пол (м)
betonierte Treppe (f) mit Plattenfliesen (f) auf Tritt- und Setzstufen (f)	concrete stair with tiles on treads and risers	escalier (m) en béton (m) fini avec marches (f) et contremarches (f) en tuiles (f)	бетонная лестница (ж) с покрытиями плитками на проступях и подступенках
betonierter Bürgersteig (m)	concrete sidewalk	trottoir (m) en béton (m)	бетонный тротуар (м)
Betonierung (f)	concrete placement	bétonnage (m)	бетонирование (ср) / укладка (ж) бетона
Betonkante (f) ... breit und ... hoch	concrete curb ... wide and ... high	bordure (f) en béton (m) ... de largeur et ... de hauteur	бетонный опорный венец (м) ширина ... высота ...
Betonoberfläche (f)	face of concrete	face (f) du béton (m)	наружная поверхность (ж) бетона
Betonoberfläche (f) in gehobelter Schalung (f) hergestellt	face of concrete poured in planed formwork	face (f) du béton (m) coulé dans un coffrage (m) à fini raboté	наружная поверхность (ж) бетона, налитая в плоскую опалубку
Betonpfahl (m)	concrete pile	pieu (m) en béton (m)	бетонная свая (ж)
Betonplatte (f), Stahlbetonplatte (f)	concrete slab, reinforced concrete slab	dalle (f) en béton (m), dalle (f) en béton armé (m)	бетонная плита (ж), железобетонная плита (ж)
Betonplatte (f) und Betonträger (m)	slab and beam (concrete) / concrete slab and concrete beam	poutre (f) et dalle (f) en béton	бетонная плита (ж) и бетонная балка (ж)
Betonsäule (f) / Betonstütze (f)	concrete column	colonne (f) en béton (m)	бетонная колонна (ж)
Betonstahl (m) / Bewehrungseisen (n)	reinforcing steel (concrete)	acier (m) d'armature à béton	арматурная сталь (ж) (бетонная)

Betonstein

DEUTSCH	ENGLISCH	FRANZÖSISCH	RUSSISCH
Betonstein (m), Vollblock (m), Hohlblock (m) / Hohlblockstein (m)	concrete block, solid block, hollow block	bloc (m) de béton (m), bloc plein, bloc creux	бетонный блок (м), твёрдый бетонный блок, пустотелый бетонный блок
Betonstufe (f)	concrete step	marche (f) en béton (m)	бетонная ступень (ж)
Betontärke (f) und Bewehrung (f) nach statischer Berechnung (f)	concrete thickness and reinforcment according to structural design	épaisseur (f) de béton et armature (f) suivant le dessin (m) structural	бетонная толщина (ж) и армирование (ср) в соотвествии с структурным проектированием
Betonträger (m)	concrete beam	poutre (f) en béton (m)	бетонная балка (ж)
Betonüberdeckung (f) der Stahleinlagen (f)	concrete cover of steel rods	recouvrement (m) en béton (m) des armatures (f) d'acier	защитный слой (м) бетона на арматурных стержнях
Betonvertiefung (f) von ... nur im Raum (m) ...	drop of ... in concrete in room ... only	dépression (f) de ... dans le béton (m) dans la pièce (f) ... seulement	падение (ср) ... в бетоне только в комнате ...
Betonwand (f)	concrete wall	mur (m) de béton (m)	бетонная стена (ж)
Betonzusatz (m)	concrete additive	additif (m) de béton (m)	бетонная добавка (ж)
Betrag (m), der volle Betrag (m)	amount, sum total	montant (m), montant (m) total	сумма (ж), общая сумма (ж)
bewehrter Putz (m)	reinforced plaster	plâtre (m) armé	армированная штукатурка (ж)
Bewehrung (f)	reinforcing	armature (f)	арматура (ж)
Bewehrungseisen (n)	reinforcing steel	acier (m) d'armature	арматурная сталь (ж)
Bewehrungslage (f)	placement of reinforcing steel	emplacement (m) de l'armature (f)	местоположение (ср) армирования
Bewehrungsliste (f) (Armierungsstab)	bar list (reinforcing bar)	nomenclature (f) des fers à béton (m)	спецификация (ж) арматурного стержня
Bewehrungsmatte (f)	mesh reinforcement	treillis (m) d'armature	арматурная сетка (ж)
Bewehrungsmatte (f) (Stahlgeflecht)	steel mesh reinforcing	treillis (m) d'armature en acier (m)	сварная стальная арматурная сетка (ж)
Bezeichnungen für Modelle (n) und dergleichen	model names and similar items	noms de modèles (m) et items (m) similaires	имена (ср) моделей и похожие элементы

Bezeichnungen

DEUTSCH	ENGLISCH	FRANZÖSISCH	RUSSISCH
Bezeichnungen (f) und Bemerkungen (f)	titles and remarks	titres (m) et remarques (f)	названия (ср) и замечания (ср)
Bezugslinie (f)	reference line	ligne (f) de référence	координационная модульная линия (ж)
Bezugspunkt (m)	bench mark	point (m) de référence	реперная отметка (ж)
Bezugspunkt (m), Höhe: ... siehe Detailzeichnung (f)	bench mark, elevation: ... see detail	borne (f) repère niveau: ... voir détail (m)	нивелирная метка (ж) высоты: ... смотри деталь (ж)
Bezugspunkt (m) im Detail (n)	detail of bench mark	détail (m) de la borne (f) repère	деталь (ж) нивелирной марки
Bibliothek (f)	library	bibliothèque (f)	библиотека (ж)
Binder (m)	truss	ferme (f)	ферма (ж)
Binderschicht (f)	header course	assise (f) de boutisses (f)	тычковый ряд (м)
bindiger Boden (m)	cohesive soil	sol (m) cohésif	связный грунт (м)
Birke (f)	birch	bouleau (m)	берёза (ж)
Bitumen-Dichtungsbahn (f) (Schichten)	bituminous waterproofing membrane (layers)	membrane (f) hydrofuge bitumeuse (couches)	мембрана (ж) битумной гидроизоляции (слои)
Bitumendachpappe (f) / Bitumenbahn (f)	bituminous felt paper (roof)	papier (m) goudronné / carton (m) goudronné (toit)	кровельный картон (м) битумной
Bitumendachschindel (f)	asphalt roof shingle / bituminous roof shingle	bardeau (m) d'asphalte de toiture / bardeau (m) de toiture (f) bitumé	рубероидная кровельная плитка (ж) / битумная кровельная плитка (ж)
Bitumengrundanstrich (m) / Asphaltgrundanstrich (m)	bitumen prime coat / asphalt prime coat	couche (f) d'apprêt / sous-couche (f) bitumineuse / asphaltique	битумное грунтовочное покрытие (ср)
Bitumengrundiermittel (n)	asphalt primer / bituminous primer	apprêt (m) en bitume (m)	битумная грунтовка (ж)
Bitumenmörtel (m)	bituminous grout	coulis (m) bitumineux	битумный раствор (м)
Bitumenpappe (f)	asphalt paper	carton (m) bitumé	пергамин (м)
Bitumenvoranstrich (m)	prime coat with bitumen	couche (f) d'apprêt au pinceau au bitume (m)	грунт (м) с битумом

Bitumenwellplatte

DEUTSCH	ENGLISCH	FRANZÖSISCH	RUSSISCH
Bitumenwellplatte (f)	bitumen corrugated sheet	feuille (f) bitumineuse ondulée	битумный волнистый лист (м)
bituminöse Membrane (f) / bituminöse Isolierhaut (f)	asphalt membrane / bituminous membrane	membrane (f) bitumineuse / membrane (f) asphaltique	битумный гидроизолирующий слой (м)
Blechdeckung (f)	metal covering	couverture (f) en métal (m) (métallique)	металлический защитный слой (м)
Blechdicke (f) / Blechstärke (f)	gauge (gage)	calibre (m) / jauge (f)	калибр (м) листовой стали
Blechwinkel (m) / Winkelstreifen (m) aus Blech (n)	base flashing (metal)	plinthe-solin (f) (métal)	база (ж) фартука (металлическая) / нижний листовой металл (м) (угловой)
Blindboden (m)	subfloor	faux-plancher (m) / sous-plancher (m)	черный пол (м)
Blinddecke (f), Hängedecke (f) / abgehängte Decke (f)	false ceiling, suspended ceiling	faux-plafond (m), plafond (m) suspendu	подвесной потолок (м)
Blockreihe (f)	block course	assise (f) de blocs	ряд (м) каменной кладки
Blockverband (m)	English brick bond	appareil (m) de maçonnerie (f) anglais	английская кирпичная перевязка (ж)
Bodenablauf (m)	floor gully	caniveau (m) de plancher (m)	трап (м) (водосток (м) пола)
Bodenablauf (m), Bodeneinlauf (m)	floor drain	drain (m) de plancher (m)	трап (м), водоотвод (м)
Bodenaushub (m) / Erdaushub (m)	earth excavation	excavation (f) du sol / excavation (f) de terre	экскавация (ж) грунта / выемка (ж) грунта
Bodenbelag (m) / Fußbodenbelag (m)	flooring	revêtement (m) du sol (m)	покрытие (ср) пола
Bodenfliese (f)	floor tile, flooring tile	carreau (m) (tuile) de plancher (m)	половая плитка (ж)
Bodenfliesen (f) im Dünnbettverfahren (n)	floor tiles in glue (thin-set method)	tuiles (f) de plancher (m) à la colle (f) adhésive (méthode d'adhésif mince)	керамические плитки (ж) в клее (тонькослойный метод)

Bodenfliesen

DEUTSCH	ENGLISCH	FRANZÖSISCH	RUSSISCH
Bodenfliesen (f) im Mörtelbett (n) (im Dickbettverfahren)	floor tiles in mortar bed (conventional method)	tuiles (f) de plancher (m) sur lit (m) de mortier (m) (méthode conventionnelle)	керамические плитки (ж) на растворной постеле (обычный метод)
Bodengutachten (n)	soil test report	rapport (m) de sondage du sol (m)	сообщение (ср) определения свойств почвогрунта
Bodenklappe (f)	floor trap	trappe (f) de plancher (m)	люк (м) пола
Bodenuntersuchung (f)	soil investigation	étude (f) du sol	почвенно-геологическая изыскания (ж)
Bodenverhältnisse (n)	soil conditions	conditions (f) du sol	грунтовые условия (ср)
Bohle (f) / Holzbohle (f)	plank / wooden plank	madrier (m) / madrier (m) de bois	доска (ж) / деревянная доска (ж)
Bohrloch (n)	drill hole	trou (m) de forage	шпур (м)
Bohrloch (n) Nr. ...	borehole No. ...	sondage (m) No. ... / trou (m) de forage No. ...	шпур (м) № ...
Bolzen (m)	bolt	boulon (m)	болт (м)
Bolzen (m) im Achsenabstand (m) von ...	bolt ... centre (center) to centre (center)	boulon (m) ... centre à centre	болт (м) на межцентровом растоянии (ср) ...
Brandabschnitt (m)	fire zone	zone (f) pare-feu	противопожарная зона (ж)
Brandmauer (f), Brandwand (f)	division firewall, mitoyen wall	mur (m) coupe-feu, mur (m) mitoyen	брандмауэр (м), противопожарная стена (ж)
Brandschutz (m)	fire protection	protection (f) contre l'incendie	пожарная защита (ж)
Brandwand (f)	fire wall	mur (m) coupe-feu	противопожарная стена (ж)
braun	brown	brun	коричневый
Brechkies (m)	crushed gravel	gravier (m) concassé	дроблёный гравий (м)
Breite (f) (Treppe)	width (stair)	largeur (f) (escalier)	ширина (ж) (лестница)
Bretter (n) mit Nut (f) und Feder (f)	planks with tongue and groove / tongue and groove planks	planches (f) bouvetées, languettes (f) et rainures (f)	доски (ж) со шпунтом и пазом

Bretterbekleidung

DEUTSCH	ENGLISCH	FRANZÖSISCH	RUSSISCH
Bretterbekleidung (f), Nut (f) und Feder (f)	board siding, tongue and groove	parement (m) de planches (f), embouvetées à languettes et rainures	дощатая обшивка (ж), шпунт и паз
Brettermuster (n) / Bretterabdruck (m) laut Leistungsbeschreibung (f)	board pattern according to specifications	motif (m) de planches (f) selon le devis (m)	рельеф (м) доски согласно со спецификациями
Brettschichtholz (n) (Stütze)	stud (column)	colombage (m)	стойка (ж)
Brettschichtträger (m)	laminated beam	poutre (f) lamellée	дощатая (многослойная) клеёная балка (ж)
Bronze (f)	bronze	bronze (m)	бронза (ж)
Bruchstein (m)	rubble stone	moellon (m) brut	бутовый камень (м)
Brustblech (n) / vertikales Abdeckblech (n)	cover flashing (vertical)	bande (f) de solin (m) en métal verticale	перекрывающий фартук (м) / вертикальный отлив (м)
Brüstungselement (n)	parapet component	élément (m) de parapet	элемент (м) парапета
Brüstungsoberfläche (f)	face of parapet	face (f) du parapet (m)	наружная поверхность (ж) парапета (м)
Buche (f)	common beech	hêtre (m) ordinaire	бук (м)
Bügel (m) (Stahl)	stirrup (steel)	étrier (m) (acier)	хомут (м) (арматурный)
Bügelabstand (m)	stirrup spacing	espacement (m) des étriers (m)	шаг (м) хомутов
Bühne (f)	stage	scène (f) / estrade (f)	сцена (ж)
Bühnenaufzug (m)	stage elevator	ascenseur (m) de la scène (f)	лифт (м) / подъёмник (м) сцены
bündige Mauerwerksfuge (f)	flush masonry joint	joint (m) affleuré de maçonnerie (f)	шов (м) связанной (плоской) каменной кладки (ж)
bündige Verfugung (f) (Ziegel)	flush brick joint	joint (m) de briques (f) affleuré (de niveau)	полный кирпичный шов (м)
Bürgersteig (m)	sidewalk	trottoir (m)	тротуар (м)
Büro (n)	office	bureau (m)	контора (ж) / бюро (ср)

Büroetage

DEUTSCH	ENGLISCH	FRANZÖSISCH	RUSSISCH
Büroetage (f)	office floor	plancher de bureaux (m)	конторский этаж (м)
Bürogemeinschaft (f)	office team	équipe (f) de bureau (m)	конторская группа (ж)
Bürohaus (n)	office building	édifice (m) à bureaux	административное здание (ср)

C

DEUTSCH	ENGLISCH	FRANZÖSISCH	RUSSISCH
Chefetage (f)	executive floor	plancher (m) (étage) exécutif	этаж (м) исполнительной власти
Chefradiologe (m)	chief radiologist	radiologiste en chef (m)	главный рентгенолог (м) / главный радиолог (м)
Cheftechniker (m)	chief technologist	technologue en chef (m)	главный техник (м)
Chemielabor (n)	chemistry laboratory	laboratoire (m) de chimie	химическая лаборатория (ж)
Computertomographie (f)	computer tomography	tomographie (f) par ordinateur (m)	компьютерная томография (ж)

D

DEUTSCH	ENGLISCH	FRANZÖSISCH	RUSSISCH
Dach-Bitumenaufkantung (f)	step-up of roofing bitumen	retour (m) vertical de toiture (f) bitumée	пошаговое повышение (ср) кровельного битума
Dach (n) mit minimaler Dachneigung (f) und mit Dachdichtungsbahnen (f) auf Holzschalung (f)	roofing with a minimum slope and with roof sealant plies on wood form	toiture (f) à pente (f) minimale avec plis de scellement de toiture (f) sur pontage de bois	крыша (ж) с минимальным наклоном и со слоями (м) кровельного герметика на деревянной форме
Dachablauf (m)	roof drain	drain (m) de toiture (f)	сливнипуск (м) крыши / водосточная воронка (ж)
Dachasphalt (m) / Dachbitumen (n)	roofing asphalt / roofing bitumen	asphalte (m) / bitume (m) de couverture (f) de toiture (f)	кровельный асфальт (м) / кровельный битум (м)
Dachbalken (m)	attic joist	solive (f) de grenier (m)	мансардный брус (м)
Dachbinder (m)	roof truss	ferme (f) de toiture (f)	стропильная ферма (ж)
Dachbindertyp (m) vom Profil ...	truss (roof) type ...	ferme (f) (de toiture) type ...	стропильная ферма (ж) типа ...

Dachboden

DEUTSCH	ENGLISCH	FRANZÖSISCH	RUSSISCH
Dachboden (m) / Dachraum (m)	attic	grenier (m)	мансарда (ж)
Dachbrüstung (f) / Attika (f)	roof parapet	parapet (m) de toiture (f)	парапет (м) крыши
Dachdämmung (f)	roof insulation	isolation (f) de toiture (f)	изоляция (ж) кровли
Dachdeckschicht (f)	roofing underlay	dessous (m) de toiture (f) sous-couches (f)	гидроизоляционный слой (м) (кровли)
Dachdichtungsbahnen (f) / Lagen (f) auf Holzschalung (f)	roof sealant plies on wood form	plis (m) de scellement de toiture (f) sur pontage (m) de bois	слои (м) кровельного герметика на деревянной форме
Dacheindeckung (f)	roofing / roof covering	couverture (f) de toit (m)	кровельное покрытие (ср)
Dacheindeckungsmaterialien (f)	roofing / roof covering materials	matériaux (m) de toiture (f) / recouvrement de toiture	кровельные материалы (м)
Dachflächenfenster (n)	skylight (flat)	verrière (f) (plate)	плоский фонарь (м) верхного света
Dachgeschoß-Grundrißplan (m)	attic plan / attic floor plan	plan (m) mansarde (f)	план (м) мансарды
Dachgrundriß (m)	roof plan	plan (m) du toit (m)	план (м) крыши
Dachhaut (f) (mehrlagig)	roof membrane (layers)	membrane (f) de toiture (f) (couches)	многослойная рулонная кровля (ж) / гидроизолирующий ковёр (м) кровли (слои)
Dachkante (f)	roof edge	bord (m) de toiture (f)	кровельный край (м)
Dachlatten (f)	roof battens	lattes (f) de toiture	обрешётки (ж) крыши
Dachluke (f) / Dachausstiegsluke (f)	roof hatch / hatchway to roof	trappe (f) d'accès à la toiture (f)	люк (м) в крыше
Dachplatte (f)	roof slab	dalle (f) de toiture (f)	плита (ж) прокрытия
Dachplatte (f) aus Porenbeton (m)	roof slab of cellular concrete	dalle (f) de toiture (f) en béton (m) cellulaire	плиты (ж) покрытия ячеистого бетона (или газобетона)
Dachrandabdeckung (f) (Attika)	coping (parapet)	couronnement (m) (parapet)	навес (м) (парапет)
Dachrandabschluß (m) / Dachrandabdeckung (f)	coping at roof	couronnement (m) au toit (m)	навес (м) крыши

Dachrandprofil

DEUTSCH	ENGLISCH	FRANZÖSISCH	RUSSISCH
Dachrandprofil (n)	fascia	fascia (f)	валик (м) / карниз (м)
Dachrinne (f)	gutter / eaves gutter (roof)	chéneau (m) / gouttière (f) (toiture)	карнизный водосточный жёлоб (м) (крыша)
Dachschalung (f) mit Nut (f) und Feder(f)	roof sheathing with tongue and groove	revêtement (m) de toiture (f) en bois (m), embouveté à languette et rainure	накат (м) крыши со шпунтом и пазом / настил (м) крыши со шпунтом и пазом
Dachschiefer (m)	roofing slate	bardeau (m) d'ardoise (f) de toiture (f)	кровельная плитка (ж) / шиферная плитка (ж)
Dachschindel (f)	roofing shingle	bardeau (m) de toiture (f)	кровельный гонт (м) / кровельная плитка (ж)
Dachschindel (f) aus Asbestzement (m)	asbestos(-)cement shingle	bardeau (m) de ciment (m) d'amiante	асбестоцементная кровельная плитка (ж)
Dachüberhang (m) / Dachvorsprung (m) / Überstand (m)	eaves / overhanging eaves / overhang	avant-toit (m) / encorbellement (m)	свес (м) крыши / выступающий свес (м) крыши
Dachüberstand (m)	roof overhang	porte-à-faux (m) de toit (m) / avant-toit (m)	свес (м) крыши
Dachvorsprungshöhe (f) / Dachüberhangshöhe (f)	eaves height	hauteur (f) d'avant-toit (m)	высота (ж) свеса крыши
Dachwärmedämmung (f)	thermal roof insulation	isolation (f) thermique de toiture (f)	теплоизоляция (ж) кровли
Dachziegel aus Beton (m)	concrete roof tile	tuile (f) de toiture (f) en béton (m)	кровельная бетонная черепица (ж)
Dachziegel (m) aus Ton (m)	clay roof tile	tuile (f) de toiture (f) en terre cuite (f)	кровельная глиняная черепица (ж)
Dachziegel (m) / Dachstein (m)	roofing tile	tuile (f) de toiture (f)	кровельная черепица (ж)
Damentoilette (f)	women's washroom	toilette (f) femmes	уборная (ж) для женщин
Dämmaterial (n) / Isolierstoff (m) / Dämmstoff (m)	insulating material	matériau (m) d'isolation	изоляционный материал (м)
Dämmstoffdicke (f) / Dämmstoffstärke (f)	insulation thickness	épaisseur (f) d'isolation	изоляционная толщина (ж)

Dämmstoffkeil

DEUTSCH	ENGLISCH	FRANZÖSISCH	RUSSISCH
Dämmstoffkeil (m) aus Steinwolle (f)	rigid insulating wedge out of rock wool	cale (f) d'isolation rigide en laine (f) minérale	жёсткозакреплённый изоляционный клин (м) из минеральной ваты
Dämmstoffkeil (m) / Randkeil (m) aus Dämmstoff (m)	cant strip (insulation)	tringle (f) biseautée en isolant (m)	изоляционный трёхкантный прут (м) (изоляционный материал)
Dämmung (f) / Isolierung (f)	insulation	isolation (f)	изоляция (ж)
dampfdurchlässige Unterspannbahn (f)	vapour (vapor) permeable membrane	membrane (f) perméable à la vapeur	паропроницаемый слой (м)
Dampfsperre (f)	vapour (vapor) barrier	coupe-vapeur (m)	пароизоляция (ж) / паронепроницаемый слой (м)
Dampfsperre (f) mit Dampfdruckausgleichsschicht (f)	vapour (vapor) barrier with a pressure equalizer undercoating	coupe-vapeur (m) avec sous-couche (f) d'égalisation de pression (f)	паронепроницаемый слой (м) с грунтовочным покрытием (ср) уравневания (ср) насыщенного пара
Datenübertragung (f)	data transmission	transmission (f) des données (f) informatiques	передача (ж) данных
Datenverarbeitungsraum (m)	computer room	salle (f) des ordinateurs (m)	вычислительная комната (ж)
Dattelpalme (f)	date palm	dattier (m)	финиковая пальма (ж)
Datum (n)	date	date (f)	число (ср)
Datum (n) des Poststempels (m)	date of postmark	date (f) du tampon postal (m)	дата (ж) штемпеля / штемпель-календарь (м)
Decke (f), abgehängte Decke (f)	ceiling, suspended ceiling	plafond (m), plafond (m) suspendu	потолок (м), подвесной потолок
Decke (f) (Deckenkonstruktion aus Baustahl)	floor (floor construction in structural steel)	plancher (m) (plancher en acier structural)	перекрытие (ср) (структурное стальное перекрытие)
Decke (f) mit Auskehlung (f)	cove(d) ceiling	plafond (m) à gorge (f)	потолок (м), соединённый со стенами выкружками
Decke (f): Präfix (n) ... weist auf abgehängte Decke (f) hin	ceiling: prefix ... denotes suspended	plafond (m): préfixe (m) ... signifie suspendu	потолок (м): префикс (м) ... обозначает подвесной

Decken

DEUTSCH	ENGLISCH	FRANZÖSISCH	RUSSISCH
Decken-Diffusor (m) / Luftverteiler (m) an der Decke (f)	ceiling air diffuser / air diffuser at ceiling	diffuseur (m) d'air au plafond (m)	потолочный диффузор (м) / вентиляционная решётка (ж) у потолка
Decken (f) oder Wände (f): Präfix (n) ... weist auf eine Sichtdecke (f) oder Sichtwand (f) hin	ceilings or walls: prefix ... denotes exposed	plafonds (m) ou murs (m): préfixe (m) ... signifie apparent	потолки (м) или стены (ж): префикс (м) ... обозначает видимые
Decken-Sichtplatten (f)	exposed ceiling tiles	tuiles (f) de plafond apparentes	видные плитки (ж) потолка
Deckenaufbau (m)	floor build-up	composition (f) de plancher (m)	составной пол (м)
Deckenbeleuchtung (f)	lighting fixture at ceiling	appareil (m) d'éclairage au plafond (m)	осветильник (м) у потолка
Deckendicke (f)	floor thickness	épaisseur (f) de plancher (m)	толщина (ж) перекрытия
Deckeneinbauleuchte (f)	recessed lighting fixture (at ceiling)	appareil (m) d'éclairage encastré (au plafond)	встроенный светильник (м) (у потолка)
Deckenheizung (f)	ceiling heating	chauffage (m) au plafond (m)	потолочное отопление (ср)
Deckenhöhe (f) / Raumhöhe (f)	ceiling height	hauteur (f) du plafond (m)	высота (ж) потолка
Deckenleiste (f)	ceiling moulding	moulure (f) de plafond (m)	архитектурный облом (м)
Deckenplatte (f) / Stahlbetondecke (f)	floor slab	dalle (f) de plancher (m)	плита (ж) перекрытия
Deckenplattenoberfläche (f)	face of ceiling tiles	face (f) des tuiles (f) du plafond (m)	наружная поверхность (ж) потолочных плиток
Deckenträger (m), Deckenbalken (m)	floor joist, floor beam	solive (f) de plancher (m), poutre (f) de plancher	балка (ж) перекрытия
Deckenuntersicht (f)	reflected ceiling	plafond (m) réfléchi	отражающийся потолок (м)
Deckenventilator (m)	ceiling fan	ventilateur (m) de plafond	потолочный вентилятор (м)
Deckenzugang (m)	accessible ceiling	plafond (m) accessible	доступный потолок (м)
Deckleiste (f)	moulding (molding)	moulure (f)	формование (ср)

Dehnungsfuge

DEUTSCH	ENGLISCH	FRANZÖSISCH	RUSSISCH
Dehnungsfuge (f)	expansion joint	joint (m) de dilatation (f)	температурный шов (м)
Dehnungsfuge (f) an jeder Säule (f)	expansion joint at each column	joint (m) de dilatation à chaque colonne (f)	температурный шов (м) у каждой колонны
Dehnungsfugenprofil (n)	joint cover plate	plaque (f) couvre-joint	плита (ж) стыковой накладки (ж)
Dehnungsfugenprofil (n) des Fußbodens (m) und der Wand (f)	floor and wall expansion joint cover / expansion joint cover for floor and wall	couvre-joint (m) de dilatation de plancher (m) et mur (m)	накладка (ж) температурного шва пола (м) и стены (ж)
Dehnungsfugenprofil (n) / Fugenüberdeckungsprofil (n)	expansion joint cover	couvre-joint (m) de dilatation (f)	накладка (ж) температурного шва
Dehnungsschlaufe (f)	expansion loop	boucle (f) compensatrice	петлевой трубный компенсатор (м)
Dehnungsstück (n) / Dehnungsausgleicher (m)	bellows	compensateur (m) / soufflet (m) expansible	линзовый компенсатор (м), мехи (м)
Dekan (m) (der Universität)	dean (of university)	doyen (m) (d'université)	декан (м) (университета)
der Bauunternehmer soll alle Größenmaße und Zustände auf der Baustelle und im Gebäude überprüfen	the contractor shall verify all dimensions and conditions at the site and at the building	l'entrepreneur vérifiera toutes les dimensions et les conditions du site et du bâtiment	подрядчик-строитель должен проверить все размеры и состояния на стройплощадке и в здании
Detail (n)	detail	détail (m)	деталь (ж)
Detail-Blattnummer (f): ... , das Zeichenblatt, auf welchem das Detail (n) erscheint ...	detail number: ... , drawing on which detail occurs ...	numéro de détail: ... , dessin (m) sur lequel le détail (m) est représenté ...	номер (м) детали: ... , чертёж на котором деталь показана ...
Detail (n) in wahrer Größe (f)	full size detail	détail (m) grandeur (f) nature	чертёж (ж) натуральной величины (ж)
detailliertes Zeichenblatt (n) / Detail-Zeichenblatt (n)	detail sheet	feuille (f) de détail	лист (м) деталей
Detailplan (m) des befestigten Geländers (n)	detail plan of fixed balustrade	plan (m) de détail (m) balustrade (f) fixe	план (м) деталей неподвижного перила

Detailzeichnung

DEUTSCH	ENGLISCH	FRANZÖSISCH	RUSSISCH
Detailzeichnung (f)	detailed drawing	dessin (m) détaillé	детальный чертёж (м)
Diagonal-Bretterverschalung (f) / Diagonal- Bretterverkleidung (f)	diagonal sheathing	planchéiage (m) en diagonale	диагональная дощатая обшивка (ж)
Dichtungsband (n)	sealant strip	bande (f) de scellement	слойная прокладка (ж)
Dichtungsmasse (f), elastische Dichtungsmasse (f)	caulking, elastic caulking	calfeutrage (m), calfeutrage (m) élastique / calfeutrage (m) flexible	конопатка (ж), упругая конопатка (ж)
Dichtungsmittel (n)	sealer / sealing compound	agent (m) de scellement	герметик (м) / уплотнение (ср)
Dichtungsstreifen (m)	weather stripping	coupe-froid (m)	уплотнение (ср) швов
Dichtungsstreifenprofil (n)	weather stripping profile	profilé (m) de coupe-froid (m)	профиль (м) уплотнения швов
Dicke (f) / Stärke (f)	thickness	épaisseur (f)	толщина (ж)
die bestehenden Geländehöhen (f), wie vermerkt, sind der Bauzeichnung (f), Blatt Nr. ... datiert ... entnommen	the existing levels as shown are taken from drawing No. ... dated ...	les niveaux (m) existants tels qu'indiqués sont pris du dessin (m) No. ... daté ...	существующие показанные уровни (м) взяты из чертёжа (м) № ... датирован ...
die genaue Stelle und Größe der Dränrohre ist in den Konstruktionsplänen vermerkt; dieser Plan zeigt nur die allgemeine Lage der Rohre	the exact location and size of farm tiles are shown on structural drawings; this plan shows only the general layout of tiles	la localisation exacte et dimensions des drains agricoles sont indiquées sur les dessins de structure; ce plan indique seulement l'aménagement général des drains	точное место и размер дренажных труб показаны на конструкционных чертёжах; этот план показывает только общее место труб
die obige Information ist der Bauzeichnung Nr. ... entnommen, (Name des Untersuchungslabors) die die Beurteilung des Untersuchungsloches mitteilt; Bohrlöcher Nr. ... sind auf Bauplan Nr. ...verzeichnet (siehe Konstruktionspläne bezüglich Erdstratigraphie)	the above information is taken from drawing No. ... of (name of testing laboratory) reporting on test pit investigation; bore holes No. ... are shown on drawing No. ... (see structural drawings for soil stratigraphy)	l'information ci-dessus est prise du dessin No. ... des (nom du laboratoire d'essai) montrant les sondages par excavation; les sondages par carotte No. ... sont indiqués au dessin No. ... (voir dessins de structure pour la coupe géologique du sol)	вышеупомянутая информация воспользована из чертёжа № ... (имя испытательной лаборатории) сообщает об анализе разведочного шурфа; шпуры № ... показанны по плану ... (смотри структурные чертёжи для стратиграфии)
Diffusor (m) / Luftverteiler (m)	diffuser / air diffuser	diffuseur (m) / diffuseur (m) d'air	решётка кондиционера

Direktor

DEUTSCH	ENGLISCH	FRANZÖSISCH	RUSSISCH
Direktor (m)	director	directeur (m)	директор (м)
Doppelfalz (f)	double-rabbet / twin-rabbet	double-feuillure (f) / rainure (f) doublée	двойной фальц (м)
Doppelfenster (n) (bei Mauerleibung mit Innenanschlag), zwei bewegliche Flügel (m) mit zwei Fenster- Blendrahmen (m) / Zargen (f)	double window (at recessed masonry jamb), two sashes with two window frames (fastened to wall)	fenêtre (f) double (à jambage de maçonnerie en retrait), fenêtre (f) à deux battants (m) et deux cadres (m) / deux châssis (m) de fenêtre (attaché au mur)	окно (ср) со двумя коробками (у отодвинутой вертикальной обвязки), две оконного переплёта со двумя оконной рамой, прикреплёнными к стене / царга (ж)
Douglastanne (f)	Douglas fir	sapin (m) Douglas	пихта (ж) дугласова
Drahtanker (m)	wire tie	broche (f) d'attache	проволочный анкер (м)
Drahtgeflecht (f), Rabitz-Drahtgeflecht (n)	wire lath, Rabitz-wire lath	treillis (m) Rabitz, treillis (m) métallique pour enduit	металлическая ткань (ж), сетка (ж) Рабица (сетка для штукатурных работ)
Drahtgewebe (n)	wire mesh	treillis (m) métallique	проволочная сетка (ж)
Drahtglas (n) (Tür, Fenster)	wire-glass (door, window)	verre (m) armé (porte, fenêtre)	армированное стекло (ср) (дверь, окно)
Dränrohr (n) in Sandbett (n)	farm drain / farm tile in sand bed	drain (m) agricole sur lit (m) de sable (m)	фермерская дрена (ж) в песчаной постели
Drehflügeltür (f) mit Glasfüllung (f)	side-pivoted glazed door	porte (f) vitrée pivotant latéralement	остеклённая дверь (ж), открывающаяся в одну сторону
Drehkippflügel (m)	revolving tilt-up window	fenêtre (f) oscillobattante	створный оконный переплёт (м) (нижнеподвесный)
Drehtür (f)	revolving door	porte (f) tournante	вращающаяся дверь (ж)
Dreieckschiene (f) (Tragprofil)	triangular channel (cross-channel)	entretoise (f) en profilé (m) triangulaire	треугольное русло (ср) (поперечное русло)
Dreikantleiste (f)	arris rail	latte (f) triangulaire	рейка (ж) треугольного сечения

DEUTSCH	ENGLISCH	FRANZÖSISCH	RUSSISCH
dreilagige Teerpappe (f), jede mit heißem Pech (n) bestrichen	three-ply tarred felt, each mopped with hot pitch	trois-plis de feutre (m) goudronné chacun imprégné d'une couche (f) de bitume (m) à chaud	трёхслойный толь-кожа (м), каждый покрыт жарким пеком (м)
Drosselklappe (f)	damper	volet (m)	дроссельный клапан (м)
Dübelschraube (f) und Spreizdübel (m) aus Blei	screw and lead shield	vis (f) et manchon (m) en plomb	винт (м) и свинцовая оболочка (ж)
Dunkelkammer (f)	dark room	chambre (f) noire	тёмная комната (ж)
Dünnbettmörtel (m)	thin-set mortar	mortier (m) mince	мелкодисперсный раствор (м)
Dünnbettverfahren (n)	thin-set method	méthode (f) d'adhésif (m) mince	тонкослойный метод (м)
dünnflüssiger Zementmörtel (m)	grout	coulis (m)	цементационный раствор (м)
Dunstrohr (n)	vapour (vapor) stack	tuyau (m) de vapeur	паровая труба (ж)
durchgehende Mauerarmierung (f), jede zweite Blockreihe (f)	continuous masonry reinforcement at every second block course	armature (f) de maçonnerie (f) continue tous les deux rangs (m) de blocs (m)	непрерывная армированная кладка (ж) в каждом втором ряде
durchlaufende abgehängte Decke (f)	uninterrupted suspended ceiling / continuous suspended ceiling	plafond (m) suspendu continu / plafond (m) suspendu non-interrompu	неперерывный подвесной потолок (м)
Durchlaufplatte (f)	continuous slab	dalle (f) continue	неразрезная плита (ж)
Durchlaufträger (m)	continuous beam	poutre (f) continue	неразрезная балка (ж)
Durchlüftungsraum (m)	aerated / ventilated space	espace (m) ventilé	аэрированное пространство (ср)
Durchreiche (f)	wicket	guichet (m)	окно (ср) на приём (калитка)
Durchsteckschraube (f)	through bolt	boulon (m) de part en part	сквозной болт (м)

E

DEUTSCH	ENGLISCH	FRANZÖSISCH	RUSSISCH
Eckbalkon (m)	corner balcony	balcon (m) de coin	угольный балкон (м)

Edelstahlschornstein

DEUTSCH	ENGLISCH	FRANZÖSISCH	RUSSISCH
Edelstahlschornstein (m)	stainless steel chimney	cheminée (f) d'acier (m) inoxydable	дымовая труба (ж) нержавеющой стали
Eiche (f)	oak	chêne (m)	дуб (м)
Eigengewicht (n)	dead load	poids (m) mort	собственный вес (м)
Eigentümer (m)	owner	propriétaire (m)	владелец (м)
Eigentümeranteil (m)	owner's share	part (f) du propriétaire (m)	часть (ж) владелца
Eigentümergemeinschaft (f)	owners' association	association (f) des propriétaires	ассоциация (ж) владелцов
Eigentümerverhältnisse (f)	socio-economic condition of owner	condition (f) socio-économique du propriétaire	экономическое и социальное положение (ср) владелца
Ein-Bettzimmer (n) / Privatzimmer (n) / Einzelzimmer (n)	private room (one bed)	chambre (f) privée (un lit)	отдельный кабинет (м) (одна кровать)
Einbau (m)	installation	installation (f)	установка (ж)
Einbauschrank (m)	closet	placard (m)	стенной шкаф (м)
Einbauten (f)	built-ins	éléments (m) incorporés / encastrés	встроенные элементы (м)
einfache Gipskartonplatte (f)	regular gypsum board	planche (f) de gypse ordinaire	стандартная сухая штукатурка (ж)
Einfachfenster (n), ein beweglicher Flügel (m) und ein Fenster-Blendrahmen (m) / Zarge (f)	casement window, one sash and one window frame (fastened to wall)	fenêtre (f) à battant (m), fenêtre (f) à un battant (m) et un cadre (m) unique	створное окно (ср), один оконный переплёт (м) и одна оконная рама (ж), прикреплённая к стене / царга (ж)
einfachverglaster Flügelrahmen (m)	window sash with single glazing	battant (m) à simple vitrage (m)	оконная створка (ж) с одинарным остеклением
Einfachverglasung (f)	single glazing	vitrage (m) simple	одинарное остекление (ср)
einflügelige Drehflügeltür (f)	single-leaf door / single-swing door	porte (f) à un battant (m) / porte (f) simple	дверь (ж), открывающаяся в одну сторону
Eingang zur Unfallstation (f)	emergency entrance	entrée (f) d'urgence	вход (м) неотложной помощи
Eingangsbereich (m)	entrance area / entrance zone	zone (f) d'entrée	входная зона (ж)

Eingangsebene

DEUTSCH	ENGLISCH	FRANZÖSISCH	RUSSISCH
Eingangsebene (f)	entrance level	niveau (m) d'entrée	плоскость (ж) входа
Eingangstür (f) / Hauseingangstür (f)	front door	porte (f) principale	наружная входная дверь (ж)
eingebaute Leiter (f) / unbewegliche Leiter (f)	fixed ladder	échelle (f) fixe	неподвижная лестница (ж)
eingebauter Schrank (m) / Einbauschrank (m)	built-in closet	placard (m) encastré	стенной (встроенный) чулан (м)
eingespannte Platte (f) (Stahlbeton)	restrained slab (reinforced concrete)	dalle (f) encastrée (en béton armé)	защемлённая плита (ж) (железобетон)
eingespannter Balken (m) / Träger (m)	restrained beam	poutre (f) encastrée	балка (ж) с защемлёнными концами
eingespannter Stahlträger (m)	fixed steel beam	poutre (f) encastrée en acier (m)	неподвижная стальная балка (ж)
einläufige gerade Treppe (f)	one flight stair (straight run)	escalier (m) d'une volée (f) droite	прямая лестница (ж) одного лестничного марша
einläufige, halbgewendelte Treppe (f)	stair of one half-turn flight	escalier (m) d'une volée (f) semi-circulaire	лестница (ж) одного лестничного марша с полуворотом
einläufige, viertelgewendelte Treppe (f)	one stair of two quarter-turn flights	escalier (m) à deux volées de quart de tour	лестница (ж) двух лестничных маршов в 45 градусов
einschaliges Mauerwerk (n) / Ziegelmassivwand (f)	solid brick wall	mur (m) de briques pleines	солидная кирпичная стена (ж)
Einschubbrett (n)	rough sheathing board	planche (f) brute de protection (f)	необрезная обшивочная доска (ж)
Einschublatten (f) (zur Auflagerung von rohen Brettern)	wood battens (for supporting rough sheathing boards)	lambourdes (f) de bois (m) (fond de clouage pour le planchéiage brut de protection)	деревянные решётки (ж) (которые поддерживают необрезные обшивочные доски)
einseitig bewehrte Betonplatte (f)	one-way reinforced concrete slab	dalle (f) en béton armé (m) dans un sens	плита (ж), армированная в одном направлении
einseitig eingespannte Stufe (f) / auskragende Stufe (f)	cantilevered step	marche (f) en porte-à-faux / marche (f) en console	консольная ступень (ж)

Einspannung

DEUTSCH	ENGLISCH	FRANZÖSISCH	RUSSISCH
Einspannung (f)	restraint	encastrement (m)	защемление (ср)
Einsteigloch (n) / Schachtloch (n)	manhole	trou (m) d'homme	лаз (м) / люк (м)
Einzelfundament (n)	single footing / pad foundation	empattement (m) simple / fondation (f) isolée	отдельный фундамент (м)
Eisen (n)	iron	fer (m)	железо (ср)
elastische Dichtungsmasse (f)	elastic caulking	calfeutrage (m) élastique / flexible	упругая чеканка (ж) / конопатка (ж)
elastische Dichtungsmasse (f) / Fugendichtungsmasse (f) auf Hinterfüllungsband (n)	caulking, elastic caulking on backing strip	calfeutrage (m), calfeutrage (m) élastique sur bourrelet (m)	конопатка (ж), упругая конопатка (ж) на несущей ленте
elastische Fuge (f)	elastic joint	joint (m) élastique (flexible)	эластический шов (м)
elastische Fugeneinlage (f)	joint filler (flexible)	garniture (f) de joint (flexible / élastique)	заполнитель (м) швов (эластический)
elastische Scheuerleiste (f) / elastische Fußleiste (f)	resilient base	plinthe (f) flexible	упругий плинтус (м) / эластичный плинтус (м)
elastischer Fußbodenbelag (m)	resilient flooring	couvre-sol (m) flexible	эластичное покрытие (ср)
Elastomer (m)	elastomeric	élastomère (m)	эластомер (м)
Elastomer-Dichtungsmasse (f) für Fugen (f)	elastomeric sealant for joints	mastic (m) (scellement) de joint (m) à base d'élastomère (m)	уплотняющий материал (м) (эластомер) для швов
elektrisches Kabel (n), Elektrokabel (n)	electric conduit, electric cable	conduite d'électricité, câble (m) d'électricité (f)	электропровод (м), электрический кабель (м)
Elektroherd (m)	electrical range	four (m) électrique	электрическая плита (ж)
elektrotechnische Pläne (m)	electrical drawings	dessins (m) d'électricité	электротехнические чертежи (м)
Emaillelack (m)	enamel	émail (m)	эмаль (ж)
Entlüfterstutzen (m) / Entlüftungsrohr (n)	vent pipe	tuyau (m) de ventilation	вытяжная труба (ж) / вентиляционная труба (ж)
Entlüftungsanlage (f)	exhaust system	système (m) d'évacuation	вытяжная система (ж)

Entlüftungsgitter

DEUTSCH	ENGLISCH	FRANZÖSISCH	RUSSISCH
Entlüftungsgitter (n)	exhaust grill	grille (f) d'évacuation	вытяжная решётка (ж)
Entlüftungsschacht (m)	exhaust shaft	gaine (f) d'évacuation	вытяжная шахта (ж)
Entlüftungsstrang (f)	vent stack	évent (m)	вентиляционный стояк (м) / отводная труба (ж)
Entwässerungsrohr (n)	drain pipe	tuyau (m) de drainage (m)	дренажная труба (ж)
Epoxyd (m)	epoxy	époxie (f)	эпоксидная смола (ж)
Epoxydbeton (m)	epoxy concrete	béton (m) de résine (f) époxide (époxyde)	эпоксидный полимербетон (м)
Epoxydhartbeton (m)	(epoxy-granolithic concrete)	époxie-béton (m) dur	эпоксидный износостойкий бетон (м)
Epoxydmörtel (m)	epoxy mortar	mortier (m) d'époxie (d'époxy)	эпоксидный раствор (м)
Erdauffüllung (f)	landfill	remblaiement (m) de terre	отсыпка (ж) грунта
Erdauffüllung (f) / Erdaufschüttung (f)	earth(-)fill	remblai (m)	земляная насыпь (ж)
Erdgeschoß-Grundrißplan (m)	ground floor plan	plan (m) du rez-de-chaussée (m)	первый поэтажный план (м)
Erdgeschoßniveau (n) / Erdgeschoßebene (f)	ground floor level	niveau (m) du rez-de-chaussée (m)	уровень (м) первого этажа
Erdmasse (f)	earth lump (mass)	motte (f) de sol (masse)	грунтовой ком (м) (масса земли)
Erdreich (n) / gewachsener Boden (m)	subsoil / natural ground	sous-sol (m) / sol (m) naturel	подпочвенный слой (м) / естественный грунт (м)
Erdreich (n) / Mutterboden (m)	natural ground	sol (m) naturel	натуральный грунт (м)
erdreichberührende Betonplatte (f)	concrete slab on subsoil	dalle (f) de béton (m) sur sous-sol (m)	бетонная плита (ж) на подпочве
erdreichberührte Bauteile (n)	components on subsoil	éléments (m) sur sous-sol (m)	элементы (м) на подпочвенном слое (м)
erdreichberührte Stahlbetonplatte (f)	reinforced concrete slab on ground	dalle (f) sur sol (m) en béton armé (m)	железобетонная плита (ж) на отметке грунта

Erkerfenster

DEUTSCH	ENGLISCH	FRANZÖSISCH	RUSSISCH
Erkerfenster (n)	bay window	fenêtre (f) en saillie (f) / fenêtre en baie (f)	эркер (м) (с несущими стенами)
Erlaubnis (f) / Genehmigung (f)	permission	permission (f)	позволение (ср) / разрешение (ср)
erlaubte Durchbiegung (f)	allowable deflection	fléchissement (m) permissible	позволительный прогиб (м)
Erste Hilfe (f)	first aid	premiers soins (m)	первая помощь (ж)
Esche (f)	ash	frêne (m)	ясень (м)
Eßzimmer (n) / Speiseraum (m)	dining room	salle à manger (f)	столовая (ж)
Estrich (m)	topping / screed	chape (f)	стяжка (ж)
EURO-Norm (f)	EURO-Standard	Norme (f) EURO	Европейская норма (ж)
existierende Höhe (f)	existing level	niveau (m) existant	существующая высота (ж)
extrudierte Polystyrol-Hartschaumplatte (f)	extruded polystyrene rigid board insulation	planche (f) d'isolation (f) rigide en polystyrène (m) extrudé	полистиролная экструзированная жёсткая изоляционная плита (ж)

F

DEUTSCH	ENGLISCH	FRANZÖSISCH	RUSSISCH
Fachwerkbaubinder (m)	half-timbered truss	ferme (f) de colombage (m) apparent	фахверковая ферма (ж)
Fachwerkbauträger (m)	half-timbered beam	poutre (f) de colombage (m) apparent	фахверковая балка (ж)
Fachwerkbauweise (f) (Fachwerk)	half-timbered construction (half-timbered framing)	construction (f) en colombage (m) apparent	фахверковая конструкция (ж) (фахверк)
Fachwerkhaus (n)	half-timbered house / timbered frame house	maison (f) en colombage (m) apparent (à demi-boisage)	фахверковый дом (м)
Fachwerktrennwand (f) (Holzständerbauweise als Trennwand)	stud partition	cloison (f) à colombage (m)	каркасная перегородка (ж)
Fachwerkwand (f)	half-timbered wall	mur (m) en colombage (m) apparent	фахверковая стена (ж)

Falltür

DEUTSCH	ENGLISCH	FRANZÖSISCH	RUSSISCH
Falltür (f), Zugangsplatte (f)	trapdoor, access panel	trappe (f) d'accès (m)	люк (м), панель (ж) проступа
Falttrennwand (f)	folding partition	cloison (f) pliante	складывающаяся перегородка (ж)
Falltür (f) aus Kunststoff (m)	plastic folding door	porte (f) pliante en plastique (m)	пластическая складывающаяся дверь (ж)
Falltür (f), Harmonikatür (f)	folding door	porte (f) pliante, porte (f)accordéon	складывающаяся дверь (ж)
Falzbreite (f)	rabbet width	largeur (f) de rainure (f)	ширина (ж) фальца
Falzhöhe (f)	rabbet height	hauteur (f) de rainure (f)	высота (ж) фальца
Farbauswahl (f)	colour (color) selection	choix (m) de la couleur (f)	выбор (м) цвета
Farbe (f)	colour (color)	couleur (f)	цвет (м)
Farbe (f) / Anstreichfarbe (f)	paint	peinture (f)	краска (ж)
Farbgestaltung (f)	configuration of colours	configuration (f) des couleurs (f)	конфигурация (ж) цветов
farbiger Zement (m)	coloured (colored) cement	ciment (m) coloré	цветной цемент (м)
farbiges Glasfenster (n)	tinted glass window	fenêtre (f) à vitre (f) teintée	глушёное стеклённое окно (ср)
Faserzement-Wellplatte (f)	corrugated fibre(-)cement sheet	panneau (m) de fibre-ciment ondulé	волнистый волокноцементный лист (м)
Fassade (f) / Ansicht (f)	façade (facade) / elevation	façade (f) / élévation (f)	фасад (м)
Fassadenbekleidung (f) aus Aluminium-Formteilen (n)	exterior wall cladding of aluminium (aluminum) components	parement (m) de mur (m) extérieur en éléments (m) d'aluminium	наружная обшивка (ж) стен с алюминиевыми элементами
Fassadenbekleidung (f) aus Glas (Glasplatten)	exterior glass-wall cladding (glass panels)	parement (m) de mur (m) extérieur en verre (panneaux de verre)	наружная стеклянная обшивка (ж) стен (стеклянные панели)
Fassadenbekleidung (f) aus großformatigen Faserzementplatten (f)	exterior wall cladding of large size fibre-cement panels	parement (m) extérieur en panneaux (m) de fibre-ciment de grande dimension	наружная обшивка (ж) стен с большими наружными фиброцементными панелями
Fassadenbekleidung (f) aus großformatigen Keramikplatten (f)	exterior wall cladding of large size ceramic panels	parement (m) extérieur en panneaux (m) céramiques de grande dimension	наружная обшивка (ж) стен с большими керамическими панелями

Fassadenbekleidung

DEUTSCH	ENGLISCH	FRANZÖSISCH	RUSSISCH
Fassadenbekleidung (f) aus kleinformatigen Faserzementplatten (f)	exterior wall cladding of small size fibre-cement boards	parement (m) extérieur en panneaux (m) de fibre-ciment de petite dimension	наружная обшивка (ж) стен с маленькими наружными фиброцементыми плитами
Fassadenbekleidung (f) aus kleinformatigen Keramikplatten (f)	exterior wall cladding of small size ceramic tiles	parement (m) extérieur en tuiles (f) céramiques de petite dimension	наружная обшивка (ж) стен с маленькими керамическими плитками
Fassadendetail (n)	detail of elevation / detail of façade (facade)	détail (m) de l'élévation (f) / détail de la façade (f)	деталь (ж) фасада
Feinkies (m)	fine gravel	gravier (m) fin	мелкий гравий (м)
Feinsplittdachbeschichtung (f)	fine roof gravel	gravier (m) fin de toiture (f)	мелкий кровельный гравий (м)
Feldstein (m)	boulder	gros galet (m)	валун (м)
Felsen (m)	rock	roc (m)	горная порода (ж)
Felsenlinie (f)	rock line	ligne (f) du roc (m)	линия (ж) горной породы
Felsuntergrund (m)	bedrock	fond (m) rocheux	скальный грунт (м)
Fenster (n)	window	fenêtre (f)	окно (ср)
Fenster-Baskülverschluß (m)	window catch	loqueteau (m) de fenêtre (f)	оконный шпингалетный затвор (м) / оконный шпингалет (м)
Fenster- (n) und Jalousettedetails (n)	window and louvre details	détails (m) de fenêtres (f) et louvres (m)	детали (ж) окон и вентиляционных решёток
Fenster (n) vom Typ ...	window of type ...	fenêtre (f) type ...	окно (ср) типа ...
Fensterband (n)	continuous window / window-band	fenêtre (f) continue / bande (f) vitrée	ленточное окно (ср)
Fensterbank (f) (außen) / Außenfensterbank (f)	window sill (exterior)	allège (f) de fenêtre (f) (extérieur)	подоконник (м) (наружный)
Fensterbankabdeckung (f)	window sill covering	recouvrement (m) d'allège (f) de fenêtre (f)	покрытие (ср) наружного подоконника (м)

Fensterbelüftungsklappe

DEUTSCH	ENGLISCH	FRANZÖSISCH	RUSSISCH
Fensterbelüftungsklappe (f)	transom window	vasistas (m), imposte (f)	фрамуга (ж), окно (ср) с фрамугой (ж)
Fensterbeschläge (m)	window hardware	quincaillerie (f) de fenêtre (f)	оконные приборы (м)
Fensterbrett (n) / Holzunterfensterbank (f) / Unterfensterbank (f) / Innenfensterbank (f) (innen)	window stool (interior)	tablette (f) de fenêtre (f) (intérieur)	подоконная доска (ж) (внутренняя)
Fenstereinfassung (f)	casing (window)	encadrement (m) / cadre (m) (fenêtre)	обрамление (ср) оконного проёма
Fensterfassadenelement (n) als Außenwandbekleidung (f)	window wall component of exterior wall cladding	élément (m) mur-fenêtre formant parement (m) de mur (m) extérieur	оконный стеновый элемент (м) как наружная стеновая обшивка (ж)
Fensterglas (n)	window glass	verre (m) à vitres (f)	оконное стекло (ср)
Fensterhöhe (f)	window height	hauteur (f) de la fenêtre (f)	оконная высота (ж)
Fensterkitt (m)	putty (window)	mastic (m) (fenêtre)	оконная замазка (ж)
Fensterklinke (f)	window handle	poignée (f) de fenêtre (f)	оконная ручка (ж)
Fensterleibung (f)	window jamb	jambage (m) de fenêtre (f)	оконной откос (м)
Fensteröffnung (f)	window opening	baie (f) de fenêtre (f)	оконный проём (м)
Fensterrahmen- Wandanschluß (m) / Fenster- Blendrahmen (m) / Zarge (f)	window frame (fastened to wall)	châssis (m) de fenêtre (attaché au mur) / cadre (m) de fenêtre (f)	оконная рама (ж), прикреплённая к стене / царга (ж)
Fensterriegel (m)	window head	traverse (f) supérieure de la fenêtre (f)	верхний брус (м) оконной рамы
Fensterscharnier (n)	window hinge	charnière (f) de fenêtre (f)	оконная петля (ж) / оконной шарнир (м)
Fenstersturz (m)	window lintel	linteau (m) de fenêtre (f)	оконная перемычка (ж)
Fenstertabelle (f) / Stückliste (f) der Fensterelemente (n)	window schedule	nomenclature (f) des fenêtres (f)	спецификация (ж) окон

Fensterteil

DEUTSCH	ENGLISCH	FRANZÖSISCH	RUSSISCH
Fensterteil (m)	window unit	élément-fenêtre (m)	оконный блок (м)
Fenstertyp (m)	window type	type (m) de fenêtre (f)	оконный тип (м)
Fensterverwahrung (f) / Brustblech (n)	window flashing	solin (m) de fenêtre (f)	оконный фартук (м)
Fensterwand (f)	window wall	paroi (f) de verre	остеклённая стена (ж)
Fernsehantenne (f)	television antenna	antenne (f) de télévision	телевизионная антенна (ж)
Fernsehen (n)	television	télévision (f)	телевидение (ср)
Fertigbeton (m)	ready-mix concrete	béton (m) prémélangé	товарный бетон (м)
fertiger Deckenputz (m) auf verzinktem Rippenstreckmetall (n)	finished stucco ceiling on galvanized metal lath	plafond (m) fini stuc (m) sur latte (f) métallique galvanisée	верхняя грань (ж) штукатурного потолка (м) на оцинковой металлической сетке
Fertigstufe (f) (Treppe)	finished step, prefabricated (stair)	marche (f) (d'escalier) finie préfabriquée	сборная ступень (ж) (лестница)
feststehende Verglasung (f) / unbeweglicher Fensterflügel (m)	fixed window	fenêtre (f) fixe	неоткрывающееся окно (ср)
feststehendes Oberlicht (n) (Tür)	fixed transom (door)	imposte (f) fixe (porte)	глухая фрамуга (ж) (дверь)
Feuchtigkeitsisolierhaut (f)	damp-proof membrane	membrane (f) imperméable	гидроизоляционная мембрана (ж)
Feuchtigkeitsisolierschicht (f) / Feuchtigkeitssperrschicht (f)	damp-proof layer barrier	couche (f) hydrofuge d'étanchéité	гидроизоляционный слой (м) (барьерный)
Feuchtigkeitssperre (f)	damp-proofing	imperméabilisation (f)	влагоизоляция (ж)
feuchtigkeitsunempfindlicher Dämmstoff (f) (harter)	damp-proof rigid insulation	isolation (f) rigide étanche	влагонепроницаемая жёсткозакреплённая изоляция (ж)
Feuer-Hydrant (m)	fire hydrant	bouche (f) d'incendie	пожарный гидрант (м)
Feuerfluchtweg (m)	fire escape / fire exit	sortie (f) de secours	запасной пожарный выход (м)
feuerhemmender Anstrich (m)	fire(-)resistant coating	revêtement (m) résistant au feu (m) (ignifuge)	огнезащитное покрытие (ср)

Feuerhemmstoff

DEUTSCH	ENGLISCH	FRANZÖSISCH	RUSSISCH
Feuerhemmstoff (m)	fire protection material	matériau (m) de protection contre le feu (m)	огнезадерживающий материал (м)
Feuerlöscher (m)	fire extinguisher	extincteur (m) d'incendie	огнетушитель (м)
Feuermeldeanlage (f)	fire alarm system	système (m) d'alarme-incendie (f)	пожарная сигнализация (ж)
Feuerschutzfenster (n)	fire window	fenêtre (f) de secours	огнестойкое окно (ср)
Feuerschutzmaßnahmen (f)	fireproofing	ignifugation (f)	противопожарная защита (ж)
Feuerschutzmembrane (f), Feuerschutzschicht (f)	fireproof membrane, fireproof coating	membrane (f) ignifuge, enduit (m) ignifuge	огнезащитная мембрана (ж), огнезащитный слой (м)
Feuerschutztür (f)	fire door	porte (f) coupe-feu	огнестойкая дверь (ж)
Feuertreppe (f) (Außenwand)	fire escape (exterior wall)	escalier (m) de secours (mur extérieur)	спасательная лестница (ж) (наружная стена)
Feuerwiderstandsdauer (f) (Klassifikation)	degree of fire(-)resistance (classification)	degré (m) de résistance au feu (m) (classification)	предел (м) огнестойкости в часах
Fichte (f)	spruce	épinette (f)	ель (ж)
Filmarchiv (n)	film files	dossiers (m) des films	подшивки (ж) фотоплёнок (фильмотека)
Filmauswertungsraum (m)	viewing-room	salle (f) de visionnement (m)	просмотровой зал (м)
Filmbearbeitungsraum (m)	film processing room	développement (m) des films	лаборатория (ж) обработки фотоплёнок
Filz (m)	felt	feutre (m)	войлок (м)
Firma (f)	firm	compagnie (f)	фирма (ж)
Firmensitz (m) / Firmenniederlassung (f)	head office of company	siège social (m) de la compagnie (f)	адрес (м) фирмы
First (m) / Dachfirst (m)	ridge / roof ridge	faîte (m) / faîte (m) de toiture (f) / arête (f) de toiture (f)	конёк (м) / конёк (м) крыши
First- und Gratziegel (m)	arris hip tile	tuile (f) faîtière	коньковая вальмовая черепица (ж)

Firstabschluß

DEUTSCH	ENGLISCH	FRANZÖSISCH	RUSSISCH
Firstabschluß (m)	ridge limit	arrêt (m) de faîte (m)	коньковая остановка (ж)
Firstbohle (f)	arris hip	chevron (m) d'arête	ребро (ср) / кромка (ж) крыши
Firstbrett (n)	ridge board	faîtière (f)	коньковая доска (ж)
Firstdetail (n)	ridge detail	détail (m) du faîte (m)	коньковая деталь (ж)
Firsthöhe (f)	height of ridge	hauteur du faîte (m)	высота (ж) конька крыши
Firstlasche (f)	rafter tie	tirant (m) entre chevrons (m)	затяжка (ж) стропила
Firstlinie (f) (Dach)	roof line / roof-ridge line	faîtière (f) (toiture)	линия (ж) конька (крыша)
Firstpfette (f)	ridge purlin	panne (f) faîtière	прогон (м) конька
Firstpunkt (n) (Binder)	ridge of truss	faîtière (f) de la charpente (f)	конёк (м) фермы
Firstpunktdetail (n) (Binder)	detail at ridge (truss)	détail (m) à la faîtière (f) (charpente)	деталь (ж) у конька (м) (ферма)
Flachdach (n)	flat roof	toit (m) plat / toiture (f) plate	плоская крыша (ж)
Flachdach (n), mehrschichtige Dachhaut (f) mit Kiesschüttung (f) auf hölzerner Dachdecke (f)	built-up flat roof with gravel finish on wood roof deck	toiture (f) lamellaire à fini de gravier (m) sur tablier (m) de bois (m)	многослойная рулонная кровля (ж) с гравийной поверхностью на деревянной плоской крыше
Flachdach (n) mit ... % Gefälle (n)	flat roof slope ... %	pente (f) ... % de toit (m) plat	наклон (м) плоской крыши ... %
Flachdachabdichtung (f)	flat roof sealing (sealer)	agent (m) de scellement de toiture (f) plate	герметик (м) плоской крыши
Flachdachabklebung (f)	ungluing of flat roof covering / unsticking of flat roof covering	décollement (m) du recouvrement (m) de toit (m) plat	расклеивание (ср) кровельного материала плоской крыши
Flachdachdämmung (f)	flat roof insulation	isolation (f) de toiture (f) plate	изоляция (ж) плоской крыши
Flachdachkonstruktion (f)	flat roof structure	structure (f) de toit (m) plat	структура (ж) плоской крыши
flache Geschoßdecke (f) / flache Stahlbetondecke (f) (ohne verdickte Auflagerbereiche)	flat slab (without drop panels)	dalle (f) de plancher (m) sans nervures (f) (sans panneaux surbaissés)	плоская железобетонная плита (ж) (без надкапительных плит)
flache Metallabhänger (m)	flat steel hangers	crochets (m) an acier (m) plat	плоские стальные подвески (ж)

Flache

DEUTSCH	ENGLISCH	FRANZÖSISCH	RUSSISCH
flache Stahlbetondecke (f) / Pilzkopfdecke (f) mit verdickten Auflagerbereichen (f)	flat slab with drop panels / mushroom slab	dalle (f) de plancher-champignon (m) avec panneaux (m) surbaissés	плоская железобетонная плита (ж) с надкапительными плитами / плита (ж) безбалочного перекрытия
Flächenfundament (n)	spread footing	fondation (f) continue	фундамент (м) на естественном основании
Flachstahl (m)	flat bar	barre (f) plate	плоская полоса (ж)
flämischer Verband (m)	Flemish bond	appareil (m) flamand	фламандская перевязка (ж)
flämischer Ziegelverband (m)	Flemish brick bond	appareil (m) de brique flamand	фламандская кирпичная перевязка (ж)
Flieder (m)	lilac	lilas (m)	сирень (ж)
Fliegengitter (n) / Insektenschutzgitter (n) (Fenster)	flyscreen (window)	écran-moustiquaire (m) (fenêtre)	оконная противомоскитная сетка (ж)
Fliegengittertür (f)	screen door	porte (f) à moustiquaire (f)	проволочная сетка (ж) (дверь)
Fliese (f)	tile	tuile (f) / carreau (m)	плитка (ж)
Fliesenkleber (m)	tile adhesive	adhésif (m) pour tuiles (f)	клейкий состав (м) для крепления плиток
Fliesenmaß (n)	tile dimension	dimension (f) de la tuile (f)	размер (м) плитки
Fluchttreppe (f)	emergency stair	escalier (m) de secours / d'urgence	аварийная лестница (ж)
Fluchtwegeplan (m)	escape route plan	plan des voies (f) de secours / plan des routes (f) de secours	план (м) маршрута эвакуации
Flügelrahmen (m) (beweglich)	window sash (movable)	battant (m) de fenêtre (f) (mobile)	оконная створка (ж) (подвижная)
Flügelrahmen (m) mit Isolier- oder Doppelverglasung (f)	window sash with double glazing or insulating glass	battant (m) à double vitrage (m) ou verre (m) isolant	оконная створка (ж) с двойным остеклением или с изоляционным остеклением
Flügelrahmenbeschlag (m)	casement window hinge	charnière (f) de battant (m) de fenêtre (f)	шарнир (м) створного окна

Flügelrahmenbeschläge

DEUTSCH	ENGLISCH	FRANZÖSISCH	RUSSISCH
Flügelrahmenbeschläge (m)	sash hardware	quincaillerie (f) de châssis (m)	металлические изделия (ср) (метизы) оконной коробки
Flur (m) / Korridor (m)	corridor	couloir (m)	коридор (м)
Folie (f)	foil	feuille (f)	фольга (ж)
Foyer (n)	foyer	foyer (m)	фойе (ср)
freiaufliegender Stahlwinkel (m)	loose steel angle	cornière (f) d'acier (m) libre	свободно уложенный стальный угол (м)
freiaufliegender Stahlwinkel (m) (für Mauerwerk)	loose steel lintel (for masonry)	linteau (m) libre en acier (m) (pour maçonnerie)	незакреплённая стальная перемычка (ж) (для каменной кладки)
freiaufliegender Stahlwinkel (m) zur Abfangung (f) der Hintermauerung (f)	loose steel angle to support backing masonry	cornière (f) libre en acier (m) pour porter la maçonnerie (f) de renforcement	несвязанный стальный угол (м) (внутренний) для опоры (ж) задних каменных кладок (ж)
freiaufliegender Stahlwinkel (m) zur Abfangung (f) der Verblendsteine (m)	loose steel angle to support brick veneer	cornière (f) libre en acier (m) pour porter le parement (m) de briques (f)	несвязанный стальный угол (м) поддерживать кирпичную облицовку (ж)
freiaufliegender Sturz (m)	loose lintel	linteau (m) libre	незакреплённая перемычка (ж)
Freibalkon (m) / außenliegender Balkon (m)	free-hanging balcony	balcon (m) en console	свободно-подвесной балкон (м)
Freitreppe (f)	open stairway	escalier (m) intérieur dégagé (libre)	открытая лестница (ж)
Freiwange (f) / äußere Treppenwange (f)	face stringer / outer stringer	limon (m) extérieur	лицевая тетива (ж) (внешняя)
Freiwange (f) ... stark	face stringer ... thick	limon (m) extérieur ... d'épaisseur	лицевая тетива (ж) ... толщины (внешняя)
Frischluftöffnung (f) / Zuluftöffnung (f)	air intake opening	ouverture (f) prise (f) d'air	отверстие (ср) воздухозаборника
Frostgrenze (f)	frost line	ligne (f) de pénétration du gel (m)	граница (ж) нулевой температуры

Frosttiefe

DEUTSCH	ENGLISCH	FRANZÖSISCH	RUSSISCH
Frosttiefe (f)	frost depth	profondeur (f) du gel (m)	глубина (ж) промерзания грунта
Frühstücksbüfett (n)	breakfast bar	buvette (f) de petit déjeuner (m)	закусочная (ж) / буфет (м) утреннего завтрака
Frühstücksecke (f)	breakfast corner	coin (m) de petit-déjeuner (m)	уголок (м) завтрака
Fuge (f) am Gebäude (n)	joint at building	joint (m) à l'endroit du bâtiment (m)	шов (м) у здания
Fugen-Ausspritzung (f)	joints drained by flushing	joints (m) drainés par jet (m) mécanique	выпрыскиванные швы (м)
Fugenbewegung (f)	joint movement	mouvement (m) de joint (m)	движение (ср) шва
Fugenbreite (f)	joint width	largeur (f) de joint (m)	ширина (ж) шва
Fugendichtungsband (n)	backing strip	bourrelet (m) de remplissage / bande (f) de remplissage	прокладка (ж)
Fugendichtungsband (n) aus Kunststoff (m)	plastic joint strip	bande (f) de jointoiement (jointoyage) en plastique	пластическая стыковая лента (ж)
Fugendichtungsmittel (n)	joint sealant	agent (m) de scellement de joint (m)	герметик (м) / герметизирующая паста (ж)
Fugenfüller (m) aus Hartholz (n)	hardwood filler	fourrure (f) en bois (m) dur (bois franc)	наполнитель (м) древесинных лиственных пород
Fugenhinterfüller (m)	joint spacer / joint filler	bourrelet (m) d'espacement	стыковая прокладка (ж)
fugenloser Fertigfußboden (m)	seamless floor finish	fini (m) de plancher (m) sans joints (m)	поверхность (ж) бесшовного покрытия пола
fugenloser Fußboden (m)	seamless floor	revêtement (m) de sol sans joints (m)	бесшовное покрытие (ср) пола
Fugenmaß (n)	joint dimension	dimension (f) de joint (m)	размерность (ж) шва
Fugenmasse (f) auf Fugeneinlage (f)	caulking on joint filler	calfeutrage (m) sur bourrelet (m) de joint (m)	конопатка (ж) на заполнительным шве

Fugenmasse

DEUTSCH	ENGLISCH	FRANZÖSISCH	RUSSISCH
Fugenmasse (f) / Fugendichtungsmasse (f)	caulking (joint)	calfeutrage (m) (joint)	конопатка (ж) (шов)
Fugenvermörtelung (f)	joint grouting	remplissage (m) des joints (m) (jointoiement)	заливка (ж) швов
Fundament (n) aus Stahlbeton (m)	reinforced concrete footing	empattement (m) en béton armé (m)	железобетонное основание (ср)
Fundament (n) bis frostfreie Gründung (f)	foundation to frost line / foundation to frost depth	fondation (f) jusqu'à la ligne (f) de pénétration du gel (m) / profondeur (f) du gel (m)	фундамент (м) до границы нулевой температуры / глубина (ж) ниже горизонта промерзания (грунта)
Fundament (n) bis zur Frostgrenze (f)	foundation base down to frostline	base (f) de fondation (f) jusqu'à la ligne (f) de gel (m)	фундаментное основание (ср) к границе (ж) нулевой температуры
Fundament (n) (Erdreich)	footing (subsoil)	empattement (m) / semelle (f) (sous-sol)	подошва (ж) фундамента (подпочва)
Fundament (n) / Grundmauer (f)	foundation	fondation (f)	основание (ср) / фундамент (м)
Fundament (n) / Sockelfundament (m)	footing	semelle (f) de fondation (f)	подошва (ж) фундамента
Fundamentauflager (n)	foundation pad	base (f) de fondation (f)	фундаментная подушка (ж)
Fundamentaushub (m)	foundation excavation	excavation (f) pour fondations (f)	выемка (ж) грунта фундамента
Fundamentoberkante (f)	top edge of foundation / footing	arasement (m) de fondation (f)	верхний край (м) фундамента / выравнивание (ср) фундамента
Fundamentplan (m)	foundation plan	plan (m) de fondations (f)	план (м) фундамента
Fundamentplatte (f)	raft foundation	radier (m) de fondation (f)	сплошной фундамент (м)
Fundamentsockel (m) der Kelleraußenwand (f)	concrete base of foundation wall	base (f) de béton (m) du mur (m) de fondation (f)	бетонная подложка (ж) фундаментной стены
für Außentüren (f) ... siehe Bauzeichnung (f) ...	for exterior doors ... see drawing ...	pour les portes (f) extérieures ... voir dessin (m) ...	для наружных дверей (ж), смотри чертёж (м) ...
für Details (n) siehe Bauzeichnung (f) Nr. ...	for details see drawing No. ...	voir détails (m) sur dessin (m) No. ...	для деталей (ж) смотри чертёж № ...

Für

DEUTSCH	ENGLISCH	FRANZÖSISCH	RUSSISCH
für Eingang (m), Rampe (f), Stufen (f) und Handlauf (m) siehe Detail Nr. ...	for entrance, ramp, steps and handrail, see detail No. ...	pour l'entrée (f), rampe (f), marches (f) et main courante (f), voir numéro de détail ...	для входа (м), рампы (ж), ступеней (ж) и поручения (м) смотри номер детали ...
für Eingangsdetails (n), Rampendetails (n), Stufendetails (n) und Handlaufdetails (n) siehe Bauzeichnung (f) Nr. ...	for details of entrance, ramp, steps and handrail, see drawing No. ...	pour détails (m) de l'entrée (f), rampe (f), marches (f) et main courante (f), voir dessin (m) No. ...	для деталей (ж) входа (м), рампы (ж), степеней (ж), поручения (м), смотри чертёж (м) № ...
für großformatige Metallprofile (n) (Bauteile) als Außenwandbekleidungen (f) siehe Bauzeichnung (f) ...	for big-size metal fluted panels (components) for exterior wall claddings, see drawing ...	pour les panneaux (m) (éléments) de métal cannelé (m) grande dimension (f) de revêtement (m) des murs (m) extérieurs, voir dessin (m) ...	для больших металлических гофрированных панелей (ж) (элементов) для наружных стенных обшивок, смотри чертёж (м) ...
für ... siehe Bauzeichnung (f) ... der Elektrotechnik (f)	for ... see electrical drawing ...	pour ... voir dessin (m) d'électricité ...	для ... смотри электротехнический чертёж (м) ...
für ... siehe Bauzeichnung (f) ... der Haustechnik (f) (Heizung, Lüftung, Sanitär- und Elektrotechnik)	for ... see mechanical drawing ...	pour ... voir dessin (m) de mécanique ...	для ... смотри сантехнический чертёж (м) ...
für ... siehe Konstruktionszeichnung (f) ...	for ... see structural drawing ...	pour ... voir dessin (m) de structure ...	для ... смотри строительный чертёж (м) ...
für Standort (m) (Gebäude) siehe ...	for location (building) see ...	pour emplacement (m) (bâtiment) voir ...	для местоположения (ср) (здание) смотри ...
für Trägeranschluß (m) an Stahlstütze (f) ... siehe Bauzeichnung (n) ...	for beam connection at steel support ... see drawing ...	pour l'assemblage (m) des poutres (f) aux supports (m) d'acier (m) ... voir dessin (m) ...	для балочного соединения (ср) у стальной опоры ... смотри чертёж ...
für Trägeranschluß (m) mit angeschraubten Winkelpaaren (n) siehe Detail ...	for beam connection with screwed-on pairs of structural angles, see detail ...	pour l'assemblage (m) des poutres (f) au moyen de paires (f) de cornières (f) structurales vissées, voir détail (m) ...	для балочного соединения (ср) с резьбовыми парами структурных уголов, смотри деталь ...
für Treppendetails (n) siehe Bauzeichnung (f) Nr. ...	for stair details see drawing No. ...	pour détails (m) d'escalier (m) voir dessin (m) No. ...	для деталей (ж) лестницы (ж) смотри чертёж (м) № ...

47

Für

DEUTSCH	ENGLISCH	FRANZÖSISCH	RUSSISCH
für Unterdeckenplan (m) siehe Bauzeichnung (f) Nr. ...	for reflected ceiling plan, see drawing No. ...	pour plan (m) du plafond (m) réfléchi, voir dessin (m) No. ...	для плана (м) отражённого потолка, смотри чертёж (м) № ...
für vorgefertigte zweischalige Betonwand (f) mit Kerndämmung (f) siehe Details ...	for prefabricated concrete panel with insulation between concrete shells (core-insulation), see details ...	pour le panneau (m) préfabriqué de béton à isolation (f) incorporée, voir détails (m) ...	для сборной бетонной панели (ж) с изоляцией между двумя оболочками, смотри детали ...
furniertes Sperrholz (n)	veneered plywood	contreplaqué (m) décoratif	декоративная фанера (ж)
Fußboden (m), Decke (f)	floor	plancher (m)	пол (м)
Fußbodenbelag (m), Oberkante Fußboden (m)	finished floor, floor covering	revêtement (m) du sol (m), plancher (m) fini	чистовой пол (м), покрытие (ср) пола
Fußbodendiffusor (m)	floor diffuser	diffuseur (m) au plancher (m)	половой диффузор (м)
Fußbodenheizung (f)	underfloor heating	chauffage (m) sous-plancher	лучистое отопление (ср)
Fußbodenheizungskabel (n)	underfloor heating cable	câble (m) de chauffage (m) sous-plancher	кабель (м) лучистого отопления
Fußbodenhülse (f) in der Deckenplatte (f)	floor sleeve in floor slab	manchon (m) encastré dans le plancher (m)	патрубок (м) для пропуска трубы через перекрытие в плите перекрытия
Fußbodenkonstruktion (f) auf erdreichberührter Sohlplatte (f) / Bodenplatte (f) / Gründungsplatte (f)	floor construction (f) on raft foundation (on subsoil)	construction (f) de plancher (m) sur radier de fondation (m) (sur sous-sol)	конструкция (ж) пола на плитном фундаменте (на подпочве)
Fußbodenkonstruktion (f) mit Membranisolierung / Fußbodenkonstruktion (f) mit Wasserabdichtungsfolie (f) (Lagen) in Naßräumen (m) auf Betonplatte (f)	floor construction with waterproofing membrane (sheets) over slab in wet areas	construction de plancher (m) avec membrane (f) d'étanchéité (en feuilles) sur la dalle (f) aux emplacements humides	конструкция (ж) пола в мокрых площадях с гидроизоляционной мембраной (листы) над плитой
Fußleiste (f) / Scheuerleiste (f)	base / plinth / baseboard	plinthe (f)	плинтус (м)

Fußleistenheizung

DEUTSCH	ENGLISCH	FRANZÖSISCH	RUSSISCH
Fußleistenheizung (f)	baseboard heating	chauffage (m) par plinthe (f) chauffante	плинтусное отопление (ср)
Fußleistenhöhe (f) ...	base ... high	plinthe (f) hauteur (f) ...	высотный плинтус (м) ...
Fußmatte (f)	door mat	paillasson (m) de porte (f)	дверной ковёр (м)
Fußplatte (f)	base plate	plaque (f) d'appui	опорная плита (ж)
Fußpunkt-Detail (n)	detail at base	détail (m) à la base (f)	деталь (ж) у базовой линии

G

DEUTSCH	ENGLISCH	FRANZÖSISCH	RUSSISCH
Ganzglas-Trennwand (f)	glazed partition	cloison (f) vitrée	остеклённая раздвижная перегородка (ж)
Ganzglastür (f)	glass door	porte (f) en verre	стеклянная дверь (ж)
Garage (f)	garage	garage (m)	гараж (м)
Garderobe (f) / Kleiderablage (f)	coatroom / cloakroom	vestiaire (m)	гардероб (м) / раздевалка (ж)
Garten- und Landschaftsarchitekt (m)	landscape architect	architecte (m) paysagiste	архитектор (м) по ландшафту
Gas (n)	gas	gaz (m)	газ (м)
Gasanschluß (m)	gas connection	raccordement (m) du gaz (m)	газовое включение (ср)
Gasbeton (m) / Porenbeton (m)	gas concrete	béton-gaz (m)	газобетон (м)
Gasfeuerung (f)	gas firing	allumage (m) par gaz (m)	газовое сжигание (ср)
Gasleitung (f)	gas pipeline	conduite (f) de gaz (m) / gazoduc (m)	газопровод (м)
Gästetoilette (f)	guest toilet	toilette (f) d'invités	туалет (м) / уборная (ж) для гостей
Gastherme (f)	gas hot water heater	chauffage (m) d'eau au gaz (m)	газовый водонагреватель (м)
Gasversorgung (f)	gas supply services	service (m) d'approvisionnement du gaz (m)	служба (ж) газоснабжения

Gaube

DEUTSCH	ENGLISCH	FRANZÖSISCH	RUSSISCH
Gaube (f), Gaubenfenster (n)	dormer, dormer window	lucarne (f) / verrière (f), fenêtre (f) en mansarde (f)	слуховое окно (ср)
Gebäude (n)	building	bâtiment (m)	постройка (ж) / здание (ср)
Gebäudenutzung (f)	building use	utilisation (f) du bâtiment (m)	использование (ср) постройки
Gebäudeplanung (f)	building design	étude (f) de bâtiment (m) (design, conception)	проектирование (ср) постройки
Gebäudevolumen (n)	building volume	volume (m) du bâtiment (m)	объём (м) постройки
gebrannter Emailüberzug (m)	baked enamel finish	revêtement (m) d'émail cuit (m)	эмалевая отделка (ж)
Gefälle (n) Richtung Gully (m) (Grund)	slope to drain (grade)	pente (f) vers drain (m) (sol)	наклон (м) к ливнипуску (м) (отметка земли)
Gefällebeton (m)	sloped concrete	béton (m) de pente	наклонный бетон (м)
Gefälleestrich (m)	sloped concrete topping	chape (f) de béton (m) en pente (f)	наклонное бетонное покрытие (ср)
Gefälleestrich (m) auf Stahlbetonplatte (f)	sloped concrete topping on reinforced concrete slab	chape (f) de béton (m) de pente sur dalle (f) de béton armé (m)	наклонное бетонное покрытие (ср) на железобетонной плите
Gefälleestrich (m) mit Bewehrung (f)	sloped reinforced concrete topping	chape (f) de béton armé (m) en pente	наклонное железобетонное покрытие (ср)
gehärtetes Glas (n) (Tür, Fenster)	tempered glass (door, window)	verre (m) trempé (porte, fenêtre)	закалённое стекло (ср) (дверь, окно)
gehobene, belüftete Flachdachkonstruktion (f) oberhalb Stahlbetonplatte (f)	flat roof structure (raised and ventilated) above reinforced concrete slab	toiture (f) plate (surélevée et ventilée) au-dessus de la dalle (f) en béton armé (m)	структура (ж) вентилированной поднятой плоской крыши (ж) над железобетонной плитой (ж)
Gehweg (m) / Verbindungsgang (m)	pathway / passageway / passage	passage (m)	проход (м)
Geißblatt (n)	honeysuckle	chèvrefeuille (m)	жимолость (ж)
Gelände (n) / Erdboden (m)	grade / terrain	terre (f) / sol (m)	грунт (м)
Geländehöhe (f)	grade level	niveau (m) du sol (m)	уровень (м) грунта
Geländer (n) / Treppengeländer (n)	balustrade / railing (stair)	balustrade (f) (éscalier)	балюстрада (ж) / перила (ср) (лестница)

Geländerhöhe

DEUTSCH	ENGLISCH	FRANZÖSISCH	RUSSISCH
Geländerhöhe (f)	balustrade height	hauteur (f) de garde-corps (m)	высота (ж) балюстрады
Geländerpfosten (m)	baluster	balustre (m)	балясина (ж)
geneigtes Massivdach (n) aus Porenbeton-Dachplatten (f)	solid sloped roof of cellular concrete panels	toiture (f) pleine en pente de panneaux (m) de béton (m) cellulaire	массивная наклонная крыша (ж) из ячеистых бетонных плит
genormte Fußplatte (f), Stützenfußplatte (f)	standard base plate, column base plate	plaque (f) de base standard, plaque (f) de base de colonne (f)	стандартная опорная плита (ж), колонная опорная плита (ж)
gerader Bewehrungsstab (m)	straight reinforcing bar	barre (f) d'armature droite	прямой арматурный стержень (м)
gerader Stab (m)	straight rod	barre (f) droite	прямой стержень (м)
gerader Stab (m) mit Winkelhaken (m)	straight bar with hooked ends	barre (f) droite avec crochets (m) aux extrémités (f)	арматура (ж) периодического профиля со крюками на конце
Gesamtbaukosten (f)	total building contract costs	coût (m) total du contrat (m) de construction (f)	суммарная стоимость (ж) строительства
Gesamthöhe (f)	total height	hauteur (f) totale	полная высота (ж)
Gesamtlänge (f)	overall length	longueur (f) hors tout	габаритная длина (ж)
Gesamtmaß (n)	total dimension	dimension (f) totale	полный размер (м)
Geschichts-Klassenzimmer (n)	history classroom	classe (f) d'histoire	класс (м) истории
geschlossene Treppe (f) mit Trittstufen (f) und Setzstufen (f)	closed stair with treads and risers	escalier (m) sans claires-voies (f) avec marches (f) et contremarches (f)	закрытая лестница (ж) со проступями и подступенками
geschmolzenes Blei (n)	molten lead	plomb (m) fondu	расплавленный свинец (м)
Geschoßdecke (f)	structural floor	plancher (m) structural	структурный пол (м)
Geschoßhöhe (f)	storey height	hauteur (f) d'étage (m)	высота (ж) этажа

Geschoßhohes

DEUTSCH	ENGLISCH	FRANZÖSISCH	RUSSISCH
geschoßhohes Stahlbeton-Außenwandelement (n) (Sandwich-Fassadenplatte)	storey-high exterior reinforced concrete wall component (curtain wall sandwich panel)	élément (m) de mur (m) extérieur en béton armé (m) à hauteur (f) d'étage (panneau sandwich de mur-rideau)	одноэтажный наружный железобетонный стенной элемент (м) (ненесущая наружная стеновая многослойная панель)
geschweißte Bewehrung (f)	welded reinforcement	armature (f) soudée	сварная арматура (ж)
gewaschener Kies (m) (Dach)	roofing gravel	gravier (m) de toiture (f)	кровельный гравий (м)
Gewichtsangabe (f)	weight (load) indication	charge (f)	индикация (ж) нагрузки
Gewindeverankerung (f)	threaded anchorage	ancrage (m) fileté	анкер (м) с резьбой
gewundener Ankerbolzen (m)	threaded anchor bolt	boulon (m) d'ancrage fileté	винтовой анкерный болт (м)
gezeichnet von	drawn by	dessiné par	чертил
Giebel (m), Ortgangabschluß (m)	gable, gable end	pignon (m)	щипец (м), торцевая стена (ж) с щипцом
Giebelgaube (f)	gable dormer	lucarne (f) de pignon (m)	слуховое окно (ср) щипца
Giebelwand (f)	gable wall	mur-pignon (m)	фронтонная стена (ж) / щипцовая стена (ж)
Gipskarton-Bauplatte (f) / Trockenputzplatte (f)	gypsum board / gypsum panel	panneau (m) de gypse / planche de gypse	сухая штукатурка (ж) / лист (м) сухой штукатурки (ж)
Gipskartonplatte (f)	plasterboard	panneau (m) de plâtre	сухая штукатурка (ж)
Gipskartonplatte (f) als Verkleidung (f)	gypsum board cladding	parement (m) en panneaux (m) de gypse (m)	оболочка (ж) сухой штукатурки
Gipsputz (m)	gypsum plaster	enduit (m) de plâtre (m)	гипсовый штукатурный раствор (м)
Gipswandplatte (f)	gypsum wallboard	panneau (m) mural de gypse (m)	гипсовый обшивочный лист (м)
Gitter (n)	grill	grille (f)	решётка (ж)
Glas (n) / Glasscheibe (f)	glass	verre (m) / vitre (f)	стекло (ср) / оконное стекло (ср)
Glasbaustein (m)	glass brick	brique (f) de verre	стеклоблок (м)

Glasdichtungsleiste

DEUTSCH	ENGLISCH	FRANZÖSISCH	RUSSISCH
Glasdichtungsleiste (f)	glass-fillet / glass-bead	baguette (f) de vitrage (m) en verre	стеклянный притвор (м)
Glasfaser (f)	fibreglass	fibre (f) de verre	стекловолокно (ср)
Glasfaser-Packung (f)	fibreglass packing	remplissage (m) en fibre (f) de verre	стекловолокная упаковка (ж)
Glasfaserisoliermatte (f)	fibreglass batt insulation	matelas (m) isolant en fibre (f) de verre	обёртывающая теплоизоляция (ж) из стекловолокна
Glashalteleiste (f)	glass stop-bead	baguette (f) en verre	стеклянная направляющая створка (ж)
Glasleiste (f)	glazing bead	baguette (f) de vitrage	штапик (м)
Glasscheibe (f)	pane of glass	vitre (f)	листовое стекло (ср)
Glasstein (m)	glass block	bloc (m) de verre	стеклобрус (м) / стеклоблок (м)
Glastür (f) mit Metallrahmen (m)	glass door with metal frame	porte (f) en verre (m) à cadre (m) métallique	стеклянная дверь (ж) с металлической рамой
Glasurziegel (m)	glazed brick	brique (f) émaillée (vernissée)	глазурованный кирпич (м)
glatte Oberfläche (f)	smooth surface	surface (f) lisse	ровная порверхность (ж) / гладкая поверхность (ж)
glatte Stahlbetonstäbe (m)	plain bars	armatures (f) lisses	гладкие арматурные стержни (м)
glattes Türblatt (n)	flush door leaf	porte (f) plane, battant (m) de porte plane	гладкая створка (ж) двери
glattes Türblatt (n) mit Glasöffnung (f) (Glasplatte)	flush door leaf with glass panel	porte (f) plane, battant (m) de porte plane avec lucarne (f) vitrée	гладкая створка (ж) двери со стеклянной панелью
gleicher Treppenlauf (m)	same flight (stair)	même volée (f) (escalier)	тот же лестничный марш (м)
gleichschenkliges Winkeleisen (n) aus Stahl (m)	structural equal leg angle (steel)	cornière (f) isocèle structurale (acier)	структурная параллельная опорная нога (ж) угла (стальный угол)
Gleitfolie (f)	slip-sheet	papier (m) coulisse / papier (m) ciré / papier de glissement (m) / feuille-coulisse (f)	прокладочный лист (м)

Gleitfolie

DEUTSCH	ENGLISCH	FRANZÖSISCH	RUSSISCH
Gleitfolie (f) (zweilagig)	slip-sheet (two ply)	papier (m) coulisse (deux plis)	прокладочный лист (м) (двухслойный)
Graben (m)	ditch / trench	fossé (m) / tranchée (f)	траншея (ж)
Grat (m) / First (m)	arris	arête (f) vive	наружный угловой выступ (м)
Gratsparren (m)	hip rafter	chevron (m) d'arête (f) / chevron de rive (f)	диагональная / укосная стропильная нога (ж)
grobkörnige Schüttung (f)	coarse fill	remplissage (m) grossier	крупная насыпка (ж) гравия / крупный закладочный материал (м)
Größe (f) / Abmessung (f) (Tür, Fenster)	size (door, window)	dimension (f) (porte, fenêtre)	размер (м) / измерение (ср) (дверь, окно)
grün	green	vert	зелёный
Grundbesitzer (m)	land owner / land proprietor	propriétaire du terrain (m)	землевладелец (м)
Grundlatte (f) (Dach)	bottom-lath (roof)	lattage (m) inférieur (toit)	нижняя обрешётка (ж) (крыша)
Grundmauer (f)	foundation wall	mur (m) de fondation (f)	фундаментная стена (ж)
Grundmodul (m)	basic module	module (m) principal / module (m) de base	основной модуль (м)
Grundriß (m) ... Stock (m) / Grundriß (m) ... Etage (f)	plan ... floor	plan (m) ... étage (m)	план (м) ... этаж (м)
Grundrißplan (m)	floor plan	plan (m) d'étage (m)	поэтажный план (м)
Grundrißplan (m) des Obergeschosses (n) / Obergeschoß-Grundrißplan (m)	floor plan above groundfloor	plan (m) d'étage au-dessus du rez-de-chaussée (m)	поэтажный план (м) над бельэтажем
Grundrißplan (m) des Untergeschosses (n) / Untergeschoß-Grundrißplan (m) / Untergeschoß-Grundrißplan (m)	floor plan below groundfloor	plan (m) d'étage au-dessous du rez-de-chaussée (m)	поэтажный план (м) под бельэтажем

Grundrißplan

DEUTSCH	ENGLISCH	FRANZÖSISCH	RUSSISCH
Grundrißplan (m), drittes Geschoß (n) / dritter Stock / dritte Etage (f) u.s.w. ...	floor plan, third floor plan etc. ...	plan (m) d'étage, troisième étage etc. ...	поэтажный план (м), план (м) третьего этажа и т. д.
Grundrißplan (m), erstes Geschoß (n) / erster Stock / erste Etage (f)	floor plan, first floor plan	plan (m) d'étage, premier étage	поэтажный план (м), план (м) первого этажа
Grundrißplan (m), ... Etage (f)	floor plan, ... floor	plan (m) d'étage (m), ... étage (m)	поэтажной план (м), ... этаж (м)
Grundrißplan (m), Maßstab (m): ...	floor plan, scale: ...	plan (m) d'étage, échelle (f): ...	поэтажный план (м), масштаб: ...
Grundrißplan (m) und Schnitte (m)	floor plan and sections	plan (m) d'étage et coupes (f)	поэтажный план (м) и разрезы (м)
Grundrißplan (m), zweites Geschoß (n) / zweiter Stock / zweite Etage (f)	floor plan, second floor plan	plan (m) d'étage, deuxième étage	поэтажный план (м), план (м) второго этажа
Grundstück (n)	lot	parcelle (f) de terrain	земельный участок (м)
Grundstücksgrenze (f)	property line	limite (f) de propriété (f)	граница (ж) земельного участка
Grundstücksgröße (f)	lot size	grandeur de lot (m) (terrain)	размер (м) земельного участка
Grundstückspreis (m)	lot price	prix (m) du lot (m) (terrain)	цена (ж) земельного участка
Gully (m)	gulley	égout (m)	ливневый спуск (м)
Gummiunterlage (f)	rubber pad	base (f) en caoutchouc	резиновая подкладка (ж)
Gurt (m) (Stahlträger)	flange (steel beam)	semelle (f) / aile (f) (poutre en acier)	фланец (м) (стальная балка)
Gußasphalt (m)	mastic asphalt	asphalte (m) coulé	асфальтовая мастика (ж)
Gußasphaltestrich (m)	screed of mastic asphalt	chape (f) de mastic (m) bitumineux (asphaltique)	стяжка (ж) литого асфальта
Gußeisen (n)	cast iron	fonte (f)	литейный чугун (м)
Gußeisenrohr (n)	cast iron pipe	tuyau (m) de fonte (f)	чугунная труба (ж)
gußeiserner Radiator (m)	cast iron radiator	radiateur (m) en fonte (f)	чугунный радиатор (м)

Halbgeschossiges

DEUTSCH	ENGLISCH	FRANZÖSISCH	RUSSISCH
H			
halbgeschossiges Haus (n)	split-level house	maison (f) à mi-étage	здание (ср) с разными отметками перекрытий в смежных секциях
halbglänzender Ölanstrich (m)	semi-gloss oil finish	fini (m) semi-lustre à l'huile (f)	полуглянцевая масляная поверхность (ж)
halbhohe Trennwand (f)	dwarf partition	cloison (f) à mi-hauteur	неполная перегородка (ж)
Halbrundrinne (f)	gutter, half round	gouttière (f) demi-ronde	полокруглый водосточный жёлоб (м)
Hand-Funksprechgerät (n) / tragbares Sprechfunkgerät (n) / Walkie-Talkie (n)	walkie-talkie	émetteur-récepteur (m) portatif	портативная дуплексная радиостанция (ж)
Handlauf (m)	handrail	main courante (f)	поручень (м) / перила (ср)
Handlauf (m), einseitig, zweiseitig	handrail, one sided, two sided	main courante (f) d'un côté, des deux côtés	передний поручень (м), односторонний, двусторонный
Handlauf (m) mit Stahlstützen (f) auf Stufen (f) befestigt	handrail with steel supports attached to steps	main courante (f) d'escalier (m) sur supports (m) d'acier fixés aux marches (f)	лестничные перила (ср) с стальными опорами, связаными со ступеньками
Handluftklappe (f)	manual damper	volet (m) (registre) manuel	ручной воздушный клапан (м)
hängende Deckenleuchte (f)	suspended luminaire	luminaire (m) suspendu	подвесный потолочный светильник (м)
Harmonikatür (f), Falttür (f)	accordion door, folding door	porte (f) accordéon, porte (f) pliante	складная дверь (ж)
harte / steife Wärmedämmung (f)	rigid insulation	isolation (f) rigide	жёсткозакреплённая изоляция (ж)
Hartholz (n)	hardwood	bois (m) dur (bois franc)	древесина (ж) лиственных пород
Hartschaumplatte (f) / harte / steife Dämmstoffplatte (f)	rigid insulating board / rigid insulating sheet	planche (f) d'isolation rigide	жёсткозакреплённая изоляционная плита (ж) / жёсткозакреплённый изоляционный лист (м)
Hartschaumplatte (f) im Mörtelbett (n)	rigid insulating board / sheet set in mortar bed	planche (f) d'isolation rigide posé au mortier (m)	жёсткозакреплённый изоляционный лист (м), встроенный в растворной постели

Hauptansicht

DEUTSCH	ENGLISCH	FRANZÖSISCH	RUSSISCH
Hauptansicht (f)	main elevation	façade (f) principale	главный фасад (м)
Hauptbinder (m)	main truss	ferme (f) principale	главная ферма (ж)
Haupteingang (m)	main entrance	entrée (f) principale	парадный вход (м) / передний вход (м)
Hauptträger (m) / Unterzug (m)	main beam / girder	poutre (f) maîtresse	главная балка (ж)
Haupttreppe (f)	main stairway	escalier (m) principal	парадная лестница (ж)
Hauseingang (m) / Eingang (m)	entrance	entrée (f)	вход (м)
Hausflur (m)	entrance vestibule (building)	couloir (m) du bâtiment	домачный коридор (м)
Haushälfte (f)	semi-detached (house)	moitié (f) du bâtiment (m) / semi-détaché / logement (m) jumelé	сблокированный дом (м)
Haushalt- und Eisenwarenhandlung (f), im Großen, im Kleinen	hardware wholesale, hardware retail	vente (f) en gros de quincaillerie (f), vente (f) de détail de quincaillerie (f)	аппаратная оптовая торговля (ж), аппаратная розничная продажа (ж)
Hausmeister (m)	janitor	concierge (m)	привратник (м)
Hecke (f)	hedge	haie (f)	живая изгородь (ж)
Heckenbepflanzung (f)	hedge planting	plantation (f) de haie (f)	зелёная изгородь (ж)
Heizkabel (n)	heating cable	câble (m) de chauffage (électrique)	греющий электрокабель (м)
Heizung (f)	heating	chauffage (m)	отопление (ср)
Heizung (f) und Lüftungszeichnungen (f)	heating and ventilation drawings	dessins (m) de chauffage et ventilation	чертежи (м) отопления и вентиляции
Heizungs-Lüftungsraum (m) / technischer Installationsraum (m)	mechanical room	salle (f) de mécanique	механическое помещение (ср)
Heizungskanal (m)	heating duct	gaine (f) de chauffage	трубопровод (м) отопления
Heizungskeller (m), Kesselraum (m)	boiler room	chaufferie (f), salle (f) des chaudières	котельная (ж)
Hemlocktanne (f)	hemlock	ciguë (f)	болиголов (м) / цикута (ж)

Herauf

DEUTSCH	ENGLISCH	FRANZÖSISCH	RUSSISCH
herauf (Treppe)	up (stair)	en haut (escalier)	наверх (лестница)
Herrentoilette (f)	men's washroom	toilette (f) hommes	уборная (ж) для мужчин
Hintereingang (m)	rear entrance / back entrance	entrée (f) arrière / entrée (f) secondaire	задний вход (м)
Hinterfüllung (f)	backfill	remblayage (m) / remplissage (m)	обратная засыпка (ж)
Hintermauerung (f)	backing masonry	maçonnerie (f) de remplissage	забутка (ж) / каменная кладка (ж)
hinunter (Treppe)	down (stair)	en bas (escalier)	вниз (лестница)
Hinweis (m) / Vermerk (m)	note	note (f)	заметка (ж)
Hinweispflicht (f)	mandatory note	note (f) obligatoire	необходимая заметка (ж)
hochkant gestellte Dachlatten (f)	roof battens put on edge	lattes (f) de toiture posée sur champ	обрешётки (ж) крыши, поставленые на крае
Hochschicht (f) / Grenadierschicht (f)	soldier brick / soldier rowlock	brique (f) de champ	кирпич (м), поставленный на торец
Hochspannung (f)	high voltage	haut-voltage (m)	высокое напряжение (ср)
Höhe (f)	elevation (level)	niveau (m)	высотная отметка (ж) (уровень)
Höhe (f) der Setzstufe (f)	height of riser	hauteur (f) de la contremarche (f)	высота (ж) проступки
Höhe (f) des Baugeländes (n)	site elevation	niveau (m) du terrain (m) (emplacement du bâtiment)	уровень (м) стройплощадки
Höhe (f) (Tür, Fenster)	height (door, window)	hauteur (f) (porte, fenêtre)	высота (ж) (дверь, окно)
Höhen (f) sind in der folgenden Reihenfolge (f) angegeben:	elevations are given in the following order:	les niveaux (m) sont donnés dans l'ordre (m) suivant:	высоты (м) находятся в следующим порядке:
höhenverstellbarer Bodenablauf (m)	height-adjustable floor drain	drain (m) de plancher (m) à hauteur (f) ajustable	половая дрена (ж) регулируемой высоты
Hohlblockstein (m)	hollow concrete block	bloc (m) de béton (m) creux	пустотелый бетонный блок (м)

Hohlblockstein

DEUTSCH	ENGLISCH	FRANZÖSISCH	RUSSISCH
Hohlblockstein (m) mit Schaumstoff (m)	plastic foam-filled hollow concrete block	bloc (m) creux en béton rempli de mousse (f) plastique	бетонный блок (м), налитый пенопластом
hohlkastenförmige Metalltür (f)	hollow metal door	porte (f) creuse en métal (m)	пустотелая металлическая дверь (ж)
Hohlkehle (f)	cove	gorge (f)	выкружка (ж)
holländische Tür (f)	Dutch door	porte (f) hollandaise à guichet / porte (f) normande à guichet	голландская дверь (ж)
Holz (n)	wood	bois (m)	древесина (ж) / дерево (ср)
Holzbalken (m)	wood beam	poutre (f) en bois (m)	деревянная балка (ж)
Holzbalkendecke (f)	wood joist flooring	plancher (m) en solives (f) de bois (m)	деревянный балочный настил (м)
Holzbalkendecke (f) mit Hohlraumdämmung (f)	wood floor on joists with cavity insulation	plancher (m) de bois (m) sur solives (f) avec isolation (f) dans les cavités (f)	деревянная балка (ж) перекрытия с изоляцией с воздушной прослойкой
Holzbalkenlage (f)	location of wooden beams / position of wooden beams	emplacement (m) des poutres (f) en bois	местоположение (ср) деревянных балк (ж)
Holzbehandlung (f)	wood treatment	traitement (m) du bois (m)	деревянная обработка (ж)
Holzbekleidung (f) der Außenwand (f)	wood cladding on exterior wall	parement (m) en bois (m) sur mur (m) extérieur	деревянная наружная обшивка (ж) на наружной стене
Holzblende (f)	wood veneer	placage (m) de bois (m)	деревянная облицовка (ж) (фанера)
Holzdachschalung (f) mit Nut (f) und Feder (f)	wood roof sheathing with tongue and groove	revêtement (m) de toiture (f) en bois (m) embouveté	оболочка (ж) деревянной крыши (ж) со шпунтом и пазом
hölzerner Blockrahmen (m) / hölzerne Zarge (f) (Fenster- oder Tür)	wood buck (window or door)	châssis (m) de bloc / faux-cadre (m) en bois (fenêtre ou porte)	деревянная царга (ж) (окно или дверь)
Holzfaserdämmplatte (f)	wood fibre insulation sheet	feuille (f) d'isolation (f) en fibres de bois	лист (м) деревянной волокнистой изоляции
Holzfaserdämmung (f)	wood fibre insulation	isolation (f) en fibre (f) de bois	древесноволокнистая изоляция (ж)

Holzfenster

DEUTSCH	ENGLISCH	FRANZÖSISCH	RUSSISCH
Holzfenster (n)	wood window	fenêtre (f) en bois (m)	окно (ср) с деревянной коробкой и переплётами
Holzfußboden (m)	wood flooring	revêtement (m) de plancher (m) en bois (m)	деревянный настил (м) пола
Holzkeil (m) / hölzerner Randkeil (m)	wood cant strip	tringle (f) biseautée en bois (m)	деревянный трёхкантный прут (м)
Holzkeil (m) / Randkeil (m) aus Holz (n)	cant (wood)	tringle (f) biseautée (bois)	трёхкантный брус (м) (деревянный)
Holzlatte (f)	wood lath	latte (f) en bois (m)	деревянная дрань (ж)
Holzlattung (f)	wood furring	fourrure (f) en bois (m)	деревянная обрешётка (ж)
Holzplatte (f)	wood panel	panneau (m) en bois (m)	деревянная панель (ж)
Holzprofillatte (f)	wood moulding (molding)	moulure (f) en bois (m) / baguette (f) en bois (m)	деревянная профилированная раскладка (ж)
Holzrahmenkonstruktion (f) / Fachwerkkonstruktion (f)	wood frame construction	charpente (f) en bois (m) / construction (f) à ossature (f) de bois (m)	деревянная каркасная конструкция (ж)
Holzschindel (f)	wood shingle	bardeau (m) de bois	деревянный гонт (м) / деревянная плитка (ж)
Holztür (f)	wood door	porte (f) en bois (m)	деревянная дверь (ж)
Holzwolle (f)	wood wool	laine (f) de bois (m)	деревянная шерсть (ж)
horizontale Holzbekleidung (f)	horizontal wood sheathing	revêtement (m) extérieur horizontal en bois (m)	горизонтальная деревянная обшивка (ж)
Horizontalfuge (f)	horizontal joint	joint (m) horizontal	горизонтальный шов (м)
Horizontalschnitt (m)	horizontal section	coupe (f) horizontale	горизонтальный разрез (м)
Hülse (f)	sleeve	manchon (m)	гильза (ж)

Immergrüner

DEUTSCH	ENGLISCH	FRANZÖSISCH	RUSSISCH
I			
immergrüner Baum (m)	evergreen tree	arbre (m) toujours vert	вечнозелёное дерево (ср)
immergrüner Strauch (m)	evergreen shrub	arbrisseau (m) toujours vert	вечнозелёный кустарник (м)
imprägniertes Holz (n)	impregnated wood	bois (m) imprégné	пропитанное дерево (ср)
ineinandergreifende Mauersteine (m) aus Beton	interlocking concrete blocks	blocs (m) de béton à emboîtement	бетонные блоки (м) с замковым соединением
Ingenieure (m) der Haustechnik (f) (Heizung, Lüftung, Sanitär- und Elektrotechnik)	mechanical and electrical engineers	ingénieurs en mécanique et électricité	инженер-механики (м) и электротехники (м)
Innenanschlag (m) (Türblatt)	interior rabbet (door leaf)	feuillure (f) intérieure (battant de porte)	внутренний стоп (м) (створка двери)
Innenbeleuchtung (f)	indoor lighting	éclairage (m) intérieur	внутреннее освещение (ср)
innenliegender Balkon (m)	fully recessed balcony	balcon (m) complètement en retrait	полновстроенный балкон (м)
innenliegender Schornstein (m)	interior chimney	cheminée (f) intérieure	внутренняя дымовая труба (ж)
Innenmaß (n)	interior dimension	dimension (f) intérieure	внутренний размер (м)
Innenputz (m)	plaster (interior)	plâtre (m) (intérieur)	штукатурка (ж) (внутренняя)
Innenschale (f) (Stahlbetonelement)	interior shell (reinforced concrete element)	parement (m) intérieur (élément de béton armé)	внутренняя оболочка (ж) (железобетонный элемент)
Innenstütze (f) aus Stahl (Säule)	interior steel support (column)	support (m) d'acier (m) intérieur (colonne)	внутренняя стальная опора (ж) (колонна)
Innentreppe (f)	interior stair	escalier (m) intérieur	внутренняя лестница (ж)
Innentür (f) / Zimmertür (f)	interior door	porte (f) intérieure	внутренняя дверь (ж)
ISO-Norm (f)	ISO-Standard	Norme (f) ISO	Международная организация по стандартизации (МОС)
Isolierfolie (f)	insulation foil	feuille (f) isolante	изолирующая фольга (ж)
Isoliermatte (f)	insulation, batt	matelas (m) isolant	обёртывающая теплоизоляция (ж)

Isolierschicht

DEUTSCH	ENGLISCH	FRANZÖSISCH	RUSSISCH
Isolierschicht (f) / Dämmschicht (f)	insulating layer	couche (f) isolante	изоляционный слой (м)
isolierte Tür (f)	insulated door	porte (f) isolante	изоляционная дверь (ж)
Isolierverglasung (f) / Doppelscheibe (f) / Doppelverglasung (f)	insulating glass / double glazing	vitrage (m) isolant / double vitrage (m)	двухслойное глазурование (ср) / двойное остекление (ср)
Isolierzimmer (n) (Einbettzimmer)	isolation room (one bed)	chambre (f) d'isolement (un lit)	изоляционный кабинет (м) (одна кровать)

J

DEUTSCH	ENGLISCH	FRANZÖSISCH	RUSSISCH
Jalousette (f), Jalousette-Zuluftprofil (n), Jalousette-Abluftprofil (n)	louvre (louver), air intake louvre (louver), air exhaust louvre (louver)	louvre (m), louvre prise (f) d'air, louvre retour (m) d'air	жалюзи (ср), жалюзи (ср) воздухозаборника, жалюзи (ср) откачки воздуха
Jalousie (f), Sonnenblende (f) (Fenster)	blind, window blind	jalousie (f), store (m) (fenêtre)	жалюзи (ср)

K

DEUTSCH	ENGLISCH	FRANZÖSISCH	RUSSISCH
Kabel (n)	cable	câble (m)	кабель (м)
Kabelbaum (m)	electric pole	poteau (m) d'électricité	электрический полюс (м)
Kabelrohr (n)	conduit	conduit (m)	кабельная труба (ж) / кабелепровод (м)
Kabelschacht (m)	cable shaft	puits (m) de câbles (m)	кабельная шахта (ж)
Kabine (f)	booth	cabine (f)	кабина (ж)
Kalksandstein (m)	limestone / lime sandstone	pierre (f) silico-calcaire	известняковый песчаник (м)
Kalkstein (m)	limestone	pierre (f) calcaire	известняк (м)
Kaltdach (n)	non-insulated roof space	sous-toit (m) non-isolé	неизолированный чердак (м)
Kaltwasser (n)	cold water	eau (f) froide	холодная вода (ж)

Kämpfer

DEUTSCH	ENGLISCH	FRANZÖSISCH	RUSSISCH
Kämpfer (m)	transom	vasistas (m) / imposte (f)	горизонтальный импост (м) / фрамуга (ж)
Kanalisation (f)	sewerage / sewage system	système d'égouts (m)	наружная канализационная сеть (ж)
Kanalisationsanschluß (m)	sewer connection	branchement (m) d'égout (m)	соединительная ветка (ж) канализации
Kanalsystem (n)	ductwork	réseau (m) de gaines (f) / conduits	система (ж) каналов / канализация (ж)
Kante (f) / Stufenvorderkante (f) (Treppe)	nosing / tread-nosing (stair)	nez (m) de marche (escalier)	выступающая кромка (ж) ступени (лестница)
Kantholz (n)	wood blocking, wood nailer	blocage (m) en bois (m), fond (m) de clouage	деревянная блокировка (ж), деревянная рейка (ж)
Kantholz (n) mit Bolzen (m) befestigt, Durchmesser ...	wood blocking fastened with ... diameter bolts	blocage (m) de bois (m) fixé avec boulons (m) de ... diamètre	деревянная блокировка (ж), закреплённая болтами диаметр ...
Kapelle (f)	chapel	oratoire (m) / chapelle (f)	капелла (ж)
Kassenraum (m)	accounting room	salle (f) de comptabilité	бухгалтерская комната (ж)
Kassettendecke (f)	caisson ceiling / waffle-ceiling	plafond (m) à caissons (m)	кессонный потолок (м)
Kassettendecke (f) vertäfelte Decke (f) (innen, außen)	panelled ceiling (interior, exterior)	plafond (m) à panneaux (m) (intérieur, extérieur)	кессонный подшивной потолок (м) (внутренний, наружный)
Kassettenplatte (f)	waffle slab	dalle-caissons (f)	кессонная плита (ж) перекрытия
Kastenfenster (n) (bei Mauerleibung ohne Anschlag), zwei bewegliche Flügel (m) mit zwei Fenster-Blendrahmen (m) / Zargen (f) und Fenster-Futter (n)	double window (at square masonry jamb), two sashes with two window frames (fastened to wall) and jamb lining	fenêtre (f) double (à jambage de maçonnerie orthogonal), fenêtre (f) à deux battants (m) et deux cadres (m) / deux châssis (m) de fenêtre (attaché au mur) et chambranle (m)	окно (ср) со двумя коробками (у квадратной вертикальной обвязки), две оконного переплёта со двумя оконной рамой, прикреплёнными к стене и со внутренным наличником
Kastenrinne (f)	gutter, recessed semi-square	gouttière (f) en retrait de forme demi-carrée	отодвинутый, полуквадратный жёлоб (м)

Kastenrinne

DEUTSCH	ENGLISCH	FRANZÖSISCH	RUSSISCH
Kastenrinne (f) mit trichterförmigem Einlauf (m)	gutter with a funnel-like drain inlet, recessed semi-square	gouttière (f) en retrait de forme demi-carrée avec écoulement au drain (m) en entonnoir	жёлоб (м), отодвинутый полуквадратный жёлоб с дренажным водовыпуском, похожим на воронку
Kastenträger (m)	box beam, box girder	poutre (f) à caisson	балка (ж) коробчатого сечения
Kastenträgerprofil (n)	box beam section	coupe (f) de poutre-caisson (f)	профиль (м) балки коробчатого сечения
Kehlbalkendach (n) mit Kehlbalken (m)	couple roof with collar beam	comble (m) à deux versants sur arbalétriers (m) avec poutre-tirant (f)	двускатная крыша (ж) с высячими стропильными фермами со стропильной затяжкой (ж)
Kehlblechverwahrung (f)	valley flashing	solin (m) de noue (f)	металлическое покрытие (ср) разжелобка
Kehle (f), Kehlsparren (m)	valley, valley rafter	vallée (f), chevron (m) de noue	разжелобок (м), стропильная нога (ж) разжелобка
Kehlnahtschweißung (f)	coved seam weld	soudure (f) de joint (m) à gorge (f)	угловой сварной шов (м)
Kehlschifter (m) / Kehlriegel (m)	valley jack / jack rafter	empanon (m) de noue / chevron (m) de noue	нарожник (м) (короткая стропильная нога)
Kehlsockel (m) (Fußleiste)	cove base	plinthe (f) à talon (m) arrondi	основание (ср) выкружки
Kehlsparren (m)	valley rafter	chevron (m) de noue	стропильная нога (ж) разжелобка
Keil (m)	wedge	cheville (f) / cale (f)	клин (м)
keilförmige Isolierungselemente (n)	wedge-shaped insulation elements	isolant (m) en plaques (f) biseautées	клинообразные изоляционные элементы (м)
kellengeglättete Oberfläche (f)	troweled surface	surface (f) lissée à la truelle (f)	железнённая бетонная поверхность (ж)
Kellenglattschicht (f) auf Giebelwand (f)	floated coat on gable wall	couche (f) truellée sur mur-pignon	грунт (м) на фронтонной (щипцовой) стене

Kellenglattschicht

DEUTSCH	ENGLISCH	FRANZÖSISCH	RUSSISCH
Kellenglattschicht (f) / Außenglattverputz (m)	floated coat / smooth level coat (exterior)	finition (f) de surface par lissage à la truelle (f) / couche (f) lisse (extérieur)	грунт (м), внешный гладкий слой (наружный)
Kellenglattschicht (f) / Ziehschicht (f)	floated coat	couche (f) truellée / couche (f) d'enduit (m) à la truelle (f)	слой (м) штукатурки с поверхностной затиркой
Kellenglattstrich (m)	trowel finish	fini (m) à la truelle (f)	поверхность (ж), отделанная лопаткой
Keller (m) / Kellergeschoßgrundriß (m) / Untergeschoßgrundriß (m)	basement / basement floor	sous-sol (m)	подвал (м) / подвальный этаж (м)
Kelleraußenwand (f)	basement wall	mur (m) de soubassement (m)	подвальная стена (ж)
Kellerfenster (n)	basement window	soupirail (m)	подвальное окно (ср)
Kellergeschoß-Grundrißplan (m) / Untergeschoß-Grundrißplan (m)	basement plan / basement floor plan	plan (m) du sous-sol (m)	подвальный план (м)
Kellersohle (f)	basement level	niveau du sous-sol (m)	подвальная грань (ж)
Keramikfliese (f)	ceramic tile	carreau (m) de céramique (f) / tuile (f) de céramique	керамическая плитка (ж)
keramische Bodenfliesen (f) im Dünnbett (n)	ceramic floor tiles embedded (set) in glue (thin-set-method)	pavement (m) en tuiles (f) céramiques posées à la colle (f) adhésive	керамические половые камени (м), положены в клее
keramische Wandblende (f)	ceramic wall veneer	revêtement (m) mural en céramique (f)	стеновая облицовка (ж) керамических плиток (ж)
keramischer Fliesenbelag (m)	ceramic tile flooring	recouvrement (m) de plancher (m) en tuiles (f) céramiques	покрытие (ср) керамических плиток
Kiefer (m)	pine	pin (m) (arbre)	сосна (ж)
Kies (m)	gravel / crushed stone	gravier (m) / pierre (f) concassée	гравий (м)

Kiesbett

DEUTSCH	ENGLISCH	FRANZÖSISCH	RUSSISCH
Kiesbett (n) (siehe Zeichnungen für Außenanlagen)	gravel bed (see landscape drawings)	lit (m) de gravier (m) (voir dessins paysagistes)	гравийная подготовка (ж) / гравийное основание (ср) (смотри ландшафтные архитектурные чертёжи)
Kieselstein (f)	pebble	rocaille (f) / gravillon (m)	галька (ж)
Kippflügelfenster (n) (nach innen aufgehender Flügelrahmen)	hopper window	fenêtre (f) de trémie (f) (battant basculant à l'intérieur)	окно (ср) с нижней фрамугой
Klappe (f)	hatch	trappe (f)	люк (м)
Klappflügelfenster (n) (nach außen aufgehend)	awning window / top-hung window (opening to the outside)	fenêtre (f) articulée à la tête ouvrant à l'extérieur (ouvrant à l'extérieur)	верхнеподвесное окно (ср), открывающееся наружу
Klapptür (f) / Hebetür (f)	overhead door	porte (f) basculante	подъёмная дверь (ж)
Klassenraum (m) / Klassenzimmer (n)	classroom	classe (f)	класс (м)
Klavierscharnier (n)	piano hinge	charnière-piano (f)	рояльный шарнир (м)
Kleiderschrank (m)	wardrobe	garde-robe (f) / penderie (f)	платяной шкаф (м) / гардероб (м)
Kleinküche (f)	kitchenette	cuisinette (f)	кухонька (ж)
Klimatisierung (f) / Klimaanlage (f)	air conditioning system / air conditioning	système (m) de conditionnement (m) d'air / conditionnement (m) d'air	кондиционирование (ср) воздуха
Klinker (m)	clinker	mâchefer (m)	клинкер (м)
Klinker (m) / Vollklinker (m)	clinker brick	brique (f) de mâchefer (m)	клинкер (м) / клинкерный кирпич (м)
Klinkermauerwerk (n)	brickwork of clinkers	maçonnerie (f) de mâchefer	каменная кладка (ж) из клинкеров
Kokospalme (f)	coconut palm	cocotier (m)	кокосовая пальма (ж)
Kondensation (f)	condensation	condensation (f)	конденсация (ж)

Konferenzraum

DEUTSCH	ENGLISCH	FRANZÖSISCH	RUSSISCH
Konferenzraum (m) / Besprechungsraum (m)	conference room / meeting room	salle (f) de conférence / salle (f) de réunion	комната (ж) конференции
Königspalme (f)	royal palm	palmier (m) royal	пальма (ж) / благородная пальма (ж)
Konsole (f)	console	console (f)	консоль (ж)
Konsole (f), Winkellasche (f)	bracket	console (f), éclisse (f)	кронштейн (м)
konstante Höhe (f)	constant height	hauteur (f) constante	постоянная высота (ж)
Konstruktionsprinzip (n)	construction principle	principe (m) de construction (f)	строительный принцип (м)
Kontrolliste (f)	check list / control list	liste (f) de contrôle	управляющая таблица (ж) / контрольный перечень (м)
Kontrollraum (m)	control room	salle (f) de contrôle (m)	руководство (ср)
Kontrollschacht (m)	control shaft	gaine (f) de contrôle / puits (m) de contrôle	контрольная шахта (ж)
Konvektor (m)	convector	convecteur (m)	конвектор (м)
Kopfband (n)	strut	entretoise (f) / contre-fiche (f)	подпор(к)а (ж), распорка (ж)
Korkdämmung (f)	cork insulation	isolation (f) en liège (m)	пробковая изоляция (ж)
Korkfliese (f)	cork tile	carreau (m) de liège (m) / tuile (f) de liège (m)	пробковая плитка (ж)
Korkplatte (f)	cork sheet	feuille (f) de liège (m)	пробковый лист (м)
Kragbalken (m) mit Wärmedämmung (f)	cantilever beam with thermal insulation	poutre (f) en encorbellement avec isolation (f) thermique	консольная балка (ж) с теплоизоляцией
Kragplatte (f)	cantilevered slab	dalle (f) en console / dalle (f) en encorbellement	консольная плита (ж)
Krankenbett (n)	hospital bed	lit (m) d'hôpital (m)	постель (ж) больного
Krankensaal (m), Achtbettzimmer (n)	ward, eight beds	salle (f) commune, huit lits	палата (ж), восемь кроватей

Krankensaal

DEUTSCH	ENGLISCH	FRANZÖSISCH	RUSSISCH
Krankensaal (m), Vierbettzimmer (n)	ward, four beds	salle (f) commune, quatre lits	палата (ж), четыре кровати
Kreuzstreifen (m)	cross-bridging	entretoise (f)	система (ж) диагональных связей между балками перекрытия
Kreuzverband (m)	English (cross) brick bond	appareil (m) anglais (croisé) de maçonnerie (f)	английская (крестовая) кирпичная перевязка (ж)
kreuzweise Bewehrung (f)	two-way reinforcement	armature (f) dans les deux sens	перекрёстное армирование (ср)
Kriechraum (m)	crawl space	espace (m) de rampement (m)	полупроходное подполье (ср)
Kriechraum (m), Kriechkeller (m)	crawl space, crawl basement	espace (m) de rampement, sous-sol (m) de rampement	полупроходное подполье (ср), полупроходный подвал (м)
Krüppelwalmdach (n)	hipped-gable roof	comble (m) en demi-croupe	полувальмовая крыша (ж)
Küche (f)	kitchen	cuisine (f)	кухня (ж)
Küchenanordnung (f)	kitchen layout	aménagement (m) de cuisine (f)	конфигурация (ж) / расположение (ср) кухни
Kunstharzbeschichtung (f)	synthetic resin cover	revêtement (m) en résine (f) synthétique	покрытие (ср) синтетической смолы
künstliche Beleuchtung (f) / künstliches Licht (n)	artificial lighting	éclairage (m) artificiel	искусственное освещение (ср)
künstliche Belüftung (f)	artificial ventilation	ventilation (f) artificielle	искусственная вентиляция (ж)
Kunststoff (m)	plastic	plastique (m)	пластик (м)
Kunststoffbeschichtung (f)	plastic coating	revêtement (m) plastique	покрытие (ср) для пластика (пластмассовое)
Kunststoffenster (f)	plastic window	fenêtre (f) en plastique (m)	пластмассовое окно (ср)
Kunststoffprofil (n)	plastic profile (section)	profilé (m) de plastique	пластический профиль (м)
Kupfer (n)	copper	cuivre (m)	медь (ж)
Kupferdeckung (f)	copper covering	couverture (f) en cuivre (m) / revêtement (m) en cuivre (m)	медное покрытие (ср)

DEUTSCH	ENGLISCH	FRANZÖSISCH	RUSSISCH
L			
Labor (n)	laboratory	laboratoire (m)	лаборатория (ж)
Labor (n) für Herz- und Gefäßkrankheiten (f)	cardiovascular laboratory	laboratoire (m) cardiovasculaire	сердечно-сосудистая лаборатория (ж)
Lack (m)	varnish	vernis (m) / laque (f)	лак (м)
Lackfarbe (f)	varnish paint	peinture (f) laquée	лаковая краска (ж)
Lage (f) / Bahn (f), einlagige Bahn (f)	ply, one-ply	pli (m), un pli (m)	слой (м), однослойный
Lageplan (m)	site plan	plan (m) de situation, plan (m) d'emplacement	ситуационный план (м) / ориентационный план (м)
Lager-Nr. (Nummer)	storage No. (number)	dépôt (m) No. (numéro)	№ хранения (ср) (номер)
Landschaftsarchitektur (f)	landscape architecture	architecture (f) paysagiste	архитектура (ж) ландшафта
Landschaftsgestaltung (f)	landscaping	paysagisme (m)	ландшафтная архитектура (ж)
Längsschnitt (m)	longitudinal section	coupe (f) longitudinale	продольный разрез (м)
Lärmbelastung (f)	noise burden	vacarme (m) / fracas (m)	зашумлённость (ж)
Lärmsperre (f)	noise barrier	écran (m) d'insonorisation	звукоизолирующая преграда (ж)
Lastenaufzug (m)	freight elevator	monte-charge (m)	грузовой лифт (м)
Laternenpfahl (m) / Beleuchtungspfosten (m)	lamp post	lampadaire (m)	фонарный столб (м)
Latte (f)	lath	latte (f)	рейка (ж)
Lattentür (f)	ledged door	porte (f) en planches	дощатая дверь (ж) на планках
Laubbaum (m)	deciduous tree	arbre (m) caduc	листопадное дерево (ср)
Laubstrauch (m)	deciduous shrub	arbrisseau (m) caduc	листопадный кустарник (м)
Läuferschicht (f)	stretcher course	assise (f) de panneresses (f)	ложковый ряд (м)

Läuferverband

DEUTSCH	ENGLISCH	FRANZÖSISCH	RUSSISCH
Läuferverband (m)	stretcher running bond	appareil (m) de briques en panneresses (f)	ложковая перевязка (ж)
Laufsteg (m) / Hängesteg (m)	catwalk	passerelle (f)	мостик (м) для пешеходов
Lehrerzimmer (n)	teachers' room	salle (f) des professeurs	учительская (ж)
Leibung (f), Fensterleibung (f), Türleibung (f)	jamb, window jamb, door jamb	jambage (m), jambage (m) de fenêtre, jambage (m) de porte	вертикальная обвязка (ж), оконная вертикальная обвязка (ж), дверная вертикальная обвязка (ж)
Leichtbauplatte (f) aus Holzwolle (f)	lightweight panel of wood wool	panneau (m) léger de laine (f) de bois	легковесная панель (ж) древесной шерсти
Leichtbeton (m)	lightweight concrete	béton (m) léger	лёгкий бетон (м)
Leichtbeton-Hohlblockstein (m)	hollow lightweight concrete block	bloc (m) de béton (m) léger creux	пустотелый лёгкий бетонный блок (м)
Leichtbeton (m) mit Styroporzusatz (m)	polystyrene foam concrete	béton (m) à base de polystyrène expansé	пенобетон (м) с полистиролом
Leichtbetonfüllung (f)	lightweight concrete fill	remplissage (m) de béton (m) léger	засыпка (ж) лёгкого бетона
Leichtbetonplatte (f)	lightweight concrete panel	panneau (m) de béton (m) léger	панель (ж) лёгкого бетона
Leichtdämmbeton (m)	insulating concrete	béton (m) isolant	теплоизоляционный бетон (м)
leichte Vorhangwand (f)	lightweight curtain wall	mur-rideau (m) léger	легковесная ненесущая стена (ж)
Leichtmetall (n)	lightweight metal	métal (m) léger	лёгкий металл (м)
Leistungsbeschreibung (f)	specifications	spécifications (f) / devis (m) descriptif	технические условия (ср)
Leiter (f)	ladder	échelle (f)	стремянка (ж)
Leiter (f) / Trittleiter (f)	step(-)ladder	escabeau (m)	стремянка (ж) / складная лестница (ж)
Leitersprossen (f) aus Stahl (m)	ladder rungs (steel)	échelons (m) en acier	стальные ступеньки (ж) лестницы
Leitungswasser (n)	tap water	eau (f) de robinet (m)	водопроводная вода (ж)

Leseraum

DEUTSCH	ENGLISCH	FRANZÖSISCH	RUSSISCH
Leseraum (m)	reading room	salle (f) de lecture	читальня (ж)
lichte Höhe (f)	overhead clearance	hauteur (f) libre	габарит (м) контактной сети (высота в свету)
lichte Höhe (f), lichte Breite (f), lichte Weite (f)	overhead clearance, clear width, clear span	hauteur (f) libre / gabarit (m) net, largeur (f) nette, portée nette	габарит (м) контрактной сети, габаритная ширина (ж), пролёт (м) в свету
lichte Maueröffnung (f)	clear masonry opening	ouverture (f) nette maçonnerie (f)	свободное отверстие (ср) на каменной кладке
lichte Öffnung (f)	clear opening	ouverture (f) nette	свободное отверстие (ср)
lichte Tragweite (f) / freitragende Spannweite (f)	clear span	portée (f) libre	пролёт (м) в свету
lichte Treppendurchgangshöhe (f)	head clearance (stair)	hauteur (f) libre (escalier)	высота (ж) помещения (лестница)
Lichtschacht (m)	light shaft	puits (m) de lumière (f)	световая шахта (ж)
Lichtschalter (m)	electric switch	commutateur (m) électrique	электрический выключатель (м)
Lichtsignal (n)	beacon	signal (m)	знак (м)
Lieferanteneingang (m)	service entrance	entrée (f) de service	служебный вход (м)
Linde (f)	linden / lime tree	tilleul (m)	липа (ж)
Linienlast (f)	continuous load	charge (f) continue et uniforme	непрерывная нагрузка (ж)
linke Seitenansicht (f)	left side elevation	façade (f) latérale gauche / élévation (f) latérale gauche	фасад (м) боковой с левой стороны
Linoleum (n)	linoleum	linoléum (m)	линолеум (м)
Linoleumbelag (m)	linoleum covering	revêtement (m) de linoléum	покрытие (ср) линолеума
Lochziegel (m)	hollow brick	brique (f) creuse	пустотелый кирпич (м)
lockere Erde (f)	loose soil	sol (m) meuble	рыхлый грунт (м)
Lorbeer (m)	mountain laurel	laurier (m) de montagne	лавровое дерево (ср)

Lose

DEUTSCH	ENGLISCH	FRANZÖSISCH	RUSSISCH
lose Schüttung (f)	loose fill	remblayage (m) en terre meuble	амортизационный сыпучий материал (м)
Luftaustausch (m) / Luftwechsel (m)	air exchange / air change	échange (m) d'air (m) / changement (m) d'air (m)	воздухообмен (м)
Luftbefeuchter (m)	humidifier	humidificateur (m)	увлажнитель (м) воздуха
Luftentfeuchter (m)	dehumidifier	déshumidificateur (m)	воздухоосушитель (м)
Luftkanäle zur Be- und Entlüftung (f)	ducts for air supply and exhaust	conduits (m) d'amenée et d'évacuation de l'air	воздуховоды (м) для распределения подачи и вытяжки воздуха
Luftklappenprofil (n) (Tür)	door vent	volet (m) d'aération (porte)	дверной вентиляционная решётка (ж)
Luftschicht (m)	air space	espace (m) d'air	паровуздушное пространство (ср)
Luftschleuse (f)	air lock	poche (f) d'air	воздушный шлюз (м)
Lüftung (f)	ventilation	ventilation (f)	вентиляция (ж)
Lüftungskanal (m)	air duct	conduit (m) d'air	воздуховод (м)
Luftzufuhr (f) / Zuluft (f)	air supply	approvisionnement (m) / amenée d'air	подача (ж) воздуха

M

DEUTSCH	ENGLISCH	FRANZÖSISCH	RUSSISCH
Magerbeton (m)	lean concrete	béton (m) maigre	тощий бетон (м)
Magnolie (f)	magnolia	magnolia (m)	магнолия (ж)
Malerwerkstatt (f)	paint workshop	atelier (m) de peinture	малярная мастерская (ж)
Mammographie (f)	mammography	mammographie (f)	маммография (ж)
Mängelliste (f)	deficiency list	liste (f) de déficiences (f)	список (м) нехваток
Mannschaftsraum (m)	team quarters	salle (f) d'équipes	помещение (ср) команды
Mansarddach (n)	gambrel roof	toit (m) en mansarde	мансардная крыша (ж)

Marmor

DEUTSCH	ENGLISCH	FRANZÖSISCH	RUSSISCH
Marmor (m)	marble	marbre (m)	мрамор (м)
marmorierte Oberfläche (f)	marbled surface	surface (f) marbrée	мраморная поверхность (ж)
maschinelle Kühlung (f)	mechanical refrigeration	réfrigération (f) mécanique	машинное охлаждение (ср)
Massivdach (n) aus Porenbeton-Dachplatten (f)	solid roof of cellular concrete roof slabs	toiture (f) pleine en dalles (f) de béton (m) cellulaire	массивная крыша (ж) из ячеистых бетонных плит покрытия
Massivdecke (f)	solid floor	plancher (m) massif	монолитное бетонное перекрытие (ср)
Massivplatte (f)	solid slab	dalle (f) pleine	сплошная плита (ж)
Massivstufen (f) auf Stahlbetonplatte (f)	solid steps on reinforced concrete slab	marches (m) massives sur dalle (f) de béton armé (m)	твёрдые ступени (ж) на железобетонной плите (ж)
Maßstab (m) (Pläne)	scale (drawings)	échelle (f) (dessins)	масштаб (м) (чертежи)
Mattglas (n)	obscure glass / frosted glass	verre (m) dépoli	дымчатое стекло (ср)
Mattglas (n) / Milchglas (n)	frosted glass / opal glass	verre (m) dépoli / verre (m) opalin	матированное стекло (ср) / опаловое стекло (ср)
Mattlack (m)	matt paint	peinture (f) mate	матовая краска (ж)
Mauerabdeckung (f)	coping	couronnement (m)	навес (м) стены
Mauerleibung (f), Mauerleibung (f) mit Innenanschlag (m), mit Außenanschlag (m)	masonry jamb stop, recessed masonry jamb, projected masonry jamb	arrêt (m) de jambage (m) de maçonnerie, jambage (m) de maçonnerie (f) en retrait, jambage de maçonnerie (f) en saillie	каменный упорный косяк (м), отодвинутый каменный упорный косяк (м), выступающий каменный упорный косяк (м)
Mauerleibung (f) mit Außenanschlag (m) (für Fenster oder Tür)	projecting masonry jamb (for window or door)	jambage (m) de maçonnerie (f) en saillie (f) (pour fenêtre ou porte)	выступающий каменный косяк (м) (для окна или двери)
Mauerleibung (f) mit Innenanschlag (m) (für Fenster oder Tür)	recessed masonry jamb (for window or door)	jambage (m) de maçonnerie (f) en retrait (pour fenêtre ou porte)	отодвинутый каменной косяк (м) (для окна или двери)
Mauerleibung (f) ohne Anschlag (m) (für Fenster oder Tür)	square masonry jamb (for window or door)	jambage (m) de maçonnerie (f) orthogonal (pour fenêtre ou porte)	квадратный каменный косяк (м) (для окна или двери)

Mauerpfeiler

DEUTSCH	ENGLISCH	FRANZÖSISCH	RUSSISCH
Mauerpfeiler (m)	counterfort	contrefort (m)	контрфорс (м)
Mauerverkleidung (f) (Blendmauerwerk)	veneer (masonry)	revêtement (m) (maçonnerie)	облицовка (ж) каменной кладки
Mauerwerk (n)	masonry / brickwork	maçonnerie (f)	каменная кладка (ж)
Mauerwerk (n) mit Bewehrung (f)	reinforced masonry	maçonnerie (f) armée	армированная кладка (ж)
Mauerwerksockel (m)	socle (base) of brickwork	socle (m) de maçonnerie (f)	цоколь (м) (кирпичной) кладки
Mauerwerkverblendung (f) aus Naturstein (m)	masonry veneer in natural stone	maçonnerie (f) de parement en pierres (f) naturelles	каменная кладка (ж) с природной каменной облицовкой
Mehrfachverglasung (f)	multiple glazing	vitrage (m) multiple	многослойное остекление (ср)
mehrgeschossiges Gebäude (n)	multi-storey building	bâtiment (m) à étages multiples / immeuble (m) à étages multiples	многоэтажное здание (ср)
mehrschichtige Bitumen-Dichtungsbahn (f)	built-up waterproofing membrane	membrane (f) d'étanchéité multicouche	многослойная гидроизоляционная мембрана (ж)
mehrschichtige Dachhaut (f)	built-up roofing	toiture (f) lamellaire	многослойная рулонная кровля (ж)
mehrschichtige Dachhaut (f) verlegt auf Holzbohlen (f)	built-up roofing laid on wood planks	toiture (f) lamellaire posée sur madriers (m) de bois (m)	многослойная рулонная кровля (ж), укладывана на деревянных досках (ж)
Mehrschichtplatte (f) / Sandwichplatte (f)	sandwich panel	panneau sandwich (m)	многослойная панель (ж)
Membrane (f) / Wasserabdichtungsfolie (f)	membrane	membrane (f)	мембрана (ж)
Metall (n)	metal	métal (m)	металл (м)
Metall-Außenwandbekleidung (f)	exterior wall cladding in metal	parement (m) métallique de mur (m) extérieur	наружная металлическая обшивка (ж) стен
Metallabhänger (m)	hanger, metal	crochet (m) en métal (m)	подвеска (ж), металлическая подвеска (ж)

Metallasche

DEUTSCH	ENGLISCH	FRANZÖSISCH	RUSSISCH
Metallasche (f)	metal bracket	éclisse (f) en métal (m)	металлическая накладка (ж)
metallbekleidete Feuerschutztür (f)	metal-clad fire door	porte (f) pare-feu (coupe-feu) revêtue de métal (m)	огнестойкая дверь (ж), обитая листовым металлом
Metallbekleidung (f)	metal cladding	parement (m) métallique	металлическая наружная обшивка (ж)
Metalldecke (f)	metal ceiling	plafond (m) métallique	металлический потолок (м)
Metallfensterbank (f) mit seitlicher Aufkantung (f)	metal sill with uplifted ends	allège (f) métallique retroussée sur les côtés (m)	металлический подоконник (м) с гнутыми концами
Metallgewebe (n) / Rippenstreckmetall (n) (Verputz)	metal lath (plaster)	treillis (m) métallique (plâtre)	металлическая сетка (ж) (под штукатурку)
Metallprofil (n)	casing bead	baguette (f) d'encadrement (m)	обрамленная металлическая накладка (ж)
Metallständer (m)	metal stud	colombage (m) métallique	металлическая стойка (ж)
Metalltreppe (f) / Eisentreppe (f)	metal stair	escalier (m) métallique	железная лестница (ж)
Mindestdachneigung (f)	minimum roof slope	pente (f) mininum de toiture (f)	минимальный наклон (м) крыши
Mineralfaserdämmplatte (f)	mineral fibre insulation panel	panneau (m) d'isolation en fibre (f) minérale	изолационная плита (ж) минерального волокна
Mineralfaserdämmung (f)	insulation, mineral fibre	isolation (f) de fibres (f) minérales	минеральная волокнистая изоляция (ж)
Mineralfasermatte (f)	mat of mineral fibres	coussin (m) de fibres (f) minérales	мат (м) миниральных волокон
mittelbreiter I-Täger (m)	I-beam	poutre (f) double Té	балка (ж) двутаврового сечения
mittelbreiter I-Träger (m)	I-beam / wide flange I-beam	poutre (f) en I / poutre (f) double-Té à larges semelles (f)	балка (ж) двутаврового сечения / балка (ж) двутаврового сечения шерокой полки (балки)
Mittelpfette (f)	centre (center) purlin	panne (f) centrale	центральный прогон (м)
Mittelpfosten (m) (Fenster, Tür)	central mullion (window, door)	meneau (m) central (fenêtre, porte)	средник (м) (окно, дверь)

Mittelspannung

DEUTSCH	ENGLISCH	FRANZÖSISCH	RUSSISCH
Mittelspannung (f)	medium voltage	moyen-voltage (m)	среднее напряжение (ср)
Modifikationsanordnung (f) / Abänderungsanordnung (f)	change order	ordre (m) de changement	модификационный заказ (м)
Modul (m)	module	module (m)	модуль (м)
modulare Sichtplatte (f)	exposed face of modular panel	face (f) apparente du panneau (m) modulaire	необлицованная поверхность (ж) модулярной плиты
modularer Bandraster (m)	modular band grid	coordonnées (f) modulaires en bandes (f)	модулярная лентная сетка (ж)
modularer Raumraster (m) / Modulraumraster (m) von dreidimensionaler Maßordnung (f)	modular coordination / three dimensional modular coordination	coordination (f) modulaire / coordonnées (f) modulaires cartésiennes à trois dimensions	модульная сетка (ж) / трёхмерная модульная сетка (ж)
Modulbau (m)	modular construction	construction (f) modulaire	модульная конструкция (ж)
Modulbauelement (n)	modular unit	unité (f) modulaire	модульный строительный элемент (м)
Moduldimension (f) / Modulgröße (f)	modular dimension	dimension (f) modulaire	модульный размер (м)
Modulmaß (n) / Richtmaßraster (m)	modular size	mesure (f) modulaire	модульная величина (ж)
Modulplatte (f) mit Leuchte (f)	modular panel with lighting fixture	panneau (m) modulaire avec appareil (m) d'éclairage	модулярная плита (ж) со светительником
Mörtel (m)	mortar	mortier (m)	раствор (м)
Mörtelbett (n)	mortar bed	lit (m) de mortier (m)	растворная постель (ж)
Mörtelfuge (f)	joint of mortar	joint (m) de mortier (m)	шов (м) строительного раствора
Mörtelkehle (f)	mortar valley	gorge (f) en mortier (m)	растворная выкружка (ж)
Mosaikfliese (f) / Mosaikplatte (f)	mosaic tile	carreau (m) mosaique	мозаичная плитка (ж)
Mosaikterrazzo (m) (Fußboden)	ceramic mosaic (floor)	mosaique (f) de céramique (plancher)	венецианская мозаика (ж) (пола)

Müllaufbewahrungsstelle

DEUTSCH	ENGLISCH	FRANZÖSISCH	RUSSISCH
Müllaufbewahrungsstelle (f) / Müllraum (m)	garbage storage	dépôt (m) d'ordures (f)	мусорное хранение (ср)
Mülleimer (m)	garbage can	poubelle (f)	мусорный ящик (м) / контейнер (м) для пищевых отходов
Müllentsorgung (f)	garbage disposal	élimination (f) des ordures (f)	удаление (ср) мусора
Multimodul (m)	multiple module	module (m) multiple	многочисленный модуль (м)
Mutter (f) / Schraubenmutter (f)	nut	écrou (m)	гайка (ж)
Mutterboden (m)	topsoil	terreau (m) / terre arable (f)	растительный слой (м)

N

DEUTSCH	ENGLISCH	FRANZÖSISCH	RUSSISCH
Nagel (m)	nail	clou (m)	гвоздь (м)
nagelbare Leiste (f)	nailing strip	bande (f) de clouage	деревянная планка (ж)
Nagelblech (n)	nailing plate (metallic)	plaque (f) métallique d'assemblage	металлическая накладка (ж), прибиваемая гвоздями
nahtlose Stahlrohrstütze (f)	seamless steel pipe column	colonne (f) d'acier (m) tubulaire sans joints	стальная трубчатая колонна (ж) без шва
Nahtschweißung (f) (ununterbrochene Schweißung)	seam weld (continuous weld)	soudure (f) continue (soudure à la molette)	заварка (ж) шва (непрерывная сварка)
Name (m)	name	nom (m)	имя (ср)
natürliche Größe (f)	actual size	grandeur (f) nature	действительный размер (м)
Naturstein (m)	natural stone	pierre (f) naturelle	природный камень (м)
Naturstein-Außenwandbekleidung (f)	exterior natural stone veneer	parement (m) extérieur en pierre (f) naturelle	наружная природная каменная фанера (ж)
Naturstein-Mauerwerk (n)	natural stonework	maçonnerie (f) de pierres (f) naturelles	кладка (ж) из естественного камня

Natursteinplatten

DEUTSCH	ENGLISCH	FRANZÖSISCH	RUSSISCH
Natursteinplatten (f)	quarry tiles	carreaux (m) de carrière (grès cérame)	каменные плитки (ж)
Natursteinverblendung (f)	stone facing	revêtement (m) en pierres (f)	каменная облицовка (ж)
Naturton (m) (Holz)	natural finish (wood)	fini (m) naturel (bois)	прозрачная отделка (ж) (древесина)
Naturwissenschaftslabor (n)	natural sciences laboratory	laboratoire (m) de sciences naturelles	лаборатория (ж) естественных наук
Nebeneingang (m)	secondary entrance	entrée (f) secondaire	боковой вход (м)
Nebenträger (m)	secondary beam	poutre (f) secondaire	второстепенная балка (ж)
Neigung (f) / Gefälle (n)	slope	pente (f)	наклон (м)
neu	new	neuf	новый
Neubau (m)	newly erected building	bâtiment (m) érigé récemment	новостройка (ж)
neue Geländehöhe (f)	new elevation / new level	niveau (m) futur	новая высотная отметка (ж) / новый высотный уровень (м)
neue Rampe (f)	new ramp	nouvelle rampe (f)	новая рампа (ж)
neuer Gehsteig (m) / neuer Bürgersteig (m)	new sidewalk	nouveau trottoir (m)	новый тротуар (м)
nicht ausgebautes Dachgeschoß (n)	unfinished attic floor	étage (plancher) de mansarde (f) inachevé (non-fini)	незаконченный пол (м) мансарды
nicht im Vertrag (m)	not in contract / N. I. C.	hors-contrat (m) / h. c.	не в контракте (м)
nicht tragfähiger Erdboden (m) (Erde)	non(-)bearing ground (earth)	sol (m) non-portant (terre)	ненесущий грунт (м) (земля)
nichttragende Innenwand (f)	non(-)bearing partition / non(-)load(-)bearing partition	cloison (f) non-portante	внутренняя ненесущая перегородка (ж) (стена)
Niederspannung (f)	low voltage	bas-voltage (m)	низкое напряжение (ср)
Nietverbindung (f)	riveted connection	assemblage (m) riveté	заклёпочное соединение (ср)

Nische

DEUTSCH	ENGLISCH	FRANZÖSISCH	RUSSISCH
Nische (f)	pocket	niche (f)	ниша (ж)
Noniusabhänger (m)	steel (metal) hanger	crochet (m) en acier (m) (métal)	стальная (металлическая) подвеска (ж)
Nord-Ansicht (f), Ost-Ansicht (f), Süd-Ansicht (f), West-Ansicht (f)	North elevation, East elevation, South elevation, West elevation	façade (f) nord, façade (f) est, façade (f) sud, façade (f) ouest	северный фасад (м), восточный фасад (м), южный фасад (м), западный фасад (м)
Nordwest-Ansicht (f), Nordost-Ansicht (f), Südost-Ansicht (f), Südwest-Ansicht (f)	North-West elevation, North-East elevation, South-East elevation, South-West elevation	façade (f) nord-ouest, façade (f) nord-est, façade (f) sud-est, façade (f) sud-ouest	северо-западный фасад (м), северо-восточный фасад (м), юго-восточный фасад (м), юго-западный фасад (м)
Norm (f) geprüft	norm checked / standard checked	norme (f) vérifiée	проверенный стандарт (м)
normale Fuge (f)	regular joint	joint (m) régulier	стандартный шов (м)
Notaufnahme (f)	emergency admission	réception (f) d'urgence	неотложный приём (м)
Notbeleuchtung (f)	emergency lighting	éclairage (m) de secours	аварийное освещение (ср)
Notstrom (m)	emergency power	pouvoir (m) d'urgence	резервная мощность (ж) / резервный источник (м) питания
Nottreppe (f) (an der Außenwand)	escape stair (at exterior wall)	escalier (m) de sauvetage (m) (au mur extérieur)	пожарная лестница (ж) (у наружной стены)
Nuklearlabor (n) für Herz- und Gefäßkrankheiten	nuclear cardiovascular laboratory	laboratoire (m) nucléaire cardiovasculaire	ядерная сердечно-сосудистая лаборатория (ж)
Nuklearmedizin (f)	nuclear medicine	médecine (f) nucléaire	ядерная медицина (ж)
Numerierung (f) der Räume (m)	numbering of rooms	numérotage (m) des pièces (f)	номер (м) комнат
Nummer (f) / Nr.	number / No.	numéro (m) / No.	номер (м) / №
nur in Achsenlinie (f) ...	on centre (center) line ... only	sur la ligne (f) d'axe (m) ... seulement	только на центровой линии (ж) ... / только на осевой линии (ж) ...
nur Teppiche (m) (Gänge)	carpets only (corridors)	tapis (m) seulement (corridors)	только ковры (м) (коридоры)

Nut

DEUTSCH	ENGLISCH	FRANZÖSISCH	RUSSISCH
Nut- und Federbretter (n)	boards in tongue and groove	planches (f) embouvetées	доски (ж) в шпунтовым соединением
Nute (f) (Rolladenführungsschiene)	groove (roller-blind rail)	rainure (f) (rail de persiennes roulantes)	канавка (ж) (направляющий рельс шторного затвора)
Nutzfläche (f)	usable area	espace (m) utilisable	полезная площадь (ж)

O

DEUTSCH	ENGLISCH	FRANZÖSISCH	RUSSISCH
Oberbau (m)	superstructure	superstructure (f)	надземная часть (ж)
obere Bewehrung (f)	top reinforcement	armature (f) supérieure	верхняя арматура (ж)
oberer Belichtungsflügel (m)	transom light	imposte (f) vitrée	застеклённая фрамуга (ж)
oberer Bewehrungsstab (m)	top bar	barre (f) supérieure	верхний арматурный стержень (м)
oberer Blockrahmen (m) / Blendrahmen (m) (Tür)	head jamb (door)	traverse (f) de tête (f) d'huisserie (f) (porte)	верхний брус (м) дверной коробки
Oberfläche Betonsäule (f)	face of concrete column	face (f) de la colonne (f) en béton	наружная поверхность (ж) бетонной колонны
Oberfläche des vorgefertigten Beton-Sandwichwandelementes (n)	face of prefabricated exterior concrete sandwich-wall component	face (f) de l'élément (m) du mur sandwich (m) extérieur en béton (m) préfabriqué	наружная поверхность (ж) сборного бетонного многослойного стенного элемента (м)
Oberfläche Hohlblock (m)	face of concrete block	face (f) du bloc (m) de béton (m)	наружная поверхность (ж) бетонного блока (м)
Oberfläche Innenwand (f)	face of interior partition	face (f) de la cloison (f) intérieure	наружная поверхность (ж) внутренной перегородки
Oberfläche Kellerwand (f) / Kellerwandoberfläche (f)	face of foundation wall	face (f) du mur (m) de fondation (f)	наружная поверхность (ж) фундаментной стены (ж)
Oberfläche Mauerwerk (n) (Ziegelverband zeigend)	face of brickwork (showing brick bond)	face (f) de maçonnerie (f) (montrant appareillage de brique)	наружная поверхность (ж) кирпичной кладки (показывает перевязку кирпичной кладки)
Oberfläche (f) von ...	face of ...	face (f) du ...	наружная поверхность (ж) ...

Oberflächen

DEUTSCH	ENGLISCH	FRANZÖSISCH	RUSSISCH
Oberflächen-Fertigstellung (f)	finish	fini (m)	верхняя грань (ж) (поверхность)
Oberflächen-Fertigstellung (f) des Kiesbettes (n)	gravel finish	revêtement (m) de gravier (m)	верхняя грань (ж) гравия
Oberflächenschutz (m)	surface protection	protection (f) de surface (f)	защита (ж) поверхности
Obergurt (m)	top flange	aile (f) supérieure	верхняя полка (ж)
Obergurt (m), Untergurt (m) (Stahlträger)	top flange, bottom flange (steel beam)	aile (f) supérieure, aile inférieure (poutre d'acier)	верхняя полка (ж), нижняя полка (стальная балка)
oberhalb	above	au-dessus	над
Oberkante (f) asphaltierter Straßenbelag (m)	top of asphalt paving	dessus (m) du pavement (m) d'asphalte (m)	верхняя грань (ж) мостовой
~ Aufzugsschacht (m)	top of elevator shaft	dessus (m) de la cage (f) d'ascenseur (m)	верхняя грань (ж) шахты лифта
~ Auskragung (f)	top of cantilever	dessus (m) de la console (f)	верхняя грань (ж) консоли
~ Außenfensterbank (f)	top of sill	dessus (m) de l'allège (f)	верхняя грань (ж) подоконника
~ Betonplatte (f)	top of concrete slab	dessus (m) de la dalle (f) de béton (m)	верхняя грань (ж) бетонной плиты (ж)
~ Betonsockel (m)	top of concrete base	dessus (m) de la base (f) en béton (m)	верхняя грань (ж) бетонного основания
~ Dach (f)	top of roof	dessus (m) de la toiture (f)	верхняя грань (ж) крыши (ж)
~ Dachfirst (m) / Oberkante (f) First (m)	top of ridge (roof)	dessus (m) de faîte (m) (toit)	верхняя грань (ж) конька (крыши)
~ Dachplatte (f) (Dachbetonplatte)	top of roof slab (concrete slab)	dessus (m) de la dalle (f) de toiture (dalle de béton)	верхняя грань (ж) плиты покрытия (крыши)
~ Einsteigloch (n)	top of manhole	dessus (m) du trou d'homme (m)	верхняя грань (ж) лаза
~ ... Etage (f)	finished ... floor	plancher (m) fini ... étage (m)	верхняя грань (ж) ... этажа (м)
~ fertiger ...	top of finished ...	dessus (m) du fini de ...	верхняя грань (ж) чистового ...

Oberkante

DEUTSCH	ENGLISCH	FRANZÖSISCH	RUSSISCH
Oberkante Fertigfußboden (m)	top of finished floor	dessus (m) du plancher (m) fini	верхняя грань (ж) чистового пола
Oberkante (f) Fertigfußboden (m) / OKF (angenommen)	finished floor (assumed)	fini (m) du plancher (m) (assumé)	верхняя грань (ж) чистого пола (предпологаемая)
~ First (m)	top of ridge	dessus de faîte (m)	верхняя грань (ж) конька
~ Fundament (n)	top of foundation / top of footing	dessus (m) de la fondation (f)	верхняя грань (ж) фундамента
Oberkante Fußboden (m)	top of floor	dessus (m) du plancher (m)	верхняя грань (ж) пола
Oberkante Gelände (n) / Oberfläche Gelände (n)	top of grade	dessus (m) du sol (m)	верхняя грань (ж) отметки земли (ж) (грунта)
~ Gelände (n), Oberflächen-Fertigstellung (f) des Geländes (n)	finish grade	niveau (m) fini / niveau (m) fini du sol (m)	верхняя грань (ж) земли (грунта)
~ Geländer (n)	top of balustrade	dessus (m) de la balustrade (f)	верхняя грань (ж) балюстрады
~ Kellerfußboden (m)	top of basement floor	dessus (m) du plancher (m) du sous-sol (m)	верхняя грянь (ж) подвального пола
~ / Oberfläche (f) Fertigfußboden (m)	finished floor	plancher (m) fini	верхняя грань (ж) чистого пола
~ Rohdecke (f)	top of unfinished floor	dessus (m) du plancher (m) non-fini	верхняя грань (ж) незаконченого пола
~ Stahlbetonplatte (f)	top of structural slab	dessus (m) de la dalle (f) structurale	верхняя грань (ж) структурной плиты
~ Stahlbinder (m)	top of steel truss	dessus (m) de la ferme (f) (charpente) d'acier (m)	верхняя грань (ж) стальной фермы (ж)
~ Stahlkonstruktion (f)	top of steel structure	dessus (m) de la structure (f) d'acier (m)	верхняя грань (ж) металлической конструкции
~ Treppenpodest (n)	top of landing	dessus (m) du palier (m)	верхняя грань (ж) лестничной площадки
~ von ... / OK von ...	top of ...	dessus (m) de ...	верхная грань (ж) ...

DEUTSCH	ENGLISCH	FRANZÖSISCH	RUSSISCH
Oberkante (f) vorgefertigte Betonstufe (f)	top of precast concrete step	dessus (m) de marche (f) en béton (m) précoulé	верхняя грань (ж) сборной железобетонной ступени
~ Winkeleisen (n)	top of angle	dessus (m) de la cornière (f)	верхняя грань (ж) угла
~ Ziegel (m) / Mauerziegel (m)	top of brick	dessus (m) de la brique (f)	верхняя грань (ж) кирпича (м)
~ Zwischendecke (f)	finished floor mezzanine	plancher (m) fini mezzanine (f)	верхняя грань (ж) мезонина
Oberlicht (n)	skylight	lucarne (f) vitrée (verrière)	зенитный фонарь (м)
Oberlicht (n), Dachfenster (n)	skylight, skydome	coupole (f) (dôme)	фонарь (м) верхнего света
Oberputz (m)	finish coat	couche (f) de finition	накрывочный слой (м)
offene Bauweise (f) (Bau in Einzelgebäuden)	construction of detached houses	bâtiments des maisons (f) séparées	строительство (ср) домов свободной постройки
offene Stoßfuge (f)	open joint	joint (m) ouvert	открытый шов (м)
offene Stoßfuge (f) als Tropföffnung (f) (Ziegel)	open joint as weephole (brick)	joint (m) ouvert en guise de chantepleure (f) (brique)	открытый шов (м) как фильтрационное отверстие (ср)
offene Treppe (f), nur mit Trittstufen (f)	open stair with treads only	escalier (m) à claires-voies (f) avec marches (f) seulement	открытая лестница (ж) только с поступами
offene Veranda (f)	porch	perron (m)	крыльцо (ср)
offener Kamin (m)	fireplace	cheminée (f) (intérieure)	открытый камин (м)
offenes Entlüftungsrohr (n)	open vent pipe	tuyau (m) d'aération ouvert	открытая вентиляционная труба (ж)
Öffnung (f) unterhalb	opening below	ouverture (f) en dessous	нижнее отверстие (ср)
Öffnungsmaß (n)	opening dimension	dimensions (f) d'ouverture (f)	размер (м) отверстия
Ölbeize (f)	oil stain	teinture (f) à l'huile	масляная протрава (ж)
Oleander (m)	oleander	oléandre (m)	олеандр (м)
Ölfarbe (f)	oil paint	peinture (f) à l'huile	масляная краска (ж)
Ölheizung (f)	oil heating	chauffage (m) à l'huile (f)	нефтяное отопление (ср)

Öltank

DEUTSCH	ENGLISCH	FRANZÖSISCH	RUSSISCH
Öltank (m)	fuel oil tank	réservoir (m) de mazout (m)	топливная цистерна (ж)
Ortbeton (m) (bauseits)	cast-in-place concrete / poured-in place concrete (monolithic)	béton (m) coulé sur place	монолитный бетон (м) (на стройплощадке)
Ortbetondecke (f) (bauseits)	cast- / poured-in-place flooring (monolithic)	revêtement (m) de sol (m) coulé sur place	монолитное бетонное покрытие (ср) (на стройплощадке)
Ortbetonfenstersturz (m) (bauseits)	cast- / poured-in-place concrete window lintel (monolithic)	linteau (m) de béton (m) coulé sur place pour fenêtre	монолитная бетонная оконная перемычка (ж) (на стройплощадке)
Ortbetonfundament (n) (bauseits)	cast- / poured-in-place concrete foundation (monolithic)	fondation (f) de béton (m) coulé sur place	монолитный бетонный фундамент (м) (на стройплощадке)
Ortbetonplatte (f) mit Bewehrung (f) (bauseits)	cast- / poured-in-place reinforced concrete slab (monolithic)	dalle (f) de béton armé (m) coulé sur place	наливная (монолитная) железобетонная плита (ж)
Ortbetonplatte (f) und Ortbetonwand (f)	monolithic slab and foundation wall	dalle (f) et mur (m) de fondation coulés monolithes	монолитная бетонная плита (ж) и монолитная фундаментная стена (ж)
Ortbetonwand (f) (bauseits)	cast- / poured-in-place concrete wall (monolithic)	mur (m) de béton (m) coulé sur place	литая бетонная стена (ж)
Ortgang (m)	verge	saillie (f) de pignon (m) / planche (f) de rive (avant-toit)	свес (м) крыши со стороны фронтона
Ortgangdetail (n)	detail of verge	détail (m) de la planche (f) de rive	деталь (ж) ветровой фронтонной доски
Ortgangrinne (f)	gable gutter	gouttière (f) de pignon	водосточный жёлоб (м) щипца
Ortgangziegel (m) / Ortgangstein (m)	roofing tile of verge	tuile (f) de saillie (f) (d'avant-toit) de toiture (f)	свес (м) крыши со стороны фронтона кровельной черепицы

P

DEUTSCH	ENGLISCH	FRANZÖSISCH	RUSSISCH
Palme (f)	palm	palmier (m)	пальма (ж)
Pappel (f)	poplar	peuplier (m)	тополь (м)
Parkettfußboden (m)	parquet flooring	parquet (m)	паркет (м)

Parkettverleger

DEUTSCH	ENGLISCH	FRANZÖSISCH	RUSSISCH
Parkettverleger (m)	parquet installer	poseur (m) de parquet (m)	монтажник (м) паркета
Parkplatz (m)	parking space	espace (m) de stationnement	место (ср) стоянки
Patientenflur (m)	patient corridor	corridor (m) des patients	коридор (м) больных
Patientenzimmer (n) / Krankenzimmer (n)	patient's room	chambre (f) de malade (de patient)	комната (ж) больного
Pendeltür (f)	swing door / double-acting door	porte (f) va-et-vient / porte oscillante	дверь (ж), открывающаяся в обе стороны
perforierte Deckenplatte (f)	perforated ceiling board	planche (f) de plafond (m) perforée	перфорированная панель (ж) подвесного потолка
perforiertes Metall (n)	perforated metal	métal (m) perforé	перфорированный металл (м)
Personal-Aufenthaltsraum (m)	staff lounge	salle (f) de repos du personnel (m) / salon (m) du personnel (m)	штатное помещение (ср)
Personal WC (n)	staff washroom	toilettes (f) personnel	уборная (ж) служебного персонала
Personalflur (m)	staff corridor	corridor (m) du personnel	штатный коридор (м)
Personalspeiseraum (m)	dining room (staff)	salle à manger (f) du personnel (m)	штатная столовая (ж)
Personenaufzug (m)	elevator (passenger)	ascenseur (m) (personnes)	лифт (м)
Pfahlbohrung (f)	pile driving	forage (m) de pieux (m)	забивка свай (ж)
Pfahlgründung (f)	pile foundation	fondation (f) sur pieux (m)	свайный фундамент (м)
Pfahlgruppe (f)	pile cluster	groupe (m) de pieux (m)	куст (м) сваи
Pfahlkopf (m)	pile head	tête (f) de pieu (m)	оголовок (м) сваи
Pfahlrohr (n)	pile casing	tubage (m) de pieu (m) coulé	обсадная труба (ж)
Pfette (f)	purlin	panne (f)	прогон (м)
Pfettendach (n), mit einfach, zweifach, dreifach stehendem Dachstuhl (m)	couple roof with purlins, with one, two, three pillars	comble (m) à deux versants sur arbalétriers (m) avec pannes (f), avec un, deux, trois poteaux (m)	крыша (ж) с висячими стропильными фермами со прогонами с 1, 2, 3 столбами (м)

Pflaster

DEUTSCH	ENGLISCH	FRANZÖSISCH	RUSSISCH
Pflaster (n), Straßenbelag (m)	pavement	dallage (m), pavage (m)	мостовая (ж)
Pflasterung (f)	paving	pavage (m), dallage (m) (rue)	мощение (ср) улиц
Physiklabor (n)	physics laboratory	laboratoire (m) de physiques	лаборатория (ж) физики
Pilzkopfdecke (f) / Stahlbetonplattendecke (f) mit verdickten Auflagerbereichen (f)	mushroom slab / flat slab with drop panels	dalle-champignon (f) / dalle (f) unie de plancher à panneaux (m) surbaissés	безбалочное грибовидное перекрытие (ср) / плоская железобетонная плита (ж) с надкапительными плитами
Plattenbalkendecke (f)	beam and slab floor	plancher (m) en poutres (f) et dalles (f)	балочное и ребристое перекрытие (ср)
Polyäthylenplatte (f) / Styroporplatte (f)	polyethylene sheathing / polystyrene board	feuille (f) de polyéthylène / planche (f) de polystyrène	лист (м) полиэтилен / плита (ж) полистирол
Polyurethan-Hartschaum (m)	expanded polyurethane / foamed polyurethane	polyuréthane (m) expansé	пенополиуретан (м)
Polyurethan-Hartschaum-Tafel (f)	polyurethane rigid foam insulation board	planche (f) rigide d'isolation en mousse (f) de polyuréthane	плита (ж) из пенополистирола
Polyurethan-Hartschaumplatte (f)	expanded polyurethane panel / rigid insulation board (polyurethane)	panneau (m) de polyuréthane expansé / planche (f) rigide d'isolation (f) (polyuréthane)	листовой пенополистирол (м) / жёсткозакреплённая изоляция (ж)
Porenbeton (m)	porous concrete	béton (m) poreux / béton (m) cellulaire	пористый бетон (м)
Porenbeton-Dachplatte (f)	cellular concrete roof slab panel	élément (m) de dalle (f) de toiture (f) en béton (m) cellulaire	ячеистая бетонная кровельная плита (ж) (панель покрытия)
Porenbeton-Deckenplatte (f)	cellular concrete floor slab panel	élément (m) de dalle (f) de plancher (m) en béton (m) cellulaire	ячеистая бетонная половая плита (ж) (панель покрытия)
Porenbeton (m) / Gasbeton (m)	cellular concrete / gas concrete	béton (m) cellulaire / béton-gaz (m)	ячеистый бетон (м)
Porenbeton-Verblendplatte (f)	cellular concrete veneer panel	élément (m) de parement en béton (m) cellulaire	ячеистая бетонная облицованная панель (ж)

Porenbetonelement

DEUTSCH	ENGLISCH	FRANZÖSISCH	RUSSISCH
Porenbetonelement (n)	cellular concrete element	élément (m) de béton (m) cellulaire / élément (m) de béton (m) poreux	ячеистый бетонный элемент (м)
Porenbetonstein (m)	cellular concrete brick	brique (f) de béton (m) cellulaire	ячеистый бетонный блок (м)
poröse Holzfaserplatte (f)	porous wood panel	panneau (m) poreux en bois	древесноволокнистая панель (ж) (ячеистая)
Portlandzement (m)	Portland cement	ciment (m) portland	портландцемент (м)
Primärraster (m)	primary grid	coordonnées (f) primaires	основная сетка (ж)
Probe (f)	specimen	specimen (m)	проба (ж)
profilierte Platte (f) / Riffelplatte (f)	checkered (check'd) plate	plaque (f) striée	рифлёный лист (м)
Projekt (n) Nr.	project No.	No. de projet (m)	№ проекта (м)
Projektabwicklung (f)	project completion	achèvement (m) du projet (m)	окончание (ср) проекта
Projektbetreuung (f)	project supervision	supervision (f) de projet (m)	надзор (м) за проектом
Projektsteuerung (f) / Projektleitung (f)	project steering / project management	direction (f) du projet (m) / gérance	направление (ср) проекта
Psychologe (m)	psychologist	psychologue (m)	психолог (м)
Pultdach (n)	lean-to roof / monopitch roof	appentis (m) / toiture (f) monoplane	наклонная односкатная крыша (ж)
Pumpe (f)	pump	pompe (f)	насос (м)
Pumpengrube (f), Senkgrube (f)	sump pit, cesspit	puisard (m) d'aisance, fosse (f) d'aisance	поглощающий колодец (м), выгребная яма (ж)
punktiert gezeigt	shown dotted	indiqué en pointillé (m)	показано пунктиром
punktiert gezeigt (oberhalb, unterhalb)	shown dotted (above, below)	indiqué en pointillé (au-dessus, au-dessous)	показано пунктиром (наверху, внизу)
Punktlast (f)	point load	charge (f) concentrée	сосредоточенная нагрузка (ж)
Punktschweißung (f)	spot welding	soudure (f) par points	точечная сварка (ж)

Punktverschweißung

DEUTSCH	ENGLISCH	FRANZÖSISCH	RUSSISCH
Punktverschweißung (f) (bauseits)	plug weld on site	bouchon (m) soudé sur place (f)	пробочный сварной шов (м) (на местоположении)
Putz (m) auf Bambusgeflecht (n)	plaster on bamboo-web	plâtre (m) sur treillis (m) de bamboo	штукатурный раствор (м) на бамбуковой сетке (ж)
Putz (m) auf Drahtgeflecht (n) / Rippenstreckmetall (n)	plaster on metal lath	plâtre (m) sur latte (f) métallique	штукатурка (ж) на металлической сетке
Putzdecke (f)	plaster ceiling	plafond (m) en plâtre (m)	штукатурное перекрытие (ср) (потолок)
Putzeckprofil (n) für den Außenputz (m)	corner bead for exterior stucco	arête (f) de coin (m) pour le stuc (m) extérieur	угловая защитная накладка (ж) для наружной штукатурки
Putzeckprofil (n) für Dünnbeschichtung (f) (Wandbeschichtung)	corner bead for thin-set method (wall covering)	arête (f) de coin (m) pour couche (f) de mortier (m) mince (recouvrement mural)	угловая защитная накладка (ж) для тонькослойного метода растворной постели (облицовка стены)
Putzeckprofil (n) im spitzen Winkel (m)	corner bead with an acute angle	arête (f) de coin (m) à angle (m) aigu	угловая защитная накладка (ж) с острым углом
Putzeckprofil (n) / Kantenprofil (n)	corner bead	arête (f) de coin (m)	угловая защитная накладка (ж)
Putzträger (m)	furring	fourrure (f)	обрешётка (ж)
Putzträger (m), Lattung (f)	lathing, plaster base	lattage (m), base (f) d'enduit	поверхность (ж) под штукатуркой, обрешётка (ж) под штукатуркой
PVC Bodenbelag (m)	PVC floor covering	recouvrement (m) de plancher (m) en PVC	настил (м) пола поливинилхлорида

Q

DEUTSCH	ENGLISCH	FRANZÖSISCH	RUSSISCH
quadratische Stahlrohrstütze (f)	square steel pipe column	colonne (f) en acier (m) tubulaire carré	квадратная стальная трубчатая колонна (ж)
Quadratprofil (n)	square profile	section (f) orthogonale (profilé carré)	квадратный профиль (м)
Quadratraster (m)	square grid	coordonnées (f) carrées	координатная сетка (ж)

DEUTSCH	ENGLISCH	FRANZÖSISCH	RUSSISCH
Quarz (m)	quartz	quartz (m)	кварц (м)
Querbalken (m) / Wechsel (m)	cross beam	poutre (f) transversale	поперечная балка (ж)
Querschnitt (m)	cross section	coupe (f) transversale	поперечный разрез (м)
Querschnitt (m) durch die Tür (f)	cross section through door	coupe (f) en travers de la porte (f)	поперечный разрез (м) через дверь
Querschnitt (m) in Richtung Haupteingang (m)	cross section looking at main entrance	coupe (f) transversale montrant l'entrée (f) principale	поперечный разрез (м) по направлению к главному входу (м)
Querschnitt (m), Maßstab (m): ...	cross section, scale: ...	coupe (f) transversale, échelle (f): ...	поперечный разрез (м), масштаб: ...

R

DEUTSCH	ENGLISCH	FRANZÖSISCH	RUSSISCH
Radiator (m)	radiator	radiateur (m)	радиатор (м)
Radiofluoroskopie (f)	radio-fluoroscopy	radio-fluoroscopie (f)	радиорентгеноскопия (ж)
Radiographie (f)	radiography	radiographie (f)	радиография-рентгеноскопия (ж)
Radiologie (f)	radiology	radiologie (f)	радиология (ж)
Radiologieetage (f)	radiology floor (floor level)	plancher (m) (étage) de radiologie (f)	этаж (м) радиологии
Rahmenkonstruktion (f)	frame construction	construction (f) à ossature	рамная конструкция (ж)
Rammpfahl (m)	driven pile / ram pile	pieu (m) battu	забивная свая (ж)
Rampe (f)	ramp	rampe (f)	уклон (м)
Rampe (f) mit ... % Gefälle (n)	ramp slope ... %	rampe (f) pente (f) ... %	наклонная плоскость (ж), уклон (м) ... %
Rampenneigung (f) (abwärts)	slope of ramp (down)	rampe (f) en pente (en bas)	наклонная рампа (ж) (вниз)
Randbalken (m)	spandrel beam	poutre (f) de rive	перемычка (ж) / рандбалка (ж)
Randkeil (m) / Keil (m) des Daches (n)	roof cant strip	tringle (f) biseautée de toiture (f)	деревянное треугольное сечение (ср)
Randstein (m) / Bordstein (m)	edgestone / curb	pierre (f) de rive (f) / bordure (f)	бордюрный камень (м) / бегун (м)

Rasen

DEUTSCH	ENGLISCH	FRANZÖSISCH	RUSSISCH
Rasen (m) (Rasenbelag)	lawn (sodding)	gazon (m) (pelouse, engazonnement)	газон (м) (дёрн)
Raster (m)	grid	quadrillage (m)	сетка (ж)
Rasterlinie (f)	grid line	ligne (f) de quadrillage (m) / coordonnée (f)	модульная линия (ж)
Rastermaß (n)	grid dimension	dimensions (f) du quadrillage (m)	размер (м) сетки / размер (м) решётки
Rastersystem (n) / Koordinatensystem (n)	grid system / coordinate system	système (m) de coordonnées (f)	объединённая энергосистема (ж) / система (ж) координат
Rauchdetektor (m) / Rauchmelder (m)	smoke detector	détecteur (m) de fumée (f)	дымовой детектор (м)
Raucherzimmer (n)	smoking room	fumoir (m)	курительная комната (ж)
rauhe Bodenfliese (f) / rutschfeste Bodenfliese (f)	non(-)slip tile	carreau (m) antidérapant	шероховатая плитка (ж) / нескользкая плитка (ж)
rauher Estrich (m) (Beton)	abrasive topping (concrete)	chape (f) à fini (m) abrasif (béton)	абразивное покрытие (ср) пола (бетонное)
Raum-Tabelle (f)	finish schedule	tableau (m) des finis (m)	таблица (ж) комнат
Raumbezeichnung (f)	room name	nom (m) des pièces (f)	название (ср) комнаты
Raumbezeichnungen (f)	area names, room names	nom (m) des espaces (m), nom (m) des pièces (f)	названия (ср) помещений (ср), названия (ср) комнат (ж)
Raumbuch (n)	schedule of room interior finishes	tableau (m) / liste (f) des finis (m) intérieurs des pièces (f)	книга (ж) о внутренней отделкой комнаты
Raumgröße (f)	room size	grandeur (f) de pièce (f) (chambre)	размер (м) комнаты
Raumhöhe (f)	room height	hauteur (f) de pièce (f) (chambre)	высота (ж) комнаты
raumhohes Fenster (n)	floor-to-ceiling window	fenêtre (f) à hauteur de la pièce (f)	окно (ср) высотой от пола до потолка

DEUTSCH	ENGLISCH	FRANZÖSISCH	RUSSISCH
rechte Seitenansicht (f)	right-side elevation	façade (f) (élévation) latérale droite	фасад (м) боковой с правой стороны
rechteckige Stahlrohrstütze (f)	rectangular steel pipe column	colonne (f) en acier (m) tubulaire rectangulaire	прямоугольная стальная трубчатая колонна (ж)
rechteckiger Balken (m)	rectangular beam	poutre (f) rectangulaire	балка (ж) прямоугольного сечения
rechteckiges Regenfallrohr (n)	rectangular leader	conduite (f) (descente) rectangulaire	прямоугольная водосточная труба (ж)
Rechteckprofil (n)	rectangular profile	profilé (m) rectangulaire	прямоугольная форма (ж) / прямоугольный профиль (м)
Rechteckraster (m)	rectangular grid	coordonnées (f) rectangulaires	прямоугольная расчётная сетка (ж)
rechtwinkliger Raster (m)	right-angle grid / orthogonal grid	trame (f) à angles (m) droits / coordonnées (f) orthogonales (f)	сетка (ж) под прямым углом
Regeneinlauf (m) / Rinnenkasteneinlauf (m)	drainage inlet (rainwater)	puisard (m) d'eau pluviale (f)	дренажный водовыпуск (м)
Regenfallrohr (n)	leader / rainwater pipe	conduite (f) / descente (f) / tuyau (m) d'eau pluviale (f)	водосточная труба (ж), водосточный стояк (м)
Regenrinne (f) / Dachrinne (f)	gutter	gouttière (f) / chéneau (m)	водосточный жёлоб (м)
Regenwasser (f)	rainwater	eau (f) de pluie	дождевая вода (ж)
Regenwasserfang (m) / Rinnenkasten (m)	rainwater head	cuvette (f) de chéneau (m) d'eau pluviale (f)	воронка (ж) водосточной трубы / водосточная воронка (ж)
Regenwasserkanal (m)	storm sewer	égout (m) d'eau pluviale (f)	коллектор (м) ливневой канализации (ж)
Regenwasserversickerung (f)	rainwater trickle (seeping)	suintage (m) d'eau pluviale	струйка (ж) дождевой воды
Regenzisterne (f)	rainwater tank / rainwater cistern	réservoir (m) d'eau pluviale / citerne (f) d'eau pluviale	цистерна (ж) дождя
Reibeputz (m)	float finish	finition (f) sur face	поверхность (ж), отделанная тёркой
reiner Versorgungsraum (m)	clean utility room	salle (f) des services propres	чисто хозяйственное помещение (ср)

Reinigungsöffnung

DEUTSCH	ENGLISCH	FRANZÖSISCH	RUSSISCH
Reinigungsöffnung (f)	clean-out hole	trou (m) de nettoyage	лючок (м) для прочистки воздуховода
Rektor (m) (Schule)	principal (school)	directeur (m) (d'école)	директор (м) (школы)
Reservepumpe (f)	standby pump	pompe (f) de secours	резервный насос (м)
Rettungsweg (m) / Fluchtweg (m)	escape route	voie (f) de secours / route (f) de secours	маршрут (м) эвакуации
Revisionsöffnung (f) (Einsteigloch)	opening for inspection (manhole)	trou (m) d'accès pour inspection (f) (trou d'homme)	отверстие (ср) для проверки (колодца)
Revisionsschacht (m)	inspection manhole	puits d'accès (m) (trou d'homme) d'inspection (f)	смотровой колодец (м) / люк (м)
Rhododendron (m)	rhododendron	rhododendron (m)	рододендрон (м)
Ringanker (m) (unterhalb Massivplattendecke)	template (under solid floor slab)	poutre (f) de rive (f) (sous dalle solide de plancher)	кольцевой анкер (м) (под бетонного пола)
Ringbalken (m)	ring beam	poutre (f) annulaire / chaînage (m)	кольцевая балка (ж)
Ringbolzen (m)	eyebolt	boulon (m) à oeillet	рым-болт (м)
Rinnenhalter (m)	gutter hanger	support (m) de gouttière (f)	хомут (м) (подвеска) крепления водосточного жёлоба
Rißmaß (n)	crack dimension	dimension (f) de la fissure (f)	размер (м) трещины
Rohbeton (m)	rough concrete	béton (m) brut	неотделанный бетон (м)
Rohr (n)	tube	tuyau (m)	труба (ж)
Rohrleitung (f)	pipeline	tuyauterie (f)	трубопровод (м)
Rohrpost (f)	pneumatic post	poste (m) pneumatique	пневматическая почта (ж)
Rohrquerschnitt (m)	tubular cross-section	section (f) tubulaire	трубчатое поперечное сечение (ср)
Rohstufe (f)	roughed-in step	gros-oeuvre (m) de marche (m)	шероховатая ступень (ж)
Rolladen (m)	roller blind	store (m) roulant	шторный затвор (м)

Rollschicht

DEUTSCH	ENGLISCH	FRANZÖSISCH	RUSSISCH
Rollschicht (f)	rowlock header	boutisse (f)	тычок (м) перевязочного кирпича (м), поставленного на ребро
Rolltor (n)	rolling door	porte (f) roulante	подъёмная дверь (ж) / катанная дверь (ж)
Rolltreppe (f)	escalator	escalier (m) roulant	эскалатор (м)
Rolltür (f), horizontal angeordnet	overhung sliding door (horizontal)	porte (f) suspendue coulissante horizontalement	подвесная раздвижная дверь (ж) (горизонтальная)
Röntgenraum (m) (Brust)	chest X-ray room	salle (f) de radiographie (f) de la poitrine (f)	рентгеновский кабинет (м) (грудь)
Rosenholz (n)	rosewood	bois (m) de rose	розовое дерево (ср)
rostfreier Stahl (m)	stainless steel	acier (m) inoxydable	нержавеющая сталь (ж)
Rotkiefer (f)	red pine	pin rouge (m)	красная сосна (ж)
Rückansicht (f)	rear elevation	façade (f) arrière	задний фасад (м)
Rundfunk (m)	radio	radio (f)	радио (ср)
rutschfest	non(-)skid / non(-)slip	anti(-)dérapant	небуксующий / нескользкий
rutschfeste Kunststoff-Stufenkante (f) (Treppe)	non(-)slip plastic nosing (stair)	nez (m) de marche (f) en plastique (m) antidérapant (escalier)	нескользкий пластической выступ (м) ступени (лестница)
rutschfeste Stufenvorderkante (f) / Stufenkante (f) (Treppe)	non(-)slip nosing (stair)	nez (m) de marche (f) antidérapant (escalier)	нескользкий выступ (м) ступени (лестницы)
rutschfester Boden (m)	non(-)slip floor	plancher(m) antidérapant	нескользкий пол (м) / небуксующий пол (м)
rutschfester Bodenbelag (m)	non(-)slip surface	revêtement (m) antidérapant	нескользящее покрытие (ср)
rutschfester Fertigfußboden (m) (Bodenbelag)	non(-)slip floor finish (floor cover)	fini (m) de plancher (m) antidérapant (recouvrement de plancher)	нескользящее покрытие (ср) пола (настил пола)

Salon

DEUTSCH	ENGLISCH	FRANZÖSISCH	RUSSISCH
S			
Salon (m)	parlour (parlor)	parloir (m)	отдельный кабинет (м)
Sand (m)	sand	sable (m)	песок (м)
Sandbett (n)	sand bed	lit (m) de sable (m)	песчаная постель (ж)
Sandstrahlen (n)	sandblasting	jet (m) de sable (m)	струя (ж) песка
Sandwichwand (f)	sandwich wall	mur sandwich (m)	многослойная стена (ж)
Sanitärarmaturen (f)	plumbing fixtures	appareils (m) de plomberie	водопроводные арматуры (ж)
Satteldach (n)	gable roof	toiture (f) à pignon (m) / toiture(f) à double pente	шипцовая крыша (ж) / двускатная крыша (ж)
Satteldach (n), Neigung (f) ... Grad (m)	gabled roof, slope ... degrees	toit (m) à pignon (m), pente (f) ... degrés	двускатная крыша (ж) / шипцовая крыша (ж), степень (ж) наклона ... градусов
Sauberkeitsschicht (f)	clean layer	couche (f) propre	чистый слой (м)
Säule (f) / Stütze (f), Pfosten (m)	column, post	colonne (f), poteau (m)	колонна (ж), столб (м)
Säulenachse (f)	centre (center) line of column	ligne (f) de centre de la colonne (f) / axe (m) de la colonne (f)	центровая (осевая) линия (ж) колонны
Säulenfundament (n) / Stützenfundament (n)	column footing	base (f) de colonne (f)	фундамент (м) колонны
Säulenoberfläche (f)	face of column	face (f) de la colonne (f)	наружная поверхность (ж) колонны
Sauna (f)	sauna	sauna (m)	финская парная баня (ж)
Schacht (m)	shaft	gaine (f) / puits (m)	шахта (ж)
Schall- und Wärmedämmschicht (f) (Tafeln)	acoustical and thermal insulation layer (boards)	couche (f) d'isolation (f) thermique et acoustique (planches)	акустический и теплоизоляционный слой (м) (плиты)
schallabsorbierende Wärmedämmung (f)	noise-absorbing thermal insulation	isolation (f) thermique et acoustique	звукопоглощающая теплоизоляция (ж)

Schalldämmstoffe

DEUTSCH	ENGLISCH	FRANZÖSISCH	RUSSISCH
Schalldämmstoffe (m)	sound insulation materials	matériaux (m) d'isolation acoustique	звукоизоляционные материалы (м)
Schalldämmung (f) / akustische Isolierung (f)	sound insulation / acoustical insulation	isolation (f) acoustique	звукоизоляция (ж)
Schallschluckfliese (f) / Schallschluckplatte (f)	acoustical tile	tuile (f) acoustique / carreau (m) acoustique	акустическая облицовочная плитка (ж)
Schallschutz (m)	soundproofing / sound damping	insonorisation (f)	звуковая защита (ж) / звукоизоляция (ж)
Schallwand (f)	sound barrier / sound-proof barrier	barrière (f) contre le bruit (m) / barrière (f) acoustique	звуконепроницаемый экран (м)
Schaltraum (m), elektrische Installationsanlage (f)	electrical room, electric installation	salle (f) d'électricité, installation (f) électrique	электрическое помещение (ср), электрическая установка (ж)
Schalungswärmedämmung (f)	form insulation	coffrage (m) en isolant (m) thermique	наружная теплоизоляция (ж) опалубки
Schamottziegel (m)	fire brick	brique (f) à feu	огнеупорный кирпич (м)
Scharnier (n) / Beschlag (m) (Tür, Fenster)	hinge (door, window)	charnière (f) (porte, fenêtre)	шарнир (м) (дверь, окно)
Schatten (m)	shadow	ombre (f)	тень (ж)
Schattenfuge (f)	shadow joint	joint (m) en retrait	тенный шов (м)
Schattenwurf (m) / Schlagschatten (m)	cast shadow	ombre (f) projetée	отбрасенная тень (ж)
Schaubild (n) von: ... / Sicht (f) von: ...	view from: ...	vue (f) du: ...	наблюдение (ср) с: ...
Scheinfuge (f)	false joint	faux-joint (m)	руст (м)
Scheinfuge (f) (horizontale, vertikale)	groove joint / rustication (horizontal, vertical)	joint (m) à rainure (horizontal, vertical)	пазовый шов (м) (горизонтальный, вертикальный)
Scheitellinie (f)	apex line	ligne (f) de faîte (m)	линия (ж) вершины

Schiebeelement

DEUTSCH	ENGLISCH	FRANZÖSISCH	RUSSISCH
Schiebeelement (n)	sliding element	élément (m) coulissant	раздвижный элемент (м)
Schiebefenster (n) (horizontal)	sliding window (horizontal)	fenêtre (f) coulissant (horizontalement)	раздвижное окно (ср) (горизонтальное)
Schiebetür (f) (horizontal), Hebe-Schiebetür (f)	sliding door (horizontal)	porte (f) coulissant horizontalement	раздвижная дверь (ж) (горизонтальная)
Schiefer (m)	slate	ardoise (f)	шифер (м) (натуральный)
Schieferbekleidung (f)	slate cladding	parement (m) en ardoise (f)	покрытие (ср) из шифера
Schieferfeindeckung (f)	thin slate covering	couverture (f) d'ardoise (f) mince	покрытие (ср) тонкого сланца
Schienenprofil (n)	rail profile (section)	coupe (f) (profilé) du rail (m)	профиль (м) рельса
Schlacke (f)	cinder / slag	cendre (f) / scories (f)	шлак (м)
Schlackenbeton (m)	cinder concrete	béton (m) de scories (f)	шлакобетон (м)
Schlackenbetonschüttung (f)	cinder concrete fill	remplissage (m) en béton (m) de scories (f)	шлакобетонная насыпка (ж)
Schlafzimmer (n)	bedroom	chambre à coucher (f)	спальня (ж)
Schlagloch (n) (auf der Straße)	pothole (on street)	nid (m) de poule (dans une chaussée)	выбоина (ж) (на улице)
Schleppgaube (f)	dormer with pitched roof	lucarne (f) avec toiture (f) en pente	слуховое окно (ср) с крышей со скатами
Schließfach (n)	locker	casier (m)	шкафчик (м) (запирающийся)
Schlitzbandabhänger (m)	slotted adjustable flat metal hanger	crochet (m) ajustable en métal plat (m) rainuré	регулируемая плоская металлическая подвеска (ж) со шлицем
Schlüsselkarte (f)	key-card lock / smart card	serrure (f) à carte-clef (f)	магнитная карта (ж) (замок)
Schlüsselplan (m) der Fertigstellung (f) sämtlicher Geländehöhen (f)	key plan of finished levels	plan (m) clef des niveaux (m) finis	генеральный план (м) существующих высотных отметок

Schlüsselplan

DEUTSCH	ENGLISCH	FRANZÖSISCH	RUSSISCH
Schlüsselplan (m) / Übersichtsplan (m)	key plan	plan (m) clé (clef)	генеральный план (м)
Schneefanggitter (n) (Dach)	snow-catch barrier (roof)	barrière (f) à neige (toit)	преграда (ж) снега (крыша)
Schneefangstütze (f) (Dach)	snow barrier support (roof)	support (m) de barrière (f) à neige (f) (toit)	опора (ж) снега (крыша)
Schneelast (f)	snow load	charge (f) de neige (f)	снеговой груз (м)
schnell abbindender Zement (m)	quick-setting cement	ciment (m) à prise rapide	быстросхватывающийся цемент (м)
Schnellspannabhänger (m)	quick-adjustable rod hanger with a built-in spring	tige de suspension (f) à ressort (m) à ajustement rapide	быстрорегулируемая стержневая подвеска (ж) с встроенной пружиной
Schnitt (m)	section	coupe (f)	разрез (м)
Schnitt (m) bei Höhe (f): ...	section at elevation: ...	coupe (f) au niveau (m): ...	разрез (м) у высоты: ...
Schnitt (m) durch ...	section through ...	coupe (f) en travers de ...	разрез (м) через ...
Schnitt (m) durch Attika (f) zwischen Achsenlinien (f) ...	parapet section between centre (center) lines ...	coupe (f) du parapet (m) entre axes (m) ...	разрез (м) парапета между осевыми линиями (ж) ...
Schnitt (m) durch Außentreppe (f)	section through exterior stair	coupe (f) à travers escalier (m) extérieur	разрез (м) через наружную лестницу (ж)
Schnitt (m) durch Fenster (n)	section through window	coupe (f) dans fenêtre (f)	разрез (м) через окно
Schnitt (m) durch Schleppgaube (f)	section through dormer with a pitched roof	coupe (f) en travers de la lucarne (f) à toit incliné	разрез (м) через слуховое окно с крышой со скатами
Schnitt (m) im Detail (n)	detail section	coupe (f) de détail	детальный разрез (м)
Schnitt (m) in Achsenlinie (f)	section on centre (center) line	coupe (f) sur l'axe (m)	разрез (м) на центровой / разрез (м) на осевой линие (ж)
Schnittlinie (f)	intersecting line / line of intersection	ligne (f) sécante	линия (ж) пересечения
Schornstein (m)	chimney	cheminée (f)	дымоход (м) / дымовая труба (ж)
Schornsteinkappe (f)	chimney cap	chaperon (m) de cheminée (f)	насадка (ж) дымовой трубы

Schornsteinkopf

DEUTSCH	ENGLISCH	FRANZÖSISCH	RUSSISCH
Schornsteinkopf (m)	chimney head	couronne (f) de tête (f) de cheminée (f)	оголовок (м) дымовой трубы
Schornsteinzug (m)	flue	conduit (m) de fumée	дымоход (м)
Schotterbett (n)	crushed stone bed	lit (m) de pierre (f) concassée	щебёночная подготовка (ж)
schräggerippter Betonstahlstab (m)	ribbed reinforcing bar	barre (f) d'armature crénelée	ребристый арматурный стержень (м)
Schrägkante (f)	bevel	biseau (m) / chanfrein (m)	скошенная кромка (ж)
Schraube (f)	screw	vis (f)	винт (м)
Schraubenkopf (m)	screw cap	bouchon (m) à vis (f)	навинчивающаяся крышка (ж)
Schraublasche (f)	screw-bracket	monture (f) à vis	винтовая накладка (ж)
Schraubverbindung (f)	screwed joint	joint (m) à vis	винтовое соединение (ср)
Schriftfeld (n)	title block	cartouche (f) d'identification	титульный блок (м)
Schriftschablone (f)	lettering template	gabarit (m) de lettrage (m)	шрифтовой шаблон (м)
Schuhabstreifer (m) (Rahmen mit Rost)	foot grill (frame with slats)	gratte-pieds (m) (cadre avec lattes)	половик (м) (остов с решётками)
Schüttisolierung (f)	loose-fill insulation	isolant (m) thermique en vrac	засыпная теплоизоляция (ж)
Schutzbrille (f)	goggles (protective)	lunettes (f) protectrices	защитные очки (ср)
Schutzplatte (f)	protection board / guard board	planche (f) de protection	защитная плита (ж)
Schwalbenschwanzanker (m)	dovetail anchor	ancrage (m) en queue (f) d'aronde	анкер (м) в форме ласточкина хвоста
Schwalbenschwanznute (f)	dovetailed slot	rainure (f) de queue (f) d'aronde (femelle)	паз (м) в форме ласточкина хвоста
Schwarten (f)	rough planks	madriers (m) bruts	необрезная доска (ж)
Schwarten (f) auf Dachlatten (f)	rough planks on battens	madriers (m) bruts sur lambourdes (f)	необрезные доски (ж) на рейках (ж)

Schweißnahtart

DEUTSCH	ENGLISCH	FRANZÖSISCH	RUSSISCH
Schweißnahtart (f)	type of welded connection	type (m) d'assemblage (m) à soudure (f)	тип (м) сварного соединения
Schweißnahtüberlappung (f)	lap weld	soudure (f) à recouvrement	нахлёсточный сварной шов (м)
Schweißverbindung (f)	welded connection	assemblage (m) soudé	сварное соединение (ср)
Schwelle (f) auf flexiblen Unterlagen (f)	sleeper on resilient pads	lambourde (f) sur coussinets (m) flexibles	лага (ж) на упругих прокладках
Schwerbeton (m)	heavyweight concrete	béton (m) lourd	тяжёлый бетон (м)
schwere Vorhangwand (f) / schwere Vorhangfassade (f)	heavyweight curtain wall	mur-rideau (m) lourd	тяжёлая ненесущая стена (ж)
schwere Vorhangwandplatten (f) / schwere Vorhangfassadenplatten (f)	heavyweight curtain wall panels	panneaux (m) lourds de murs-rideaux (m)	тяжёлые ненесущие стеновые панели (ж)
Schwerlastverkehr (m)	oversize truck traffic	circulation (f) (trafic) de camions (m) surdimensionnés	тяжело грузовое движение (ср)
Schwimmbad (n)	swimming pool	piscine (f)	плавательный бассейн (м)
schwimmende Stahlbetonplatte (f)	floating slab (reinforced concrete)	dalle (f) flottante en béton armé (m)	плита (ж) плавучего фундамента (железобетон)
schwimmender Betonestrich (m)	floating concrete topping	chape (f) de béton (m) truellée	плавающее бетонное перекрытие (ср)
schwimmender Boden (m) / schwimmender Fußboden (m)	floating floor	plancher (m) flottant	плавающий пол (м)
Schwindbewehrung (f)	temperature reinforcement (shrinkage)	armature (f) de température (f) (de distribution)	температурное армирование (ср) (усадка)
Schwindfuge (f)	contraction joint	joint (m) de retrait	температурно-усадочный шов (м)
Schwingflügelfenster (n)	horizontally pivoted window	fenêtre (f) pivotant horizontalement	горизонтально-вращающееся окно (ср)
Seitenansicht (f)	side elevation	façade (f) latérale	боковой фасад (м)

Seitenfenster

DEUTSCH	ENGLISCH	FRANZÖSISCH	RUSSISCH
Seitenfenster (n)	side-viewing window	fenêtre (f) latérale	иллюминатор (м) бокового обзора
Seitenflügel (m) (Gebäude)	wing (building)	aile (f) (bâtiment)	крыло (ср) (здание)
Seitenweg (m)	lane	voie (f)	переулок (м)
seitliche Fensterbankaufkantung (f)	window sill upbent at the ends	allège (f) retroussée sur les côtés (m) de la fenêtre (f)	подоконник (м) с боком, гнутый наверх (окно)
Sekretariat (n)	secretariat	secrétariat (m)	секретариат (м)
Sekretärin (f), Sekretär (m)	secretary	secrétaire (m / f)	секретарша (ж)
Sekundärraster (m)	secondary grid	coordonnées (f) secondaires	вторичная сетка (ж)
selbstschneidende Schraube (f)	tapping screw	vis (f) taraud	самонарезающий винт (м)
selbsttragende Großtafel (f) der Vorhangwand (f) / Vorhangfassade (f)	self-bearing curtain wall panel	panneau portant (m) de mur-rideau (m)	самоподшипниковая ненесущая стена (ж) (панель)
Seminar (n)	seminar	études (f)	семинар (м)
Setzstufe (f)	riser	contremarche (f)	поступенок (м)
Setzungsfuge (f)	settlement joint	joint (m) de tassement (m)	осадочный шов (м)
Sicherheitsbeschläge (m)	security hardware	quincaillerie (f) de sécurité (f)	фурнитура (ж) (приборы) безопасности
Sicherheitstreppenhaus (n) (Treppe im abgeschlossenen Treppenhaus)	fire escape (staircase)	escalier (m) de secours (cage d'escalier)	спасательная лестница (ж) (лестничная клетка)
Sicht- ...	exposed ...	... apparent	видный ...
sichtbare Rahmenkonstruktion (f)	frame structure (exposed)	charpente (f) structurale apparente	каркасная структура (ж) (обнажённая)
sichtbare Sparren (m)	exposed rafters	chevrons (m) apparents	видные стропильные ноги (ж)
Sichtbeton (m)	exposed concrete	béton (m) apparent	обнажённый бетон (м)

Sichtbetongeländer

DEUTSCH	ENGLISCH	FRANZÖSISCH	RUSSISCH
Sichtbetongeländer (n)	exposed concrete balustrade	balustrade (f) de béton (m) apparent	обнажённая бетонная балюстрада (ж)
Sichtbetonwand (f)	exposed concrete wall	mur (m) de béton (m) apparent	обнажённая бетонная стена (ж)
Sichtdecke (f)	exposed ceiling	plafond (m) apparent	видный потолок (м)
Sichtmauerwerk (n)	face of brick wall / face of masonry / exposed masonry	face (f) de mur en briques / face (f) de la maçonnerie (f) / maçonnerie (f) apparente	наружная поверхность (ж) каменной кладки (ж) / необлицованная кладка (ж)
siehe Absatz (m) ... in der Leistungsbeschreibung (f)	see section ... of specification	voir devis (m) section (f) ...	смотри секцию (ж) ... спецификации
siehe Bauzeichnung (f) ... / siehe Bauplan (m) ...	see drawing ...	voir dessin (m) ...	смотри чертёж (м) ...
siehe Detail (m) ... für angeschweißte Konsolen (f), die als Auflager (n) der Stahlbetonrippendecke (f) dienen	see detail ... for welded brackets serving as supports for ribbed reinforced concrete slab (floor slab)	voir détail (m) ... pour les consoles (f) soudées servant de supports (m) pour la dalle (f) nervurée en béton armé (m) (dalle de plancher)	смотри деталь ... для сварных кронштейнов, использующихся как опоры для ребристой железобетонной плиты
siehe Detail (n) für Außenwand (f) ohne Hinterlüftung (f) und Wärmedämmung (f)	see detail for exterior wall without air space and insulation	voir détail (m) pour mur (m) extérieur sans espace d'air (m) ni isolation (f)	смотри деталь (ж) для наружной стены (ж) без воздушного пространства (ср) и изоляции (ж)
siehe Detail (m) für Dachanschluß (m)	see detail for roof connection	voir détail (m) pour assemblage (m) de toiture (f)	смотри деталь (ж) для основания (ср) крыши
siehe Detail (n) für Sockel (m), Oberkante Gelände (n) und Fundamente (n)	see detail for concrete base at finish grade and footings	voir détail (m) pour socle (m) de béton (m) au niveau du sol (m) fini et des empattements (m)	смотри деталь (ж) для бетонного основания (ср) у поверхности отметки (ж) земли и оснований (ср)
siehe Fundamentdetail (n)	see detail for footings	voir détail (m) pour empattements (m)	смотри деталь (ж) для оснований (ср)
siehe Leistungsbeschreibung (f) bezüglich Farbauswahl (f)	see specification for legend of paints	voir devis (m) pour la légende (f) des peintures (f)	смотри спецификацию (ж) для объяснения красок (ж)

Siehe

DEUTSCH	ENGLISCH	FRANZÖSISCH	RUSSISCH
siehe Leistungsbeschreibungstext (m), Abschnitt (m) ...	see specification, section ...	voir devis (m), chapitre (m) ...	смотри спецификацию (ж), секцию ...
siehe Schnitt (m) ...	see section ...	voir coupe (f) ...	смотри разрез (м) ...
Sinkkasten (m)	catch basin	puisard (m)	водосбор (м)
Sockel (m) / Mauersockel (m)	plinth	socle (m)	цоколь (м)
Sockel- und Wandwangenanschluß (m)	connection for base and wall stringer	assemblage (m) de plinthe (f) et limon (m) mural	соединение (ср) для фундаментной и стеновой тетивы (ж)
Sonderverfahren (n)	special procedures	procédures (f) spéciales	специальные процедуры (ж)
Sonnenblende (f) (Fenster)	window blind	store (m) (fenêtre)	оконный навес (м)
Sozialarbeiter (m)	social worker	travailleur (m) social	работник (м) социального обеспечения
Spannabhänger (m) mit Feder (f)	adjustable rod hangers with built-in spring	tiges (f) de suspension ajustables à ressort	регулируемые стержневые подвески (ж) со встроенной пружиной (ж)
Spannbeton (m)	prestressed concrete	béton (m) précontraint	предварительно напряжённый железобетон (м)
Spannbetonelement (n)	prestressed concrete component	élément (m) de béton (m) précontraint	предварительно напряжённый железобетонный элемент (м)
Spannbetonfertigteil (n)	precast prestressed concrete element	élément (m) de béton précontraint et précoulé	сборный предварительно напряжённый бетонный элемент (м)
Spannbetonpfahl (m)	prestressed concrete pile	pieu (m) en béton (m) précontraint	предварительно напряжённая железобетонная свая (ж)
Spannbetonplatte (f)	prestressed concrete panel	panneau (m) de béton (m) précontraint	предварительно напряжённая бетонная панель (ж)
Spannbetonträger (m)	prestressed concrete beam	poutre (f) en béton (m) précontraint	предварительно напряжённая железобетонная балка (ж)
Spannbügel (m)	clip	étrier (m)	стяжной хомут (м)

Spannstahl

DEUTSCH	ENGLISCH	FRANZÖSISCH	RUSSISCH
Spannstahl (m)	prestressed steel	acier (m) de précontrainte	предварительно напряжённая сталь (ж)
Spanplatte (f) / Holzspanplatte (f)	particle board / wood chipboard	panneau (m) de copeaux (m) / panneau (m) en particules (f) de bois	древесностружечная плита (ж)
Sparren (m)	rafter	chevron (m)	стропило (ср)
Sparrendach (n)	couple roof	comble (m) à deux versants sur arbalétriers (m)	крыша (ж) с висячими стропильными фермами
Sparrendach (n) ohne Kehlbalken (m)	couple roof without collar beam	comble (m) à deux versants sur arbalétriers (m) sans poutre-tirant (f)	крыша (ж) с висячими стропильными фермами без стропильной затяжки (ж)
Sparrendach (n) ohne oder mit Pfetten (f)	couple roof without or with purlins (A-frame)	comble (m) à deux versants sur arbalétriers sans ou avec pannes (f)	двускатная крыша (ж) с висячими стропильными фермами без прогонов или со прогонами
Sparrenkopf (m)	rafter head	tête (f) de chevron (m)	вход (м) стропила
Speiseaufzug (m) / Aufzug (m)	dumbwaiter	monte-plats (m)	кухонный лифт (м)
Speiseaufzugskabine (f) / Aufzugskabine (f)	dumbwaiter cage	trémie (f) de monte-plats (m)	кабина (ж) кухонного лифта
Speiseaufzugsschacht (m) / Aufzugsschacht (m)	dumbwaiter shaft	cage (f) de monte-plats (m)	шахта (ж) кухонного лифта
Speisekammer (f)	food storage	dépense (f)	кладовая (ж)
Sperrholz (n)	plywood	contreplaqué (m)	фанера (ж)
Sperrholz (n) auf harte / steife Wärmedämmung (f)	plywood on rigid insulation	contreplaqué (m) sur isolant (m) rigide	фанера (ж) на твёрдой изоляции (ж)
Sperrholzoberfläche (f)	face of plywood	face (f) du contreplaqué (m)	наружная поверхность (ж) фанеры
Sperrholzplatte (f)	plywood panel	panneau (m) de contreplaqué	фанерная панель (ж)
Sperrklinke (f)	latch	verrou (m)	дверная пружинная защёлка (ж)

Sperrputz

DEUTSCH	ENGLISCH	FRANZÖSISCH	RUSSISCH
Sperrputz (m)	parging	crépi (m)	гидроизолирующий слой (м) / запирающий слой (м) (цементной штукатурки)
Sperrschicht (f) (Dach)	barrier shield (roof)	barrière (f) de protection (toit)	кровельный ковёр (м) / изоляционный слой (м) (крыша)
Sperrtür (f)	flush door	porte (f) plane	щитовая дверь (ж)
Spezial-Senkholzschraube (f)	countersunk screw	vis (f) fraisée	винты (м) потайными головками
Spezialbeschläge (m)	special (purpose) hardware	quincaillerie (f) spéciale	специализированная аппаратура (ж)
Spielfeld (n)	field / play-field	terrain (m) de récréation / terrain (m) de jeux ou de sports	спортплощадка (ж) / площадка (ж) для игр
Spielzimmer (n)	game room	salle (f) de jeux	игротека (ж) / игорная комната (ж)
Spindeltreppe (f) mit Treppenspindel (f)	spiral stair with newel	escalier (m) circulaire à noyau (m) central	винтовая лестница (ж) с центральной стойкой (винтовой лестницы)
spitzer Winkel (m)	acute angle	angle (m) aigu	острый угол (м)
Spreizanker (m)	expansion anchor	ancrage (m) à écartement	разжимная оправка (ж)
Spreizbolzen (m)	expansion bolt	boulon (m) de scellement	расширительный болт (м)
Spreizdübel (m) aus Blei (n)	lead shield	manchon (m) en plomb (m)	разрезная свинцовая втулка (ж)
Sprinkler (m)	sprinkler	gicleur (m)	спринклер (м)
Sprinkleranlage (f)	sprinkler layout	réseau (m) de gicleurs (m)	устройсво (ср) спринклера
Sprinklersystem (n)	sprinkler system	système (m) de gicleurs (m)	система (ж) пожаротушения
Spritzisolierung (f)	sprayed-on insulation	isolant (m) appliqué par pulvérisation	изоляция (ж), наносимая набрызгом
Spritzputz (m)	sprayed-on plaster	enduit (m) appliqué par pulvérisation	штукатурка (ж), наносимая набрызгом
Sprosse (f) / Steigbügel (m)	rung	échelon (m)	ступенька (ж)

Stahl

DEUTSCH	ENGLISCH	FRANZÖSISCH	RUSSISCH
Stahl (m)	steel	acier (m)	сталь (ж)
Stahlbeton (m)	reinforced concrete	béton armé (m)	железобетон (м)
Stahlbeton-Rippendecke (f)	ribbed floor slab	dalle (f) de plancher (f) à nervures	ребристая панель (ж) перекрытия
Stahlbeton-Wandelement (n)	reinforced concrete wall element	élément (m) de mur en béton armé (m)	элемент (м) железобетонной стены
Stahlbetondecke (f)	reinforced concrete floor	plancher (m) en béton armé (m)	железобетонное перекрытие (ср)
Stahlbetonkonsole (f)	reinforced concrete bracket	console (f) (support) en béton armé (m)	железобетонный кронштейн (м)
Stahlbetonmatte (f)	steel mesh reinforcement	armature (f) en treillis (m) d'acier	стальная арматурная сетка (ж)
Stahlbetonplatte (f)	reinforced concrete slab	dalle (f) de béton armé (m)	железобетонная плита (ж)
Stahlbetonplatte (f) auf Erdreich (n)	reinforced concrete slab on grade	dalle (f) de béton armé (m) sur sol (m)	железобетонная плита (ж) на отметке земли
Stahlbetonplatte (f) mit Wärmedämmung (f)	reinforced concrete slab with thermal insulation	dalle (f) de béton armé (m) avec isolation (f) thermique	железобетонная плита (ж) с теплоизоляцией
Stahlbetonstütze (f)	reinforced concrete column	colonne (f) en béton armé (m)	железобетонная колонна (ж)
Stahlbetonträger (m)	reinforced concrete beam	poutre (f) en béton armé (m)	железобетонная балка (ж)
Stahlblech-Hohlprofil (n)	hollow metal	métal (m) creux	пустотелый металл (м)
stahlblechbekleidete Tür (f)	kalamein door	porte (f) à revêtement (m) métallique	дверь (ж) с обшивкой из листового металла
Stahlblechträger (m) (zusammengesetzt)	steel-plate girder (composed of sheet steel)	poutre (f) en tôle forte d'acier (composée)	стальная составная двутавровая балка (ж) со сплошной стенкой (тонколистовая сталь)
Stahlbolzen (m)	steel bolt	boulon (m) d'acier (m)	стальной болт (м)
Stahleinlagen (f)	steel inserts	pièces (f) d'acier (m) incorporées	закладные стальные детали (ж) (стальой арматуры)
Stahlfenster (f)	steel window	fenêtre (f) en acier (m)	стальное окно (ср)

Stahllasche

DEUTSCH	ENGLISCH	FRANZÖSISCH	RUSSISCH
Stahllasche (f)	steel bracket	support (m) en acier (m)	стальной кронштейн (м)
Stahlleiter (f)	steel ship's ladder	échelle (f) marine en acier (m)	стальный судовой трап (м)
Stahlplatte (f)	steel plate	plaque (f) d'acier (m)	стальная плита (ж)
Stahlplatte (f) in Beton verankert	steel plate fastened to concrete	plaque (f) d'acier fixée au béton (m)	стальная плита (ж), прикреплённая к бетону
Stahlprofil (n)	steel section	profilé (m) d'acier (m)	профиль (м) стали
Stahlrohr (n) in geschmolzenes Blei (n) gesetzt (verankert)	steel pipe set in molten lead	tuyau (m) d'acier fixé au plomb (m) fondu	стальная труба (ж), встроенная и поставленная в расплавленном свинце
Stahlrost (m)	steel grating	grillage (m) en acier (m)	стальная обрешётка (ж)
Stahlrundstab (m)	steel round bar	barre (f) ronde d'acier (fer rond)	круглая штанга (ж), круглый стержень (м)
Stahlsäule (f) / Eisensäule (f)	steel column	colonne (f) en acier	стальная колонна (ж)
Stahlseil (n)	steel rope	cable (m) d'acier	стальной канат (м)
Stahlstütze (f)	steel support	support (m) d'acier (m)	стальная опора (ж)
Stahlträger (m)	steel beam	poutre (f) d'acier	стальная балка (ж)
Stahltreppe (f)	steel stair	escalier (m) en acier (m)	стальная лестница (ж)
Stahlwinkel (m)	steel angle	cornière (f) d'acier	стальной угол (м)
Ständerbau (m)	post-and-beam structure	construction (f) à poteaux (m) et poutres (f)	стоечнобалочный каркас (м)
Standort (m) (Tür, Fenster)	location (door, window)	emplacement (m) (porte, fenêtre)	местоположение (ср) (дверь, окно)
starre Verbindung (f)	rigid joint	joint (m) rigide	жёсткое соединение (ср)
stationär behandelter Patient (m)	in-patient	patient (m) hospitalisé	стационарный больной (м)
Stationsarzt (m)	staff physician	médecin membre du personnel (m)	штатный врач
Stechpalme (f)	holly	houx (m)	падуб (м) / остролист (м)

DEUTSCH	ENGLISCH	FRANZÖSISCH	RUSSISCH
Steg (m)	web	âme (f)	стенка (ж)
Stegplatte (f)	web plate	plaque (f) d'âme (f) (poutre)	стенка (ж) балки
Steigeisen (n)	steel rungs	échelons (m) d'acier	стальные ступеньки (ж)
Steigeisen (n) im Einsteigloch (n) / im Schachtloch (n)	manhole rungs (iron)	échelons (m) de trou d'homme (fer)	ходовые скобы (ж) (железо)
Steildach (n)	steep roof	toiture (f) en pente (f) raide	крутая крыша (ж)
Steildachdämmung (f)	steep roof insulation	isolation (f) de toiture (f) à pente raide	изоляция (ж) крутой крыши
Steinbekleidung (f)	stone veneer	parement (m) de pierres (f)	каменная облицовка (ж) (фанера)
Steinformat (n)	shape of stone	forme (f) de la pierre (f)	каменный формат (м)
Steinmaß (n)	stone dimension	dimension (f) de pierre (f)	каменная размерность (ж)
Steinplatte (f)	flagstone	pierre (f) de pavage	плитняк (м)
Stirnblech (n)	metal fascia	fascia (f) métallique	металлическая оболочка (ж) бордюрной доски
Stirnbrett (n)	fascia board / eaves board	planche (f) fascia	бордюрная доска (ж)
Strahlenschutzfenster (n)	shielding window	fenêtre (f) de protection contre le rayonnement (m) radioactif	защитное смотровое окно (ср)
Strahlungsheizung (f)	radiant heating	chauffage (m) rayonnant	радиационный нагрев (м)
Straße (f)	street	rue (f)	улица (ж)
Straßenflucht (f)	street alignment	alignement (m) de rue (f)	створ (м) улицы
Strauch (m)	shrub	arbrisseau (m)	кустарник (м)
Streckmetall-Putzträger (m)	expanded metal lath	grillage (m) en métal déployé	металлическая сетка (ж)
Streifenfundament (n)	strip footing / continuous footing / wall footing	semelle (f) de fondation (f) / empattement (m) continu / empattement (m) de mur (m)	ленточный фундамент (м) / фундамент (м) под стену

Strudelbad

DEUTSCH	ENGLISCH	FRANZÖSISCH	RUSSISCH
Strudelbad (n) / Strudelbecken (n)	whirlpool	bain tourbillon (m)	водоворот (м)
Stuckgips (m)	stucco	stuc (m)	штукатурка (ж)
Stückzahl (f)	number of items	nombre (m) de pièces	номер (м) частей
Studentenaufenthaltsraum (m)	student lounge	foyer (m) des étudiants	студенческое помещение (ср)
Stufe (f)	step	marche (f)	ступень (ж)
Stufen (f) mit unterer, ebener Treppenfläche (f)	steps with even soffit	marches (f) à surface (f) de soffite (m) unie (plane)	ступени (ж) с равномерным лестничным софитом
Stufen (f) und Podest (n)	steps and landing	marches (f) et palier (m)	ступени (ж) и площадка (ж)
Stufenfalz (m) (Isolation)	step-seam (insulation)	joint (m) en gradins (m) (isolation)	шов (м) ступени (изоляция)
Stülpschalungsbretter (n)	siding(s)	bardage (m) de finition (f)	чистая обшивка (ж)
stumpfer Winkel (m)	obtuse angle	angle (m) obtus	тупой угол (м)
Stumpfschweißung (f)	butt weld	soudure (f) d'about	стыковое сварное соединение (ср)
Stumpfstoß (m) (Fuge)	butt joint	joint (m) d'about	стыковой шов (м)
Stumpfstöße (m) der Wärmedämmung (f) von Sandwichelementen (n)	butt joints of thermal insulation sheet of sandwich components	joints (m) d'about de plaque (f) isothermique d'éléments (m) en sandwich (m)	стыковые швы (м) изоляции многослойных элементов (панелей)
Sturz (m) (Fenster, Tür)	lintel (window, door)	linteau (m) (fenêtre, porte)	перемычка (ж) (окно, дверь)
Stützenfuß (m)	heel of post	pied (m) de poteau	опорная пятка (ж)
Stützensockel (m)	pedestal	piédestal (m) / base (f)	подколонник (м)
Stützmauer (f) (Sichtbeton)	retaining wall (exposed concrete)	mur (m) de soutènement (béton apparent)	подпорная стенка (ж) (обнажённый бетон)
Stützwinkel (m) / Abfangkonsole (f) / Winkelkonsole (f)	angle bracket	console (f) en cornière (f)	кронштейн (м) / опорный кронштейн (м)
Stützwinkel (m) mit Aussteifung (f) (Winkel)	stiffened seat (angle)	siège (m) renforcé (cornière)	жёстко заделыванный монтажный поддерживающий уголок (м)

System

DEUTSCH	ENGLISCH	FRANZÖSISCH	RUSSISCH
System (n) der Haustechnik (f)	(mechanical engineering system)	système (m) de génie mécanique	система (ж) сантехники
Systeme (n) der Haustechnik (f)	mechanical and electrical systems	systèmes (m) de mécanique et électricité	системы (ж) механики и электротехники

T

DEUTSCH	ENGLISCH	FRANZÖSISCH	RUSSISCH
T-Schiene (f) mit Wulsten (f), Tragprofil (n)	Tee-channel, cross channel	entretoise (f) en profilé en Té	Т-образное русло (ср), треугольное русло (ср)
T-Stahlkonsole (f)	Tee bracket / steel Tee bracket	console (f) en Té en acier (m)	Т-образный кронштейн (м) (стальный)
T-Stahlsorten (Gurte und Stege)	structural tees (flanges and webs)	Tés (m) d'acier (ailes et âmes)	структурные тройники (м) (полки и стенки)
Tafelglas (n) / Plattenglas (n)	sheet glass	verre (m) à vitre	листовое оконное стекло (ср)
Tafelglas (n) (Tür, Fenster)	plate glass (door, window)	glace (f) de vitrage (m) (porte, fenêtre)	листовое стекло (ср) (дверь, окно)
Tag (m) der Herausgabe (f)	date of issue	date (f) d'émission (f)	дата (ж) издания
Tanne (f)	fir	sapin (m)	пихта (ж)
Tapete (f)	wallpaper	papier (m) mural	обои (ср)
Technik (f)	technique	technique (f)	техника (ж) / методика (ж)
Teer (m)	tar	goudron (m)	гудрон (м)
Teerpappe (f)	tar paper	papier (m) goudronné / carton (m) goudronné	толь-кожа (м)
Teerpappe (f) (eine Bitumenbahn)	bituminous felt (one ply)	feutre (m) bitumé de toiture (f) (un pli)	рубероид (м) (однослойный)
Teertasche (f)	pitch pocket	poche (f) d'oléorésine	засмолок (м) / стыковая накладка (ж)
Teich (m)	pond	étang (m)	пруд (м)

Teil

DEUTSCH	ENGLISCH	FRANZÖSISCH	RUSSISCH
Teil (m)(n)	part	partie (f)	часть (ж)
Teilunterkellerung (f)	partial basement	sous-sol (m) partiel	полуподвал (м) (под зданием)
teilweise eingezogener Balkon (m)	partially recessed balcony	balcon (m) partiellement en retrait	неполный отодвигнутый балкон (м)
Teilzahlung (f)	payment instalment	paiement (m) en acompte	взнос (м) уплаты
Telefonzentrale (f)	telephone exchange centre	centrale (f) téléphonique	телефонная станция (ж)
Teppich (m)	carpet	tapis (m)	ковёр (м)
Teppichkleber (m)	carpet glue	colle (f) à tapis (m)	клей (м) ковра
Terrakotta (m)	terracotta	terre cuite (f)	терракота (ж)
Terrasse (f)	terrace	terrasse (f)	терраса (ж)
Terrassenbelag (m)	terrace surfacing	finition (f) de la surface (f) de la terrasse (f)	обработка (ж) поверхности террасы
Terrassentür (f)	terrace door	porte (f) terrasse	террасная дверь (ж)
Terrazzo (m)	terrazzo	terrazzo (m)	терраццо (ср)
Terrazzo-Fliese (f)	terrazzo tile	carreau (m) de terrazzo (m)	терраццевая плитка (ж)
Testraum (m), Untersuchungsraum (m)	test room, examination room	salle (f) des analyses (f), salle (f) d'examen	осмотровой кабинет (м)
Textil-Wandbekleidung (f)	textile wall covering	revêtement (m) mural textile	текстильная облицовка (ж) стены
thermisch getrenntes Aluminiumfenster (n)	aluminium (aluminum) window with thermo-break	fenêtre (f) en aluminium (m) avec arrêt (m) thermique	алюминиевое окно (ср) с теплоизолирующим разрывом (м)
Toilette (f) / Toilettenraum (m)	toilet / lavatory	toilette (f) / salle (f) de toilette (f)	уборная (ж) / туалет (м)
Tomographie (f)	tomography	tomographie (f)	томография (ж)
Ton (m)	clay	argile (f)	глина (ж)
Tonziegel (m)	clay tile	tuile (f) en terre cuite (f)	глиняная черепица (ж)
Tor (n)	gate	barrière (f)	ворота (ж)

Torflügel

DEUTSCH	ENGLISCH	FRANZÖSISCH	RUSSISCH
Torflügel (m)	gate door (hinged)	porte (f) de barrière (f) à charnières (f)	навесная дверь (ж) ворот
Tragelement (n) des Luftkühlers (m) (auf dem Dach)	air cooling unit support (on roof)	support (m) d'unité (f) de refroidissement d'air (sur le toit)	поддерживающий элемент (м) охлаждающего прибора (м) (на крыше)
tragende Dachdecke (f)	load-bearing roof	toiture (f) portante	опорная крыша (ж)
tragende Mauerwand (f)	bearing wall / load(-) bearing wall	mur (m) portant / mur (m) de refend	опорная стена (ж) / несущая стена (ж)
tragende Wand (f)	load-bearing wall	mur (m) portant	несущая стена (ж)
tragender Untergrund (m) / tragfähiger Untergrund (m)	bearing soil / load-bearing soil	sol (m) portant	опорный грунт (м) / несущий грунт (м)
tragendes Mauerwerk (n)	load-bearing masonry	maçonnerie (f) portante	несущая каменная кладка (ж)
Trägeroberfläche (f)	face of beam	face (f) de la poutre (f)	наружная поверхность (ж) балки (ж)
Trapezblech (n)	corrugated steel deck	pontage (m) d'acier cannelé	волнистый стальной настил (м)
Trapezblech (n) für Deckenkonstruktion (f)	corrugated steel deck for floor construction	pontage (m) d'acier cannelé pour construction de plancher (m)	стальной настил (м) для половой конструкции (волнистой)
Trapezblech (n) oder flaches Stahlblech (n)	steel deck of steel sheet (fluted or flat)	tablier (m) d'acier (m) en tôle (f) d'acier (cannelée ou plate)	стальной настил (м) стальной листовой прокладки (каннелюранный или плоский)
Trapezblechtafel (f)	steel deck panel	panneau (m) de pontage (m) d'acier	панель (ж) стального настила (м) (покрытия, полы)
Trauerweide (f)	weeping willow	saule pleureur (m)	плакучая ива (ж)
Traufausbildung (f) beim Schieferdach (n) mit Dachdichtungsbahnen (f) / Dachdichtungslagen (f)	eaves formation of a slate roof with roof sealing plies	façon de rive (f) de toiture (f) en ardoise (f) avec plis de scellement de toiture	формирования (ж) карнизного свеса шиферной крыши со кровельными герметическими слоями

Traufblech

DEUTSCH	ENGLISCH	FRANZÖSISCH	RUSSISCH
Traufblech (n)	eaves metal sheetstrip	bande (f) métallique de rive (f)	краевая металлическая полоса (ж) карнизного свеса
Traufbohle (f)	eaves plank	madrier (m) de rive	брус (м) карнизного свеса
Travertin (m)	travertine	travertin (m)	травертин (м)
Trennschicht (f) (Abdeckung) / einlagiger Filz (m)	divider (cover sheet) / felt one(-)ply	séparateur (m) (feuille de protection) / feutre (m) un pli (m)	разделитель (м) (покрывающий лист) / однослойный войлок (м)
Treppe (f)	stair	escalier (m)	лестница (ж)
Treppe (f) Nr. ...	stair No. ...	escalier (m) No. ...	лестница (ж) № ...
Treppenachse (f)	centre (center) line of staircase	ligne (f) d'axe de l'escalier (m)	центровая (осевая) линия (ж) лестницы
Treppenauge (n) (Raum zwischen äußeren Treppenwangen)	well (space between outside stringers)	puits (m) d'escalier (m) (espace entre limons extérieurs)	лестничная шахта (ж) (пространство между наружными тетивами)
Treppendetail (n)	stair detail	détail (m) d'escalier (m)	лестничная деталь (ж)
Treppenelemente (n) aus Betonfertigteilen (n)	precast concrete units of stairs	éléments (m) d'escalier (m) en béton (m) précoulé	лестничные сборные бетонные компоненты (м)
Treppenhandlauf (m)	stair handrail	main courante (f) d'escalier (m)	лестничный поручень (м)
Treppenhaus (n) / Treppenraum (m)	staircase	cage (f) d'escalier (m)	лестничная клетка (ж)
Treppenlauf (m)	flight of stairs / stair flight	volée (f) d'escalier (m)	марш (м) (лестничный)
Treppenlaufbreite (f)	stair width	largeur (f) d'escalier (m)	ширина (ж) лестницы
Treppenpodest (n) / Treppenabsatz (m)	landing / platform (stair)	palier (m) (escalier)	площадка (ж) (лестницы)
Treppenpodest (m) / Treppenabsatz (m)	stair landing / stair platform	palier (m) d'escalier (m)	лестничная площадка (ж)
Treppenwange (f) (Treppe)	stringer (stair)	limon (m) (escalier)	тетива (ж) (лестница)
Tresor (m)	safe	coffre-fort (m)	сейф (м)

Trinkbrunnen

DEUTSCH	ENGLISCH	FRANZÖSISCH	RUSSISCH
Trinkbrunnen (m)	drinking fountain	fontaine (f) à boire	питьевой фонтанчик (м)
Trittplatte (f) (Tür)	kickplate (door)	plaque (f) à pieds (porte)	защитная накладка (ж) двери
Trittstufe (f)	tread	marche (f) / giron (m)	выступ (м) / проступь (ж)
Trittstufenbelag (m)	tread topping	chape (f) sur marche (f)	покрытие (ср) проступи
Trittstufenbreite (f)	tread width	largeur (f) de giron (m) (marche)	ширина (ж) проступи
Trittstufenvorderkante (f)	tread-nosing corner	coin (m) de nez (m) de marche (f)	угол (м) выступом (м) ступени
Trockenaufbewahrung (f)	dry storage	réserve sèche (f)	сухое хранение (ср)
Trockenbauwand (f)	dry wall	cloison (f) sèche / parement (m) à sec	внутренняя стена (ж), облицованная сухой штукатуркой
Trockenbauwand (f) / Gipskartonwand (f)	dry wall / stud construction with gypsum board	cloison (f) sèche / colombage (m) revêtu de placoplâtre	внутренняя стена (ж), облицованная сухой штукатуркой / каркасная перегородка (ж) с сухой штукатуркой
Trockenestrich (m)	dry concrete topping	mélange (m) à sec de chape (f) de béton	сухая бетонная стяжка (ж) для сборного покрытия пола
Trockenraum (m)	drying room	salle (f) de séchage	сушильная комната (ж)
Trockenwandplatte (f) (Gipsplatte / Gipskartonplatte)	dry wall panel (gypsum panel)	panneau (m) de cloison (f) sèche (panneau de gypse)	сухая штукатурка (ж) (гипсовая панель)
Tropföffnungen (f) in ... Achsenabstand (m)	weepholes at ... c/c (centre (center) to centre (center))	saignées (f) (chantepleures) aux ... c/c (centre à centre)	фильтрационные отверстия (ср) на ... межцентрового растояния
Tunnel (m)	tunnel	tunnel (m)	туннель (м)
Tür (f)	door	porte (f)	дверь (ж)
Tür-Tabelle (f) / Tür-Stückliste (f)	door schedule	tableau (m) des portes (f)	спецификация (ж) дверей
Türachse (f)	centre (center) line of door	axe (m) de la porte (f)	центровая (осевая) линия (ж) двери
Türanschlag (m)	(doorstop)	butoir (m) de porte (f)	ограничитель (м) открывания двери

Türbeschläge

DEUTSCH	ENGLISCH	FRANZÖSISCH	RUSSISCH
Türbeschläge (f)	door hardware	quincaillerie (f) de portes (f)	дверные приборы (м)
Türblatt (n) / Türflügel (m)	door leaf	battant (m) de porte (f)	створка (ж) двери
Türbreite (f)	door width	largeur (f) de porte (f)	ширина (ж) двери
Türdetails (n)	door details	détails (m) des portes (f)	детали (ж) двери
Türfläche (f) / Türblattfläche (f)	door surface	surface (f) de porte (f)	поверхность (ж) двери
Türgröße (f) / Türmaß (n)	door size / door dimension	dimension (f) de porte (f)	дверной размер (м)
Türhalter (m)	door holder	cale (f) de porte (f)	дверной держатель (м)
Türhöhe (f)	door height	hauteur (f) de la porte (f)	дверная высота (ж)
Türklinke (f)	door handle	poignée (f)	дверная ручка (ж)
Türknauf (m)	door knob	bouton (m) de porte (f)	круглая дверная ручка (ж)
Türleibung (f)	door jamb	jambage (m) de porte (f)	вертикальная обвязка (ж) дверной коробки
Turnhalle (f)	gymnasium	gymnase (m)	спортивный зал (м)
Türöffnungsbreite (f)	width of door opening	largeur (f) d'ouverture (f) de porte (f)	ширина (ж) дверного проёма
Türrahmen (m) aus Holz (n)	wood door frame	huisserie (f) de porte (f) en bois (m)	деревянная дверная коробка (ж)
Türrahmen (m) (mit Wandanschluß) / Tür-Blendrahmen (m) oder Zarge (f)	door(-)frame (fastened to wall)	huisserie (f) (attaché au mur) / cadre (m) de porte (f)	дверная коробка (ж) / рама (ж), прикреплённая к стене / царга (ж)
Türrahmen (m) (mit Wandanschluß) / Tür-Blendrahmen (m) oder Zarge (f) (aus Holz oder aus Stahl)	door(-)frame (fastened to wall) / door(-)frame (out of wood or steel)	huisserie (f) (attaché au mur) / cadre (m) de porte (f) (en bois ou en acier)	дверная коробка (ж) (рама, прикреплённая к стене) / дверная царга (ж) (деревянная или стальная)
Türschließer (m) mit Türhalter (m)	door closer with door holder	ferme-porte (m) avec cran (m) d'arrêt	закрыватель (м) двери с дверной державкой

Türschließer

DEUTSCH	ENGLISCH	FRANZÖSISCH	RUSSISCH
Türschließer (m), Türschloß (n) und Türschwelle (f) aus Metall (n), siehe Details, Bauplan Nr. ...	door closer, door lock and metal threshold, see details, drawing No. ...	ferme-porte (m), serrure (f) et seuil (m) en métal (m), voir détails (m) sur dessin (m) No. ...	дверной механизм (м), замок (м) и металлический порог (м), смотри детали, чертёж № ...
Türschließer (n) werden für die Türen (f): Nr. ... gebraucht	door closers required for doors: No. ...	ferme-portes (m) requis pour les portes (f): No. ...	дверные механизмы (м) нужны для дверей: № ...
Türschloß (n)	door lock	serrure (f) de porte (f)	дверной замок (м)
Türschwelle (f)	threshold / door saddle	seuil (m) de porte	порог (м) / дверной порог (м)
Türschwelle (f) aus Aluminium (n)	aluminium (aluminum) threshold	seuil (m) en aluminium (m)	алюминиевый порог (м)
Türschwelle (f) aus Marmor (m) und Türstopper (m) am Fußboden (m)	marble threshold and floor doorstop	seuil (m) en marbre et arrêt (m) de porte (f) au plancher (m)	мраморный порог (м) и половой ограничитель (м) открывания двери
Türstärke (f)	door thickness	épaisseur (f) de porte (f)	толщина (ж) двери
Türstopper (m)	doorstop	arrête (m) de porte (f)	упор (м) двери / ограничитель (м) двери
Türtypen (f)	door types	types (m) des portes (f)	типы (м) дверей
Türzargenbreite (f) / Türrahmenbreite (f)	width of door frame	largeur (f) de la huisserie (f) de porte	ширина (ж) дверной коробки (рамы, царги)
Türzargenprofil (n) im Detail (n) / Türrahmenprofil (n) im Detail (n)	frame section in detail (door)	détail (m) du cadre (m) (porte)	деталь (ж) дверной коробки (царга)
Türzwischenpfosten (m)	door mullion	meneau (m) de porte (f)	средник (м) дверного полотна
Typ (m)	type	type (m)	тип (м)
Typ (m), Holz (n): ...	type, wood: ...	type (m), bois (m): ...	тип (м), дерево (ср): ...
Typenentwurf (m)	typical design characteristics	caractéristiques (f) typiques du design (m) (conception)	типические конструктивные характеристики (ж) / типические расчётные характеристики (ж)
Typenstatik (f) (genormt)	typical structural design (standardized)	design (m) structural typique (standard)	типическое проектирование (ср) конструций (стандартизованное)

Typisch

DEUTSCH	ENGLISCH	FRANZÖSISCH	RUSSISCH
typisch	typical	typique	типический
typischer Etagen-Grundrißplan (m) / typischer Normalgeschoß-Grundrißplan (m)	typical floor plan	plan (m) typique d'étage	типический план (м) этажа
typischer Schnitt (m)	typical section	coupe (f) typique	типический разрез (м)
typisches Detail (n) (wiederhold)	typical detail (recurrent)	détail (m) typique (fréquent)	типичная деталь (ж) (повторающаяся)

U

DEUTSCH	ENGLISCH	FRANZÖSISCH	RUSSISCH
U- Bügel (m) / offener Bügel (m)	U-stirrup / open stirrup	étrier (m) en U	U- образный арматурный хомут (м) / открытый хомут (м)
U-Schiene (f) (Tragprofil)	U-channel (cross-channel)	entretoise (f) en profilé (m) en U	U- образное русло (ср) (поперечное русло)
U-Träger (m)	channel beam	poutre (f) en U	швеллерная балка (ж)
überlappende asphaltierte Dachschindeln (f)	overlapping asphalt shingles	bardeaux (m) d'asphalte (m) chevauchés	частично дублирующие кровельные плитки (ж)
überlappendes Abdeckblech (n) / überlappendes Anschlußblech (n) / Überhangsstreifen aus Blech (n)	counter(-)flashing (metal)	contre-solin (m) (métallique)	перекрывающий фартук (м) (металлический)
Überlauf (m)	overflow	débordement (m)	перелив (м)
überprüfe die Dimensionen (Maße) auf der Baustelle vor der Türenbestellung (siehe Bauplannummer ...)	verify dimensions on site before ordering doors (see drawing No. ...)	vérifier les dimensions sur les lieux avant de commander les portes (voir dessin No. ...)	проверяйте размеры на стройплощадке до заказа двери (смотри чертёж № ...)
Überstand (m)	projection / overhang	saillie (f)	выступ (м)
Überzug (m)	inverted beam	poutre (f) renversée	прогон (м) для подвешивания балки
Übungslabor (n) für Herzkranke (f)	cardiac exercise laboratory	laboratoire (m) d'exercice (m) cardiaque	сердечная (кардиальная) лаборатория (ж) для упражнения

Übungsraum

DEUTSCH	ENGLISCH	FRANZÖSISCH	RUSSISCH
Übungsraum (m)	exercise room	salle (f) d'exercice	зал (м) упражнения
Ulme (f)	elm	orme (m)	ильм (м)
Ultraschall (m)	ultrasound	ultra-sonographie (f)	ультразвуковая диагностика (ж)
Ultraschallabor (n)	ultrasound laboratory	laboratoire (m) ultra-sonographique	ультразвуковая лаборатория (ж)
Umbau (m)	alteration / conversion	modification (f)	перестройка (ж)
Umbaukosten (f)	alteration cost / conversion cost	coût (m) de modification (f)	стоимость (ж) перестройки
Umbaumaßnahmen (f)	measures for alterations	mesures (f) pour modifications (f)	меры (ж) для перестройк зданий
Umkehrdach (n)	inverted roofing	couverture (f) de toiture (f) inversée	обратная крыша (ж)
Umkleideraum (m)	locker room	salle des casiers (m)	раздевалка (ж)
Umkleideraum (m) (Frauen)	locker room (women)	salle des casiers (m) (femmes)	раздевалка (ж) (для женщин)
Umkleideraum (m) (Männer)	locker room (men)	salle des casiers (m) (hommes)	раздевалка (ж) (для мужчин)
Umkleideraum (m) (Personal)	changing room (staff)	salle (f) de déshabillage (employés)	комната (ж) для переодевания (персонала)
Umluftventilator (m)	return air fan	ventilateur (m) de retour d'air (m)	вентилятор (м) рециркуляционного воздуха
unbewehrter Beton (m)	plain concrete	béton (m) simple	неармированный бетон (м)
unentflammbar / nicht entzündbar / nicht feuergefährlich / nicht brennbar	non-flammable / flame proof / noncombustible / fireproof	non-inflammable / à l'épreuve (f) du feu / ininflammable / incombustible	невоспламеняющийся / негорючий
Unfallstation (f)	emergency	urgence (f)	общая неотложная помощь (ж)
unglasierte Fliese (f)	unglazed tile	carreau (m) non vitrifié	неглазурованная плитка (ж)
ungleichschenkliger, rundkantiger Winkelstahl (m)	structural unequal leg angle (steel angle)	cornière (f) structurale à ailes (f) inégales (cornière d'acier)	структурная неравнобойкая опорная нога (ж) угла (стальный угол)
Unterbau (m) / Unterkonstruktion (f)	substructure	sous-structure (f)	нижнее строение (ср)

Unterbeton

DEUTSCH	ENGLISCH	FRANZÖSISCH	RUSSISCH
Unterbeton (m) auf Erdreich (n)	concrete subslab on subsoil	sous-dalle (f) en béton sur sous-sol (m)	бетонная подплита (ж) на подпочве
Unterbeton (m) auf Erdreich (n) unter Stahlbetonplatte (f) / Plattenfundament (n)	mat on subsoil under raft foundation / screed on subsoil under raft foundation	chape (f) sur sous-couche (f) sous radier (m) de fondation	подплита (ж) / стяжка (ж) на отметке грунта под сплошным фундаментом
Unterdachtafeln (f)	boards / panels above rafters and below roofing	planches (f) / panneaux au-dessus des chevrons (m) et en dessous de la toiture (f)	панели (ж) над стропилами и под наращиванием крыши
Unterdeckenkanal (m)	floor duct (under floor)	conduit (m) (sous-plancher)	подпольный канал (м)
untere Bewehrung (f), untere Stahleinlage (f)	bottom rod, bottom steel	barre (f) inférieure, armature (f) inférieure	нижняя арматура (ж), нижняя сталь (ж)
untere waagerechte Außenwandabdichtung (f)	lower horizontal sealant at exterior wall	hydrofuge (m) horizontal inférieur au mur (m) extérieur	нижний горизонтальный герметик (м) у наружной стены
unterer Rampenansatz (m)	bottom of ramp	bas de la rampe (f)	нижняя часть (ж) рампы
Untergurt (m)	bottom flange	semelle (f) inférieure	нижняя полка (ж)
unterirdische Rohrleitung (f)	underground pipeline	conduit (m) souterrain	подземный трубопровод (м)
unterirdisches Kabel (n)	underground cable	câble (m) souterrain	подземный кабель (м)
unterirdisches Telefonkabel (n)	telephone cable below grade	câble (m) de téléphone (m) souterrain	подземный телефонный кабель (м)
Unterkante (f) Binder (m)	underside of truss	dessous (m) de ferme (f)	нижняя грань (ж) фермы
~ Decke (f)	underside of ceiling	dessous (m) du plafond (m)	нижняя грань (ж) потолка
~ Decke (f) bis Oberkante (f) Fertigfußboden (m)	finish ceiling to floor finish	plafond (m) fini à plancher (m) fini	нижняя грань (ж) потолка (м) до верхней грани поверхности покрытия
~ Träger (m)	underside of beam	dessous (m) de la poutre (f)	нижняя грань (ж) балки (ж)
~ von ... / UK von ...	underside of ...	dessous de ...	нижняя грань (ж) ...

Unterkante

DEUTSCH	ENGLISCH	FRANZÖSISCH	RUSSISCH
Unterkante (f) Ziegel (m)	underside of brick	dessous (m) de brique (f)	нижняя грань (ж) кирпича
unterlüftetes Dach (n) / Kaltdach (n)	vented roof from below	toiture (f) ventilée par le bas	вентилированная крыша (ж) (снизу)
Unterputzlage (f) / Unterputz (m)	base coat / undercoat / first coat	couche (f) de base / sous-couche (f) / couche (f) d'apprêt	нижний слой (м) / обрызг (м) штукатурки
Unterschrift (f)	signature	signature (f)	подпись (ж)
Untersicht (f)	soffit	soffite (m)	нижняя поверхность (ж)
Untersichtsplan (m) der Decke (f)	reflected ceiling plan	plan (m) de plafond réfléchi	нижняя поверхность (ж) потолка
unterspannter Profilräger (m) mit einem Steg (m), mit zwei Stegen (m)	beam as hanging-post, king-posted beam for one post, queen-posted beam for two posts	poutre (f) à arbalète (f), arbalète à un poinçon (m), arbalète à deux poinçons	балка (ж) как столб ворот, шпренгельная балка (ж) с одной стойкой, шпренгельная балка (ж) со двумя стойками
Untersuchungsraum (m)	examination room	salle (f) d'examens	смотровой кабинет (м)
Unterzug (m) / Hauptträger (m)	girder	poutre (f) principale	главная балка (ж) / прогон (м)
ununterbrochene Fuge (f)	continuous joint	joint (m) continu	непрерывный шов (м)
unversteifter Stützwinkel (m)	unstiffened seat angle	cornière (f) de support sans raidisseur (m)	неусиливанный монтажный уголок (м)
unverstellbar / unbeweglich	fixed	fixe	неподвижный
Urologieraum (m)	urology room	salle (f) d'urologie (f)	урологическое помещение (ср)
V			
Ventil (n)	valve	soupape (f)	клапан (м) / вентиль (м)
Ventilator (m)	fan / blower	ventilateur (m)	вентилятор (м)
veränderliche Oberflächen-Fertigstellung (f) des Geländes (n)	finish grade (variable)	sol (m) fini (variable)	верхняя грань (ж) отметки земли (ж) (переменная)
Verankerung (f)	anchoring	ancrage (m)	анкеровка (ж) / крепление (ср)

Verbindung

DEUTSCH	ENGLISCH	FRANZÖSISCH	RUSSISCH
Verbindung (f) des Dachüberhangs mit Ziegeldach (n)	eaves connection with finished tiled roof	assemblage (m) de toiture (f) en tuile avec l'avant-toit (m)	соединение (ср) карнизного свеса с черепичной крыши
Verblendmauerwerk (n), Sichtmauerwerk (n) mit Innenputz (m)	brick facing with interior plaster	parement (m) de briques avec enduit (m) intérieur	облицовка (ж) кирпича с внутренней штукатуркой
Verbretterung (f)	boarding	bardage (m) en bois	дощатая обшивка (ж) (досками)
Verbundfenster (n), zwei bewegliche Flügel (m) und ein Fenster- Blendrahmen (m) / Zarge (f)	combination window, two sashes and one window frame (fastened to wall)	fenêtre (f) combinée, fenêtre (f) à deux battants et cadre (m) unique	оконный переплёт (м) с двойными стёклами, две оконного переплёта (м) и одна оконная рама (ж), прикреплённая к стене / царга (ж)
Verbundglas (n)	laminated glass	verre (m) laminé	многослойное стекло (ср)
Vergußfuge (f)	grouted joint	joint (m) scellé	шов (м), заливаемый цементным раствором
Verkaufspreis (m)	selling price	prix (m) de vente (f)	цена (ж)
Verkehrsampel (f)	traffic light	feux de circulation (f)	светофор (м)
Verkehrsaufkommen (n)	traffic volume	volume (m) du trafic (m)	интенсивность (ж) движения
Verkehrsberuhigung (f)	traffic slowdown	ralentissement (m) de la circulation (f) (du trafic)	транспортное замедление (ср)
Verkehrsführung (f)	direction of traffic	direction (f) de la circulation (f)	направление (ср) транспортного движения
Verkehrslärm (m)	traffic noise	bruit (m) de la circulation (f) (du trafic)	транспортный шум (м)
Verladebühne (f)	loading platform	plateforme (f) de chargement	порузочная платформа (ж)
Vermerk (m) vom ...	note from ...	note (f) de ...	заметка (ж) от ...
Vermessungspunkt (m) Nr. ...	survey point No. ...	repère (m) d'arpentage (m) No. ...	точка (ж) тригонометрической сеты № ...
Vermikulitbeton (m)	vermiculite concrete	béton (m) de vermiculite	вермикулитовый бетон (м)

Vermikulitputz

DEUTSCH	ENGLISCH	FRANZÖSISCH	RUSSISCH
Vermikulitputz (m)	vermiculite plaster	enduit (m) de vermiculite	вермикулитовая штукатурка (ж)
verputzte Freiwange (f) (Treppe)	plaster on face stringer (stair)	plâtre sur le limon (m) extérieur (escalier)	штукатурка (ж) на лицевой тетиве (ж) (лестница)
Versatz (m)	offset	en saillie (f) (décalé)	перемещение (ср) (боковое смещение)
Verschalung (f)	formwork	coffrage (m)	опалубка (ж)
verschiedenartige Baustahlprofile (n)	miscellaneous shapes of structural steel	profilés (m) divers d'acier (m) structural	разнообразные формы (ж) структурной стали
Verschlußdeckel (m) des Einsteiglochs (n) / Schachtdeckel (m)	manhole cover	couvercle (m) de trou d'homme	крышка (ж) лаза / крышка (ж) люка
Verschweißen (n) (werkseits)	shop weld	soudure (f) à l'atelier (m)	сварной шов (м), выполняемый в заводских условиях
versetzte Ebene (f)	offset plane (surface)	surface (f) saillante	перемещённая плоскость (ж) (поверхность)
versetzte Fugen (f)	offset joints / staggered joints	joints (m) décalés	расположенные вразбежку стыки (м) (швы)
versetzte Stumpfstöße (m) (Wärmedämmplatte)	butt joints staggered (thermal insulation sheet)	joints (m) d'about en quinconce de plaque (f) isothermique	стыковые швы (м) вразбежку (теплоизоляционный лист)
versetztes Pultdach (n)	offset lean-to roof	toit (m) saillant en appentis	перемещённая односкатная крыша (ж)
Versorgungsraum (m) (unrein)	soiled utility room	salle (f) des services souillés	хозяйственное помещение (ср) (для грязного белья)
verstärkter Stahlträger (m)	steel reinforced beam	poutre (f) à armature (f) d'acier (m)	стальная армированная балка (ж)
Versteifungselement (n)	stiffener	raidisseur (m)	элемент (м) жёсткости
verstellbare Trennwand (f)	movable partition	cloison (f) amovible	разборная перегородка (ж) / раздвижная перегородка (ж)

Verstellbarer

DEUTSCH	ENGLISCH	FRANZÖSISCH	RUSSISCH
verstellbarer Abhänger (m) mit Krallen (f)	adjustable flat metal hanger with claws	crochet (m) ajustable en métal plat (m) avec crampons (m)	нерегулированная плоская металлическая подвеска (ж) с гвоздодёрами
Verstellgitter (n)	adjustable grill	grille (f) ajustable	регулируемая решётка (ж)
verteilte Ausschreibung (f)	issued for tender	émis pour soumission (f)	распределено для сметы (ж) / издано для предложения (ср)
Verteilung (f)	distribution	distribution (f)	распределение (ср)
Verteilungssystem (n)	distribution system	système (m) de distribution	система (ж) распределения
Vertiefung (f)	depression	dépression (f)	углубление (ср)
Vertiefung (f) für Fußmatte (f)	floor mat sinkage	dépression (f) pour gratte-pieds (m)	углубление (ср) для циновки
Vertiefung (f) im Beton (m)	recess in concrete	retrait (m) dans le béton (m)	углубление (ср) в бетоне (м)
Vertikalfuge (f)	vertical joint	joint (m) vertical	вертикальный шов (м)
Vertikalschiebefenster (n)	double-hung window	fenêtre (f) à guillotine (f)	подъёмное окно (ср) с двумя подвижными переплётами
Vertikalschiebetür (f)	sliding door (vertical)	porte (f) coulissant verticalement	раздвижная дверь (ж) (вертикальная)
Vertikalschnitt (m)	vertical section	coupe (f) verticale	вертикальный разрез (м)
Vervielfältigungsraum (m) / Kopierraum (m)	printing room	salle (f) d'imprimerie	типографическое помещение (ср)
Verwahrung (f), Abdeckblech (n) / Blechverwahrung (f)	flashing, metal flashing	solin (m), solin (m) métallique	фартук (м), металлический фартук (м)
Verwaltung (f)	administration	administration (f)	администрация (ж)
verzinkter Stahl (m)	galvanized steel	acier (m) galvanisé	оцинкованная сталь (ж)
verzinkter Winkelstahl (m) als Konsole (f)	console as galvanized steel angle	console (f) en cornière (f) d'acier (m) galvanisé	консоль (ж) как оцинковыванный стальный угол (м)

Vierkantholzschraube

DEUTSCH	ENGLISCH	FRANZÖSISCH	RUSSISCH
Vierkantholzschraube (f)	lag bolt	tire-fond (m)	глухарь (м), шуруп (м) с квадратной головкой под ключ
Vierkantrohr (n)	rectangular tube	tube (m) rectangulaire	труба (ж) прямоугольного сечения
Vierkantstab (m)	square bar	barre (f) carrée	квадратная штанга (ж) / квадратный стержень (м)
Vinyl-Fliese (f), PVC-Fliese (f)	vinyl tile, PVC tile	tuile (f) de vinyle, tuile (f) de PVC	поливинилхлоридная плитка (ж)
Vinylasbest-Fliese (f)	vinyl asbestos tile	tuile (f) vinyle-amiante (amiante vinylique)	виниласбестовая плитка (ж)
Vogelschutzgitter (n)	bird screen	écran (m) pare-oiseaux	птице-заградительная решётка (ж)
Vollstein (m) aus Beton (m)	concrete brick	brique (f) en béton (m)	бетонный камень (м)
Vollwand (f)	solid wall	mur (m) plein	сплошная стена (ж)
Vollziegel (m) / Vormauervollziegel (m)	solid brick	brique (f) pleine	твёрдый кирпич (м)
vor Baubeginn oder Herstellung von Werkplänen soll der Bauunternehmer alle Maße und Höhenangaben eigenverantwortlich überprüfen	before starting construction or producing shop drawings, the contractor shall verify all dimensions and levels, and will be held responsible for them	avant le début de tout travail ou avant de produire les dessins d'atelier, l'entrepreneur devra vérifier toutes les dimensions et tous les niveaux et il en sera tenu responsable	до начинания конструкции или до предъявления рабочих чертежов, подрядчик-строитель должен проверить все размеры и все уровни и он будет за них ответственным
Voranstrich (m)	primer / primary brushcoat	couche (f) d'apprêt au pinceau (m)	грунтовка (ж)
Vordach (n) (oberhalb)	canopy (above)	avant-toit (m) (au-dessus)	навес (м) (наверху)
Vordach (n), Vorsprung (m) des Daches (n) / Überhang (m) des Daches (n)	canopy, projecting roof	auvent (m), toiture (f) projetante	навес (м), выступающая крыша (ж)
Vorderansicht (f) (Hauptansicht)	front elevation (main elevation)	façade (f) principale (élévation principal)	передний фасад (м) (главный фасад)
Vorentwurf (m)	preliminary design	dessin (m) préliminaire	эскизный проект (м)

Vorführraum

DEUTSCH	ENGLISCH	FRANZÖSISCH	RUSSISCH
Vorführraum (m)	projection room	cabine (f) de projection	проекционная кабина (ж)
vorgefertigte Ausfachungswand-Tafel (f) / vorgefertigte Vorhangsfassadentafel (f)	prefabricated fill-in curtain wall panel	panneau (m) de remplissage préfabriqué de mur-rideau (m)	сборная ненесущая стенная панель (ж) (для заполнения)
vorgefertigte Beton-Sandwichwandplatte (f) / vorgefertigte zweischalige Betonwand (f) mit Kerndämmung (f)	prefabricated concrete sandwich-wall panel / prefabricated concrete panel with insulation between concrete shells	panneau sandwich (m) en béton (m) préfabriqué / panneau (m) préfabriqué de béton (m) avec isolation (f) incorporée	сборная бетонная многослойная стенная панель (ж) / сборная бетонная панель (ж) с изоляцией между двумя оболочками
vorgefertigte Beton-Trittstufen (f), Beton-Setzstufen und Beton-Podeste (n)	precast concrete treads, risers and landings	marches (f), contremarches (f) et paliers (m) en béton (m) précoulé	сборные бетонные проступи (ж), подступенки (м) и лестничные площадки (ж)
vorgefertigte Betonplatte (f)	precast concrete panel	panneau (m) de béton (m) précoulé	сборная бетонная панель (ж)
vorgefertigte Betontrittstufe (f)	precast concrete tread	marche (f) en béton (m) précoulé	сборная бетонная проступь (ж)
vorgefertigte, durchlüftete Flachdachkonstruktion (f)	prefabricated aerated flat roof construction	système (m) de toiture (f) plate, préfabriquée et ventilée	конструкция (ж) сборной аэрированной плоской крыши
vorgefertigter Binder (m)	prefabricated truss	ferme (f) préfabriquée	сборная ферма (ж)
vorgefertigter Stahlbetonsturz (m)	precast reinforced concrete lintel	linteau (m) en béton armé (m) précoulé	сборная железобетонная перемычка (ж)
vorgefertigtes Betonteil (m) / Betonfertigteil (n)	precast concrete element	élément (m) en béton (m) précoulé	сборный бетонный элемент (м)
vorgefertigtes Flachdachelement (n)	prefabricated flat roof component / prefabricated flat roof element	élément (m) préfabriqué de toiture (f) plate	элемент (м) сборной плоской крыши
vorgefertigtes nichttragendes Beton-Wandelement (n)	precast non-bearing concrete wall element	élément (m) précoulé de mur (m) non-portant en béton (m)	сборный ненесущий стенной элемент (м)
vorgefertigtes Stahlbetonelement (n) / Stahlbetonfertigelement (n) / Stahlbetonfertigteil (m)	precast reinforced concrete element	élément (m) de béton armé (m) précoulé	сборный железобетонный элемент (м)

Vorgefertigtes

DEUTSCH	ENGLISCH	FRANZÖSISCH	RUSSISCH
vorgefertigtes stehendes Porenbeton-Wandelement (n)	precast cellular concrete wall component in upright position	élément (m) précoulé de mur (m) en béton (m) cellulaire / poreux en position verticale	сборный ячеистый бетонный стенной элемент (м) (вертикальный)
vorgefertigtes tragendes Beton-Wandelement (n)	precast load-bearing concrete wall element	élément (m) précoulé de mur (m) portant en béton (m)	сборный несущий стенной элемент (м)
vorgefertigtes tragendes Porenbeton-Wandelement (n)	precast load-bearing cellular concrete wall component / element	élément (m) précoulé de murs (m) portants en béton (m) cellulaire / poreux	сборный несущий ячеистый бетонный стенной элемент (м)
Vorhalle (f) / Vestibül (n)	entrance hall / lobby	hall d'entrée (m) / vestibule (m)	прихожая (ж) / вестибюль (м)
vorhandener Erdboden (m)	existing soil	sol (m) existant	существующий грунт (м) (земля)
Vorhängeschloß (n)	padlock	cadenas (m)	висячий замок (м)
Vorraum (m)	vestibule	vestibule (m)	вестибюль (м)
Vorsatzschale (f), Stahlbetonelement (n)	exterior shell, reinforced concrete element	parement (m) extérieur, élément (m) de béton armé (m)	наружная оболочка (ж), железобетонный элемент (м)
vorspringende Verfugung (f)	protruding brick joints	joints (m) de briques (f) en saillie (f)	торчащие кирпичные швы (м)
vorspringendes Bauteil (n)	protruding building component	élément (m) de construction en saillie (f)	выступающий элемент (м) здания

W

DEUTSCH	ENGLISCH	FRANZÖSISCH	RUSSISCH
waagerechte Abdichtung (f) (Feuchtigkeitssperre)	horizontal sealing (damp-proofing)	scellement (m) horizontal (imperméabilisation horizontale)	горизонтальное уплотнение (ср) (влагоизоляция)
Walmdach (n)	hipped roof	toit (m) en croupe (f)	вальмовая крыша (ж)
Walmfläche (f)	hipped end	croupe (f)	прокатный профиль (м) (вальма)
Walnuß (f)	walnut	noyer (m)	орех (м)
Walzprofil (n)	rolled steel shape	profilé (m) en tôle (f) d'acier	стальная катаная форма (ж)
Wand (f)	wall	mur (m)	стена (ж)

Wand

DEUTSCH	ENGLISCH	FRANZÖSISCH	RUSSISCH
Wand- und Deckenputz (m)	wall and ceiling plaster	enduit (m) de plâtre (m) pour murs et plafonds	штукатурка (ж) стены и потолка
Wandfliesen (f) im Dünnbettverfahren (n)	wall tiles (thin-set method)	tuiles (f) murales (méthode d'adhésif mince)	стеновые плитки (ж) (метод мелкодисперсного раствора)
Wandhandlauf (m)	wall handrail	main courante (f) murale	лестничный поручень (м) / перила (ср)
Wandhintermauerung (f)	backing wall	mur (m) de remplissage	забутовка (ж) стены
Wandöffnung (f)	wall opening	ouverture (f) murale	стенной проём (м)
Wandplatte (f) aus Holz (n)	wood wallboard	panneau (m) mural en bois (m)	деревянный обшивочный лист (м)
Wandsockelanstrichstreifen (m)	dado band	bande (f) de dado (m)	дадо-полоса (ж)
Wandstärke (f)	wall thickness	épaisseur (f) du mur (m)	толщина (ж) стены
Wandwange (f)	wall stringer	limon (m) mural	тетива (ж) стены
wärmedämmende Folie (f)	thermal foil	feuille (f) thermique	теплоизоляционная фольга (ж)
Wärmedämmsperre (f) (Thermosperre)	thermal barrier (thermo-break)	barrière (f) thermique (arrêt thermique)	теплоизоляционная прослойка (ж) (тепловая пробка)
Wärmedämmung (f)	thermal insulation	isolation (f) thermique	теплоизоляция (ж)
Wärmedämmung (f) auf Dampfsperre (f)	thermal insulation on vapour (vapor) barrier	isolation (f) thermique sur coupe-vapeur (m)	теплоизоляция (ж) на паронепроницаемом слое
Wärmedämmung (f) auf Erdreich (n)	thermal-insulation on soil	isolation (f) thermique sur le sol (m)	теплоизоляция (ж) на грунте (почва)
Wärmedämmung (f) aus Hartschaumplatten (f) über den Sparren (m)	thermal insulation of rigid insulation sheet above rafters	feuille (f) d'isolation (f) thermique rigide au-dessus des chevrons (m)	теплоизоляция (ж) жёсткозакреплённого изоляцинного листа (м) над стропилами
Wärmedämmung (f) aus Mineralfaser (f) zwischen den Sparren (m)	thermal insulation of mineral fibres between rafters	isolation (f) thermique de fibres (f) minérales entre les chevrons (m)	теплоизоляция (ж) из минеральных волокон между стропилами

Wärmedämmung

DEUTSCH	ENGLISCH	FRANZÖSISCH	RUSSISCH
Wärmedämmung (f) über, unter den Sparren (m)	thermal insulation above, below rafters	isolation (f) thermique en dessus, en dessous des chevrons (m)	теплоизоляция (ж) над, под стропилами
Wärmedämmung (f) unter, zwischen, über den Sparren (m)	thermal insulation below, between, above rafters	isolation (f) thermique au-dessous, entre, au-dessus des chevrons (m)	теплоизоляция (ж) под, между, над стропилами
Warmwasser (n)	hot water	eau (f) chaude	горячая вода (ж)
Warmwasserbehälter (m)	hot water tank	réservoir (m) d'eau (f) chaude	резервуар (м) для горячей воды
Warmwasserversorgung (f)	hot water supply	distribution (f) d'eau (f) chaude	горячее водоснабжение (ср)
Warteraum (m) (ambulante- und Klinik- Patienten, Besucher)	waiting area (outpatients, inpatients, visitors)	salle d'attente (f) (patients / malades externes et hospitalisés, visiteurs)	приёмное отделение (ср) (амбулаторных больных, стационарных больных, гостей)
Warteraum (m) für stationär behandelte Patienten (m)	in-patient waiting room	attente (f) des patients (m) internes	ожидание (ср) стационарных больных
Waschbecken (n)	sink	évier (m)	мойка (ж)
Waschküche (f)	laundry room	salle (f) de buanderie (f)	прачечная (ж) (комната)
Wasser- und Abwasserleitungen (f)	water and sewage lines	aqueducs (m) et conduits (m) d'égout	акведуки (м) и канализационные трубы (ж)
wasserabdichtende Betonfüllung (f)	watersealed concrete fill	remplissage (m) de béton (m) avec agent (m) de scellement	непроницаемая бетонная насыпка (ж)
Wasserabdichtung (f)	waterproofing	étanchéité (f)	гидроизоляция (ж)
Wasserabdichtung (f) an der Innenwand (f)	waterproofing applied to inside wall	imperméabilisation (f) appliquée au mur (m) intérieur	гидроизоляция (ж) на внутренной стене (ж)
wasserdampfdurchlässig	steam-permeable	perméable à la vapeur (f)	проницаемый для пара (м)
wasserdichte Filzpappe (f)	waterproofing felt	feutre (m) d'étanchéité	гидроизоляционный строительный картон (м)
wasserdichte Folie (f) / Bitumen-Dichtungsschicht (f)	waterproof membrane	membrane (f) hydrofuge	водонепроницаемая мембрана (ж), кровельный ковёр (м)

Wasserdichte

DEUTSCH	ENGLISCH	FRANZÖSISCH	RUSSISCH
wasserdichte Fuge (f)	waterproof joint	joint (m) étanche	водонепроницаемый шов (м)
wasserdichte Kerndämmung (f)	waterproof core insulation	noyau (m) d'isolation étanche	водонепроницаемое ядро (ср) изоляции
wasserdichte Schweißung (f)	waterproof weld	soudure (f) étanche	водонепроницаемая сварка (ж)
wasserdichte Zementschicht (f)	waterproofing cement coat	couche (f) de ciment (m) d'imperméabilisation (f)	гидроизоляционное (ж) цементное покрытие (ср)
wasserdichter Belag (m)	waterproof coating	couche (f) d'étanchéité	водонепроницаемое покрытие (ср)
wasserdichter Beton (m) (Zement)	waterproof concrete (cement)	béton (m) imperméable (ciment)	водонепроницаемый бетон (м) (цемент)
Wasserhahn (m)	water faucet	robinet (m) d'eau	водопроводный кран (м)
Wasserleitung (f)	water line	conduite (f) d'eau (aqueduc)	водопровод (м)
Wassersperre (f) nur an der Betonwand (f)	waterstop at concrete wall only	arrêt (m) hydrofuge au mur (m) de béton (m) seulement	водонепроницаемое уплотнение (ср) только у бетонной стены (ж)
wassersperrende Dichtungsschicht (f) (Dach)	waterpoof membrane (roof)	membrane (f) d'étanchéité (toiture)	кровельный ковёр (м) (гидроизоляционный)
Wasserspiegel (m)	water level	niveau (m) d'eau	уровень (м) воды
Wasserversorgung (f)	water service	service (m) des eaux (f)	водоснабжение (ср)
WC (n) und Dusche (f)	W. C. and shower	W. C. (m) et douche (f)	уборная (ж) и душ (м)
Wechsel (m)	header joist / header	chevêtre (m)	междубалочный ригель (м) / обвязка (ж) проёма
Weg (m) / Fahrweg (m)	road	chemin (m) / route (f)	дорога (ж)
weiche Mattenisolierung (f)	flexible insulation	isolant (m) flexible	гибкая теплоизоляция (ж)
Weichholz (n)	softwood	bois (m) tendre	мягкая древесина (ж)
Weißkiefer (f)	white pine	pin blanc (m)	белая сосна (ж)

Well

DEUTSCH	ENGLISCH	FRANZÖSISCH	RUSSISCH
Well- oder Trapezprofilblechtafel (n) der Vorhangfassade (f)	metal fluted curtain wall panel	panneau (m) mur-rideau en métal (m) cannelé	металлическая гофрированная ненесущая стеновая панель (ж)
Well- oder Trapezprofilblechtafeln (f) für Außenwandbekleidung (f)	metal fluted panels for exterior wall cladding	panneaux (m) de métal cannelé pour revêtement (m) de murs extérieurs	металлические гофрированные панели (ж) для наружных стеновых обшивок (ж)
Wellplatte (f)	corrugated sheet	tôle (f) ondulée	волнистый лист (м)
Wendeflügel (m)	vertically pivoting window	fenêtre (f) pivotant verticalement	окно (ср), вращающееся вокруг вертикальной оси
Wendeltreppe (f), Treppe (f) mit Treppenauge (n)	circular stair with open well	escalier (m) circulaire à cage (f) ouverte	круговая лестница (ж)
Werg (n)	oakum	filasse (f)	пакля (ж)
werkseitig	from factory	de la fabrique (f)	с завода (м)
Werkstatt (f)	workshop	atelier (m)	цех (м)
Werkstein (m)	cut stone	pierre (f) de taille	штучный камень (м)
Wetterschenkel (m) (Tür, Fenster)	drip cap (door, window)	chaperon-larmier (m) (porte, fenêtre)	водосток (м) (дверь, окно)
Wetterschutz (m) (Wetterschutzschiene für Falzdichtung)	weather protection (weather protection-rail for rabbet airtightness)	protection(f) contre les intempéries (f) (joint feuilluré étanche)	защита (ж) от атмосферных воздействий для фальцевой воздухонепроницаемости
winddicht	windproof	à l'épreuve (f) du vent (m)	ветрозащитный
Windrispe (f)	wind angle brace / wind brace	contreventement (m)	ветровой раскос (м) / ветровая связь (ж)
Winkel (m)	angle	cornière (f)	угол (м)
Winkeleisen (n)	structural angle	cornière (f) structurale	структурный угол (м)
Winkellasche (f)	angle cleat	éclisse (f) cornière	подпорка (ж) из уголка

Winkelstreifen

DEUTSCH	ENGLISCH	FRANZÖSISCH	RUSSISCH
Winkelstreifen (m) aus Blech (n) und Überhangsstreifen (m) aus Blech / Anschlußblech (n) und Überhangsblech (n)	metal flashing and counter-flashing	solin (m) et contre-solin (m) en métal (m)	металлический и противоположный флашинг (м)
Wohnfläche (f)	living area / dwelling area	surface (f) d'habitation / espace (m) d'habitation	жилая площадь (ж)
Wohnung (f)	apartment	appartement (m)	квартира (ж)
Wohnungstrennwand (f)	division wall of apartment	mur (m) de séparation (f) d'appartement (m)	разделительная стена (ж) квартиры
Wohnzimmer (n)	living room	salle (f) de séjour	гостиная (ж)

Z

DEUTSCH	ENGLISCH	FRANZÖSISCH	RUSSISCH
Zangenbalken (m) / Kehlbalken (m), Fußpfette (f) (Kehlbalkendach)	tie-beam / collar beam, purlins at base (couple roof with purlins)	poutre-tirant (f), arbalétrier (m) (comble à deux versants sur arbalétriers avec pannes)	анкерная балка (ж) / затяжка (ж), прогоны (м) у базы крыши (крыша с висячими стропильными фермами)
Zangenbalken (m), Spannbalken (m)	collar beam, tie(-)beam	entrait (m), poutre-tirant (f)	стропильная затяжка (ж)
Zangenträger (m) / Zangenbalken (m)	tie-joist / tie-beam	entrait (m) de ferme / poutre-tirant (f)	затяжка (ж) стропил (крыша (ж) с висячими стропильными фермами с прогонами с двумя стойками)
Zangenträgerkonstruktion (f)	tie-joist construction	construction (f) par solives (f) et entretoises (f)	конструкция (ж) затяжки
Zapfen (m)	pivot	pivot (m)	цапфа (ж)
Zarge (f), Zarge (f) aus Stahl oder Holz für Fenster (n) oder Tür (f), U-Stahlzarge (f) für Fenster (n)	buck, steel buck or wood buck for window or door, U-steel buck for window	chevreuil (m), chevreuil en acier ou en bois pour fenêtre (f) ou porte (f), U-chevreuil (m) en acier pour fenêtre (f)	царга (ж), стальная или деревянная царга (ж) для окна или двери, стальная -царга (ж) для окна
Zaun (m)	fence	clôture (f)	забор (м)
Zaun (m) (Einzäunung)	fence (enclosure)	clôture (f) (barrière)	забор (м) (ограждение)

Zeichenraum

DEUTSCH	ENGLISCH	FRANZÖSISCH	RUSSISCH
Zeichenraum (m)	drafting room	atelier (m) de dessin	чертёжная (ж)
Zeichnung (f) / Bauzeichnung (f) / Bauplan (m)	drawing	dessin (m)	чертёж (м)
Zeichnung (f) nicht maßstäblich	drawing not to scale	dessin (m) hors-échelle	чертёж (м) не в масштабе
Zeichnungsnummer (f) / Zchng. Nr. / Bauzeichnungsnummer (f) / Bauplan Nr.	drawing number / drawing No.	dessin (m) numéro / dessin No.	номер (м) чертёжа / № чертёжа
Zement (m)	cement	ciment (m)	цемент (м)
Zement-Sperrschicht (f) / Zement-Sperrputz (m)	cement parging	crépi (m) de ciment (m)	цементная штукатурка (ж) / штукатурный (ж) раствор
Zement-Sperrschicht (f) / Zement-Sperrputz (m) auf Betonblöcken (m)	cement parging on concrete blocks	crépi (m) de ciment (m) sur blocs (m) de béton (m)	наружная цементная штукатурка (ж) на бетонных блоках (м)
Zementabdichtung (f) auf Unterbeton (m)	cement waterproofing on sub-slab	imperméabilisation (f) au ciment (m) sur la sous-dalle (f)	цементная гидроизоляция (ж) на подплите
Zementestrich (m)	cement topping	chape (f) de ciment (m)	цементный слой (м) (бетонного покрытия)
Zementfußboden (m) über Holzbalken (m)	cement floor over wood joists	plancher (m) de ciment (m) sur solives (f) en bois (m)	цементный пол (м) над деревянными балками (ж)
Zementlagerfuge (f)	cement setting bed	lit (m) de pose (f) en ciment (m)	цементный подстилающий слой (м)
Zementmörtel (m)	cement mortar, cement grout	mortier (m) de ciment (m), coulis (m) de ciment (m)	цементный раствор (м)
Zementputz (m)	cement plaster	enduit (m) de ciment (m)	цементный штукатурный раствор (м)
Zementputz (m) auf Isolierung (f)	cement plaster on insulation	enduit (m) de ciment (m) sur isolant (m)	цементный штукатурный раствор (м) на изоляции
Zementschutzschicht (f)	cement protective coating	couche (f) de protection (f) en ciment (m)	цементное защитное покрытие (ср)

Zentralheizung

DEUTSCH	ENGLISCH	FRANZÖSISCH	RUSSISCH
Zentralheizung (f)	central heating	chauffage (m) central	центральное отопление (ср)
Ziegel (m) auf Seitenkante (f) gelegt	rowlock	brique (f) posée de champ	перевязочный кирпич (м), поставленный на ребро
Ziegel (m), Vollziegel (m), Lochziegel (m)	brick, solid brick, hollow brick	brique (f), brique pleine, brique creuse	кирпич (м), твёрдый кирпич (м), пустотелый кирпич (м)
Ziegelbekleidung (f) / Vormauersteine (m)	brick veneer / brick facing	parement (m) de briques (f)	облицовочный кирпич (м)
Ziegeloberfläche (f)	face of brick	face (f) de la brique (f)	наружная поверхность (ж) кирпича (м)
Zufahrtsweg (m) / Ausfahrt (f)	driveway	passage (m) pour véhicules (m)	подъездная дорога (ж)
Zugang (m)	access	accès (m)	подход (м)
Zuganker (m)	tie-rod	barre-tirant (f)	соединительный штырь (м)
Zuluft (f)	air intake	prise (f) d'air	воздухозаборник (м) / воздухоприёмник (м)
Zuluft- oder Abluftschacht (m)	air intake shaft or air exhaust shaft	puits (m) de prise (f) ou retour (m) d'air	воздухозаборная шахта (ж) или шахта (м) откачки воздуха (м)
Zuluftgitter (n)	air supply grill	grille (f) d'amenée (f) d'air	решётка (ж) подачи воздуха
Zuluftschacht (m)	air intake shaft	gaine (f) de prise (f) d'air	воздухозаборная шахта (ж)
zum fertigen ...	to finish of ...	jusqu'au fini de ...	к поверхности (ж) ...
zum Fertigfußboden (m)	to finished floor	au plancher (m) fini	к чистовому полу (м)
zur Oberkante (f) von ... / zur OK von ...	to top of ...	jusqu'au dessus de ...	к верхней грани (ж) ...
zur Säulenachse (f) ...	to column line ...	à l'axe (m) de la colonne (f) ...	к оси (ж) колонны ...
zur Unterkante (f) von ... / zur UK von ...	to underside of ...	jusqu'au dessous de ...	к нижней грани (ж) ...
zurückspringende Fuge (f)	rustication	joint (m) en niche (f)	рустика (ж) / проёмный шов (м)

Zurückspringende

DEUTSCH	ENGLISCH	FRANZÖSISCH	RUSSISCH
zurückspringende Verfugung (f)	raked brick joint	joint (m) de briques (f) raclé	кирпичное заполнение (ср) впустошовку
zurückspringende Wand (f)	recessed wall	mur (m) en retrait	встроенная стена (ж)
Zusatzarmierung (f)	additional reinforcment	armature (f) supplémentaire	добавочная арматура (ж)
Zusatzdämmung (f) / Zusatzisolierung (f)	additional insulation	isolation (f) supplémentaire	добавочная изоляция (ж)
zusätzliche Schneelast (f)	additional snow load	surcharge (f) de neige (f) additionnelle	добавочный снеговой груз (м)
zweiachsig gespannt	fixed at both ends	fixe aux extrémités (f)	двухосное растяжение (ср)
Zweibett-Schlafzimmer (n) / Elternschlafzimmer (n)	main bedroom / master bedroom	chambre à coucher (f) principale	главная спальня (ж)
Zweibettzimmer (n)	semi-private room (two beds)	chambre (f) semi-privée (deux lits)	палата (ж) (две кровати)
Zweifamilienhaus (n) (zweigeschossiges), zweigeschossige Wohnung (f)	duplex, duplex apartment	bâtiment (m) à deux logements (m), appartement (m) jumelé	двухквартирный дом (м), квартира (ж) в двух уровнях
zweiflügelige Tür (f) (Drehflügeltür / Doppeltür)	double-leaf door	porte (f) à deux battants (m)	двустворчатая дверь (ж)
zweilagige Wärmedämmung (f) aus Hartschaumplatten (f)	two-layers rigid insulation	deux couches (f) d'isolation (f) rigide	двойной слой (м) жёсткозакреплённой изоляции
zweiläufige gerade Treppe (f) mit Zwischenpodest	stair with two flights and one landing	escalier (m) de deux volées (f) et un palier (m)	лестница (ж) с двумя лестничными маршами и одной лестничной площадкой
zweiläufige Podesttreppe (f) (abgeschlossenes Treppenhaus)	two-flight stair with intermediate landing (enclosed stair)	escalier (m) de deux volées (f) avec palier (m) intermédiaire (escalier encagé)	лестница (ж) с двумя лестничными маршами (м) с промежуточной площадкой (ж) (окружённая лестница)
zweischaliges Mauerwerk (n)	cavity wall	mur (m) creux	пустотелая стена (ж)

Zweischeibenverglasung

DEUTSCH	ENGLISCH	FRANZÖSISCH	RUSSISCH
Zweischeibenverglasung (f)	double-glazing	double-vitrage (m)	двойное остекление (ср)
zweiseitig aufgelagerte Trittstufe (f)	tread supported on both sides	marche (f) appuyée sur deux côtés (m) / marche (f) supportée sur deux côtés (m)	ступень (ж), поддерживанная на обоих сторонах
zweiseitig eingespannte Betonplatte (f)	two-way reinforcement concrete slab	dalle (f) de béton à armature (f) croisée (dans les deux sens)	плита (ж), армированная в двух направлениях
zweiseitig eingespannter Balken (m) / Träger (m)	fixed beam at both ends	poutre (f) encastrée aux deux extrémités (f) /encastré	неподвижная балка (ж) на обоих концах
zwischen Säulen (f)	between columns	entre colonnes (f)	между колоннами (ж)
Zwischengeschoß (n) / Mezzanin (n)	mezzanine (floor)	mezzanine (f)	мезонин (м)
Zwischenpodest (n) (Treppe)	intermediate landing / intermediate platform (stair)	palier (m) intermédiaire (escalier)	промежуточная площадка (ж) (лестница)
zylindrisches Regenfallrohr (n)	round leader	conduite (f) cylindrique	круглая водосточная труба (ж)

**ENGLISH
FRENCH
GERMAN
RUSSIAN**

ENGLISH	FRENCH	GERMAN	RUSSIAN

A

above	au-dessus	oberhalb	над
abrasive topping (concrete)	chape (f) à fini (m) abrasif (béton)	rauher Estrich (m) (Beton)	абразивное покрытие (ср) пола (бетонное)
access	accès (m)	Zugang (m)	подход (м)
accessible ceiling	plafond (m) accessible	Deckenzugang (m)	доступный потолок (м)
accordion door, folding door	porte (f) accordéon, porte (f) pliante	Harmonikatür (f), Falttür (f)	складная дверь (ж)
accounting room	salle (f) de comptabilité	Kassenraum (m)	бухгалтерская комната (ж)
acoustical and thermal insulation layer (boards)	couche (f) d'isolation (f) thermique et acoustique (planches)	Schall- und Wärmedämmschicht (f) (Tafeln)	акустический и теплоизоляционный слой (м) (плиты)
acoustical building board	panneau (m) de construction (f) acoustique	akustische Bauplatte (f) / Schalldämmplatte (f)	акустическая строительная доска (ж)
acoustical ceiling	plafond (m) acoustique	Akustikdecke (f)	акустический потолок (м)
acoustical engineer	ingénieur (m) en acoustique	Akustiker (m) (Ingenieur)	инженер-акустик (м)
acoustical plaster	enduit (m) acoustique	Akustikputz (m)	акустическая штукатурка (ж)
acoustical tile	tuile (f) acoustique / carreau (m) acoustique	Schallschluckfliese (f) / Schallschluckplatte (f)	акустическая облицовочная плитка (ж)
actual size	grandeur (f) nature	natürliche Größe (f)	действительный размер (м)
acute angle	angle (m) aigu	spitzer Winkel (m)	острый угол (м)
additional insulation	isolation (f) supplémentaire	Zusatzdämmung (f) / Zusatzisolierung (f)	добавочная изоляция (ж)
additional reinforcment	armature (f) supplémentaire	Zusatzarmierung (f)	добавочная арматура (ж)
additional snow load	surcharge (f) de neige (f) additionnelle	zusätzliche Schneelast (f)	добавочный снеговой груз (м)
address	adresse (f)	Anschrift (f) / Adresse (f)	адрес (м)

Adjustable

ENGLISH	FRENCH	GERMAN	RUSSIAN
adjustable flat metal hanger with claws	crochet (m) ajustable en métal plat (m) avec crampons (m)	verstellbarer Abhänger (m) mit Krallen (f)	нерегулированная плоская металлическая подвеска (ж) с гвоздодёрами
adjustable grill	grille (f) ajustable	Verstellgitter (n)	регулируемая решётка (ж)
adjustable rod hangers with built-in spring	tiges (f) de suspension ajustables à ressort	Spannabhänger (m) mit Feder (f)	регулируемые стержневые подвески (ж) со встроенной пружиной (ж)
administration	administration (f)	Verwaltung (f)	администрация (ж)
admissions	bureau (m) d'admission	Aufnahme (f)	приёмная (ж)
aerated / ventilated flat roof	toiture (f) plate ventilée	belüftetes Flachdach (n)	аэрированная плоская крыша (ж)
aerated / ventilated space	espace (m) ventilé	Durchlüftungsraum (m)	аэрированное пространство (ср)
air conditioning system / air conditioning	système (m) de conditionnement (m) d'air / conditionnement (m) d'air	Klimatisierung (f) / Klimaanlage (f)	кондиционирование (ср) воздуха
air cooling unit support (on roof)	support (m) d'unité (f) de refroidissement d'air (sur le toit)	Tragelement (n) des Luftkühlers (m) (auf dem Dach)	поддерживающий элемент (м) охлаждающего прибора (м) (на крыше)
air duct	conduit (m) d'air	Lüftungskanal (m)	воздуховод (м)
air exchange / air change	échange (m) d'air (m) / changement (m) d'air (m)	Luftaustausch (m) / Luftwechsel (m)	воздухообмен (м)
air exhaust	évacuation (f) d'air / retour (m) d'air	Abluft (f)	откачка (ж) воздуха
air exhaust opening	ouverture (f) retour (m) d'air	Abluftöffnung (f)	отверстие (ср) откачки воздуха
air intake	prise (f) d'air	Zuluft (f)	воздухозаборник (м) / воздухоприёмник (м)
air intake opening	ouverture (f) prise (f) d'air	Frischluftöffnung (f) / Zuluftöffnung (f)	отверстие (ср) воздухозаборника
air intake shaft	gaine (f) de prise (f) d'air	Zuluftschacht (m)	воздухозаборная шахта (ж)

Air

ENGLISH	FRENCH	GERMAN	RUSSIAN
air intake shaft or air exhaust shaft	puits (m) de prise (f) ou retour (m) d'air	Zuluft- oder Abluftschacht (m)	воздухозаборная шахта (ж) или шахта (м) откачки воздуха (м)
air lock	poche (f) d'air	Luftschleuse (f)	воздушный шлюз (м)
air space	espace (m) d'air	Luftschicht (m)	паровуздушное пространство (ср)
air supply	approvisionnement (m) / amenée d'air	Luftzufuhr (f) / Zuluft (f)	подача (ж) воздуха
air supply and exhaust	amenée (f) et retour (m) d'air (m)	Be- und Entlüftung (f) / Zuluft (f) und Abluft (f)	подача (ж) и выпуск (м) воздуха
air supply grill	grille (f) d'amenée (f) d'air	Zuluftgitter (n)	решётка (ж) подачи воздуха
alarm signal / warning signal	avertisseur (m)	Alarmsignal (n)	сигнал (м) тревоги
alarm system	système (m) d'alarme	Alarmanlage (f)	система (ж) аварийнойсигнализации
alcove / bay	alcôve (f) / baie (f)	Alkoven (m) / Nische (f)	альков (м) / ниша (ж)
allowable deflection	fléchissement (m) permissible	erlaubte Durchbiegung (f)	позволительный прогиб (м)
alteration / conversion	modification (f)	Umbau (m)	перестройка (ж)
alteration cost / conversion cost	coût (m) de modification (f)	Umbaukosten (f)	стоимость (ж) перестройки
aluminium (aluminum)	aluminium (m)	Aluminium (n)	алюминий (м)
aluminium (aluminum) ceiling	plafond (m) d'aluminium (m)	Aluminiumdecke (f)	алюминиевый потолок (м)
aluminium (aluminum) flashing	solin (m) d'aluminium (m)	Aluminium-Abdeckblech (n)	алюминиевый фартук (м)
aluminium (aluminum) flashing profile	coupe (f) (profilé) du solin (m) en aluminium	Aluminium-Abdeckblechprofil (n)	алюминиевый профиль (м) фартука
aluminium (aluminum) foil	feuille (f) d'aluminium (m)	Aluminiumfolie (f)	алюминиевая фольга (ж)
aluminium (aluminum) panelled ceiling	plafond (m) en panneaux (m) d'aluminium (m)	Aluminium-Paneeldecke (f)	алюминиевый кессонный подшивной потолок (м)
aluminium (aluminum) perforated ceiling tiles	tuiles (f) de plafond (m) en aluminium perforé	Aluminium-Lochplattendecke (f)	алюминиевые перфорированные плитки (ж) потолка

Aluminium

ENGLISH	FRENCH	GERMAN	RUSSIAN
aluminium (aluminum) threshold	seuil (m) en aluminium (m)	Türschwelle (f) aus Aluminium (n)	алюминиевый порог (м)
aluminium (aluminum) window	fenêtre (f) en aluminium (m)	Aluminiumfenster (n)	алюминиевое окно (ср)
aluminium (aluminum) window with thermo-break	fenêtre (f) en aluminium (m) avec arrêt (m) thermique	thermisch getrenntes Aluminiumfenster (n)	алюминиевое окно (ср) с теплоизолирующим разрывом (м)
aluminium-sheathed elevation (curtain wall)	façade (f) à parement (m) en aluminium (mur-rideau)	Außenwandbekleidung (f) aus Aluminium (n) (Vorhangfassade)	алюминиевый обшиванный фасад (м) (ненесущая стена)
amount / number of ... (door, window)	nombre de ... (porte, fenêtre)	Anzahl (f) von ... (Tür, Fenster)	число (ср) / количество (ср) (дверь, окно)
amount, sum total	montant (m), montant (m) total	Betrag (m), der volle Betrag (m)	сумма (ж), общая сумма (ж)
amphitheatre	amphithéâtre (m)	Amphitheater (n)	амфитеатр (м)
anchor	ancre (f) /ancrage (m)	Anker (m)	анкер (м)
anchor bolt	boulon (m) d'ancrage	Ankerbolzen (m)	анкерный болт (м)
anchor bolt ... centre (center) to centre (center)	boulon (m) d'ancrage ... centre à centre	Ankerbolzen (m) im Achsenabstand (m) von ...	анкерный болт (м) на межцентровом расстоянии ...
anchor slot	rainure (f) d'ancrage (m)	Ankerführung (f)	анкерный паз (м)
anchoring	ancrage (m)	Verankerung (f)	анкеровка (ж) / крепление (ср)
angle	cornière (f)	Winkel (m)	угол (м)
angle bracket	console (f) en cornière (f)	Stützwinkel (m) / Abfangkonsole (f) / Winkelkonsole (f)	кронштейн (м) / опорный кронштейн (м)
angle cleat	éclisse (f) cornière	Winkellasche (f)	подпорка (ж) из уголка
anhydrite-topping (concrete, cement)	chape (f) d'anhidrite (béton, ciment)	Anhydritestrich (m) (Beton, Zement)	ангидритная стяжка (ж) (бетонная, цементная)
anodizing	anodisation (f)	Anodisieren (n)	анодирование (ср)
apartment	appartement (m)	Wohnung (f)	квартира (ж)
apex line	ligne (f) de faîte (m)	Scheitellinie (f)	линия (ж) вершины

Approval

ENGLISH	FRENCH	GERMAN	RUSSIAN
approval for demolition	approbation (f) / permission (f) de démolition (f)	Abbruchgenehmigung (f)	утверждение (ср) для сноса
architect	l'architecte (m)	Architekt (m)	архитектор (м)
architect's liability	responsabilité (f) de l'architecte	Architektenhaftpflicht (f)	ответственность (ж) архитектора
architectural institute	institut (m) d'architecture (f)	Architektenkammer (f)	архитектурный институт (м)
architectural office	bureau (m) d'architecture (f)	Architekturbüro (n)	архитектурное бюро (ср)
architectural partnership	partenariat (m) d'architecture (f)	Architektengemeinschaft (f)	архитектурное партнёрство (ср)
area names, room names	nom (m) des espaces (m), nom (m) des pièces (f)	Raumbezeichnungen (f)	названия (ср) помещений (ср), названия (ср) комнат (ж)
arris	arête (f) vive	Grat (m) / First (m)	наружный угловой выступ (м)
arris hip	chevron (m) d'arête	Firstbohle (f)	ребро (ср) / кромка (ж) крыши
arris hip tile	tuile (f) faîtière	First- und Gratziegel (m)	коньковая вальмовая черепица (ж)
arris rail	latte (f) triangulaire	Dreikantleiste (f)	рейка (ж) треугольного сечения
artificial lighting	éclairage (m) artificiel	künstliche Beleuchtung (f) / künstliches Licht (n)	искусственное освещение (ср)
artificial ventilation	ventilation (f) artificielle	künstliche Belüftung (f)	искусственная вентиляция (ж)
as-built drawings	dessins (m) tels qu'exécutés	Bestandszeichnungen (f) / Baubestandspläne (m)	чертежи (м) закоченной постройки
asbestos	asbeste (m) / amiante (m)	Asbest (m)	асбест (м)
asbestos board	planche (f) d'amiante (m)	Asbestplatte (f)	асбестная плита (ж)
asbestos(-)cement board	plaque (f) d'amiante-ciment	Asbestzementplatte (f)	асбестоцементная овлицовочная плита (ж)
asbestos(-)cement shingle	bardeau (m) de ciment (m) d'amiante	Dachschindel (f) aus Asbestzement (m)	асбестоцементная кровельная плитка (ж)
ash	frêne (m)	Esche (f)	ясень (м)

Asphalt

ENGLISH	FRENCH	GERMAN	RUSSIAN
asphalt and gravel	asphalte (m) et gravier (m)	Asphalt (m) und Kies (m)	асфальт (м) и гравий (м)
asphalt / bitumen	asphalte (m) / bitume (m)	Asphalt (m) / Bitumen (n)	асфальт (м) / битум (м)
asphalt mastic	mastic (m) bitumineux / mastic (m) d'asphalte (m)	Asphaltmastix (m)	битумная мастика (ж)
asphalt membrane / bituminous membrane	membrane (f) bitumineuse / membrane (f) asphaltique	bituminöse Membrane (f) / bituminöse Isolierhaut (f)	битумный гидроизолирующий слой (м)
asphalt paper	carton (m) bitumé	Bitumenpappe (f)	пергамин (м)
asphalt paving	pavage (m) en asphalte	Asphaltbelag (m)	асфалтьтовый тротуар (м)
asphalt primer / bituminous primer	apprêt (m) en bitume (m)	Bitumengrundiermittel (n)	битумная грунтовка (ж)
asphalt protection board	planche (f) de protection asphaltée	asphaltierte Schutzplatte (f)	асфальтовая защитная плита (ж)
asphalt roof shingle / bituminous roof shingle	bardeau (m) d'asphalte de toiture / bardeau (m) de toiture (f) bitumé	Bitumendachschindel (f)	руберoидная кровельная плитка (ж) / битумная кровельная плитка (ж)
asphalt shingle	bardeau (m) d'asphalte (m)	asphaltierte Schindel (f)	руберoидная кровельная плитка (ж)
asphalt tile	carreau (m) d'asphalte (m) / tuile (f) d'asphalte	Asphaltfliese (f) / Asphaltplatte (f)	битумная плитка (ж)
at column	à la colonne (f)	an der Säule (f) / an der Stütze (f)	у колонны (ж)
attic	grenier (m)	Dachboden (m) / Dachraum (m)	мансарда (ж)
attic joist	solive (f) de grenier (m)	Dachbalken (m)	мансардный брус (м)
attic plan /attic floor plan	plan (m) mansarde (f)	Dachgeschoß-Grundrißplan (m)	план (м) мансарды
automatic	automatique	automatisch	автоматический
automatic door closer	ferme-porte (m) automatique	automatischer Türschließer (m)	автоматический закрыватель (м) двери
awning window / top-hung window (opening to the outside)	fenêtre (f) articulée à la tête ouvrant à l'extérieur (ouvrant à l'extérieur)	Klappflügelfenster (n) (nach außen aufgehend)	верхнеподвесное окно (ср), открывающееся наружу

Backfill

ENGLISH	FRENCH	GERMAN	RUSSIAN

B

ENGLISH	FRENCH	GERMAN	RUSSIAN
backfill	remblayage (m) / remplissage (m)	Hinterfüllung (f)	обратная засыпка (ж)
backing masonry	maçonnerie (f) de remplissage	Hintermauerung (f)	забутка (ж) / каменная кладка (ж)
backing strip	bourrelet (m) de remplissage / bande (f) de remplissage	Fugendichtungsband (n)	прокладка (ж)
backing wall	mur (m) de remplissage	Wandhintermauerung (f)	забутовка (ж) стены
baked enamel finish	revêtement (m) d'émail cuit (m)	gebrannter Emailüberzug (m)	эмалевая отделка (ж)
balcony	balcon (m)	Balkon (m)	балкон (м)
balcony floor slab	dalle (f) de plancher (m) de balcon	Balkondeckenplatte (f)	плита (ж) перекрытия балкона
balcony parapet	parapet (m) de balcon (m)	Balkonbrüstung (f)	балконный парапет (м)
balcony railing	garde-corps (m) de balcon (m)	Balkongeländer (n)	перила (ср) балкона
balcony slab	dalle (f) de balcon (m)	Balkonplatte (f)	балконная плита (ж)
balcony slab on cantilevered beams	dalle (f) de balcon (m) sur poutres (f) en encorbellement	Balkonplatte (f) auf Trägern (m) / Balkonplatte (f) auf Kragträgern (m)	балконная плита (ж) на консольных балках
balcony slab on consoles and freestanding columns	dalle (f) de balcon sur consoles (f) et colonnes (f) libres	Balkonplatte (f) auf Konsolen (f) und freistehenden Stützen (f)	балконная плита (ж) на консолях и свободностоящих колоннах
balcony slab on two-sided wall tongues	dalle (f) de balcon appuyée sur deux murets (m) latéraux	Balkonplatte (f) auf seitlichen Mauerscheiben (f)	балконная плита (ж) на двусторонных стенках
baluster	balustre (m)	Geländerpfosten (m)	балясина (ж)
balustrade height	hauteur (f) de garde-corps (m)	Geländerhöhe (f)	высота (ж) балюстрады
balustrade / railing (stair)	balustrade (f) (éscalier)	Geländer (n) / Treppengeländer (n)	балюстрада (ж) / перила (ср) (лестница)
band grid	coordonnées (f) en bandes (f)	Bandraster (m)	ленточная сетка (ж)
bar list (reinforcing bar)	nomenclature (f) des fers à béton (m)	Bewehrungsliste (f) (Armierungsstab)	спецификация (ж) арматурного стержня

Barrier

ENGLISH	FRENCH	GERMAN	RUSSIAN
barrier shield (roof)	barrière (f) de protection (toit)	Sperrschicht (f) (Dach)	кровельный ковёр (м) / изоляционный слой (м) (крыша)
base coat / undercoat / first coat	couche (f) de base / sous-couche (f) / couche (f) d'apprêt	Unterputzlage (f) / Unterputz (m)	нижний слой (м) / обрызг (м) штукатурки
base flashing (metal)	plinthe-solin (f) (métal)	Blechwinkel (m) / Winkelstreifen (m) aus Blech (n)	база (ж) фартука (металлическая) / нижний листовой металл (м) (угловой)
base ... high	plinthe (f) hauteur (f) ...	Fußleistenhöhe (f) ...	высотный плинтус (м) ...
base plate	plaque (f) d'appui	Fußplatte (f)	опорная плита (ж)
base / plinth / baseboard	plinthe (f)	Fußleiste (f) / Scheuerleiste (f)	плинтус (м)
baseboard heating	chauffage (m) par plinthe (f) chauffante	Fußleistenheizung (f)	плинтусное отопление (ср)
basement / basement floor	sous-sol (m)	Keller (m) / Kellergeschoßgrundriß (m) / Untergeschoßgrundriß (m)	подвал (м) / подвальный этаж (м)
basement level	niveau du sous-sol (m)	Kellersohle (f)	подвальная грань (ж)
basement plan / basement floor plan	plan (m) du sous-sol (m)	Kellergeschoß-Grundrißplan (m) / Untergeschoß-Grundrißplan (m)	подвальный план (м)
basement wall	mur (m) de soubassement (m)	Kelleraußenwand (f)	подвальная стена (ж)
basement window	soupirail (m)	Kellerfenster (n)	подвальное окно (ср)
basic module	module (m) principal / module (m) de base	Grundmodul (m)	основной модуль (м)
bathroom	salle (f) de bains	Badezimmer (n)	ванная (ж)
bathroom outfitting	équipement (m) de salle (f) de bains	Badezimmerausstattung (f)	оборудование (ср) ванной (комнаты)
bay window	fenêtre (f) en saillie (f) / fenêtre en baie (f)	Erkerfenster (n)	эркер (м) (с несущими стенами)
beacon	signal (m)	Lichtsignal (n)	знак (м)

ENGLISH	FRENCH	GERMAN	RUSSIAN
bead, corner bead	baguette (f), baguette (f) de coin (m)	Anschlagleiste (f), Ecklasche (f)	притвор (м), угловая защитная накладка (ж)
beam	poutre (f) / poutrelle (f)	Balken (m) / Träger (m)	балка (ж) / прогон (м)
beam and slab floor	plancher (m) en poutres (f) et dalles (f)	Plattenbalkendecke (f)	балочное и ребристое перекрытие (ср)
beam as hanging-post, king-posted beam for one post, queen-posted beam for two posts	poutre (f) à arbalète (f), arbalète à un poinçon (m), arbalète à deux poinçons	unterspannter Profilräger (m) mit einem Steg (m), mit zwei Stegen (m)	балка (ж) как столб ворот, шпренгельная балка (ж) с одной стойкой, шпренгельная балка (ж) со двумя стойками
bearing plate for steel beam / load(-)bearing plate for steel beam	plaque (f) d'appui portante pour poutre (f) en acier	Auflagerplatte (f) für Stahlträger	опорная плита (ж) для стальной балки
bearing soil / load-bearing soil	sol (m) portant	tragender Untergrund (m) / tragfähiger Untergrund (m)	опорный грунт (м) / несущий грунт (м)
bearing wall / load(-) bearing wall	mur (m) portant / mur (m) de refend	tragende Mauerwand (f)	опорная стена (ж) / несущая стена (ж)
bedrock	fond (m) rocheux	Felsuntergrund (m)	скальный грунт (м)
bedroom	chambre à coucher (f)	Schlafzimmer (n)	спальня (ж)
before starting construction or producing shop drawings, the contractor shall verify all dimensions and levels, and will be held responsible for them	avant le début de tout travail ou avant de produire les dessins d'atelier, l'entrepreneur devra vérifier toutes les dimensions et tous les niveaux et il en sera tenu responsable	vor Baubeginn oder Herstellung von Werkplänen soll der Bauunternehmer alle Maße und Höhenangaben eigenverantwortlich überprüfen	до начинания конструкции или до предъявления рабочих чертежов, подрядчик-строитель должен проверить все размеры и все уровени и он будет за них ответственным
bellows	compensateur (m) / soufflet (m) expansible	Dehnungsstück (n) / Dehnungsausgleicher (m)	линзовый компенсатор (м), мехи (м)
bench mark	point (m) de référence	Bezugspunkt (m)	реперная отметка (ж)
bench mark, elevation: ... see detail	borne (f) repère niveau: ... voir détail (m)	Bezugspunkt (m), Höhe: ... siehe Detailzeichnung (f)	нивелирная метка (ж) высоты: ... смотри деталь (ж)

Bent

ENGLISH	FRENCH	GERMAN	RUSSIAN
bent bar	barre (f) pliée	aufgebogener Stab (m)	изогнутая арматура (ж) (стержень)
between columns	entre colonnes (f)	zwischen Säulen (f)	между колоннами (ж)
bevel	biseau (m) / chanfrein (m)	Schrägkante (f)	скошенная кромка (ж)
bid	soumission (f)	Angebot (n) / Offerte (f)	заявка (ж) на подряд
bidder (contractor)	soumissionnaire (m)	Anbieter (m)	подрядчик (м), участвующий в торгах
birch	bouleau (m)	Birke (f)	берёза (ж)
bird screen	écran (m) pare-oiseaux	Vogelschutzgitter (n)	птице-заградительная решётка (ж)
bitumen corrugated sheet	feuille (f) bitumineuse ondulée	Bitumenwellplatte (f)	битумный волнистый лист (м)
bitumen prime coat / asphalt prime coat	couche (f) d'apprêt / sous-couche (f) bitumineuse / asphaltique	Bitumengrundanstrich (m) / Asphaltgrundanstrich (m)	битумное грунтовочное покрытие (ср)
bituminous felt (one ply)	feutre (m) bitumé de toiture (f) (un pli)	Teerpappe (f) (eine Bitumenbahn)	рубероид (м) (однослойный)
bituminous felt paper (roof)	papier (m) goudronné / carton (m) goudronné (toit)	Bitumendachpappe (f) / Bitumenbahn (f)	кровельный картон (м) битумной
bituminous grout	coulis (m) bitumineux	Bitumenmörtel (m)	битумный раствор (м)
bituminous waterproofing membrane (layers)	membrane (f) hydrofuge bitumeuse (couches)	Bitumen-Dichtungsbahn (f) (Schichten)	мембрана (ж) битумной гидроизоляции (слои)
blind, window blind	jalousie (f), store (m) (fenêtre)	Jalousie (f), Sonnenblende (f) (Fenster)	жалюзи (ср)
block course	assise (f) de blocs	Blockreihe (f)	ряд (м) каменной кладки
blocking	blocage (m)	Abstandshalter (m)	шашка (ж)
board pattern according to specifications	motif (m) de planches (f) selon le devis (m)	Brettermuster (n) / Bretterabdruck (m) laut Leistungsbeschreibung (f)	рельеф (м) доски согласно со спецификациями

Board

ENGLISH	FRENCH	GERMAN	RUSSIAN
board siding, tongue and groove	parement (m) de planches (f), embouvetées à languettes et rainures	Bretterbekleidung (f), Nut (f) und Feder (f)	дощатая обшивка (ж), шпунт и паз
boarding	bardage (m) en bois	Verbretterung (f)	дощатая обшивка (ж) (досками)
boards in tongue and groove	planches (f) embouvetées	Nut- und Federbretter (n)	доски (ж) в шпунтовым соединением
boards / panels above rafters and below roofing	planches (f) / panneaux au-dessus des chevrons (m) et en dessous de la toiture (f)	Unterdachtafeln (f)	панели (ж) над стропилами и под наращиванием крыши
boiler room	chaufferie (f), salle (f) des chaudières	Heizungskeller (m), Kesselraum (m)	котельная (ж)
bolt	boulon (m)	Bolzen (m)	болт (м)
bolt ... centre (center) to centre (center)	boulon (m) ... centre à centre	Bolzen (m) im Achsenabstand (m) von ...	болт (м) на межцентровом растоянии (ср) ...
booth	cabine (f)	Kabine (f)	кабина (ж)
borehole No. ...	sondage (m) No. ... / trou (m) de forage No. ...	Bohrloch (n) Nr. ...	шпур (м) № ...
bottom flange	semelle (f) inférieure	Untergurt (m)	нижняя полка (ж)
bottom-lath (roof)	lattage (m) inférieur (toit)	Grundlatte (f) (Dach)	нижняя обрешётка (ж) (крыша)
bottom of ramp	bas de la rampe (f)	unterer Rampenansatz (m)	нижняя часть (ж) рампы
bottom rod, bottom steel	barre (f) inférieure, armature (f) inférieure	untere Bewehrung (f), untere Stahleinlage (f)	нижняя арматура (ж), нижняя сталь (ж)
boulder	gros galet (m)	Feldstein (m)	валун (м)
box beam, box girder	poutre (f) à caisson	Kastenträger (m)	балка (ж) коробчатого сечения
box beam section	coupe (f) de poutre-caisson (f)	Kastenträgerprofil (n)	профиль (м) балки коробчатого сечения
bracket	console (f), éclisse (f)	Konsole (f), Winkellasche (f)	кронштейн (м)

Breakfast

ENGLISH	FRENCH	GERMAN	RUSSIAN
breakfast bar	buvette (f) de petit déjeuner (m)	Frühstücksbüfett (n)	закусочная (ж) / буфет (м) утреннего завтрака
breakfast corner	coin (m) de petit-déjeuner (m)	Frühstücksecke (f)	уголок (м) завтрака
brick building	bâtiment (m) en briques (f)	Backsteingebäude (n)	кирпичное здание (ср)
brick facing with interior plaster	parement (m) de briques avec enduit (m) intérieur	Verblendmauerwerk (n), Sichtmauerwerk (n) mit Innenputz (m)	облицовка (ж) кирпича с внутренней штукатуркой
brick, solid brick, hollow brick	brique (f), brique pleine, brique creuse	Ziegel (m), Vollziegel (m), Lochziegel (m)	кирпич (м), твёрдый кирпич (м), пустотелый кирпич (м)
brick veneer / brick facing	parement (m) de briques (f)	Ziegelbekleidung (f) / Vormauersteine (m)	облицовочный кирпич (м)
brickwork of clinkers	maçonnerie (f) de mâchefer	Klinkermauerwerk (n)	каменная кладка (ж) из клинкеров
bronze	bronze (m)	Bronze (f)	бронза (ж)
brown	brun	braun	коричневый
buck, steel buck or wood buck for window or door, U-steel buck for window	chevreuil (m), chevreuil en acier ou en bois pour fenêtre (f) ou porte (f), U-chevreuil (m) en acier pour fenêtre (f)	Zarge (f), Zarge (f) aus Stahl oder Holz für Fenster (n) oder Tür (f), U-Stahlzarge (f) für Fenster (n)	царга (ж), стальная или деревянная царга (ж) для окна или двери, стальная -царга (ж) для окна
building	bâtiment (m)	Gebäude (n)	постройка (ж) / здание (ср)
building component	élément (m) de construction (f)	Bauteil (n)	элемент (м) постройки (здания)
building design	étude (f) de bâtiment (m) (design, conception)	Gebäudeplanung (f)	проектирование (ср) постройки
building line	alignement (m) des bâtiments (m) / alignement (m) de la construction (f)	Baulinie (f) / Baugrenze (f)	линия (ж) постройки
building line according to by-laws	alignement (m) de la construction conformément aux règlements (m)	Baulinie (f) / Baugrenze (f) laut Landesbauordnung (f) oder Bundesbaugesetz (n)	линия (ж) постройки согласно с постановлениями

Building

ENGLISH	FRENCH	GERMAN	RUSSIAN
building lot	lot (m) de construction (f)	Baugrundstück (n)	строительный участок (м)
building paper / construction paper	papier (m) de construction	Baupappe (f)	строительный картон (м)
building project / project	projet (m) de construction / projet (m)	Bauprojekt (n) / Projekt (n)	проект (м) постройки / проект (м)
building site / construction site	chantier (m) / chantier (m) de construction	Baustelle (f)	строительная площадка (ж)
building use	utilisation (f) du bâtiment (m)	Gebäudenutzung (f)	использование (ср) постройки
building volume	volume (m) du bâtiment (m)	Gebäudevolumen (n)	объём (м) постройки
built-in closet	placard (m) encastré	eingebauter Schrank (m) / Einbauschrank (m)	стенной (встроенный) чулан (м)
built-ins	éléments (m) incorporés / encastrés	Einbauten (f)	встроенные элементы (м)
built-up flat roof with gravel finish on wood roof deck	toiture (f) lamellaire à fini de gravier (m) sur tablier (m) de bois (m)	Flachdach (n), mehrschichtige Dachhaut (f) mit Kiesschüttung (f) auf hölzerner Dachdecke (f)	многослойная рулонная кровля (ж) с гравийной поверхностью на деревянной плоской крыше
built-up roofing	toiture (f) lamellaire	mehrschichtige Dachhaut (f)	многослойная рулонная кровля (ж)
built-up roofing laid on wood planks	toiture (f) lamellaire posée sur madriers (m) de bois (m)	mehrschichtige Dachhaut (f) verlegt auf Holzbohlen (f)	многослойная рулонная кровля (ж), укладывана на деревянных досках (ж)
built-up waterproofing membrane	membrane (f) d'étanchéité multicouche	mehrschichtige Bitumen-Dichtungsbahn (f)	многослойная гидроизоляционная мембрана (ж)
bush hammered finish	surface (f) bouchardée	aufgespitzte Oberflächenbehandlung (f)	точечная фактура (ж) (бетона)
butt joint	joint (m) d'about	Stumpfstoß (m) (Fuge)	стыковой шов (м)
butt joints of thermal insulation sheet of sandwich components	joints (m) d'about de plaque (f) isothermique d'éléments (m) en sandwich (m)	Stumpfstöße (m) der Wärmedämmung (f) von Sandwichelementen (n)	стыковые швы (м) изоляции многослойных элементов (панелей)

ENGLISH	FRENCH	GERMAN	RUSSIAN
butt joints staggered (thermal insulation sheet)	joints (m) d'about en quinconce de plaque (f) isothermique	versetzte Stumpfstöße (m) (Wärmedämmplatte)	стыковые швы (м) вразбежку (теплоизоляционный лист)
butt weld	soudure (f) d'about	Stumpfschweißung (f)	стыковое сварное соединение (ср)

C

ENGLISH	FRENCH	GERMAN	RUSSIAN
cable	câble (m)	Kabel (n)	кабель (м)
cable shaft	puits (m) de câbles (m)	Kabelschacht (m)	кабельная шахта (ж)
caisson ceiling / waffle-ceiling	plafond (m) à caissons (m)	Kassettendecke (f)	кессонный потолок (м)
canopy (above)	avant-toit (m) (au-dessus)	Vordach (n) (oberhalb)	навес (м) (наверху)
canopy, projecting roof	auvent (m), toiture (f) projetante	Vordach (n), Vorsprung (m) des Daches (n) / Überhang (m) des Daches (n)	навес (м), выступающая крыша (ж)
cant strip (insulation)	tringle (f) biseautée en isolant (m)	Dämmstoffkeil (m) / Randkeil (m) aus Dämmstoff (m)	изоляционный трёхкантный прут (м) (изоляционный материал)
cant (wood)	tringle (f) biseautée (bois)	Holzkeil (m) / Randkeil (m) aus Holz (n)	трёхкантный брус (м) (деревянный)
cantilever	encorbellement (m) / porte-à-faux (m)	Auskragung (f)	выступ (м) (консоль)
cantilever beam with thermal insulation	poutre (f) en encorbellement avec isolation (f) thermique	Kragbalken (m) mit Wärmedämmung (f)	консольная балка (ж) с теплоизоляцией
cantilevered roof	toiture (f) en porte-à-faux	auskragendes Dach (n)	консольная крыша (ж)
cantilevered slab	dalle (f) en console / dalle (f) en encorbellement	Kragplatte (f)	консольная плита (ж)
cantilevered step	marche (f) en porte-à-faux / marche (f) en console	einseitig eingespannte Stufe (f) / auskragende Stufe (f)	консольная ступень (ж)
cardiac exercise laboratory	laboratoire (m) d'exercice (m) cardiaque	Übungslabor (n) für Herzkranke (f)	сердечная (кардиальная) лаборатория (ж) для упражнения

Cardiovascular

ENGLISH	FRENCH	GERMAN	RUSSIAN
cardiovascular laboratory	laboratoire (m) cardiovasculaire	Labor (n) für Herz- und Gefäßkrankheiten (f)	сердечно-сосудистая лаборатория (ж)
carpet	tapis (m)	Teppich (m)	ковёр (м)
carpet glue	colle (f) à tapis (m)	Teppichkleber (m)	клей (м) ковра
carpets only (corridors)	tapis (m) seulement (corridors)	nur Teppiche (m) (Gänge)	только ковры (м) (коридоры)
casement window hinge	charnière (f) de battant (m) de fenêtre (f)	Flügelrahmenbeschlag (m)	шарнир (м) створного окна
casement window, one sash and one window frame (fastened to wall)	fenêtre (f) à battant (m), fenêtre (f) à un battant (m) et un cadre (m) unique	Einfachfenster (n), ein beweglicher Flügel (m) und ein Fenster-Blendrahmen (m) / Zarge (f)	створное окно (ср), один оконный переплёт (м) и одна оконная рама (ж), прикреплённая к стене / царга (ж)
casing bead	baguette (f) d'encadrement (m)	Metallprofil (n)	обрамлённая металлическая накладка (ж)
casing (window)	encadrement (m) / cadre (m) (fenêtre)	Fenstereinfassung (f)	обрамление (ср) оконного проёма
cast-in-place concrete / poured-in place concrete (monolithic)	béton (m) coulé sur place	Ortbeton (m) (bauseits)	монолитный бетон (м) (на стройплощадке)
cast iron	fonte (f)	Gußeisen (n)	литейный чугун (м)
cast iron pipe	tuyau (m) de fonte (f)	Gußeisenrohr (n)	чугунная труба (ж)
cast iron radiator	radiateur (m) en fonte (f)	gußeiserner Radiator (m)	чугунный радиатор (м)
cast- / poured-in-place concrete foundation (monolithic)	fondation (f) de béton (m) coulé sur place	Ortbetonfundament (n) (bauseits)	монолитный бетонный фундамент (м) (на стройплощадке)
cast- / poured-in-place concrete wall (monolithic)	mur (m) de béton (m) coulé sur place	Ortbetonwand (f) (bauseits)	литая бетонная стена (ж)
cast- / poured-in-place concrete window lintel (monolithic)	linteau (m) de béton (m) coulé sur place pour fenêtre	Ortbetonfenstersturz (m) (bauseits)	монолитная бетонная оконная перемычка (ж) (на стройплощадке)

Cast

ENGLISH	FRENCH	GERMAN	RUSSIAN
cast- / poured-in-place flooring (monolithic)	revêtement (m) de sol (m) coulé sur place	Ortbetondecke (f) (bauseits)	монолитное бетонное покрытие (ср) (на стройплощадке)
cast- / poured-in-place reinforced concrete slab (monolithic)	dalle (f) de béton armé (m) coulé sur place	Ortbetonplatte (f) mit Bewehrung (f) (bauseits)	наливная (монолитная) железобетонная плита (ж)
cast shadow	ombre (f) projetée	Schattenwurf (m) / Schlagschatten (m)	отбрасенная тень (ж)
catch basin	puisard (m)	Sinkkasten (m)	водосбор (м)
catwalk	passerelle (f)	Laufsteg (m) / Hängesteg (m)	мостик (м) для пешеходов
caulking, elastic caulking	calfeutrage (m), calfeutrage (m) élastique / calfeutrage (m) flexible	Dichtungsmasse (f), elastische Dichtungsmasse (f)	конопатка (ж), упругая конопатка (ж)
caulking, elastic caulking on backing strip	calfeutrage (m), calfeutrage (m) élastique sur bourrelet (m)	elastische Dichtungsmasse (f) / Fugendichtungsmasse (f) auf Hinterfüllungsband (n)	конопатка (ж), упругая конопатка (ж) на несущей ленте
caulking (joint)	calfeutrage (m) (joint)	Fugenmasse (f) / Fugendichtungsmasse (f)	конопатка (ж) (шов)
caulking on joint filler	calfeutrage (m) sur bourrelet (m) de joint (m)	Fugenmasse (f) auf Fugeneinlage (f)	конопатка (ж) на заполнительным шве
cavity wall	mur (m) creux	zweischaliges Mauerwerk (n)	пустотелая стена (ж)
ceiling air diffuser / air diffuser at ceiling	diffuseur (m) d'air au plafond (m)	Decken-Diffusor (m) / Luftverteiler (m) an der Decke (f)	потолочный диффузор (м) / вентиляционная решётка (ж) у потолка
ceiling fan	ventilateur (m) de plafond	Deckenventilator (m)	потолочный вентилятор (м)
ceiling heating	chauffage (m) au plafond (m)	Deckenheizung (f)	потолочное отопление (ср)
ceiling height	hauteur (f) du plafond (m)	Deckenhöhe (f) / Raumhöhe (f)	высота (ж) потолка
ceiling moulding	moulure (f) de plafond (m)	Deckenleiste (f)	архитектурный облом (м)
ceiling: prefix ... denotes suspended	plafond (m): préfixe (m) ... signifie suspendu	Decke (f): Präfix (n) ... weist auf abgehängte Decke (f) hin	потолок (м): префикс (м) ... обозначает подвесной

Ceiling

ENGLISH	FRENCH	GERMAN	RUSSIAN
ceiling, suspended ceiling	plafond (m), plafond (m) suspendu	Decke (f), abgehängte Decke (f)	потолок (м), подвесной потолок
ceilings or walls: prefix ... denotes exposed	plafonds (m) ou murs (m): préfixe (m) ... signifie apparent	Decken (f) oder Wände (f): Präfix (n) ... weist auf eine Sichtdecke (f) oder Sichtwand (f) hin	потолки (м) или стены (ж): префикс (м) ... обозначает видимые
cellular concrete brick	brique (f) de béton (m) cellulaire	Porenbetonstein (m)	ячеистый бетонный блок (м)
cellular concrete element	élément (m) de béton (m) cellulaire / élément (m) de béton (m) poreux	Porenbetonelement (n)	ячеистый бетонный элемент (м)
cellular concrete floor slab panel	élément (m) de dalle (f) de plancher (m) en béton (m) cellulaire	Porenbeton-Deckenplatte (f)	ячеистая бетонная половая плита (ж) (панель покрытия)
cellular concrete / gas concrete	béton (m) cellulaire / béton-gaz (m)	Porenbeton (m) / Gasbeton (m)	ячеистый бетон (м)
cellular concrete roof slab panel	élément (m) de dalle (f) de toiture (f) en béton (m) cellulaire	Porenbeton-Dachplatte (f)	ячеистая бетонная кровельная плита (ж) (панель покрытия)
cellular concrete veneer panel	élément (m) de parement en béton (m) cellulaire	Porenbeton-Verblendplatte (f)	ячеистая бетонная облицованная панель (ж)
cement	ciment (m)	Zement (m)	цемент (м)
cement floor over wood joists	plancher (m) de ciment (m) sur solives (f) en bois (m)	Zementfußboden (m) über Holzbalken (m)	цементный пол (м) над деревянными балками (ж)
cement mortar, cement grout	mortier (m) de ciment (m), coulis (m) de ciment (m)	Zementmörtel (m)	цементный раствор (м)
cement parging	crépi (m) de ciment (m)	Zement-Sperrschicht (f) / Zement-Sperrputz (m)	цементная штукатурка (ж) / штукатурный (ж) раствор
cement parging on concrete blocks	crépi (m) de ciment (m) sur blocs (m) de béton (m)	Zement-Sperrschicht (f) / Zement-Sperrputz (m) auf Betonblöcken (m)	наружная цементная штукатурка (ж) на бетонных блоках (м)
cement plaster	enduit (m) de ciment (m)	Zementputz (m)	цементный штукатурный раствор (м)
cement plaster on insulation	enduit (m) de ciment (m) sur isolant (m)	Zementputz (m) auf Isolierung (f)	цементный штукатурный раствор (м) на изоляции

Cement

ENGLISH	FRENCH	GERMAN	RUSSIAN
cement protective coating	couche (f) de protection (f) en ciment (m)	Zementschutzschicht (f)	цементное защитное покрытие (ср)
cement setting bed	lit (m) de pose (f) en ciment (m)	Zementlagerfuge (f)	цементный подстилающий слой (м)
cement topping	chape (f) de ciment (m)	Zementestrich (m)	цементный слой (м) (бетонного покрытия)
cement waterproofing on sub-slab	imperméabilisation (f) au ciment (m) sur la sous-dalle (f)	Zementabdichtung (f) auf Unterbeton (m)	цементная гидроизоляция (ж) на подплите
central heating	chauffage (m) central	Zentralheizung (f)	центральное отопление (ср)
central mullion (window, door)	meneau (m) central (fenêtre, porte)	Mittelpfosten (m) (Fenster, Tür)	средник (м) (окно, дверь)
centre (center) line	axe (m)	Achsenlinie (f) / Achse (f)	центровая (осевая) линия (ж)
centre (center) line of column	ligne (f) de centre de la colonne (f) / axe (m) de la colonne (f)	Säulenachse (f)	центровая (осевая) линия (ж) колонны
centre (center) line of door	axe (m) de la porte (f)	Türachse (f)	центровая (осевая) линия (ж) двери
centre (center) line of staircase	ligne (f) d'axe de l'escalier (m)	Treppenachse (f)	центровая (осевая) линия (ж) лестницы
centre (center) line to centre (center) line distance between grid lines	distance (f) entre les lignes (f) de centre du quadrillage	Achsrastermaß (n)	размер (м) сетки с осевой линии к осевой линией
centre (center) purlin	panne (f) centrale	Mittelpfette (f)	центральный прогон (м)
centre (center) to centre (center)	centre (m) à centre	Achse (f) zu Achse (f) / Achsenlinie (f) zu Achsenlinie (f)	межцентровое расстояние (ср)
ceramic floor tiles embedded (set) in glue (thin-set-method)	pavement (m) en tuiles (f) céramiques posées à la colle (f) adhésive	keramische Bodenfliesen (f) im Dünnbett (n)	керамические половые камени (м), положены в клее
ceramic mosaic (floor)	mosaique (f) de céramique (plancher)	Mosaikterrazzo (m) (Fußboden)	венецианская мозаика (ж) (пола)

Ceramic

ENGLISH	FRENCH	GERMAN	RUSSIAN
ceramic tile	carreau (m) de céramique (f) / tuile (f) de céramique	Keramikfliese (f)	керамическая плитка (ж)
ceramic tile flooring	recouvrement (m) de plancher (m) en tuiles (f) céramiques	keramischer Fliesenbelag (m)	покрытие (ср) керамических плиток
ceramic wall veneer	revêtement (m) mural en céramique (f)	keramische Wandblende (f)	стеновая облицовка (ж) керамических плиток (ж)
chamfer	chanfrein (m) / biseau (m)	Abschrägung (f) / Abkantung (f)	небольшая выемка (ж)
chamfered tread-nosing corner	coin (m) de nez (m) de marche (f) chanfreiné / biseauté	abgekantete Stufenvorderkante (f)	угол (м) со скошенным выступом (м) ступени
change order	ordre (m) de changement	Modifikationsanordnung (f) / Abänderungsanordnung (f)	модификационный заказ (м)
changing room (staff)	salle (f) de déshabillage (employés)	Umkleideraum (m) (Personal)	комната (ж) для переодевания (персонала)
channel beam	poutre (f) en U	U-Träger (m)	швеллерная балка (ж)
chapel	oratoire (m) / chapelle (f)	Kapelle (f)	капелла (ж)
check list / control list	liste (f) de contrôle	Kontrolliste (f)	управляющая таблица (ж) / контрольный перечень (м)
checkered (check'd) plate	plaque (f) striée	profilierte Platte (f) / Riffelplatte (f)	рифлёный лист (м)
chemistry laboratory	laboratoire (m) de chimie	Chemielabor (n)	химическая лаборатория (ж)
chest X-ray room	salle (f) de radiographie (f) de la poitrine (f)	Röntgenraum (m) (Brust)	рентгеновский кабинет (м) (грудь)
chief radiologist	radiologiste en chef (m)	Chefradiologe (m)	главный рентгенолог (м) / главный радиолог (м)
chief technologist	technologue en chef (m)	Cheftechniker (m)	главный техник (м)
chimney	cheminée (f)	Schornstein (m)	дымоход (м) / дымовая труба (ж)
chimney cap	chaperon (m) de cheminée (f)	Schornsteinkappe (f)	насадка (ж) дымовой трубы

Chimney

ENGLISH	FRENCH	GERMAN	RUSSIAN
chimney head	couronne (f) de tête (f) de cheminée (f)	Schornsteinkopf (m)	оголовок (м) дымовой трубы
cinder concrete	béton (m) de scories (f)	Schlackenbeton (m)	шлакобетон (м)
cinder concrete fill	remplissage (m) en béton (m) de scories (f)	Schlackenbetonschüttung (f)	шлакобетонная насыпка (ж)
cinder / slag	cendre (f) / scories (f)	Schlacke (f)	шлак (м)
circular stair with open well	escalier (m) circulaire à cage (f) ouverte	Wendeltreppe (f), Treppe (f) mit Treppenauge (n)	круговая лестница (ж)
civil engineer	ingénieur (m) civil	Bauingenieur (m)	инженер-строитель (м)
cladding (exterior)	parement (m) (extérieur)	Außenbekleidung (f)	обшивка (ж) (наружная)
cladding panel	panneau (m) de parement	Bekleidungsplatte (f) (Sichtplatte)	облицовочная панель (ж)
classroom	classe (f)	Klassenraum (m) / Klassenzimmer (n)	класс (м)
clay	argile (f)	Ton (m)	глина (ж)
clay roof tile	tuile (f) de toiture (f) en terre cuite (f)	Dachziegel (m) aus Ton (m)	кровельная глиняная черепица (ж)
clay tile	tuile (f) en terre cuite (f)	Tonziegel (m)	глиняная черепица (ж)
clean layer	couche (f) propre	Sauberkeitsschicht (f)	чистый слой (м)
clean-out hole	trou (m) de nettoyage	Reinigungsöffnung (f)	лючок (м) для прочистки воздуховода
clean utility room	salle (f) des services propres	reiner Versorgungsraum (m)	чисто хозяйственное помещение (ср)
clear distance	écartement (m) net	Abstandsfläche (f)	расстояние (ср) в свету
clear masonry opening	ouverture (f) nette maçonnerie (f)	lichte Maueröffnung (f)	свободное отверстие (ср) на каменной кладке
clear opening	ouverture (f) nette	lichte Öffnung (f)	свободное отверстие (ср)

ENGLISH	FRENCH	GERMAN	RUSSIAN
clear span	portée (f) libre	lichte Tragweite (f) / freitragende Spannweite (f)	пролёт (м) в свету
clerk of the works	surveillant (m) des travaux	Bauleiter (m)	представитель (м) заказчика на стройплощадке
client	client (m)	Bauträger (m) / Bauherr (m)	заказчик (м)
clinker	mâchefer (m)	Klinker (m)	клинкер (м)
clinker brick	brique (f) de mâchefer (m)	Klinker (m) / Vollklinker (m)	клинкер (м) / клинкерный кирпич (м)
clip	étrier (m)	Spannbügel (m)	стяжной хомут (м)
closed stair with treads and risers	escalier (m) sans claires-voies (f) avec marches (f) et contremarches (f)	geschlossene Treppe (f) mit Trittstufen (f) und Setzstufen (f)	закрытая лестница (ж) со проступями и подступенками
closet	placard (m)	Einbauschrank (m)	стенной шкаф (м)
coarse fill	remplissage (m) grossier	grobkörnige Schüttung (f)	крупная насыпка (ж) гравия / крупный закладочный материал (м)
coat, coating	couche (f), enduit (m)	Anstrich (m), Beschichtung (f)	слой (м), покрытие (ср)
coating of dado (once, twice, three times)	enduit (m) de dado (m) (une, deux, trois fois)	Beschichtung (f) der unteren Raum-Trennwandfläche (f) (einfach, zweifach, dreifach)	слой (м) облицованной нижней части стены (раз, два, три раза)
coatroom / cloakroom	vestiaire (m)	Garderobe (f) / Kleiderablage (f)	гардероб (м) / раздевалка (ж)
coconut palm	cocotier (m)	Kokospalme (f)	кокосовая пальма (ж)
cohesive soil	sol (m) cohésif	bindiger Boden (m)	связный грунт (м)
cold water	eau (f) froide	Kaltwasser (n)	холодная вода (ж)
collar beam, tie(-)beam	entrait (m), poutre-tirant (f)	Zangenbalken (m), Spannbalken (m)	стропильная затяжка (ж)
colour (color)	couleur (f)	Farbe (f)	цвет (м)
colour (color) selection	choix (m) de la couleur (f)	Farbauswahl (f)	выбор (м) цвета

Coloured

ENGLISH	FRENCH	GERMAN	RUSSIAN
coloured (colored) cement	ciment (m) coloré	farbiger Zement (m)	цветной цемент (м)
column footing	base (f) de colonne (f)	Säulenfundament (n) / Stützenfundament (n)	фундамент (м) колонны
column, post	colonne (f), poteau (m)	Säule (f) / Stütze (f), Pfosten (m)	колонна (ж), столб (м)
combination window, two sashes and one window frame (fastened to wall)	fenêtre (f) combinée, fenêtre (f) à deux battants et cadre (m) unique	Verbundfenster (n), zwei bewegliche Flügel (m) und ein Fenster- Blendrahmen (m) / Zarge (f)	оконный переплёт (м) с двойными стёклами, две оконного переплёта (м) и одна оконная рама (ж), прикреплённая к стене / царга (ж)
common beech	hêtre (m) ordinaire	Buche (f)	бук (м)
component (construction)	élément (m) (construction)	Bauteil (m) (Konstruktion)	элемент (м) (конструкции)
components on subsoil	éléments (m) sur sous-sol (m)	erdreichberührte Bauteile (n)	элементы (м) на подпочвенном слое (м)
computer room	salle (f) des ordinateurs (m)	Datenverarbeitungsraum (m)	вычислительная комната (ж)
computer tomography	tomographie (f) par ordinateur (m)	Computertomographie (f)	компьютерная томография (ж)
concrete	béton (m)	Beton (m) / Normalbeton (m)	бетон (м)
concrete additive	additif (m) de béton (m)	Betonzusatz (m)	бетонная добавка (ж)
concrete base of foundation wall	base (f) de béton (m) du mur (m) de fondation (f)	Fundamentsockel (m) der Kelleraußenwand (f)	бетонная подложка (ж) фундаментной стены
concrete beam	poutre (f) en béton (m)	Betonträger (m)	бетонная балка (ж)
concrete block, solid block, hollow block	bloc (m) de béton (m), bloc plein, bloc creux	Betonstein (m), Vollblock (m), Hohlblock (m) / Hohlblockstein (m)	бетонный блок (м), твёрдый бетонный блок, пустотелый бетонный блок
concrete brick	brique (f) en béton (m)	Vollstein (m) aus Beton (m)	бетонный камень (м)
concrete column	colonne (f) en béton (m)	Betonsäule (f) / Betonstütze (f)	бетонная колонна (ж)
concrete cover of steel rods	recouvrement (m) en béton (m) des armatures (f) d'acier	Betonüberdeckung (f) der Stahleinlagen (f)	защитный слой (м) бетона на арматурных стержнях

Concrete

ENGLISH	FRENCH	GERMAN	RUSSIAN
concrete curb ... wide and ... high	bordure (f) en béton (m) ... de largeur et ... de hauteur	Betonkante (f) ... breit und ... hoch	бетонный опорный венец (м) ширина ... высота ...
concrete fill	remplissage (m) de béton (m)	Aufbeton (m) / Betonfüllung (f)	бетонная насыпка (ж)
concrete floor	plancher (m) en béton (m)	Betonfußboden (m)	бетонный пол (м)
concrete foundation	fondation (f) en béton (m)	Betonfundament (n)	бетонный фундамент (м)
concrete joint sealing compound	mastic (m) de scellement des joints (m) de béton (m)	Betonfugenvergußmasse (f)	уплотняющая мастика (ж) для заливки швов в бетонных конструкциях
concrete patching	pointage (m) du béton (m)	Betonausbesserung (f)	ямочный ремонт (м) бетонного покрытия
concrete pile	pieu (m) en béton (m)	Betonpfahl (m)	бетонная свая (ж)
concrete placement	bétonnage (m)	Betonierung (f)	бетонирование (ср) / укладка (ж) бетона
concrete roof	couverture (f) en béton (m)	Betondach (n)	железобетонная крыша (ж)
concrete roof tile	tuile (f) de toiture (f) en béton (m)	Dachziegel aus Beton (m)	кровельная бетонная черепица (ж)
concrete sidewalk	trottoir (m) en béton (m)	betonierter Bürgersteig (m)	бетонный тротуар (м)
concrete slab on subsoil	dalle (f) de béton (m) sur sous-sol (m)	erdreichberührende Betonplatte (f)	бетонная плита (ж) на подпочве
concrete slab, reinforced concrete slab	dalle (f) en béton (m), dalle (f) en béton armé (m)	Betonplatte (f), Stahlbetonplatte (f)	бетонная плита (ж), железобетонная плита (ж)
concrete stair with tiles on treads and risers	escalier (m) en béton (m) fini avec marches (f) et contremarches (f) en tuiles (f)	betonierte Treppe (f) mit Plattenfliesen (f) auf Tritt- und Setzstufen (f)	бетонная лестница (ж) с покрытиями плитками на проступях и подступенках
concrete step	marche (f) en béton (m)	Betonstufe (f)	бетонная ступень (ж)
concrete subslab on subsoil	sous-dalle (f) en béton sur sous-sol (m)	Unterbeton (m) auf Erdreich (n)	бетонная подплита (ж) на подпочве

Concrete

ENGLISH	FRENCH	GERMAN	RUSSIAN
concrete thickness and reinforcment according to structural design	épaisseur (f) de béton et armature (f) suivant le dessin (m) structural	Betontärke (f) und Bewehrung (f) nach statischer Berechnung (f)	бетонная толщина (ж) и армирование (ср) в соотвествии с структурным проектированием
concrete tile	tuile (f) en béton (m)	Betonfliese (f)	бетонная черепица (ж)
concrete topping, cement topping	chape (f) de béton, chape (f) de ciment	Betonestrich (m), Zementestrich (m)	бетонное покрытие (ср), цементное покрытие (ср)
concrete topping for protection	chape (f) de béton (m) de protection	Betonestrich (m) als Schutzestrich (m)	бетонное покрытие (ср) пола как защита
concrete topping with reinforcement	chape (f) en béton (m) avec armature (f)	Betonestrich (m) mit Bewehrung (f)	бетонное покрытие (ср) с арматурой
concrete wall	mur (m) de béton (m)	Betonwand (f)	бетонная стена (ж)
condensation	condensation (f)	Kondensation (f)	конденсация (ж)
conduit	conduit (m)	Kabelrohr (n)	кабельная труба (ж) / кабелепровод (м)
conference room / meeting room	salle (f) de conférence / salle (f) de réunion	Konferenzraum (m) / Besprechungsraum (m)	комната (ж) конференции
configuration of colours	configuration (f) des couleurs (f)	Farbgestaltung (f)	конфигурация (ж) цветов
connection for base and wall stringer	assemblage (m) de plinthe (f) et limon (m) mural	Sockel- und Wandwangenanschluß (m)	соединение (ср) для фундаментной и стеновой тетивы (ж)
connection with welded cap and stiffener	assemblage (m) avec couronnement (m) et raidisseur (m) soudés	Anschluß (m) mit aufgeschweißter Kopfplatte (f) und Aussteifung (f)	соединение (ср) с последним слоем сварного шва и с элементом жёсткости
console	console (f)	Konsole (f)	консоль (ж)
console as galvanized steel angle	console (f) en cornière (f) d'acier (m) galvanisé	verzinkter Winkelstahl (m) als Konsole (f)	консоль (ж) как оцинковыванный стальный угол (м)
constant height	hauteur (f) constante	konstante Höhe (f)	постоянная высота (ж)

Construction

ENGLISH	FRENCH	GERMAN	RUSSIAN
construction budget	budget (m) de construction	Baukosten (f)	стоимость (ж) (бюджет) строительства
construction joint	joint (m) de construction (f)	Arbeitsfuge (f)	строительный шов (м)
construction of detached houses	bâtiments des maisons (f) séparées	offene Bauweise (f) (Bau in Einzelgebäuden)	строительство (ср) домов свободной постройки
construction principle	principe (m) de construction (f)	Konstruktionsprinzip (n)	строительный принцип (м)
construction schedule / construction time table	calendrier (m) d'avancement des travaux (m)	Bauzeitenplan (m)	график (м) производства строительных работ
consulting mechanical and electrical engineers	ingénieurs-conseils en mécanique et électricité	beratende Ingenieure der Haustechnik (f) (Heizung, Lüftung, Sanitär- und Elektrotechnik)	инженер-консультанты сантехники (теплотехники, вентиляции воздуха и электрики)
consulting structural engineer / civil engineer	ingénieur-conseil (m) en structure / ingénieur civil (m)	beratender Bauingenieur (m) / beratender Statiker (m)	инженер-консультант (м), проектировщик (м) строительных конструкций / инженер-строитель (м)
continuous beam	poutre (f) continue	Durchlaufträger (m)	неразрезная балка (ж)
continuous joint	joint (m) continu	ununterbrochene Fuge (f)	непрерывный шов (м)
continuous load	charge (f) continue et uniforme	Linienlast (f)	непрерывная нагрузка (ж)
continuous masonry reinforcement at every second block course	armature (f) de maçonnerie (f) continue tous les deux rangs (m) de blocs (m)	durchgehende Mauerarmierung (f), jede zweite Blockreihe (f)	непрерывная армированная кладка (ж) в каждом втором ряде
continuous slab	dalle (f) continue	Durchlaufplatte (f)	неразрезная плита (ж)
continuous window / window-band	fenêtre (f) continue / bande (f) vitrée	Fensterband (n)	ленточное окно (ср)
contraction joint	joint (m) de retrait	Schwindfuge (f)	температурно-усадочный шов (м)
contractor	entrepreneur (m/f)	Bauunternehmer (m)	подрядчик (м)

Contractor

ENGLISH	FRENCH	GERMAN	RUSSIAN
contractor shall verify all dimensions on the site and in the building	l'entrepreneur devra vérifier toutes les dimensions au chantier et au bâtiment	Bauunternehmer soll alle Maßangaben auf der Baustelle und im Gebäude überprüfen	подрядчик-строитель должен проверить все размеры и на стройплощадке и в здании
control joint	joint (m) de contrôle	Arbeitsfuge (f) / Baufuge (f)	деформационный шов (м)
control room	salle (f) de contrôle (m)	Kontrollraum (m)	руководство (ср)
control shaft	gaine (f) de contrôle / puits (m) de contrôle	Kontrollschacht (m)	контрольная шахта (ж)
convector	convecteur (m)	Konvektor (m)	конвектор (м)
coping	couronnement (m)	Mauerabdeckung (f)	навес (м) стены
coping at roof	couronnement (m) au toit (m)	Dachrandabschluß (m) / Dachrandabdeckung (f)	навес (м) крыши
coping (parapet)	couronnement (m) (parapet)	Dachrandabdeckung (f) (Attika)	навес (м) (парапет)
copper	cuivre (m)	Kupfer (n)	медь (ж)
copper covering	couverture (f) en cuivre (m) / revêtement (m) en cuivre (m)	Kupferdeckung (f)	медное покрытие (ср)
copper flashing	solin (m) de cuivre (m)	Abdeckblech (n) aus Kupfer (n)	медный фартук (м)
cork insulation	isolation (f) en liège (m)	Korkdämmung (f)	пробковая изоляция (ж)
cork sheet	feuille (f) de liège (m)	Korkplatte (f)	пробковый лист (м)
cork tile	carreau (m) de liège (m) / tuile (f) de liège (m)	Korkfliese (f)	пробковая плитка (ж)
corner balcony	balcon (m) de coin	Eckbalkon(m)	угольный балкон (м)
corner bead	arête (f) de coin (m)	Putzeckprofil (n) / Kantenprofil (n)	угловая защитная накладка (ж)
corner bead for exterior stucco	arête (f) de coin (m) pour le stuc (m) extérieur	Putzeckprofil (n) für den Außenputz (m)	угловая защитная накладка (ж) для наружной штукатурки

ENGLISH	FRENCH	GERMAN	RUSSIAN
corner bead for thin-set method (wall covering)	arête (f) de coin (m) pour couche (f) de mortier (m) mince (recouvrement mural)	Putzeckprofil (n) für Dünnbeschichtung (f) (Wandbeschichtung)	угловая защитная накладка (ж) для тонькослойного метода растворной постели (облицовка стены)
corner bead with an acute angle	arête (f) de coin (m) à angle (m) aigu	Putzeckprofil (n) im spitzen Winkel (m)	угловая защитная накладка (ж) с острым углом
correction / amendment	changement (m) / modification (f)	Berichtigung (f) / Verbesserung (f)	модификация (ж) / исправление (ср)
corridor	couloir (m)	Flur (m) / Korridor (m)	коридор (м)
corrugated fibre(-)cement sheet	panneau (m) de fibre-ciment ondulé	Faserzement-Wellplatte (f)	волнистый волокноцементный лист (м)
corrugated sheet	tôle (f) ondulée	Wellplatte (f)	волнистый лист (м)
corrugated steel deck	pontage (m) d'acier cannelé	Trapezblech (n)	волнистый стальной настил (м)
corrugated steel deck for floor construction	pontage (m) d'acier cannelé pour construction de plancher (m)	Trapezblech (n) für Deckenkonstruktion (f)	стальной настил (м) для половой конструкции (волнистой)
counter(-)flashing (metal)	contre-solin (m) (métallique)	überlappendes Abdeckblech (n) / überlappendes Anschlußblech (n) / Überhangsstreifen aus Blech (n)	перекрывающий фартук (м) (металлический)
counterfort	contrefort (m)	Mauerpfeiler (m)	контрфорс (м)
countersunk screw	vis (f) fraisée	Spezial-Senkholzschraube (f)	винты (м) потайными головками
couple roof	comble (m) à deux versants sur arbalétriers (m)	Sparrendach (n)	крыша (ж) с висячими стропильными фермами
couple roof with collar beam	comble (m) à deux versants sur arbalétriers (m) avec poutre-tirant (f)	Kehlbalkendach (n) mit Kehlbalken (m)	двускатная крыша (ж) с висячими стропильными фермами со стропильной затяжкой (ж)
couple roof with purlins, with one, two, three pillars	comble (m) à deux versants sur arbalétriers (m) avec pannes (f), avec un, deux, trois poteaux (m)	Pfettendach (n), mit einfach, zweifach, dreifach stehendem Dachstuhl (m)	крыша (ж) с висячими стропильными фермами со прогонами с 1, 2, 3 столбами (м)

Couple

ENGLISH	FRENCH	GERMAN	RUSSIAN
couple roof without collar beam	comble (m) à deux versants sur arbalétriers (m) sans poutre-tirant (f)	Sparrendach (n) ohne Kehlbalken (m)	крыша (ж) с висячими стропильными фермами без стропильной затяжки (ж)
couple roof without or with purlins (A-frame)	comble (m) à deux versants sur arbalétriers sans ou avec pannes (f)	Sparrendach (n) ohne oder mit Pfetten (f)	двускатная крыша (ж) с висячими стропильными фермами без прогонов или со прогонами
cove	gorge (f)	Hohlkehle (f)	выкружка (ж)
cove base	plinthe (f) à talon (m) arrondi	Kehlsockel (m) (Fußleiste)	основание (ср) выкружки
cove(d) ceiling	plafond (m) à gorge (f)	Decke (f) mit Auskehlung (f)	потолок (м), соединённый со стенами выкружками
coved seam weld	soudure (f) de joint (m) à gorge (f)	Kehlnahtschweißung (f)	угловой сварной шов (м)
cover flashing (vertical)	bande (f) de solin (m) en métal verticale	Brustblech (n) / vertikales Abdeckblech (n)	перекрывающий фартук (м) / вертикальный отлив (м)
cover sheet (one(-)ply felt)	feuille (f) de protection (f) (feutre un pli)	Abdeckungspappe (f) (einlagiger Rohfilz)	покрывающий лист (м) (однослойный войлок)
covering (one(-)ply foil)	couverture (f) (feuille un pli)	Abdeckung (f) (einlagige Folie)	защитный слой (м) (однослойная фольга)
crack dimension	dimension (f) de la fissure (f)	Rißmaß (n)	размер (м) трещины
crawl space	espace (m) de rampement (m)	Kriechraum (m)	полупроходное подполье (ср)
crawl space, crawl basement	espace (m) de rampement, sous-sol (m) de rampement	Kriechraum (m), Kriechkeller (m)	полупроходное подполье (ср), полупроходный подвал (м)
creek	ruisseau (m)	Bach (m)	речка (ж)
cross beam	poutre (f) transversale	Querbalken (m) / Wechsel (m)	поперечная балка (ж)
cross-bridging	entretoise (f)	Kreuzstreifen (m)	система (ж) диагональных связей между балками перекрытия
cross section	coupe (f) transversale	Querschnitt (m)	поперечный разрез (м)

ENGLISH	FRENCH	GERMAN	RUSSIAN
cross section looking at main entrance	coupe (f) transversale montrant l'entrée (f) principale	Querschnitt (m) in Richtung Haupteingang (m)	поперечный разрез (м) по направлению к главному входу (м)
cross section, scale: ...	coupe (f) transversale, échelle (f): ...	Querschnitt (m), Maßstab (m): ...	поперечный разрез (м), масштаб: ...
cross section through door	coupe (f) en travers de la porte (f)	Querschnitt (m) durch die Tür (f)	поперечный разрез (м) через дверь
crushed gravel	gravier (m) concassé	Brechkies (m)	дроблёный гравий (м)
crushed stone bed	lit (m) de pierre (f) concassée	Schotterbett (n)	щебёночная подготовка (ж)
cut stone	pierre (f) de taille	Werkstein (m)	штучный камень (м)

D

ENGLISH	FRENCH	GERMAN	RUSSIAN
dado band	bande (f) de dado (m)	Wandsockelanstrichstreifen (m)	дадо-полоса (ж)
dado / band at base of wall	dado (m) / bande à la base d'un mur	Anstrich (m) der unteren Raum-Trennwandfläche (f) / Wandsockelanstrich (m)	дадо / облицовка (ж) нижней части стены
damp-proof layer barrier	couche (f) hydrofuge d'étanchéité	Feuchtigkeitsisolierschicht (f) / Feuchtigkeitssperrschicht (f)	гидроизоляционный слой (м) (барьерный)
damp-proof membrane	membrane (f) imperméable	Feuchtigkeitsisolierhaut (f)	гидроизоляционная мембрана (ж)
damp-proof rigid insulation	isolation (f) rigide étanche	feuchtigkeitsunempfindlicher Dämmstoff (f) (harter)	влагонепроницаемая жёсткозакреплённая изоляция (ж)
damp-proofing	imperméabilisation (f)	Feuchtigkeitssperre (f)	влагоизоляция (ж)
damper	volet (m)	Drosselklappe (f)	дроссельный клапан (м)
dark room	chambre (f) noire	Dunkelkammer (f)	тёмная комната (ж)
data transmission	transmission (f) des données (f) informatiques	Datenübertragung (f)	передача (ж) данных
date	date (f)	Datum (n)	число (ср)
date of issue	date (f) d'émission (f)	Tag (m) der Herausgabe (f)	дата (ж) издания

Date

ENGLISH	FRENCH	GERMAN	RUSSIAN
date of postmark	date (f) du tampon postal (m)	Datum (n) des Poststempels (m)	дата (ж) штемпеля / штемпель-календарь (м)
date palm	dattier (m)	Dattelpalme (f)	финиковая пальма (ж)
dead load	poids (m) mort	Eigengewicht (n)	собственный вес (м)
dean (of university)	doyen (m) (d'université)	Dekan (m) (der Universität)	декан (м) (университета)
deciduous shrub	arbrisseau (m) caduc	Laubstrauch (m)	листопадный кустарник (м)
deciduous tree	arbre (m) caduc	Laubbaum (m)	листопадное дерево (ср)
deficiency list	liste (f) de déficiences (f)	Mängelliste (f)	список (м) нехваток
degree of fire(-)resistance (classification)	degré (m) de résistance au feu (m) (classification)	Feuerwiderstandsdauer (f) (Klassifikation)	предел (м) огнестойкости в часах
dehumidifier	déshumidificateur (m)	Luftentfeuchter (m)	воздухоосушитель (м)
demolition	démolition (f)	Abbruch (m)	слом (м)
demolition contractor, demolition firm	entrepreneur (m) de démolition (f), compagnie (f) de démolition (f)	Abbruchunternehmer (m), Abbruchunternehmen (n)	подрядчик (м) разборки
demolition works	travaux (m) de démolition (f)	Abbrucharbeiten (m)	работы (ж) по сносу зданий
depression	dépression (f)	Vertiefung (f)	углубление (ср)
description	description (f)	Beschreibung (f)	описание (ср)
detail	détail (m)	Detail (n)	деталь (ж)
detail at base	détail (m) à la base (f)	Fußpunkt-Detail (n)	деталь (ж) у базовой линии
detail at ridge (truss)	détail (m) à la faîtière (f) (charpente)	Firstpunktdetail (n) (Binder)	деталь (ж) у конька (м) (ферма)
detail number: ... , drawing on which detail occurs ...	numéro de détail: ... , dessin (m) sur lequel le détail (m) est représenté ...	Detail-Blattnummer (f): ... , das Zeichenblatt, auf welchem das Detail (n) erscheint ...	номер (м) детали: ... , чертёж на котором деталь показана ...
detail of bench mark	détail (m) de la borne (f) repère	Bezugspunkt (m) im Detail (n)	деталь (ж) нивелирной марки

Detail

ENGLISH	FRENCH	GERMAN	RUSSIAN
detail of elevation / detail of façade (facade)	détail (m) de l'élévation (f) / détail de la façade (f)	Fassadendetail (n)	деталь (ж) фасада
detail of verge	détail (m) de la planche (f) de rive	Ortgangdetail (n)	деталь (ж) ветровой фронтонной доски
detail plan of fixed balustrade	plan (m) de détail (m) balustrade (f) fixe	Detailplan (m) des befestigten Geländers (n)	план (м) деталей неподвижного перила
detail section	coupe (f) de détail	Schnitt (m) im Detail (n)	детальный разрез (м)
detail sheet	feuille (f) de détail	detailliertes Zeichenblatt (n) / Detail-Zeichenblatt (n)	лист (м) деталей
detailed drawing	dessin (m) détaillé	Detailzeichnung (f)	детальный чертёж (м)
diagonal sheathing	planchéiage (m) en diagonale	Diagonal-Bretterverschalung (f) / Diagonal- Bretterverkleidung (f)	диагональная дощатая обшивка (ж)
diffuser / air diffuser	diffuseur (m) / diffuseur (m) d'air	Diffusor (m) / Luftverteiler (m)	решётка кондиционера
dining room	salle à manger (f)	Eßzimmer (n) / Speiseraum (m)	столовая (ж)
dining room (staff)	salle à manger (f) du personnel (m)	Personalspeiseraum (m)	штатная столовая (ж)
direction of traffic	direction (f) de la circulation (f)	Verkehrsführung (f)	направление (ср) транспортного движения
director	directeur (m)	Direktor (m)	директор (м)
distribution	distribution (f)	Verteilung (f)	распределение (ср)
distribution system	système (m) de distribution	Verteilungssystem (n)	система (ж) распределения
ditch / trench	fossé (m) / tranchée (f)	Graben (m)	траншея (ж)
divider (cover sheet) / felt one(-)ply	séparateur (m) (feuille de protection) / feutre (m) un pli (m)	Trennschicht (f) (Abdeckung) / einlagiger Filz (m)	разделитель (м) (покрывающий лист) / однослойный войлок (м)
division firewall, mitoyen wall	mur (m) coupe-feu, mur (m) mitoyen	Brandmauer (f), Brandwand (f)	брандмауэр (м), противопожарная стена (ж)

Division

ENGLISH	FRENCH	GERMAN	RUSSIAN
division wall of apartment	mur (m) de séparation (f) d'appartement (m)	Wohnungstrennwand (f)	разделительная стена (ж) квартиры
doctor (medical) / physician	médecin (m)	Arzt (m)	врач (м) / доктор (м)
door	porte (f)	Tür (f)	дверь (ж)
door closer, door lock and metal threshold, see details, drawing No. ...	ferme-porte (m), serrure (f) et seuil (m) en métal (m), voir détails (m) sur dessin (m) No. ...	Türschließer (m),Türschloß (n) und Türschwelle (f) aus Metall (n), siehe Details, Bauplan Nr. ...	дверной механизм (м), замок (м) и металлический порог (м), смотри детали, чертёж № ...
door closer with door holder	ferme-porte (m) avec cran (m) d'arrêt	Türschließer (m) mit Türhalter (m)	закрыватель (м) двери с дверной державкой
door closers required for doors: No. ...	ferme-portes (m) requis pour les portes (f): No. ...	Türschließer (n) werden für die Türen (f): Nr. ... gebraucht	дверные механизмы (м) нужны для дверей: № ...
door details	détails (m) des portes (f)	Türdetails (n)	детали (ж) двери
door(-)frame (fastened to wall)	huisserie (f) (attaché au mur) / cadre (m) de porte (f)	Türrahmen (m) (mit Wandanschluß) / Tür-Blendrahmen (m) oder Zarge (f)	дверная коробка (ж) / рама (ж), прикреплённая к стене / царга (ж)
door(-)frame (fastened to wall) / door(-)frame (out of wood or steel)	huisserie (f) (attaché au mur) / cadre (m) de porte (f) (en bois ou en acier)	Türrahmen (m) (mit Wandanschluß) / Tür-Blendrahmen (m) oder Zarge (f) (aus Holz oder aus Stahl)	дверная коробка (ж) (рама, прикреплённая к стене) / дверная царга (ж) (деревянная или стальная)
door handle	poignée (f)	Türklinke (f)	дверная ручка (ж)
door hardware	quincaillerie (f) de portes (f)	Türbeschläge (f)	дверные приборы (м)
door height	hauteur (f) de la porte (f)	Türhöhe (f)	дверная высота (ж)
door holder	cale (f) de porte (f)	Türhalter (m)	дверной держатель (м)
door jamb	jambage (m) de porte (f)	Türleibung (f)	вертикальная обвязка (ж) дверной коробки
door knob	bouton (m) de porte (f)	Türknauf (m)	круглая дверная ручка (ж)
door leaf	battant (m) de porte (f)	Türblatt (n) / Türflügel (m)	створка (ж) двери

Door

ENGLISH	FRENCH	GERMAN	RUSSIAN
door lock	serrure (f) de porte (f)	Türschloß (n)	дверной замок (м)
door mat	paillasson (m) de porte (f)	Fußmatte (f)	дверной ковёр (м)
door mullion	meneau (m) de porte (f)	Türzwischenpfosten (m)	средник (м) дверного полотна
door schedule	tableau (m) des portes (f)	Tür-Tabelle (f) / Tür-Stückliste (f)	спецификация (ж) дверей
door size / door dimension	dimension (f) de porte (f)	Türgröße (f) / Türmaß (n)	дверной размер (м)
door surface	surface (f) de porte (f)	Türfläche (f) / Türblattfläche (f)	поверхность (ж) двери
door thickness	épaisseur (f) de porte (f)	Türstärke (f)	толщина (ж) двери
door types	types (m) des portes (f)	Türtypen (f)	типы (м) дверей
door vent	volet (m) d'aération (porte)	Luftklappenprofil (n) (Tür)	дверная вентиляционная решётка (ж)
door width	largeur (f) de porte (f)	Türbreite (f)	ширина (ж) двери
(doorstop)	butoir (m) de porte (f)	Türanschlag (m)	ограничитель (м) открывания двери
doorstop	arrête (m) de porte (f)	Türstopper (m)	упор (м) двери / ограничитель (м) двери
dormer, dormer window	lucarne (f) / verrière (f), fenêtre (f) en mansarde (f)	Gaube (f), Gaubenfenster (n)	слуховое окно (ср)
dormer with pitched roof	lucarne (f) avec toiture (f) en pente	Schleppgaube (f)	слуховое окно (ср) с крышой со скатами
double-glazing	double-vitrage (m)	Zweischeibenverglasung (f)	двойное остекление (ср)
double-hung window	fenêtre (f) à guillotine (f)	Vertikalschiebefenster (n)	подъёмное окно (ср) с двумя подвижными переплётами
double-leaf door	porte (f) à deux battants (m)	zweiflügelige Tür (f) (Drehflügeltür / Doppeltür)	двустворчатая дверь (ж)
double-rabbet / twin-rabbet	double-feuillure (f) / rainure (f) doublée	Doppelfalz (f)	двойной фальц (м)

Double

ENGLISH	FRENCH	GERMAN	RUSSIAN
double window (at recessed masonry jamb), two sashes with two window frames (fastened to wall)	fenêtre (f) double (à jambage de maçonnerie en retrait), fenêtre (f) à deux battants (m) et deux cadres (m) / deux châssis (m) de fenêtre (attaché au mur)	Doppelfenster (n) (bei Mauerleibung mit Innenanschlag), zwei bewegliche Flügel (m) mit zwei Fenster- Blendrahmen (m) / Zargen (f)	окно (ср) со двумя коробками (у отодвинутой вертикальной обвязки), две оконного переплёта со двумя оконной рамой, прикреплёнными к стене / царга (ж)
double window (at square masonry jamb), two sashes with two window frames (fastened to wall) and jamb lining	fenêtre (f) double (à jambage de maçonnerie orthogonal), fenêtre (f) à deux battants (m) et deux cadres (m) / deux châssis (m) de fenêtre (attaché au mur) et chambranle (m)	Kastenfenster (n) (bei Mauerleibung ohne Anschlag), zwei bewegliche Flügel (m) mit zwei Fenster-Blendrahmen (m) / Zargen (f) und Fenster-Futter (n)	окно (ср) со двумя коробками (у квадратной вертикальной обвязки), две оконного переплёта со двумя оконной рамой, прикреплёнными к стене и со внутренным наличником
Douglas fir	sapin (m) Douglas	Douglastanne (f)	пихта (ж) дугласова
dovetail anchor	ancrage (m) en queue (f) d'aronde	Schwalbenschwanzanker (m)	анкер (м) в форме ласточкина хвоста
dovetailed slot	rainure (f) de queue (f) d'aronde (femelle)	Schwalbenschwanznute (f)	паз (м) в форме ласточкина хвоста
dowel	goujon (m) / douille (f)	Ankerdorn (m) / Stift (m)	штырь (м)
down (stair)	en bas (escalier)	hinunter (Treppe)	вниз (лестница)
drafting room	atelier (m) de dessin	Zeichenraum (m)	чертёжная (ж)
drain	drain (m)	Ablauf (m) / Entwässerung (f)	водосток (м)
drain pipe	tuyau (m) de drainage (m)	Entwässerungsrohr (n)	дренажная труба (ж)
drain pipe with thermal insulation	tuyau (m) de drainage avec isolation (f) thermique	Abflußrohr (n) / Entwässerungsrohr (n) mit Wärmedämmung (f)	дренажная труба (ж) с теплоизоляцией
drainage inlet (rainwater)	puisard (m) d'eau pluviale (f)	Regeneinlauf (m) / Rinnenkasteneinlauf (m)	дренажный водовыпуск (м)
drawing	dessin (m)	Zeichnung (f) / Bauzeichnung (f) / Bauplan (m)	чертёж (м)
drawing not to scale	dessin (m) hors-échelle	Zeichnung (f) nicht maßstäblich	чертёж (м) не в масштабе

Drawing

ENGLISH	FRENCH	GERMAN	RUSSIAN
drawing number / drawing No.	dessin (m) numéro / dessin No.	Zeichnungsnummer (f) / Zchng. Nr. / Bauzeichnungsnummer (f) / Bauplan Nr.	номер (м) чертёжа / № чертёжа
drawing number ... on which detail occurs	numéro du dessin (m) ... montrant le détail (m)	Bauplan Nr. ... auf dem sich das Detail (n) befindet	чертёж (м) № ... на котором деталь показана
drawn by	dessiné par	gezeichnet von	чертил
dressing room	chambre (f) d'habillage	Ankleideraum (m)	раздевалка (ж) / комната (ж) для одевания
drill hole	trou (m) de forage	Bohrloch (n)	шпур (м)
drinking fountain	fontaine (f) à boire	Trinkbrunnen (m)	питьевой фонтанчик (м)
drip cap (door, window)	chaperon-larmier (m) (porte, fenêtre)	Wetterschenkel (m) (Tür, Fenster)	водосток (м) (дверь, окно)
driven pile / ram pile	pieu (m) battu	Rammpfahl (m)	забивная свая (ж)
driveway	passage (m) pour véhicules (m)	Zufahrtsweg (m) / Ausfahrt (f)	подъездная дорога (ж)
drop of ... in concrete in room ... only	dépression (f) de ... dans le béton (m) dans la pièce (f) ... seulement	Betonvertiefung (f) von ... nur im Raum (m) ...	падение (ср) ... в бетоне только в комнате ...
dry concrete topping	mélange (m) à sec de chape (f) de béton	Trockenestrich (m)	сухая бетонная стяжка (ж) для сборного покрытия пола
dry storage	réserve sèche (f)	Trockenaufbewahrung (f)	сухое хранение (ср)
dry wall	cloison (f) sèche / parement (m) à sec	Trockenbauwand (f)	внутренняя стена (ж), облицованная сухой штукатуркой
dry wall panel (gypsum panel)	panneau (m) de cloison (f) sèche (panneau de gypse)	Trockenwandplatte (f) (Gipsplatte / Gipskartonplatte)	сухая штукатурка (ж) (гипсовая панель)
dry wall / stud construction with gypsum board	cloison (f) sèche / colombage (m) revêtu de placoplâtre	Trockenbauwand (f) / Gipskartonwand (f)	внутренняя стена (ж), облицованная сухой штукатуркой / каркасная перегородка (ж) с сухой штукатуркой

Drying

ENGLISH	FRENCH	GERMAN	RUSSIAN
drying room	salle (f) de séchage	Trockenraum (m)	сушильная комната (ж)
ducts for air supply and exhaust	conduits (m) d'amenée et d'évacuation de l'air	Luftkanäle zur Be- und Entlüftung (f)	воздуховоды (м) для распределения подачи и вытяжки воздуха
ductwork	réseau (m) de gaines (f) / conduits	Kanalsystem (n)	система (ж) каналов / канализация (ж)
dumbwaiter	monte-plats (m)	Speiseaufzug (m) / Aufzug (m)	кухонный лифт (м)
dumbwaiter cage	trémie (f) de monte-plats (m)	Speiseaufzugskabine (f) / Aufzugskabine (f)	кабина (ж) кухонного лифта
dumbwaiter shaft	cage (f) de monte-plats (m)	Speiseaufzugsschacht (m) / Aufzugsschacht (m)	шахта (ж) кухонного лифта
duplex, duplex apartment	bâtiment (m) à deux logements (m), appartement (m) jumelé	Zweifamilienhaus (n) (zweigeschossiges), zweigeschossige Wohnung (f)	двухквартирный дом (м), квартира (ж) в двух уровнях
Dutch door	porte (f) hollandaise à guichet / porte (f) normande à guichet	holländische Tür (f)	голландская дверь (ж)
dwarf partition	cloison (f) à mi-hauteur	halbhohe Trennwand (f)	неполная перегородка (ж)

E

ENGLISH	FRENCH	GERMAN	RUSSIAN
earth excavation	excavation (f) du sol / excavation (f) de terre	Bodenaushub (m) / Erdaushub (m)	экскавация (ж) грунта / выемка (ж) грунта
earth(-)fill	remblai (m)	Erdauffüllung (f) / Erdaufschüttung (f)	земляная насыпь (ж)
earth lump (mass)	motte (f) de sol (masse)	Erdmasse (f)	грунтовой ком (м) (масса земли)
eaves connection with finished tiled roof	assemblage (m) de toiture (f) en tuile avec l'avant-toit (m)	Verbindung (f) des Dachüberhangs mit Ziegeldach (n)	соединение (ср) карнизного свеса с черепичной крыши

Eaves

ENGLISH	FRENCH	GERMAN	RUSSIAN
eaves formation of a slate roof with roof sealing plies	façon de rive (f) de toiture (f) en ardoise (f) avec plis de scellement de toiture	Traufausbildung (f) beim Schieferdach (n) mit Dachdichtungsbahnen (f) / Dachdichtungslagen (f)	формирования (ж) карнизного свеса шиферной крыши со кровельными герметическими слоями
eaves height	hauteur (f) d'avant-toit (m)	Dachvorsprungshöhe (f) / Dachüberhangshöhe (f)	высота (ж) свеса крыши
eaves metal sheetstrip	bande (f) métallique de rive (f)	Traufblech (n)	краевая металлическая полоса (ж) карнизного свеса
eaves / overhanging eaves / overhang	avant-toit (m) / encorbellement (m)	Dachüberhang (m) / Dachvorsprung (m) / Überstand (m)	свес (м) крыши / выступающий свес (м) крыши
eaves plank	madrier (m) de rive	Traufbohle (f)	брус (м) карнизного свеса
edgestone / curb	pierre (f) de rive (f) / bordure (f)	Randstein (m) / Bordstein (m)	бордюрный камень (м) / бегун (м)
elastic caulking	calfeutrage (m) élastique / flexible	elastische Dichtungsmasse (f)	упругая чеканка (ж) / конопатка (ж)
elastic joint	joint (m) élastique (flexible)	elastische Fuge (f)	эластический шов (м)
elastomeric	élastomère (m)	Elastomer (m)	эластомер (м)
elastomeric sealant for joints	mastic (m) (scellement) de joint (m) à base d'élastomère (m)	Elastomer-Dichtungsmasse (f) für Fugen (f)	уплотняющий материал (м) (эластомер) для швов
electric conduit, electric cable	conduite d'électricité, câble (m) d'électricité (f)	elektrisches Kabel (n), Elektrokabel (n)	электропровод (м), электрический кабель (м)
electric pole	poteau (m) d'électricité	Kabelbaum (m)	электрический полюс (м)
electric switch	commutateur (m) électrique	Lichtschalter (m)	электрический выключатель (м)
electrical drawings	dessins (m) d'électricité	elektrotechnische Pläne (m)	электротехнические чертежи (м)
electrical range	four (m) électrique	Elektroherd (m)	электрическая плита (ж)
electrical room, electric installation	salle (f) d'électricité, installation (f) électrique	Schaltraum (m), elektrische Installationsanlage (f)	электрическое помещение (ср), электрическая установка (ж)

Elevation

ENGLISH	FRENCH	GERMAN	RUSSIAN
elevation / façade (facade) and cross section	façade (f) / élévation (f) et coupe (f) transversale	Ansicht (f) / Fassade (f) und Querschnitt (m)	фасад (м) и поперечный разрез (м)
elevation (level)	niveau (m)	Höhe (f)	высотная отметка (ж) (уровень)
elevation of ...	façade (f) de ...	Ansicht (f) des ...	фасад (м) ...
elevation, scale: ...	façade (f) / élévation, échelle (f): ...	Ansicht (f) / Fassade, Maßstab (m): ...	фасад (м), масштаб (м): ...
elevation seen from ...	façade (f) / élévation (f) vue du ...	Ansicht (f) / Fassade (f) von ... gesehen	фасад (м), виден от ...
elevations are given in the following order:	les niveaux (m) sont donnés dans l'ordre (m) suivant:	Höhen (f) sind in der folgenden Reihenfolge (f) angegeben:	высоты (м) находятся в следующим порядке:
elevator car	cabine (f) d'ascenseur (m)	Aufzugskabine (f)	кабина (ж) лифта
elevator landing	palier (m) d'ascenseur (m)	Aufzugspodest (n)	посадочная площадка (ж) лифта
elevator machine room	chambre (f) de machinerie d'ascenseur (m)	Aufzugsmaschinenraum (m)	машинное отделение (ср) лифта
elevator (passenger)	ascenseur (m) (personnes)	Personenaufzug (m)	лифт (м)
elevator pit	fosse (f) d'ascenseur (m)	Aufzugsschachtgrube (f)	нижняя часть (ж) шахты лифта
elevator well / elevator shaft	trémie (f) d'ascenseur / cage (f) d'ascenseur (m)	Aufzugsschacht (m)	шахта (ж) лифта
elm	orme (m)	Ulme (f)	ильм (м)
emergency	urgence (f)	Unfallstation (f)	общая неотложная помощь (ж)
emergency admission	réception (f) d'urgence	Notaufnahme (f)	неотложный приём (м)
emergency entrance	entrée (f) d'urgence	Eingang zur Unfallstation (f)	вход (м) неотложной помощи
emergency lighting	éclairage (m) de secours	Notbeleuchtung (f)	аварийное освещение (ср)
emergency power	pouvoir (m) d'urgence	Notstrom (m)	резервная мощность (ж) / резервный источник (м) питания

Emergency

ENGLISH	FRENCH	GERMAN	RUSSIAN
emergency stair	escalier (m) de secours / d'urgence	Fluchttreppe (f)	аварийная лестница (ж)
employees' lounge area	foyer (m) des employés (m) / salle(f) commune	Angestellten-Pausenraum (m)	район (м) отдыха служащих
enamel	émail (m)	Emaillelack (m)	эмаль (ж)
end step	dernière marche (f)	Austrittstufe (f)	последная ступень (ж)
English brick bond	appareil (m) de maçonnerie (f) anglais	Blockverband (m)	английская кирпичная перевязка (ж)
English (cross) brick bond	appareil (m) anglais (croisé) de maçonnerie (f)	Kreuzverband (m)	английская (крестовая) кирпичная перевязка (ж)
entrance	entrée (f)	Hauseingang (m) / Eingang (m)	вход (м)
entrance area / entrance zone	zone (f) d'entrée	Eingangsbereich (m)	входная зона (ж)
entrance hall / lobby	hall d'entrée (m) / vestibule (m)	Vorhalle (f) / Vestibül (n)	прихожая (ж) / вестибюль (м)
entrance level	niveau (m) d'entrée	Eingangsebene (f)	плоскость (ж) входа
entrance vestibule (building)	couloir (m) du bâtiment	Hausflur (m)	домачный коридор (м)
epoxy	époxie (f)	Epoxyd (m)	эпоксидная смола (ж)
epoxy concrete	béton (m) de résine (f) époxide (époxyde)	Epoxydbeton (m)	эпоксидный полимербетон (м)
(epoxy-granolithic concrete)	époxie-béton (m) dur	Epoxydhartbeton (m)	эпоксидный износостойкий бетон (м)
epoxy mortar	mortier (m) d'époxie (d'époxy)	Epoxydmörtel (m)	эпоксидный раствор (м)
erection of exterior wall	érection du mur (m) extérieur	Außenwandaufbau (m)	сооружение (ср) наружной стены
escalator	escalier (m) roulant	Rolltreppe (f)	эскалатор (м)
escape route	voie (f) de secours / route (f) de secours	Rettungsweg (m) / Fluchtweg (m)	маршрут (м) эвакуации
escape route plan	plan des voies (f) de secours / plan des routes (f) de secours	Fluchtwegeplan (m)	план (м) маршрута эвакуации

Escape

ENGLISH	FRENCH	GERMAN	RUSSIAN
escape stair (at exterior wall)	escalier (m) de sauvetage (m) (au mur extérieur)	Nottreppe (f) (an der Außenwand)	пожарная лестница (ж) (у наружной стены)
EURO-Standard	Norme (f) EURO	EURO-Norm (f)	Европейская норма (ж)
evergreen shrub	arbrisseau (m) toujours vert	immergrüner Strauch (m)	вечнозелёный кустарник (м)
evergreen tree	arbre (m) toujours vert	immergrüner Baum (m)	вечнозелёное дерево (ср)
examination room	salle (f) d'examens	Untersuchungsraum (m)	смотровой кабинет (м)
examination room (general)	salle (f) d'examens (général)	allgemeiner Untersuchungsraum (m)	общий смотровой кабинет (м)
excavation / construction pit (building)	excavation (f) (bâtiment)	Baugrube (f) (Gebäude)	котлован (м)
executive floor	plancher (m) (étage) exécutif	Chefetage (f)	этаж (м) исполнительной власти
exercise room	salle (f) d'exercice	Übungsraum (m)	зал (м) упражнения
exhaust duct	conduit (m) d'évacuation (f) de retour (m) / conduit (m) d'évacuation (f) de renvoi (m)	Abluftkanal (n)	вытяжной воздуховод (м)
exhaust grill	grille (f) d'évacuation	Entlüftungsgitter (n)	вытяжная решётка (ж)
exhaust hood	hotte (f) d'évacuation	Abzugshaube (f)	вытяжной шкаф (м)
exhaust opening	ouverture (f) d'évacuation	Abzugsöffnung (f) / Entlüftungsöffnung (f)	вытяжное отверстие (ср)
exhaust shaft	gaine (f) d'évacuation	Entlüftungsschacht (m)	вытяжная шахта (ж)
exhaust system	système (m) d'évacuation	Entlüftungsanlage (f)	вытяжная система (ж)
existing	existant	bestehend / existierend / vorhanden / angegeben	существующий
existing ground elevations (grade levels)	niveaux (m) existants du terrain (m) (du sol)	angegebene Geländehöhen (f)	существующие высотные отметки (ж) грунта
existing level	niveau (m) existant	existierende Höhe (f)	существующая высота (ж)

ENGLISH	FRENCH	GERMAN	RUSSIAN
existing soil	sol (m) existant	vorhandener Erdboden (m)	существующий грунт (м) (земля)
exit	sortie (f)	Ausgang (m)	выход (м)
expanded metal lath	grillage (m) en métal déployé	Streckmetall-Putzträger (m)	металлическая сетка (ж)
expanded polyurethane / foamed polyurethane	polyuréthane (m) expansé	Polyurethan-Hartschaum (m)	пенополиуретан (м)
expanded polyurethane panel / rigid insulation board (polyurethane)	panneau (m) de polyuréthane expansé / planche (f) rigide d'isolation (f) (polyuréthane)	Polyurethan-Hartschaumplatte (f)	листовой пенополистирол (м) / жёсткозакреплённая изоляция (ж)
expansion anchor	ancrage (m) à écartement	Spreizanker (m)	разжимная оправка (ж)
expansion bolt	boulon (m) de scellement	Spreizbolzen (m)	расширительный болт (м)
expansion joint	joint (m) de dilatation (f)	Dehnungsfuge (f)	температурный шов (м)
expansion joint against main building	joint (m) de dilatation à l'endroit du bâtiment (m) principal	Anstoß (m) der Dehnungsfuge (f) an Hauptgebäude (n)	температурный шов (м) у главного здания
expansion joint at each column	joint (m) de dilatation à chaque colonne (f)	Dehnungsfuge (f) an jeder Säule (f)	температурный шов (м) у каждой колонны
expansion joint cover	couvre-joint (m) de dilatation (f)	Dehnungsfugenprofil (n) / Fugenüberdeckungsprofil (n)	накладка (ж) температурного шва
expansion loop	boucle (f) compensatrice	Dehnungsschlaufe (f)	петлевой трубный компенсатор (м)
exposed ...	... apparent	Sicht- ...	видный ...
exposed ceiling	plafond (m) apparent	Sichtdecke (f)	видный потолок (м)
exposed ceiling tiles	tuiles (f) de plafond apparentes	Decken-Sichtplatten (f)	видные плитки (ж) потолка
exposed concrete	béton (m) apparent	Sichtbeton (m)	обнажённый бетон (м)
exposed concrete balustrade	balustrade (f) de béton (m) apparent	Sichtbetongeländer (n)	обнажённая бетонная балюстрада (ж)
exposed concrete wall	mur (m) de béton (m) apparent	Sichtbetonwand (f)	обнажённая бетонная стена (ж)

Exposed

ENGLISH	FRENCH	GERMAN	RUSSIAN
exposed face of modular panel	face (f) apparente du panneau (m) modulaire	modulare Sichtplatte (f)	необлицованная поверхность (ж) модулярной плиты
exposed rafters	chevrons (m) apparents	sichtbare Sparren (m)	видные стропильные ноги (ж)
exterior chimney	cheminée (f) extérieure	außenliegender Schornstein (m)	наружная дымовая труба (ж)
exterior door / outside door	porte (f) extérieure	Außentür (f)	наружная дверь (ж)
exterior entrance	entrée (f) extérieure	Außeneingang (m)	наружный вход (м)
exterior glass-wall cladding (glass panels)	parement (m) de mur (m) extérieur en verre (panneaux de verre)	Fassadenbekleidung (f) aus Glas (Glasplatten)	наружная стеклянная обшивка (ж) стен (стеклянные панели)
exterior lay(-)out	aménagement (m) extérieur	Außenanlagen (f)	наружная планировка (ж)
exterior natural stone veneer	parement (m) extérieur en pierre (f) naturelle	Naturstein-Außenwandbekleidung (f)	наружная природная каменная фанера (ж)
exterior shell, reinforced concrete element	parement (m) extérieur, élément (m) de béton armé (m)	Vorsatzschale (f), Stahlbetonelement (n)	наружная оболочка (ж), железобетонный элемент (м)
exterior stair	escalier (m) extérieur	Außentreppe (f)	наружная лестница (ж)
exterior steel support, column	support (m) d'acier (m) extérieur, colonne (f)	äußere Stahlstütze (f), Säule (f)	наружная стальная опора (ж), колонна (ж)
exterior wall	mur (m) extérieur	Außenwand (f)	наружная стена (ж)
exterior wall-cladding components such as: anodized light metal, coloured light metal, enameled steel	éléments de parement (m) de mur extérieur tels que: métal léger anodisé (m), métal léger coloré (m), acier émaillé (m)	Außenwandbekleidungselemente (f) wie: eloxiertes Leichtmetall (n), farbbeschichtetes Leichtmetall (n), emailliertes Stahlblech (n)	элементы (м) наружной стеновой обшивки как: анодный лёгкий металл (м), окрашенный лёгкий металл (м), эмалированная сталь (ж)
exterior wall cladding in metal	parement (m) métallique de mur (m) extérieur	Metall-Außenwandbekleidung (f)	наружная металлическая обшивка (ж) стен
exterior wall cladding of aluminium (aluminum) components	parement (m) de mur (m) extérieur en éléments (m) d'aluminium	Fassadenbekleidung (f) aus Aluminium-Formteilen (n)	наружная обшивка (ж) стен с алюминиевыми элементами

Exterior

ENGLISH	FRENCH	GERMAN	RUSSIAN
exterior wall cladding of large size ceramic panels	parement (m) extérieur en panneaux (m) céramiques de grande dimension	Fassadenbekleidung (f) aus großformatigen Keramikplatten (f)	наружная обшивка (ж) стен с большими керамическими панелями
exterior wall cladding of large size fibre-cement panels	parement (m) extérieur en panneaux (m) de fibre-ciment de grande dimension	Fassadenbekleidung (f) aus großformatigen Faserzementplatten (f)	наружная обшивка (ж) стен с большими наружными фиброцементными панелями
exterior wall cladding of small size ceramic tiles	parement (m) extérieur en tuiles (f) céramiques de petite dimension	Fassadenbekleidung (f) aus kleinformatigen Keramikplatten (f)	наружная обшивка (ж) стен с маленькими керамическими плитками
exterior wall cladding of small size fibre-cement boards	parement (m) extérieur en panneaux (m) de fibre-ciment de petite dimension	Fassadenbekleidung (f) aus kleinformatigen Faserzementplatten (f)	наружная обшивка (ж) стен с маленькими наружными фиброцементыми плитами
exterior wall including air space and insulation	mur (m) extérieur à espace d'air (m) et isolation (f)	Außenwand (f) mit Luftschicht und Dämmung (f)	наружная стена (ж) с паровоздушным пространством и изоляцией (ж)
exterior wall panel	panneau (m) de mur (m) extérieur	Außenwandplatte (f)	наружная стеновая панель (ж)
exterior wall with air space	mur (m) extérieur à l'espace d'air (m)	Außenwand (f) mit Luftschicht (f)	наружная стена (ж) с паровоздушным пространством (ср)
exterior wall with cement parging	mur (m) extérieur avec crépi (m) de ciment (m)	Außenwand (f) mit Zement-Sperrschicht (f)	наружная стена (ж) с цементной штукатуркой (ж)
exterior wall with core insulation	mur (m) extérieur à noyau (m) d'isolation	Außenwand (f) mit Kerndämmung (f)	наружная стена (ж) с центровой изоляцией
exterior wall with horizontal drop sidings, wood sidings	mur (m) extérieur avec parement (m) horizontal surbaissé, parement de bois (m)	Außenwandbekleidung (f) mit waagerechten Profilbrettern (n)	наружная стена (ж) с горизонтальными обшивками досками внакрой, древянными облицовками
exterior wall with horizontal wood weather boarding	mur (m) extérieur avec bardage (m) de bois horizontal	Außenwand (f) mit waagerechter Stülpschalung (f)	наружная стена (ж) с горизонтальной деревянной обшивкой досками внакрой

Exterior

ENGLISH	FRENCH	GERMAN	RUSSIAN
exterior wall with shingles	mur (m) extérieur en bardeaux (m)	Außenwand (f) mit Holzschindeln (f) / Außenwandbekleidung (f) mit Holzschindeln (f)	наружная стена (ж) с плоскими кровельными плитками
exterior wall with vertical wood weather boarding	mur (m) extérieur avec bardage (m) de bois vertical	Außenwand (f) mit senkrechter Stülpschalung (f)	наружная стена (ж) с вертикальной деревянной обшивкой досками внакрой
extruded polystyrene rigid board insulation	planche (f) d'isolation (f) rigide en polystyrène (m) extrudé	extrudierte Polystyrol-Hartschaumplatte (f)	полистироловая экструзированная жёсткая изоляционная плита (ж)
eyebolt	boulon (m) à oeillet	Ringbolzen (m)	рым-болт (м)

F

ENGLISH	FRENCH	GERMAN	RUSSIAN
façade (facade) / elevation	façade (f) / élévation (f)	Fassade (f) / Ansicht (f)	фасад (м)
face of ...	face (f) du ...	Oberfläche (f) von ...	наружная поверхность (ж) ...
~ beam	face (f) de la poutre (f)	Trägeroberfläche (f)	наружная поверхность (ж) балки (ж)
~ brick	face (f) de la brique (f)	Ziegeloberfläche (f)	наружная поверхность (ж) кирпича (м)
~ brick wall / face of masonry / exposed masonry	face (f) de mur en briques / face (f) de la maçonnerie (f) / maçonnerie (f) apparente	Sichtmauerwerk (n)	наружная поверхность (ж) каменной кладки (ж) / необлицованная кладка (ж)
~ brickwork (showing brick bond)	face (f) de maçonnerie (f) (montrant appareillage de brique)	Oberfläche Mauerwerk (n) (Ziegelverband zeigend)	наружная поверхность (ж) кирпичной кладки (показывает перевязку кирпичной кладки)
~ ceiling tiles	face (f) des tuiles (f) du plafond (m)	Deckenplattenoberfläche (f)	наружная поверхность (ж) потолочных плиток
~ column	face (f) de la colonne (f)	Säulenoberfläche (f)	наружная поверхность (ж) колонны
~ concrete	face (f) du béton (m)	Betonoberfläche (f)	наружная поверхность (ж) бетона

Face

ENGLISH	FRENCH	GERMAN	RUSSIAN
face of concrete block	face (f) du bloc (m) de béton (m)	Oberfläche Hohlblock (m)	наружная поверхность (ж) бетонного блока (м)
~ concrete column	face (f) de la colonne (f) en béton	Oberfläche Betonsäule (f)	наружная поверхность (ж) бетонной колонны
~ concrete poured in planed formwork	face (f) du béton (m) coulé dans un coffrage (m) à fini raboté	Betonoberfläche (f) in gehobelter Schalung (f) hergestellt	наружная поверхность (ж) бетона, налитая в плоскую опалубку
~ foundation wall	face (f) du mur (m) de fondation (f)	Oberfläche Kellerwand (f) / Kellerwandoberfläche (f)	наружная поверхность (ж) фундаментной стены (ж)
~ interior partition	face (f) de la cloison (f) intérieure	Oberfläche Innenwand (f)	наружная поверхность (ж) внутренной перегородки
~ parapet	face (f) du parapet (m)	Brüstungsoberfläche (f)	наружная поверхность (ж) парапета (м)
~ plywood	face (f) du contreplaqué (m)	Sperrholzoberfläche (f)	наружная поверхность (ж) фанеры
~ prefabricated exterior concrete sandwich-wall component	face (f) de l'élément (m) du mur sandwich (m) extérieur en béton (m) préfabriqué	Oberfläche des vorgefertigten Beton-Sandwichwandelementes (n)	наружная поверхность (ж) сборного бетонного многослойного стенного элемента (м)
face stringer / outer stringer	limon (m) extérieur	Freiwange (f) / äußere Treppenwange (f)	лицевая тетива (ж) (внешняя)
face stringer ... thick	limon (m) extérieur ... d'épaisseur	Freiwange (f) ... stark	лицевая тетива (ж) ... толщины (внешняя)
false ceiling, suspended ceiling	faux-plafond (m), plafond (m) suspendu	Blinddecke (f), Hängedecke (f) / abgehängte Decke (f)	подвесной потолок (м)
false joint	faux-joint (m)	Scheinfuge (f)	руст (м)
fan / blower	ventilateur (m)	Ventilator (m)	вентилятор (м)
farm drain / farm tile in sand bed	drain (m) agricole sur lit (m) de sable (m)	Dränrohr (n) in Sandbett (n)	фермерская дрена (ж) в песчаной постели
fascia	fascia (f)	Dachrandprofil (n)	валик (м) / карниз (м)

Fascia

ENGLISH	FRENCH	GERMAN	RUSSIAN
fascia board / eaves board	planche (f) fascia	Stirnbrett (n)	бордюрная доска (ж)
felt	feutre (m)	Filz (m)	войлок (м)
fence	clôture (f)	Zaun (m)	забор (м)
fence (enclosure)	clôture (f) (barrière)	Zaun (m) (Einzäunung)	забор (м) (ограждение)
fibreglass	fibre (f) de verre	Glasfaser (f)	стекловолокно (ср)
fibreglass batt insulation	matelas (m) isolant en fibre (f) de verre	Glasfaserisoliermatte (f)	обёртывающая теплоизоляция (ж) из стекловолокна
fibreglass packing	remplissage (m) en fibre (f) de verre	Glasfaser-Packung (f)	стекловолокная упаковка (ж)
field / play-field	terrain (m) de récréation / terrain (m) de jeux ou de sports	Spielfeld (n)	спортплощадка (ж) / площадка (ж) для игр
file	dossier (m)	Akte (f)	файл (м)
fill-in	remplissage (m)	Ausfachung (f)	заполнение (ср)
fill-in brickwork	maçonnerie (f) de remplissage (m) en briques (f)	ausgefachtes Mauerwerk (n)	заполнение (ср) кирпичной (каменной) кладки
fill-in of lightweight curtain wall panels	panneaux (m) de remplissage (m) légers de murs-rideaux (m)	ausgefachte leichte Vorhangwandplatten (f)	заполнение (ср) легковесных ненесущих стеновых панелей
fill-in stucco	stuc (m) de remplissage	Ausfachung (f) mit Außenputz (m) / Ausfachung (f) mit Stukkatur (f)	заполнение (ср) штукатуркой
fill-in with masonry	remplissage (m) de maçonnerie (f)	Ausfachung (f) mit Mauersteinen (m)	заполнение (ср) каменной кладкой
fill-up with ...	remblayage (m) de ...	Auffüllen (n) von ...	насыпка (ж) ...
filled soil	terrain (m) remblayé	Auffüllung (f) mit Erde (f)	насыпной грунт (м)
film files	dossiers (m) des films	Filmarchiv (n)	подшивки (ж) фотоплёнок (фильмотека)
film processing room	développement (m) des films	Filmbearbeitungsraum (m)	лаборатория (ж) обработки фотоплёнок

Fine

ENGLISH	FRENCH	GERMAN	RUSSIAN
fine gravel	gravier (m) fin	Feinkies (m)	мелкий гравий (м)
fine roof gravel	gravier (m) fin de toiture (f)	Feinsplittdachbeschichtung (f)	мелкий кровельный гравий (м)
finish	fini (m)	Oberflächen-Fertigstellung (f)	верхняя грань (ж) (поверхность)
finish ceiling to floor finish	plafond (m) fini à plancher (m) fini	Unterkante (f) Decke (f) bis Oberkante (f) Fertigfußboden (m)	нижняя грань (ж) потолка (м) до верхней грани поверхности покрытия
finish coat	couche (f) de finition	Oberputz (m)	накрывочный слой (м)
finish grade	niveau (m) fini / niveau (m) fini du sol (m)	Oberkante (f) Gelände (n), Oberflächen-Fertigstellung (f) des Geländes (n)	верхняя грань (ж) земли (грунта)
finish grade (variable)	sol (m) fini (variable)	veränderliche Oberflächen-Fertigstellung (f) des Geländes (n)	верхняя грань (ж) отметки земли (ж) (переменная)
finish schedule	tableau (m) des finis (m)	Raum-Tabelle (f)	таблица (ж) комнат
finished attic	grenier (m) fini	ausgebautes Dachgeschoß (n)	законченная мансарда (ж)
finished floor	plancher (m) fini	Oberkante (f) / Oberfläche (f) Fertigfußboden (m)	верхняя грань (ж) чистого пола
finished ... floor	plancher (m) fini ... étage (m)	Oberkante (f) ... Etage (f)	верхняя грань (ж) ... этажа (м)
finished floor (assumed)	fini (m) du plancher (m) (assumé)	Oberkante (f) Fertigfußboden (m) / OKF (angenommen)	верхняя грань (ж) чистого пола (предпологаемая)
finished floor, floor covering	revêtement (m) du sol (m), plancher (m) fini	Fußbodenbelag (m), Oberkante Fußboden (m)	чистовой пол (м), покрытие (ср) пола
finished floor mezzanine	plancher (m) fini mezzanine (f)	Oberkante (f) Zwischendecke (f)	верхняя грань (ж) мезонина
finished step, prefabricated (stair)	marche (f) (d'escalier) finie préfabriquée	Fertigstufe (f) (Treppe)	сборная ступень (ж) (лестница)
finished stucco ceiling on galvanized metal lath	plafond (m) fini stuc (m) sur latte (f) métallique galvanisée	fertiger Deckenputz (m) auf verzinktem Rippenstreckmetall (n)	верхняя грань (ж) штукатурного потолка (м) на оцинковой металлической сетке

Fir

ENGLISH	FRENCH	GERMAN	RUSSIAN
fir	sapin (m)	Tanne (f)	пихта (ж)
fire alarm system	système (m) d'alarme-incendie (f)	Feuermeldeanlage (f)	пожарная сигнализация (ж)
fire brick	brique (f) à feu	Schamottziegel (m)	огнеупорный кирпич (м)
fire door	porte (f) coupe-feu	Feuerschutztür (f)	огнестойкая дверь (ж)
fire escape (exterior wall)	escalier (m) de secours (mur extérieur)	Feuertreppe (f) (Außenwand)	спасательная лестница (ж) (наружная стена)
fire escape / fire exit	sortie (f) de secours	Feuerfluchtweg (m)	запасной пожарный выход (м)
fire escape (staircase)	escalier (m) de secours (cage d'escalier)	Sicherheitstreppenhaus (n) (Treppe im abgeschlossenen Treppenhaus)	спасательная лестница (ж) (лестничная клетка)
fire extinguisher	extincteur (m) d'incendie	Feuerlöscher (m)	огнетушитель (м)
fire hydrant	bouche (f) d'incendie	Feuer-Hydrant (m)	пожарный гидрант (м)
fire protection	protection (f) contre l'incendie	Brandschutz (m)	пожарная защита (ж)
fire protection material	matériau (m) de protection contre le feu (m)	Feuerhemmstoff (m)	огнезадерживающий материал (м)
fire(-)resistant coating	revêtement (m) résistant au feu (m) (ignifuge)	feuerhemmender Anstrich (m)	огнезащитное покрытие (ср)
fire wall	mur (m) coupe-feu	Brandwand (f)	противопожарная стена (ж)
fire window	fenêtre (f) de secours	Feuerschutzfenster (n)	огнестойкое окно (ср)
fire zone	zone (f) pare-feu	Brandabschnitt (m)	противопожарная зона (ж)
fireplace	cheminée (f) (intérieure)	offener Kamin (m)	открытый камин (м)
fireproof membrane, fireproof coating	membrane (f) ignifuge, enduit (m) ignifuge	Feuerschutzmembrane (f), Feuerschutzschicht (f)	огнезащитная мембрана (ж), огнезащитный слой (м)
fireproofing	ignifugation (f)	Feuerschutzmaßnahmen (f)	противопожарная защита (ж)
firm	compagnie (f)	Firma (f)	фирма (ж)
first aid	premiers soins (m)	Erste Hilfe (f)	первая помощь (ж)

ENGLISH	FRENCH	GERMAN	RUSSIAN
fixed	fixe	unverstellbar / unbeweglich	неподвижный
fixed at both ends	fixe aux extrémités (f)	zweiachsig gespannt	двухосное растяжение (ср)
fixed beam at both ends	poutre (f) encastrée aux deux extrémités (f) /encastré	zweiseitig eingespannter Balken (m) / Träger (m)	неподвижная балка (ж) на обоих концах
fixed ladder	échelle (f) fixe	eingebaute Leiter (f) / unbewegliche Leiter (f)	неподвижная лестница (ж)
fixed steel beam	poutre (f) encastrée en acier (m)	eingespannter Stahlträger (m)	неподвижная стальная балка (ж)
fixed transom (door)	imposte (f) fixe (porte)	feststehendes Oberlicht (n) (Tür)	глухая фрамуга (ж) (дверь)
fixed window	fenêtre (f) fixe	feststehende Verglasung (f) / unbeweglicher Fensterflügel (m)	неоткрывающееся окно (ср)
flagstone	pierre (f) de pavage	Steinplatte (f)	плитняк (м)
flange (steel beam)	semelle (f) / aile (f) (poutre en acier)	Gurt (m) (Stahlträger)	фланец (м) (стальная балка)
flashing, metal flashing	solin (m), solin (m) métallique	Verwahrung (f), Abdeckblech (n) / Blechverwahrung (f)	фартук (м), металлический фартук (м)
flat bar	barre (f) plate	Flachstahl (m)	плоская полоса (ж)
flat roof	toit (m) plat / toiture (f) plate	Flachdach (n)	плоская крыша (ж)
flat roof insulation	isolation (f) de toiture (f) plate	Flachdachdämmung (f)	изоляция (ж) плоской крыши
flat roof sealing (sealer)	agent (m) de scellement de toiture (f) plate	Flachdachabdichtung (f)	герметик (м) плоской крыши
flat roof slope ... %	pente (f) ... % de toit (m) plat	Flachdach (n) mit ... % Gefälle (n)	наклон (м) плоской крыши ... %
flat roof structure	structure (f) de toit (m) plat	Flachdachkonstruktion (f)	структура (ж) плоской крыши
flat roof structure (raised and ventilated) above reinforced concrete slab	toiture (f) plate (surélevée et ventilée) au-dessus de la dalle (f) en béton armé (m)	gehobene, belüftete Flachdachkonstruktion (f) oberhalb Stahlbetonplatte (f)	структура (ж) вентилированной поднятой плоской крыши (ж) над железобетонной плитой (ж)

Flat

ENGLISH	FRENCH	GERMAN	RUSSIAN
flat slab with drop panels / mushroom slab	dalle (f) de plancher-champignon (m) avec panneaux (m) surbaissés	flache Stahlbetondecke (f) / Pilzkopfdecke (f) mit verdickten Auflagerbereichen (f)	плоская железобетонная плита (ж) с надкапительными плитами / плита (ж) безбалочного перекрытия
flat slab (without drop panels)	dalle (f) de plancher (m) sans nervures (f) (sans panneaux surbaissés)	flache Geschoßdecke (f) / flache Stahlbetondecke (f) (ohne verdickte Auflagerbereiche)	плоская железобетонная плита (ж) (без надкапительных плит)
flat steel hangers	crochets (m) an acier (m) plat	flache Metallabhänger (m)	плоские стальные подвески (ж)
Flemish bond	appareil (m) flamand	flämischer Verband (m)	фламандская перевязка (ж)
Flemish brick bond	appareil (m) de brique flamand	flämischer Ziegelverband (m)	фламандская кирпичная перевязка (ж)
flexible insulation	isolant (m) flexible	weiche Mattenisolierung (f)	гибкая теплоизоляция (ж)
flight of stairs / stair flight	volée (f) d'escalier (m)	Treppenlauf (m)	марш (м) (лестничный)
float finish	finition (f) sur face	Reibeputz (m)	поверхность (ж), отделанная тёркой
floated coat	couche (f) truellée / couche (f) d'enduit (m) à la truelle (f)	Kellenglattschicht (f) / Ziehschicht (f)	слой (м) штукатурки с поверхностной затиркой
floated coat on gable wall	couche (f) truellée sur mur-pignon	Kellenglattschicht (f) auf Giebelwand (f)	грунт (м) на фронтонной (шипцовой) стене
floated coat / smooth level coat (exterior)	finition (f) de surface par lissage à la truelle (f) / couche (f) lisse (extérieur)	Kellenglattschicht (f) / Außenglattverputz (m)	грунт (м), внешный гладкий слой (наружный)
floating concrete topping	chape (f) de béton (m) truellée	schwimmender Betonestrich (m)	плавающее бетонное перекрытие (ср)
floating floor	plancher (m) flottant	schwimmender Boden (m) / schwimmender Fußboden (m)	плавающий пол (м)
floating slab (reinforced concrete)	dalle (f) flottante en béton armé (m)	schwimmende Stahlbetonplatte (f)	плита (ж) плавучего фундамента (железобетон)
floor	plancher (m)	Fußboden (m), Decke (f)	пол (м)

Floor

ENGLISH	FRENCH	GERMAN	RUSSIAN
floor and wall expansion joint cover / expansion joint cover for floor and wall	couvre-joint (m) de dilatation de plancher (m) et mur (m)	Dehnungsfugenprofil (n) des Fußbodens (m) und der Wand (f)	накладка (ж) температурного шва пола (м) и стены (ж)
floor build-up	composition (f) de plancher (m)	Deckenaufbau (m)	составной пол (м)
floor construction (f) on raft foundation (on subsoil)	construction (f) de plancher (m) sur radier de fondation (m) (sur sous-sol)	Fußbodenkonstruktion (f) auf erdreichberührter Sohlplatte (f) / Bodenplatte (f) / Gründungsplatte (f)	конструкция (ж) пола на плитном фундаменте (на подпочве)
floor construction with waterproofing membrane (sheets) over slab in wet areas	construction de plancher (m) avec membrane (f) d'étanchéité (en feuilles) sur la dalle (f) aux emplacements humides	Fußbodenkonstruktion (f) mit Membranisolierung / Fußbodenkonstruktion (f) mit Wasserabdichtungsfolie (f) (Lagen) in Naßräumen (m) auf Betonplatte (f)	конструкция (ж) пола в мокрых площадях с гидроизоляционной мембраной (листы) над плитой
floor diffuser	diffuseur (m) au plancher (m)	Fußbodendiffusor (m)	половой диффузор (м)
floor drain	drain (m) de plancher (m)	Bodenablauf (m), Bodeneinlauf (m)	трап (м), водоотвод (м)
floor duct (under floor)	conduit (m) (sous-plancher)	Unterdeckenkanal (m)	подпольный канал (м)
floor (floor construction in structural steel)	plancher (m) (plancher en acier structural)	Decke (f) (Deckenkonstruktion aus Baustahl)	перекрытие (ср) (структурное стальное перекрытие)
floor gully	caniveau (m) de plancher (m)	Bodenablauf (m)	трап (м) (водосток (м) пола)
floor joist, floor beam	solive (f) de plancher (m), poutre (f) de plancher	Deckenträger (m), Deckenbalken (m)	балка (ж) перекрытия
floor mat sinkage	dépression (f) pour gratte-pieds (m)	Vertiefung (f) für Fußmatte (f)	углубление (ср) для циновки
floor plan	plan (m) d'étage (m)	Grundrißplan (m)	поэтажный план (м)
floor plan above groundfloor	plan (m) d'étage au-dessus du rez-de-chaussée (m)	Grundrißplan (m) des Obergeschosses (n) / Obergeschoß-Grundrißplan (m)	поэтажный план (м) над бельэтажем
floor plan and sections	plan (m) d'étage et coupes (f)	Grundrißplan (m) und Schnitte (m)	поэтажный план (м) и разрезы (м)

Floor

ENGLISH	FRENCH	GERMAN	RUSSIAN
floor plan below groundfloor	plan (m) d'étage au-dessous du rez-de-chaussée (m)	Grundrißplan (m) des Untergeschosses (n) / Untergeschoß-Grundrißplan (m) / Untergeschoß-Grundrißplan (m)	поэтажный план (м) под бельэтажем
floor plan, first floor plan	plan (m) d'étage, premier étage	Grundrißplan (m), erstes Geschoß (n) / erster Stock / erste Etage (f)	поэтажный план (м), план (м) первого этажа
floor plan, ... floor	plan (m) d'étage (m), ... étage (m)	Grundrißplan (m), ... Etage (f)	поэтажной план (м), ... этаж (м)
floor plan, scale: ...	plan (m) d'étage, échelle (f): ...	Grundrißplan (m), Maßstab (m): ...	поэтажный план (м), масштаб: ...
floor plan, second floor plan	plan (m) d'étage, deuxième étage	Grundrißplan (m), zweites Geschoß (n) / zweiter Stock / zweite Etage (f)	поэтажный план (м), план (м) второго этажа
floor plan, third floor plan etc. ...	plan (m) d'étage, troisième étage etc. ...	Grundrißplan (m), drittes Geschoß (n) / dritter Stock / dritte Etage (f) u.s.w. ...	поэтажный план (м), план (м) третьего этажа и т. д.
floor slab	dalle (f) de plancher (m)	Deckenplatte (f) / Stahlbetondecke (f)	плита (ж) перекрытия
floor sleeve in floor slab	manchon (m) encastré dans le plancher (m)	Fußbodenhülse (f) in der Deckenplatte (f)	патрубок (м) для пропуска трубы через перекрытие в плите перекрытия
floor thickness	épaisseur (f) de plancher (m)	Deckendicke (f)	толщина (ж) перекрытия
floor tile, flooring tile	carreau (m) (tuile) de plancher (m)	Bodenfliese (f)	половая плитка (ж)
floor tiles in glue (thin-set method)	tuiles (f) de plancher (m) à la colle (f) adhésive (méthode d'adhésif mince)	Bodenfliesen (f) im Dünnbettverfahren (n)	керамические плитки (ж) в клее (тонкослойный метод)
floor tiles in mortar bed (conventional method)	tuiles (f) de plancher (m) sur lit (m) de mortier (m) (méthode conventionnelle)	Bodenfliesen (f) im Mörtelbett (n) (im Dickbettverfahren)	керамические плитки (ж) на растворной постеле (обычный метод)
floor-to-ceiling window	fenêtre (f) à hauteur de la pièce (f)	raumhohes Fenster (n)	окно (ср) высотой от пола до потолка

Floor

ENGLISH	FRENCH	GERMAN	RUSSIAN
floor trap	trappe (f) de plancher (m)	Bodenklappe (f)	люк (м) пола
flooring	revêtement (m) du sol (m)	Bodenbelag (m) / Fußbodenbelag (m)	покрытие (ср) пола
flue	conduit (m) de fumée	Schornsteinzug (m)	дымоход (м)
flush brick joint	joint (m) de briques (f) affleuré (de niveau)	bündige Verfugung (f) (Ziegel)	полный кирпичный шов (м)
flush door	porte (f) plane	Sperrtür (f)	щитовая дверь (ж)
flush door leaf	porte (f) plane, battant (m) de porte plane	glattes Türblatt (n)	гладкая створка (ж) двери
flush door leaf with glass panel	porte (f) plane, battant (m) de porte plane avec lucarne (f) vitrée	glattes Türblatt (n) mit Glasöffnung (f) (Glasplatte)	гладкая створка (ж) двери со стеклянной панелью
flush masonry joint	joint (m) affleuré de maçonnerie (f)	bündige Mauerwerksfuge (f)	шов (м) связанной (плоской) каменной кладки (ж)
flyscreen (window)	écran-moustiquaire (m) (fenêtre)	Fliegengitter (n) / Insektenschutzgitter (n) (Fenster)	оконная противомоскитная сетка (ж)
foil	feuille (f)	Folie (f)	фольга (ж)
folding door	porte (f) pliante, porte (f)accordéon	Falttür (f), Harmonikatür (f)	складывающаяся дверь (ж)
folding partition	cloison (f) pliante	Falttrennwand (f)	складывающаяся перегородка (ж)
food storage	dépense (f)	Speisekammer (f)	кладовая (ж)
foot grill (frame with slats)	gratte-pieds (m) (cadre avec lattes)	Schuhabstreifer (m) (Rahmen mit Rost)	половик (м) (остов с решётками)
foot of the stair, end-step	pied (m) de l'escalier (m), dernière marche (f)	Antrittstufe (f), Austrittstufe (f)	подошва (ж) лестницы
footing	semelle (f) de fondation (f)	Fundament (n) / Sockelfundament (m)	подошва (ж) фундамента

Footing

ENGLISH	FRENCH	GERMAN	RUSSIAN
footing (subsoil)	empattement (m) / semelle (f) (sous-sol)	Fundament (n) (Erdreich)	подошва (ж) фундамента (подпочва)
for beam connection at steel support ... see drawing ...	pour l'assemblage (m) des poutres (f) aux supports (m) d'acier (m) ... voir dessin (m) ...	für Trägeranschluß (m) an Stahlstütze (f) ... siehe Bauzeichnung (n) ...	для балочного соединения (ср) у стальной опоры ... смотри чертёж ...
for beam connection with screwed-on pairs of structural angles, see detail ...	pour l'assemblage (m) des poutres (f) au moyen de paires (f) de cornières (f) structurales vissées, voir détail ...	für Trägeranschluß (m) mit angeschraubten Winkelpaaren (n) siehe Detail ...	для балочного соединения (ср) с резьбовыми парами структурных уголов, смотри деталь ...
for big-size metal fluted panels (components) for exterior wall claddings, see drawing ...	pour les panneaux (m) (éléments) de métal cannelé (m) grande dimension (f) de revêtement (m) des murs (m) extérieurs, voir dessin (m) ...	für großformatige Metallprofile (n) (Bauteile) als Außenwandbekleidungen (f) siehe Bauzeichnung (f) ...	для больших металлических гофрированных панелей (ж) (элементов) для наружных стенных обшивок, смотри чертёж (м) ...
for details of entrance, ramp, steps and handrail, see drawing No. ...	pour détails (m) de l'entrée (f), rampe (f), marches (f) et main courante (f), voir dessin (m) No. ...	für Eingangsdetails (n), Rampendetails (n), Stufendetails (n) und Handlaufdetails (n) siehe Bauzeichnung (f) Nr. ...	для деталей (ж) входа (м), рампы (ж), степеней (ж), порученя (м), смотри чертёж (м) № ...
for details see drawing No. ...	voir détails (m) sur dessin (m) No. ...	für Details (n) siehe Bauzeichnung (f) Nr. ...	для деталей (ж) смотри чертёж № ...
for entrance, ramp, steps and handrail, see detail No. ...	pour l'entrée (f), rampe (f), marches (f) et main courante (f), voir numéro de détail ...	für Eingang (m), Rampe (f), Stufen (f) und Handlauf (m) siehe Detail Nr. ...	для входа (м), рампы (ж), ступеней (ж) и порученя (м) смотри номер детали ...
for exterior doors ... see drawing ...	pour les portes (f) extérieures ... voir dessin (m) ...	für Außentüren (f) ... siehe Bauzeichnung (f) ...	для наружных дверей (ж), смотри чертёж (м) ...
for location (building) see ...	pour emplacement (m) (bâtiment) voir ...	für Standort (m) (Gebäude) siehe ...	для местоположения (ср) (здание) смотри ...

ENGLISH	FRENCH	GERMAN	RUSSIAN
for prefabricated concrete panel with insulation between concrete shells (core-insulation), see details ...	pour le panneau (m) préfabriqué de béton à isolation (f) incorporée, voir détails (m) ...	für vorgefertigte zweischalige Betonwand (f) mit Kerndämmung (f) siehe Details ...	для сборной бетонной панели (ж) с изоляцией между двумя оболочками, смотри детали ...
for reflected ceiling plan, see drawing No. ...	pour plan (m) du plafond (m) réfléchi, voir dessin (m) No. ...	für Unterdeckenplan (m) siehe Bauzeichnung (f) Nr. ...	для плана (м) отражённого потолка, смотри чертёж (м) № ...
for ... see electrical drawing ...	pour ... voir dessin (m) d'électricité ...	für ... siehe Bauzeichnung (f) ... der Elektrotechnik (f)	для ... смотри электротехнический чертёж (м) ...
for ... see mechanical drawing ...	pour ... voir dessin (m) de mécanique ...	für ... siehe Bauzeichnung (f) ... der Haustechnik (f) (Heizung, Lüftung, Sanitär- und Elektrotechnik)	для ... смотри сантехнический чертёж (м) ...
for ... see structural drawing ...	pour ... voir dessin (m) de structure ...	für ... siehe Konstruktionszeichnung (f) ...	для ... смотри строительный чертёж (м) ...
for stair details see drawing No. ...	pour détails (m) d'escalier (m) voir dessin (m) No. ...	für Treppendetails (n) siehe Bauzeichnung (f) Nr. ...	для деталей (ж) лестницы (ж) смотри чертёж (м) № ...
form insulation	coffrage (m) en isolant (m) thermique	Schalungswärmedämmung (f)	наружная теплоизоляция (ж) опалубки
formwork	coffrage (m)	Verschalung (f)	опалубка (ж)
foundation	fondation (f)	Fundament (n) / Grundmauer (f)	основание (ср) / фундамент (м)
foundation base down to frostline	base (f) de fondation (f) jusqu'à la ligne (f) de gel (m)	Fundament (n) bis zur Frostgrenze (f)	фундаментное основание (ср) к границе (ж) нулевой температуры
foundation excavation	excavation (f) pour fondations (f)	Fundamentaushub (m)	выемка (ж) грунта фундамента
foundation pad	base (f) de fondation (f)	Fundamentauflager (n)	фундаментная подушка (ж)
foundation plan	plan (m) de fondations (f)	Fundamentplan (m)	план (м) фундамента
foundation to frost line / foundation to frost depth	fondation (f) jusqu'à la ligne (f) de pénétration du gel (m) / profondeur (f) du gel (m)	Fundament (n) bis frostfreie Gründung (f)	фундамент (м) до границы нулевой температуры / глубина (ж) ниже горизонта промерзания (грунта)

Foundation

ENGLISH	FRENCH	GERMAN	RUSSIAN
foundation wall	mur (m) de fondation (f)	Grundmauer (f)	фундаментная стена (ж)
foyer	foyer (m)	Foyer (n)	фойе (ср)
frame construction	construction (f) à ossature	Rahmenkonstruktion (f)	рамная конструкция (ж)
frame section in detail (door)	détail (m) du cadre (m) (porte)	Türzargenprofil (n) im Detail(n) / Türrahmenprofil (n) im Detail (n)	деталь (ж) дверной коробки (царга)
frame structure (exposed)	charpente (f) structurale apparente	sichtbare Rahmenkonstruktion (f)	каркасная структура (ж) (обнажённая)
free-hanging balcony	balcon (m) en console	Freibalkon (m) / außenliegender Balkon (m)	свободно-подвесной балкон (м)
free of asbestos	libre d'amiante (f)	asbestfrei	без асбеста (м)
freight elevator	monte-charge (m)	Lastenaufzug (m)	грузовой лифт (м)
from factory	de la fabrique (f)	werkseitig	с завода (м)
front door	porte (f) principale	Eingangstür (f) / Hauseingangstür (f)	наружная входная дверь (ж)
front elevation (main elevation)	façade (f) principale (élévation principal)	Vorderansicht (f) (Hauptansicht)	передний фасад (м) (главный фасад)
frost depth	profondeur (f) du gel (m)	Frosttiefe (f)	глубина (ж) промерзания грунта
frost line	ligne (f) de pénétration du gel (m)	Frostgrenze (f)	граница (ж) нулевой температуры
frosted glass / opal glass	verre (m) dépoli / verre (m) opalin	Mattglas (n) / Milchglas (n)	матированное стекло (ср) / опаловое стекло (ср)
fuel oil tank	réservoir (m) de mazout (m)	Öltank (m)	топливная цистерна (ж)
full size detail	détail (m) grandeur (f) nature	Detail (n) in wahrer Größe (f)	чертёж (ж) натуральной величины (ж)
fully recessed balcony	balcon (m) complètement en retrait	innenliegender Balkon (m)	полновстроенный балкон (м)
furring	fourrure (f)	Putzträger (m)	обрешётка (ж)

Gable

ENGLISH	FRENCH	GERMAN	RUSSIAN

G

gable dormer	lucarne (f) de pignon (m)	Giebelgaube (f)	слуховое окно (ср) шипца
gable, gable end	pignon (m)	Giebel (m), Ortgangabschluß (m)	шипец (м), торцевая стена (ж) с щипцом
gable gutter	gouttière (f) de pignon	Ortgangrinne (f)	водосточный жёлоб (м) щипца
gable roof	toiture (f) à pignon (m) / toiture(f) à double pente	Satteldach (n)	щипцовая крыша (ж) / двускатная крыша (ж)
gable wall	mur-pignon (m)	Giebelwand (f)	фронтонная стена (ж) / щипцовая стена (ж)
gabled roof, slope ... degrees	toit (m) à pignon (m), pente (f) ... degrés	Satteldach (n), Neigung (f) ... Grad (m)	двускатная крыша (ж) / щипцовая крыша (ж), степень (ж) наклона ... градусов
galvanized steel	acier (m) galvanisé	verzinkter Stahl (m)	оцинкованная сталь (ж)
gambrel roof	toit (m) en mansarde	Mansarddach (n)	мансардная крыша (ж)
game room	salle (f) de jeux	Spielzimmer (n)	игротека (ж) / игорная комната (ж)
garage	garage (m)	Garage (f)	гараж (м)
garbage can	poubelle (f)	Mülleimer (m)	мусорный ящик (м) / контейнер (м) для пищевых отходов
garbage disposal	élimination (f) des ordures (f)	Müllentsorgung (f)	удаление (ср) мусора
garbage storage	dépôt (m) d'ordures (f)	Müllaufbewahrungsstelle (f) / Müllraum (m)	мусорное хранение (ср)
gas	gaz (m)	Gas (n)	газ (м)
gas concrete	béton-gaz (m)	Gasbeton (m) / Porenbeton (m)	газобетон (м)
gas connection	raccordement (m) du gaz (m)	Gasanschluß (m)	газовое включение (ср)
gas firing	allumage (m) par gaz (m)	Gasfeuerung (f)	газовое сжигание (ср)
gas hot water heater	chauffage (m) d'eau au gaz (m)	Gastherme (f)	газовый водонагреватель (м)

Gas

ENGLISH	FRENCH	GERMAN	RUSSIAN
gas pipeline	conduite (f) de gaz (m) / gazoduc (m)	Gasleitung (f)	газопровод (м)
gas supply services	service (m) d'approvisionnement du gaz (m)	Gasversorgung (f)	служба (ж) газоснабжения
gate	barrière (f)	Tor (n)	ворота (ж)
gate door (hinged)	porte (f) de barrière (f) à charnières (f)	Torflügel (m)	навесная дверь (ж) ворот
gauge (gage)	calibre (m) / jauge (f)	Blechdicke (f) / Blechstärke (f)	калибр (м) листовой стали
general note	remarque (f) générale	allgemeiner Hinweis (m)	общая заметка (ж) / общее замечание (ср)
general storage	dépôt (m) général	allgemeine Aufbewahrungsstelle (f)	общее хранение (ср)
girder	poutre (f) principale	Unterzug (m) / Hauptträger (m)	главная балка (ж) / прогон (м)
glass	verre (m) / vitre (f)	Glas (n) / Glasscheibe (f)	стекло (ср) / оконное стекло (ср)
glass block	bloc (m) de verre	Glasstein (m)	стеклобрус (м) / стеклоблок (м)
glass brick	brique (f) de verre	Glasbaustein (m)	стеклоблок (м)
glass door	porte (f) en verre	Ganzglastür (f)	стеклянная дверь (ж)
glass door with metal frame	porte (f) en verre (m) à cadre (m) métallique	Glastür (f) mit Metallrahmen (m)	стеклянная дверь (ж) с металлической рамой
glass-fillet / glass-bead	baguette (f) de vitrage (m) en verre	Glasdichtungsleiste (f)	стеклянный притвор (м)
glass stop-bead	baguette (f) en verre	Glashalteleiste (f)	стеклянная направляющая створка (ж)
glazed brick	brique (f) émaillée (vernissée)	Glasurziegel (m)	глазурованный кирпич (м)
glazed partition	cloison (f) vitrée	Ganzglas-Trennwand (f)	остеклённая раздвижная перегородка (ж)
glazing bead	baguette (f) de vitrage	Glasleiste (f)	штапик (м)

Goggles

ENGLISH	FRENCH	GERMAN	RUSSIAN
goggles (protective)	lunettes (f) protectrices	Schutzbrille (f)	защитные очки (ср)
grade level	niveau (m) du sol (m)	Geländehöhe (f)	уровень (м) грунта
grade / terrain	terre (f) / sol (m)	Gelände (n) / Erdboden (m)	грунт (м)
gravel bed (see landscape drawings)	lit (m) de gravier (m) (voir dessins paysagistes)	Kiesbett (n) (siehe Zeichnungen für Außenanlagen)	гравийная подготовка (ж) / гравийное основание (ср) (смотри ландшафтные архитектурные чертёжи)
gravel / crushed stone	gravier (m) / pierre (f) concassée	Kies (m)	гравий (м)
gravel finish	revêtement (m) de gravier (m)	Oberflächen-Fertigstellung (f) des Kiesbettes (n)	верхняя грань (ж) гравия
green	vert	grün	зелёный
grid	quadrillage (m)	Raster (m)	сетка (ж)
grid centre (center) line	coordonnées (f) d'axes (m)	Achsenraster (m)	осевая линия сетки (ж)
grid dimension	dimensions (f) du quadrillage (m)	Rastermaß (n)	размер (м) сетки / размер (м) решётки
grid line	ligne (f) de quadrillage (m) / coordonnée (f)	Rasterlinie (f)	модульная линия (ж)
grid system / coordinate system	système (m) de coordonnées (f)	Rastersystem (n) / Koordinatensystem (n)	объединённая энергосистема (ж) / система (ж) координат
grill	grille (f)	Gitter (n)	решётка (ж)
groove joint / rustication (horizontal, vertical)	joint (m) à rainure (horizontal, vertical)	Scheinfuge (f) (horizontale, vertikale)	пазовый шов (м) (горизонтальный, вертикальный)
groove (roller-blind rail)	rainure (f) (rail de persiennes roulantes)	Nute (f) (Rolladenführungsschiene)	канавка (ж) (направляющий рельс шторного затвора)
gross area / gross overall area (lot)	surface (f) totale brute (parcelle de terrain)	Außenfläche (f) / Gesamtfläche (f) / Grundstücksgröße (f)	общая площадь (ж) по наружному периметру (земельный участок)

Ground

ENGLISH	FRENCH	GERMAN	RUSSIAN
ground floor level	niveau (m) du rez-de-chaussée (m)	Erdgeschoßniveau (n) / Erdgeschoßebene (f)	уровень (м) первого этажа
ground floor plan	plan (m) du rez-de-chaussée (m)	Erdgeschoß-Grundrißplan (m)	первый поэтажный план (м)
grout	coulis (m)	dünnflüssiger Zementmörtel (m)	цементационный раствор (м)
grouted joint	joint (m) scellé	Vergußfuge (f)	шов (м), заливаемый цементным раствором
guest toilet	toilette (f) d'invités	Gästetoilette (f)	туалет (м) / уборная (ж) для гостей
gulley	égout (m)	Gully (m)	ливневый спуск (м)
gutter	gouttière (f) / chéneau (m)	Regenrinne (f) / Dachrinne (f)	водосточный жёлоб (м)
gutter / eaves gutter (roof)	chéneau (m) / gouttière (f) (toiture)	Dachrinne (f)	карнизный водосточный жёлоб (м) (крыша)
gutter, half round	gouttière (f) demi-ronde	Halbrundrinne (f)	полокруглый водосточный жёлоб (м)
gutter hanger	support (m) de gouttière (f)	Rinnenhalter (m)	хомут (м) (подвеска) крепления водосточного жёлоба
gutter, recessed semi-square	gouttière (f) en retrait de forme demi-carrée	Kastenrinne (f)	отодвигнутый, полуквадратный жёлоб (м)
gutter with a funnel-like drain inlet, recessed semi-square	gouttière (f) en retrait de forme demi-carrée avec écoulement au drain (m) en entonnoir	Kastenrinne (f) mit trichterförmigem Einlauf (m)	жёлоб (м), отодвинутый полуквадратный жёлоб с дренажным водовыпуском, похожим на воронку
gymnasium	gymnase (m)	Turnhalle (f)	спортивный зал (м)
gypsum board cladding	parement (m) en panneaux (m) de gypse (m)	Gipskartonplatte (f) als Verkleidung (f)	оболочка (ж) сухой штукатурки
gypsum board / gypsum panel	panneau (m) de gypse / planche de gypse	Gipskarton-Bauplatte (f) / Trockenputzplatte (f)	сухая штукатурка (ж) / лист (м) сухой штукатурки (ж)
gypsum plaster	enduit (m) de plâtre (m)	Gipsputz (m)	гипсовый штукатурный раствор (м)

Gypsum

ENGLISH	FRENCH	GERMAN	RUSSIAN
gypsum wallboard	panneau (m) mural de gypse (m)	Gipswandplatte (f)	гипсовый обшивочный лист (м)

H

ENGLISH	FRENCH	GERMAN	RUSSIAN
half-timbered beam	poutre (f) de colombage (m) apparent	Fachwerkbauträger (m)	фахверковая балка (ж)
half-timbered construction (half-timbered framing)	construction (f) en colombage (m) apparent	Fachwerkbauweise (f) (Fachwerk)	фахверковая конструкция (ж) (фахверк)
half-timbered house / timbered frame house	maison (f) en colombage (m) apparent (à demi-boisage)	Fachwerkhaus (n)	фахверковый дом (м)
half-timbered truss	ferme (f) de colombage (m) apparent	Fachwerkbaubinder (m)	фахверковая ферма (ж)
half-timbered wall	mur (m) en colombage (m) apparent	Fachwerkwand (f)	фахверковая стена (ж)
half-timbered wall lined with masonry	mur (m) en colombage (m) apparent garni de maçonnerie (f)	ausgemauerte Fachwerkwand (f)	фахверковая стена (ж), облицованная каменной кладкой
handrail	main courante (f)	Handlauf (m)	поручень (м) / перила (ср)
handrail, one sided, two sided	main courante (f) d'un côté, des deux côtés	Handlauf (m), einseitig, zweiseitig	передний поручень (м), односторонный, двустороный
handrail with steel supports attached to steps	main courante (f) d'escalier (m) sur supports (m) d'acier fixés aux marches (f)	Handlauf (m) mit Stahlstützen (f) auf Stufen (f) befestigt	лестничные перила (ср) с стальными опорами, связаными со ступеньками
hanger, metal	crochet (m) en métal (m)	Metallabhänger (m)	подвеска (ж), металлическая подвеска (ж)
hanger rod	tige (f) de suspension	Abhänger (m) (Armierungsstab)	подвеска (ж) (стержневая)
hardware wholesale, hardware retail	vente (f) en gros de quincaillerie (f), vente (f) de détail de quincaillerie (f)	Haushalt- und Eisenwarenhandlung (f), im Großen, im Kleinen	аппаратная оптовая торговля (ж), аппаратная розничная продажа (ж)
hardwood	bois (m) dur (bois franc)	Hartholz (n)	древесина (ж) лиственных пород

Hardwood

ENGLISH	FRENCH	GERMAN	RUSSIAN
hardwood filler	fourrure (f) en bois (m) dur (bois franc)	Fugenfüller (m) aus Hartholz (n)	наполнитель (м) древесных лиственных пород
hatch	trappe (f)	Klappe (f)	люк (м)
head clearance (stair)	hauteur (f) libre (escalier)	lichte Treppendurchgangshöhe (f)	высота (ж) помещения (лестница)
head jamb (door)	traverse (f) de tête (f) d'huisserie (f) (porte)	oberer Blockrahmen (m) / Blendrahmen (m) (Tür)	верхний брус (м) дверной коробки
head office of company	siège social (m) de la compagnie (f)	Firmensitz (m) / Firmenniederlassung (f)	адрес (м) фирмы
header course	assise (f) de boutisses (f)	Binderschicht (f)	тычковый ряд (м)
header joist / header	chevêtre (m)	Wechsel (m)	междубалочный ригель (м) / обвязка (ж) проёма
heating	chauffage (m)	Heizung (f)	отопление (ср)
heating and ventilation drawings	dessins (m) de chauffage et ventilation	Heizung (f) und Lüftungszeichnungen (f)	чертежи (м) отопления и вентиляции
heating cable	câble (m) de chauffage (électrique)	Heizkabel (n)	греющий электрокабель (м)
heating duct	gaine (f) de chauffage	Heizungskanal (m)	трубопровод (м) отопления
heavyweight concrete	béton (m) lourd	Schwerbeton (m)	тяжёлый бетон (м)
heavyweight curtain wall	mur-rideau (m) lourd	schwere Vorhangwand (f) / schwere Vorhangfassade (f)	тяжёлая несущая стена (ж)
heavyweight curtain wall panels	panneaux (m) lourds de murs-rideaux (m)	schwere Vorhangwandplatten (f) / schwere Vorhangfassadenplatten (f)	тяжёлые несущие стеновые панели (ж)
hedge	haie (f)	Hecke (f)	живая изгородь (ж)
hedge planting	plantation (f) de haie (f)	Heckenbepflanzung (f)	зелёная изгородь (ж)
heel of post	pied (m) de poteau	Stützenfuß (m)	опорная пятка (ж)
height-adjustable floor drain	drain (m) de plancher (m) à hauteur (f) ajustable	höhenverstellbarer Bodenablauf (m)	половая дрена (ж) регулируемой высоты

Height

ENGLISH	FRENCH	GERMAN	RUSSIAN
height (door, window)	hauteur (f) (porte, fenêtre)	Höhe (f) (Tür, Fenster)	высота (ж) (дверь, окно)
height of ridge	hauteur du faîte (m)	Firsthöhe (f)	высота (ж) конька крыши
height of riser	hauteur (f) de la contremarche (f)	Höhe (f) der Setzstufe (f)	высота (ж) проступки
hemlock	ciguë (f)	Hemlocktanne (f)	болиголов (м) / цикута (ж)
high voltage	haut-voltage (m)	Hochspannung (f)	высокое напряжение (ср)
hinge (door, window)	charnière (f) (porte, fenêtre)	Scharnier (n) / Beschlag (m) (Tür, Fenster)	шарнир (м) (дверь, окно)
hip rafter	chevron (m) d'arête (f) / chevron de rive (f)	Gratsparren (m)	диагональная / укосная стропильная нога (ж)
hipped end	croupe (f)	Walmfläche (f)	прокатный профиль (м) (вальма)
hipped-gable roof	comble (m) en demi-croupe	Krüppelwalmdach (n)	полувальмовая крыша (ж)
hipped roof	toit (m) en croupe (f)	Walmdach (n)	вальмовая крыша (ж)
history classroom	classe (f) d'histoire	Geschichts-Klassenzimmer (n)	класс (м) истории
hollow brick	brique (f) creuse	Lochziegel (m)	пустотелый кирпич (м)
hollow concrete block	bloc (m) de béton (m) creux	Hohlblockstein (m)	пустотелый бетонный блок (м)
hollow lightweight concrete block	bloc (m) de béton (m) léger creux	Leichtbeton-Hohlblockstein (m)	пустотелый лёгкий бетонный блок (м)
hollow metal	métal (m) creux	Stahlblech-Hohlprofil (n)	пустотелый металл (м)
hollow metal door	porte (f) creuse en métal (m)	hohlkastenförmige Metalltür (f)	пустотелая металлическая дверь (ж)
holly	houx (m)	Stechpalme (f)	падуб (м) / остролист (м)
honeysuckle	chèvrefeuille (m)	Geißblatt (n)	жимолость (ж)
hopper window	fenêtre (f) de trémie (f) (battant basculant à l'intérieur)	Kippflügelfenster (n) (nach innen aufgehender Flügelrahmen)	окно (ср) с нижней фрамугой
horizontal joint	joint (m) horizontal	Horizontalfuge (f)	горизонтальный шов (м)

Horizontal

ENGLISH	FRENCH	GERMAN	RUSSIAN
horizontal sealing (damp-proofing)	scellement (m) horizontal (imperméabilisation horizontale)	waagerechte Abdichtung (f) (Feuchtigkeitssperre)	горизонтальное уплотнение (ср) (влагоизоляция)
horizontal section	coupe (f) horizontale	Horizontalschnitt (m)	горизонтальный разрез (м)
horizontal wood sheathing	revêtement (m) extérieur horizontal en bois (m)	horizontale Holzbekleidung (f)	горизонтальная деревянная обшивка (ж)
horizontally pivoted window	fenêtre (f) pivotant horizontalement	Schwingflügelfenster (n)	горизонтально-вращающееся окно (ср)
hospital bed	lit (m) d'hôpital (m)	Krankenbett (n)	постель (ж) больного
hot water	eau (f) chaude	Warmwasser (n)	горячая вода (ж)
hot water supply	distribution (f) d'eau (f) chaude	Warmwasserversorgung (f)	горячее водоснабжение (ср)
hot water tank	réservoir (m) d'eau (f) chaude	Warmwasserbehälter (m)	резервуар (м) для горячей воды
humidifier	humidificateur (m)	Luftbefeuchter (m)	увлажнитель (м) воздуха

I

ENGLISH	FRENCH	GERMAN	RUSSIAN
I-beam	poutre (f) double Té	mittelbreiter I-Täger (m)	балка (ж) двутаврового сечения
I-beam / wide flange I-beam	poutre (f) en I / poutre (f) double-Té à larges semelles (f)	mittelbreiter I-Träger (m)	балка (ж) двутаврового сечения / балка (ж) двутаврового сечения шерокой полки (балки)
impregnated wood	bois (m) imprégné	imprägniertes Holz (n)	пропитанное дерево (ср)
in-patient	patient (m) hospitalisé	stationär behandelter Patient (m)	стационарный больной (м)
in-patient waiting room	attente (f) des patients (m) internes	Warteraum (m) für stationär behandelte Patienten (m)	ожедание (ср) стационарных больных
indoor lighting	éclairage (m) intérieur	Innenbeleuchtung (f)	внутреннее освещение (ср)
information	information (f)	Auskunft (f)	информация (ж)
inspection manhole	puits d'accès (m) (trou d'homme) d'inspection (f)	Revisionsschacht (m)	смотровой колодец (м) / люк (м)

Installation

ENGLISH	FRENCH	GERMAN	RUSSIAN
installation	installation (f)	Einbau (m)	установка (ж)
insulated door	porte (f) isolante	isolierte Tür (f)	изоляционная дверь (ж)
insulating concrete	béton (m) isolant	Leichtdämmbeton (m)	теплоизоляционный бетон (м)
insulating glass / double glazing	vitrage (m) isolant / double vitrage (m)	Isolierverglasung (f) / Doppelscheibe (f) / Doppelverglasung (f)	двухслойное глазурование (ср) / двойное остекление (ср)
insulating layer	couche (f) isolante	Isolierschicht (f) / Dämmschicht (f)	изоляционный слой (м)
insulating material	matériau (m) d'isolation	Dämmaterial (n) / Isolierstoff (m) / Dämmstoff (m)	изоляционный материал (м)
insulation	isolation (f)	Dämmung (f) / Isolierung (f)	изоляция (ж)
insulation, batt	matelas (m) isolant	Isoliermatte (f)	обёртывающая теплоизоляция (ж)
insulation foil	feuille (f) isolante	Isolierfolie (f)	изолирующая фольга (ж)
insulation, mineral fibre	isolation (f) de fibres (f) minérales	Mineralfaserdämmung (f)	минеральная волокнистая изоляция (ж)
insulation thickness	épaisseur (f) d'isolation	Dämmstoffdicke (f) / Dämmstoffstärke (f)	изоляционная толшина (ж)
interior chimney	cheminée (f) intérieure	innenliegender Schornstein (m)	внутренняя дымовая труба (ж)
interior dimension	dimension (f) intérieure	Innenmaß (n)	внутренний размер (м)
interior door	porte (f) intérieure	Innentür (f) / Zimmertür (f)	внутренняя дверь (ж)
interior rabbet (door leaf)	feuillure (f) intérieure (battant de porte)	Innenanschlag (m) (Türblatt)	внутренний стоп (м) (створка двери)
interior shell (reinforced concrete element)	parement (m) intérieur (élément de béton armé)	Innenschale (f) (Stahlbetonelement)	внутренняя оболочка (ж) (железобетонный элемент)
interior stair	escalier (m) intérieur	Innentreppe (f)	внутренняя лестница (ж)
interior steel support (column)	support (m) d'acier (m) intérieur (colonne)	Innenstütze (f) aus Stahl (Säule)	внутренняя стальная опора (ж) (колонна)

Interlocking

ENGLISH	FRENCH	GERMAN	RUSSIAN
interlocking concrete blocks	blocs (m) de béton à emboîtement	ineinandergreifende Mauersteine (m) aus Beton	бетонные блоки (м) с замковым соединением
intermediate landing / intermediate platform (stair)	palier (m) intermédiaire (escalier)	Zwischenpodest (n) (Treppe)	промежуточная площадка (ж) (лестница)
intersecting line / line of intersection	ligne (f) sécante	Schnittlinie (f)	линия (ж) пересечения
inverted beam	poutre (f) renversée	Überzug (m)	прогон (м) для подвешивания балки
inverted roofing	couverture (f) de toiture (f) inversée	Umkehrdach (n)	обратная крыша (ж)
iron	fer (m)	Eisen (n)	железо (ср)
ISO-Standard	Norme (f) ISO	ISO-Norm (f)	Международная организация по стандартизации (МОС)
isolation room (one bed)	chambre (f) d'isolement (un lit)	Isolierzimmer (n) (Einbettzimmer)	изоляционный кабинет (м) (одна кровать)
issued for tender	émis pour soumission (f)	verteilte Ausschreibung (f)	распределено для сметы (ж) / издано для предложения (ср)

J

ENGLISH	FRENCH	GERMAN	RUSSIAN
jamb anchor (for window jamb or door jamb)	patte (f) à scellement (pour cadre de fenêtre ou de porte)	Befestigungsanker (m) (für Fensterleibung oder Türleibung)	анкер (м) дверной коробки (для оконной или дверной вертикальной обвязки)
jamb, window jamb, door jamb	jambage (m), jambage (m) de fenêtre, jambage (m) de porte	Leibung (f), Fensterleibung (f), Türleibung (f)	вертикальная обвязка (ж), оконная вертикальная обвязка (ж), дверная вертикальная обвязка (ж)
janitor	concierge (m)	Hausmeister (m)	привратник (м)
janitor's closet	placard (m) de concierge	Abstellraum (m) des Hausmeisters (m)	чулан (м) привратника
joint at building	joint (m) à l'endroit du bâtiment (m)	Fuge (f) am Gebäude (n)	шов (м) у здания
joint connection	joint (m) d'assemblage	Anschlußfuge (f)	соединительный шов (м)

Joint

ENGLISH	FRENCH	GERMAN	RUSSIAN
joint cover plate	plaque (f) couvre-joint	Dehnungsfugenprofil (n)	плита (ж) стыковой накладки (ж)
joint dimension	dimension (f) de joint (m)	Fugenmaß (n)	размерность (ж) шва
joint filler (flexible)	garniture (f) de joint (flexible / élastique)	elastische Fugeneinlage (f)	заполнитель (м) швов (эластический)
joint grouting	remplissage (m) des joints (m) (jointoiement)	Fugenvermörtelung (f)	заливка (ж) швов
joint movement	mouvement (m) de joint (m)	Fugenbewegung (f)	движение (ср) шва
joint of mortar	joint (m) de mortier (m)	Mörtelfuge (f)	шов (м) строительного раствора
joint sealant	agent (m) de scellement de joint (m)	Fugendichtungsmittel (n)	герметик (м) / герметизирующая паста (ж)
joint spacer / joint filler	bourrelet (m) d'espacement	Fugenhinterfüller (m)	стыковая прокладка (ж)
joint width	largeur (f) de joint (m)	Fugenbreite (f)	ширина (ж) шва
joints drained by flushing	joints (m) drainés par jet (m) mécanique	Fugen-Ausspritzung (f)	выпрыскиванные швы (м)

K

ENGLISH	FRENCH	GERMAN	RUSSIAN
kalamein door	porte (f) à revêtement (m) métallique	stahlblechbekleidete Tür (f)	дверь (ж) с обшивкой из листового металла
key-card lock / smart card	serrure (f) à carte-clef (f)	Schlüsselkarte (f)	магнитная карта (ж) (замок)
key plan	plan (m) clé (clef)	Schlüsselplan (m) / Übersichtsplan (m)	генеральный план (м)
key plan of finished levels	plan (m) clef des niveaux (m) finis	Schlüsselplan (m) der Fertigstellung (f) sämtlicher Geländehöhen (f)	генеральный план (м) существующих высотных отметок
kickplate (door)	plaque (f) à pieds (porte)	Trittplatte (f) (Tür)	защитная накладка (ж) двери
kitchen	cuisine (f)	Küche (f)	кухня (ж)

Kitchen

ENGLISH	FRENCH	GERMAN	RUSSIAN
kitchen layout	aménagement (m) de cuisine (f)	Küchenanordnung (f)	конфигурация (ж) / расположение (ср) кухни
kitchenette	cuisinette (f)	Kleinküche (f)	кухонька (ж)

L

ENGLISH	FRENCH	GERMAN	RUSSIAN
laboratory	laboratoire (m)	Labor (n)	лаборатория (ж)
ladder	échelle (f)	Leiter (f)	стремянка (ж)
ladder rungs (steel)	échelons (m) en acier	Leitersprossen (f) aus Stahl (m)	стальные ступеньки (ж) лестницы
lag bolt	tire-fond (m)	Vierkantholzschraube (f)	глухарь (м), шуруп (м) с квадратной головкой под ключ
laminated beam	poutre (f) lamellée	Brettschichtträger (m)	дощатая (многослойная) клеёная балка (ж)
laminated glass	verre (m) laminé	Verbundglas (n)	многослойное стекло (ср)
lamp post	lampadaire (m)	Laternenpfahl (m) / Beleuchtungspfosten (m)	фонарный столб (м)
land owner / land proprietor	propriétaire du terrain (m)	Grundbesitzer (m)	землевладелец (м)
landfill	remblaiement (m) de terre	Erdauffüllung (f)	отсыпка (ж) грунта
landing / platform (stair)	palier (m) (escalier)	Treppenpodest (n) / Treppenabsatz (m)	площадка (ж) (лестницы)
landscape architect	architecte (m) paysagiste	Garten- und Landschaftsarchitekt (m)	архитектор (м) по ландшафту
landscape architecture	architecture (f) paysagiste	Landschaftsarchitektur (f)	архитектура (ж) ландшафта
landscaping	paysagisme (m)	Landschaftsgestaltung (f)	ландшафтная архитектура (ж)
lane	voie (f)	Seitenweg (m)	переулок (м)
lap weld	soudure (f) à recouvrement	Schweißnahtüberlappung (f)	нахлёсточный сварной шов (м)
latch	verrou (m)	Sperrklinke (f)	дверная пружинная защёлка (ж)

ENGLISH	FRENCH	GERMAN	RUSSIAN
lath	latte (f)	Latte (f)	рейка (ж)
lathing, plaster base	lattage (m), base (f) d'enduit	Putzträger (m), Lattung (f)	поверхность (ж) под штукатуркой, обрешётка (ж) под штукатуркой
laundry room	salle (f) de buanderie (f)	Waschküche (f)	прачечная (ж) (комната)
lawn (sodding)	gazon (m) (pelouse, engazonnement)	Rasen (m) (Rasenbelag)	газон (м) (дёрн)
lead shield	manchon (m) en plomb (m)	Spreizdübel (m) aus Blei (n)	разрезная свинцовая втулка (ж)
leader / rainwater pipe	conduite (f) / descente (f) / tuyau (m) d'eau pluviale (f)	Regenfallrohr (n)	водосточная труба (ж), водосточный стояк (м)
lean concrete	béton (m) maigre	Magerbeton (m)	тощий бетон (м)
lean-to roof / monopitch roof	appentis (m) / toiture (f) monoplane	Pultdach (n)	наклонная односкатная крыша (ж)
ledged door	porte (f) en planches	Lattentür (f)	дощатая дверь (ж) на планках
left side elevation	façade (f) latérale gauche / élévation (f) latérale gauche	linke Seitenansicht (f)	фасад (м) боковой с левой стороны
lettering template	gabarit (m) de lettrage (m)	Schriftschablone (f)	шрифтовой шаблон (м)
library	bibliothèque (f)	Bibliothek (f)	библиотека (ж)
lifting / raising	soulèvement (m)	Abhebung (f)	подъём (м)
light shaft	puits (m) de lumière (f)	Lichtschacht (m)	световая шахта (ж)
lighting fixture at ceiling	appareil (m) d'éclairage au plafond (m)	Deckenbeleuchtung (f)	осветильник (м) у потолка
lightweight concrete	béton (m) léger	Leichtbeton (m)	лёгкий бетон (м)
lightweight concrete fill	remplissage (m) de béton (m) léger	Leichtbetonfüllung (f)	засыпка (ж) лёгкого бетона
lightweight concrete panel	panneau (m) de béton (m) léger	Leichtbetonplatte (f)	панель (ж) лёгкого бетона
lightweight curtain wall	mur-rideau (m) léger	leichte Vorhangwand (f)	легковесная ненесущая стена (ж)
lightweight metal	métal (m) léger	Leichtmetall (n)	лёгкий металл (м)

Lightweight

ENGLISH	FRENCH	GERMAN	RUSSIAN
lightweight panel of wood wool	panneau (m) léger de laine (f) de bois	Leichtbauplatte (f) aus Holzwolle (f)	легковесная панель (ж) древесной шерсти
lilac	lilas (m)	Flieder (m)	сирень (ж)
limestone	pierre (f) calcaire	Kalkstein (m)	известняк (м)
limestone / lime sandstone	pierre (f) silico-calcaire	Kalksandstein (m)	известняковый песчаник (м)
limit of excavation	limite (f) d'excavation (f)	Aushubgrenze (f)	предел (м) выемки
linden / lime tree	tilleul (m)	Linde (f)	липа (ж)
linoleum	linoléum (m)	Linoleum (n)	линолеум (м)
linoleum covering	revêtement (m) de linoléum	Linoleumbelag (m)	покрытие (ср) линолеума
lintel (window, door)	linteau (m) (fenêtre, porte)	Sturz (m) (Fenster, Tür)	перемычка (ж) (окно, дверь)
living area / dwelling area	surface (f) d'habitation / espace (m) d'habitation	Wohnfläche (f)	жилая площадь (ж)
living room	salle (f) de séjour	Wohnzimmer (n)	гостиная (ж)
load-bearing masonry	maçonnerie (f) portante	tragendes Mauerwerk (n)	несущая каменная кладка (ж)
load-bearing roof	toiture (f) portante	tragende Dachdecke (f)	опорная крыша (ж)
load-bearing support / load-bearing bracket	support (m) portant / console (f) portante	Abfangkonsole (f)	несущий опорный кронштейн (м)
load-bearing wall	mur (m) portant	tragende Wand (f)	несущая стена (ж)
loading and unloading dock	quai (m) de chargement et de déchargement	Auflade- und Ausladebühne (f)	док (м) погрузки и выгрузки
loading platform	plateforme (f) de chargement	Verladebühne (f)	порузочная платформа (ж)
location (door, window)	emplacement (m) (porte, fenêtre)	Standort (m) (Tür, Fenster)	местоположение (ср) (дверь, окно)
location of wooden beams / position of wooden beams	emplacement (m) des poutres (f) en bois	Holzbalkenlage (f)	местоположение (ср) деревянных балк (ж)
locker	casier (m)	Schließfach (n)	шкафчик (м) (запирающийся)

Locker

ENGLISH	FRENCH	GERMAN	RUSSIAN
locker room	salle des casiers (m)	Umkleideraum (m)	раздевалка (ж)
locker room (men)	salle des casiers (m) (hommes)	Umkleideraum (m) (Männer)	раздевалка (ж) (для мужчин)
locker room (women)	salle des casiers (m) (femmes)	Umkleideraum (m) (Frauen)	раздевалка (ж) (для женщин)
longitudinal section	coupe (f) longitudinale	Längsschnitt (m)	продольный разрез (м)
loose fill	remblayage (m) en terre meuble	lose Schüttung (f)	амортизационный сыпучий материал (м)
loose-fill insulation	isolant (m) thermique en vrac	Schüttisolierung (f)	засыпная теплоизоляция (ж)
loose lintel	linteau (m) libre	freiaufliegender Sturz (m)	незакреплённая перемычка (ж)
loose soil	sol (m) meuble	lockere Erde (f)	рыхлый грунт (м)
loose steel angle	cornière (f) d'acier (m) libre	freiaufliegender Stahlwinkel (m)	свободно уложенный стальный угол (м)
loose steel angle to support backing masonry	cornière (f) libre en acier (m) pour porter la maçonnerie (f) de renforcement	freiaufliegender Stahlwinkel (m) zur Abfangung (f) der Hintermauerung (f)	несвязанный стальный угол (м) (внутренний) для опоры (ж) задних каменных кладок (ж)
loose steel angle to support brick veneer	cornière (f) libre en acier (m) pour porter le parement (m) de briques (f)	freiaufliegender Stahlwinkel (m) zur Abfangung (f) der Verblendsteine (m)	несвязанный стальный угол (м) поддерживать кирпичную облицовку (ж)
loose steel lintel (for masonry)	linteau (m) libre en acier (m) (pour maçonnerie)	freiaufliegender Stahlwinkel (m) (für Mauerwerk)	незакреплённая стальная перемычка (ж) (для каменной кладки)
lot	parcelle (f) de terrain	Grundstück (n)	земельный участок (м)
lot price	prix (m) du lot (m) (terrain)	Grundstückspreis (m)	цена (ж) земельного участка
lot size	grandeur de lot (m) (terrain)	Grundstücksgröße (f)	размер (м) земельного участка
lounge / rest area	salon (m) / salle de repos (f)	Aufenthaltsraum (m)	зал (м) ожидания / район (м) отдыха

Louvre

ENGLISH	FRENCH	GERMAN	RUSSIAN
louvre (louver), air intake louvre (louver), air exhaust louvre (louver)	louvre (m), louvre prise (f) d'air, louvre retour (m) d'air	Jalousette (f), Jalousette-Zuluftprofil (n), Jalousette-Abluftprofil (n)	жалюзи (ср), жалюзи (ср) воздухозаборника, жалюзи (ср) откачки воздуха
low voltage	bas-voltage (m)	Niederspannung (f)	низкое напряжение (ср)
lower horizontal sealant at exterior wall	hydrofuge (m) horizontal inférieur au mur (m) extérieur	untere waagerechte Außenwandabdichtung (f)	нижний горизонтальный герметик (м) у наружной стены

M

ENGLISH	FRENCH	GERMAN	RUSSIAN
magnolia	magnolia (m)	Magnolie (f)	магнолия (ж)
main beam / girder	poutre (f) maîtresse	Hauptträger (m) / Unterzug (m)	главная балка (ж)
main bedroom / master bedroom	chambre à coucher (f) principale	Zweibett-Schlafzimmer (n) / Elternschlafzimmer (n)	главная спальня (ж)
main elevation	façade (f) principale	Hauptansicht (f)	главный фасад (м)
main entrance	entrée (f) principale	Haupteingang (m)	парадный вход (м) / передний вход (м)
main stairway	escalier (m) principal	Haupttreppe (f)	парадная лестница (ж)
main truss	ferme (f) principale	Hauptbinder (m)	главная ферма (ж)
mammography	mammographie (f)	Mammographie (f)	маммография (ж)
mandatory note	note (f) obligatoire	Hinweispflicht (f)	необходимая заметка (ж)
manhole	trou (m) d'homme	Einsteigloch (n) / Schachtloch (n)	лаз (м) / люк (м)
manhole cover	couvercle (m) de trou d'homme	Verschlußdeckel (m) des Einsteiglochs (n) / Schachtdeckel (m)	крышка (ж) лаза / крышка (ж) люка
manhole rungs (iron)	échelons (m) de trou d'homme (fer)	Steigeisen (n) im Einsteigloch (n) / im Schachtloch (n)	ходовые скобы (ж) (железо)
manual damper	volet (m) (registre) manuel	Handluftklappe (f)	ручной воздушный клапан (м)

ENGLISH	FRENCH	GERMAN	RUSSIAN
maple	érable (m)	Ahorn (m)	клён (м)
marble	marbre (m)	Marmor (m)	мрамор (м)
marble threshold and floor doorstop	seuil (m) en marbre et arrêt (m) de porte (f) au plancher (m)	Türschwelle (f) aus Marmor (m) und Türstopper (m) am Fußboden (m)	мраморный порог (м) и половой ограничитель (м) открывания двери
marbled surface	surface (f) marbrée	marmorierte Oberfläche (f)	мраморная поверхность (ж)
masonry / brickwork	maçonnerie (f)	Mauerwerk (n)	каменная кладка (ж)
masonry jamb stop, recessed masonry jamb, projected masonry jamb	arrêt (m) de jambage (m) de maçonnerie, jambage (m) de maçonnerie (f) en retrait, jambage de maçonnerie (f) en saillie	Mauerleibung (f), Mauerleibung (f) mit Innenanschlag (m), mit Außenanschlag (m)	каменный упорный косяк (м), отодвинутый каменный упорный косяк (м), выступающий каменный упорный косяк (м)
masonry veneer in natural stone	maçonnerie (f) de parement en pierres (f) naturelles	Mauerwerkverblendung (f) aus Naturstein (m)	каменная кладка (ж) с природной каменной облицовкой
mastic asphalt	asphalte (m) coulé	Gußasphalt (m)	асфальтовая мастика (ж)
mat of mineral fibres	coussin (m) de fibres (f) minérales	Mineralfasermatte (f)	мат (м) минеральных волокон
mat on subsoil under raft foundation / screed on subsoil under raft foundation	chape (f) sur sous-couche (f) sous radier (m) de fondation	Unterbeton (m) auf Erdreich (n) unter Stahlbetonplatte (f) / Plattenfundament (n)	подплита (ж) / стяжка (ж) на отметке грунта под сплошным фундаментом
matt paint	peinture (f) mate	Mattlack (m)	матовая краска (ж)
measures for alterations	mesures (f) pour modifications (f)	Umbaumaßnahmen (f)	меры (ж) для перестройк зданий
mechanical and electrical drawings	dessins (m) de mécanique et d'électricité	Bauzeichnungen (f) / Baupläne der Haustechnik (f) (Heizung, Lüftung, Sanitär- und Elektrotechnik)	чертёжи (м) механики и электрики
mechanical and electrical engineers	ingénieurs en mécanique et électricité	Ingenieure (m) der Haustechnik (f) (Heizung, Lüftung, Sanitär- und Elektrotechnik)	инженер-механики (м) и электротехники (м)
mechanical and electrical systems	systèmes (m) de mécanique et électricité	Systeme (n) der Haustechnik (f)	системы (ж) механики и электротехники

Mechanical

ENGLISH	FRENCH	GERMAN	RUSSIAN
(mechanical engineering system)	système (m) de génie mécanique	System (n) der Haustechnik (f)	система (ж) сантехники
mechanical refrigeration	réfrigération (f) mécanique	maschinelle Kühlung (f)	машинное охлаждение (ср)
mechanical room	salle (f) de mécanique	Heizungs-Lüftungsraum (m) / technischer Installationsraum (m)	механическое помещение (ср)
medical practise (practice)	cabinet (m) médicale	Arztpraxis (f)	врачебная практика (ж)
medium voltage	moyen-voltage (m)	Mittelspannung (f)	среднее напряжение (ср)
membrane	membrane (f)	Membrane (f) / Wasserabdichtungsfolie (f)	мембрана (ж)
men's washroom	toilette (f) hommes	Herrentoilette (f)	уборная (ж) для мужчин
mesh reinforcement	treillis (m) d'armature	Bewehrungsmatte (f)	арматурная сетка (ж)
metal	métal (m)	Metall (n)	металл (м)
metal bracket	éclisse (f) en métal (m)	Metallasche (f)	металлическая накладка (ж)
metal ceiling	plafond (m) métallique	Metalldecke (f)	металлический потолок (м)
metal-clad fire door	porte (f) pare-feu (coupe-feu) revêtue de métal (m)	metallbekleidete Feuerschutztür (f)	огнестойкая дверь (ж), обитая листовым металлом
metal cladding	parement (m) métallique	Metallbekleidung (f)	металлическая наружная обшивка (ж)
metal covering	couverture (f) en métal (m) (métallique)	Blechdeckung (f)	металлический защитный слой (м)
metal fascia	fascia (f) métallique	Stirnblech (n)	металлическая оболочка (ж) бордюрной доски
metal flashing	solin (m) en métal (m)	Abdeckblech (n) / Blechverwahrung (f) / Blechwinkel (m) / Winkelstreifen (m) aus Blech (n) /	металлический флашинг (м)

Metal

ENGLISH	FRENCH	GERMAN	RUSSIAN
metal flashing and counter-flashing	solin (m) et contre-solin (m) en métal (m)	Winkelstreifen (m) aus Blech (n) und Überhangsstreifen (m) aus Blech / Anschlußblech (n) und Überhangsblech (n)	металлическиий и противоположный флашинг (м)
metal flashing profile (shape)	coupe (f) du solin (m) métallique (profilé)	Abdeckblechprofil (n)	профиль (м) металлического фартука
metal fluted curtain wall panel	panneau (m) mur-rideau en métal (m) cannelé	Well- oder Trapezprofilblechtafel (n) der Vorhangfassade (f)	металлическая гофрированная ненесущая стеновая панель (ж)
metal fluted panels for exterior wall cladding	panneaux (m) de métal cannelé pour revêtement (m) de murs extérieurs	Well- oder Trapezprofilblechtafeln (f) für Außenwandbekleidung (f)	металлические гофрированные панели (ж) для наружных стеновых обшивок (ж)
metal lath (plaster)	treillis (m) métallique (plâtre)	Metallgewebe (n) / Rippenstreckmetall (n) (Verputz)	металлическая сетка (ж) (под штукатурку)
metal-sheathed façade (facade) / curtain wall	façade (f) à parement (m) métallique / mur-rideau (m)	Außenwandbekleidung (f) aus Leichtmetall (n) / Vorhangwand (f) / Vorhangfassade (f)	фасад (м) металлической оболочки / ненесущая стена (ж)
metal sill with uplifted ends	allège (f) métallique retroussée sur les côtés (m)	Metallfensterbank (f) mit seitlicher Aufkantung (f)	металлический подоконник (м) с гнутыми концами
metal stair	escalier (m) métallique	Metalltreppe (f) / Eisentreppe (f)	железная лестница (ж)
metal stud	colombage (m) métallique	Metallständer (m)	металлическая стойка (ж)
mezzanine (floor)	mezzanine (f)	Zwischengeschoß (n) / Mezzanin (n)	мезонин (м)
mineral fibre insulation panel	panneau (m) d'isolation en fibre (f) minérale	Mineralfaserdämmplatte (f)	изолационная плита (ж) минерального волокна
minimum roof slope	pente (f) minimum de toiture (f)	Mindestdachneigung (f)	минимальный наклон (м) крыши
miscellaneous shapes of structural steel	profilés (m) divers d'acier (m) structural	verschiedenartige Baustahlprofile (n)	разнообразные формы (ж) структурной стали
mixed in place concrete (construction site)	béton (m) préparé au chantier (m)	Baustellenbeton (m)	бетон (м), приготовленный на стройплощадке

Model

ENGLISH	FRENCH	GERMAN	RUSSIAN
model names and similar items	noms de modèles (m) et items (m) similaires	Bezeichnungen für Modelle (n) und dergleichen	имена (ср) моделей и похожие элементы
modular band grid	coordonnées (f) modulaires en bandes (f)	modularer Bandraster (m)	модулярная лентная сетка (ж)
modular construction	construction (f) modulaire	Modulbau (m)	модульная конструкция (ж)
modular coordination / three dimensional modular coordination	coordination (f) modulaire / coordonnées (f) modulaires cartésiennes à trois dimensions	modularer Raumraster (m) / Modulraumraster (m) von dreidimensionaler Maßordnung (f)	модульная сетка (ж) / трёхмерная модульная сетка (ж)
modular dimension	dimension (f) modulaire	Moduldimension (f) / Modulgröße (f)	модульный размер (м)
modular panel with lighting fixture	panneau (m) modulaire avec appareil (m) d'éclairage	Modulplatte (f) mit Leuchte (f)	модулярная плита (ж) со светительником
modular size	mesure (f) modulaire	Modulmaß (n) / Richtmaßraster (m)	модульная величина (ж)
modular unit	unité (f) modulaire	Modulbauelement (n)	модульный строительный элемент (м)
module	module (m)	Modul (m)	модуль (м)
molten lead	plomb (m) fondu	geschmolzenes Blei (n)	расплавленный свинец (м)
monolithic slab and foundation wall	dalle (f) et mur (m) de fondation coulés monolithes	Ortbetonplatte (f) und Ortbetonwand (f)	монолитная бетонная плита (ж) и монолитная фундаментная стена (ж)
mortar	mortier (m)	Mörtel (m)	раствор (м)
mortar bed	lit (m) de mortier (m)	Mörtelbett (n)	растворная постель (ж)
mortar valley	gorge (f) en mortier (m)	Mörtelkehle (f)	растворная выкружка (ж)
mosaic tile	carreau (m) mosaïque	Mosaikfliese (f) / Mosaikplatte (f)	мозаичная плитка (ж)
moulding (molding)	moulure (f)	Deckleiste (f)	формование (ср)
mountain laurel	laurier (m) de montagne	Lorbeer (m)	лавровое дерево (ср)
movable partition	cloison (f) amovible	verstellbare Trennwand (f)	разборная перегородка (ж) / раздвижная перегородка (ж)

ENGLISH	FRENCH	GERMAN	RUSSIAN
multi-storey building	bâtiment (m) à étages multiples / immeuble (m) à étages multiples	mehrgeschossiges Gebäude (n)	многоэтажное здание (ср)
multiple glazing	vitrage (m) multiple	Mehrfachverglasung (f)	многослойное остекление (ср)
multiple module	module (m) multiple	Multimodul (m)	многочисленный модуль (м)
mushroom slab / flat slab with drop panels	dalle-champignon (f) / dalle (f) unie de plancher à panneaux (m) surbaissés	Pilzkopfdecke (f) / Stahlbetonplattendecke (f) mit verdickten Auflagerbereichen (f)	безбалочное грибовидное перекрытие (ср) / плоская железобетонная плита (ж) с надкапительными плитами

N

ENGLISH	FRENCH	GERMAN	RUSSIAN
nail	clou (m)	Nagel (m)	гвоздь (м)
nailing plate (metallic)	plaque (f) métallique d'assemblage	Nagelblech (n)	металлическая накладка (ж), прибиваемая гвоздями
nailing strip	bande (f) de clouage	nagelbare Leiste (f)	деревянная планка (ж)
name	nom (m)	Name (m)	имя (ср)
natural finish (wood)	fini (m) naturel (bois)	Naturton (m) (Holz)	прозрачная отделка (ж) (древесина)
natural ground	sol (m) naturel	Erdreich (n) / Mutterboden (m)	натуральный грунт (м)
natural sciences laboratory	laboratoire (m) de sciences naturelles	Naturwissenschaftslabor (n)	лаборатория (ж) естественных наук
natural stone	pierre (f) naturelle	Naturstein (m)	природный камень (м)
natural stonework	maçonnerie (f) de pierres (f) naturelles	Naturstein-Mauerwerk (n)	кладка (ж) из естественного камня
new	neuf	neu	новый
new elevation / new level	niveau (m) futur	neue Geländehöhe (f)	новая высотная отметка (ж) / новый высотный уровень (м)
new ramp	nouvelle rampe (f)	neue Rampe (f)	новая рампа (ж)

New

ENGLISH	FRENCH	GERMAN	RUSSIAN
new sidewalk	nouveau trottoir (m)	neuer Gehsteig (m) / neuer Bürgersteig (m)	новый тротуар (м)
newel	noyau (m) / pilastre (m)	Antrittspfosten (m) / Austrittspfosten (m)	концевая опорная стойка (ж)
newly erected building	bâtiment (m) érigé récemment	Neubau (m)	новостройка (ж)
noise-absorbing thermal insulation	isolation (f) thermique et acoustique	schallabsorbierende Wärmedämmung (f)	звукопоглощающая теплоизоляция (ж)
noise barrier	écran (m) d'insonorisation	Lärmsperre (f)	звукоизолирующая преграда (ж)
noise burden	vacarme (m) / fracas (m)	Lärmbelastung (f)	зашумлённость (ж)
non(-)bearing ground (earth)	sol (m) non-portant (terre)	nicht tragfähiger Erdboden (m) (Erde)	ненесущий грунт (м) (земля)
non(-)bearing partition / non(-)load(-)bearing partition	cloison (f) non-portante	nichttragende Innenwand (f)	внутренняя ненесущая перегородка (ж) (стена)
non-flammable / flame proof / noncombustible / fireproof	non-inflammable / à l'épreuve (f) du feu / ininflammable / incombustible	unentflammbar / nicht entzündbar / nicht feuergefährlich / nicht brennbar	невоспламеняющийся / негорючий
non-insulated roof space	sous-toit (m) non-isolé	Kaltdach (n)	неизолированный чердак (м)
non(-)skid / non(-)slip	anti(-)dérapant	rutschfest	небуксующий / нескользкий
non(-)slip floor	plancher(m) antidérapant	rutschfester Boden (m)	нескользкий пол (м) / небуксующий пол (м)
non(-)slip floor finish (floor cover)	fini (m) de plancher (m) antidérapant (recouvrement de plancher)	rutschfester Fertigfußboden (m) (Bodenbelag)	нескользящее покрытие (ср) пола (настил пола)
non(-)slip nosing (stair)	nez (m) de marche (f) antidérapant (escalier)	rutschfeste Stufenvorderkante (f) / Stufenkante (f) (Treppe)	нескользкий выступ (м) ступени (лестницы)
non(-)slip plastic nosing (stair)	nez (m) de marche (f) en plastique (m) antidérapant (escalier)	rutschfeste Kunststoff-Stufenkante (f) (Treppe)	нескользкий пластической выступ (м) ступени (лестница)

ENGLISH	FRENCH	GERMAN	RUSSIAN
non(-)slip surface	revêtement (m) antidérapant	rutschfester Bodenbelag (m)	нескользящее покрытие (ср)
non(-)slip tile	carreau (m) antidérapant	rauhe Bodenfliese (f) / rutschfeste Bodenfliese (f)	шероховатая плитка (ж) / нескользкая плитка (ж)
norm checked / standard checked	norme (f) vérifiée	Norm (f) geprüft	проверенный стандарт (м)
North elevation, East elevation, South elevation, West elevation	façade (f) nord, façade (f) est, façade (f) sud, façade (f) ouest	Nord-Ansicht (f), Ost-Ansicht (f), Süd-Ansicht (f), West-Ansicht (f)	северный фасад (м), восточный фасад (м), южный фасад (м), западный фасад (м)
North-West elevation, North-East elevation, South-East elevation, South-West elevation	façade (f) nord-ouest, façade (f) nord-est, façade (f) sud-est, façade (f) sud-ouest	Nordwest-Ansicht (f), Nordost-Ansicht (f), Südost-Ansicht (f), Südwest-Ansicht (f)	северо-западный фасад (м), северо-восточный фасад (м), юго-восточный фасад (м), юго-западный фасад (м)
nosing / tread-nosing (stair)	nez (m) de marche (escalier)	Kante (f) / Stufenvorderkante (f) (Treppe)	выступающая кромка (ж) ступени (лестница)
not in contract / N. I. C.	hors-contrat (m) / h. c.	nicht im Vertrag (m)	не в контракте (м)
note	note (f)	Hinweis (m) / Vermerk (m)	заметка (ж)
note from ...	note (f) de ...	Vermerk (m) vom ...	заметка (ж) от ...
nuclear cardiovascular laboratory	laboratoire (m) nucléaire cardiovasculaire	Nuklearlabor (n) für Herz- und Gefäßkrankheiten	ядерная сердечно-сосудистая лаборатория (ж)
nuclear medicine	médecine (f) nucléaire	Nuklearmedizin (f)	ядерная медицина (ж)
number / No.	numéro (m) / No.	Nummer (f) / Nr.	номер (м) / №
number of items	nombre (m) de pièces	Stückzahl (f)	номер (м) частей
numbering of rooms	numérotage (m) des pièces (f)	Numerierung (f) der Räume (m)	номер (м) комнат
nut	écrou (m)	Mutter (f) / Schraubenmutter (f)	гайка (ж)

O

ENGLISH	FRENCH	GERMAN	RUSSIAN
oak	chêne (m)	Eiche (f)	дуб (м)

Oakum

ENGLISH	FRENCH	GERMAN	RUSSIAN
oakum	filasse (f)	Werg (n)	пакля (ж)
obscure glass / frosted glass	verre (m) dépoli	Mattglas (n)	дымчатое стекло (ср)
obtuse angle	angle (m) obtus	stumpfer Winkel (m)	тупой угол (м)
office	bureau (m)	Büro (n)	контора (ж) / бюро (ср)
office building	édifice (m) à bureaux	Bürohaus (n)	административное здание (ср)
office floor	plancher de bureaux (m)	Büroetage (f)	конторский этаж (м)
office team	équipe (f) de bureau (m)	Bürogemeinschaft (f)	конторская группа (ж)
official site plan	plan (m) d'emplacement officiel	amtlicher Lageplan (m)	официальный ситуационный план (м)
offset	en saillie (f) (décalé)	Versatz (m)	перемещение (ср) (боковое смещение)
offset joints / staggered joints	joints (m) décalés	versetzte Fugen (f)	расположенные вразбежку стыки (м) (швы)
offset lean-to roof	toit (m) saillant en appentis	versetztes Pultdach (n)	перемещённая односкатная крыша (ж)
offset plane (surface)	surface (f) saillante	versetzte Ebene (f)	перемещённая плоскость (ж) (поверхность)
oil heating	chauffage (m) à l'huile (f)	Ölheizung (f)	нефтяное отопление (ср)
oil paint	peinture (f) à l'huile	Ölfarbe (f)	масляная краска (ж)
oil stain	teinture (f) à l'huile	Ölbeize (f)	масляная протрава (ж)
oleander	oléandre (m)	Oleander (m)	олеандр (м)
on centre (center) line ... only	sur la ligne (f) d'axe (m) ... seulement	nur in Achsenlinie (f) ...	только на центровой линии (ж) ... / только на осевой линии (ж) ...
one flight stair (straight run)	escalier (m) d'une volée (f) droite	einläufige gerade Treppe (f)	прямая лестница (ж) одного лестничного марша

ENGLISH	FRENCH	GERMAN	RUSSIAN
one stair of two quarter-turn flights	escalier (m) à deux volées de quart de tour	einläufige, viertelgewendelte Treppe (f)	лестница (ж) двух лестничных маршов в 45 градусов
one-way reinforced concrete slab	dalle (f) en béton armé (m) dans un sens	einseitig bewehrte Betonplatte (f)	плита (ж), армированная в одном направлении
open joint	joint (m) ouvert	offene Stoßfuge (f)	открытый шов (м)
open joint as weephole (brick)	joint (m) ouvert en guise de chantepleure (f) (brique)	offene Stoßfuge (f) als Tropföffnung (f) (Ziegel)	открытый шов (м) как фильтрационное отверстие (ср)
open stair with treads only	escalier (m) à claires-voies (f) avec marches (f) seulement	offene Treppe (f), nur mit Trittstufen (f)	открытая лестница (ж) только с поступами
open stairway	escalier (m) intérieur dégagé (libre)	Freitreppe (f)	открытая лестница (ж)
open vent pipe	tuyau (m) d'aération ouvert	offenes Entlüftungsrohr (n)	открытая вентиляционная труба (ж)
opening below	ouverture (f) en dessous	Öffnung (f) unterhalb	нижнее отверстие (ср)
opening dimension	dimensions (f) d'ouverture (f)	Öffnungsmaß (n)	размер (м) отверстия
opening for inspection (manhole)	trou (m) d'accès pour inspection (f) (trou d'homme)	Revisionsöffnung (f) (Einsteigloch)	отверстие (ср) для проверки (колодца)
outpatients	patients (m) externes / malades (m /f) externes	ambulante Patienten (m)	амбулаторные больные (м)
overall dimensions	dimensions (f) hors tout	Außenmaße (n)	наружные размеры (м)
overall length	longueur (f) hors tout	Gesamtlänge (f)	габаритная длина (ж)
overflow	débordement (m)	Überlauf (m)	перелив (м)
overhead clearance	hauteur (f) libre	lichte Höhe (f)	габарит (м) контактной сети (высота в свету)
overhead clearance, clear width, clear span	hauteur (f) libre / gabarit (m) net, largeur (f) nette, portée nette	lichte Höhe (f), lichte Breite (f), lichte Weite (f)	габарит (м) контрактной сети, габаритная ширина (ж), пролёт (м) в свету
overhead door	porte (f) basculante	Klapptür (f) / Hebetür (f)	подъёмная дверь (ж)

Overhung

ENGLISH	FRENCH	GERMAN	RUSSIAN
overhung sliding door (horizontal)	porte (f) suspendue coulissante horizontalement	Rolltür (f), horizontal angeordnet	подвесная раздвижная дверь (ж) (горизонтальная)
overlapping asphalt shingles	bardeaux (m) d'asphalte (m) chevauchés	überlappende asphaltierte Dachschindeln (f)	частично дублирующие кровельные плитки (ж)
oversize truck traffic	circulation (f) (trafic) de camions (m) surdimensionnés	Schwerlastverkehr (m)	тяжело грузовое движение (ср)
owner	propriétaire (m)	Eigentümer (m)	владелец (м)
owners' association	association (f) des propriétaires	Eigentümergemeinschaft (f)	ассоциация (ж) владелцов
owner's share	part (f) du propriétaire (m)	Eigentümeranteil (m)	часть (ж) владельца

P

ENGLISH	FRENCH	GERMAN	RUSSIAN
packed joint / filled-up joint	joint (m) bourré	abgedichtete Fuge (f) / vergossene Fuge (f)	уплотнённый шов (м)
padlock	cadenas (m)	Vorhängeschloß (n)	висячий замок (м)
paint	peinture (f)	Farbe (f) / Anstreichfarbe (f)	краска (ж)
paint workshop	atelier (m) de peinture	Malerwerkstatt (f)	малярная мастерская (ж)
palm	palmier (m)	Palme (f)	пальма (ж)
pane of glass	vitre (f)	Glasscheibe (f)	листовое стекло (ср)
panelled ceiling (interior, exterior)	plafond (m) à panneaux (m) (intérieur, extérieur)	Kassettendecke (f) vertäfelte Decke (f) (innen, außen)	кессонный подшивной потолок (м) (внутренний, наружный)
parapet	parapet (m)	Attika (f) / Brüstung (f)	парапет (м)
parapet component	élément (m) de parapet	Brüstungselement (n)	элемент (м) парапета
parapet section between centre (center) lines ...	coupe (f) du parapet (m) entre axes (m) ...	Schnitt (m) durch Attika (f) zwischen Achsenlinien (f) ...	разрез (м) парапета между осевыми линиями (ж) ...

Parging

ENGLISH	FRENCH	GERMAN	RUSSIAN
parging	crépi (m)	Sperrputz (m)	гидроизолирующий слой (м) / запирающий слой (м) (цементной штукатурки)
parking space	espace (m) de stationnement	Parkplatz (m)	место (ср) стоянки
parlour (parlor)	parloir (m)	Salon (m)	отдельный кабинет (м)
parquet flooring	parquet (m)	Parkettfußboden (m)	паркет (м)
parquet installer	poseur (m) de parquet (m)	Parkettverleger (m)	монтажник (м) паркета
part	partie (f)	Teil (m)(n)	часть (ж)
partial basement	sous-sol (m) partiel	Teilunterkellerung (f)	полуподвал (м) (под зданием)
partially recessed balcony	balcon (m) partiellement en retrait	teilweise eingezogener Balkon (m)	неполный отодвинутый балкон (м)
particle board / wood chipboard	panneau (m) de copeaux (m) / panneau (m) en particules (f) de bois	Spanplatte (f) / Holzspanplatte (f)	древесностружечная плита (ж)
pathway / passageway / passage	passage (m)	Gehweg (m) / Verbindungsgang (m)	проход (м)
patient corridor	corridor (m) des patients	Patientenflur (m)	коридор (м) больных
patient's room	chambre (f) de malade (de patient)	Patientenzimmer (n) / Krankenzimmer (n)	комната (ж) больного
pavement	dallage (m), pavage (m)	Pflaster (n), Straßenbelag (m)	мостовая (ж)
paving	pavage (m), dallage (m) (rue)	Pflasterung (f)	мощение (ср) улиц
payment instalment	paiement (m) en acompte	Teilzahlung (f)	взнос (м) уплаты
pebble	rocaille (f) / gravillon (m)	Kieselstein (f)	галька (ж)
pedestal	piédestal (m) / base (f)	Stützensockel (m)	подколлонник (м)
perforated ceiling board	planche (f) de plafond (m) perforée	perforierte Deckenplatte (f)	перфорированная панель (ж) подвесного потолка
perforated metal	métal (m) perforé	perforiertes Metall (n)	перфорированный металл (м)

Permission

ENGLISH	FRENCH	GERMAN	RUSSIAN
permission	permission (f)	Erlaubnis (f) / Genehmigung (f)	позволение (ср) / разрешение (ср)
physics laboratory	laboratoire (m) de physiques	Physiklabor (n)	лаборатория (ж) физики
piano hinge	charnière-piano (f)	Klavierscharnier (n)	рояльный шарнир (м)
pile casing	tubage (m) de pieu (m) coulé	Pfahlrohr (n)	обсадная труба (ж)
pile cluster	groupe (m) de pieux (m)	Pfahlgruppe (f)	куст (м) сваи
pile driving	forage (m) de pieux (m)	Pfahlbohrung (f)	забивка свай (ж)
pile foundation	fondation (f) sur pieux (m)	Pfahlgründung (f)	свайный фундамент (м)
pile head	tête (f) de pieu (m)	Pfahlkopf (m)	оголовок (м) сваи
pine	pin (m) (arbre)	Kiefer (m)	сосна (ж)
pipeline	tuyauterie (f)	Rohrleitung (f)	трубопровод (м)
pitch pocket	poche (f) d'oléorésine	Teertasche (f)	засмолок (м) / стыковая накладка (ж)
pivot	pivot (m)	Zapfen (m)	цапфа (ж)
placement of reinforcing steel	emplacement (m) de l'armature (f)	Bewehrungslage (f)	местоположение (ср) армирования
plain bars	armatures (f) lisses	glatte Stahlbetonstäbe (m)	гладкие арматурные стержни (м)
plain concrete	béton (m) simple	unbewehrter Beton (m)	неармированный бетон (м)
plan ... floor	plan (m) ... étage (m)	Grundriß (m) ... Stock (m) / Grundriß (m) ... Etage (f)	план (м) ... этаж (м)
plank / wooden plank	madrier (m) / madrier (m) de bois	Bohle (f) / Holzbohle (f)	доска (ж) / деревянная доска (ж)
planks with tongue and groove / tongue and groove planks	planches (f) bouvetées, languettes (f) et rainures (f)	Bretter (n) mit Nut (f) und Feder (f)	доски (ж) со шпунтом и пазом
plaster ceiling	plafond (m) en plâtre (m)	Putzdecke (f)	штукатурное перекрытие (ср) (потолок)
plaster (interior)	plâtre (m) (intérieur)	Innenputz (m)	штукатурка (ж) (внутренняя)

Plaster

ENGLISH	FRENCH	GERMAN	RUSSIAN
plaster on bamboo-web	plâtre (m) sur treillis (m) de bamboo	Putz (m) auf Bambusgeflecht (n)	штукатурный раствор (м) на бамбуковой сетке (ж)
plaster on face stringer (stair)	plâtre sur le limon (m) extérieur (escalier)	verputzte Freiwange (f) (Treppe)	штукатурка (ж) на лицевой тетиве (ж) (лестница)
plaster on metal lath	plâtre (m) sur latte (f) métallique	Putz (m) auf Drahtgeflecht (n) / Rippenstreckmetall (n)	штукатурка (ж) на металлической сетке
plasterboard	panneau (m) de plâtre	Gipskartonplatte (f)	сухая штукатурка (ж)
plastic	plastique (m)	Kunststoff (m)	пластик (м)
plastic coating	revêtement (m) plastique	Kunststoffbeschichtung (f)	покрытие (ср) для пластика (пластмассовое)
plastic foam-filled hollow concrete block	bloc (m) creux en béton rempli de mousse (f) plastique	Hohlblockstein (m) mit Schaumstoff (m)	бетонный блок (м), налитый пенопластом
plastic folding door	porte (f) pliante en plastique (m)	Falttür (f) aus Kunststoff (m)	пластическая складывающаяся дверь (ж)
plastic joint strip	bande (f) de jointoiement (jointoyage) en plastique	Fugendichtungsband (n) aus Kunststoff (m)	пластическая стыковая лента (ж)
plastic profile (section)	profilé (m) de plastique	Kunststoffprofil (n)	пластический профиль (м)
plastic window	fenêtre (f) en plastique (m)	Kunststofffenster (f)	пластмассовое окно (ср)
plate glass (door, window)	glace (f) de vitrage (m) (porte, fenêtre)	Tafelglas (n) (Tür, Fenster)	листовое стекло (ср) (дверь, окно)
plinth	socle (m)	Sockel (m) / Mauersockel (m)	цоколь (м)
plug weld on site	bouchon (m) soudé sur place (f)	Punktverschweißung (f) (bauseits)	пробочный сварной шов (м) (на местоположении)
plumbing fixtures	appareils (m) de plomberie	Sanitärarmaturen (f)	водопроводные арматуры (ж)
ply, one-ply	pli (m), un pli (m)	Lage (f) / Bahn (f), einlagige Bahn (f)	слой (м), однослойный

Plywood

ENGLISH	FRENCH	GERMAN	RUSSIAN
plywood	contreplaqué (m)	Sperrholz (n)	фанера (ж)
plywood on rigid insulation	contreplaqué (m) sur isolant (m) rigide	Sperrholz (n) auf harte / steife Wärmedämmung (f)	фанера (ж) на твёрдой изоляции (ж)
plywood panel	panneau (m) de contreplaqué	Sperrholzplatte (f)	фанерная панель (ж)
pneumatic post	poste (m) pneumatique	Rohrpost (f)	пневматическая почта (ж)
pocket	niche (f)	Nische (f)	ниша (ж)
point load	charge (f) concentrée	Punktlast (f)	сосредоточенная нагрузка (ж)
polyethylene sheathing / polystyrene board	feuille (f) de polyéthylène / planche (f) de polystyrène	Polyäthylenplatte (f) / Styroporplatte (f)	лист (м) полиэтилен / плита (ж) полистирол
polystyrene foam concrete	béton (m) à base de polystyrène expansé	Leichtbeton (m) mit Styroporzusatz (m)	пенобетон (м) с полистиролом
polyurethane rigid foam insulation board	planche (f) rigide d'isolation en mousse (f) de polyuréthane	Polyurethan-Hartschaum-Tafel (f)	плита (ж) из пенополистирола
pond	étang (m)	Teich (m)	пруд (м)
poplar	peuplier (m)	Pappel (f)	тополь (м)
porch	perron (m)	offene Veranda (f)	крыльцо (ср)
porous concrete	béton (m) poreux / béton (m) cellulaire	Porenbeton (m)	пористый бетон (м)
porous wood panel	panneau (m) poreux en bois	poröse Holzfaserplatte (f)	древесноволокнистая панель (ж) (ячеистая)
Portland cement	ciment (m) portland	Portlandzement (m)	портландцемент (м)
post-and-beam structure	construction (f) à poteaux (m) et poutres (f)	Ständerbau (m)	стоечнобалочный каркас (м)
pothole (on street)	nid (m) de poule (dans une chaussée)	Schlagloch (n) (auf der Straße)	выбоина (ж) (на улице)

Precast

ENGLISH	FRENCH	GERMAN	RUSSIAN
precast cellular concrete wall component in upright position	élément (m) précoulé de mur (m) en béton (m) cellulaire / poreux en position verticale	vorgefertigtes stehendes Porenbeton-Wandelement (n)	сборный ячеистый бетонный стенной элемент (м) (вертикальный)
precast concrete element	élément (m) en béton (m) précoulé	vorgefertigtes Betonteil (m) / Betonfertigteil (n)	сборный бетонный элемент (м)
precast concrete panel	panneau (m) de béton (m) précoulé	vorgefertigte Betonplatte (f)	сборная бетонная панель (ж)
precast concrete tread	marche (f) en béton (m) précoulé	vorgefertigte Betontrittstufe (f)	сборная бетонная проступь (ж)
precast concrete treads, risers and landings	marches (f), contremarches (f) et paliers (m) en béton (m) précoulé	vorgefertigte Beton-Trittstufen (f), Beton-Setzstufen und Beton-Podeste (n)	сборные бетонные проступи (ж), подступенки (м) и лестничные площадки (ж)
precast concrete units of stairs	éléments (m) d'escalier (m) en béton (m) précoulé	Treppenelemente (n) aus Betonfertigteilen (n)	лестничные сборные бетонные компоненты (м)
precast load-bearing cellular concrete wall component / element	élément (m) précoulé de murs (m) portants en béton (m) cellulaire / poreux	vorgefertigtes tragendes Porenbeton-Wandelement (n)	сборный несущий ячеистый бетонный стенной элемент (м)
precast load-bearing concrete wall element	élément (m) précoulé de mur (m) portant en béton (m)	vorgefertigtes tragendes Beton-Wandelement (n)	сборный несущий стенной элемент (м)
precast non-bearing concrete wall element	élément (m) précoulé de mur (m) non-portant en béton (m)	vorgefertigtes nichttragendes Beton-Wandelement (n)	сборный ненесущий стенной элемент (м)
precast pile	pieu (m) précoulé	Betonfertigpfahl (m)	сборная свая (ж)
precast prestressed concrete element	élément (m) de béton précontraint et précoulé	Spannbetonfertigteil (n)	сборный предварительно напряжённый бетонный элемент (м)
precast reinforced concrete element	élément (m) de béton armé (m) précoulé	vorgefertigtes Stahlbetonelement (n) / Stahlbetonfertigelement (n) / Stahlbetonfertigteil (m)	сборный железобетонный элемент (м)
precast reinforced concrete lintel	linteau (m) en béton armé (m) précoulé	vorgefertigter Stahlbetonsturz (m)	сборная железобетонная перемычка (ж)

Prefabricated

ENGLISH	FRENCH	GERMAN	RUSSIAN
prefabricated aerated flat roof construction	système (m) de toiture (f) plate, préfabriquée et ventilée	vorgefertigte, durchlüftete Flachdachkonstruktion (f)	конструкция (ж) сборной аэрированной плоской крыши
prefabricated concrete sandwich-wall panel / prefabricated concrete panel with insulation between concrete shells	panneau sandwich (m) en béton (m) préfabriqué / panneau (m) préfabriqué de béton (m) avec isolation (f) incorporée	vorgefertigte Beton-Sandwichwandplatte (f) / vorgefertigte zweischalige Betonwand (f) mit Kerndämmung (f)	сборная бетонная многослойная стенная панель (ж) / сборная бетонная панель (ж) с изоляцией между двумя оболочками
prefabricated fill-in curtain wall panel	panneau (m) de remplissage préfabriqué de mur-rideau (m)	vorgefertigte Ausfachungswand-Tafel (f) / vorgefertigte Vorhangsfassadentafel (f)	сборная ненесущая стенная панель (ж) (для заполнения)
prefabricated flat roof component / prefabricated flat roof element	élément (m) préfabriqué de toiture (f) plate	vorgefertigtes Flachdachelement (n)	элемент (м) сборной плоской крыши
prefabricated truss	ferme (f) préfabriquée	vorgefertigter Binder (m)	сборная ферма (ж)
preliminary design	dessin (m) préliminaire	Vorentwurf (m)	эскизный проект (м)
prestressed concrete	béton (m) précontraint	Spannbeton (m)	предварительно напряжённый железобетон (м)
prestressed concrete beam	poutre (f) en béton (m) précontraint	Spannbetonträger (m)	предварительно напряжённая железобетонная балка (ж)
prestressed concrete component	élément (m) de béton (m) précontraint	Spannbetonelement (n)	предварительно напряжённый железобетонный элемент (м)
prestressed concrete panel	panneau (m) de béton (m) précontraint	Spannbetonplatte (f)	предварительно напряжённая бетонная панель (ж)
prestressed concrete pile	pieu (m) en béton (m) précontraint	Spannbetonpfahl (m)	предварительно напряжённая железобетонная свая (ж)
prestressed steel	acier (m) de précontrainte	Spannstahl (m)	предварительно напряжённая сталь (ж)
primary grid	coordonnées (f) primaires	Primärraster (m)	основная сетка (ж)
prime coat with bitumen	couche (f) d'apprêt au pinceau au bitume (m)	Bitumenvoranstrich (m)	грунт (м) с битумом

ENGLISH	FRENCH	GERMAN	RUSSIAN
primer / primary brushcoat	couche (f) d'apprêt au pinceau (m)	Voranstrich (m)	грунтовка (ж)
principal (school)	directeur (m) (d'école)	Rektor (m) (Schule)	директор (м) (школы)
printing room	salle (f) d'imprimerie	Vervielfältigungsraum (m) / Kopierraum (m)	типографическое помещение (ср)
private room (one bed)	chambre (f) privée (un lit)	Ein-Bettzimmer (n) / Privatzimmer (n) / Einzelzimmer (n)	отдельный кабинет (м) (одна кровать)
project completion	achèvement (m) du projet (m)	Projektabwicklung (f)	окончание (ср) проекта
project No.	No. de projet (m)	Projekt (n) Nr.	№ проекта (м)
project steering / project management	direction (f) du projet (m) / gérance (f)	Projektsteuerung (f) / Projektleitung (f)	направление (ср) проекта
project supervision	supervision (f) de projet (m)	Projektbetreuung (f)	надзор (м) за проектом
projecting masonry jamb (for window or door)	jambage (m) de maçonnerie (f) en saillie (f) (pour fenêtre ou porte)	Mauerleibung (f) mit Außenanschlag (m) (für Fenster oder Tür)	выступающий каменный косяк (м) (для окна или двери)
projection / overhang	saillie (f)	Überstand (m)	выступ (м)
projection room	cabine (f) de projection	Vorführraum (m)	проекционная кабина (ж)
property line	limite (f) de propriété (f)	Grundstücksgrenze (f)	граница (ж) земельного участка
protection board / guard board	planche (f) de protection	Schutzplatte (f)	защитная плита (ж)
protruding brick joints	joints (m) de briques (f) en saillie (f)	vorspringende Verfugung (f)	торчащие кирпичные швы (м)
protruding building component	élément (m) de construction en saillie (f)	vorspringendes Bauteil (n)	выступающий элемент (м) здания
psychologist	psychologue (m)	Psychologe (m)	психолог (м)
pump	pompe (f)	Pumpe (f)	насос (м)
purlin	panne (f)	Pfette (f)	прогон (м)
putty (window)	mastic (m) (fenêtre)	Fensterkitt (m)	оконная замазка (ж)

PVC

ENGLISH	FRENCH	GERMAN	RUSSIAN
PVC floor covering	recouvrement (m) de plancher (m) en PVC	PVC Bodenbelag (m)	настил (м) пола поливинилхлорида

Q

quarry tiles	carreaux (m) de carrière (grès cérame)	Natursteinplatten (f)	каменные плитки (ж)
quartz	quartz (m)	Quarz (m)	кварц (м)
quick-adjustable rod hanger with a built-in spring	tige de suspension (f) à ressort (m) à ajustement rapide	Schnellspannabhänger (m)	быстрорегулируемая стержневая подвеска (ж) с встроенной пружиной
quick-setting cement	ciment (m) à prise rapide	schnell abbindender Zement (m)	быстросхватывающийся цемент (м)
quick-spring-loaded rod hanger	tige de suspension (f) à ressort (m) à action rapide	Ankerschnellabhänger (m) mit Feder (f)	быстроподпружиниванная стержневая подвеска (ж)

R

rabbet height	hauteur (f) de rainure (f)	Falzhöhe (f)	высота (ж) фальца
rabbet width	largeur (f) de rainure (f)	Falzbreite (f)	ширина (ж) фальца
radiant heating	chauffage (m) rayonnant	Strahlungsheizung (f)	радиационный нагрев (м)
radiator	radiateur (m)	Radiator (m)	радиатор (м)
radio	radio (f)	Rundfunk (m)	радио (ср)
radio-fluoroscopy	radio-fluoroscopie (f)	Radiofluoroskopie (f)	радиорентгеноскопия (ж)
radiography	radiographie (f)	Radiographie (f)	радиография-рентгеноскопия (ж)
radiology	radiologie (f)	Radiologie (f)	радиология (ж)
radiology floor (floor level)	plancher (m) (étage) de radiologie (f)	Radiologieetage (f)	этаж (м) радиологии
raft foundation	radier (m) de fondation (f)	Fundamentplatte (f)	сплошной фундамент (м)
rafter	chevron (m)	Sparren (m)	стропило (ср)

ENGLISH	FRENCH	GERMAN	RUSSIAN
rafter head	tête (f) de chevron (m)	Sparrenkopf (m)	вход (м) стропила
rafter tie	tirant (m) entre chevrons (m)	Firstlasche (f)	затяжка (ж) стропила
rail profile (section)	coupe (f) (profilé) du rail (m)	Schienenprofil (n)	профиль (м) рельса
rainwater	eau (f) de pluie	Regenwasser (f)	дождевая вода (ж)
rainwater head	cuvette (f) de chéneau (m) d'eau pluviale (f)	Regenwasserfang (m) / Rinnenkasten (m)	воронка (ж) водосточной трубы / водосточная воронка (ж)
rainwater tank / rainwater cistern	réservoir (m) d'eau pluviale / citerne (f) d'eau pluviale	Regenzisterne (f)	цистерна (ж) дождя
rainwater trickle (seeping)	suintage (m) d'eau pluviale	Regenwasserversickerung (f)	струйка (ж) дождевой воды
raised flooring	plancher (m) surélevé	aufgeständerter Fußboden (m)	фальшпол (м)
raked brick joint	joint (m) de briques (f) raclé	zurückspringende Verfugung (f)	кирпичное заполнение (ср) впустошовку
ramp	rampe (f)	Rampe (f)	уклон (м)
ramp slope ... %	rampe (f) pente (f) ... %	Rampe (f) mit ... % Gefälle (n)	наклонная плоскость (ж), уклон (м) ... %
reading room	salle (f) de lecture	Leseraum (m)	читальня (ж)
ready-mix concrete	béton (m) prémélangé	Fertigbeton (m)	товарный бетон (м)
rear elevation	façade (f) arrière	Rückansicht (f)	задний фасад (м)
rear entrance / back entrance	entrée (f) arrière / entrée (f) secondaire	Hintereingang (m)	задний вход (м)
receiving and storage	réception (f) et dépôt (m)	Annahme (f) und Aufbewahrung (f)	приём (м) и хранение (ср)
reception	réception (f)	Anmeldung (f) / Rezeption (f)	приём (м)
recess in concrete	retrait (m) dans le béton (m)	Vertiefung (f) im Beton (m)	углубление (ср) в бетоне (м)
recessed lighting fixture (at ceiling)	appareil (m) d'éclairage encastré (au plafond)	Deckeneinbauleuchte (f)	встроенный светильник (м) (у потолка)

Recessed

ENGLISH	FRENCH	GERMAN	RUSSIAN
recessed masonry jamb (for window or door)	jambage (m) de maçonnerie (f) en retrait (pour fenêtre ou porte)	Mauerleibung (f) mit Innenanschlag (m) (für Fenster oder Tür)	отодвинутый каменной косяк (м) (для окна или двери)
recessed wall	mur (m) en retrait	zurückspringende Wand (f)	встроенная стена (ж)
rectangular beam	poutre (f) rectangulaire	rechteckiger Balken (m)	балка (ж) прямоугольного сечения
rectangular grid	coordonnées (f) rectangulaires	Rechteckraster (m)	прямоугольная расчётная сетка (ж)
rectangular leader	conduite (f) (descente) rectangulaire	rechteckiges Regenfallrohr (n)	прямоугольная водосточная труба (ж)
rectangular profile	profilé (m) rectangulaire	Rechteckprofil (n)	прямоугольная форма (ж) / прямоугольный профиль (м)
rectangular steel pipe column	colonne (f) en acier (m) tubulaire rectangulaire	rechteckige Stahlrohrstütze (f)	прямоугольная стальная трубчатая колонна (ж)
rectangular tube	tube (m) rectangulaire	Vierkantrohr (n)	труба (ж) прямоугольного сечения
red pine	pin rouge (m)	Rotkiefer (f)	красная сосна (ж)
reference line	ligne (f) de référence	Bezugslinie (f)	координационная модульная линия (ж)
reflected ceiling	plafond (m) réfléchi	Deckenuntersicht (f)	отражающийся потолок (м)
reflected ceiling plan	plan (m) de plafond réfléchi	Untersichtsplan (m) der Decke (f)	нижняя поверхность (ж) потолка
regular gypsum board	planche (f) de gypse ordinaire	einfache Gipskartonplatte (f)	стандартная сухая штукатурка (ж)
regular joint	joint (m) régulier	normale Fuge (f)	стандартный шов (м)
reinforced concrete	béton armé (m)	Stahlbeton (m)	железобетон (м)
reinforced concrete beam	poutre (f) en béton armé (m)	Stahlbetonträger (m)	железобетонная балка (ж)
reinforced concrete bracket	console (f) (support) en béton armé (m)	Stahlbetonkonsole (f)	железобетонный кронштейн (м)
reinforced concrete column	colonne (f) en béton armé (m)	Stahlbetonstütze (f)	железобетонная колонна (ж)
reinforced concrete floor	plancher (m) en béton armé (m)	Stahlbetondecke (f)	железобетонное перекрытие (ср)

Reinforced

ENGLISH	FRENCH	GERMAN	RUSSIAN
reinforced concrete footing	empattement (m) en béton armé (m)	Fundament (n) aus Stahlbeton (m)	железобетонное основание (ср)
reinforced concrete slab	dalle (f) de béton armé (m)	Stahlbetonplatte (f)	железобетонная плита (ж)
reinforced concrete slab on grade	dalle (f) de béton armé (m) sur sol (m)	Stahlbetonplatte (f) auf Erdreich (n)	железобетонная плита (ж) на отметке земли
reinforced concrete slab on ground	dalle (f) sur sol (m) en béton armé (m)	erdreichberührte Stahlbetonplatte (f)	железобетонная плита (ж) на отметке грунта
reinforced concrete slab with thermal insulation	dalle (f) de béton armé (m) avec isolation (f) thermique	Stahlbetonplatte (f) mit Wärmedämmung (f)	железобетонная плита (ж) с теплоизоляцией
reinforced concrete wall element	élément (m) de mur en béton armé (m)	Stahlbeton-Wandelement (n)	элемент (м) железобетонной стены
reinforced masonry	maçonnerie (f) armée	Mauerwerk (n) mit Bewehrung (f)	армированная кладка (ж)
reinforced plaster	plâtre (m) armé	bewehrter Putz (m)	армированная штукатурка (ж)
reinforcing	armature (f)	Bewehrung (f)	арматура (ж)
reinforcing steel	acier (m) d'armature	Bewehrungseisen (n)	арматурная сталь (ж)
reinforcing steel bar	barre (f) d'armature d'acier (m)	Armierungsstab (m) / Stahlbetonstab (m)	арматурный стальный стержень (м) / арматурный стальный прокат (м)
reinforcing steel bar at every ... concrete step	barre (f) d'armature d'acier (m) à chaque ... marche (f) de béton	Armierungsstab (m) an jeder ... Betonstufe (f)	стальной арматурный стержень (м) у каждой ... бетонной ступени
reinforcing steel (concrete)	acier (m) d'armature à béton	Betonstahl (m) / Bewehrungseisen (n)	арматурная сталь (ж) (бетонная)
remarks	remarques (f)	Bemerkungen (f)	замечания (ср)
removable railing	balustrade (f) amovible	abnehmbares Geländer (n)	снимающиеся перила (ср) / разборные перила (ср)
removable steel joint cover screwed to ...	couvre-joint (m) amovible d'acier (m) vissé à ...	abnehmbares Dehnungsfugenprofil (n) aus Stahl, geschraubt an ...	съёмная стыковая накладка (ж), завинчиванная к ...
removable steel plate	plaque (f) d'acier (m) amovible	abnehmbare Stahlplatte (f)	съёмная стальная плита (ж)

Request

ENGLISH	FRENCH	GERMAN	RUSSIAN
request for demolition	demande (f) de démolition (f)	Abbruchantrag (m)	запрос (м) для разборки
requests for revisions	demandes (f) de révisions (f)	Änderungswünsche (m)	запросы (м) для модификаций
resilient base	plinthe (f) flexible	elastische Scheuerleiste (f) / elastische Fußleiste (f)	упругий плинтус (м) / эластичный плинтус (м)
resilient flooring	couvre-sol (m) flexible	elastischer Fußbodenbelag (m)	эластичное покрытие (ср)
rest area, lounge	salle (f) (espace) de repos	Aufenthaltsbereich (m), Aufenthaltsraum (m)	район (м) отдыха
restrained beam	poutre (f) encastrée	eingespannter Balken (m) / Träger (m)	балка (ж) с защемлёнными концами
restrained slab (reinforced concrete)	dalle (f) encastrée (en béton armé)	eingespannte Platte (f) (Stahlbeton)	защемлённая плита (ж) (железобетон)
restraint	encastrement (m)	Einspannung (f)	защемление (ср)
retaining wall (exposed concrete)	mur (m) de soutènement (béton apparent)	Stützmauer (f) (Sichtbeton)	подпорная стенка (ж) (обнажённый бетон)
return air fan	ventilateur (m) de retour d'air (m)	Umluftventilator (m)	вентилятор (м) рециркуляционного воздуха
revisions	révisions (f)	Änderungen (f)	изменения (ср) (модификации)
revolving door	porte (f) tournante	Drehtür (f)	вращающаяся дверь (ж)
revolving tilt-up window	fenêtre (f) oscillobattante	Drehkippflügel (m)	створный оконный переплёт (м) (нижнеподвесный)
rhododendron	rhododendron (m)	Rhododendron (m)	рододендрон (м)
ribbed floor slab	dalle (f) de plancher (f) à nervures	Stahlbeton-Rippendecke (f)	ребристая панель (ж) перекрытия
ribbed reinforcing bar	barre (f) d'armature crénelée	schräggerippter Betonstahlstab (m)	ребристый арматурный стержень (м)
ridge board	faîtière (f)	Firstbrett (n)	коньковая доска (ж)
ridge detail	détail (m) du faîte (m)	Firstdetail (n)	коньковая деталь (ж)

Ridge

ENGLISH	FRENCH	GERMAN	RUSSIAN
ridge limit	arrêt (m) de faîte (m)	Firstabschluß (m)	коньковая остановка (ж)
ridge of truss	faîtière (f) de la charpente (f)	Firstpunkt (n) (Binder)	конёк (м) фермы
ridge purlin	panne (f) faîtière	Firstpfette (f)	прогон (м) конька
ridge / roof ridge	faîte (m) / faîte (m) de toiture (f) / arête (f) de toiture (f)	First (m) / Dachfirst (m)	конёк (м) / конёк (м) крыши
right-angle grid / orthogonal grid	trame (f) à angles (m) droits / coordonnées (f) orthogonales (f)	rechtwinkliger Raster (m)	сетка (ж) под прямым углом
right-side elevation	façade (f) (élévation) latérale droite	rechte Seitenansicht (f)	фасад (м) боковой с правой стороны
rigid insulating board / rigid insulating sheet	planche (f) d'isolation rigide	Hartschaumplatte (f) / harte / steife Dämmstoffplatte (f)	жёсткозакреплённая изоляционная плита (ж) / жёсткозакреплённый изоляционный лист (м)
rigid insulating board / sheet set in mortar bed	planche (f) d'isolation rigide posé au mortier (m)	Hartschaumplatte (f) im Mörtelbett (n)	жёсткозакреплённый изоляционный лист (м), встроенный в растворной постели
rigid insulating wedge out of rock wool	cale (f) d'isolation rigide en laine (f) minérale	Dämmstoffkeil (m) aus Steinwolle (f)	жёсткозакреплённый изоляционный клин (м) из минеральной ваты
rigid insulation	isolation (f) rigide	harte / steife Wärmedämmung (f)	жёсткозакреплённая изоляция (ж)
rigid joint	joint (m) rigide	starre Verbindung (f)	жёсткое соединение (ср)
ring beam	poutre (f) annulaire / chaînage (m)	Ringbalken (m)	кольцевая балка (ж)
riser	contremarche (f)	Setzstufe (f)	поступенок (м)
riveted connection	assemblage (m) riveté	Nietverbindung (f)	заклёпочное соединение (ср)
road	chemin (m) / route (f)	Weg (m) / Fahrweg (m)	дорога (ж)
rock	roc (m)	Felsen (m)	горная порода (ж)
rock line	ligne (f) du roc (m)	Felsenlinie (f)	линия (ж) горной породы
rod	barre (f) / tige (f) d'acier	Armierungstab (m)	стержень (м)

Rod

ENGLISH	FRENCH	GERMAN	RUSSIAN
rod spacers	espaceurs (m) pour ferraillage	Armierungsstab-Abstandhalter (m)	стержневые распорки (ж)
rod (threaded)	barre (f) (filetée)	Armierungsstab (m) (gerippt)	стержень (м) (резьбовой)
rolled steel shape	profilé (m) en tôle (f) d'acier	Walzprofil (n)	стальная катанная форма (ж)
roller blind	store (m) roulant	Rolladen (m)	шторный затвор (м)
rolling door	porte (f) roulante	Rolltor (n)	подъёмная дверь (ж) / катанная дверь (ж)
roof battens	lattes (f) de toiture	Dachlatten (f)	обрешётки (ж) крыши
roof battens put on edge	lattes (f) de toiture posée sur champ	hochkant gestellte Dachlatten (f)	обрешётки (ж) крыши, поставленые на крае
roof cant strip	tringle (f) biseautée de toiture (f)	Randkeil (m) / Keil (m) des Daches (n)	деревянное треугольное сечение (ср)
roof drain	drain (m) de toiture (f)	Dachablauf (m)	сливнипуск (м) крыши / водосточная воронка (ж)
roof edge	bord (m) de toiture (f)	Dachkante (f)	кровельный край (м)
roof hatch / hatchway to roof	trappe (f) d'accès à la toiture (f)	Dachluke (f) / Dachausstiegsluke (f)	люк (м) в крыше
roof insulation	isolation (f) de toiture (f)	Dachdämmung (f)	изоляция (ж) кровли
roof line / roof-ridge line	faîtière (f) (toiture)	Firstlinie (f) (Dach)	линия (ж) конька (крыша)
roof membrane (layers)	membrane (f) de toiture (f) (couches)	Dachhaut (f) (mehrlagig)	многослойная рулонная кровля (ж) / гидроизолирующий ковёр (м) кровли (слои)
roof overhang	porte-à-faux (m) de toit (m) / avant-toit (m)	Dachüberstand (m)	свес (м) крыши
roof parapet	parapet (m) de toiture (f)	Dachbrüstung (f) / Attika (f)	парапет (м) крыши
roof plan	plan (m) du toit (m)	Dachgrundriß (m)	план (м) крыши
roof sealant plies on wood form	plis (m) de scellement de toiture (f) sur pontage (m) de bois	Dachdichtungsbahnen (f) / Lagen (f) auf Holzschalung (f)	слои (м) кровельного герметика на деревянной форме

Roof

ENGLISH	FRENCH	GERMAN	RUSSIAN
roof sheathing with tongue and groove	revêtement (m) de toiture (f) en bois (m), embouveté à languette et rainure	Dachschalung (f) mit Nut (f) und Feder(f)	накат (м) крыши со шпунтом и пазом / настил (м) крыши со шпунтом и пазом
roof slab	dalle (f) de toiture (f)	Dachplatte (f)	плита (ж) прокрытия
roof slab of cellular concrete	dalle (f) de toiture (f) en béton (m) cellulaire	Dachplatte (f) aus Porenbeton (m)	плиты (ж) покрытия ячеистого бетона (или газобетона)
roof slope	pente (f) de toiture (f)	Abdachungswinkel (m)	наклон (м) крыши
roof truss	ferme (f) de toiture (f)	Dachbinder (m)	стропильная ферма (ж)
roofing asphalt / roofing bitumen	asphalte (m) / bitume (m) de couverture (f) de toiture (f)	Dachasphalt (m) / Dachbitumen (n)	кровельный асфальт (м) / кровельный битум (м)
roofing gravel	gravier (m) de toiture (f)	gewaschener Kies (m) (Dach)	кровельный гравий (м)
roofing / roof covering	couverture (f) de toit (m)	Dacheindeckung (f)	кровельное покрытие (ср)
roofing / roof covering materials	matériaux (m) de toiture (f) / recouvrement de toiture	Dacheindeckungsmaterialien (f)	кровельные материалы (м)
roofing shingle	bardeau (m) de toiture (f)	Dachschindel (f)	кровельный гонт (м) / кровельная плитка (ж)
roofing slate	bardeau (m) d'ardoise (f) de toiture (f)	Dachschiefer (m)	кровельная плитка (ж) / шиферная плитка (ж)
roofing tile	tuile (f) de toiture (f)	Dachziegel (m) / Dachstein (m)	кровельная черепица (ж)
roofing tile of verge	tuile (f) de saillie (f) (d'avant-toit) de toiture (f)	Ortgangziegel (m) / Ortgangstein (m)	свес (м) крыши со стороны фронтона кровельной черепицы
roofing underlay	dessous (m) de toiture (f) sous-couches (f)	Dachdeckschicht (f)	гидроизоляционный слой (м) (кровли)
roofing with a minimum slope and with roof sealant plies on wood form	toiture (f) à pente (f) minimale avec plis de scellement de toiture (f) sur pontage de bois	Dach (n) mit minimaler Dachneigung (f) und mit Dachdichtungsbahnen (f) auf Holzschalung (f)	крыша (ж) с минимальным наклоном и со слоями (м) кровельного герметика на деревянной форме

Room

ENGLISH	FRENCH	GERMAN	RUSSIAN
room height	hauteur (f) de pièce (f) (chambre)	Raumhöhe (f)	высота (ж) комнаты
room name	nom (m) des pièces (f)	Raumbezeichnung (f)	название (ср) комнаты
room size	grandeur (f) de pièce (f) (chambre)	Raumgröße (f)	размер (м) комнаты
rosewood	bois (m) de rose	Rosenholz (n)	розовое дерево (ср)
rough concrete	béton (m) brut	Rohbeton (m)	неотделанный бетон (м)
rough planks	madriers (m) bruts	Schwarten (f)	необрезная доска (ж)
rough planks on battens	madriers (m) bruts sur lambourdes (f)	Schwarten (f) auf Dachlatten (f)	необрезные доски (ж) на рейках (ж)
rough sheathing board	planche (f) brute de protection (f)	Einschubbrett (n)	необрезная обшивочная доска (ж)
roughed-in step	gros-oeuvre (m) de marche (m)	Rohstufe (f)	шероховатая ступень (ж)
round leader	conduite (f) cylindrique	zylindrisches Regenfallrohr (n)	круглая водосточная труба (ж)
rounded corner nosing of first step	coin (m) arrondi de nez (m) de marche (f) de départ	abgerundete Ecke (f) der Antrittsvorderkante (f)	угол (м) с круглым выступом (м) первой ступени
rowlock	brique (f) posée de champ	Ziegel (m) auf Seitenkante (f) gelegt	перевязочный кирпич (м), поставленный на ребро
rowlock header	boutisse (f)	Rollschicht (f)	тычок (м) перевязочного кирпича (м), поставленного на ребро
royal palm	palmier (m) royal	Königspalme (f)	пальма (ж) / благородная пальма (ж)
rubber pad	base (f) en caoutchouc	Gummiunterlage (f)	резиновая подкладка (ж)
rubble stone	moellon (m) brut	Bruchstein (m)	бутовый камень (м)
rung	échelon (m)	Sprosse (f) / Steigbügel (m)	ступенька (ж)
rustication	joint (m) en niche (f)	zurückspringende Fuge (f)	рустика (ж) / проёмный шов (м)

ENGLISH	FRENCH	GERMAN	RUSSIAN
S			
safe	coffre-fort (m)	Tresor (m)	сейф (м)
same flight (stair)	même volée (f) (escalier)	gleicher Treppenlauf (m)	тот же лестничный марш (м)
sand	sable (m)	Sand (m)	песок (м)
sand bed	lit (m) de sable (m)	Sandbett (n)	песчаная постель (ж)
sandblasting	jet (m) de sable (m)	Sandstrahlen (n)	струя (ж) песка
sandwich panel	panneau sandwich (m)	Mehrschichtplatte (f) / Sandwichplatte (f)	многослойная панель (ж)
sandwich wall	mur sandwich (m)	Sandwichwand (f)	многослойная стена (ж)
sash hardware	quincaillerie (f) de châssis (m)	Flügelrahmenbeschläge (m)	металлические изделия (ср) (метизы) оконной коробки
sauna	sauna (m)	Sauna (f)	финская парная баня (ж)
scale (drawings)	échelle (f) (dessins)	Maßstab (m) (Pläne)	масштаб (м) (чертежи)
schedule of room interior finishes	tableau (m) / liste (f) des finis (m) intérieurs des pièces (f)	Raumbuch (n)	книга (ж) о внутренней отделкой комнаты
screed of mastic asphalt	chape (f) de mastic (m) bitumineux (asphaltique)	Gußasphaltestrich (m)	стяжка (ж) литого асфальта
screen door	porte (f) à moustiquaire (f)	Fliegengittertür (f)	проволочная сетка (ж) (дверь)
screw	vis (f)	Schraube (f)	винт (м)
screw and lead shield	vis (f) et manchon (m) en plomb	Dübelschraube (f) und Spreizdübel (m) aus Blei	винт (м) и свинцовая оболочка (ж)
screw-bracket	monture (f) à vis	Schraublasche (f)	винтовая накладка (ж)
screw cap	bouchon (m) à vis (f)	Schraubenkopf (m)	навинчивающаяся крышка (ж)
screwed joint	joint (m) à vis	Schraubverbindung (f)	винтовое соединение (ср)

Seal

ENGLISH	FRENCH	GERMAN	RUSSIAN
seal, bituminous layer, plastic-sealant layer, hot mastic asphalt	scellement (m), couche (f) de bitume, couche (f) de scellement en plastique, mastic (m) asphaltique à chaud	Abdichtung (f), Bitumenbahn (f), Kunststoffbahn (f), heißer Asphaltmastix (m)	уплотняюший слой (м), битумная прокладка (ж), пластическая герметизирующая прокладка (ж), горячая асфальтовая мастика (ж)
seal-off with bituminous waterproofing membrane (layers)	sceller avec une membrane (f) d'étanchéité bitumineuse (couches)	Abdichtung (f) mit Bitumen-Dichtungshaut (f) (Schichten)	уплотнение (ср) с битумной гидроизоляционной мембраной (слои)
sealant strip	bande (f) de scellement	Dichtungsband (n)	слойная прокладка (ж)
sealer / sealing compound	agent (m) de scellement	Dichtungsmittel (n)	герметик (м) / уплотнение (ср)
seam weld (continuous weld)	soudure (f) continue (soudure à la molette)	Nahtschweißung (f) (ununterbrochene Schweißung)	заварка (ж) шва (непрерывная сварка)
seamless floor	revêtement (m) de sol sans joints (m)	fugenloser Fußboden (m)	безшовное покрытие (ср) пола
seamless floor finish	fini (m) de plancher (m) sans joints (m)	fugenloser Fertigfußboden (m)	поверхность (ж) безшовного покрытия пола
seamless steel pipe column	colonne (f) d'acier (m) tubulaire sans joints	nahtlose Stahlrohrstütze (f)	стальная трубчатая колонна (ж) без шва
secondary beam	poutre (f) secondaire	Nebenträger (m)	второстепенная балка (ж)
secondary entrance	entrée (f) secondaire	Nebeneingang (m)	боковой вход (м)
secondary grid	coordonnées (f) secondaires	Sekundärraster (m)	вторичная сетка (ж)
secretariat	secrétariat (m)	Sekretariat (n)	секретариат (м)
secretary	secrétaire (m / f)	Sekretärin (f), Sekretär (m)	секретарша (ж)
section	coupe (f)	Schnitt (m)	разрез (м)
section at elevation: ...	coupe (f) au niveau (m): ...	Schnitt (m) bei Höhe (f): ...	разрез (м) у высоты: ...
section on centre (center) line	coupe (f) sur l'axe (m)	Schnitt (m) in Achsenlinie (f)	разрез (м) на центровой / разрез (м) на осевой линие (ж)

Section

ENGLISH	FRENCH	GERMAN	RUSSIAN
section through ...	coupe (f) en travers de ...	Schnitt (m) durch ...	разрез (м) через ...
section through dormer with a pitched roof	coupe (f) en travers de la lucarne (f) à toit incliné	Schnitt (m) durch Schleppgaube (f)	разрез (м) через слуховое окно с крышой со скатами
section through exterior stair	coupe (f) à travers escalier (m) extérieur	Schnitt (m) durch Außentreppe (f)	разрез (м) через наружную лестницу (ж)
section through window	coupe (f) dans fenêtre (f)	Schnitt (m) durch Fenster (n)	разрез (м) через окно
security hardware	quincaillerie (f) de sécurité (f)	Sicherheitsbeschläge (m)	фурнитура (ж) (приборы) безопасности
see detail for concrete base at finish grade and footings	voir détail (m) pour socle (m) de béton (m) au niveau du sol (m) fini et des empattements (m)	siehe Detail (n) für Sockel (m), Oberkante Gelände (n) und Fundamente (n)	смотри деталь (ж) для бетонного основания (ср) у поверхности отметки (ж) земли и оснований (ср)
see detail for exterior wall without air space and insulation	voir détail (m) pour mur (m) extérieur sans espace d'air (m) ni isolation (f)	siehe Detail (n) für Außenwand (f) ohne Hinterlüftung (f) und Wärmedämmung (f)	смотри деталь (ж) для наружной стены (ж) без воздушного пространства (ср) и изоляции (ж)
see detail for footings	voir détail (m) pour empattements (m)	siehe Fundamentdetail (n)	смотри деталь (ж) для оснований (ср)
see detail for roof connection	voir détail (m) pour assemblage (m) de toiture (f)	siehe Detail (m) für Dachanschluß (m)	смотри деталь (ж) для основания (ср) крыши
see detail ... for welded brackets serving as supports for ribbed reinforced concrete slab (floor slab)	voir détail (m) ... pour les consoles (f) soudées servant de supports (m) pour la dalle (f) nervurée en béton armé (m) (dalle de plancher)	siehe Detail (m) ... für angeschweißte Konsolen (f), die als Auflager (n) der Stahlbetonrippendecke (f) dienen	смотри деталь ... для сварных кронштейнов, использовающихся как опоры для ребристой железобетонной плиты
see drawing ...	voir dessin (m) ...	siehe Bauzeichnung (f) ... / siehe Bauplan (m) ...	смотри чертёж (м) ...
see section ...	voir coupe (f) ...	siehe Schnitt (m) ...	смотри разрез (м) ...
see section ... of specification	voir devis (m) section (f) ...	siehe Absatz (m) ... in der Leistungsbeschreibung (f)	смотри секцию (ж) ... спецификации

See

ENGLISH	FRENCH	GERMAN	RUSSIAN
see specification for legend of paints	voir devis (m) pour la légende (f) des peintures (f)	siehe Leistungsbeschreibung (f) bezüglich Farbauswahl (f)	смотри спецификацию (ж) для объяснения красок (ж)
see specification, section ...	voir devis (m), chapitre (m) ...	siehe Leistungsbeschreibungstext (m), Abschnitt (m) ...	смотри спецификацию (ж), секцию ...
self-bearing curtain wall panel	panneau portant (m) de mur-rideau (m)	selbsttragende Großtafel (f) der Vorhangwand (f) / Vorhangfassade (f)	самоподшипниковая ненесущая стена (ж) (панель)
selling price	prix (m) de vente (f)	Verkaufspreis (m)	цена (ж)
semi-detached (house)	moitié (f) du bâtiment (m) / semi-détaché / logement (m) jumelé	Haushälfte (f)	сблокированный дом (м)
semi-gloss oil finish	fini (m) semi-lustre à l'huile (f)	halbglänzender Ölanstrich (m)	полуглянцевая масляная поверхность (ж)
semi-private room (two beds)	chambre (f) semi-privée (deux lits)	Zweibettzimmer (n)	палата (ж) (две кровати)
seminar	études (f)	Seminar (n)	семинар (м)
service entrance	entrée (f) de service	Lieferanteneingang (m)	служебный вход (м)
settlement joint	joint (m) de tassement (m)	Setzungsfuge (f)	осадочный шов (м)
settlement of accounts	règlement (m) de comptes (m)	Abrechnung (f)	уплата (ж) по счётам
sewage	eaux (f) usées	Abwasser (n)	сточные воды (ж)
sewage purification	épuration (f) des égouts	Abwasserklärung (f)	осветление (ср) сточных вод
sewage treatment	traitement (m) des égouts (m)	Abwasserbehandlung (f)	обработка (ж) сточных вод
sewer connection	branchement (m) d'égout (m)	Kanalisationsanschluß (m)	соединительная ветка (ж) канализации
sewer discharge	débouché (m) d'égout (m)	Abwasserentsorgung (f)	канализационный выпуск (м)
sewerage / sewage system	système d'égouts (m)	Kanalisation (f)	наружная канализационная сеть (ж)
shadow	ombre (f)	Schatten (m)	тень (ж)

Shadow

ENGLISH	FRENCH	GERMAN	RUSSIAN
shadow joint	joint (m) en retrait	Schattenfuge (f)	тенный шов (м)
shaft	gaine (f) / puits (m)	Schacht (m)	шахта (ж)
shape of building	aspect (m) visuel de la structure du bâtiment (m)	Bauform (f)	конструкция (ж) (постройка)
shape of stone	forme (f) de la pierre (f)	Steinformat (n)	каменный формат (м)
sheathing	bardage (m)	Bekleidung (f)	обшивка (ж)
sheet glass	verre (m) à vitre	Tafelglas (n) / Plattenglas (n)	листовое оконное стекло (ср)
shielding window	fenêtre (f) de protection contre le rayonnement (m) radioactif	Strahlenschutzfenster (n)	защитное смотровое окно (ср)
shop weld	soudure (f) à l'atelier (m)	Verschweißen (n) (werkseits)	сварной шов (м), выполняемый в заводских условиях
shown dotted	indiqué en pointillé (m)	punktiert gezeigt	показано пунктиром
shown dotted (above, below)	indiqué en pointillé (au-dessus, au-dessous)	punktiert gezeigt (oberhalb, unterhalb)	показано пунктиром (наверху, внизу)
shrub	arbrisseau (m)	Strauch (m)	кустарник (м)
side elevation	façade (f) latérale	Seitenansicht (f)	боковой фасад (м)
side-pivoted glazed door	porte (f) vitrée pivotant latéralement	Drehflügeltür (f) mit Glasfüllung (f)	остеклённая дверь (ж), открывающаяся в одну сторону
side-viewing window	fenêtre (f) latérale	Seitenfenster (n)	иллюминатор (м) бокового обзора
sidewalk	trottoir (m)	Bürgersteig (m)	тротуар (м)
siding(s)	bardage (m) de finition (f)	Stülpschalungsbretter (n)	чистая обшивка (ж)
signature	signature (f)	Unterschrift (f)	подпись (ж)
similar but reversed	similaire renversé	ähnlich, doch umgekehrt	похожий но обратный
similar to ... / same as ...	similaire à ... / égal(e) à ...	ähnlich zu ... / wie ...	похожий на ... / как ...

Single

ENGLISH	FRENCH	GERMAN	RUSSIAN
single footing / pad foundation	empattement (m) simple / fondation (f) isolée	Einzelfundament (n)	отдельный фундамент (м)
single glazing	vitrage (m) simple	Einfachverglasung (f)	одинарное остекление (ср)
single-leaf door / single-swing door	porte (f) à un battant (m) / porte (f) simple	einflügelige Drehflügeltür (f)	дверь (ж), открывающаяся в одну сторону
sink	évier (m)	Waschbecken (n)	мойка (ж)
site elevation	niveau (m) du terrain (m) (emplacement du bâtiment)	Höhe (f) des Baugeländes (n)	уровень (м) стройплощадки
site plan	plan (m) de situation, plan (m) d'emplacement	Lageplan (m)	ситуационный план (м) / ориентационный план (м)
size (door, window)	dimension (f) (porte, fenêtre)	Größe (f) / Abmessung (f) (Tür, Fenster)	размер (м) / измерение (ср) (дверь, окно)
skylight	lucarne (f) vitrée (verrière)	Oberlicht (n)	зенитный фонарь (м)
skylight (flat)	verrière (f) (plate)	Dachflächenfenster (n)	плоский фонарь (м) верхнего света
skylight, skydome	coupole (f) (dôme)	Oberlicht (n), Dachfenster (n)	фонарь (м) верхнего света
slab and beam (concrete) / concrete slab and concrete beam	poutre (f) et dalle (f) en béton	Betonplatte (f) und Betonträger (m)	бетонная плита (ж) и бетонная балка (ж)
slate	ardoise (f)	Schiefer (m)	шифер (м) (натуральный)
slate cladding	parement (m) en ardoise (f)	Schieferbekleidung (f)	покрытие (ср) из шифера
sleeper on resilient pads	lambourde (f) sur coussinets (m) flexibles	Schwelle (f) auf flexiblen Unterlagen (f)	лага (ж) на упругих прокладках
sleeve	manchon (m)	Hülse (f)	гильза (ж)
sliding door (horizontal)	porte (f) coulissant horizontalement	Schiebetür (f) (horizontal), Hebe-Schiebetür (f)	раздвижная дверь (ж) (горизонтальная)
sliding door (vertical)	porte (f) coulissant verticalement	Vertikalschiebetür (f)	раздвижная дверь (ж) (вертикальная)

Sliding

ENGLISH	FRENCH	GERMAN	RUSSIAN
sliding element	élément (m) coulissant	Schiebeelement (n)	раздвижный элемент (м)
sliding window (horizontal)	fenêtre (f) coulissant (horizontalement)	Schiebefenster (n) (horizontal)	раздвижное окно (ср) (горизонтальное)
slip-sheet	papier (m) coulisse / papier (m) ciré / papier de glissement (m) / feuille-coulisse (f)	Gleitfolie (f)	прокладочный лист (м)
slip-sheet (two ply)	papier (m) coulisse (deux plis)	Gleitfolie (f) (zweilagig)	прокладочный лист (м) (двухслойный)
slope	pente (f)	Neigung (f) / Gefälle (n)	наклон (м)
slope of ramp (down)	rampe (f) en pente (en bas)	Rampenneigung (f) (abwärts)	наклонная рампа (ж) (вниз)
slope to drain (grade)	pente (f) vers drain (m) (sol)	Gefälle (n) Richtung Gully (m) (Grund)	наклон (м) к ливнипуску (м) (отметка земли)
sloped concrete	béton (m) de pente	Gefällebeton (m)	наклонный бетон (м)
sloped concrete topping	chape (f) de béton (m) en pente (f)	Gefälleestrich (m)	наклонное бетонное покрытие (ср)
sloped concrete topping on reinforced concrete slab	chape (f) de béton (m) de pente sur dalle (f) de béton armé (m)	Gefälleestrich (m) auf Stahlbetonplatte (f)	наклонное бетонное покрытие (ср) на железобетонной плите
sloped reinforced concrete topping	chape (f) de béton armé (m) en pente	Gefälleestrich (m) mit Bewehrung (f)	наклонное железобетонное покрытие (ср)
slotted adjustable flat metal hanger	crochet (m) ajustable en métal plat (m) rainuré	Schlitzbandabhänger (m)	регулируемая плоская металлическая подвеска (ж) со шлицем
smoke detector	détecteur (m) de fumée (f)	Rauchdetektor (m) / Rauchmelder (m)	дымовой детектор (м)
smoking room	fumoir (m)	Raucherzimmer (n)	курительная комната (ж)
smooth surface	surface (f) lisse	glatte Oberfläche (f)	ровная порверхность (ж) / гладкая поверхность (ж)

Snow

ENGLISH	FRENCH	GERMAN	RUSSIAN
snow barrier support (roof)	support (m) de barrière (f) à neige (f) (toit)	Schneefangstütze (f) (Dach)	опора (ж) снега (крыша)
snow-catch barrier (roof)	barrière (f) à neige (toit)	Schneefanggitter (n) (Dach)	преграда (ж) снега (крыша)
snow load	charge (f) de neige (f)	Schneelast (f)	снеговой груз (м)
social worker	travailleur (m) social	Sozialarbeiter (m)	работник (м) социального обеспечения
socio-economic condition of owner	condition (f) socio-économique du propriétaire	Eigentümerverhältnisse (f)	экономическое и социальное положение (ср) владельца
socle (base) of brickwork	socle (m) de maçonnerie (f)	Mauerwerksockel (m)	цоколь (м) (кирпичной) кладки
soffit	soffite (m)	Untersicht (f)	нижняя поверхность (ж)
softwood	bois (m) tendre	Weichholz (n)	мягкая древесина (ж)
soil conditions	conditions (f) du sol	Bodenverhältnisse (n)	грунтовые условия (ср)
soil investigation	étude (f) du sol	Bodenuntersuchung (f)	почвенно-геологическая изыскания (ж)
soil test report	rapport (m) de sondage du sol (m)	Bodengutachten (n)	сообщение (ср) определения свойств почвогрунта
soiled utility room	salle (f) des services souillés	Versorgungsraum (m) (unrein)	хозяйственное помещение (ср) (для грязного белья)
soldier brick / soldier rowlock	brique (f) de champ	Hochschicht (f) / Grenadierschicht (f)	кирпич (м), поставленный на торец
solid brick	brique (f) pleine	Vollziegel (m) / Vormauervollziegel (m)	твёрдый кирпич (м)
solid brick wall	mur (m) de briques pleines	einschaliges Mauerwerk (n) / Ziegelmassivwand (f)	солидная кирпичная стена (ж)
solid floor	plancher (m) massif	Massivdecke (f)	монолитное бетонное перекрытие (ср)

Solid

ENGLISH	FRENCH	GERMAN	RUSSIAN
solid roof of cellular concrete roof slabs	toiture (f) pleine en dalles (f) de béton (m) cellulaire	Massivdach (n) aus Porenbeton-Dachplatten (f)	массивная крыша (ж) из ячеистых бетонных плит покрытия
solid slab	dalle (f) pleine	Massivplatte (f)	сплошная плита (ж)
solid sloped roof of cellular concrete panels	toiture (f) pleine en pente de panneaux (m) de béton (m) cellulaire	geneigtes Massivdach (n) aus Porenbeton-Dachplatten (f)	массивная наклонная крыша (ж) из ячеистых бетонных плит
solid steps on reinforced concrete slab	marches (m) massives sur dalle (f) de béton armé (m)	Massivstufen (f) auf Stahlbetonplatte (f)	твёрдые ступени (ж) на железобетонной плите (ж)
solid wall	mur (m) plein	Vollwand (f)	сплошная стена (ж)
sound barrier / sound-proof barrier	barrière (f) contre le bruit (m) / barrière (f) acoustique	Schallwand (f)	звуконепроницаемый экран (м)
sound-insulating panel	panneau (m) isolant acoustique	Akustikplatte (f)	звукоизолирующая панель (ж)
sound insulation / acoustical insulation	isolation (f) acoustique	Schalldämmung (f) / akustische Isolierung (f)	звукоизоляция (ж)
sound insulation materials	matériaux (m) d'isolation acoustique	Schalldämmstoffe (m)	звукоизоляционные материалы (м)
soundproofing / sound damping	insonorisation (f)	Schallschutz (m)	звуковая защита (ж) / звукоизоляция (ж)
space for car	espace (m) pour auto (f)	Autoabstellplatz (m)	место (ср) для автомобиля
spacer	espaceur (m)	Abstandhalter (m)	распорка (ж)
spandrel beam	poutre (f) de rive	Randbalken (m)	перемычка (ж) / рандбалка (ж)
special procedures	procédures (f) spéciales	Sonderverfahren (n)	специальные процедуры (ж)
special (purpose) hardware	quincaillerie (f) spéciale	Spezialbeschläge (m)	специализированная аппаратура (ж)
specifications	spécifications (f) / devis (m) descriptif	Leistungsbeschreibung (f)	технические условия (ср)
specimen	specimen (m)	Probe (f)	проба (ж)

Spiral

ENGLISH	FRENCH	GERMAN	RUSSIAN
spiral stair with newel	escalier (m) circulaire à noyau (m) central	Spindeltreppe (f) mit Treppenspindel (f)	винтовая лестница (ж) с центральной стойкой (винтовой лестницы)
split-level house	maison (f) à mi-étage	halbgeschossiges Haus (n)	здание (ср) с разными отметками перекрытий в смежных секциях
spot welding	soudure (f) par points	Punktschweißung (f)	точечная сварка (ж)
sprayed-on insulation	isolant (m) appliqué par pulvérisation	Spritzisolierung (f)	изоляция (ж), наносимая набрызгом
sprayed-on plaster	enduit (m) appliqué par pulvérisation	Spritzputz (m)	штукатурка (ж), наносимая набрызгом
spread footing	fondation (f) continue	Flächenfundament (n)	фундамент (м) на естественном основании
sprinkler	gicleur (m)	Sprinkler (m)	спринклер (м)
sprinkler layout	réseau (m) de gicleurs (m)	Sprinkleranlage (f)	устройсво (ср) спринклера
sprinkler system	système (m) de gicleurs (m)	Sprinklersystem (n)	система (ж) пожаротушения
spruce	épinette (f)	Fichte (f)	ель (ж)
square bar	barre (f) carrée	Vierkantstab (m)	квадратная штанга (ж) / квадратный стержень (м)
square grid	coordonnées (f) carrées	Quadratraster (m)	координатная сетка (ж)
square masonry jamb (for window or door)	jambage (m) de maçonnerie (f) orthogonal (pour fenêtre ou porte)	Mauerleibung (f) ohne Anschlag (m) (für Fenster oder Tür)	квадратный каменный косяк (м) (для окна или двери)
square profile	section (f) orthogonale (profilé carré)	Quadratprofil (n)	квадратный профиль (м)
square steel pipe column	colonne (f) en acier (m) tubulaire carré	quadratische Stahlrohrstütze (f)	квадратная стальная трубчатая колонна (ж)
staff corridor	corridor (m) du personnel	Personalflur (m)	штатный коридор (м)

Staff

ENGLISH	FRENCH	GERMAN	RUSSIAN
staff lounge	salle (f) de repos du personnel (m) / salon (m) du personnel (m)	Personal-Aufenthaltsraum (m)	штатное помещение (ср)
staff physician	médecin membre du personnel (m)	Stationsarzt (m)	штатный врач
staff washroom	toilettes (f) personnel	Personal WC (n)	уборная (ж) служебного персонала
stage	scène (f) / estrade (f)	Bühne (f)	сцена (ж)
stage elevator	ascenseur (m) de la scène (f)	Bühnenaufzug (m)	лифт (м) / подъёмник (м) сцены
stainless steel	acier (m) inoxydable	rostfreier Stahl (m)	нержавеющая сталь (ж)
stainless steel chimney	cheminée (f) d'acier (m) inoxydable	Edelstahlschornstein (m)	дымовая труба (ж) нержавеющой стали
stair	escalier (m)	Treppe (f)	лестница (ж)
stair detail	détail (m) d'escalier (m)	Treppendetail (n)	лестничная деталь (ж)
stair handrail	main courante (f) d'escalier (m)	Treppenhandlauf (m)	лестничный поручень (м)
stair landing / stair platform	palier (m) d'escalier (m)	Treppenpodest (m) / Treppenabsatz (m)	лестничная площадка (ж)
stair No. ...	escalier (m) No. ...	Treppe (f) Nr. ...	лестница (ж) № ...
stair of one half-turn flight	escalier (m) d'une volée (f) semi-circulaire	einläufige, halbgewendelte Treppe (f)	лестница (ж) одного лестничного марша с полуворотом
stair width	largeur (f) d'escalier (m)	Treppenlaufbreite (f)	ширина (ж) лестницы
stair with two flights and one landing	escalier (m) de deux volées (f) et un palier (m)	zweiläufige gerade Treppe (f) mit Zwischenpodest	лестница (ж) с двумя лестничными маршами и одной лестничной площадкой
staircase	cage (f) d'escalier (m)	Treppenhaus (n) / Treppenraum (m)	лестничная клетка (ж)
standard base plate, column base plate	plaque (f) de base standard, plaque (f) de base de colonne (f)	genormte Fußplatte (f), Stützenfußplatte (f)	стандартная опорная плита (ж), колонная опорная плита (ж)
standby pump	pompe (f) de secours	Reservepumpe (f)	резервный насос (м)

Steam

ENGLISH	FRENCH	GERMAN	RUSSIAN
steam-permeable	perméable à la vapeur (f)	wasserdampfdurchlässig	проницаемый для пара (м)
steel	acier (m)	Stahl (m)	сталь (ж)
steel angle	cornière (f) d'acier	Stahlwinkel (m)	стальной угол (м)
steel bar	tige (f) d'acier (barre)	Armierungsstab (m)	стальной арматурный стержень (м)
steel beam	poutre (f) d'acier	Stahlträger (m)	стальная балка (ж)
steel bolt	boulon (m) d'acier (m)	Stahlbolzen (m)	стальной болт (м)
steel bracket	support (m) en acier (m)	Stahllasche (f)	стальной кронштейн (м)
steel column	colonne (f) en acier	Stahlsäule (f) / Eisensäule (f)	стальная колонна (ж)
steel deck of steel sheet (fluted or flat)	tablier (m) d'acier (m) en tôle (f) d'acier (cannelée ou plate)	Trapezblech (n) oder flaches Stahlblech (n)	стальной настил (м) стальной листовой прокладки (каннелюранный или плоский)
steel deck panel	panneau (m) de pontage (m) d'acier	Trapezblechtafel (f)	панель (ж) стального настила (м) (покрытия, полы)
steel grating	grillage (m) en acier (m)	Stahlrost (m)	стальная обрешётка (ж)
steel inserts	pièces (f) d'acier (m) incorporées	Stahleinlagen (f)	закладные стальные детали (ж) (стальой арматуры)
steel jamb	jambage (m) en acier	Anschlageisen (n) / Stahlleibung (f)	стальный косяк (м)
steel mesh reinforcement	armature (f) en treillis (m) d'acier	Stahlbetonmatte (f)	стальная арматурная сетка (ж)
steel mesh reinforcing	treillis (m) d'armature en acier (m)	Bewehrungsmatte (f) (Stahlgeflecht)	сварная стальная арматурная сетка (ж)
steel (metal) hanger	crochet (m) en acier (m) (métal)	Noniusabhänger (m)	стальная (металлическая) подвеска (ж)
steel pipe set in molten lead	tuyau (m) d'acier fixé au plomb (m) fondu	Stahlrohr (n) in geschmolzenes Blei (n) gesetzt (verankert)	стальная труба (ж), встроенная и поставленная в расплавленном свинеце
steel plate	plaque (f) d'acier (m)	Stahlplatte (f)	стальная плита (ж)

ENGLISH	FRENCH	GERMAN	RUSSIAN
steel plate fastened to concrete	plaque (f) d'acier fixée au béton (m)	Stahlplatte (f) in Beton verankert	стальная плита (ж), прикреплённая к бетону
steel-plate girder (composed of sheet steel)	poutre (f) en tôle forte d'acier (composée)	Stahlblechträger (m) (zusammengesetzt)	стальная составная двутавровая балка (ж) со сплошной стенкой (тонколистовая сталь)
steel reinforced beam	poutre (f) à armature (f) d'acier (m)	verstärkter Stahlträger (m)	стальная армированная балка (ж)
steel rope	cable (m) d'acier	Stahlseil (n)	стальной канат (м)
steel round bar	barre (f) ronde d'acier (fer rond)	Stahlrundstab (m)	круглая штанга (ж), круглый стержень (м)
steel rungs	échelons (m) d'acier	Steigeisen (n)	стальные ступеньки (ж)
steel section	profilé (m) d'acier (m)	Stahlprofil (n)	профиль (м) стали
steel ship's ladder	échelle (f) marine en acier (m)	Stahlleiter (f)	стальный судовой трап (м)
steel stair	escalier (m) en acier (m)	Stahltreppe (f)	стальная лестница (ж)
steel support	support (m) d'acier (m)	Stahlstütze (f)	стальная опора (ж)
steel window	fenêtre (f) en acier (m)	Stahlfenster (f)	стальное окно (ср)
steep roof	toiture (f) en pente (f) raide	Steildach (n)	крутая крыша (ж)
steep roof insulation	isolation (f) de toiture (f) à pente raide	Steildachdämmung (f)	изоляция (ж) крутой крыши
step	marche (f)	Stufe (f)	ступень (ж)
step(-)ladder	escabeau (m)	Leiter (f) / Trittleiter (f)	стремянка (ж) / складная лестница (ж)
step-seam (insulation)	joint (m) en gradins (m) (isolation)	Stufenfalz (m) (Isolation)	шов (м) ступени (изоляция)
step-up of roofing bitumen	retour (m) vertical de toiture (f) bitumée	Dach-Bitumenaufkantung (f)	пошаговое повышение (ср) кровельного битума
stepped footing	fondation (f) en gradins (m)	abgetrepptes Fundament (n)	ступенчатый фундамент (м)

Steps

ENGLISH	FRENCH	GERMAN	RUSSIAN
steps and landing	marches (f) et palier (m)	Stufen (f) und Podest (n)	ступени (ж) и площадка (ж)
steps with even soffit	marches (f) à surface (f) de soffite (m) unie (plane)	Stufen (f) mit unterer, ebener Treppenfläche (f)	ступени (ж) с равномерным лестничным софитом
stiffened seat (angle)	siège (m) renforcé (cornière)	Stützwinkel (m) mit Aussteifung (f) (Winkel)	жёстко заделываный монтажный поддерживающий уголок (м)
stiffener	raidisseur (m)	Versteifungselement (n)	элемент (м) жёсткости
stirrup spacing	espacement (m) des étriers (m)	Bügelabstand (m)	шаг (м) хомутов
stirrup (steel)	étrier (m) (acier)	Bügel (m) (Stahl)	хомут (м) (арматурный)
stock	quantité (f) en dépôt	Bestand (m) / Vorrat (m)	запас (м)
stone dimension	dimension (f) de pierre (f)	Steinmaß (n)	каменная размерность (ж)
stone facing	revêtement (m) en pierres (f)	Natursteinverblendung (f)	каменная облицовка (ж)
stone veneer	parement (m) de pierres (f)	Steinbekleidung (f)	каменная облицовка (ж) (фанера)
storage No. (number)	dépôt (m) No. (numéro)	Lager-Nr. (Nummer)	№ хранения (ср) (номер)
storage room	salle (f) d'entreposage	Abstellraum (m) / Lagerraum (m)	хранение (ср) (помещение)
storey height	hauteur (f) d'étage (m)	Geschoßhöhe (f)	высота (ж) этажа
storey-high exterior reinforced concrete wall component (curtain wall sandwich panel)	élément (m) de mur (m) extérieur en béton armé (m) à hauteur (f) d'étage (panneau sandwich de mur-rideau)	geschoßhohes Stahlbeton-Außenwandelement (n) (Sandwich-Fassadenplatte)	одноэтажный наружный железобетонный стенной элемент (м) (ненесущая наружная стеновая многослойная панель)
storm sewer	égout (m) d'eau pluviale (f)	Regenwasserkanal (m)	коллектор (м) ливневой канализации (ж)
straight bar with hooked ends	barre (f) droite avec crochets (m) aux extrémités (f)	gerader Stab (m) mit Winkelhaken (m)	арматура (ж) периодического профиля со крюками на конце
straight reinforcing bar	barre (f) d'armature droite	gerader Bewehrungsstab (m)	прямой арматурный стержень (м)
straight rod	barre (f) droite	gerader Stab (m)	прямой стержень (м)

ENGLISH	FRENCH	GERMAN	RUSSIAN
street	rue (f)	Straße (f)	улица (ж)
street alignment	alignement (m) de rue (f)	Straßenflucht (f)	створ (м) улицы
stretcher course	assise (f) de panneresses (f)	Läuferschicht (f)	ложковый ряд (м)
stretcher running bond	appareil (m) de briques en panneresses (f)	Läuferverband (m)	ложковая перевязка (ж)
stringer (stair)	limon (m) (escalier)	Treppenwange (f) (Treppe)	тетива (ж) (лестница)
strip footing / continuous footing / wall footing	semelle (f) de fondation (f) / empattement (m) continu / empattement (m) de mur (m)	Streifenfundament (n)	ленточный фундамент (м) / фундамент (м) под стену
structural angle	cornière (f) structurale	Winkeleisen (n)	структурный угол (м)
structural drawings	dessins (m) de structure	Bauingenieurpläne (m) / Ingenieurpläne (m) (Standsicherheitsnachweis)	строительные чертежи (м)
structural engineer / civil engineer	ingénieur (m) en structure / ingénieur civil (m) en structure	Bauingenieur (m) / Baustatiker (m) / Statiker (m)	инженер-проектировщик (м) строительных конструций / инженер-строитель (м)
structural equal leg angle (steel)	cornière (f) isocèle structurale (acier)	gleichschenkliges Winkeleisen (n) aus Stahl (m)	структурная параллельная опорная нога (ж) угла (стальный угол)
structural floor	plancher (m) structural	Geschoßdecke (f)	структурный пол (м)
structural steel	acier (m) structural	Baustahl (m)	структурная сталь (ж)
structural tees (flanges and webs)	Tés (m) d'acier (ailes et âmes)	T-Stahlsorten (Gurte und Stege)	структурные тройники (м) (полки и стенки)
structural unequal leg angle (steel angle)	cornière (f) structurale à ailes (f) inégales (cornière d'acier)	ungleichschenkliger, rundkantiger Winkelstahl (m)	структурная неравнобойкая опорная нога (ж) угла (стальный угол)
strut	entretoise (f) / contre-fiche (f)	Kopfband (n)	подпор(к)а (ж), распорка (ж)
stucco	stuc (m)	Stuckgips (m)	штукатурка (ж)

Stucco

ENGLISH	FRENCH	GERMAN	RUSSIAN
stucco (exterior)	crépi (m) extérieur / stuc (m) extérieur	Außenglattputz (m) / Außenputz (m)	наружная штукатурка (ж)
stud (column)	colombage (m)	Brettschichtholz (n) (Stütze)	стойка (ж)
stud partition	cloison (f) à colombage (m)	Fachwerktrennwand (f) (Holzständerbauweise als Trennwand)	каркасная перегородка (ж)
student lounge	foyer (m) des étudiants	Studentenaufenthaltsraum (m)	студенческое помещение (ср)
subfloor	faux-plancher (m) / sous-plancher (m)	Blindboden (m)	черный пол (м)
subsoil / natural ground	sous-sol (m) / sol (m) naturel	Erdreich (n) / gewachsener Boden (m)	подпочвенный слой (м) / естественный грунт (м)
substructure	sous-structure (f)	Unterbau (m) / Unterkonstruktion (f)	нижнее строение (ср)
sump pit, cesspit	puisard (m) d'aisance, fosse (f) d'aisance	Pumpengrube (f), Senkgrube (f)	поглощающий колодец (м), выгребная яма (ж)
superstructure	superstructure (f)	Oberbau (m)	надземная часть (ж)
surface protection	protection (f) de surface (f)	Oberflächenschutz (m)	защита (ж) поверхности
survey point No. ...	repère (m) d'arpentage (m) No. ...	Vermessungspunkt (m) Nr. ...	точка (ж) тригонометрической сеты № ...
suspended cement plaster ceiling	plafond (m) suspendu en enduit (m) de ciment	abgehängte Zementputzdecke (f)	подвесной цементный штукатурный потолок (м)
suspended luminaire	luminaire (m) suspendu	hängende Deckenleuchte (f)	подвесный потолочный светильник (м)
suspended plaster ceiling, suspended gypsum board ceiling	plafond (m) suspendu en plâtre (m), plafond (m) en planches (f) de gypse suspendues	abgehängte Putzdecke (f), abgehängte Gipskartondecke (f)	подвесной штукатурный потолок (м), потолок (м) подвесных гипсовых листов (м)
swimming pool	piscine (f)	Schwimmbad (n)	плавательный бассейн (м)

ENGLISH	FRENCH	GERMAN	RUSSIAN
swing door / double-acting door	porte (f) va-et-vient / porte oscillante	Pendeltür (f)	дверь (ж), открывающаяся в обе стороны
synthetic resin cover	revêtement (m) en résine (f) synthétique	Kunstharzbeschichtung (f)	покрытие (ср) синтетической смолы

T

ENGLISH	FRENCH	GERMAN	RUSSIAN
tap water	eau (f) de robinet (m)	Leitungswasser (n)	водопроводная вода (ж)
tapping screw	vis (f) taraud	selbstschneidende Schraube (f)	самонарезающий винт (м)
tar	goudron (m)	Teer (m)	гудрон (м)
tar-gravel roofing (built-up roofing)	toiture (f) de goudron (m) et gravier (m) (toiture lamellaire)	asphaltierte Dachschale (f) mit Kiesschüttung (f) (mehrschichtige Dachbahnen)	безрулонная кровля (ж) с шебёночной посыпкой (многослойная рулонная кровля)
tar paper	papier (m) goudronné / carton (m) goudronné	Teerpappe (f)	толь-кожа (м)
teachers' room	salle (f) des professeurs	Lehrerzimmer (n)	учительская (ж)
team quarters	salle (f) d'équipes	Mannschaftsraum (m)	помещение (ср) команды
technique	technique (f)	Technik (f)	техника (ж) / методика (ж)
Tee-beam / T-beam	poutre (f) en Té	beiderseitiger Plattenbalken (m) / T-Träger (m)	балка (ж) таврового сечения / тавровая балка (ж)
Tee bracket / steel Tee bracket	console (f) en Té en acier (m)	T-Stahlkonsole (f)	Т-образный кронштейн (м) (стальный)
Tee-channel, cross channel	entretoise (f) en profilé en Té	T-Schiene (f) mit Wulsten (f), Tragprofil (n)	Т-образное русло (ср), треугольное русло (ср)
telephone cable below grade	câble (m) de téléphone (m) souterrain	unterirdisches Telefonkabel (n)	подземный телефонный кабель (м)
telephone exchange centre	centrale (f) téléphonique	Telefonzentrale (f)	телефонная станция (ж)
television	télévision (f)	Fernsehen (n)	телевидение (ср)

Television

ENGLISH	FRENCH	GERMAN	RUSSIAN
television antenna	antenne (f) de télévision	Fernsehantenne (f)	телевизионная антенна (ж)
temperature reinforcement (shrinkage)	armature (f) de température (f) (de distribution)	Schwindbewehrung (f)	температурное армирование (ср) (усадка)
tempered glass (door, window)	verre (m) trempé (porte, fenêtre)	gehärtetes Glas (n) (Tür, Fenster)	закалённое стекло (ср) (дверь, окно)
template (under solid floor slab)	poutre (f) de rive (f) (sous dalle solide de plancher)	Ringanker (m) (unterhalb Massivplattendecke)	кольцевой анкер (м) (под бетонного пола)
tender (specifications and working drawings included)	soumission (f) (spécifications et dessins d'exécution inclus)	Ausschreibung (f) (muß Leistungsbeschreibungen und Ausführungszeichnungen beinhalten)	заявка (ж) на выполнение подряда (включая спецификации и рабочие чертежи)
terrace	terrasse (f)	Terrasse (f)	терраса (ж)
terrace door	porte (f) terrasse	Terrassentür (f)	террасная дверь (ж)
terrace surfacing	finition (f) de la surface (f) de la terrasse (f)	Terrassenbelag (m)	обработка (ж) поверхности террасы
terracotta	terre cuite (f)	Terrakotta (m)	терракота (ж)
terrazzo	terrazzo (m)	Terrazzo (m)	терраццо (ср)
terrazzo tile	carreau (m) de terrazzo (m)	Terrazzo-Fliese (f)	терраццевая плитка (ж)
test room, examination room	salle (f) des analyses (f), salle (f) d'examen	Testraum (m), Untersuchungsraum (m)	осмотровой кабинет (м)
textile wall covering	revêtement (m) mural textile	Textil-Wandbekleidung (f)	текстильная облицовка (ж) стены

ENGLISH	FRENCH	GERMAN	RUSSIAN
the above information is taken from drawing No. ... of (name of testing laboratory) reporting on test pit investigation; bore holes No. ... are shown on drawing No. ... (see structural drawings for soil stratigraphy)	l'information ci-dessus est prise du dessin No. ... des (nom du laboratoire d'essai) montrant les sondages par excavation; les sondages par carotte No. ... sont indiqués au dessin No. ... (voir dessins de structure pour la coupe géologique du sol)	die obige Information ist der Bauzeichnung Nr. ... entnommen, (Name des Untersuchungslabors) die die Beurteilung des Untersuchungsloches mitteilt; Bohrlöcher Nr. ... sind auf Bauplan Nr. ...verzeichnet (siehe Konstruktionspläne bezüglich Erdstratigraphie)	вышеупомянутая информация воспользована из чертёжа № ... (имя испытательной лаборатории) сообщает об анализе разведочного шурфа; шпуры № ... показанны по плану ... (смотри структурные чертёжи для стратиграфии)
the contractor shall verify all dimensions and conditions at the site and at the building	l'entrepreneur vérifiera toutes les dimensions et les conditions du site et du bâtiment	der Bauunternehmer soll alle Größenmaße und Zustände auf der Baustelle und im Gebäude überprüfen	подрядчик-строитель должен проверить все размеры и состояния на стройплощадке и в здании
the exact location and size of farm tiles are shown on structural drawings; this plan shows only the general layout of tiles	la localisation exacte et dimensions des drains agricoles sont indiquées sur les dessins de structure; ce plan indique seulement l'aménagement général des drains	die genaue Stelle und Größe der Dränrohre ist in den Konstruktionsplänen vermerkt; dieser Plan zeigt nur die allgemeine Lage der Rohre	точное место и размер дренажных труб показаны на конструкционных чертёжах; этот план показывает только общее место труб
the existing levels as shown are taken from drawing No. ... dated ...	les niveaux (m) existants tels qu'indiqués sont pris du dessin (m) No. ... daté ...	die bestehenden Geländehöhen (f), wie vermerkt, sind der Bauzeichnung (f), Blatt Nr. ... datiert ... entnommen	существующие показанные уровени (м) взяты из чертёжа (м) № ... датирован ...
thermal barrier (thermo-break)	barrière (f) thermique (arrêt thermique)	Wärmedämmsperre (f) (Thermosperre)	теплоизоляционная прослойка (ж) (тепловая пробка)
thermal foil	feuille (f) thermique	wärmedämmende Folie (f)	теплоизоляционная фольга (ж)
thermal insulation	isolation (f) thermique	Wärmedämmung (f)	теплоизоляция (ж)
thermal insulation above, below rafters	isolation (f) thermique en dessus, en dessous des chevrons (m)	Wärmedämmung (f) über, unter den Sparren (m)	теплоизоляция (ж) над, под стропилами
thermal insulation below, between, above rafters	isolation (f) thermique au-dessous, entre, au-dessus des chevrons (m)	Wärmedämmung (f) unter, zwischen, über den Sparren (m)	теплоизоляция (ж) под, между, над стропилами

Thermal

ENGLISH	FRENCH	GERMAN	RUSSIAN
thermal insulation of mineral fibres between rafters	isolation (f) thermique de fibres (f) minérales entre les chevrons (m)	Wärmedämmung (f) aus Mineralfaser (f) zwischen den Sparren (m)	теплоизоляция (ж) из минеральных волокон между стропилами
thermal insulation of rigid insulation sheet above rafters	feuille (f) d'isolation (f) thermique rigide au-dessus des chevrons (m)	Wärmedämmung (f) aus Hartschaumplatten (f) über den Sparren (m)	теплоизоляция (ж) жёсткозакреплённого изоляцинного листа (м) над стропилами
thermal-insulation on soil	isolation (f) thermique sur le sol (m)	Wärmedämmung (f) auf Erdreich (n)	теплоизоляция (ж) на грунте (почва)
thermal insulation on vapour (vapor) barrier	isolation (f) thermique sur coupe-vapeur (m)	Wärmedämmung (f) auf Dampfsperre (f)	теплоизоляция (ж) на паронепроницаемом слое
thermal roof insulation	isolation (f) thermique de toiture (f)	Dachwärmedämmung (f)	теплоизоляция (ж) кровли
thickness	épaisseur (f)	Dicke (f) / Stärke (f)	толщина (ж)
thin-set method	méthode (f) d'adhésif (m) mince	Dünnbettverfahren (n)	тонкослойный метод (м)
thin-set mortar	mortier (m) mince	Dünnbettmörtel (m)	мелкодисперсный раствор (м)
thin slate covering	couverture (f) d'ardoise (f) mince	Schieferfeindeckung (f)	покрытие (ср) тонкого сланца
threaded anchor bolt	boulon (m) d'ancrage fileté	gewundener Ankerbolzen (m)	винтовой анкерный болт (м)
threaded anchorage	ancrage (m) fileté	Gewindeverankerung (f)	анкер (м) с резьбой
three-ply tarred felt, each mopped with hot pitch	trois-plis de feutre (m) goudronné chacun imprégné d'une couche (f) de bitume (m) à chaud	dreilagige Teerpappe (f), jede mit heißem Pech (n) bestrichen	трёхслойный толь-кожа (м), каждый покрыт жарким пеком (м)
threshold / door saddle	seuil (m) de porte	Türschwelle (f)	порог (м) / дверной порог (м)
through bolt	boulon (m) de part en part	Durchsteckschraube (f)	сквозной болт (м)
tie-beam / collar beam, purlins at base (couple roof with purlins)	poutre-tirant (f), arbalétrier (m) (comble à deux versants sur arbalétriers avec pannes)	Zangenbalken (m) / Kehlbalken (m), Fußpfette (f) (Kehlbalkendach)	анкерная балка (ж) / затяжка (ж), прогоны (м) у базы крыши (крыша с висячими стропильными фермами)
tie-joist construction	construction (f) par solives (f) et entretoises (f)	Zangenträgerkonstruktion (f)	конструкция (ж) затяжки

Tie

ENGLISH	FRENCH	GERMAN	RUSSIAN
tie-joist / tie-beam	entrait (m) de ferme / poutre-tirant (f)	Zangenträger (m) / Zangenbalken (m)	затяжка (ж) стропил (крыша (ж) с висячими стропильными фермами с прогонами с двумя стойками)
tie-rod	barre-tirant (f)	Zuganker (m)	соединительный штырь (м)
tile	tuile (f) / carreau (m)	Fliese (f)	плитка (ж)
tile adhesive	adhésif (m) pour tuiles (f)	Fliesenkleber (m)	клейкий состав (м) для крепления плиток
tile dimension	dimension (f) de la tuile (f)	Fliesenmaß (n)	размер (м) плитки
timber / structural timber	bois (m) de construction / bois (m) de charpente	Bauholz (n)	древесина (ж) / строительный лесоматериал (м)
tinted glass window	fenêtre (f) à vitre (f) teintée	farbiges Glasfenster (n)	глушёное стеклённое окно (ср)
title	titre (m)	Aufschrift (f) / Titel (m)	титул (м)
title block	cartouche (f) d'identification	Schriftfeld (n)	титульный блок (м)
titles and remarks	titres (m) et remarques (f)	Bezeichnungen (f) und Bemerkungen (f)	названия (ср) и замечания (ср)
to column line ...	à l'axe (m) de la colonne (f) ...	zur Säulenachse (f) ...	к оси (ж) колонны ...
to finish of ...	jusqu'au fini de ...	zum fertigen ...	к поверхности (ж) ...
to finished floor	au plancher (m) fini	zum Fertigfußboden (m)	к чистовому полу (м)
to top of ...	jusqu'au dessus de ...	zur Oberkante (f) von ... / zur OK von ...	к верхней грани (ж) ...
to underside of ...	jusqu'au dessous de ...	zur Unterkante (f) von ... / zur UK von ...	к нижней грани (ж) ...
toilet / lavatory	toilette (f) / salle (f) de toilette (f)	Toilette (f) / Toilettenraum (m)	уборная (ж) / туалет (м)
tomography	tomographie (f)	Tomographie (f)	томография (ж)
top bar	barre (f) supérieure	oberer Bewehrungsstab (m)	верхний арматурный стержень (м)

Top

ENGLISH	FRENCH	GERMAN	RUSSIAN
top edge of foundation / footing	arasement (m) de fondation (f)	Fundamentoberkante (f)	верхний край (м) фундамента / выравнивание (ср) фундамента
top flange	aile (f) supérieure	Obergurt (m)	верхняя полка (ж)
top flange, bottom flange (steel beam)	aile (f) supérieure, aile inférieure (poutre d'acier)	Obergurt (m), Untergurt (m) (Stahlträger)	верхняя полка (ж), нижняя полка (стальная балка)
top of ...	dessus (m) de ...	Oberkante (f) von ... / OK von ...	верхная грань (ж) ...
~ angle	dessus (m) de la cornière (f)	Oberkante (f) Winkeleisen (n)	верхняя грань (ж) угла
~ asphalt paving	dessus (m) du pavement (m) d'asphalte (m)	Oberkante (f) asphaltierter Straßenbelag (m)	верхняя грань (ж) мостовой
~ balustrade	dessus (m) de la balustrade (f)	Oberkante (f) Geländer (n)	верхняя грань (ж) балюстрады
~ basement floor	dessus (m) du plancher (m) du sous-sol (m)	Oberkante (f) Kellerfußboden (m)	верхняя грянь (ж) подвального пола
~ brick	dessus (m) de la brique (f)	Oberkante (f) Ziegel (m) / Mauerziegel (m)	верхняя грань (ж) кирпича (м)
~ cantilever	dessus (m) de la console (f)	Oberkante (f) Auskragung (f)	верхняя грань (ж) консоли
~ concrete base	dessus (m) de la base (f) en béton (m)	Oberkante (f) Betonsockel (m)	верхняя грань (ж) бетонного основания
~ concrete slab	dessus (m) de la dalle (f) de béton (m)	Oberkante (f) Betonplatte (f)	верхняя грань (ж) бетонной плиты (ж)
~ elevator shaft	dessus (m) de la cage (f) d'ascenseur (m)	Oberkante (f) Aufzugsschacht (m)	верхняя грань (ж) шахты лифта
~ finished ...	dessus (m) du fini de ...	Oberkante (f) fertiger ...	верхняя грань (ж) чистового ...
~ finished floor	dessus (m) du plancher (m) fini	Oberkante Fertigfußboden (m)	верхняя грань (ж) чистового пола
~ floor	dessus (m) du plancher (m)	Oberkante Fußboden (m)	верхняя грань (ж) пола
~ foundation / top of footing	dessus (m) de la fondation (f)	Oberkante (f) Fundament (n)	верхняя грань (ж) фундамента

ENGLISH	FRENCH	GERMAN	RUSSIAN
top of grade	dessus (m) du sol (m)	Oberkante Gelände (n) / Oberfläche Gelände (n)	верхняя грань (ж) отметки земли (ж) (грунта)
~ landing	dessus (m) du palier (m)	Oberkante (f) Treppenpodest (n)	верхняя грань (ж) лестничной площадки
~ manhole	dessus (m) du trou d'homme (m)	Oberkante (f) Einsteigloch (n)	верхняя грань (ж) лаза
~ precast concrete step	dessus (m) de marche (f) en béton (m) précoulé	Oberkante (f) vorgefertigte Betonstufe (f)	верхняя грань (ж) сборной железобетонной ступени
~ ridge	dessus de faîte (m)	Oberkante (f) First (m)	верхняя грань (ж) конька
~ ridge (roof)	dessus (m) de faîte (m) (toit)	Oberkante (f) Dachfirst (m) / Oberkante (f) First (m)	верхняя грань (ж) конька (крыши)
~ roof	dessus (m) de la toiture (f)	Oberkante (f) Dach (f)	верхняя грань (ж) крыши (ж)
~ roof slab (concrete slab)	dessus (m) de la dalle (f) de toiture (dalle de béton)	Oberkante (f) Dachplatte (f) (Dachbetonplatte)	верхняя грань (ж) плиты покрытия (крыши)
~ sill	dessus (m) de l'allège (f)	Oberkante (f) Außenfensterbank (f)	верхняя грань (ж) подоконника
~ steel structure	dessus (m) de la structure (f) d'acier (m)	Oberkante (f) Stahlkonstruktion (f)	верхняя грань (ж) металлической конструкции
~ steel truss	dessus (m) de la ferme (f) (charpente) d'acier (m)	Oberkante (f) Stahlbinder (m)	верхняя грань (ж) стальной фермы (ж)
~ structural slab	dessus (m) de la dalle (f) structurale	Oberkante (f) Stahlbetonplatte (f)	верхняя грань (ж) структурной плиты
~ unfinished floor	dessus (m) du plancher (m) non-fini	Oberkante (f) Rohdecke (f)	верхняя грань (ж) незаконченого пола
top reinforcement	armature (f) supérieure	obere Bewehrung (f)	верхняя арматура (ж)
topping / screed	chape (f)	Estrich (m)	стяжка (ж)
topsoil	terreau (m) / terre arable (f)	Mutterboden (m)	растительный слой (м)

Total

ENGLISH	FRENCH	GERMAN	RUSSIAN
total building contract costs	coût (m) total du contrat (m) de construction (f)	Gesamtbaukosten (f)	суммарная стоимость (ж) строительства
total dimension	dimension (f) totale	Gesamtmaß (n)	полный размер (м)
total height	hauteur (f) totale	Gesamthöhe (f)	полная высота (ж)
traffic light	feux de circulation (f)	Verkehrsampel (f)	светофор (м)
traffic noise	bruit (m) de la circulation (f) (du trafic)	Verkehrslärm (m)	транспортный шум (м)
traffic slowdown	ralentissement (m) de la circulation (f) (du trafic)	Verkehrsberuhigung (f)	транспортное замедление (ср)
traffic volume	volume (m) du trafic (m)	Verkehrsaufkommen (n)	интенсивность (ж) движения
transom	vasistas (m) / imposte (f)	Kämpfer (m)	горизонтальный импост (м) / фрамуга (ж)
transom light	imposte (f) vitrée	oberer Belichtungsflügel (m)	застеклённая фрамуга (ж)
transom window	vasistas (m), imposte (f)	Fensterbelüftungsklappe (f)	фрамуга (ж), окно (ср) с фрамугой (ж)
trapdoor, access panel	trappe (f) d'accès (m)	Falltür (f), Zugangsplatte (f)	люк (м), панель (ж) проступа
travertine	travertin (m)	Travertin (m)	травертин (м)
tread	marche (f) / giron (m)	Trittstufe (f)	выступ (м) / проступь (ж)
tread-nosing corner	coin (m) de nez (m) de marche (f)	Trittstufenvorderkante (f)	угол (м) выступом (м) ступени
tread supported on both sides	marche (f) appuyée sur deux côtés (m) / marche (f) supportée sur deux côtés (m)	zweiseitig aufgelagerte Trittstufe (f)	ступень (ж), поддерживанная на обоих сторонах
tread topping	chape (f) sur marche (f)	Trittstufenbelag (m)	покрытие (ср) проступи
tread width	largeur (f) de giron (m) (marche)	Trittstufenbreite (f)	ширина (ж) проступи
tree	arbre (m)	Baum (m)	дерево (ср)

ENGLISH	FRENCH	GERMAN	RUSSIAN
tree and shrub planting	plantation (f) d'arbres (m) et de buissons (m)	Baum- und Strauchbeflanzung (f)	посадка (ж) деревьев и кустов
tree boundary	limite (f) des arbres (m)	Baumgrenze (f)	граница (ж) деревьев
tree trunk	tronc (m) d'arbre (m)	Baumstamm (m)	ствол (м) дерева
triangular channel (cross-channel)	entretoise (f) en profilé (m) triangulaire	Dreieckschiene (f) (Tragprofil)	треугольное русло (ср) (поперечное русло)
trowel finish	fini (m) à la truelle (f)	Kellenglattstrich (m)	поверхность (ж), отделанная лопаткой
troweled surface	surface (f) lissée à la truelle (f)	kellengeglättete Oberfläche (f)	железнённая бетонная поверхность (ж)
truss	ferme (f)	Binder (m)	ферма (ж)
truss (roof) type ...	ferme (f) (de toiture) type ...	Dachbindertyp (m) vom Profil ...	стропильная ферма (ж) типа ...
tube	tuyau (m)	Rohr (n)	труба (ж)
tubular cross-section	section (f) tubulaire	Rohrquerschnitt (m)	трубчатое поперечное сечение (ср)
tunnel	tunnel (m)	Tunnel (m)	туннель (м)
two-flight stair with intermediate landing (enclosed stair)	escalier (m) de deux volées (f) avec palier (m) intermédiaire (escalier encagé)	zweiläufige Podesttreppe (f) (abgeschlossenes Treppenhaus)	лестница (ж) с двумя лестничными маршами (м) с промежуточной площадкой (ж) (окружённая лестница)
two-layers rigid insulation	deux couches (f) d'isolation (f) rigide	zweilagige Wärmedämmung (f) aus Hartschaumplatten (f)	двойной слой (м) жёсткозакреплённой изоляции
two-way reinforcement	armature (f) dans les deux sens	kreuzweise Bewehrung (f)	перекрёстное армирование (ср)
two-way reinforcement concrete slab	dalle (f) de béton à armature (f) croisée (dans les deux sens)	zweiseitig eingespannte Betonplatte (f)	плита (ж), армированная в двух направлениях
type	type (m)	Typ (m)	тип (м)
type of building	type (m) du bâtiment (m)	Bauart (f)	тип (м) здания

Type

ENGLISH	FRENCH	GERMAN	RUSSIAN
type of building construction (in wood, in steel, in reinforced concrete)	type (m) de construction (f) (en bois, en acier, en béton armé)	Bauweise (f) (in Holz, in Stahl, in Stahlbeton)	тип (м) конструкции постройки (деревянная, стальная, железобетонная)
type of building construction (town planning / urban planning)	type (m) de construction (f) (urbanisme)	Bauweise (f) (Städtebau / Stadtplanung)	тип (м) домостроения (градостроительство)
type of welded connection	type (m) d'assemblage (m) à soudure (f)	Schweißnahtart (f)	тип (м) сварного соединения
type, wood: ...	type (m), bois (m): ...	Typ (m), Holz (n): ...	тип (м), дерево (ср): ...
typical	typique	typisch	типический
typical design characteristics	caractéristiques (f) typiques du design (m) (conception)	Typenentwurf (m)	типические конструктивные характеристики (ж) / типические расчётные характеристики (ж)
typical detail (recurrent)	détail (m) typique (fréquent)	typisches Detail (n) (wiederhold)	типичная деталь (ж) (повторающаяся)
typical floor plan	plan (m) typique d'étage	typischer Etagen-Grundrißplan (m) / typischer Normalgeschoß-Grundrißplan (m)	типический план (м) этажа
typical section	coupe (f) typique	typischer Schnitt (m)	типический разрез (м)
typical structural design (standardized)	design (m) structural typique (standard)	Typenstatik (f) (genormt)	типическое проектирование (ср) конструций (стандартизованное)

U

ENGLISH	FRENCH	GERMAN	RUSSIAN
U-channel (cross-channel)	entretoise (f) en profilé (m) en U	U-Schiene (f) (Tragprofil)	U-образное русло (ср) (поперечное русло)
U-stirrup / open stirrup	étrier (m) en U	U-Bügel (m) / offener Bügel (m)	U-образный арматурный хомут (м) / открытый хомут (м)
ultrasound	ultra-sonographie (f)	Ultraschall (m)	ультразвуковая диагностика (ж)

Ultrasound

ENGLISH	FRENCH	GERMAN	RUSSIAN
ultrasound laboratory	laboratoire (m) ultra-sonographique	Ultraschallabor (n)	ультразвуковая лаборатория (ж)
underfloor heating	chauffage (m) sous-plancher	Fußbodenheizung (f)	лучистое отопление (ср)
underfloor heating cable	câble (m) de chauffage (m) sous-plancher	Fußbodenheizungskabel (n)	кабель (м) лучистого отопления
underground cable	câble (m) souterrain	unterirdisches Kabel (n)	подземный кабель (м)
underground pipeline	conduit (m) souterrain	unterirdische Rohrleitung (f)	подземный трубопровод (м)
underpinning	en sous-oeuvre (f) / en étayage (m)	Abfangung (f) / Unterfangung (f)	подведение (ср) фундамента
underside of ...	dessous de ...	Unterkante (f) von ... / UK von ...	нижняя грань (ж) ...
~ beam	dessous (m) de la poutre (f)	Unterkante (f) Träger (m)	нижняя грань (ж) балки (ж)
~ brick	dessous (m) de brique (f)	Unterkante (f) Ziegel (m)	нижняя грань (ж) кирпича
~ ceiling	dessous (m) du plafond (m)	Unterkante (f) Decke (f)	нижняя грань (ж) потолка
~ truss	dessous (m) de ferme (f)	Unterkante (f) Binder (m)	нижняя грань (ж) фермы
unfinished attic floor	étage (plancher) de mansarde (f) inachevé (non-fini)	nicht ausgebautes Dachgeschoß (n)	незаконченный пол (м) мансарды
unglazed tile	carreau (m) non vitrifié	unglasierte Fliese (f)	неглазурованная плитка (ж)
ungluing of flat roof covering / unsticking of flat roof covering	décollement (m) du recouvrement (m) de toit (m) plat	Flachdachabklebung (f)	расклеивание (ср) кровельного материала плоской крыши
uninterrupted suspended ceiling / continuous suspended ceiling	plafond (m) suspendu continu / plafond (m) suspendu non-interrompu	durchlaufende abgehängte Decke (f)	непрерывный подвесной потолок (м)
unstiffened seat angle	cornière (f) de support sans raidisseur (m)	unversteifter Stützwinkel (m)	неусиливанный монтажный уголок (м)
up (stair)	en haut (escalier)	herauf (Treppe)	наверх (лестница)
urology room	salle (f) d'urologie (f)	Urologieraum (m)	урологическое помещение (ср)
usable area	espace (m) utilisable	Nutzfläche (f)	полезная площадь (ж)

Valley

ENGLISH	FRENCH	GERMAN	RUSSIAN
V			
valley flashing	solin (m) de noue (f)	Kehlblechverwahrung (f)	металлическое покрытие (ср) разжелобка
valley jack / jack rafter	empanon (m) de noue / chevron (m) de noue	Kehlschifter (m) / Kehlriegel (m)	нарожник (м) (короткая стропильная нога)
valley rafter	chevron (m) de noue	Kehlsparren (m)	стропильная нога (ж) разжелобка
valley, valley rafter	vallée (f), chevron (m) de noue	Kehle (f), Kehlsparren (m)	разжелобок (м), стропильная нога (ж) разжелобка
valve	soupape (f)	Ventil (n)	клапан (м) / вентиль (м)
vapour (vapor) barrier	coupe-vapeur (m)	Dampfsperre (f)	пароизоляция (ж) / паронепроницаемый слой (м)
vapour (vapor) barrier with a pressure equalizer undercoating	coupe-vapeur (m) avec sous-couche (f) d'égalisation de pression (f)	Dampfsperre (f) mit Dampfdruckausgleichsschicht (f)	паронепроницаемый слой (м) с грунтовочным покрытием (ср) уравневания (ср) насыщенного пара
vapour (vapor) permeable membrane	membrane (f) perméable à la vapeur	dampfdurchlässige Unterspannbahn (f)	паропроницаемый слой (м)
vapour (vapor) stack	tuyau (m) de vapeur	Dunstrohr (n)	паровая труба (ж)
varnish	vernis (m) / laque (f)	Lack (m)	лак (м)
varnish paint	peinture (f) laquée	Lackfarbe (f)	лаковая краска (ж)
veneer (masonry)	revêtement (m) (maçonnerie)	Mauerverkleidung (f) (Blendmauerwerk)	облицовка (ж) каменной кладки
veneered plywood	contreplaqué (m) décoratif	furniertes Sperrholz (n)	декоративная фанера (ж)
vent pipe	tuyau (m) de ventilation	Entlüfterstutzen (m) / Entlüftungsrohr (n)	вытяжная труба (ж) / вентиляционная труба (ж)
vent stack	évent (m)	Entlüftungsstrang (f)	вентиляционный стояк (м) / отводная труба (ж)

Vented

ENGLISH	FRENCH	GERMAN	RUSSIAN
vented roof from below	toiture (f) ventilée par le bas	unterlüftetes Dach (n) / Kaltdach (n)	вентилированная крыша (ж) (снизу)
ventilation	ventilation (f)	Lüftung (f)	вентиляция (ж)
ventilation between furrings under lattice (lath)	ventilation (f) entre fourrures (f) sous lattes (f)	Belüftung (f) zwischen Grundlatten (f) / Grundlattung (f)	вентиляция (ж) между основаниями под рейкой
ventilation between rafters	ventilation (f) entre chevrons	Belüftung (f) zwischen Sparren (m)	вентиляция (ж) между стропилами
verge	saillie (f) de pignon (m) / planche (f) de rive (avant-toit)	Ortgang (m)	свес (м) крыши со стороны фронтона
verify dimensions on site before ordering doors (see drawing No. ...)	vérifier les dimensions sur les lieux avant de commander les portes (voir dessin No. ...)	überprüfe die Dimensionen (Maße) auf der Baustelle vor der Türenbestellung (siehe Bauplannummer ...)	проверяйте размеры на стройплощадке до заказа двери (смотри чертёж № ...)
vermiculite concrete	béton (m) de vermiculite	Vermikulitbeton (m)	вермикулитовый бетон (м)
vermiculite plaster	enduit (m) de vermiculite	Vermikulitputz (m)	вермикулитовая штукатурка (ж)
vertical joint	joint (m) vertical	Vertikalfuge (f)	вертикальный шов (м)
vertical section	coupe (f) verticale	Vertikalschnitt (m)	вертикальный разрез (м)
vertically pivoting window	fenêtre (f) pivotant verticalement	Wendeflügel (m)	окно (ср), вращающееся вокруг вертикальной оси
vestibule	vestibule (m)	Vorraum (m)	вестибюль (м)
view from: ...	vue (f) du: ...	Schaubild (n) von: ... / Sicht (f) von: ...	наблюдение (ср) с: ...
viewing-room	salle (f) de visionnement (m)	Filmauswertungsraum (m)	просмотровой зал (м)
vinyl asbestos tile	tuile (f) vinyle-amiante (amiante vinylique)	Vinylasbest-Fliese (f)	виниласбестовая плитка (ж)
vinyl tile, PVC tile	tuile (f) de vinyle, tuile (f) de PVC	Vinyl-Fliese (f), PVC-Fliese (f)	поливинилхлоридная плитка (ж)

W

ENGLISH	FRENCH	GERMAN	RUSSIAN
W. C. and shower	W. C. (m) et douche (f)	WC (n) und Dusche (f)	уборная (ж) и душ (м)
waffle slab	dalle-caissons (f)	Kassettenplatte (f)	кессонная плита (ж) перекрытия
waiting area (outpatients, inpatients, visitors)	salle d'attente (f) (patients / malades externes et hospitalisés, visiteurs)	Warteraum (m) (ambulante- und Klinik- Patienten, Besucher)	приёмное отделение (ср) (амбулаторных больных, стационарных больных, гостей)
walkie-talkie	émetteur-récepteur (m) portatif	Hand-Funksprechgerät (n) / tragbares Sprechfunkgerät (n) / Walkie-Talkie (n)	портативная дуплексная радиостанция (ж)
wall	mur (m)	Wand (f)	стена (ж)
wall and ceiling plaster	enduit (m) de plâtre (m) pour murs et plafonds	Wand- und Deckenputz (m)	штукатурка (ж) стены и потолка
wall handrail	main courante (f) murale	Wandhandlauf (m)	лестничный поручень (м) / перила (ср)
wall opening	ouverture (f) murale	Wandöffnung (f)	стенной проём (м)
wall stringer	limon (m) mural	Wandwange (f)	тетива (ж) стены
wall thickness	épaisseur (f) du mur (m)	Wandstärke (f)	толщина (ж) стены
wall tiles (thin-set method)	tuiles (f) murales (méthode d'adhésif mince)	Wandfliesen (f) im Dünnbettverfahren (n)	стеновые плитки (ж) (метод мелкодисперсного раствора)
wallpaper	papier (m) mural	Tapete (f)	обои (ср)
walnut	noyer (m)	Walnuß (f)	орех (м)
ward, eight beds	salle (f) commune, huit lits	Krankensaal (m), Achtbettzimmer (n)	палата (ж), восемь кроватей
ward, four beds	salle (f) commune, quatre lits	Krankensaal (m), Vierbettzimmer (n)	палата (ж), четыре кровати
wardrobe	garde-robe (f) / penderie (f)	Kleiderschrank (m)	платяной шкаф (м) / гардероб (м)
waste pipe (bathroom, kitchen)	descente (f) d'eaux ménagères (f)	Abwasserohr (n) (Bad, Küche)	сливная (спускная) труба (ж) (ванная, кухня)

Water

ENGLISH	FRENCH	GERMAN	RUSSIAN
water and sewage lines	aqueducs (m) et conduits (m) d'égout	Wasser- und Abwasserleitungen (f)	акведуки (м) и канализационные трубы (ж)
water faucet	robinet (m) d'eau	Wasserhahn (m)	водопроводный кран (м)
water level	niveau (m) d'eau	Wasserspiegel (m)	уровень (м) воды
water line	conduite (f) d'eau (aqueduc)	Wasserleitung (f)	водопровод (м)
water service	service (m) des eaux (f)	Wasserversorgung (f)	водоснабжение (ср)
waterpoof membrane (roof)	membrane (f) d'étanchéité (toiture)	wassersperrende Dichtungsschicht (f) (Dach)	кровельный ковёр (м) (гидроизоляционный)
waterproof coating	couche (f) d'étanchéité	wasserdichter Belag (m)	водонепроницаемое покрытие (ср)
waterproof concrete (cement)	béton (m) imperméable (ciment)	wasserdichter Beton (m) (Zement)	водонепроницаемый бетон (м) (цемент)
waterproof core insulation	noyau (m) d'isolation étanche	wasserdichte Kerndämmung (f)	водонепроницаемое ядро (ср) изоляции
waterproof joint	joint (m) étanche	wasserdichte Fuge (f)	водонепроницаемый шов (м)
waterproof membrane	membrane (f) hydrofuge	wasserdichte Folie (f) / Bitumen-Dichtungsschicht (f)	водонепроницаемая мембрана (ж), кровельный ковёр (м)
waterproof weld	soudure (f) étanche	wasserdichte Schweißung (f)	водонепроницаемая сварка (ж)
waterproofing	étanchéité (f)	Wasserabdichtung (f)	гидроизоляция (ж)
waterproofing applied to inside wall	imperméabilisation (f) appliquée au mur (m) intérieur	Wasserabdichtung (f) an der Innenwand (f)	гидроизоляция (ж) на внутренной стене (ж)
waterproofing cement coat	couche (f) de ciment (m) d'imperméabilisation (f)	wasserdichte Zementschicht (f)	гидроизоляционное (ж) цементное покрытие (ср)
waterproofing felt	feutre (m) d'étanchéité	wasserdichte Filzpappe (f)	гидроизоляционный строительный картон (м)
watersealed concrete fill	remplissage (m) de béton (m) avec agent (m) de scellement	wasserabdichtende Betonfüllung (f)	непроницаемая бетонная насыпка (ж)

Waterstop

ENGLISH	FRENCH	GERMAN	RUSSIAN
waterstop at concrete wall only	arrêt (m) hydrofuge au mur (m) de béton (m) seulement	Wassersperre (f) nur an der Betonwand (f)	водонепроницаемое уплотнение (ср) только у бетонной стены (ж)
weather protection (weather protection-rail for rabbet airtightness)	protection(f) contre les intempéries (f) (joint feuilluré étanche)	Wetterschutz (m) (Wetterschutzschiene für Falzdichtung)	защита (ж) от атмосферных воздействий для фальцевой воздухонепроницаемости
weather stripping	coupe-froid (m)	Dichtungsstreifen (m)	уплотнение (ср) швов
weather stripping profile	profilé (m) de coupe-froid (m)	Dichtungsstreifenprofil (n)	профиль (м) уплотнения швов
web	âme (f)	Steg (m)	стенка (ж)
web plate	plaque (f) d'âme (f) (poutre)	Stegplatte (f)	стенка (ж) балки
wedge	cheville (f) / cale (f)	Keil (m)	клин (м)
wedge-shaped insulation elements	isolant (m) en plaques (f) biseautées	keilförmige Isolierungselemente (n)	клинообразные изоляционные элементы (м)
weepholes at ... c/c (centre (center) to centre (center))	saignées (f) (chantepleures) aux ... c/c (centre à centre)	Tropföffnungen (f) in ... Achsenabstand (m)	фильтрационные отверстия (ср) на ... межцентрового растоянии
weeping willow	saule pleureur (m)	Trauerweide (f)	плакучая ива (ж)
weight (load) indication	charge (f)	Gewichtsangabe (f)	индикация (ж) нагрузки
welded connection	assemblage (m) soudé	Schweißverbindung (f)	сварное соединение (ср)
welded reinforcement	armature (f) soudée	geschweißte Bewehrung (f)	сварная арматура (ж)
well (space between outside stringers)	puits (m) d'escalier (m) (espace entre limons extérieurs)	Treppenauge (n) (Raum zwischen äußeren Treppenwangen)	лестничная шахта (ж) (пространство между наружными тетивами)
whirlpool	bain tourbillon (m)	Strudelbad (n) / Strudelbecken (n)	водоворот (м)
white pine	pin blanc (m)	Weißkiefer (f)	белая сосна (ж)
wicket	guichet (m)	Durchreiche (f)	окно (ср) на приём (калитка)
width of door frame	largeur (f) de la huisserie (f) de porte	Türzargenbreite (f) / Türrahmenbreite (f)	ширина (ж) дверной коробки (рамы, царги)

ENGLISH	FRENCH	GERMAN	RUSSIAN
width of door opening	largeur (f) d'ouverture (f) de porte (f)	Türöffnungsbreite (f)	ширина (ж) дверного проёма
width (stair)	largeur (f) (escalier)	Breite (f) (Treppe)	ширина (ж) (лестница)
wind angle brace / wind brace	contreventement (m)	Windrispe (f)	ветровой раскос (м) / ветровая связь (ж)
window	fenêtre (f)	Fenster (n)	окно (ср)
window and louvre details	détails (m) de fenêtres (f) et louvres (m)	Fenster- (n) und Jalousettedetails (n)	детали (ж) окон и вентиляционных решёток
window blind	store (m) (fenêtre)	Sonnenblende (f) (Fenster)	оконный навес (м)
window catch	loqueteau (m) de fenêtre (f)	Fenster-Baskülverschluß (m)	оконный шпингалетный затвор (м) / оконный шпингалет (м)
window flashing	solin (m) de fenêtre (f)	Fensterverwahrung (f) / Brustblech (n)	оконный фартук (м)
window frame (fastened to wall)	châssis (m) de fenêtre (attaché au mur) / cadre (m) de fenêtre (f)	Fensterrahmen- Wandanschluß (m) / Fenster- Blendrahmen (m) / Zarge (f)	оконная рама (ж), прикреплённая к стене / царга (ж)
window glass	verre (m) à vitres (f)	Fensterglas (n)	оконное стекло (ср)
window handle	poignée (f) de fenêtre (f)	Fensterklinke (f)	оконная ручка (ж)
window hardware	quincaillerie (f) de fenêtre (f)	Fensterbeschläge (m)	оконные приборы (м)
window head	traverse (f) supérieure de la fenêtre (f)	Fensterriegel (m)	верхний брус (м) оконной рамы
window height	hauteur (f) de la fenêtre (f)	Fensterhöhe (f)	оконная высота (ж)
window hinge	charnière (f) de fenêtre (f)	Fensterscharnier (n)	оконная петля (ж) / оконной шарнир (м)
window jamb	jambage (m) de fenêtre (f)	Fensterleibung (f)	оконной откос (м)
window lintel	linteau (m) de fenêtre (f)	Fenstersturz (m)	оконная перемычка (ж)
window of type ...	fenêtre (f) type ...	Fenster (n) vom Typ ...	окно (ср) типа ...

Window

ENGLISH	FRENCH	GERMAN	RUSSIAN
window opening	baie (f) de fenêtre (f)	Fensteröffnung (f)	оконный проём (м)
window sash (movable)	battant (m) de fenêtre (f) (mobile)	Flügelrahmen (m) (beweglich)	оконная створка (ж) (подвижная)
window sash with double glazing or insulating glass	battant (m) à double vitrage (m) ou verre (m) isolant	Flügelrahmen (m) mit Isolier- oder Doppelverglasung (f)	оконная створка (ж) с двойным остеклением или с изоляционным остеклением
window sash with single glazing	battant (m) à simple vitrage (m)	einfachverglaster Flügelrahmen (m)	оконная створка (ж) с одинарным остеклением
window schedule	nomenclature (f) des fenêtres (f)	Fenstertabelle (f) / Stückliste (f) der Fensterelemente (n)	спецификация (ж) окон
window sill covering	recouvrement (m) d'allège (f) de fenêtre (f)	Fensterbankabdeckung (f)	покрытие (ср) наружного подоконника (м)
window sill (exterior)	allège (f) de fenêtre (f) (extérieur)	Fensterbank (f) (außen) / Außenfensterbank (f)	подоконник (м) (наружный)
window sill upbent at the ends	allège (f) retroussée sur les côtés (m) de la fenêtre (f)	seitliche Fensterbankaufkantung (f)	подоконник (м) с боком, гнутый наверх (окно)
window stool (interior)	tablette (f) de fenêtre (f) (intérieur)	Fensterbrett (n) / Holzunterfensterbank (f) / Unterfensterbank (f) / Innenfensterbank (f) (innen)	подоконная доска (ж) (внутренняя)
window type	type (m) de fenêtre (f)	Fenstertyp (m)	оконный тип (м)
window unit	élément-fenêtre (m)	Fensterteil (m)	оконный блок (м)
window wall	paroi (f) de verre	Fensterwand (f)	остеклённая стена (ж)
window wall component of exterior wall cladding	élément (m) mur-fenêtre formant parement (m) de mur (m) extérieur	Fensterfassadenelement (n) als Außenwandbekleidung (f)	оконный стеновый элемент (м) как наружная стеновая обшивка (ж)
windproof	à l'épreuve (f) du vent (m)	winddicht	ветрозащитный
wing (building)	aile (f) (bâtiment)	Seitenflügel (m) (Gebäude)	крыло (ср) (здание)

ENGLISH	FRENCH	GERMAN	RUSSIAN
wire-glass (door, window)	verre (m) armé (porte, fenêtre)	Drahtglas (n) (Tür, Fenster)	армированное стекло (ср) (дверь, окно)
wire lath, Rabitz-wire lath	treillis (m) Rabitz, treillis (m) métallique pour enduit	Drahtgeflecht (f), Rabitz-Drahtgeflecht (n)	металлическая ткань (ж), сетка (ж) Рабица (сетка для штукатурных работ)
wire mesh	treillis (m) métallique	Drahtgewebe (n)	проволочная сетка (ж)
wire tie	broche (f) d'attache	Drahtanker (m)	проволочный анкер (м)
women's washroom	toilette (f) femmes	Damentoilette (f)	уборная (ж) для женщин
wood	bois (m)	Holz (n)	древесина (ж) / дерево (ср)
wood battens (for supporting rough sheathing boards)	lambourdes (f) de bois (m) (fond de clouage pour le planchéiage brut de protection)	Einschublatten (f) (zur Auflagerung von rohen Brettern)	деревянные решётки (ж) (которые поддерживают необрезные обшивочные доски)
wood beam	poutre (f) en bois (m)	Holzbalken (m)	деревянная балка (ж)
wood blocking fastened with ... diameter bolts	blocage (m) de bois (m) fixé avec boulons (m) de ... diamètre	Kantholz (n) mit Bolzen (m) befestigt, Durchmesser ...	деревянная блокировка (ж), закреплённая болтами диаметр ...
wood blocking, wood nailer	blocage (m) en bois (m), fond (m) de clouage	Kantholz (n)	деревянная блокировка (ж), деревянная рейка (ж)
wood buck (window or door)	châssis (m) de bloc / faux-cadre (m) en bois (fenêtre ou porte)	hölzerner Blockrahmen (m) / hölzerne Zarge (f) (Fenster- oder Tür)	деревянная царга (ж) (окно или дверь)
wood cant strip	tringle (f) biseautée en bois (m)	Holzkeil (m) / hölzerner Randkeil (m)	деревянный трёхкантный прут (м)
wood cladding on exterior wall	parement (m) en bois (m) sur mur (m) extérieur	Holzbekleidung (f) der Außenwand (f)	деревянная наружная обшивка (ж) на наружной стене
wood door	porte (f) en bois (m)	Holztür (f)	деревянная дверь (ж)
wood door frame	huisserie (f) de porte (f) en bois (m)	Türrahmen (m) aus Holz (n)	деревянная дверная коробка (ж)
wood fibre insulation	isolation (f) en fibre (f) de bois	Holzfaserdämmung (f)	древесноволокнистая изоляция (ж)

Wood

ENGLISH	FRENCH	GERMAN	RUSSIAN
wood fibre insulation sheet	feuille (f) d'isolation (f) en fibres de bois	Holzfaserdämmplatte (f)	лист (м) деревянной волокнистой изоляции
wood floor on joists with cavity insulation	plancher (m) de bois (m) sur solives (f) avec isolation (f) dans les cavités (f)	Holzbalkendecke (f) mit Hohlraumdämmung (f)	деревянная балка (ж) перекрытия с изоляцией с воздушной прослойкой
wood flooring	revêtement (m) de plancher (m) en bois (m)	Holzfußboden (m)	деревянный настил (м) пола
wood frame construction	charpente (f) en bois (m) / construction (f) à ossature (f) de bois (m)	Holzrahmenkonstruktion (f) / Fachwerkkonstruktion (f)	деревянная каркасная конструкция (ж)
wood furring	fourrure (f) en bois (m)	Holzlattung (f)	деревянная обрешётка (ж)
wood joist flooring	plancher (m) en solives (f) de bois (m)	Holzbalkendecke (f)	деревянный балочный настил (м)
wood lath	latte (f) en bois (m)	Holzlatte (f)	деревянная дрань (ж)
wood moulding (molding)	moulure (f) en bois (m) / baguette (f) en bois (m)	Holzprofillatte (f)	деревянная профилированная раскладка (ж)
wood panel	panneau (m) en bois (m)	Holzplatte (f)	деревянная панель (ж)
wood roof sheathing with tongue and groove	revêtement (m) de toiture (f) en bois (m) embouveté	Holzdachschalung (f) mit Nut (f) und Feder (f)	оболочка (ж) деревянной крыши (ж) со шпунтом и пазом
wood shingle	bardeau (m) de bois	Holzschindel (f)	деревянный гонт (м) / деревянная плитка (ж)
wood treatment	traitement (m) du bois (m)	Holzbehandlung (f)	деревянная обработка (ж)
wood veneer	placage (m) de bois (m)	Holzblende (f)	деревянная облицовка (ж) (фанера)
wood wallboard	panneau (m) mural en bois (m)	Wandplatte (f) aus Holz (n)	деревянный обшивочный лист (м)
wood window	fenêtre (f) en bois (m)	Holzfenster (n)	окно (ср) с деревянной коробкой и переплётами
wood wool	laine (f) de bois (m)	Holzwolle (f)	деревянная шерсть (ж)

Working

ENGLISH	FRENCH	GERMAN	RUSSIAN
working drawings, shop drawings	dessins (m) d'exécution, dessins (m) d'atelier	Ausführungszeichnungen (f), Werk- oder Arbeitspläne (m)	рабочие чертежи (м) / сборочные чертежи (м)
workshop	atelier (m)	Werkstatt (f)	цех (м)

**FRANÇAIS
ANGLAIS
ALLEMAND
RUSSE**

FRANÇAIS	ANGLAIS	ALLEMAND	RUSSE

A

à la colonne (f)	at column	an der Säule (f) / an der Stütze (f)	у колонны (ж)
à l'axe (m) de la colonne (f) ...	to column line ...	zur Säulenachse (f) ...	к оси (ж) колонны ...
à l'épreuve (f) du vent (m)	windproof	winddicht	ветрозащитный
accès (m)	access	Zugang (m)	подход (м)
achèvement (m) du projet (m)	project completion	Projektabwicklung (f)	окончание (ср) проекта
acier (m)	steel	Stahl (m)	сталь (ж)
acier (m) d'armature	reinforcing steel	Bewehrungseisen (n)	арматурная сталь (ж)
acier (m) d'armature à béton	reinforcing steel (concrete)	Betonstahl (m) / Bewehrungseisen (n)	арматурная сталь (ж) (бетонная)
acier (m) de précontrainte	prestressed steel	Spannstahl (m)	предварительно напряжённая сталь (ж)
acier (m) galvanisé	galvanized steel	verzinkter Stahl (m)	оцинкованная сталь (ж)
acier (m) inoxydable	stainless steel	rostfreier Stahl (m)	нержавеющая сталь (ж)
acier (m) structural	structural steel	Baustahl (m)	структурная сталь (ж)
additif (m) de béton (m)	concrete additive	Betonzusatz (m)	бетонная добавка (ж)
adhésif (m) pour tuiles (f)	tile adhesive	Fliesenkleber (m)	клейкий состав (м) для крепления плиток
administration (f)	administration	Verwaltung (f)	администрация (ж)
adresse (f)	address	Anschrift (f) / Adresse (f)	адрес (м)
agent (m) de scellement	sealer / sealing compound	Dichtungsmittel (n)	герметик (м) / уплотнение (ср)
agent (m) de scellement de joint (m)	joint sealant	Fugendichtungsmittel (n)	герметик (м) / герметизирующая паста (ж)

Agent

FRANÇAIS	ANGLAIS	ALLEMAND	RUSSE
agent (m) de scellement de toiture (f) plate	flat roof sealing (sealer)	Flachdachabdichtung (f)	герметик (м) плоской крыши
aile (f) (bâtiment)	wing (building)	Seitenflügel (m) (Gebäude)	крыло (ср) (здание)
aile (f) supérieure	top flange	Obergurt (m)	верхняя полка (ж)
aile (f) supérieure, aile inférieure (poutre d'acier)	top flange, bottom flange (steel beam)	Obergurt (m), Untergurt (m) (Stahlträger)	верхняя полка (ж), нижняя полка (стальная балка)
alcôve (f) / baie (f)	alcove / bay	Alkoven (m) / Nische (f)	альков (м) / ниша (ж)
alignement (m) de la construction conformément aux règlements (m)	building line according to by-laws	Baulinie (f) / Baugrenze (f) laut Landesbauordnung (f) oder Bundesbaugesetz (n)	линия (ж) постройки согласно с постановлениями
alignement (m) de rue (f)	street alignment	Straßenflucht (f)	створ (м) улицы
alignement (m) des bâtiments (m) / alignement (m) de la construction (f)	building line	Baulinie (f) / Baugrenze (f)	линия (ж) постройки
allège (f) de fenêtre (f) (extérieur)	window sill (exterior)	Fensterbank (f) (außen) / Außenfensterbank (f)	подоконник (м) (наружный)
allège (f) métallique retroussée sur les côtés (m)	metal sill with uplifted ends	Metallfensterbank (f) mit seitlicher Aufkantung (f)	металлический подоконник (м) с гнутыми концами
allège (f) retroussée sur les côtés (m) de la fenêtre (f)	window sill upbent at the ends	seitliche Fensterbankaufkantung (f)	подоконник (м) с боком, гнутый наверх (окно)
allumage (m) par gaz (m)	gas firing	Gasfeuerung (f)	газовое сжигание (ср)
aluminium (m)	aluminium (aluminum)	Aluminium (n)	алюминий (м)
âme (f)	web	Steg (m)	стенка (ж)
aménagement (m) de cuisine (f)	kitchen layout	Küchenanordnung (f)	конфигурация (ж) / расположение (ср) кухни
aménagement (m) extérieur	exterior lay(-)out	Außenanlagen (f)	наружная планировка (ж)

FRANÇAIS	ANGLAIS	ALLEMAND	RUSSE
amenée (f) et retour (m) d'air (m)	air supply and exhaust	Be- und Entlüftung (f) / Zuluft (f) und Abluft (f)	подача (ж) и выпуск (м) воздуха
amphithéâtre (m)	amphitheatre	Amphitheater (n)	амфитеатр (м)
ancrage (m)	anchoring	Verankerung (f)	анкеровка (ж) / крепление (ср)
ancrage (m) à écartement	expansion anchor	Spreizanker (m)	разжимная оправка (ж)
ancrage (m) en queue (f) d'aronde	dovetail anchor	Schwalbenschwanzanker (m)	анкер (м) в форме ласточкина хвоста
ancrage (m) fileté	threaded anchorage	Gewindeverankerung (f)	анкер (м) с резьбой
ancre (f) /ancrage (m)	anchor	Anker (m)	анкер (м)
angle (m) aigu	acute angle	spitzer Winkel (m)	острый угол (м)
angle (m) obtus	obtuse angle	stumpfer Winkel (m)	тупой уголь (м)
anodisation (f)	anodizing	Anodisieren (n)	анодирование (ср)
antenne (f) de télévision	television antenna	Fernsehantenne (f)	телевизионная антенна (ж)
anti(-)dérapant	non(-)skid / non(-)slip	rutschfest	небуксующий / нескользкий
appareil (m) anglais (croisé) de maçonnerie (f)	English (cross) brick bond	Kreuzverband (m)	английская (крестовая) кирпичная перевязка (ж)
appareil (m) de brique flamand	Flemish brick bond	flämischer Ziegelverband (m)	фламандская кирпичная перевязка (ж)
appareil (m) de briques en panneresses (f)	stretcher running bond	Läuferverband (m)	ложковая перевязка (ж)
appareil (m) de maçonnerie (f) anglais	English brick bond	Blockverband (m)	английская кирпичная перевязка (ж)
appareil (m) d'éclairage au plafond (m)	lighting fixture at ceiling	Deckenbeleuchtung (f)	осветильник (м) у потолка
appareil (m) d'éclairage encastré (au plafond)	recessed lighting fixture (at ceiling)	Deckeneinbauleuchte (f)	встроенный светильник (м) (у потолка)

Appareil

FRANÇAIS	ANGLAIS	ALLEMAND	RUSSE
appareil (m) flamand	Flemish bond	flämischer Verband (m)	фламандская перевязка (ж)
appareils (m) de plomberie	plumbing fixtures	Sanitärarmaturen (f)	водопроводные арматуры (ж)
... apparent	exposed ...	Sicht- ...	видный ...
appartement (m)	apartment	Wohnung (f)	квартира (ж)
appentis (m) / toiture (f) monoplane	lean-to roof / monopitch roof	Pultdach (n)	наклонная односкатная крыша (ж)
apprêt (m) en bitume (m)	asphalt primer / bituminous primer	Bitumengrundiermittel (n)	битумная грунтовка (ж)
approbation (f) / permission (f) de démolition (f)	approval for demolition	Abbruchgenehmigung (f)	утверждение (ср) для сноса
approvisionnement (m) / amenée d'air	air supply	Luftzufuhr (f) / Zuluft (f)	подача (ж) воздуха
aqueducs (m) et conduits (m) d'égout	water and sewage lines	Wasser- und Abwasserleitungen (f)	акведуки (м) и канализационные трубы (ж)
arasement (m) de fondation (f)	top edge of foundation / footing	Fundamentoberkante (f)	верхний край (м) фундамента / выравнивание (ср) фундамента
arbre (m)	tree	Baum (m)	дерево (ср)
arbre (m) caduc	deciduous tree	Laubbaum (m)	листопадное дерево (ср)
arbre (m) toujours vert	evergreen tree	immergrüner Baum (m)	вечнозелёное дерево (ср)
arbrisseau (m)	shrub	Strauch (m)	кустарник (м)
arbrisseau (m) caduc	deciduous shrub	Laubstrauch (m)	листопадный кустарник (м)
arbrisseau (m) toujours vert	evergreen shrub	immergrüner Strauch (m)	вечнозелёный кустарник (м)
architecte (m) paysagiste	landscape architect	Garten- und Landschaftsarchitekt (m)	архитектор (м) по ландшафту
architecture (f) paysagiste	landscape architecture	Landschaftsarchitektur (f)	архитектура (ж) ландшафта
ardoise (f)	slate	Schiefer (m)	шифер (м) (натуральный)
arête (f) de coin (m)	corner bead	Putzeckprofil (n) / Kantenprofil (n)	угловая защитная накладка (ж)

Arête

FRANÇAIS	ANGLAIS	ALLEMAND	RUSSE
arête (f) de coin (m) à angle (m) aigu	corner bead with an acute angle	Putzeckprofil (n) im spitzen Winkel (m)	угловая защитная накладка (ж) с острым углом
arête (f) de coin (m) pour couche (f) de mortier (m) mince (recouvrement mural)	corner bead for thin-set method (wall covering)	Putzeckprofil (n) für Dünnbeschichtung (f) (Wandbeschichtung)	угловая защитная накладка (ж) для тонкослойного метода растворной постели (облицовка стены)
arête (f) de coin (m) pour le stuc (m) extérieur	corner bead for exterior stucco	Putzeckprofil (n) für den Außenputz (m)	угловая защитная накладка (ж) для наружной штукатурки
arête (f) vive	arris	Grat (m) / First (m)	наружный угловой выступ (м)
argile (f)	clay	Ton (m)	глина (ж)
armature (f)	reinforcing	Bewehrung (f)	арматура (ж)
armature (f) dans les deux sens	two-way reinforcement	kreuzweise Bewehrung (f)	перекрёстное армирование (ср)
armature (f) de maçonnerie (f) continue tous les deux rangs (m) de blocs (m)	continuous masonry reinforcement at every second block course	durchgehende Mauerarmierung (f), jede zweite Blockreihe (f)	непрерывная армированная кладка (ж) в каждом втором ряде
armature (f) de température (f) (de distribution)	temperature reinforcement (shrinkage)	Schwindbewehrung (f)	температурное армирование (ср) (усадка)
armature (f) en treillis (m) d'acier	steel mesh reinforcement	Stahlbetonmatte (f)	стальная арматурная сетка (ж)
armature (f) soudée	welded reinforcement	geschweißte Bewehrung (f)	сварная арматура (ж)
armature (f) supérieure	top reinforcement	obere Bewehrung (f)	верхняя арматура (ж)
armature (f) supplémentaire	additional reinforcment	Zusatzarmierung (f)	добавочная арматура (ж)
armatures (f) lisses	plain bars	glatte Stahlbetonstäbe (m)	гладкие арматурные стержни (м)
arrêt (m) de faîte (m)	ridge limit	Firstabschluß (m)	коньковая остановка (ж)
arrêt (m) de jambage (m) de maçonnerie, jambage (m) de maçonnerie (f) en retrait, jambage de maçonnerie (f) en saillie	masonry jamb stop, recessed masonry jamb, projected masonry jamb	Mauerleibung (f), Mauerleibung (f) mit Innenanschlag (m), mit Außenanschlag (m)	каменный упорный косяк (м), отодвинутый каменный упорный косяк (м), выступающий каменный упорный косяк (м)

Arrêt

FRANÇAIS	ANGLAIS	ALLEMAND	RUSSE
arrêt (m) hydrofuge au mur (m) de béton (m) seulement	waterstop at concrete wall only	Wassersperre (f) nur an der Betonwand (f)	водонепроницаемое уплотнение (ср) только у бетонной стены (ж)
arrête (m) de porte (f)	doorstop	Türstopper (m)	упор (м) двери / ограничитель (м) двери
asbeste (m) / amiante (m)	asbestos	Asbest (m)	асбест (м)
ascenseur (m) de la scène (f)	stage elevator	Bühnenaufzug (m)	лифт (м) / подъёмник (м) сцены
ascenseur (m) (personnes)	elevator (passenger)	Personenaufzug (m)	лифт (м)
aspect (m) visuel de la structure du bâtiment (m)	shape of building	Bauform (f)	конструкция (ж) (постройка)
asphalte (m) / bitume (m)	asphalt / bitumen	Asphalt (m) / Bitumen (n)	асфальт (м) / битум (м)
asphalte (m) / bitume (m) de couverture (f) de toiture (f)	roofing asphalt / roofing bitumen	Dachasphalt (m) / Dachbitumen (n)	кровельный асфальт (м) / кровельный битум (м)
asphalte (m) coulé	mastic asphalt	Gußasphalt (m)	асфальтовая мастика (ж)
asphalte (m) et gravier (m)	asphalt and gravel	Asphalt (m) und Kies (m)	асфальт (м) и гравий (м)
assemblage (m) avec couronnement (m) et raidisseur (m) soudés	connection with welded cap and stiffener	Anschluß (m) mit aufgeschweißter Kopfplatte (f) und Aussteifung (f)	соединение (ср) с последним слоем сварного шва и с элементом жёсткости
assemblage (m) de plinthe (f) et limon (m) mural	connection for base and wall stringer	Sockel- und Wandwangenanschluß (m)	соединение (ср) для фундаментной и стеновой тетивы (ж)
assemblage (m) de toiture (f) en tuile avec l'avant-toit (m)	eaves connection with finished tiled roof	Verbindung (f) des Dachüberhangs mit Ziegeldach (n)	соединение (ср) карнизного свеса с черепичной крыши
assemblage (m) riveté	riveted connection	Nietverbindung (f)	заклёпочное соединение (ср)
assemblage (m) soudé	welded connection	Schweißverbindung (f)	сварное соединение (ср)
assise (f) de blocs	block course	Blockreihe (f)	ряд (м) каменной кладки
assise (f) de boutisses (f)	header course	Binderschicht (f)	тычковый ряд (м)
assise (f) de panneresses (f)	stretcher course	Läuferschicht (f)	ложковый ряд (м)

Association

FRANÇAIS	ANGLAIS	ALLEMAND	RUSSE
association (f) des propriétaires	owners' association	Eigentümergemeinschaft (f)	ассоциация (ж) владелцов
atelier (m)	workshop	Werkstatt (f)	цех (м)
atelier (m) de dessin	drafting room	Zeichenraum (m)	чертёжная (ж)
atelier (m) de peinture	paint workshop	Malerwerkstatt (f)	малярная мастерская (ж)
attente (f) des patients (m) internes	in-patient waiting room	Warteraum (m) für stationär behandelte Patienten (m)	ожедание (ср) стационарных больных
au-dessus	above	oberhalb	над
au plancher (m) fini	to finished floor	zum Fertigfußboden (m)	к чистовому полу (м)
automatique	automatic	automatisch	автоматический
auvent (m), toiture (f) projetante	canopy, projecting roof	Vordach (n), Vorsprung (m) des Daches (n) / Überhang (m) des Daches (n)	навес (м), выступающая крыша (ж)
avant le début de tout travail ou avant de produire les dessins d'atelier, l'entrepreneur devra vérifier toutes les dimensions et tous les niveaux et il en sera tenu responsable	before starting construction or producing shop drawings, the contractor shall verify all dimensions and levels, and will be held responsible for them	vor Baubeginn oder Herstellung von Werkplänen soll der Bauunternehmer alle Maße und Höhenangaben eigenverantwortlich überprüfen	до начинания конструкции или до предъявления рабочих чертежов, подрядчик-строитель должен проверить все размеры и все уровени и он будет за них ответственным
~	before starting construction or producing shop drawings, the contractor shall verify all dimensions and levels, and will be held responsible for them	vor Baubeginn oder Herstellung von Werkplänen soll der Bauunternehmer alle Maße und Höhenangaben eigenverantwortlich überprüfen	до начинания конструкции или до предъявления рабочих чертежов, подрядчик-строитель должен проверить все размеры и все уровени и он будет за них ответственным
avant-toit (m) (au-dessus)	canopy (above)	Vordach (n) (oberhalb)	навес (м) (наверху)
avant-toit (m) / encorbellement (m)	eaves / overhanging eaves / overhang	Dachüberhang (m) / Dachvorsprung (m) / Überstand (m)	свес (м) крыши / выступающий свес (м) крыши
avertisseur (m)	alarm signal / warning signal	Alarmsignal (n)	сигнал (м) тревоги

Axe

FRANÇAIS	ANGLAIS	ALLEMAND	RUSSE
axe (m)	centre (center) line	Achsenlinie (f) / Achse (f)	центровая (осевая) линия (ж)
axe (m) de la porte (f)	centre (center) line of door	Türachse (f)	центровая (осевая) линия (ж) двери

B

FRANÇAIS	ANGLAIS	ALLEMAND	RUSSE
baguette (f), baguette (f) de coin (m)	bead, corner bead	Anschlagleiste (f), Ecklasche (f)	притвор (м), угловая защитная накладка (ж)
baguette (f) de vitrage	glazing bead	Glasleiste (f)	штапик (м)
baguette (f) de vitrage (m) en verre	glass-fillet / glass-bead	Glasdichtungsleiste (f)	стеклянный притвор (м)
baguette (f) d'encadrement (m)	casing bead	Metallprofil (n)	обрамленная металлическая накладка (ж)
baguette (f) en verre	glass stop-bead	Glashalteleiste (f)	стеклянная направляющая створка (ж)
baie (f) de fenêtre (f)	window opening	Fensteröffnung (f)	оконный проём (м)
bain tourbillon (m)	whirlpool	Strudelbad (n) / Strudelbecken (n)	водоворот (м)
balcon (m)	balcony	Balkon (m)	балкон (м)
balcon (m) complètement en retrait	fully recessed balcony	innenliegender Balkon (m)	полновстроенный балкон (м)
balcon (m) de coin	corner balcony	Eckbalkon(m)	угольный балкон (м)
balcon (m) en console	free-hanging balcony	Freibalkon (m) / außenliegender Balkon (m)	свободно-подвесной балкон (м)
balcon (m) partiellement en retrait	partially recessed balcony	teilweise eingezogener Balkon (m)	неполный отодвигнутый балкон (м)
balustrade (f) amovible	removable railing	abnehmbares Geländer (n)	снимающиеся перила (ср) / разборные перила (ср)
balustrade (f) de béton (m) apparent	exposed concrete balustrade	Sichtbetongeländer (n)	обнажённая бетонная балюстрада (ж)
balustrade (f) (éscalier)	balustrade / railing (stair)	Geländer (n) / Treppengeländer (n)	балюстрада (ж) / перила (ср) (лестница)

Balustre

FRANÇAIS	ANGLAIS	ALLEMAND	RUSSE
balustre (m)	baluster	Geländerpfosten (m)	балясина (ж)
bande (f) de clouage	nailing strip	nagelbare Leiste (f)	деревянная планка (ж)
bande (f) de dado (m)	dado band	Wandsockelanstrichstreifen (m)	дадо-полоса (ж)
bande (f) de jointoiement (jointoyage) en plastique	plastic joint strip	Fugendichtungsband (n) aus Kunststoff (m)	пластическая стыковая лента (ж)
bande (f) de scellement	sealant strip	Dichtungsband (n)	слойная прокладка (ж)
bande (f) de solin (m) en métal verticale	cover flashing (vertical)	Brustblech (n) / vertikales Abdeckblech (n)	перекрывающий фартук (м) / вертикальный отлив (м)
bande (f) métallique de rive (f)	eaves metal sheetstrip	Traufblech (n)	краевая металлическая полоса (ж) карнизного свеса
bardage (m)	sheathing	Bekleidung (f)	обшивка (ж)
bardage (m) de finition (f)	siding(s)	Stülpschalungsbretter (n)	чистая обшивка (ж)
bardage (m) en bois	boarding	Verbretterung (f)	дощатая обшивка (ж) (досками)
bardeau (m) d'ardoise (f) de toiture (f)	roofing slate	Dachschiefer (m)	кровельная плитка (ж) / шиферная плитка (ж)
bardeau (m) d'asphalte (m)	asphalt shingle	asphaltierte Schindel (f)	рубероидная кровельная плитка (ж)
bardeau (m) d'asphalte de toiture / bardeau (m) de toiture (f) bitumé	asphalt roof shingle / bituminous roof shingle	Bitumendachschindel (f)	рубероидная кровельная плитка (ж) / битумная кровельная плитка (ж)
bardeau (m) de bois	wood shingle	Holzschindel (f)	деревянный гонт (м) / деревянная плитка (ж)
bardeau (m) de ciment (m) d'amiante	asbestos(-)cement shingle	Dachschindel (f) aus Asbestzement (m)	асбестоцементная кровельная плитка (ж)
bardeau (m) de toiture (f)	roofing shingle	Dachschindel (f)	кровельный гонт (м) / кровельная плитка (ж)
bardeaux (m) d'asphalte (m) chevauchés	overlapping asphalt shingles	überlappende asphaltierte Dachschindeln (f)	частично дублирующие кровельные плитки (ж)

Barre

FRANÇAIS	ANGLAIS	ALLEMAND	RUSSE
barre (f) carrée	square bar	Vierkantstab (m)	квадратная штанга (ж) / квадратный стержень (м)
barre (f) d'armature crénelée	ribbed reinforcing bar	schräggerippter Betonstahlstab (m)	ребристый арматурный стержень (м)
barre (f) d'armature d'acier (m)	reinforcing steel bar	Armierungsstab (m) / Stahlbetonstab (m)	арматурный стальный стержень (м) / арматурный стальный прокат (м)
barre (f) d'armature d'acier (m) à chaque ... marche (f) de béton	reinforcing steel bar at every ... concrete step	Armierungsstab (m) an jeder ... Betonstufe (f)	стальной арматурный стержень (м) у каждой ... бетонной ступени
barre (f) d'armature droite	straight reinforcing bar	gerader Bewehrungsstab (m)	прямой арматурный стержень (м)
barre (f) droite	straight rod	gerader Stab (m)	прямой стержень (м)
barre (f) droite avec crochets (m) aux extrémités (f)	straight bar with hooked ends	gerader Stab (m) mit Winkelhaken (m)	арматура (ж) периодического профиля со крюками на конце
barre (f) (filetée)	rod (threaded)	Armierungsstab (m) (gerippt)	стержень (м) (резьбовой)
barre (f) inférieure, armature (f) inférieure	bottom rod, bottom steel	untere Bewehrung (f), untere Stahleinlage (f)	нижняя арматура (ж), нижняя сталь (ж)
barre (f) plate	flat bar	Flachstahl (m)	плоская полоса (ж)
barre (f) pliée	bent bar	aufgebogener Stab (m)	изогнутая арматура (ж) (стержень)
barre (f) ronde d'acier (fer rond)	steel round bar	Stahlrundstab (m)	круглая штанга (ж), круглый стержень (м)
barre (f) supérieure	top bar	oberer Bewehrungsstab (m)	верхний арматурный стержень (м)
barre (f) / tige (f) d'acier	rod	Armierungstab (m)	стержень (м)
barre-tirant (f)	tie-rod	Zuganker (m)	соединительный штырь (м)
barrière (f)	gate	Tor (n)	ворота (ж)
barrière (f) à neige (toit)	snow-catch barrier (roof)	Schneefanggitter (n) (Dach)	преграда (ж) снега (крыша)
barrière (f) contre le bruit (m) / barrière (f) acoustique	sound barrier / sound-proof barrier	Schallwand (f)	звуконепроницаемый экран (м)

Barrière

FRANÇAIS	ANGLAIS	ALLEMAND	RUSSE
barrière (f) de protection (toit)	barrier shield (roof)	Sperrschicht (f) (Dach)	кровельный ковёр (м) / изоляционный слой (м) (крыша)
barrière (f) thermique (arrêt thermique)	thermal barrier (thermo-break)	Wärmedämmsperre (f) (Thermosperre)	теплоизоляционная прослойка (ж) (тепловая пробка)
bas de la rampe (f)	bottom of ramp	unterer Rampenansatz (m)	нижняя часть (ж) рампы
bas-voltage (m)	low voltage	Niederspannung (f)	низкое напряжение (ср)
base (f) de béton (m) du mur (m) de fondation (f)	concrete base of foundation wall	Fundamentsockel (m) der Kelleraußenwand (f)	бетонная подложка (ж) фундаментной стены
base (f) de colonne (f)	column footing	Säulenfundament (n) / Stützenfundament (n)	фундамент (м) колонны
base (f) de fondation (f)	foundation pad	Fundamentauflager (n)	фундаментная подушка (ж)
base (f) de fondation (f) jusqu'à la ligne (f) de gel (m)	foundation base down to frostline	Fundament (n) bis zur Frostgrenze (f)	фундаментное основание (ср) к границе (ж) нулевой температуры
base (f) en caoutchouc	rubber pad	Gummiunterlage (f)	резиновая подкладка (ж)
bâtiment (m)	building	Gebäude (n)	постройка (ж) / здание (ср)
bâtiment (m) à deux logements (m), appartement (m) jumelé	duplex, duplex apartment	Zweifamilienhaus (n) (zweigeschossiges), zweigeschossige Wohnung (f)	двухквартирный дом (м), квартира (ж) в двух уровнях
bâtiment (m) à étages multiples / immeuble (m) à étages multiples	multi-storey building	mehrgeschossiges Gebäude (n)	многоэтажное здание (ср)
bâtiment (m) en briques (f)	brick building	Backsteingebäude (n)	кирпичное здание (ср)
bâtiment (m) érigé récemment	newly erected building	Neubau (m)	новостройка (ж)
bâtiments des maisons (f) séparées	construction of detached houses	offene Bauweise (f) (Bau in Einzelgebäuden)	строительство (ср) домов свободной постройки
battant (m) à double vitrage (m) ou verre (m) isolant	window sash with double glazing or insulating glass	Flügelrahmen (m) mit Isolier- oder Doppelverglasung (f)	оконная створка (ж) с двойным остеклением или с изоляционным остеклением

Battant

FRANÇAIS	ANGLAIS	ALLEMAND	RUSSE
battant (m) à simple vitrage (m)	window sash with single glazing	einfachverglaster Flügelrahmen (m)	оконная створка (ж) с одинарным остеклением
battant (m) de fenêtre (f) (mobile)	window sash (movable)	Flügelrahmen (m) (beweglich)	оконная створка (ж) (подвижная)
battant (m) de porte (f)	door leaf	Türblatt (n) / Türflügel (m)	створка (ж) двери
béton (m)	concrete	Beton (m) / Normalbeton (m)	бетон (м)
béton (m) à base de polystyrène expansé	polystyrene foam concrete	Leichtbeton (m) mit Styroporzusatz (m)	пенобетон (м) с полистиролом
béton (m) apparent	exposed concrete	Sichtbeton (m)	обнажённый бетон (м)
béton armé (m)	reinforced concrete	Stahlbeton (m)	железобетон (м)
béton (m) brut	rough concrete	Rohbeton (m)	неотделанный бетон (м)
béton (m) cellulaire / béton-gaz (m)	cellular concrete / gas concrete	Porenbeton (m) / Gasbeton (m)	ячеистый бетон (м)
béton (m) coulé sur place	cast-in-place concrete / poured-in place concrete (monolithic)	Ortbeton (m) (bauseits)	монолитный бетон (м) (на стройплощадке)
béton (m) de pente	sloped concrete	Gefällebeton (m)	наклонный бетон (м)
béton (m) de résine (f) époxide (époxyde)	epoxy concrete	Epoxydbeton (m)	эпоксидный полимербетон (м)
béton (m) de scories (f)	cinder concrete	Schlackenbeton (m)	шлакобетон (м)
béton (m) de vermiculite	vermiculite concrete	Vermikulitbeton (m)	вермикулитовый бетон (м)
béton-gaz (m)	gas concrete	Gasbeton (m) / Porenbeton (m)	газобетон (м)
béton (m) imperméable (ciment)	waterproof concrete (cement)	wasserdichter Beton (m) (Zement)	водонепроницаемый бетон (м) (цемент)
béton (m) isolant	insulating concrete	Leichtdämmbeton (m)	теплоизоляционный бетон (м)
béton (m) léger	lightweight concrete	Leichtbeton (m)	лёгкий бетон (м)
béton (m) lourd	heavyweight concrete	Schwerbeton (m)	тяжёлый бетон (м)
béton (m) maigre	lean concrete	Magerbeton (m)	тощий бетон (м)

Béton

FRANÇAIS	ANGLAIS	ALLEMAND	RUSSE
béton (m) poreux / béton (m) cellulaire	porous concrete	Porenbeton (m)	пористый бетон (м)
béton (m) précontraint	prestressed concrete	Spannbeton (m)	предварительно напряжённый железобетон (м)
béton (m) prémélangé	ready-mix concrete	Fertigbeton (m)	товарный бетон (м)
béton (m) préparé au chantier (m)	mixed in place concrete (construction site)	Baustellenbeton (m)	бетон (м), приготовленный на стройплощадке
béton (m) simple	plain concrete	unbewehrter Beton (m)	неармированный бетон (м)
bétonnage (m)	concrete placement	Betonierung (f)	бетонирование (ср) / укладка (ж) бетона
bibliothèque (f)	library	Bibliothek (f)	библиотека (ж)
biseau (m) / chanfrein (m)	bevel	Schrägkante (f)	скошенная кромка (ж)
bloc (m) creux en béton rempli de mousse (f) plastique	plastic foam-filled hollow concrete block	Hohlblockstein (m) mit Schaumstoff (m)	бетонный блок (м), налитый пенопластом
bloc (m) de béton (m), bloc plein, bloc creux	concrete block, solid block, hollow block	Betonstein (m), Vollblock (m), Hohlblock (m) / Hohlblockstein (m)	бетонный блок (м), твёрдый бетонный блок, пустотелый бетонный блок
bloc (m) de béton (m) creux	hollow concrete block	Hohlblockstein (m)	пустотелый бетонный блок (м)
bloc (m) de béton (m) léger creux	hollow lightweight concrete block	Leichtbeton-Hohlblockstein (m)	пустотелый лёгкий бетонный блок (м)
bloc (m) de verre	glass block	Glasstein (m)	стеклобрус (м) / стеклоблок (м)
blocage (m)	blocking	Abstandshalter (m)	шашка (ж)
blocage (m) de bois (m) fixé avec boulons (m) de ... diamètre	wood blocking fastened with ... diameter bolts	Kantholz (n) mit Bolzen (m) befestigt, Durchmesser ...	деревянная блокировка (ж), закреплённая болтами диаметр ...
blocage (m) en bois (m), fond (m) de clouage	wood blocking, wood nailer	Kantholz (n)	деревянная блокировка (ж), деревянная рейка (ж)

Blocs

FRANÇAIS	ANGLAIS	ALLEMAND	RUSSE
blocs (m) de béton à emboîtement	interlocking concrete blocks	ineinandergreifende Mauersteine (m) aus Beton	бетонные блоки (м) с замковым соединением
bois (m)	wood	Holz (n)	древесина (ж) / дерево (ср)
bois (m) de construction / bois (m) de charpente	timber / structural timber	Bauholz (n)	древесина (ж) / строительный лесоматериал (м)
bois (m) de rose	rosewood	Rosenholz (n)	розовое дерево (ср)
bois (m) dur (bois franc)	hardwood	Hartholz (n)	древесина (ж) лиственных пород
bois (m) imprégné	impregnated wood	imprägniertes Holz (n)	пропитанное дерево (ср)
bois (m) tendre	softwood	Weichholz (n)	мягкая древесина (ж)
bord (m) de toiture (f)	roof edge	Dachkante (f)	кровельный край (м)
bordure (f) en béton (m) ... de largeur et ... de hauteur	concrete curb ... wide and ... high	Betonkante (f) ... breit und ... hoch	бетонный опорный венец (м) ширина ... высота ...
borne (f) repère niveau: ... voir détail (m)	bench mark, elevation: ... see detail	Bezugspunkt (m), Höhe: ... siehe Detailzeichnung (f)	нивелирная метка (ж) высоты: ... смотри деталь (ж)
bouche (f) d'incendie	fire hydrant	Feuer-Hydrant (m)	пожарный гидрант (м)
bouchon (m) à vis (f)	screw cap	Schraubenkopf (m)	навинчивающаяся крышка (ж)
bouchon (m) soudé sur place (f)	plug weld on site	Punktverschweißung (f) (bauseits)	пробочный сварной шов (м) (на местоположении)
boucle (f) compensatrice	expansion loop	Dehnungsschlaufe (f)	петлевой трубный компенсатор (м)
bouleau (m)	birch	Birke (f)	берёза (ж)
boulon (m)	bolt	Bolzen (m)	болт (м)
boulon (m) à oeillet	eyebolt	Ringbolzen (m)	рым-болт (м)
boulon (m) ... centre à centre	bolt ... centre (center) to centre (center)	Bolzen (m) im Achsenabstand (m) von ...	болт (м) на межцентровом растоянии (ср) ...
boulon (m) d'acier (m)	steel bolt	Stahlbolzen (m)	стальной болт (м)

Boulon

FRANÇAIS	ANGLAIS	ALLEMAND	RUSSE
boulon (m) d'ancrage	anchor bolt	Ankerbolzen (m)	анкерный болт (м)
boulon (m) d'ancrage ... centre à centre	anchor bolt ... centre (center) to centre (center)	Ankerbolzen (m) im Achsenabstand (m) von ...	анкерный болт (м) на межцентровом расстоянии ...
boulon (m) d'ancrage fileté	threaded anchor bolt	gewundener Ankerbolzen (m)	винтовой анкерный болт (м)
boulon (m) de part en part	through bolt	Durchsteckschraube (f)	сквозной болт (м)
boulon (m) de scellement	expansion bolt	Spreizbolzen (m)	разширительный болт (м)
bourrelet (m) de remplissage / bande (f) de remplissage	backing strip	Fugendichtungsband (n)	прокладка (ж)
bourrelet (m) d'espacement	joint spacer / joint filler	Fugenhinterfüller (m)	стыковая прокладка (ж)
boutisse (f)	rowlock header	Rollschicht (f)	тычок (м) перевязочного кирпича (м), поставленного на ребро
bouton (m) de porte (f)	door knob	Türknauf (m)	круглая дверная ручка (ж)
branchement (m) d'égout (m)	sewer connection	Kanalisationsanschluß (m)	соединительная ветка (ж) канализации
brique (f) à feu	fire brick	Schamottziegel (m)	огнеупорный кирпич (м)
brique (f), brique pleine, brique creuse	brick, solid brick, hollow brick	Ziegel (m), Vollziegel (m), Lochziegel (m)	кирпич (м), твёрдый кирпич (м), пустотелый кирпич (м)
brique (f) creuse	hollow brick	Lochziegel (m)	пустотелый кирпич (м)
brique (f) de béton (m) cellulaire	cellular concrete brick	Porenbetonstein (m)	ячеистый бетонный блок (м)
brique (f) de champ	soldier brick / soldier rowlock	Hochschicht (f) / Grenadierschicht (f)	кирпич (м), поставленный на торец
brique (f) de mâchefer (m)	clinker brick	Klinker (m) / Vollklinker (m)	клинкер (м) / клинкерный кирпич (м)
brique (f) de verre	glass brick	Glasbaustein (m)	стеклоблок (м)
brique (f) émaillée (vernissée)	glazed brick	Glasurziegel (m)	глазурованный кирпич (м)

Brique

FRANÇAIS	ANGLAIS	ALLEMAND	RUSSE
brique (f) en béton (m)	concrete brick	Vollstein (m) aus Beton (m)	бетонный камень (м)
brique (f) pleine	solid brick	Vollziegel (m) / Vormauervollziegel (m)	твёрдый кирпич (м)
brique (f) posée de champ	rowlock	Ziegel (m) auf Seitenkante (f) gelegt	перевязочный кирпич (м), поставленный на ребро
broche (f) d'attache	wire tie	Drahtanker (m)	проволочный анкер (м)
bronze (m)	bronze	Bronze (f)	бронза (ж)
bruit (m) de la circulation (f) (du trafic)	traffic noise	Verkehrslärm (m)	транспортный шум (м)
brun	brown	braun	коричневый
budget (m) de construction	construction budget	Baukosten (f)	стоимость (ж) (бюджет) строительства
bureau (m)	office	Büro (n)	контора (ж) / бюро (ср)
bureau (m) d'admission	admissions	Aufnahme (f)	приёмная (ж)
bureau (m) d'architecture (f)	architectural office	Architekturbüro (n)	архитектурное бюро (ср)
butoir (m) de porte (f)	(doorstop)	Türanschlag (m)	ограничитель (м) открывания двери
buvette (f) de petit déjeuner (m)	breakfast bar	Frühstücksbüfett (n)	закусочная (ж) / буфет (м) утреннего завтрака

C

FRANÇAIS	ANGLAIS	ALLEMAND	RUSSE
cabine (f)	booth	Kabine (f)	кабина (ж)
cabine (f) d'ascenseur (m)	elevator car	Aufzugskabine (f)	кабина (ж) лифта
cabine (f) de projection	projection room	Vorführraum (m)	проекционная кабина (ж)
cabinet (m) médicale	medical practise (practice)	Arztpraxis (f)	врачебная практика (ж)
câble (m)	cable	Kabel (n)	кабель (м)

Cable

FRANÇAIS	ANGLAIS	ALLEMAND	RUSSE
cable (m) d'acier	steel rope	Stahlseil (n)	стальной канат (м)
câble (m) de chauffage (électrique)	heating cable	Heizkabel (n)	греющий электрокабель (м)
câble (m) de chauffage (m) sous-plancher	underfloor heating cable	Fußbodenheizungskabel (n)	кабель (м) лучистого отопления
câble (m) de téléphone (m) souterrain	telephone cable below grade	unterirdisches Telefonkabel (n)	подземный телефонный кабель (м)
câble (m) souterrain	underground cable	unterirdisches Kabel (n)	подземный кабель (м)
cadenas (m)	padlock	Vorhängeschloß (n)	висячий замок (м)
cage (f) de monte-plats (m)	dumbwaiter shaft	Speiseaufzugsschacht (m) / Aufzugsschacht (m)	шахта (ж) кухонного лифта
cage (f) d'escalier (m)	staircase	Treppenhaus (n) / Treppenraum (m)	лестничная клетка (ж)
cale (f) de porte (f)	door holder	Türhalter (m)	дверной держатель (м)
cale (f) d'isolation rigide en laine (f) minérale	rigid insulating wedge out of rock wool	Dämmstoffkeil (m) aus Steinwolle (f)	жёсткозакреплённый изоляционный клин (м) из минеральной ваты
calendrier (m) d'avancement des travaux (m)	construction schedule / construction time table	Bauzeitenplan (m)	график (м) производства строительных работ
calfeutrage (m), calfeutrage (m) élastique / calfeutrage (m) flexible	caulking, elastic caulking	Dichtungsmasse (f), elastische Dichtungsmasse (f)	конопатка (ж), упругая конопатка (ж)
calfeutrage (m), calfeutrage (m) élastique sur bourrelet (m)	caulking, elastic caulking on backing strip	elastische Dichtungsmasse (f) / Fugendichtungsmasse (f) auf Hinterfüllungsband (n)	конопатка (ж), упругая конопатка (ж) на несущей ленте
calfeutrage (m) élastique / flexible	elastic caulking	elastische Dichtungsmasse (f)	упругая чеканка (ж) / конопатка (ж)
calfeutrage (m) (joint)	caulking (joint)	Fugenmasse (f) / Fugendichtungsmasse (f)	конопатка (ж) (шов)
calfeutrage (m) sur bourrelet (m) de joint (m)	caulking on joint filler	Fugenmasse (f) auf Fugeneinlage (f)	конопатка (ж) на заполнительным шве

Calibre

FRANÇAIS	ANGLAIS	ALLEMAND	RUSSE
calibre (m) / jauge (f)	gauge (gage)	Blechdicke (f) / Blechstärke (f)	калибр (м) листовой стали
caniveau (m) de plancher (m)	floor gully	Bodenablauf (m)	трап (м) (водосток (м) пола)
caractéristiques (f) typiques du design (m) (conception)	typical design characteristics	Typenentwurf (m)	типические конструктивные характеристики (ж) / типические расчётные характеристики (ж)
carreau (m) antidérapant	non(-)slip tile	rauhe Bodenfliese (f) / rutschfeste Bodenfliese (f)	шероховатая плитка (ж) / нескользкая плитка (ж)
carreau (m) d'asphalte (m) / tuile (f) d'asphalte	asphalt tile	Asphaltfliese (f) / Asphaltplatte (f)	битумная плитка (ж)
carreau (m) de céramique (f) / tuile (f) de céramique	ceramic tile	Keramikfliese (f)	керамическая плитка (ж)
carreau (m) de liège (m) / tuile (f) de liège (m)	cork tile	Korkfliese (f)	пробковая плитка (ж)
carreau (m) de terrazzo (m)	terrazzo tile	Terrazzo-Fliese (f)	терращцевая плитка (ж)
carreau (m) mosaique	mosaic tile	Mosaikfliese (f) / Mosaikplatte (f)	мозаичная плитка (ж)
carreau (m) non vitrifié	unglazed tile	unglasierte Fliese (f)	неглазурованная плитка (ж)
carreau (m) (tuile) de plancher (m)	floor tile, flooring tile	Bodenfliese (f)	половая плитка (ж)
carreaux (m) de carrière (grès cérame)	quarry tiles	Natursteinplatten (f)	каменные плитки (ж)
carton (m) bitumé	asphalt paper	Bitumenpappe (f)	пергамин (м)
cartouche (f) d'identification	title block	Schriftfeld (n)	титульный блок (м)
casier (m)	locker	Schließfach (n)	шкафчик (м) (запирающийся)
cendre (f) / scories (f)	cinder / slag	Schlacke (f)	шлак (м)
centrale (f) téléphonique	telephone exchange centre	Telefonzentrale (f)	телефонная станция (ж)
centre (m) à centre	centre (center) to centre (center)	Achse (f) zu Achse (f) / Achsenlinie (f) zu Achsenlinie (f)	межцентровое расстояние (ср)

FRANÇAIS	ANGLAIS	ALLEMAND	RUSSE
chambre à coucher (f)	bedroom	Schlafzimmer (n)	спальня (ж)
chambre à coucher (f) principale	main bedroom / master bedroom	Zweibett-Schlafzimmer (n) / Elternschlafzimmer (n)	главная спальня (ж)
chambre (f) de machinerie d'ascenseur (m)	elevator machine room	Aufzugsmaschinenraum (m)	машинное отделение (ср) лифта
chambre (f) de malade (de patient)	patient's room	Patientenzimmer (n) / Krankenzimmer (n)	комната (ж) больного
chambre (f) d'habillage	dressing room	Ankleideraum (m)	раздевалка (ж) / комната (ж) для одевания
chambre (f) d'isolement (un lit)	isolation room (one bed)	Isolierzimmer (n) (Einbettzimmer)	изоляционный кабинет (м) (одна кровать)
chambre (f) noire	dark room	Dunkelkammer (f)	тёмная комната (ж)
chambre (f) privée (un lit)	private room (one bed)	Ein-Bettzimmer (n) / Privatzimmer (n) / Einzelzimmer (n)	отдельный кабинет (м) (одна кровать)
chambre (f) semi-privée (deux lits)	semi-private room (two beds)	Zweibettzimmer (n)	палата (ж) (две кровати)
chanfrein (m) / biseau (m)	chamfer	Abschrägung (f) / Abkantung (f)	небольшая выемка (ж)
changement (m) / modification (f)	correction / amendment	Berichtigung (f) / Verbesserung (f)	модификация (ж) / исправление (ср)
chantier (m) / chantier (m) de construction	building site / construction site	Baustelle (f)	строительная площадка (ж)
chape (f)	topping / screed	Estrich (m)	стяжка (ж)
chape (f) à fini (m) abrasif (béton)	abrasive topping (concrete)	rauher Estrich (m) (Beton)	абразивное покрытие (ср) пола (бетонное)
chape (f) d'anhidrite (béton, ciment)	anhydrite-topping (concrete, cement)	Anhydritestrich (m) (Beton, Zement)	ангидритная стяжка (ж) (бетонная, цементная)
chape (f) de béton armé (m) en pente	sloped reinforced concrete topping	Gefälleestrich (m) mit Bewehrung (f)	наклонное железобетонное покрытие (ср)

Chape

FRANÇAIS	ANGLAIS	ALLEMAND	RUSSE
chape (f) de béton, chape (f) de ciment	concrete topping, cement topping	Betonestrich (m), Zementestrich (m)	бетонное покрытие (ср), цементное покрытие (ср)
chape (f) de béton (m) de pente sur dalle (f) de béton armé (m)	sloped concrete topping on reinforced concrete slab	Gefälleestrich (m) auf Stahlbetonplatte (f)	наклонное бетонное покрытие (ср) на железобетонной плите
chape (f) de béton (m) de protection	concrete topping for protection	Betonestrich (m) als Schutzestrich (m)	бетонное покрытие (ср) пола как защита
chape (f) de béton (m) en pente (f)	sloped concrete topping	Gefälleestrich (m)	наклонное бетонное покрытие (ср)
chape (f) de béton (m) truellée	floating concrete topping	schwimmender Betonestrich (m)	плавающее бетонное перекрытие (ср)
chape (f) de ciment (m)	cement topping	Zementestrich (m)	цементный слой (м) (бетонного покрытия)
chape (f) de mastic (m) bitumineux (asphaltique)	screed of mastic asphalt	Gußasphaltestrich (m)	стяжка (ж) литого асфальта
chape (f) en béton (m) avec armature (f)	concrete topping with reinforcement	Betonestrich (m) mit Bewehrung (f)	бетонное покрытие (ср) с арматурой
chape (f) sur marche (f)	tread topping	Trittstufenbelag (m)	покрытие (ср) проступи
chape (f) sur sous-couche (f) sous radier (m) de fondation	mat on subsoil under raft foundation / screed on subsoil under raft foundation	Unterbeton (m) auf Erdreich (n) unter Stahlbetonplatte (f) / Plattenfundament (n)	подплита (ж) / стяжка (ж) на отметке грунта под сплошным фундаментом
chaperon (m) de cheminée (f)	chimney cap	Schornsteinkappe (f)	насадка (ж) дымовой трубы
chaperon-larmier (m) (porte, fenêtre)	drip cap (door, window)	Wetterschenkel (m) (Tür, Fenster)	водосток (м) (дверь, окно)
charge (f)	weight (load) indication	Gewichtsangabe (f)	индикация (ж) нагрузки
charge (f) concentrée	point load	Punktlast (f)	сосредоточенная нагрузка (ж)
charge (f) continue et uniforme	continuous load	Linienlast (f)	непрерывная нагрузка (ж)
charge (f) de neige (f)	snow load	Schneelast (f)	снеговой груз (м)

Charnière

FRANÇAIS	ANGLAIS	ALLEMAND	RUSSE
charnière (f) de battant (m) de fenêtre (f)	casement window hinge	Flügelrahmenbeschlag (m)	шарнир (м) створного окна
charnière (f) de fenêtre (f)	window hinge	Fensterscharnier (n)	оконная петля (ж) / оконной шарнир (м)
charnière-piano (f)	piano hinge	Klavierscharnier (n)	рояльный шарнир (м)
charnière (f) (porte, fenêtre)	hinge (door, window)	Scharnier (n) / Beschlag (m) (Tür, Fenster)	шарнир (м) (дверь, окно)
charpente (f) en bois (m) / construction (f) à ossature (f) de bois (m)	wood frame construction	Holzrahmenkonstruktion (f) / Fachwerkkonstruktion (f)	деревянная каркасная конструкция (ж)
charpente (f) structurale apparente	frame structure (exposed)	sichtbare Rahmenkonstruktion (f)	каркасная структура (ж) (обнажённая)
châssis (m) de bloc / faux-cadre (m) en bois (fenêtre ou porte)	wood buck (window or door)	hölzerner Blockrahmen (m) / hölzerne Zarge (f) (Fenster- oder Tür)	деревянная царга (ж) (окно или дверь)
châssis (m) de fenêtre (attaché au mur) / cadre (m) de fenêtre (f)	window frame (fastened to wall)	Fensterrahmen- Wandanschluß (m) / Fenster- Blendrahmen (m) / Zarge (f)	оконная рама (ж), прикреплённая к стене / царга (ж)
chauffage (m)	heating	Heizung (f)	отопление (ср)
chauffage (m) à l'huile (f)	oil heating	Ölheizung (f)	нефтяное отопление (ср)
chauffage (m) au plafond (m)	ceiling heating	Deckenheizung (f)	потолочное отопление (ср)
chauffage (m) central	central heating	Zentralheizung (f)	центральное отопление (ср)
chauffage (m) d'eau au gaz (m)	gas hot water heater	Gastherme (f)	газовый водонагреватель (м)
chauffage (m) par plinthe (f) chauffante	baseboard heating	Fußleistenheizung (f)	плинтусное отопление (ср)
chauffage (m) rayonnant	radiant heating	Strahlungsheizung (f)	радиационный нагрев (м)
chauffage (m) sous-plancher	underfloor heating	Fußbodenheizung (f)	лучистое отопление (ср)

Chaufferie

FRANÇAIS	ANGLAIS	ALLEMAND	RUSSE
chaufferie (f), salle (f) des chaudières	boiler room	Heizungskeller (m), Kesselraum (m)	котельная (ж)
chemin (m) / route (f)	road	Weg (m) / Fahrweg (m)	дорога (ж)
cheminée (f)	chimney	Schornstein (m)	дымоход (м) / дымовая труба (ж)
cheminée (f) d'acier (m) inoxydable	stainless steel chimney	Edelstahlschornstein (m)	дымовая труба (ж) нержавеющой стали
cheminée (f) extérieure	exterior chimney	außenliegender Schornstein (m)	наружная дымовая труба (ж)
cheminée (f) (intérieure)	fireplace	offener Kamin (m)	открытый камин (м)
cheminée (f) intérieure	interior chimney	innenliegender Schornstein (m)	внутренняя дымовая труба (ж)
chêne (m)	oak	Eiche (f)	дуб (м)
chéneau (m) / gouttière (f) (toiture)	gutter / eaves gutter (roof)	Dachrinne (f)	карнизный водосточный жёлоб (м) (крыша)
chevêtre (m)	header joist / header	Wechsel (m)	междубалочный ригель (м) / обвязка (ж) проёма
cheville (f) / cale (f)	wedge	Keil (m)	клин (м)
chèvrefeuille (m)	honeysuckle	Geißblatt (n)	жимолость (ж)
chevreuil (m), chevreuil en acier ou en bois pour fenêtre (f) ou porte (f), U-chevreuil (m) en acier pour fenêtre (f)	buck, steel buck or wood buck for window or door, U-steel buck for window	Zarge (f), Zarge (f) aus Stahl oder Holz für Fenster (n) oder Tür (f), U-Stahlzarge (f) für Fenster (n)	царга (ж), стальная или деревянная царга (ж) для окна или двери, стальная -царга (ж) для окна
chevron (m)	rafter	Sparren (m)	стропило (ср)
chevron (m) d'arête	arris hip	Firstbohle (f)	ребро (ср) / кромка (ж) крыши
chevron (m) d'arête (f) / chevron de rive (f)	hip rafter	Gratsparren (m)	диагональная / укосная стропильная нога (ж)
chevron (m) de noue	valley rafter	Kehlsparren (m)	стропильная нога (ж) разжелобка
chevrons (m) apparents	exposed rafters	sichtbare Sparren (m)	видные стропильные ноги (ж)

Choix

FRANÇAIS	ANGLAIS	ALLEMAND	RUSSE
choix (m) de la couleur (f)	colour (color) selection	Farbauswahl (f)	выбор (м) цвета
ciguë (f)	hemlock	Hemlocktanne (f)	болиголов (м) / цикута (ж)
ciment (m)	cement	Zement (m)	цемент (м)
ciment (m) à prise rapide	quick-setting cement	schnell abbindender Zement (m)	быстросхватывающийся цемент (м)
ciment (m) coloré	coloured (colored) cement	farbiger Zement (m)	цветной цемент (м)
ciment (m) portland	Portland cement	Portlandzement (m)	портландцемент (м)
circulation (f) (trafic) de camions (m) surdimensionnés	oversize truck traffic	Schwerlastverkehr (m)	тяжело грузовое движение (ср)
classe (f)	classroom	Klassenraum (m) / Klassenzimmer (n)	класс (м)
classe (f) d'histoire	history classroom	Geschichts-Klassenzimmer (n)	класс (м) истории
client (m)	client	Bauträger (m) / Bauherr (m)	заказчик (м)
cloison (f) à colombage (m)	stud partition	Fachwerktrennwand (f) (Holzständerbauweise als Trennwand)	каркасная перегородка (ж)
cloison (f) à mi-hauteur	dwarf partition	halbhohe Trennwand (f)	неполная перегородка (ж)
cloison (f) amovible	movable partition	verstellbare Trennwand (f)	разборная перегородка (ж) / раздвижная перегородка (ж)
cloison (f) non-portante	non(-)bearing partition / non(-)load(-)bearing partition	nichttragende Innenwand (f)	внутренняя ненесущая перегородка (ж) (стена)
cloison (f) pliante	folding partition	Falttrennwand (f)	складывающаяся перегородка (ж)
cloison (f) sèche / colombage (m) revêtu de placoplâtre	dry wall / stud construction with gypsum board	Trockenbauwand (f) / Gipskartonwand (f)	внутренняя стена (ж), облицованная сухой штукатуркой / каркасная перегородка (ж) с сухой штукатуркой

Cloison

FRANÇAIS	ANGLAIS	ALLEMAND	RUSSE
cloison (f) sèche / parement (m) à sec	dry wall	Trockenbauwand (f)	внутренняя стена (ж), облицованная сухой штукатуркой
cloison (f) vitrée	glazed partition	Ganzglas-Trennwand (f)	остеклённая раздвижная перегородка (ж)
clôture (f)	fence	Zaun (m)	забор (м)
clôture (f) (barrière)	fence (enclosure)	Zaun (m) (Einzäunung)	забор (м) (ограждение)
clou (m)	nail	Nagel (m)	гвоздь (м)
cocotier (m)	coconut palm	Kokospalme (f)	кокосовая пальма (ж)
coffrage (m)	formwork	Verschalung (f)	опалубка (ж)
coffrage (m) en isolant (m) thermique	form insulation	Schalungswärmedämmung (f)	наружная теплоизоляция (ж) опалубки
coffre-fort (m)	safe	Tresor (m)	сейф (м)
coin (m) arrondi de nez (m) de marche (f) de départ	rounded corner nosing of first step	abgerundete Ecke (f) der Antrittsvorderkante (f)	угол (м) с круглым выступом (м) первой ступени
coin (m) de nez (m) de marche (f)	tread-nosing corner	Trittstufenvorderkante (f)	угол (м) выступом (м) ступени
coin (m) de nez (m) de marche (f) chanfreiné / biseauté	chamfered tread-nosing corner	abgekantete Stufenvorderkante (f)	угол (м) со скошенным выступом (м) ступени
coin (m) de petit-déjeuner (m)	breakfast corner	Frühstücksecke (f)	уголок (м) завтрака
colle (f) à tapis (m)	carpet glue	Teppichkleber (m)	клей (м) ковра
colombage (m)	stud (column)	Brettschichtholz (n) (Stütze)	стойка (ж)
colombage (m) métallique	metal stud	Metallständer (m)	металлическая стойка (ж)
colonne (f) d'acier (m) tubulaire sans joints	seamless steel pipe column	nahtlose Stahlrohrstütze (f)	стальная трубчатая колонна (ж) без шва
colonne (f) en acier	steel column	Stahlsäule (f) / Eisensäule (f)	стальная колонна (ж)

Colonne

FRANÇAIS	ANGLAIS	ALLEMAND	RUSSE
colonne (f) en acier (m) tubulaire carré	square steel pipe column	quadratische Stahlrohrstütze (f)	квадратная стальная трубчатая колонна (ж)
colonne (f) en acier (m) tubulaire rectangulaire	rectangular steel pipe column	rechteckige Stahlrohrstütze (f)	прямоугольная стальная трубчатая колонна (ж)
colonne (f) en béton (m)	concrete column	Betonsäule (f) / Betonstütze (f)	бетонная колонна (ж)
colonne (f) en béton armé (m)	reinforced concrete column	Stahlbetonstütze (f)	железобетонная колонна (ж)
colonne (f), poteau (m)	column, post	Säule (f) / Stütze (f), Pfosten (m)	колонна (ж), столб (м)
comble (m) à deux versants sur arbalétriers (m)	couple roof	Sparrendach (n)	крыша (ж) с висячими стропильными фермами
comble (m) à deux versants sur arbalétriers (m) avec pannes (f), avec un, deux, trois poteaux (m)	couple roof with purlins, with one, two, three pillars	Pfettendach (n), mit einfach, zweifach, dreifach stehendem Dachstuhl (m)	крыша (ж) с висячими стропильными фермами со прогонами с 1, 2, 3 столбами (м)
comble (m) à deux versants sur arbalétriers (m) avec poutre-tirant (f)	couple roof with collar beam	Kehlbalkendach (n) mit Kehlbalken (m)	двускатная крыша (ж) с висячими стропильными фермами со стропильной затяжкой (ж)
comble (m) à deux versants sur arbalétriers sans ou avec pannes (f)	couple roof without or with purlins (A-frame)	Sparrendach (n) ohne oder mit Pfetten (f)	двускатная крыша (ж) с висячими стропильными фермами без прогонов или со прогонами
comble (m) à deux versants sur arbalétriers (m) sans poutre-tirant (f)	couple roof without collar beam	Sparrendach (n) ohne Kehlbalken (m)	крыша (ж) с висячими стропильными фермами без стропильной затяжки (ж)
comble (m) en demi-croupe	hipped-gable roof	Krüppelwalmdach (n)	полувальмовая крыша (ж)
commutateur (m) électrique	electric switch	Lichtschalter (m)	электрический выключатель (м)
compagnie (f)	firm	Firma (f)	фирма (ж)
compensateur (m) / soufflet (m) expansible	bellows	Dehnungsstück (n) / Dehnungsausgleicher (m)	линзовый компенсатор (м), мехи (м)
composition (f) de plancher (m)	floor build-up	Deckenaufbau (m)	составной пол (м)

Concierge

FRANÇAIS	ANGLAIS	ALLEMAND	RUSSE
concierge (m)	janitor	Hausmeister (m)	привратник (м)
condensation (f)	condensation	Kondensation (f)	конденсация (ж)
condition (f) socio-économique du propriétaire	socio-economic condition of owner	Eigentümerverhältnisse (f)	экономическое и социальное положение (ср) владельца
conditions (f) du sol	soil conditions	Bodenverhältnisse (n)	грунтовые условия (ср)
conduit (m)	conduit	Kabelrohr (n)	кабельная труба (ж) / кабелепровод (м)
conduit (m) d'air	air duct	Lüftungskanal (m)	воздуховод (м)
conduit (m) de fumée	flue	Schornsteinzug (m)	дымоход (м)
conduit (m) d'évacuation (f) de retour (m) / conduit (m) d'évacuation (f) de renvoi (m)	exhaust duct	Abluftkanal (n)	вытяжной воздуховод (м)
conduit (m) (sous-plancher)	floor duct (under floor)	Unterdeckenkanal (m)	подпольный канал (м)
conduit (m) souterrain	underground pipeline	unterirdische Rohrleitung (f)	подземный трубопровод (м)
conduite (f) cylindrique	round leader	zylindrisches Regenfallrohr (n)	круглая водосточная труба (ж)
conduite (f) de gaz (m) / gazoduc (m)	gas pipeline	Gasleitung (f)	газопровод (м)
conduite (f) d'eau (aqueduc)	water line	Wasserleitung (f)	водопровод (м)
conduite d'électricité, câble (m) d'électricité (f)	electric conduit, electric cable	elektrisches Kabel (n), Elektrokabel (n)	электропровод (м), электрический кабель (м)
conduite (f) (descente) rectangulaire	rectangular leader	rechteckiges Regenfallrohr (n)	прямоугольная водосточная труба (ж)
conduite (f) / descente (f) / tuyau (m) d'eau pluviale (f)	leader / rainwater pipe	Regenfallrohr (n)	водосточная труба (ж), водосточный стояк (м)
conduits (m) d'amenée et d'évacuation de l'air	ducts for air supply and exhaust	Luftkanäle zur Be- und Entlüftung (f)	воздуховоды (м) для распределения подачи и вытяжки воздуха

Configuration

FRANÇAIS	ANGLAIS	ALLEMAND	RUSSE
configuration (f) des couleurs (f)	configuration of colours	Farbgestaltung (f)	конфигурация (ж) цветов
console (f)	console	Konsole (f)	консоль (ж)
console (f), éclisse (f)	bracket	Konsole (f), Winkellasche (f)	кронштейн (м)
console (f) en cornière (f)	angle bracket	Stützwinkel (m) / Abfangkonsole (f) / Winkelkonsole (f)	кронштейн (м) / опорный кронштейн (м)
console (f) en cornière (f) d'acier (m) galvanisé	console as galvanized steel angle	verzinkter Winkelstahl (m) als Konsole (f)	консоль (ж) как оцинковыванный стальный угол (м)
console (f) en Té en acier (m)	Tee bracket / steel Tee bracket	T-Stahlkonsole (f)	Т-образный кронштейн (м) (стальный)
console (f) (support) en béton armé (m)	reinforced concrete bracket	Stahlbetonkonsole (f)	железобетонный кронштейн (м)
construction (f) à ossature	frame construction	Rahmenkonstruktion (f)	рамная конструкция (ж)
construction (f) à poteaux (m) et poutres (f)	post-and-beam structure	Ständerbau (m)	стоечнобалочный каркас (м)
construction de plancher (m) avec membrane (f) d'étanchéité (en feuilles) sur la dalle (f) aux emplacements humides	floor construction with waterproofing membrane (sheets) over slab in wet areas	Fußbodenkonstruktion (f) mit Membranisolierung / Fußbodenkonstruktion (f) mit Wasserabdichtungsfolie (f) (Lagen) in Naßräumen (m) auf Betonplatte (f)	конструкция (ж) пола в мокрых площадях с гидроизоляционной мембраной (листы) над плитой
construction (f) de plancher (m) sur radier de fondation (m) (sur sous-sol)	floor construction (f) on raft foundation (on subsoil)	Fußbodenkonstruktion (f) auf erdreichberührter Sohlplatte (f) / Bodenplatte (f) / Gründungsplatte (f)	конструкция (ж) пола на плитном фундаменте (на подпочве)
construction (f) en colombage (m) apparent	half-timbered construction (half-timbered framing)	Fachwerkbauweise (f) (Fachwerk)	фахверковая конструкция (ж) (фахверк)
construction (f) modulaire	modular construction	Modulbau (m)	модульная конструкция (ж)
construction (f) par solives (f) et entretoises (f)	tie-joist construction	Zangenträgerkonstruktion (f)	конструкция (ж) затяжки

Contre

FRANÇAIS	ANGLAIS	ALLEMAND	RUSSE
contre-solin (m) (métallique)	counter(-)flashing (metal)	überlappendes Abdeckblech (n) / überlappendes Anschlußblech (n) / Überhangsstreifen aus Blech (n)	перекрывающий фартук (м) (металлический)
contrefort (m)	counterfort	Mauerpfeiler (m)	контрфорс (м)
contremarche (f)	riser	Setzstufe (f)	поступенок (м)
contreplaqué (m)	plywood	Sperrholz (n)	фанера (ж)
contreplaqué (m) décoratif	veneered plywood	furniertes Sperrholz (n)	декоративная фанера (ж)
contreplaqué (m) sur isolant (m) rigide	plywood on rigid insulation	Sperrholz (n) auf harte / steife Wärmedämmung (f)	фанера (ж) на твёрдой изоляции (ж)
contreventement (m)	wind angle brace / wind brace	Windrispe (f)	ветровой раскос (м) / ветровая связь (ж)
convecteur (m)	convector	Konvektor (m)	конвектор (м)
coordination (f) modulaire / coordonnées (f) modulaires cartésiennes à trois dimensions	modular coordination / three dimensional modular coordination	modularer Raumraster (m) / Modulraumraster (m) von dreidimensionaler Maßordnung (f)	модульная сетка (ж) / трёхмерная модульная сетка (ж)
coordonnées (f) carrées	square grid	Quadratraster (m)	координатная сетка (ж)
coordonnées (f) d'axes (m)	grid centre (center) line	Achsenraster (m)	осевая линия сетки (ж)
coordonnées (f) en bandes (f)	band grid	Bandraster (m)	ленточная сетка (ж)
coordonnées (f) modulaires en bandes (f)	modular band grid	modularer Bandraster (m)	модулярная лентная сетка (ж)
coordonnées (f) primaires	primary grid	Primärraster (m)	основная сетка (ж)
coordonnées (f) rectangulaires	rectangular grid	Rechteckraster (m)	прямоугольная расчётная сетка (ж)
coordonnées (f) secondaires	secondary grid	Sekundärraster (m)	вторичная сетка (ж)
cornière (f)	angle	Winkel (m)	угол (м)
cornière (f) d'acier	steel angle	Stahlwinkel (m)	стальной угол (м)

Cornière

FRANÇAIS	ANGLAIS	ALLEMAND	RUSSE
cornière (f) d'acier (m) libre	loose steel angle	freiaufliegender Stahlwinkel (m)	свободно уложенный стальный угол (м)
cornière (f) de support sans raidisseur (m)	unstiffened seat angle	unversteifter Stützwinkel (m)	неусиливанный монтажный уголок (м)
cornière (f) isocèle structurale (acier)	structural equal leg angle (steel)	gleichschenkliges Winkeleisen (n) aus Stahl (m)	структурная параллельная опорная нога (ж) угла (стальный угол)
cornière (f) libre en acier (m) pour porter la maçonnerie (f) de renforcement	loose steel angle to support backing masonry	freiaufliegender Stahlwinkel (m) zur Abfangung (f) der Hintermauerung (f)	несвязанный стальный угол (м) (внутренный) для опоры (ж) задних каменных кладок (ж)
cornière (f) libre en acier (m) pour porter le parement (m) de briques (f)	loose steel angle to support brick veneer	freiaufliegender Stahlwinkel (m) zur Abfangung (f) der Verblendsteine (m)	несвязанный стальный угол (м) поддерживать кирпичную облицовку (ж)
cornière (f) structurale	structural angle	Winkeleisen (n)	структурный угол (м)
cornière (f) structurale à ailes (f) inégales (cornière d'acier)	structural unequal leg angle (steel angle)	ungleichschenkliger, rundkantiger Winkelstahl (m)	структурная неравнобойкая опорная нога (ж) угла (стальный угол)
corridor (m) des patients	patient corridor	Patientenflur (m)	коридор (м) больных
corridor (m) du personnel	staff corridor	Personalflur (m)	штатный коридор (м)
couche (f) d'apprêt au pinceau (m)	primer / primary brushcoat	Voranstrich (m)	грунтовка (ж)
couche (f) d'apprêt au pinceau au bitume (m)	prime coat with bitumen	Bitumenvoranstrich (m)	грунт (м) с битумом
couche (f) d'apprêt / sous-couche (f) bitumineuse / asphaltique	bitumen prime coat / asphalt prime coat	Bitumengrundanstrich (m) / Asphaltgrundanstrich (m)	битумное грунтовочное покрытие (ср)
couche (f) de base / sous-couche (f) / couche (f) d'apprêt	base coat / undercoat / first coat	Unterputzlage (f) / Unterputz (m)	нижний слой (м) / обрызг (м) штукатурки
couche (f) de ciment (m) d'imperméabilisation (f)	waterproofing cement coat	wasserdichte Zementschicht (f)	гидроизоляционное (ж) цементное покрытие (ср)

Couche

FRANÇAIS	ANGLAIS	ALLEMAND	RUSSE
couche (f) de finition	finish coat	Oberputz (m)	накрывочный слой (м)
couche (f) de protection (f) en ciment (m)	cement protective coating	Zementschutzschicht (f)	цементное защитное покрытие (ср)
couche (f) d'étanchéité	waterproof coating	wasserdichter Belag (m)	водонепроницаемое покрытие (ср)
couche (f) d'isolation (f) thermique et acoustique (planches)	acoustical and thermal insulation layer (boards)	Schall- und Wärmedämmschicht (f) (Tafeln)	акустический и теплоизоляционный слой (м) (плиты)
couche (f), enduit (m)	coat, coating	Anstrich (m), Beschichtung (f)	слой (м), покрытие (ср)
couche (f) hydrofuge d'étanchéité	damp-proof layer barrier	Feuchtigkeitsisolierschicht (f) / Feuchtigkeitssperrschicht (f)	гидроизоляционный слой (м) (барьерный)
couche (f) isolante	insulating layer	Isolierschicht (f) / Dämmschicht (f)	изоляционный слой (м)
couche (f) propre	clean layer	Sauberkeitsschicht (f)	чистый слой (м)
couche (f) truellée / couche (f) d'enduit (m) à la truelle (f)	floated coat	Kellenglattschicht (f) / Ziehschicht (f)	слой (м) штукатурки с поверхностной затиркой
couche (f) truellée sur mur-pignon	floated coat on gable wall	Kellenglattschicht (f) auf Giebelwand (f)	грунт (м) на фронтонной (щипцовой) стене
couleur (f)	colour (color)	Farbe (f)	цвет (м)
coulis (m)	grout	dünnflüssiger Zementmörtel (m)	цементационный раствор (м)
coulis (m) bitumineux	bituminous grout	Bitumenmörtel (m)	битумный раствор (м)
couloir (m)	corridor	Flur (m) / Korridor (m)	коридор (м)
couloir (m) du bâtiment	entrance vestibule (building)	Hausflur (m)	домачный коридор (м)
coupe (f)	section	Schnitt (m)	разрез (м)
coupe (f) à travers escalier (m) extérieur	section through exterior stair	Schnitt (m) durch Außentreppe (f)	разрез (м) через наружную лестницу (ж)
coupe (f) au niveau (m): ...	section at elevation: ...	Schnitt (m) bei Höhe (f): ...	разрез (м) у высоты: ...
coupe (f) dans fenêtre (f)	section through window	Schnitt (m) durch Fenster (n)	разрез (м) через окно

Coupe

FRANÇAIS	ANGLAIS	ALLEMAND	RUSSE
coupe (f) de détail	detail section	Schnitt (m) im Detail (n)	детальный разрез (м)
coupe (f) de poutre-caisson (f)	box beam section	Kastenträgerprofil (n)	профиль (м) балки коробчатого сечения
coupe (f) du parapet (m) entre axes (m) ...	parapet section between centre (center) lines ...	Schnitt (m) durch Attika (f) zwischen Achsenlinien (f) ...	разрез (м) парапета между осевыми линиями (ж) ...
coupe (f) du solin (m) métallique (profilé)	metal flashing profile (shape)	Abdeckblechprofil (n)	профиль (м) металлического фартука
coupe (f) en travers de ...	section through ...	Schnitt (m) durch ...	разрез (м) через ...
coupe (f) en travers de la lucarne (f) à toit incliné	section through dormer with a pitched roof	Schnitt (m) durch Schleppgaube (f)	разрез (м) через слуховое окно с крышой со скатами
coupe (f) en travers de la porte (f)	cross section through door	Querschnitt (m) durch die Tür (f)	поперечный разрез (м) через дверь
coupe-froid (m)	weather stripping	Dichtungsstreifen (m)	уплотнение (ср) швов
coupe (f) horizontale	horizontal section	Horizontalschnitt (m)	горизонтальный разрез (м)
coupe (f) longitudinale	longitudinal section	Längsschnitt (m)	продольный разрез (м)
coupe (f) (profilé) du rail (m)	rail profile (section)	Schienenprofil (n)	профиль (м) рельса
coupe (f) (profilé) du solin (m) en aluminium	aluminium (aluminum) flashing profile	Aluminium-Abdeckblechprofil (n)	алюминиевый профиль (м) фартука
coupe (f) sur l'axe (m)	section on centre (center) line	Schnitt (m) in Achsenlinie (f)	разрез (м) на центровой / разрез (м) на осевой линии (ж)
coupe (f) transversale	cross section	Querschnitt (m)	поперечный разрез (м)
coupe (f) transversale, échelle (f): ...	cross section, scale: ...	Querschnitt (m), Maßstab (m): ...	поперечный разрез (м), масштаб: ...
coupe (f) transversale montrant l'entrée (f) principale	cross section looking at main entrance	Querschnitt (m) in Richtung Haupteingang (m)	поперечный разрез (м) по направлению к главному входу (м)
coupe (f) typique	typical section	typischer Schnitt (m)	типический разрез (м)
coupe-vapeur (m)	vapour (vapor) barrier	Dampfsperre (f)	пароизоляция (ж) / паронепроницаемый слой (м)

Coupe

FRANÇAIS	ANGLAIS	ALLEMAND	RUSSE
coupe-vapeur (m) avec sous-couche (f) d'égalisation de pression (f)	vapour (vapor) barrier with a pressure equalizer undercoating	Dampfsperre (f) mit Dampfdruckausgleichsschicht (f)	паронепроницаемый слой (м) с грунтовочным покрытием (ср) уравневания (ср) насыщенного пара
coupe (f) verticale	vertical section	Vertikalschnitt (m)	вертикальный разрез (м)
coupole (f) (dôme)	skylight, skydome	Oberlicht (n), Dachfenster (n)	фонарь (м) верхнего света
couronne (f) de tête (f) de cheminée (f)	chimney head	Schornsteinkopf (m)	оголовок (м) дымовой трубы
couronnement (m)	coping	Mauerabdeckung (f)	навес (м) стены
couronnement (m) au toit (m)	coping at roof	Dachrandabschluß (m) / Dachrandabdeckung (f)	навес (м) крыши
couronnement (m) (parapet)	coping (parapet)	Dachrandabdeckung (f) (Attika)	навес (м) (парапет)
coussin (m) de fibres (f) minérales	mat of mineral fibres	Mineralfasermatte (f)	мат (м) миниральных волокон
coût (m) de modification (f)	alteration cost / conversion cost	Umbaukosten (f)	стоимость (ж) перестройки
coût (m) total du contrat (m) de construction (f)	total building contract costs	Gesamtbaukosten (f)	суммарная стоимость (ж) строительства
couvercle (m) de trou d'homme	manhole cover	Verschlußdeckel (m) des Einsteiglochs (n) / Schachtdeckel (m)	крышка (ж) лаза / крышка (ж) люка
couverture (f) d'ardoise (f) mince	thin slate covering	Schieferfeindeckung (f)	покрытие (ср) тонкого сланца
couverture (f) de toit (m)	roofing / roof covering	Dacheindeckung (f)	кровельное покрытие (ср)
couverture (f) de toiture (f) inversée	inverted roofing	Umkehrdach (n)	обратная крыша (ж)
couverture (f) en béton (m)	concrete roof	Betondach (n)	железобетонная крыша (ж)
couverture (f) en cuivre (m) / revêtement (m) en cuivre (m)	copper covering	Kupferdeckung (f)	медное покрытие (ср)
couverture (f) en métal (m) (métallique)	metal covering	Blechdeckung (f)	металлический защитный слой (м)

Couverture

FRANÇAIS	ANGLAIS	ALLEMAND	RUSSE
couverture (f) (feuille un pli)	covering (one(-)ply foil)	Abdeckung (f) (einlagige Folie)	защитный слой (м) (однослойная фольга)
couvre-joint (m) amovible d'acier (m) vissé à ...	removable steel joint cover screwed to ...	abnehmbares Dehnungsfugenprofil (n) aus Stahl, geschraubt an ...	съёмная стыковая накладка (ж), завинчиванная к ...
couvre-joint (m) de dilatation (f)	expansion joint cover	Dehnungsfugenprofil (n) / Fugenüberdeckungsprofil (n)	накладка (ж) температурного шва
couvre-joint (m) de dilatation de plancher (m) et mur (m)	floor and wall expansion joint cover / expansion joint cover for floor and wall	Dehnungsfugenprofil (n) des Fußbodens (m) und der Wand (f)	накладка (ж) температурного шва пола (м) и стены (ж)
couvre-sol (m) flexible	resilient flooring	elastischer Fußbodenbelag (m)	эластичное покрытие (ср)
crépi (m)	parging	Sperrputz (m)	гидроизолирующий слой (м) / запирающий слой (м) (цементной штукатурки)
crépi (m) de ciment (m)	cement parging	Zement-Sperrschicht (f) / Zement-Sperrputz (m)	цементная штукатурка (ж) / штукатурный (ж) раствор
crépi (m) de ciment (m) sur blocs (m) de béton (m)	cement parging on concrete blocks	Zement-Sperrschicht (f) / Zement-Sperrputz (m) auf Betonblöcken (m)	наружная цементная штукатурка (ж) на бетонных блоках (м)
crépi (m) extérieur / stuc (m) extérieur	stucco (exterior)	Außenglattputz (m) / Außenputz (m)	наружная штукатурка (ж)
crochet (m) ajustable en métal plat (m) avec crampons (m)	adjustable flat metal hanger with claws	verstellbarer Abhänger (m) mit Krallen (f)	нерегулированная плоская металлическая подвеска (ж) с гвоздодёрами
crochet (m) ajustable en métal plat (m) rainuré	slotted adjustable flat metal hanger	Schlitzbandabhänger (m)	регулируемая плоская металлическая подвеска (ж) со шлицем
crochet (m) en acier (m) (métal)	steel (metal) hanger	Noniusabhänger (m)	стальная (металлическая) подвеска (ж)

Crochet

FRANÇAIS	ANGLAIS	ALLEMAND	RUSSE
crochet (m) en métal (m)	hanger, metal	Metallabhänger (m)	подвеска (ж), металлическая подвеска (ж)
crochets (m) an acier (m) plat	flat steel hangers	flache Metallabhänger (m)	плоские стальные подвески (ж)
croupe (f)	hipped end	Walmfläche (f)	прокатный профиль (м) (вальма)
cuisine (f)	kitchen	Küche (f)	кухня (ж)
cuisinette (f)	kitchenette	Kleinküche (f)	кухонька (ж)
cuivre (m)	copper	Kupfer (n)	медь (ж)
cuvette (f) de chéneau (m) d'eau pluviale (f)	rainwater head	Regenwasserfang (m) / Rinnenkasten (m)	воронка (ж) водосточной трубы / водосточная воронка (ж)

D

FRANÇAIS	ANGLAIS	ALLEMAND	RUSSE
dado (m) / bande à la base d'un mur	dado / band at base of wall	Anstrich (m) der unteren Raum-Trennwandfläche (f) / Wandsockelanstrich (m)	дадо / облицовка (ж) нижней части стены
dallage (m), pavage (m)	pavement	Pflaster (n), Straßenbelag (m)	мостовая (ж)
dalle-caissons (f)	waffle slab	Kassettenplatte (f)	кессонная плита (ж) перекрытия
dalle-champignon (f) / dalle (f) unie de plancher à panneaux (m) surbaissés	mushroom slab / flat slab with drop panels	Pilzkopfdecke (f) / Stahlbetonplattendecke (f) mit verdickten Auflagerbereichen (f)	безбалочное грибовидное перекрытие (ср) / плоская железобетонная плита (ж) с надкапительными плитами
dalle (f) continue	continuous slab	Durchlaufplatte (f)	неразрезная плита (ж)
dalle (f) de balcon (m)	balcony slab	Balkonplatte (f)	балконная плита (ж)
dalle (f) de balcon appuyée sur deux murets (m) latéraux	balcony slab on two-sided wall tongues	Balkonplatte (f) auf seitlichen Mauerscheiben (f)	балконная плита (ж) на двусторонных стенках
dalle (f) de balcon sur consoles (f) et colonnes (f) libres	balcony slab on consoles and freestanding columns	Balkonplatte (f) auf Konsolen (f) und freistehenden Stützen (f)	балконная плита (ж) на консолях и свободностоящих колоннах

Dalle

FRANÇAIS	ANGLAIS	ALLEMAND	RUSSE
dalle (f) de balcon (m) sur poutres (f) en encorbellement	balcony slab on cantilevered beams	Balkonplatte (f) auf Trägern (m) / Balkonplatte (f) auf Kragträgern (m)	балконная плита (ж) на консольных балках
dalle (f) de béton à armature (f) croisée (dans les deux sens)	two-way reinforcement concrete slab	zweiseitig eingespannte Betonplatte (f)	плита (ж), армированная в двух направлениях
dalle (f) de béton armé (m)	reinforced concrete slab	Stahlbetonplatte (f)	железобетонная плита (ж)
dalle (f) de béton armé (m) avec isolation (f) thermique	reinforced concrete slab with thermal insulation	Stahlbetonplatte (f) mit Wärmedämmung (f)	железобетонная плита (ж) с теплоизоляцией
dalle (f) de béton armé (m) coulé sur place	cast- / poured-in-place reinforced concrete slab (monolithic)	Ortbetonplatte (f) mit Bewehrung (f) (bauseits)	наливная (монолитная) железобетонная плита (ж)
dalle (f) de béton armé (m) sur sol (m)	reinforced concrete slab on grade	Stahlbetonplatte (f) auf Erdreich (n)	железобетонная плита (ж) на отметке земли
dalle (f) de béton (m) sur sous-sol (m)	concrete slab on subsoil	erdreichberührende Betonplatte (f)	бетонная плита (ж) на подпочве
dalle (f) de plancher (m)	floor slab	Deckenplatte (f) / Stahlbetondecke (f)	плита (ж) перекрытия
dalle (f) de plancher (f) à nervures	ribbed floor slab	Stahlbeton-Rippendecke (f)	ребристая панель (ж) перекрытия
dalle (f) de plancher-champignon (m) avec panneaux (m) surbaissés	flat slab with drop panels / mushroom slab	flache Stahlbetondecke (f) / Pilzkopfdecke (f) mit verdickten Auflagerbereichen (f)	плоская железобетонная плита (ж) с надкапительными плитами / плита (ж) безбалочного перекрытия
dalle (f) de plancher (m) de balcon	balcony floor slab	Balkondeckenplatte (f)	плита (ж) перекрытия балкона
dalle (f) de plancher (m) sans nervures (f) (sans panneaux surbaissés)	flat slab (without drop panels)	flache Geschoßdecke (f) / flache Stahlbetondecke (f) (ohne verdickte Auflagerbereiche)	плоская железобетонная плита (ж) (без надкапительных плит)
dalle (f) de toiture (f)	roof slab	Dachplatte (f)	плита (ж) прокрытия
dalle (f) de toiture (f) en béton (m) cellulaire	roof slab of cellular concrete	Dachplatte (f) aus Porenbeton (m)	плиты (ж) покрытия ячеистого бетона (или газобетона)

Dalle

FRANÇAIS	ANGLAIS	ALLEMAND	RUSSE
dalle (f) en béton armé (m) dans un sens	one-way reinforced concrete slab	einseitig bewehrte Betonplatte (f)	плита (ж), армированная в одном направлении
dalle (f) en béton (m), dalle (f) en béton armé (m)	concrete slab, reinforced concrete slab	Betonplatte (f), Stahlbetonplatte (f)	бетонная плита (ж), железобетонная плита (ж)
dalle (f) en console / dalle (f) en encorbellement	cantilevered slab	Kragplatte (f)	консольная плита (ж)
dalle (f) encastrée (en béton armé)	restrained slab (reinforced concrete)	eingespannte Platte (f) (Stahlbeton)	защемлённая плита (ж) (железобетон)
dalle (f) et mur (m) de fondation coulés monolithes	monolithic slab and foundation wall	Ortbetonplatte (f) und Ortbetonwand (f)	монолитная бетонная плита (ж) и монолитная фундаментная стена (ж)
dalle (f) flottante en béton armé (m)	floating slab (reinforced concrete)	schwimmende Stahlbetonplatte (f)	плита (ж) плавучего фундамента (железобетон)
dalle (f) pleine	solid slab	Massivplatte (f)	сплошная плита (ж)
dalle (f) sur sol (m) en béton armé (m)	reinforced concrete slab on ground	erdreichberührte Stahlbetonplatte (f)	железобетонная плита (ж) на отметке грунта
date (f)	date	Datum (n)	число (ср)
date (f) d'émission (f)	date of issue	Tag (m) der Herausgabe (f)	дата (ж) издания
date (f) du tampon postal (m)	date of postmark	Datum (n) des Poststempels (m)	дата (ж) штемпеля / штемпель-календарь (м)
dattier (m)	date palm	Dattelpalme (f)	финиковая пальма (ж)
de la fabrique (f)	from factory	werkseitig	с завода (м)
débordement (m)	overflow	Überlauf (m)	перелив (м)
débouché (m) d'égout (m)	sewer discharge	Abwasserentsorgung (f)	канализационный выпуск (м)
décollement (m) du recouvrement (m) de toit (m) plat	ungluing of flat roof covering / unsticking of flat roof covering	Flachdachabklebung (f)	расклеивание (ср) кровельного материала плоской крыши

Degré

FRANÇAIS	ANGLAIS	ALLEMAND	RUSSE
degré (m) de résistance au feu (m) (classification)	degree of fire(-)resistance (classification)	Feuerwiderstandsdauer (f) (Klassifikation)	предел (м) огнестойкости в часах
demande (f) de démolition (f)	request for demolition	Abbruchantrag (m)	запрос (м) для разборки
demandes (f) de révisions (f)	requests for revisions	Änderungswünsche (m)	запросы (м) для модификаций
démolition (f)	demolition	Abbruch (m)	слом (м)
dépense (f)	food storage	Speisekammer (f)	кладовая (ж)
dépôt (m) d'ordures (f)	garbage storage	Müllaufbewahrungsstelle (f) / Müllraum (m)	мусорное хранение (ср)
dépôt (m) général	general storage	allgemeine Aufbewahrungsstelle (f)	общее хранение (ср)
dépôt (m) No. (numéro)	storage No. (number)	Lager-Nr. (Nummer)	№ хранения (ср) (номер)
dépression (f)	depression	Vertiefung (f)	углубление (ср)
dépression (f) de ... dans le béton (m) dans la pièce (f) ... seulement	drop of ... in concrete in room ... only	Betonvertiefung (f) von ... nur im Raum (m) ...	падение (ср) ... в бетоне только в комнате ...
dépression (f) pour gratte-pieds (m)	floor mat sinkage	Vertiefung (f) für Fußmatte (f)	углубление (ср) для циновки
dernière marche (f)	end step	Austrittstufe (f)	последная ступень (ж)
descente (f) d'eaux ménagères (f)	waste pipe (bathroom, kitchen)	Abwasserohr (n) (Bad, Küche)	сливная (спускная) труба (ж) (ванная, кухня)
description (f)	description	Beschreibung (f)	описание (ср)
déshumidificateur (m)	dehumidifier	Luftentfeuchter (m)	воздухоосушитель (м)
design (m) structural typique (standard)	typical structural design (standardized)	Typenstatik (f) (genormt)	типическое проектирование (ср) конструций (стандартизованное)
dessin (m)	drawing	Zeichnung (f) / Bauzeichnung (f) / Bauplan (m)	чертёж (м)
dessin (m) détaillé	detailed drawing	Detailzeichnung (f)	детальный чертёж (м)
dessin (m) hors-échelle	drawing not to scale	Zeichnung (f) nicht maßstäblich	чертёж (м) не в масштабе

Dessin

FRANÇAIS	ANGLAIS	ALLEMAND	RUSSE
dessin (m) numéro / dessin No.	drawing number / drawing No.	Zeichnungsnummer (f) / Zchng. Nr. / Bauzeichnungsnummer (f) / Bauplan Nr.	номер (м) чертёжа / № чертёжа
dessin (m) préliminaire	preliminary design	Vorentwurf (m)	эскизный проект (м)
dessiné par	drawn by	gezeichnet von	чертил
dessins (m) de chauffage et ventilation	heating and ventilation drawings	Heizung (f) und Lüftungszeichnungen (f)	чертежи (м) отопления и вентиляции
dessins (m) de mécanique et d'électricité	mechanical and electrical drawings	Bauzeichnungen (f) / Baupläne der Haustechnik (f) (Heizung, Lüftung, Sanitär- und Elektrotechnik)	чертёжи (м) механики и электрики
dessins (m) de structure	structural drawings	Bauingenieurpläne (m) / Ingenieurpläne (m) (Standsicherheitsnachweis)	строительные чертежи (м)
dessins (m) d'électricité	electrical drawings	elektrotechnische Pläne (m)	электротехнические чертежи (м)
dessins (m) d'exécution, dessins (m) d'atelier	working drawings, shop drawings	Ausführungszeichnungen (f), Werk- oder Arbeitspläne (m)	рабочие чертежи (м) / сборочные чертежи (м)
dessins (m) tels qu'exécutés	as-built drawings	Bestandszeichnungen (f) / Baubestandspläne (m)	чертежи (м) закоченной постройки
dessous de ...	underside of ...	Unterkante (f) von ... / UK von ...	нижняя грань (ж) ...
dessous (m) de brique (f)	underside of brick	Unterkante (f) Ziegel (m)	нижняя грань (ж) кирпича
~ de ferme (f)	underside of truss	Unterkante (f) Binder (m)	нижняя грань (ж) фермы
~ de la poutre (f)	underside of beam	Unterkante (f) Träger (m)	нижняя грань (ж) балки (ж)
~ de toiture (f) sous-couches (f)	roofing underlay	Dachdeckschicht (f)	гидроизоляционный слой (м) (кровли)
~ du plafond (m)	underside of ceiling	Unterkante (f) Decke (f)	нижняя грань (ж) потолка
~ de ...	top of ...	Oberkante (f) von ... / OK von ...	верхная грань (ж) ...

Dessus

FRANÇAIS	ANGLAIS	ALLEMAND	RUSSE
dessus de faîte (m)	top of ridge	Oberkante (f) First (m)	верхняя грань (ж) конька
dessus (m) de faîte (m) (toit)	top of ridge (roof)	Oberkante (f) Dachfirst (m) / Oberkante (f) First (m)	верхняя грань (ж) конька (крыши)
~ de la balustrade (f)	top of balustrade	Oberkante (f) Geländer (n)	верхняя грань (ж) балюстрады
~ de la base (f) en béton (m)	top of concrete base	Oberkante (f) Betonsockel (m)	верхняя грань (ж) бетонного основания
~ de la brique (f)	top of brick	Oberkante (f) Ziegel (m) / Mauerziegel (m)	верхняя грань (ж) кирпича (м)
~ de la cage (f) d'ascenseur (m)	top of elevator shaft	Oberkante (f) Aufzugsschacht (m)	верхняя грань (ж) шахты лифта
~ de la console (f)	top of cantilever	Oberkante (f) Auskragung (f)	верхняя грань (ж) консоли
~ de la cornière (f)	top of angle	Oberkante (f) Winkeleisen (n)	верхняя грань (ж) угла
~ de la dalle (f) de béton (m)	top of concrete slab	Oberkante (f) Betonplatte (f)	верхняя грань (ж) бетонной плиты (ж)
~ de la dalle (f) de toiture (dalle de béton)	top of roof slab (concrete slab)	Oberkante (f) Dachplatte (f) (Dachbetonplatte)	верхняя грань (ж) плиты покрытия (крыши)
~ de la dalle (f) structurale	top of structural slab	Oberkante (f) Stahlbetonplatte (f)	верхняя грань (ж) структурной плиты
~ de la ferme (f) (charpente) d'acier (m)	top of steel truss	Oberkante (f) Stahlbinder (m)	верхняя грань (ж) стальной фермы (ж)
~ de la fondation (f)	top of foundation / top of footing	Oberkante (f) Fundament (n)	верхняя грань (ж) фундамента
~ de la structure (f) d'acier (m)	top of steel structure	Oberkante (f) Stahlkonstruktion (f)	верхняя грань (ж) металлической конструкции
~ de la toiture (f)	top of roof	Oberkante (f) Dach (f)	верхняя грань (ж) крыши (ж)
~ de l'allège (f)	top of sill	Oberkante (f) Außenfensterbank (f)	верхняя грань (ж) подоконника
~ de marche (f) en béton (m) précoulé	top of precast concrete step	Oberkante (f) vorgefertigte Betonstufe (f)	верхняя грань (ж) сборной железобетонной ступени

Dessus

FRANÇAIS	ANGLAIS	ALLEMAND	RUSSE
dessus (m) du fini de ...	top of finished ...	Oberkante (f) fertiger ...	верхняя грань (ж) чистового ...
~ du palier (m)	top of landing	Oberkante (f) Treppenpodest (n)	верхняя грань (ж) лестничной площадки
~ du pavement (m) d'asphalte (m)	top of asphalt paving	Oberkante (f) asphaltierter Straßenbelag (m)	верхняя грань (ж) мостовой
~ du plancher (m)	top of floor	Oberkante Fußboden (m)	верхняя грань (ж) пола
~ du plancher (m) du sous-sol (m)	top of basement floor	Oberkante (f) Kellerfußboden (m)	верхняя грянь (ж) подвального пола
~ du plancher (m) fini	top of finished floor	Oberkante Fertigfußboden (m)	верхняя грань (ж) чистового пола
~ du plancher (m) non-fini	top of unfinished floor	Oberkante (f) Rohdecke (f)	верхняя грань (ж) незаконченого пола
~ du sol (m)	top of grade	Oberkante Gelände (n) / Oberfläche Gelände (n)	верхняя грань (ж) отметки земли (ж) (грунта)
~ du trou d'homme (m)	top of manhole	Oberkante (f) Einsteigloch (n)	верхняя грань (ж) лаза
détail (m)	detail	Detail (n)	деталь (ж)
détail (m) à la base (f)	detail at base	Fußpunkt-Detail (n)	деталь (ж) у базовой линии
détail (m) à la faîtière (f) (charpente)	detail at ridge (truss)	Firstpunktdetail (n) (Binder)	деталь (ж) у конька (м) (ферма)
détail (m) de la borne (f) repère	detail of bench mark	Bezugspunkt (m) im Detail (n)	деталь (ж) нивелирной марки
détail (m) de la planche (f) de rive	detail of verge	Ortgangdetail (n)	деталь (ж) ветровой фронтонной доски
détail (m) de l'élévation (f) / détail de la façade (f)	detail of elevation / detail of façade (facade)	Fassadendetail (n)	деталь (ж) фасада
détail (m) d'escalier (m)	stair detail	Treppendetail (n)	лестничная деталь (ж)
détail (m) du cadre (m) (porte)	frame section in detail (door)	Türzargenprofil (n) im Detail(n) / Türrahmenprofil (n) im Detail (n)	деталь (ж) дверной коробки (царга)
détail (m) du faîte (m)	ridge detail	Firstdetail (n)	коньковая деталь (ж)

Détail

FRANÇAIS	ANGLAIS	ALLEMAND	RUSSE
détail (m) grandeur (f) nature	full size detail	Detail (n) in wahrer Größe (f)	чертёж (ж) натуральной величины (ж)
détail (m) typique (fréquent)	typical detail (recurrent)	typisches Detail (n) (wiederhold)	типичная деталь (ж) (повторяющаяся)
détails (m) de fenêtres (f) et louvres (m)	window and louvre details	Fenster- (n) und Jalousettedetails (n)	детали (ж) окон и вентиляционных решёток
détails (m) des portes (f)	door details	Türdetails (n)	детали (ж) двери
détecteur (m) de fumée (f)	smoke detector	Rauchdetektor (m) / Rauchmelder (m)	дымовой детектор (м)
deux couches (f) d'isolation (f) rigide	two-layers rigid insulation	zweilagige Wärmedämmung (f) aus Hartschaumplatten (f)	двойной слой (м) жёсткозакреплённой изоляции
développement (m) des films	film processing room	Filmbearbeitungsraum (m)	лаборатория (ж) обработки фотоплёнок
diffuseur (m) au plancher (m)	floor diffuser	Fußbodendiffusor (m)	половой диффузор (м)
diffuseur (m) d'air au plafond (m)	ceiling air diffuser / air diffuser at ceiling	Decken-Diffusor (m) / Luftverteiler (m) an der Decke (f)	потолочный диффузор (м) / вентиляционная решётка (ж) у потолка
diffuseur (m) / diffuseur (m) d'air	diffuser / air diffuser	Diffusor (m) / Luftverteiler (m)	решётка кондиционера
dimension (f) de joint (m)	joint dimension	Fugenmaß (n)	размерность (ж) шва
dimension (f) de la fissure (f)	crack dimension	Rißmaß (n)	размер (м) трещины
dimension (f) de la tuile (f)	tile dimension	Fliesenmaß (n)	размер (м) плитки
dimension (f) de pierre (f)	stone dimension	Steinmaß (n)	каменная размерность (ж)
dimension (f) de porte (f)	door size / door dimension	Türgröße (f) / Türmaß (n)	дверной размер (м)
dimension (f) intérieure	interior dimension	Innenmaß (n)	внутренний размер (м)
dimension (f) modulaire	modular dimension	Moduldimension (f) / Modulgröße (f)	модульный размер (м)

Dimension

FRANÇAIS	ANGLAIS	ALLEMAND	RUSSE
dimension (f) (porte, fenêtre)	size (door, window)	Größe (f) / Abmessung (f) (Tür, Fenster)	размер (м) / измерение (ср) (дверь, окно)
dimension (f) totale	total dimension	Gesamtmaß (n)	полный размер (м)
dimensions (f) d'ouverture (f)	opening dimension	Öffnungsmaß (n)	размер (м) отверстия
dimensions (f) du quadrillage (m)	grid dimension	Rastermaß (n)	размер (м) сетки / размер (м) решётки
dimensions (f) hors tout	overall dimensions	Außenmaße (n)	наружные размеры (м)
directeur (m)	director	Direktor (m)	директор (м)
directeur (m) (d'école)	principal (school)	Rektor (m) (Schule)	директор (м) (школы)
direction (f) de la circulation (f)	direction of traffic	Verkehrsführung (f)	направление (ср) транспортного движения
direction (f) du projet (m) / gérance	project steering / project management	Projektsteuerung (f) / Projektleitung (f)	направление (ср) проекта
distance (f) entre les lignes (f) de centre du quadrillage	centre (center) line to centre (center) line distance between grid lines	Achsrastermaß (n)	размер (м) сетки с осевой линии к осевой линией
distribution (f)	distribution	Verteilung (f)	распределение (ср)
distribution (f) d'eau (f) chaude	hot water supply	Warmwasserversorgung (f)	горячее водоснабжение (ср)
dossier (m)	file	Akte (f)	файл (м)
dossiers (m) des films	film files	Filmarchiv (n)	подшивки (ж) фотоплёнок (фильмотека)
double-feuillure (f) / rainure (f) doublée	double-rabbet / twin-rabbet	Doppelfalz (f)	двойной фальц (м)
double-vitrage (m)	double-glazing	Zweischeibenverglasung (f)	двойное остекление (ср)
doyen (m) (d'université)	dean (of university)	Dekan (m) (der Universität)	декан (м) (университета)
drain (m)	drain	Ablauf (m) / Entwässerung (f)	водосток (м)

FRANÇAIS	ANGLAIS	ALLEMAND	RUSSE
drain (m) agricole sur lit (m) de sable (m)	farm drain / farm tile in sand bed	Dränrohr (n) in Sandbett (n)	фермерская дрена (ж) в песчаной постели
drain (m) de plancher (m)	floor drain	Bodenablauf (m), Bodeneinlauf (m)	трап (м), водоотвод (м)
drain (m) de plancher (m) à hauteur (f) ajustable	height-adjustable floor drain	höhenverstellbarer Bodenablauf (m)	половая дрена (ж) регулируемой высоты
drain (m) de toiture (f)	roof drain	Dachablauf (m)	сливнипуск (м) крыши / водосточная воронка (ж)

E

FRANÇAIS	ANGLAIS	ALLEMAND	RUSSE
eau (f) chaude	hot water	Warmwasser (n)	горячая вода (ж)
eau (f) de pluie	rainwater	Regenwasser (f)	дождевая вода (ж)
eau (f) de robinet (m)	tap water	Leitungswasser (n)	водопроводная вода (ж)
eau (f) froide	cold water	Kaltwasser (n)	холодная вода (ж)
eaux (f) usées	sewage	Abwasser (n)	сточные воды (ж)
écartement (m) net	clear distance	Abstandsfläche (f)	расстояние (ср) в свету
échange (m) d'air (m) / changement (m) d'air (m)	air exchange / air change	Luftaustausch (m) / Luftwechsel (m)	воздухообмен (м)
échelle (f)	ladder	Leiter (f)	стремянка (ж)
échelle (f) (dessins)	scale (drawings)	Maßstab (m) (Pläne)	масштаб (м) (чертежи)
échelle (f) fixe	fixed ladder	eingebaute Leiter (f) / unbewegliche Leiter (f)	неподвижная лестница (ж)
échelle (f) marine en acier (m)	steel ship's ladder	Stahlleiter (f)	стальный судовой трап (м)
échelon (m)	rung	Sprosse (f) / Steigbügel (m)	ступенька (ж)
échelons (m) d'acier	steel rungs	Steigeisen (n)	стальные ступеньки (ж)
échelons (m) de trou d'homme (fer)	manhole rungs (iron)	Steigeisen (n) im Einsteigloch (n) / im Schachtloch (n)	ходовые скобы (ж) (железо)

Échelons

FRANÇAIS	ANGLAIS	ALLEMAND	RUSSE
échelons (m) en acier	ladder rungs (steel)	Leitersprossen (f) aus Stahl (m)	стальные ступеньки (ж) лестницы
éclairage (m) artificiel	artificial lighting	künstliche Beleuchtung (f) / künstliches Licht (n)	искусственное освещение (ср)
éclairage (m) de secours	emergency lighting	Notbeleuchtung (f)	аварийное освещение (ср)
éclairage (m) intérieur	indoor lighting	Innenbeleuchtung (f)	внутреннее освещение (ср)
éclisse (f) cornière	angle cleat	Winkellasche (f)	подпорка (ж) из уголка
éclisse (f) en métal (m)	metal bracket	Metallasche (f)	металлическая накладка (ж)
écran (m) d'insonorisation	noise barrier	Lärmsperre (f)	звукоизолирующая преграда (ж)
écran-moustiquaire (m) (fenêtre)	flyscreen (window)	Fliegengitter (n) / Insektenschutzgitter (n) (Fenster)	оконная противомоскитная сетка (ж)
écran (m) pare-oiseaux	bird screen	Vogelschutzgitter (n)	птице-заградительная решётка (ж)
écrou (m)	nut	Mutter (f) / Schraubenmutter (f)	гайка (ж)
édifice (m) à bureaux	office building	Bürohaus (n)	административное здание (ср)
égout (m)	gulley	Gully (m)	ливневый спуск (м)
égout (m) d'eau pluviale (f)	storm sewer	Regenwasserkanal (m)	коллектор (м) ливневой канализации (ж)
élastomère (m)	elastomeric	Elastomer (m)	эластомер (м)
élément (m) (construction)	component (construction)	Bauteil (m) (Konstruktion)	элемент (м) (конструкции)
élément (m) coulissant	sliding element	Schiebeelement (n)	раздвижный элемент (м)
élément (m) de béton armé (m) précoulé	precast reinforced concrete element	vorgefertigtes Stahlbetonelement (n) / Stahlbetonfertigelement (n) / Stahlbetonfertigteil (m)	сборный железобетонный элемент (м)
élément (m) de béton (m) cellulaire / élément (m) de béton (m) poreux	cellular concrete element	Porenbetonelement (n)	ячеистый бетонный элемент (м)

Élément

FRANÇAIS	ANGLAIS	ALLEMAND	RUSSE
élément (m) de béton (m) précontraint	prestressed concrete component	Spannbetonelement (n)	предварительно напряжённый железобетонный элемент (м)
élément (m) de béton précontraint et précoulé	precast prestressed concrete element	Spannbetonfertigteil (n)	сборный предварительно напряжённый бетонный элемент (м)
élément (m) de construction (f)	building component	Bauteil (n)	элемент (м) постройки (здания)
élément (m) de construction en saillie (f)	protruding building component	vorspringendes Bauteil (n)	выступающий элемент (м) здания
élément (m) de dalle (f) de plancher (m) en béton (m) cellulaire	cellular concrete floor slab panel	Porenbeton-Deckenplatte (f)	ячеистая бетонная половая плита (ж) (панель покрытия)
élément (m) de dalle (f) de toiture (f) en béton (m) cellulaire	cellular concrete roof slab panel	Porenbeton-Dachplatte (f)	ячеистая бетонная кровельная плита (ж) (панель покрытия)
élément (m) de mur en béton armé (m)	reinforced concrete wall element	Stahlbeton-Wandelement (n)	элемент (м) железобетонной стены
élément (m) de mur (m) extérieur en béton armé (m) à hauteur (f) d'étage (panneau sandwich de mur-rideau)	storey-high exterior reinforced concrete wall component (curtain wall sandwich panel)	geschoßhohes Stahlbeton-Außenwandelement (n) (Sandwich-Fassadenplatte)	одноэтажный наружный железобетонный стенной элемент (м) (ненесущая наружная стеновая многослойная панель)
élément (m) de parapet	parapet component	Brüstungselement (n)	элемент (м) парапета
élément (m) de parement en béton (m) cellulaire	cellular concrete veneer panel	Porenbeton-Verblendplatte (f)	ячеистая бетонная облицованная панель (ж)
élément (m) en béton (m) précoulé	precast concrete element	vorgefertigtes Betonteil (m) / Betonfertigteil (n)	сборный бетонный элемент (м)
élément-fenêtre (m)	window unit	Fensterteil (m)	оконный блок (м)
élément (m) mur-fenêtre formant parement (m) de mur (m) extérieur	window wall component of exterior wall cladding	Fensterfassadenelement (n) als Außenwandbekleidung (f)	оконный стеновый элемент (м) как наружная стеновая обшивка (ж)
élément (m) précoulé de mur (m) en béton (m) cellulaire / poreux en position verticale	precast cellular concrete wall component in upright position	vorgefertigtes stehendes Porenbeton-Wandelement (n)	сборный ячеистый бетонный стенной элемент (м) (вертикальный)

Élément

FRANÇAIS	ANGLAIS	ALLEMAND	RUSSE
élément (m) précoulé de mur (m) non-portant en béton (m)	precast non-bearing concrete wall element	vorgefertigtes nichttragendes Beton-Wandelement (n)	сборный ненесущий стенной элемент (м)
élément (m) précoulé de mur (m) portant en béton (m)	precast load-bearing concrete wall element	vorgefertigtes tragendes Beton-Wandelement (n)	сборный несущий стенной элемент (м)
élément (m) précoulé de murs (m) portants en béton (m) cellulaire / poreux	precast load-bearing cellular concrete wall component / element	vorgefertigtes tragendes Porenbeton-Wandelement (n)	сборный несущий ячеистый бетонный стенной элемент (м)
élément (m) préfabriqué de toiture (f) plate	prefabricated flat roof component / prefabricated flat roof element	vorgefertigtes Flachdachelement (n)	элемент (м) сборной плоской крыши
éléments de parement (m) de mur extérieur tels que: métal léger anodisé (m), métal léger coloré (m), acier émaillé (m)	exterior wall-cladding components such as: anodized light metal, coloured light metal, enameled steel	Außenwandbekleidungselemente (f) wie: eloxiertes Leichtmetall (n), farbbeschichtetes Leichtmetall (n), emailliertes Stahlblech (n)	элементы (м) наружной стеновой обшивки как: анодный лёгкий металл (м), окрашенный лёгкий металл (м), эмалированная сталь (ж)
éléments (m) d'escalier (m) en béton (m) précoulé	precast concrete units of stairs	Treppenelemente (n) aus Betonfertigteilen (n)	лестничные сборные бетонные компоненты (м)
éléments (m) incorporés / encastrés	built-ins	Einbauten (f)	встроенные элементы (м)
éléments (m) sur sous-sol (m)	components on subsoil	erdreichberührte Bauteile (n)	элементы (м) на подпочвенном слое (м)
élimination (f) des ordures (f)	garbage disposal	Müllentsorgung (f)	удаление (ср) мусора
émail (m)	enamel	Emaillelack (m)	эмаль (ж)
émetteur-récepteur (m) portatif	walkie-talkie	Hand-Funksprechgerät (n) / tragbares Sprechfunkgerät (n) / Walkie-Talkie (n)	портативная дуплексная радиостанция (ж)
émis pour soumission (f)	issued for tender	verteilte Ausschreibung (f)	распределено для сметы (ж) / издано для предложения (ср)
empanon (m) de noue / chevron (m) de noue	valley jack / jack rafter	Kehlschifter (m) / Kehlriegel (m)	нарожник (м) (короткая стропильная нога)

Empattement

FRANÇAIS	ANGLAIS	ALLEMAND	RUSSE
empattement (m) en béton armé (m)	reinforced concrete footing	Fundament (n) aus Stahlbeton (m)	железобетонное основание (ср)
empattement (m) / semelle (f) (sous-sol)	footing (subsoil)	Fundament (n) (Erdreich)	подошва (ж) фундамента (подпочва)
empattement (m) simple / fondation (f) isolée	single footing / pad foundation	Einzelfundament (n)	отдельный фундамент (м)
emplacement (m) de l'armature (f)	placement of reinforcing steel	Bewehrungslage (f)	местоположение (ср) армирования
emplacement (m) des poutres (f) en bois	location of wooden beams / position of wooden beams	Holzbalkenlage (f)	местоположение (ср) деревянных балк (ж)
emplacement (m) (porte, fenêtre)	location (door, window)	Standort (m) (Tür, Fenster)	местоположение (ср) (дверь, окно)
en bas (escalier)	down (stair)	hinunter (Treppe)	вниз (лестница)
en haut (escalier)	up (stair)	herauf (Treppe)	наверх (лестница)
en saillie (f) (décalé)	offset	Versatz (m)	перемещение (ср) (боковое смещение)
en sous-oeuvre (f) / en étayage (m)	underpinning	Abfangung (f) / Unterfangung (f)	подведение (ср) фундамента
encadrement (m) / cadre (m) (fenêtre)	casing (window)	Fenstereinfassung (f)	обрамление (ср) оконного проёма
encastrement (m)	restraint	Einspannung (f)	защемление (ср)
encorbellement (m) / porte-à-faux (m)	cantilever	Auskragung (f)	выступ (м) (консоль)
enduit (m) acoustique	acoustical plaster	Akustikputz (m)	акустическая штукатурка (ж)
enduit (m) appliqué par pulvérisation	sprayed-on plaster	Spritzputz (m)	штукатурка (ж), наносимая набрызгом
enduit (m) de ciment (m)	cement plaster	Zementputz (m)	цементный штукатурный раствор (м)
enduit (m) de ciment (m) sur isolant (m)	cement plaster on insulation	Zementputz (m) auf Isolierung (f)	цементный штукатурный раствор (м) на изоляции

Enduit

FRANÇAIS	ANGLAIS	ALLEMAND	RUSSE
enduit (m) de dado (m) (une, deux, trois fois)	coating of dado (once, twice, three times)	Beschichtung (f) der unteren Raum-Trennwandfläche (f) (einfach, zweifach, dreifach)	слой (м) облицованной нижней части стены (раз, два, три раза)
enduit (m) de plâtre (m)	gypsum plaster	Gipsputz (m)	гипсовый штукатурный раствор (м)
enduit (m) de plâtre (m) pour murs et plafonds	wall and ceiling plaster	Wand- und Deckenputz (m)	штукатурка (ж) стены и потолка
enduit (m) de vermiculite	vermiculite plaster	Vermikulitputz (m)	вермикулитовая штукатурка (ж)
entrait (m) de ferme / poutre-tirant (f)	tie-joist / tie-beam	Zangenträger (m) / Zangenbalken (m)	затяжка (ж) стропил (крыша (ж) с висячими стропильными фермами с прогонами с двумя стойками)
entrait (m), poutre-tirant (f)	collar beam, tie(-)beam	Zangenbalken (m), Spannbalken(m)	стропильная затяжка (ж)
entre colonnes (f)	between columns	zwischen Säulen (f)	между колоннами (ж)
entrée (f)	entrance	Hauseingang (m) / Eingang (m)	вход (м)
entrée (f) arrière / entrée (f) secondaire	rear entrance / back entrance	Hintereingang (m)	задний вход (м)
entrée (f) de service	service entrance	Lieferanteneingang (m)	служебный вход (м)
entrée (f) d'urgence	emergency entrance	Eingang zur Unfallstation (f)	вход (м) неотложной помощи
entrée (f) extérieure	exterior entrance	Außeneingang (m)	наружный вход (м)
entrée (f) principale	main entrance	Haupteingang (m)	парадный вход (м) / передний вход (м)
entrée (f) secondaire	secondary entrance	Nebeneingang (m)	боковой вход (м)
entrepreneur (m) de démolition (f), compagnie (f) de démolition (f)	demolition contractor, demolition firm	Abbruchunternehmer (m), Abbruchunternehmen (n)	подрядчик (м) разборки
entrepreneur (m/f)	contractor	Bauunternehmer (m)	подрядчик (м)
entretoise (f)	cross-bridging	Kreuzstreifen (m)	система (ж) диагональных связей между балками перекрытия

Entretoise

FRANÇAIS	ANGLAIS	ALLEMAND	RUSSE
entretoise (f) / contre-fiche (f)	strut	Kopfband (n)	подпор(к)а (ж), распорка (ж)
entretoise (f) en profilé en Té	Tee-channel, cross channel	T-Schiene (f) mit Wulsten (f), Tragprofil (n)	Т-образное русло (ср), треугольное русло (ср)
entretoise (f) en profilé (m) en U	U-channel (cross-channel)	U-Schiene (f) (Tragprofil)	U- образное русло (ср) (поперечное русло)
entretoise (f) en profilé (m) triangulaire	triangular channel (cross-channel)	Dreieckschiene (f) (Tragprofil)	треугольное русло (ср) (поперечное русло)
épaisseur (f)	thickness	Dicke (f) / Stärke (f)	толщина (ж)
épaisseur (f) de béton et armature (f) suivant le dessin (m) structural	concrete thickness and reinforcment according to structural design	Betontärke (f) und Bewehrung (f) nach statischer Berechnung (f)	бетонная толщина (ж) и армирование (ср) в соответсвии с структурным проектированием
épaisseur (f) de plancher (m)	floor thickness	Deckendicke (f)	толщина (ж) перекрытия
épaisseur (f) de porte (f)	door thickness	Türstärke (f)	толщина (ж) двери
épaisseur (f) d'isolation	insulation thickness	Dämmstoffdicke (f) / Dämmstoffstärke (f)	изоляционная толщина (ж)
épaisseur (f) du mur (m)	wall thickness	Wandstärke (f)	толщина (ж) стены
épinette (f)	spruce	Fichte (f)	ель (ж)
époxie (f)	epoxy	Epoxyd (m)	эпоксидная смола (ж)
époxie-béton (m) dur	(epoxy-granolithic concrete)	Epoxydhartbeton (m)	эпоксидный износостойкий бетон (м)
épuration (f) des égouts	sewage purification	Abwasserklärung (f)	осветление (ср) сточных вод
équipe (f) de bureau (m)	office team	Bürogemeinschaft (f)	конторская группа (ж)
équipement (m) de salle (f) de bains	bathroom outfitting	Badezimmerausstattung (f)	оборудование (ср) ванной (комнаты)
érable (m)	maple	Ahorn (m)	клён (м)
érection du mur (m) extérieur	erection of exterior wall	Außenwandaufbau (m)	сооружение (ср) наружной стены

Escabeau

FRANÇAIS	ANGLAIS	ALLEMAND	RUSSE
escabeau (m)	step(-)ladder	Leiter (f) / Trittleiter (f)	стремянка (ж) / складная лестница (ж)
escalier (m)	stair	Treppe (f)	лестница (ж)
escalier (m) à claires-voies (f) avec marches (f) seulement	open stair with treads only	offene Treppe (f), nur mit Trittstufen (f)	открытая лестница (ж) только с поступами
escalier (m) à deux volées de quart de tour	one stair of two quarter-turn flights	einläufige, viertelgewendelte Treppe (f)	лестница (ж) двух лестничных маршов в 45 градусов
escalier (m) circulaire à cage (f) ouverte	circular stair with open well	Wendeltreppe (f), Treppe (f) mit Treppenauge (n)	круговая лестница (ж)
escalier (m) circulaire à noyau (m) central	spiral stair with newel	Spindeltreppe (f) mit Treppenspindel (f)	винтовая лестница (ж) с центральной стойкой (винтовой лестницы)
escalier (m) de deux volées (f) avec palier (m) intermédiaire (escalier encagé)	two-flight stair with intermediate landing (enclosed stair)	zweiläufige Podesttreppe (f) (abgeschlossenes Treppenhaus)	лестница (ж) с двумя лестничными маршами (м) с промежуточной площадкой (ж) (окружённая лестница)
escalier (m) de deux volées (f) et un palier (m)	stair with two flights and one landing	zweiläufige gerade Treppe (f) mit Zwischenpodest	лестница (ж) с двумя лестничными маршами и одной лестничной площадкой
escalier (m) de sauvetage (m) (au mur extérieur)	escape stair (at exterior wall)	Nottreppe (f) (an der Außenwand)	пожарная лестница (ж) (у наружной стены)
escalier (m) de secours (cage d'escalier)	fire escape (staircase)	Sicherheitstreppenhaus (n) (Treppe im abgeschlossenen Treppenhaus)	спасательная лестница (ж) (лестничная клетка)
escalier (m) de secours / d'urgence	emergency stair	Fluchttreppe (f)	аварийная лестница (ж)
escalier (m) de secours (mur extérieur)	fire escape (exterior wall)	Feuertreppe (f) (Außenwand)	спасательная лестница (ж) (наружная стена)
escalier (m) d'une volée (f) droite	one flight stair (straight run)	einläufige gerade Treppe (f)	прямая лестница (ж) одного лестничного марша

Escalier

FRANÇAIS	ANGLAIS	ALLEMAND	RUSSE
escalier (m) d'une volée (f) semi-circulaire	stair of one half-turn flight	einläufige, halbgewendelte Treppe (f)	лестница (ж) одного лестничного марша с полуворотом
escalier (m) en acier (m)	steel stair	Stahltreppe (f)	стальная лестница (ж)
escalier (m) en béton (m) fini avec marches (f) et contremarches (f) en tuiles (f)	concrete stair with tiles on treads and risers	betonierte Treppe (f) mit Plattenfliesen (f) auf Tritt- und Setzstufen (f)	бетонная лестница (ж) с покрытиями плитками на проступях и подступенках
escalier (m) extérieur	exterior stair	Außentreppe (f)	наружная лестница (ж)
escalier (m) intérieur	interior stair	Innentreppe (f)	внутренняя лестница (ж)
escalier (m) intérieur dégagé (libre)	open stairway	Freitreppe (f)	открытая лестница (ж)
escalier (m) métallique	metal stair	Metalltreppe (f) / Eisentreppe (f)	железная лестница (ж)
escalier (m) No. ...	stair No. ...	Treppe (f) Nr. ...	лестница (ж) № ...
escalier (m) principal	main stairway	Haupttreppe (f)	парадная лестница (ж)
escalier (m) roulant	escalator	Rolltreppe (f)	эскалатор (м)
escalier (m) sans claires-voies (f) avec marches (f) et contremarches (f)	closed stair with treads and risers	geschlossene Treppe (f) mit Trittstufen (f) und Setzstufen (f)	закрытая лестница (ж) со проступями и подступенками
espace (m) d'air	air space	Luftschicht (m)	паровуздушное пространство (ср)
espace (m) de rampement (m)	crawl space	Kriechraum (m)	полупроходное подполье (ср)
espace (m) de rampement, sous-sol (m) de rampement	crawl space, crawl basement	Kriechraum (m), Kriechkeller (m)	полупроходное подполье (ср), полупроходный подвал (м)
espace (m) de stationnement	parking space	Parkplatz (m)	место (ср) стоянки
espace (m) pour auto (f)	space for car	Autoabstellplatz (m)	место (ср) для автомобиля
espace (m) utilisable	usable area	Nutzfläche (f)	полезная площадь (ж)
espace (m) ventilé	aerated / ventilated space	Durchlüftungsraum (m)	аэрированное пространство (ср)
espacement (m) des étriers (m)	stirrup spacing	Bügelabstand (m)	шаг (м) хомутов

Espaceur

FRANÇAIS	ANGLAIS	ALLEMAND	RUSSE
espaceur (m)	spacer	Abstandhalter (m)	распорка (ж)
espaceurs (m) pour ferraillage	rod spacers	Armierungsstab-Abstandhalter (m)	стержневые распорки (ж)
étage (plancher) de mansarde (f) inachevé (non-fini)	unfinished attic floor	nicht ausgebautes Dachgeschoß (n)	незаконченный пол (м) мансарды
étanchéité (f)	waterproofing	Wasserabdichtung (f)	гидроизоляция (ж)
étang (m)	pond	Teich (m)	пруд (м)
étrier (m)	clip	Spannbügel (m)	стяжной хомут (м)
étrier (m) (acier)	stirrup (steel)	Bügel (m) (Stahl)	хомут (м) (арматурный)
étrier (m) en U	U-stirrup / open stirrup	U- Bügel (m) / offener Bügel (m)	U- образный арматурный хомут (м) / открытый хомут (м)
étude (f) de bâtiment (m) (design, conception)	building design	Gebäudeplanung (f)	проектирование (ср) постройки
étude (f) du sol	soil investigation	Bodenuntersuchung (f)	почвенно-геологическая изыскания (ж)
études (f)	seminar	Seminar (n)	семинар (м)
évacuation (f) d'air / retour (m) d'air	air exhaust	Abluft (f)	откачка (ж) воздуха
évent (m)	vent stack	Entlüftungsstrang (m)	вентиляционный стояк (м) / отводная труба (ж)
évier (m)	sink	Waschbecken (n)	мойка (ж)
excavation (f) (bâtiment)	excavation / construction pit (building)	Baugrube (f) (Gebäude)	котлован (м)
excavation (f) du sol / excavation (f) de terre	earth excavation	Bodenaushub (m) / Erdaushub (m)	экскавация (ж) грунта / выемка (ж) грунта
excavation (f) pour fondations (f)	foundation excavation	Fundamentaushub (m)	выемка (ж) грунта фундамента
existant	existing	bestehend / existierend / vorhanden / angegeben	существующий

Extincteur

FRANÇAIS	ANGLAIS	ALLEMAND	RUSSE
extincteur (m) d'incendie	fire extinguisher	Feuerlöscher (m)	огнетушитель (м)
F			
façade (f) à parement (m) en aluminium (mur-rideau)	aluminium-sheathed elevation (curtain wall)	Außenwandbekleidung (f) aus Aluminium (n) (Vorhangfassade)	алюминиевый обшиванный фасад (м) (ненесущая стена)
façade (f) à parement (m) métallique / mur-rideau (m)	metal-sheathed façade (facade) / curtain wall	Außenwandbekleidung (f) aus Leichtmetall (n) / Vorhangwand (f) / Vorhangfassade (f)	фасад (м) металлической оболочки / ненесущая стена (ж)
façade (f) arrière	rear elevation	Rückansicht (f)	задний фасад (м)
façade (f) de ...	elevation of ...	Ansicht (f) des ...	фасад (м) ...
façade (f) / élévation (f)	façade (facade) / elevation	Fassade (f) / Ansicht (f)	фасад (м)
façade (f) / élévation, échelle (f): ...	elevation, scale: ...	Ansicht (f) / Fassade, Maßstab (m): ...	фасад (м), масштаб (м): ...
façade (f) / élévation (f) et coupe (f) transversale	elevation / façade (facade) and cross section	Ansicht (f) / Fassade (f) und Querschnitt (m)	фасад (м) и поперечный разрез (м)
façade (f) (élévation) latérale droite	right-side elevation	rechte Seitenansicht (f)	фасад (м) боковой с правой стороны
façade (f) / élévation (f) vue du ...	elevation seen from ...	Ansicht (f) / Fassade (f) von ... gesehen	фасад (м), виден от ...
façade (f) latérale	side elevation	Seitenansicht (f)	боковой фасад (м)
façade (f) latérale gauche / élévation (f) latérale gauche	left side elevation	linke Seitenansicht (f)	фасад (м) боковой с левой стороны
façade (f) nord, façade (f) est, façade (f) sud, façade (f) ouest	North elevation, East elevation, South elevation, West elevation	Nord-Ansicht (f), Ost-Ansicht (f), Süd-Ansicht (f), West-Ansicht (f)	северный фасад (м), восточный фасад (м), южный фасад (м), западный фасад (м)
façade (f) nord-ouest, façade (f) nord-est, façade (f) sud-est, façade (f) sud-ouest	North-West elevation, North-East elevation, South-East elevation, South-West elevation	Nordwest-Ansicht (f), Nordost-Ansicht (f), Südost-Ansicht (f), Südwest-Ansicht (f)	северо-западный фасад (м), северо-восточный фасад (м), юго-восточный фасад (м), юго-западный фасад (м)

Façade

FRANÇAIS	ANGLAIS	ALLEMAND	RUSSE
façade (f) principale	main elevation	Hauptansicht (f)	главный фасад (м)
façade (f) principale (élévation principal)	front elevation (main elevation)	Vorderansicht (f) (Hauptansicht)	передний фасад (м) (главный фасад)
face (f) apparente du panneau (m) modulaire	exposed face of modular panel	modulare Sichtplatte (f)	необлицованная поверхность (ж) модульной плиты
face (f) de la brique (f)	face of brick	Ziegeloberfläche (f)	наружная поверхность (ж) кирпича (м)
~ la cloison (f) intérieure	face of interior partition	Oberfläche Innenwand (f)	наружная поверхность (ж) внутренной перегородки
~ la colonne (f)	face of column	Säulenoberfläche (f)	наружная поверхность (ж) колонны
~ la colonne (f) en béton	face of concrete column	Oberfläche Betonsäule (f)	наружная поверхность (ж) бетонной колонны
~ la poutre (f)	face of beam	Trägeroberfläche (f)	наружная поверхность (ж) балки (ж)
~ l'élément (m) du mur sandwich (m) extérieur en béton (m) préfabriqué	face of prefabricated exterior concrete sandwich-wall component	Oberfläche des vorgefertigten Beton-Sandwichwandelementes (n)	наружная поверхность (ж) сборного бетонного многослойного стенного элемента (м)
~ maçonnerie (f) (montrant appareillage de brique)	face of brickwork (showing brick bond)	Oberfläche Mauerwerk (n) (Ziegelverband zeigend)	наружная поверхность (ж) кирпичной кладки (показывает перевязку кирпичной кладки)
~ mur en briques / face (f) de la maçonnerie (f) / maçonnerie (f) apparente	face of brick wall / face of masonry / exposed masonry	Sichtmauerwerk (n)	наружная поверхность (ж) каменной кладки (ж) / необлицованная кладка (ж)
~ s tuiles (f) du plafond (m)	face of ceiling tiles	Deckenplattenoberfläche (f)	наружная поверхность (ж) потолочных плиток
face (f) du ...	face of ...	Oberfläche (f) von ...	наружная поверхность (ж) ...
face (f) du béton (m)	face of concrete	Betonoberfläche (f)	наружная поверхность (ж) бетона

Face

FRANÇAIS	ANGLAIS	ALLEMAND	RUSSE
face (f) du béton (m) coulé dans un coffrage (m) à fini raboté	face of concrete poured in planed formwork	Betonoberfläche (f) in gehobelter Schalung (f) hergestellt	наружная поверхность (ж) бетона, налитая в плоскую опалубку
face (f) du bloc (m) de béton (m)	face of concrete block	Oberfläche Hohlblock (m)	наружная поверхность (ж) бетонного блока (м)
face (f) du contreplaqué (m)	face of plywood	Sperrholzoberfläche (f)	наружная поверхность (ж) фанеры
face (f) du mur (m) de fondation (f)	face of foundation wall	Oberfläche Kellerwand (f) / Kellerwandoberfläche (f)	наружная поверхность (ж) фундаментной стены (ж)
face (f) du parapet (m)	face of parapet	Brüstungsoberfläche (f)	наружная поверхность (ж) парапета (м)
façon de rive (f) de toiture (f) en ardoise (f) avec plis de scellement de toiture	eaves formation of a slate roof with roof sealing plies	Traufausbildung (f) beim Schieferdach (n) mit Dachdichtungsbahnen (f) / Dachdichtungslagen (f)	формирования (ж) карнизного свеса шиферной крыши со кровельными герметическими слоями
faîte (m) / faîte (m) de toiture (f) / arête (f) de toiture (f)	ridge / roof ridge	First (m) / Dachfirst (m)	конёк (м) / конёк (м) крыши
faîtière (f)	ridge board	Firstbrett (n)	коньковая доска (ж)
faîtière (f) de la charpente (f)	ridge of truss	Firstpunkt (n) (Binder)	конёк (м) фермы
faîtière (f) (toiture)	roof line / roof-ridge line	Firstlinie (f) (Dach)	линия (ж) конька (крыша)
fascia (f)	fascia	Dachrandprofil (n)	валик (м) / карниз (м)
fascia (f) métallique	metal fascia	Stirnblech (n)	металлическая оболочка (ж) бордюрной доски
faux-joint (m)	false joint	Scheinfuge (f)	руст (м)
faux-plafond (m), plafond (m) suspendu	false ceiling, suspended ceiling	Blinddecke (f), Hängedecke (f) / abgehängte Decke (f)	подвесной потолок (м)
faux-plancher (m) / sous-plancher (m)	subfloor	Blindboden (m)	черный пол (м)
fenêtre (f)	window	Fenster (n)	окно (ср)

Fenêtre

FRANÇAIS	ANGLAIS	ALLEMAND	RUSSE
fenêtre (f) à battant (m), fenêtre (f) à un battant (m) et un cadre (m) unique	casement window, one sash and one window frame (fastened to wall)	Einfachfenster (n), ein beweglicher Flügel (m) und ein Fenster- Blendrahmen (m) / Zarge (f)	створное окно (ср), один оконный переплёт (м) и одна оконная рама (ж), прикреплённая к стене / царга (ж)
fenêtre (f) à guillotine (f)	double-hung window	Vertikalschiebefenster (n)	подъёмное окно (ср) с двумя подвижными переплётами
fenêtre (f) à hauteur de la pièce (f)	floor-to-ceiling window	raumhohes Fenster (n)	окно (ср) высотой от пола до потолка
fenêtre (f) à vitre (f) teintée	tinted glass window	farbiges Glasfenster (n)	глушёное стеклённое окно (ср)
fenêtre (f) articulée à la tête ouvrant à l'extérieur (ouvrant à l'extérieur)	awning window / top-hung window (opening to the outside)	Klappflügelfenster (n) (nach außen aufgehend)	верхнеподвесное окно (ср), открывающееся наружу
fenêtre (f) combinée, fenêtre (f) à deux battants et cadre (m) unique	combination window, two sashes and one window frame (fastened to wall)	Verbundfenster (n), zwei bewegliche Flügel (m) und ein Fenster- Blendrahmen (m) / Zarge (f)	оконный переплёт (м) с двойными стёклами, две оконного переплёта (м) и одна оконная рама (ж), прикреплённая к стене / царга (ж)
fenêtre (f) continue / bande (f) vitrée	continuous window / window-band	Fensterband (n)	ленточное окно (ср)
fenêtre (f) coulissant (horizontalement)	sliding window (horizontal)	Schiebefenster (n) (horizontal)	раздвижное окно (ср) (горизонтальное)
fenêtre (f) de protection contre le rayonnement (m) radioactif	shielding window	Strahlenschutzfenster (n)	защитное смотровое окно (ср)
fenêtre (f) de secours	fire window	Feuerschutzfenster (n)	огнестойкое окно (ср)
fenêtre (f) de trémie (f) (battant basculant à l'intérieur)	hopper window	Kippflügelfenster (n) (nach innen aufgehender Flügelrahmen)	окно (ср) с нижней фрамугой
fenêtre (f) double (à jambage de maçonnerie en retrait), fenêtre (f) à deux battants (m) et deux cadres (m) / deux châssis (m) de fenêtre (attaché au mur)	double window (at recessed masonry jamb), two sashes with two window frames (fastened to wall)	Doppelfenster (n) (bei Mauerleibung mit Innenanschlag), zwei bewegliche Flügel (m) mit zwei Fenster- Blendrahmen (m) / Zargen (f)	окно (ср) со двумя коробками (у отодвинутой вертикальной обвязки), две оконного переплёта со двумя оконной рамой, прикреплёнными к стене / царга (ж)

Fenêtre

FRANÇAIS	ANGLAIS	ALLEMAND	RUSSE
fenêtre (f) double (à jambage de maçonnerie orthogonal), fenêtre (f) à deux battants (m) et deux cadres (m) / deux châssis (m) de fenêtre (attaché au mur) et chambranle (m)	double window (at square masonry jamb), two sashes with two window frames (fastened to wall) and jamb lining	Kastenfenster (n) (bei Mauerleibung ohne Anschlag), zwei bewegliche Flügel (m) mit zwei Fenster-Blendrahmen (m) / Zargen (f) und Fenster-Futter (n)	окно (ср) со двумя коробками (у квадратной вертикальной обвязки), две оконного переплёта со двумя оконной рамой, прикреплёнными к стене и со внутренным наличником
fenêtre (f) en acier (m)	steel window	Stahlfenster (f)	стальное окно (ср)
fenêtre (f) en aluminium (m)	aluminium (aluminum) window	Aluminiumfenster (n)	алюминиевое окно (ср)
fenêtre (f) en aluminium (m) avec arrêt (m) thermique	aluminium (aluminum) window with thermo-break	thermisch getrenntes Aluminiumfenster (n)	алюминиевое окно (ср) с теплоизолирующим разрывом (м)
fenêtre (f) en bois (m)	wood window	Holzfenster (n)	окно (ср) с деревянной коробкой и переплётами
fenêtre (f) en plastique (m)	plastic window	Kunststoffenster (f)	пластмассовое окно (ср)
fenêtre (f) en saillie (f) / fenêtre en baie (f)	bay window	Erkerfenster (n)	эркер (м) (с несущими стенами)
fenêtre (f) fixe	fixed window	feststehende Verglasung (f) / unbeweglicher Fensterflügel (m)	неоткрывающееся окно (ср)
fenêtre (f) latérale	side-viewing window	Seitenfenster (n)	иллюминатор (м) бокового обзора
fenêtre (f) oscillobattante	revolving tilt-up window	Drehkippflügel (m)	створный оконный переплёт (м) (нижнеподвесный)
fenêtre (f) pivotant horizontalement	horizontally pivoted window	Schwingflügelfenster (n)	горизонтально-вращающееся окно (ср)
fenêtre (f) pivotant verticalement	vertically pivoting window	Wendeflügel (m)	окно (ср), вращающееся вокруг вертикальной оси
fenêtre (f) type ...	window of type ...	Fenster (n) vom Typ ...	окно (ср) типа ...
fer (m)	iron	Eisen (n)	железо (ср)
ferme (f)	truss	Binder (m)	ферма (ж)

Ferme

FRANÇAIS	ANGLAIS	ALLEMAND	RUSSE
ferme (f) de colombage (m) apparent	half-timbered truss	Fachwerkbaubinder (m)	фахверковая ферма (ж)
ferme (f) de toiture (f)	roof truss	Dachbinder (m)	стропильная ферма (ж)
ferme (f) (de toiture) type ...	truss (roof) type ...	Dachbindertyp (m) vom Profil ...	стропильная ферма (ж) типа ...
ferme-porte (m) automatique	automatic door closer	automatischer Türschließer (m)	автоматический закрыватель (м) двери
ferme-porte (m) avec cran (m) d'arrêt	door closer with door holder	Türschließer (m) mit Türhalter (m)	закрыватель (м) двери с дверной державкой
ferme-porte (m), serrure (f) et seuil (m) en métal (m), voir détails (m) sur dessin (m) No. ...	door closer, door lock and metal threshold, see details, drawing No. ...	Türschließer (m), Türschloß (n) und Türschwelle (f) aus Metall (n), siehe Details, Bauplan Nr. ...	дверной механизм (м), замок (м) и металлический порог (м), смотри детали, чертёж № ...
ferme-portes (m) requis pour les portes (f): No. ...	door closers required for doors: No. ...	Türschließer (n) werden für die Türen (f): Nr. ... gebraucht	дверные механизмы (м) нужны для дверей: № ...
ferme (f) préfabriquée	prefabricated truss	vorgefertigter Binder (m)	сборная ферма (ж)
ferme (f) principale	main truss	Hauptbinder (m)	главная ферма (ж)
feuille (f)	foil	Folie (f)	фольга (ж)
feuille (f) bitumineuse ondulée	bitumen corrugated sheet	Bitumenwellplatte (f)	битумный волнистый лист (м)
feuille (f) d'aluminium (m)	aluminium (aluminum) foil	Aluminiumfolie (f)	алюминиевая фольга (ж)
feuille (f) de détail	detail sheet	detailliertes Zeichenblatt (n) / Detail-Zeichenblatt (n)	лист (м) деталей
feuille (f) de liège (m)	cork sheet	Korkplatte (f)	пробковый лист (м)
feuille (f) de polyéthylène / planche (f) de polystyrène	polyethylene sheathing / polystyrene board	Polyäthylenplatte (f) / Styroporplatte (f)	лист (м) полиэтилен / плита (ж) полистирол
feuille (f) de protection (f) (feutre un pli)	cover sheet (one(-)ply felt)	Abdeckungspappe (f) (einlagiger Rohfilz)	покрывающий лист (м) (однослойный войлок)

Feuille

FRANÇAIS	ANGLAIS	ALLEMAND	RUSSE
feuille (f) d'isolation (f) en fibres de bois	wood fibre insulation sheet	Holzfaserdämmplatte (f)	лист (м) деревянной волокнистой изоляции
feuille (f) d'isolation (f) thermique rigide au-dessus des chevrons (m)	thermal insulation of rigid insulation sheet above rafters	Wärmedämmung (f) aus Hartschaumplatten (f) über den Sparren (m)	теплоизоляция (ж) жёсткозакреплённого изоляцинного листа (м) над стропилами
feuille (f) isolante	insulation foil	Isolierfolie (f)	изолирующая фольга (ж)
feuille (f) thermique	thermal foil	wärmedämmende Folie (f)	теплоизоляционная фольга (ж)
feuillure (f) intérieure (battant de porte)	interior rabbet (door leaf)	Innenanschlag (m) (Türblatt)	внутренний стоп (м) (створка двери)
feutre (m)	felt	Filz (m)	войлок (м)
feutre (m) bitumé de toiture (f) (un pli)	bituminous felt (one ply)	Teerpappe (f) (eine Bitumenbahn)	рубероид (м) (однослойный)
feutre (m) d'étanchéité	waterproofing felt	wasserdichte Filzpappe (f)	гидроизоляционный строительный картон (м)
feux de circulation (f)	traffic light	Verkehrsampel (f)	светофор (м)
fibre (f) de verre	fibreglass	Glasfaser (f)	стекловолокно (ср)
filasse (f)	oakum	Werg (n)	пакля (ж)
fini (m)	finish	Oberflächen-Fertigstellung (f)	верхняя грань (ж) (поверхность)
fini (m) à la truelle (f)	trowel finish	Kellenglattstrich (m)	поверхность (ж), отделанная лопаткой
fini (m) de plancher (m) antidérapant (recouvrement de plancher)	non(-)slip floor finish (floor cover)	rutschfester Fertigfußboden (m) (Bodenbelag)	нескользящее покрытие (ср) пола (настил пола)
fini (m) de plancher (m) sans joints (m)	seamless floor finish	fugenloser Fertigfußboden (m)	поверхность (ж) бесшовного покрытия пола
fini (m) du plancher (m) (assumé)	finished floor (assumed)	Oberkante (f) Fertigfußboden (m) / OKF (angenommen)	верхняя грань (ж) чистого пола (предпологаемая)

Fini

FRANÇAIS	ANGLAIS	ALLEMAND	RUSSE
fini (m) naturel (bois)	natural finish (wood)	Naturton (m) (Holz)	прозрачная отделка (ж) (древесина)
fini (m) semi-lustre à l'huile (f)	semi-gloss oil finish	halbglänzender Ölanstrich (m)	полуглянцевая масляная поверхность (ж)
finition (f) de la surface (f) de la terrasse (f)	terrace surfacing	Terrassenbelag (m)	обработка (ж) поверхности террасы
finition (f) de surface par lissage à la truelle (f) / couche (f) lisse (extérieur)	floated coat / smooth level coat (exterior)	Kellenglattschicht (f) / Außenglattverputz (m)	грунт (м), внешный гладкий слой (наружный)
finition (f) sur face	float finish	Reibeputz (m)	поверхность (ж), отделанная тёркой
fixe	fixed	unverstellbar / unbeweglich	неподвижный
fixe aux extrémités (f)	fixed at both ends	zweiachsig gespannt	двухосное растяжение (ср)
fléchissement (m) permissible	allowable deflection	erlaubte Durchbiegung (f)	позволительный прогиб (м)
fond (m) rocheux	bedrock	Felsuntergrund (m)	скальный грунт (м)
fondation (f)	foundation	Fundament (n) / Grundmauer (f)	основание (ср) / фундамент (м)
fondation (f) continue	spread footing	Flächenfundament (n)	фундамент (м) на естественном основании
fondation (f) de béton (m) coulé sur place	cast- / poured-in-place concrete foundation (monolithic)	Ortbetonfundament (n) (bauseits)	монолитный бетонный фундамент (м) (на стройплощадке)
fondation (f) en béton (m)	concrete foundation	Betonfundament (n)	бетонный фундамент (м)
fondation (f) en gradins (m)	stepped footing	abgetrepptes Fundament (n)	ступенчатый фундамент (м)
fondation (f) jusqu'à la ligne (f) de pénétration du gel (m) / profondeur (f) du gel (m)	foundation to frost line / foundation to frost depth	Fundament (n) bis frostfreie Gründung (f)	фундамент (м) до границы нулевой температуры / глубина (ж) ниже горизонта промерзания (грунта)
fondation (f) sur pieux (m)	pile foundation	Pfahlgründung (f)	свайный фундамент (м)
fontaine (f) à boire	drinking fountain	Trinkbrunnen (m)	питьевой фонтанчик (м)
fonte (f)	cast iron	Gußeisen (n)	литейный чугун (м)

Forage

FRANÇAIS	ANGLAIS	ALLEMAND	RUSSE
forage (m) de pieux (m)	pile driving	Pfahlbohrung (f)	забивка свай (ж)
forme (f) de la pierre (f)	shape of stone	Steinformat (n)	каменный формат (м)
fosse (f) d'ascenseur (m)	elevator pit	Aufzugsschachtgrube (f)	нижняя часть (ж) шахты лифта
fossé (m) / tranchée (f)	ditch / trench	Graben (m)	траншея (ж)
four (m) électrique	electrical range	Elektroherd (m)	электрическая плита (ж)
fourrure (f)	furring	Putzträger (m)	обрешётка (ж)
fourrure (f) en bois (m)	wood furring	Holzlattung (f)	деревянная обрешётка (ж)
fourrure (f) en bois (m) dur (bois franc)	hardwood filler	Fugenfüller (m) aus Hartholz (n)	наполнитель (м) древесных лиственных пород
foyer (m)	foyer	Foyer (n)	фойе (ср)
foyer (m) des employés (m) / salle (f) commune	employees' lounge area	Angestellten-Pausenraum (m)	район (м) отдыха служащих
foyer (m) des étudiants	student lounge	Studentenaufenthaltsraum (m)	студенческое помещение (ср)
frêne (m)	ash	Esche (f)	ясень (м)
fumoir (m)	smoking room	Raucherzimmer (n)	курительная комната (ж)

G

FRANÇAIS	ANGLAIS	ALLEMAND	RUSSE
gabarit (m) de lettrage (m)	lettering template	Schriftschablone (f)	шрифтовой шаблон (м)
gaine (f) de chauffage	heating duct	Heizungskanal (m)	трубопровод (м) отопления
gaine (f) de contrôle / puits (m) de contrôle	control shaft	Kontrollschacht (m)	контрольная шахта (ж)
gaine (f) de prise (f) d'air	air intake shaft	Zuluftschacht (m)	воздухозаборная шахта (ж)
gaine (f) d'évacuation	exhaust shaft	Entlüftungsschacht (m)	вытяжная шахта (ж)
gaine (f) / puits (m)	shaft	Schacht (m)	шахта (ж)
garage (m)	garage	Garage (f)	гараж (м)

Garde

FRANÇAIS	ANGLAIS	ALLEMAND	RUSSE
garde-corps (m) de balcon (m)	balcony railing	Balkongeländer (n)	перила (ср) балкона
garde-robe (f) / penderie (f)	wardrobe	Kleiderschrank (m)	платяной шкаф (м) / гардероб (м)
garniture (f) de joint (flexible / élastique)	joint filler (flexible)	elastische Fugeneinlage (f)	заполнитель (м) швов (эластический)
gaz (m)	gas	Gas (n)	газ (м)
gazon (m) (pelouse, engazonnement)	lawn (sodding)	Rasen (m) (Rasenbelag)	газон (м) (дёрн)
gicleur (m)	sprinkler	Sprinkler (m)	спринклер (м)
glace (f) de vitrage (m) (porte, fenêtre)	plate glass (door, window)	Tafelglas (n) (Tür, Fenster)	листовое стекло (ср) (дверь, окно)
gorge (f)	cove	Hohlkehle (f)	выкружка (ж)
gorge (f) en mortier (m)	mortar valley	Mörtelkehle (f)	растворная выкружка (ж)
goudron (m)	tar	Teer (m)	гудрон (м)
goujon (m) / douille (f)	dowel	Ankerdorn (m) / Stift (m)	штырь (м)
gouttière (f) / chéneau (m)	gutter	Regenrinne (f) / Dachrinne (f)	водосточный жёлоб (м)
gouttière (f) de pignon	gable gutter	Ortgangrinne (f)	водосточный жёлоб (м) щипца
gouttière (f) demi-ronde	gutter, half round	Halbrundrinne (f)	полукруглый водосточный жёлоб (м)
gouttière (f) en retrait de forme demi-carrée	gutter, recessed semi-square	Kastenrinne (f)	отодвигнутый, полуквадратный жёлоб (м)
gouttière (f) en retrait de forme demi-carrée avec écoulement au drain (m) en entonnoir	gutter with a funnel-like drain inlet, recessed semi-square	Kastenrinne (f) mit trichterförmigem Einlauf (m)	жёлоб (м), отодвинутый полуквадратный жёлоб с дренажным водовыпуском, похожим на воронку
grandeur de lot (m) (terrain)	lot size	Grundstücksgröße (f)	размер (м) земельного участка
grandeur (f) de pièce (f) (chambre)	room size	Raumgröße (f)	размер (м) комнаты

Grandeur

FRANÇAIS	ANGLAIS	ALLEMAND	RUSSE
grandeur (f) nature	actual size	natürliche Größe (f)	действительный размер (м)
gratte-pieds (m) (cadre avec lattes)	foot grill (frame with slats)	Schuhabstreifer (m) (Rahmen mit Rost)	половик (м) (остов с решётками)
gravier (m) concassé	crushed gravel	Brechkies (m)	дроблёный гравий (м)
gravier (m) de toiture (f)	roofing gravel	gewaschener Kies (m) (Dach)	кровельный гравий (м)
gravier (m) fin	fine gravel	Feinkies (m)	мелкий гравий (м)
gravier (m) fin de toiture (f)	fine roof gravel	Feinsplittdachbeschichtung (f)	мелкий кровельный гравий (м)
gravier (m) / pierre (f) concassée	gravel / crushed stone	Kies (m)	гравий (м)
grenier (m)	attic	Dachboden (m) / Dachraum (m)	мансарда (ж)
grenier (m) fini	finished attic	ausgebautes Dachgeschoß (n)	законченная мансарда (ж)
grillage (m) en acier (m)	steel grating	Stahlrost (m)	стальная обрешётка (ж)
grillage (m) en métal déployé	expanded metal lath	Streckmetall-Putzträger (m)	металлическая сетка (ж)
grille (f)	grill	Gitter (n)	решётка (ж)
grille (f) ajustable	adjustable grill	Verstellgitter (n)	регулируемая решётка (ж)
grille (f) d'amenée (f) d'air	air supply grill	Zuluftgitter (n)	решётка (ж) подачи воздуха
grille (f) d'évacuation	exhaust grill	Entlüftungsgitter (n)	вытяжная решётка (ж)
gros galet (m)	boulder	Feldstein (m)	валун (м)
gros-oeuvre (m) de marche (m)	roughed-in step	Rohstufe (f)	шероховатая ступень (ж)
groupe (m) de pieux (m)	pile cluster	Pfahlgruppe (f)	куст (м) сваи
guichet (m)	wicket	Durchreiche (f)	окно (ср) на приём (калитка)
gymnase (m)	gymnasium	Turnhalle (f)	спортивный зал (м)

H

haie (f)	hedge	Hecke (f)	живая изгородь (ж)

Hall

FRANÇAIS	ANGLAIS	ALLEMAND	RUSSE
hall d'entrée (m) / vestibule (m)	entrance hall / lobby	Vorhalle (f) / Vestibül (n)	прихожая (ж) / вестибюль (м)
haut-voltage (m)	high voltage	Hochspannung (f)	высокое напряжение (ср)
hauteur (f) constante	constant height	konstante Höhe (f)	постоянная высота (ж)
hauteur (f) d'avant-toit (m)	eaves height	Dachvorsprungshöhe (f) / Dachüberhangshöhe (f)	высота (ж) свеса крыши
hauteur (f) de garde-corps (m)	balustrade height	Geländerhöhe (f)	высота (ж) балюстрады
hauteur (f) de la contremarche (f)	height of riser	Höhe (f) der Setzstufe (f)	высота (ж) проступки
hauteur (f) de la fenêtre (f)	window height	Fensterhöhe (f)	оконная высота (ж)
hauteur (f) de la porte (f)	door height	Türhöhe (f)	дверная высота (ж)
hauteur (f) de pièce (f) (chambre)	room height	Raumhöhe (f)	высота (ж) комнаты
hauteur (f) de rainure (f)	rabbet height	Falzhöhe (f)	высота (ж) фальца
hauteur (f) d'étage (m)	storey height	Geschoßhöhe (f)	высота (ж) этажа
hauteur du faîte (m)	height of ridge	Firsthöhe (f)	высота (ж) конька крыши
hauteur (f) du plafond (m)	ceiling height	Deckenhöhe (f) / Raumhöhe (f)	высота (ж) потолка
hauteur (f) libre	overhead clearance	lichte Höhe (f)	габарит (м) контактной сети (высота в свету)
hauteur (f) libre (escalier)	head clearance (stair)	lichte Treppendurchgangshöhe (f)	высота (ж) помещения (лестница)
hauteur (f) libre / gabarit (m) net, largeur (f) nette, portée nette	overhead clearance, clear width, clear span	lichte Höhe (f), lichte Breite (f), lichte Weite (f)	габарит (м) контрактной сети, габаритная ширина (ж), пролёт (м) в свету
hauteur (f) (porte, fenêtre)	height (door, window)	Höhe (f) (Tür, Fenster)	высота (ж) (дверь, окно)
hauteur (f) totale	total height	Gesamthöhe (f)	полная высота (ж)
hêtre (m) ordinaire	common beech	Buche (f)	бук (м)
hors-contrat (m) / h. c.	not in contract / N. I. C.	nicht im Vertrag (m)	не в контракте (м)

Hotte

FRANÇAIS	ANGLAIS	ALLEMAND	RUSSE
hotte (f) d'évacuation	exhaust hood	Abzugshaube (f)	вытяжной шкаф (м)
houx (m)	holly	Stechpalme (f)	падуб (м) / остролист (м)
huisserie (f) (attaché au mur) / cadre (m) de porte (f)	door(-)frame (fastened to wall)	Türrahmen (m) (mit Wandanschluß) / Tür-Blendrahmen (m) oder Zarge (f)	дверная коробка (ж) / рама (ж), прикреплённая к стене / царга (ж)
huisserie (f) (attaché au mur) / cadre (m) de porte (f) (en bois ou en acier)	door(-)frame (fastened to wall) / door(-)frame (out of wood or steel)	Türrahmen (m) (mit Wandanschluß) / Tür-Blendrahmen (m) oder Zarge (f) (aus Holz oder aus Stahl)	дверная коробка (ж) (рама, прикреплённая к стене) / дверная царга (ж) (деревянная или стальная)
huisserie (f) de porte (f) en bois (m)	wood door frame	Türrahmen (m) aus Holz (n)	деревянная дверная коробка (ж)
humidificateur (m)	humidifier	Luftbefeuchter (m)	увлажнитель (м) воздуха
hydrofuge (m) horizontal inférieur au mur (m) extérieur	lower horizontal sealant at exterior wall	untere waagerechte Außenwandabdichtung (f)	нижный горизонтальный герметик (м) у наружной стены

I

FRANÇAIS	ANGLAIS	ALLEMAND	RUSSE
ignifugation (f)	fireproofing	Feuerschutzmaßnahmen (f)	противопожарная защита (ж)
imperméabilisation (f)	damp-proofing	Feuchtigkeitssperre (f)	влагоизоляция (ж)
imperméabilisation (f) appliquée au mur (m) intérieur	waterproofing applied to inside wall	Wasserabdichtung (f) an der Innenwand (f)	гидроизоляция (ж) на внутренной стене (ж)
imperméabilisation (f) au ciment (m) sur la sous-dalle (f)	cement waterproofing on sub-slab	Zementabdichtung (f) auf Unterbeton (m)	цементная гидроизоляция (ж) на подплите
imposte (f) fixe (porte)	fixed transom (door)	feststehendes Oberlicht (n) (Tür)	глухая фрамуга (ж) (дверь)
imposte (f) vitrée	transom light	oberer Belichtungsflügel (m)	застеклённая фрамуга (ж)
indiqué en pointillé (m)	shown dotted	punktiert gezeigt	показано пунктиром
indiqué en pointillé (au-dessus, au-dessous)	shown dotted (above, below)	punktiert gezeigt (oberhalb, unterhalb)	показано пунктиром (наверху, внизу)
information (f)	information	Auskunft (f)	информация (ж)

Ingénieur

FRANÇAIS	ANGLAIS	ALLEMAND	RUSSE
ingénieur (m) civil	civil engineer	Bauingenieur (m)	инженер-строитель (м)
ingénieur-conseil (m) en structure / ingénieur civil (m)	consulting structural engineer / civil engineer	beratender Bauingenieur (m) / beratender Statiker (m)	инженер-консультант (м), проектировщик (м) строительных конструкций / инженер-строитель (м)
ingénieur (m) en acoustique	acoustical engineer	Akustiker (m) (Ingenieur)	инженер-акустик (м)
ingénieur (m) en structure / ingénieur civil (m) en structure	structural engineer / civil engineer	Bauingenieur (m) / Baustatiker (m) / Statiker (m)	инженер-проектировщик (м) строительных конструций / инженер-строитель (м)
ingénieurs-conseils en mécanique et électricité	consulting mechanical and electrical engineers	beratende Ingenieure der Haustechnik (f) (Heizung, Lüftung, Sanitär- und Elektrotechnik)	инженер-консультанты сантехники (теплотехники, вентиляции воздуха и электрики)
ingénieurs en mécanique et électricité	mechanical and electrical engineers	Ingenieure (m) der Haustechnik (f) (Heizung, Lüftung, Sanitär- und Elektrotechnik)	инженер-механики (м) и электротехники (м)
insonorisation (f)	soundproofing / sound damping	Schallschutz (m)	звуковая защита (ж) / звукоизоляция (ж)
installation (f)	installation	Einbau (m)	установка (ж)
institut (m) d'architecture (f)	architectural institute	Architektenkammer (f)	архитектурный институт (м)
isolant (m) appliqué par pulvérisation	sprayed-on insulation	Spritzisolierung (f)	изоляция (ж), наносимая набрызгом
isolant (m) en plaques (f) biseautées	wedge-shaped insulation elements	keilförmige Isolierungselemente (n)	клинообразные изоляционные элементы (м)
isolant (m) flexible	flexible insulation	weiche Mattenisolierung (f)	гибкая теплоизоляция (ж)
isolant (m) thermique en vrac	loose-fill insulation	Schüttisolierung (f)	засыпная теплоизоляция (ж)
isolation (f)	insulation	Dämmung (f) / Isolierung (f)	изоляция (ж)

Isolation

FRANÇAIS	ANGLAIS	ALLEMAND	RUSSE
isolation (f) acoustique	sound insulation / acoustical insulation	Schalldämmung (f) / akustische Isolierung (f)	звукоизоляция (ж)
isolation (f) de fibres (f) minérales	insulation, mineral fibre	Mineralfaserdämmung (f)	минеральная волокнистая изоляция (ж)
isolation (f) de toiture (f)	roof insulation	Dachdämmung (f)	изоляция (ж) кровли
isolation (f) de toiture (f) à pente raide	steep roof insulation	Steildachdämmung (f)	изоляция (ж) крутой крыши
isolation (f) de toiture (f) plate	flat roof insulation	Flachdachdämmung (f)	изоляция (ж) плоской крыши
isolation (f) en fibre (f) de bois	wood fibre insulation	Holzfaserdämmung (f)	древесноволокнистая изоляция (ж)
isolation (f) en liège (m)	cork insulation	Korkdämmung (f)	пробковая изоляция (ж)
isolation (f) rigide	rigid insulation	harte / steife Wärmedämmung (f)	жёсткозакреплённая изоляция (ж)
isolation (f) rigide étanche	damp-proof rigid insulation	feuchtigkeitsunempfindlicher Dämmstoff (f) (harter)	влагонепроницаемая жёсткозакреплённая изоляция (ж)
isolation (f) supplémentaire	additional insulation	Zusatzdämmung (f) / Zusatzisolierung (f)	добавочная изоляция (ж)
isolation (f) thermique	thermal insulation	Wärmedämmung (f)	теплоизоляция (ж)
isolation (f) thermique au-dessous, entre, au-dessus des chevrons (m)	thermal insulation below, between, above rafters	Wärmedämmung (f) unter, zwischen, über den Sparren (m)	теплоизоляция (ж) под, между, над стропилами
isolation (f) thermique de fibres (f) minérales entre les chevrons (m)	thermal insulation of mineral fibres between rafters	Wärmedämmung (f) aus Mineralfaser (f) zwischen den Sparren (m)	теплоизоляция (ж) из минеральных волокон между стропилами
isolation (f) thermique de toiture (f)	thermal roof insulation	Dachwärmedämmung (f)	теплоизоляция (ж) кровли
isolation (f) thermique en dessus, en dessous des chevrons (m)	thermal insulation above, below rafters	Wärmedämmung (f) über, unter den Sparren (m)	теплоизоляция (ж) над, под стропилами
isolation (f) thermique et acoustique	noise-absorbing thermal insulation	schallabsorbierende Wärmedämmung (f)	звукопоглощающая теплоизоляция (ж)

Isolation

FRANÇAIS	ANGLAIS	ALLEMAND	RUSSE
isolation (f) thermique sur coupe-vapeur (m)	thermal insulation on vapour (vapor) barrier	Wärmedämmung (f) auf Dampfsperre (f)	теплоизоляция (ж) на паронепроницаемом слое
isolation (f) thermique sur le sol (m)	thermal-insulation on soil	Wärmedämmung (f) auf Erdreich (n)	теплоизоляция (ж) на грунте (почва)

J

FRANÇAIS	ANGLAIS	ALLEMAND	RUSSE
jalousie (f), store (m) (fenêtre)	blind, window blind	Jalousie (f), Sonnenblende (f) (Fenster)	жалюзи (ср)
jambage (m) de fenêtre (f)	window jamb	Fensterleibung (f)	оконной откос (м)
jambage (m) de maçonnerie (f) en retrait (pour fenêtre ou porte)	recessed masonry jamb (for window or door)	Mauerleibung (f) mit Innenanschlag (m) (für Fenster oder Tür)	отодвинутый каменной косяк (м) (для окна или двери)
jambage (m) de maçonnerie (f) en saillie (f) (pour fenêtre ou porte)	projecting masonry jamb (for window or door)	Mauerleibung (f) mit Außenanschlag (m) (für Fenster oder Tür)	выступающий каменный косяк (м) (для окна или двери)
jambage (m) de maçonnerie (f) orthogonal (pour fenêtre ou porte)	square masonry jamb (for window or door)	Mauerleibung (f) ohne Anschlag (m) (für Fenster oder Tür)	квадратный каменный косяк (м) (для окна или двери)
jambage (m) de porte (f)	door jamb	Türleibung (f)	вертикальная обвязка (ж) дверной коробки
jambage (m) en acier	steel jamb	Anschlageisen (n) / Stahlleibung (f)	стальный косяк (м)
jambage (m), jambage (m) de fenêtre, jambage (m) de porte	jamb, window jamb, door jamb	Leibung (f), Fensterleibung (f), Türleibung (f)	вертикальная обвязка (ж), оконная вертикальная обвязка (ж), дверная вертикальная обвязка (ж)
jet (m) de sable (m)	sandblasting	Sandstrahlen (n)	струя (ж) песка
joint (m) à l'endroit du bâtiment (m)	joint at building	Fuge (f) am Gebäude (n)	шов (м) у здания
joint (m) à rainure (horizontal, vertical)	groove joint / rustication (horizontal, vertical)	Scheinfuge (f) (horizontale, vertikale)	пазовый шов (м) (горизонтальный, вертикальный)
joint (m) à vis	screwed joint	Schraubverbindung (f)	винтовое соединение (ср)

Joint

FRANÇAIS	ANGLAIS	ALLEMAND	RUSSE
joint (m) affleuré de maçonnerie (f)	flush masonry joint	bündige Mauerwerksfuge (f)	шов (м) связанной (плоской) каменной кладки (ж)
joint (m) bourré	packed joint / filled-up joint	abgedichtete Fuge (f) / vergossene Fuge (f)	уплотнённый шов (м)
joint (m) continu	continuous joint	ununterbrochene Fuge (f)	непрерывный шов (м)
joint (m) d'about	butt joint	Stumpfstoß (m) (Fuge)	стыковой шов (м)
joint (m) d'assemblage	joint connection	Anschlußfuge (f)	соединительный шов (м)
joint (m) de briques (f) affleuré (de niveau)	flush brick joint	bündige Verfugung (f) (Ziegel)	полный кирпичный шов (м)
joint (m) de briques (f) raclé	raked brick joint	zurückspringende Verfugung (f)	кирпичное заполнение (ср) впустошовку
joint (m) de construction (f)	construction joint	Arbeitsfuge (f)	строительный шов (м)
joint (m) de contrôle	control joint	Arbeitsfuge (f) / Baufuge (f)	деформационный шов (м)
joint (m) de dilatation (f)	expansion joint	Dehnungsfuge (f)	температурный шов (м)
joint (m) de dilatation à chaque colonne (f)	expansion joint at each column	Dehnungsfuge (f) an jeder Säule (f)	температурный шов (м) у каждой колонны
joint (m) de dilatation à l'endroit du bâtiment (m) principal	expansion joint against main building	Anstoß (m) der Dehnungsfuge (f) an Hauptgebäude (n)	температурный шов (м) у главного здания
joint (m) de mortier (m)	joint of mortar	Mörtelfuge (f)	шов (м) строительного раствора
joint (m) de retrait	contraction joint	Schwindfuge (f)	температурно-усадочный шов (м)
joint (m) de tassement (m)	settlement joint	Setzungsfuge (f)	осадочный шов (м)
joint (m) élastique (flexible)	elastic joint	elastische Fuge (f)	эластический шов (м)
joint (m) en gradins (m) (isolation)	step-seam (insulation)	Stufenfalz (m) (Isolation)	шов (м) ступени (изоляция)
joint (m) en niche (f)	rustication	zurückspringende Fuge (f)	рустика (ж) / проёмный шов (м)
joint (m) en retrait	shadow joint	Schattenfuge (f)	тенный шов (м)

Joint

FRANÇAIS	ANGLAIS	ALLEMAND	RUSSE
joint (m) étanche	waterproof joint	wasserdichte Fuge (f)	водонепроницаемый шов (м)
joint (m) horizontal	horizontal joint	Horizontalfuge (f)	горизонтальный шов (м)
joint (m) ouvert	open joint	offene Stoßfuge (f)	открытый шов (м)
joint (m) ouvert en guise de chantepleure (f) (brique)	open joint as weephole (brick)	offene Stoßfuge (f) als Tropföffnung (f) (Ziegel)	открытый шов (м) как фильтрационное отверстие (ср)
joint (m) régulier	regular joint	normale Fuge (f)	стандартный шов (м)
joint (m) rigide	rigid joint	starre Verbindung (f)	жёсткое соединение (ср)
joint (m) scellé	grouted joint	Vergußfuge (f)	шов (м), заливаемый цементным раствором
joint (m) vertical	vertical joint	Vertikalfuge (f)	вертикальный шов (м)
joints (m) d'about de plaque (f) isothermique d'éléments (m) en sandwich (m)	butt joints of thermal insulation sheet of sandwich components	Stumpfstöße (m) der Wärmedämmung (f) von Sandwichelementen (n)	стыковые швы (м) изоляции многослойных элементов (панелей)
joints (m) d'about en quinconce de plaque (f) isothermique	butt joints staggered (thermal insulation sheet)	versetzte Stumpfstöße (m) (Wärmedämmplatte)	стыковые швы (м) вразбежку (теплоизоляционный лист)
joints (m) de briques (f) en saillie (f)	protruding brick joints	vorspringende Verfugung (f)	торчащие кирпичные швы (м)
joints (m) décalés	offset joints / staggered joints	versetzte Fugen (f)	расположенные вразбежку стыки (м) (швы)
joints (m) drainés par jet (m) mécanique	joints drained by flushing	Fugen-Ausspritzung (f)	выпрыскиваемые швы (м)
jusqu'au dessous de ...	to underside of ...	zur Unterkante (f) von ... / zur UK von ...	к нижней грани (ж) ...
jusqu'au dessus de ...	to top of ...	zur Oberkante (f) von ... / zur OK von ...	к верхней грани (ж) ...
jusqu'au fini de ...	to finish of ...	zum fertigen ...	к поверхности (ж) ...

FRANÇAIS	ANGLAIS	ALLEMAND	RUSSE

L

la localisation exacte et dimensions des drains agricoles sont indiquées sur les dessins de structure; ce plan indique seulement l'aménagement général des drains	the exact location and size of farm tiles are shown on structural drawings; this plan shows only the general layout of tiles	die genaue Stelle und Größe der Dränrohre ist in den Konstruktionsplänen vermerkt; dieser Plan zeigt nur die allgemeine Lage der Rohre	точное место и размер дренажных труб показаны на конструкционных чертёжах; этот план показывает только общее место труб
laboratoire (m)	laboratory	Labor (n)	лаборатория (ж)
laboratoire (m) cardiovasculaire	cardiovascular laboratory	Labor (n) für Herz- und Gefäßkrankheiten (f)	сердечно-сосудистая лаборатория (ж)
laboratoire (m) de chimie	chemistry laboratory	Chemielabor (n)	химическая лаборатория (ж)
laboratoire (m) de physiques	physics laboratory	Physiklabor (n)	лаборатория (ж) физики
laboratoire (m) de sciences naturelles	natural sciences laboratory	Naturwissenschaftslabor (n)	лаборатория (ж) естественных наук
laboratoire (m) d'exercice (m) cardiaque	cardiac exercise laboratory	Übungslabor (n) für Herzkranke (f)	сердечная (кардиальная) лаборатория (ж) для упражнения
laboratoire (m) nucléaire cardiovasculaire	nuclear cardiovascular laboratory	Nuklearlabor (n) für Herz- und Gefäßkrankheiten	ядерная сердечно-сосудистая лаборатория (ж)
laboratoire (m) ultra-sonographique	ultrasound laboratory	Ultraschallabor (n)	ультразвуковая лаборатория (ж)
laine (f) de bois (m)	wood wool	Holzwolle (f)	деревянная шерсть (ж)
lambourde (f) sur coussinets (m) flexibles	sleeper on resilient pads	Schwelle (f) auf flexiblen Unterlagen (f)	лага (ж) на упругих прокладках
lambourdes (f) de bois (m) (fond de clouage pour le planchéiage brut de protection)	wood battens (for supporting rough sheathing boards)	Einschublatten (f) (zur Auflagerung von rohen Brettern)	деревянные решётки (ж) (которые поддерживают необрезные обшивочные доски)
lampadaire (m)	lamp post	Laternenpfahl (m) / Beleuchtungspfosten (m)	фонарный столб (м)
l'architecte (m)	architect	Architekt (m)	архитектор (м)
largeur (f) de giron (m) (marche)	tread width	Trittstufenbreite (f)	ширина (ж) проступи

Largeur

FRANÇAIS	ANGLAIS	ALLEMAND	RUSSE
largeur (f) de joint (m)	joint width	Fugenbreite (f)	ширина (ж) шва
largeur (f) de la huisserie (f) de porte	width of door frame	Türzargenbreite (f) / Türrahmenbreite (f)	ширина (ж) дверной коробки (рамы, царги)
largeur (f) de porte (f)	door width	Türbreite (f)	ширина (ж) двери
largeur (f) de rainure (f)	rabbet width	Falzbreite (f)	ширина (ж) фальца
largeur (f) d'escalier (m)	stair width	Treppenlaufbreite (f)	ширина (ж) лестницы
largeur (f) d'ouverture (f) de porte (f)	width of door opening	Türöffnungsbreite (f)	ширина (ж) дверного проёма
largeur (f) (escalier)	width (stair)	Breite (f) (Treppe)	ширина (ж) (лестница)
lattage (m), base (f) d'enduit	lathing, plaster base	Putzträger (m), Lattung (f)	поверхность (ж) под штукатуркой, обрешётка (ж) под штукатуркой
lattage (m) inférieur (toit)	bottom-lath (roof)	Grundlatte (f) (Dach)	нижняя обрешётка (ж) (крыша)
latte (f)	lath	Latte (f)	рейка (ж)
latte (f) en bois (m)	wood lath	Holzlatte (f)	деревянная дрань (ж)
latte (f) triangulaire	arris rail	Dreikantleiste (f)	рейка (ж) треугольного сечения
lattes (f) de toiture	roof battens	Dachlatten (f)	обрешётки (ж) крыши
lattes (f) de toiture posée sur champ	roof battens put on edge	hochkant gestellte Dachlatten (f)	обрешётки (ж) крыши, поставленые на крае
laurier (m) de montagne	mountain laurel	Lorbeer (m)	лавровое дерево (ср)
l'entrepreneur devra vérifier toutes les dimensions au chantier et au bâtiment	contractor shall verify all dimensions on the site and in the building	Bauunternehmer soll alle Maßangaben auf der Baustelle und im Gebäude überprüfen	подрядчик-строитель должен проверить все размеры и на стройплощадке и в здании
l'entrepreneur vérifiera toutes les dimensions et les conditions du site et du bâtiment	the contractor shall verify all dimensions and conditions at the site and at the building	der Bauunternehmer soll alle Größenmaße und Zustände auf der Baustelle und im Gebäude überprüfen	подрядчик-строитель должен проверить все размеры и состояния на стройплощадке и в здании

FRANÇAIS	ANGLAIS	ALLEMAND	RUSSE
les niveaux (m) existants tels qu'indiqués sont pris du dessin (m) No. ... daté ...	the existing levels as shown are taken from drawing No. ... dated ...	die bestehenden Geländehöhen (f), wie vermerkt, sind der Bauzeichnung (f), Blatt Nr. ... datiert ... entnommen	существующие показанные уровени (м) взяты из чертёжа (м) № ... датирован ...
les niveaux (m) sont donnés dans l'ordre (m) suivant:	elevations are given in the following order:	Höhen (f) sind in der folgenden Reihenfolge (f) angegeben:	высоты (м) находятся в следующим порядке:
libre d'amiante (f)	free of asbestos	asbestfrei	без асбеста (м)
ligne (f) d'axe de l'escalier (m)	centre (center) line of staircase	Treppenachse (f)	центровая (осевая) линия (ж) лестницы
ligne (f) de centre de la colonne (f) / axe (m) de la colonne (f)	centre (center) line of column	Säulenachse (f)	центровая (осевая) линия (ж) колонны
ligne (f) de faîte (m)	apex line	Scheitellinie (f)	линия (ж) вершины
ligne (f) de pénétration du gel (m)	frost line	Frostgrenze (f)	граница (ж) нулевой температуры
ligne (f) de quadrillage (m) / coordonnée (f)	grid line	Rasterlinie (f)	модульная линия (ж)
ligne (f) de référence	reference line	Bezugslinie (f)	координационная модульная линия (ж)
ligne (f) du roc (m)	rock line	Felsenlinie (f)	линия (ж) горной породы
ligne (f) sécante	intersecting line / line of intersection	Schnittlinie (f)	линия (ж) пересечения
lilas (m)	lilac	Flieder (m)	сирень (ж)
limite (f) de propriété (f)	property line	Grundstücksgrenze (f)	граница (ж) земельного участка
limite (f) des arbres (m)	tree boundary	Baumgrenze (f)	граница (ж) деревьев
limite (f) d'excavation (f)	limit of excavation	Aushubgrenze (f)	предел (м) выемки
limon (m) (escalier)	stringer (stair)	Treppenwange (f) (Treppe)	тетива (ж) (лестница)
limon (m) extérieur	face stringer / outer stringer	Freiwange (f) / äußere Treppenwange (f)	лицевая тетива (ж) (внешняя)

Limon

FRANÇAIS	ANGLAIS	ALLEMAND	RUSSE
limon (m) extérieur ... d'épaisseur	face stringer ... thick	Freiwange (f) ... stark	лицевая тетива (ж) ... толщины (внешняя)
limon (m) mural	wall stringer	Wandwange (f)	тетива (ж) стены
l'information ci-dessus est prise du dessin No. ... des (nom du laboratoire d'essai) montrant les sondages par excavation; les sondages par carotte No. ... sont indiqués au dessin No. ... (voir dessins de structure pour la coupe géologique du sol)	the above information is taken from drawing No. ... of (name of testing laboratory) reporting on test pit investigation; bore holes No. ... are shown on drawing No. ... (see structural drawings for soil stratigraphy)	die obige Information ist der Bauzeichnung Nr. ... entnommen, (Name des Untersuchungslabors) die die Beurteilung des Untersuchungsloches mitteilt; Bohrlöcher Nr. ... sind auf Bauplan Nr. ...verzeichnet (siehe Konstruktionspläne bezüglich Erdstratigraphie)	вышеупомянутая информация воспользована из чертёжа № ... (имя испытательной лаборатории) сообщает об анализе разведочного шурфа; шпуры № ... показанны по плану ... (смотри структурные чертёжи для стратиграфии)
linoléum (m)	linoleum	Linoleum (n)	линолеум (м)
linteau (m) de béton (m) coulé sur place pour fenêtre	cast- / poured-in-place concrete window lintel (monolithic)	Ortbetonfenstersturz (m) (bauseits)	монолитная бетонная оконная перемычка (ж) (на стройплощадке)
linteau (m) de fenêtre (f)	window lintel	Fenstersturz (m)	оконная перемычка (ж)
linteau (m) en béton armé (m) précoulé	precast reinforced concrete lintel	vorgefertigter Stahlbetonsturz (m)	сборная железобетонная перемычка (ж)
linteau (m) (fenêtre, porte)	lintel (window, door)	Sturz (m) (Fenster,Tür)	перемычка (ж) (окно, дверь)
linteau (m) libre	loose lintel	freiaufliegender Sturz (m)	незакреплённая перемычка (ж)
linteau (m) libre en acier (m) (pour maçonnerie)	loose steel lintel (for masonry)	freiaufliegender Stahlwinkel (m) (für Mauerwerk)	незакреплённая стальная перемычка (ж) (для каменной кладки)
liste (f) de contrôle	check list / control list	Kontrolliste (f)	управляющая таблица (ж) / контрольный перечень (м)
liste (f) de déficiences (f)	deficiency list	Mängelliste (f)	список (м) нехваток

Lit

FRANÇAIS	ANGLAIS	ALLEMAND	RUSSE
lit (m) de gravier (m) (voir dessins paysagistes)	gravel bed (see landscape drawings)	Kiesbett (n) (siehe Zeichnungen für Außenanlagen)	гравийная подготовка (ж) / гравийное основание (ср) (смотри ландшафтные архитектурные чертёжи)
lit (m) de mortier (m)	mortar bed	Mörtelbett (n)	растворная постель (ж)
lit (m) de pierre (f) concassée	crushed stone bed	Schotterbett (n)	щебёночная подготовка (ж)
lit (m) de pose (f) en ciment (m)	cement setting bed	Zementlagerfuge (f)	цементный подстилающий слой (м)
lit (m) de sable (m)	sand bed	Sandbett (n)	песчаная постель (ж)
lit (m) d'hôpital (m)	hospital bed	Krankenbett (n)	постель (ж) больного
longueur (f) hors tout	overall length	Gesamtlänge (f)	габаритная длина (ж)
loqueteau (m) de fenêtre (f)	window catch	Fenster-Baskülverschluß (m)	оконный шпингалетный затвор (м) / оконный шпингалет (м)
lot (m) de construction (f)	building lot	Baugrundstück (n)	строительный участок (м)
louvre (m), louvre prise (f) d'air, louvre retour (m) d'air	louvre (louver), air intake louvre (louver), air exhaust louvre (louver)	Jalousette (f), Jalousette-Zuluftprofil (n), Jalousette-Abluftprofil (n)	жалюзи (ср), жалюзи (ср) воздухозаборника, жалюзи (ср) откачки воздуха
lucarne (f) avec toiture (f) en pente	dormer with pitched roof	Schleppgaube (f)	слуховое окно (ср) с крышой со скатами
lucarne (f) de pignon (m)	gable dormer	Giebelgaube (f)	слуховое окно (ср) щипца
lucarne (f) / verrière (f), fenêtre (f) en mansarde (f)	dormer, dormer window	Gaube (f), Gaubenfenster (n)	слуховое окно (ср)
lucarne (f) vitrée (verrière)	skylight	Oberlicht (n)	зенитный фонарь (м)
luminaire (m) suspendu	suspended luminaire	hängende Deckenleuchte (f)	подвесный потолочный светильник (м)
lunettes (f) protectrices	goggles (protective)	Schutzbrille (f)	защитные очки (ср)

Mâchefer

FRANÇAIS	ANGLAIS	ALLEMAND	RUSSE

M

FRANÇAIS	ANGLAIS	ALLEMAND	RUSSE
mâchefer (m)	clinker	Klinker (m)	клинкер (м)
maçonnerie (f)	masonry / brickwork	Mauerwerk (n)	каменная кладка (ж)
maçonnerie (f) armée	reinforced masonry	Mauerwerk (n) mit Bewehrung (f)	армированная кладка (ж)
maçonnerie (f) de mâchefer	brickwork of clinkers	Klinkermauerwerk (n)	каменная кладка (ж) из клинкеров
maçonnerie (f) de parement en pierres (f) naturelles	masonry veneer in natural stone	Mauerwerkverblendung (f) aus Naturstein (m)	каменная кладка (ж) с природной каменной облицовкой
maçonnerie (f) de pierres (f) naturelles	natural stonework	Naturstein-Mauerwerk (n)	кладка (ж) из естественного камня
maçonnerie (f) de remplissage	backing masonry	Hintermauerung (f)	забутка (ж) / каменная кладка (ж)
maçonnerie (f) de remplissage (m) en briques (f)	fill-in brickwork	ausgefachtes Mauerwerk (n)	заполнение (ср) кирпичной (каменной) кладки
maçonnerie (f) portante	load-bearing masonry	tragendes Mauerwerk (n)	несущая каменная кладка (ж)
madrier (m) de rive	eaves plank	Traufbohle (f)	брус (м) карнизного свеса
madrier (m) / madrier (m) de bois	plank / wooden plank	Bohle (f) / Holzbohle (f)	доска (ж) / деревянная доска (ж)
madriers (m) bruts	rough planks	Schwarten (f)	необрезная доска (ж)
madriers (m) bruts sur lambourdes (f)	rough planks on battens	Schwarten (f) auf Dachlatten (f)	необрезные доски (ж) на рейках (ж)
magnolia (m)	magnolia	Magnolie (f)	магнолия (ж)
main courante (f)	handrail	Handlauf (m)	поручень (м) / перила (ср)
main courante (f) d'escalier (m)	stair handrail	Treppenhandlauf (m)	лестничный поручень (м)
main courante (f) d'escalier (m) sur supports (m) d'acier fixés aux marches (f)	handrail with steel supports attached to steps	Handlauf (m) mit Stahlstützen (f) auf Stufen (f) befestigt	лестничные перила (ср) с стальными опорами, связаными со ступеньками

FRANÇAIS	ANGLAIS	ALLEMAND	RUSSE
main courante (f) d'un côté, des deux côtés	handrail, one sided, two sided	Handlauf (m), einseitig, zweiseitig	передний поручень (м), односторонный, двусторонный
main courante (f) murale	wall handrail	Wandhandlauf (m)	лестничный поручень (м) / перила (ср)
maison (f) à mi-étage	split-level house	halbgeschossiges Haus (n)	здание (ср) с разными отметками перекрытий в смежных секциях
maison (f) en colombage (m) apparent (à demi-boisage)	half-timbered house / timbered frame house	Fachwerkhaus (n)	фахверковый дом (м)
mammographie (f)	mammography	Mammographie (f)	маммография (ж)
manchon (m)	sleeve	Hülse (f)	гильза (ж)
manchon (m) en plomb (m)	lead shield	Spreizdübel (m) aus Blei (n)	разрезная свинцовая втулка (ж)
manchon (m) encastré dans le plancher (m)	floor sleeve in floor slab	Fußbodenhülse (f) in der Deckenplatte (f)	патрубок (м) для пропуска трубы через перекрытие в плите перекрытия
marbre (m)	marble	Marmor (m)	мрамор (м)
marche (f)	step	Stufe (f)	ступень (ж)
marche (f) appuyée sur deux côtés (m) / marche (f) supportée sur deux côtés (m)	tread supported on both sides	zweiseitig aufgelagerte Trittstufe (f)	ступень (ж), поддерживанная на обоих сторонах
marche (f) (d'escalier) finie préfabriquée	finished step, prefabricated (stair)	Fertigstufe (f) (Treppe)	сборная ступень (ж) (лестница)
marche (f) en béton (m)	concrete step	Betonstufe (f)	бетонная ступень (ж)
marche (f) en béton (m) précoulé	precast concrete tread	vorgefertigte Betontrittstufe (f)	сборная бетонная проступь (ж)
marche (f) en porte-à-faux / marche (f) en console	cantilevered step	einseitig eingespannte Stufe (f) / auskragende Stufe (f)	консольная ступень (ж)
marche (f) / giron (m)	tread	Trittstufe (f)	выступ (м) / проступь (ж)

Marches

FRANÇAIS	ANGLAIS	ALLEMAND	RUSSE
marches (f) à surface (f) de soffite (m) unie (plane)	steps with even soffit	Stufen (f) mit unterer, ebener Treppenfläche (f)	ступени (ж) с равномерным лестничным софитом
marches (f), contremarches (f) et paliers (m) en béton (m) précoulé	precast concrete treads, risers and landings	vorgefertigte Beton-Trittstufen (f), Beton-Setzstufen und Beton-Podeste (n)	сборные бетонные проступи (ж), подоступенки (м) и лестничные площадки (ж)
marches (f) et palier (m)	steps and landing	Stufen (f) und Podest (n)	ступени (ж) и площадка (ж)
marches (m) massives sur dalle (f) de béton armé (m)	solid steps on reinforced concrete slab	Massivstufen (f) auf Stahlbetonplatte (f)	твёрдые ступени (ж) на железобетонной плите (ж)
mastic (m) bitumineux / mastic (m) d'asphalte (m)	asphalt mastic	Asphaltmastix (m)	битумная мастика (ж)
mastic (m) de scellement des joints (m) de béton (m)	concrete joint sealing compound	Betonfugenvergußmasse (f)	уплотняющая мастика (ж) для заливки швов в бетонных конструкциях
mastic (m) (fenêtre)	putty (window)	Fensterkitt (m)	оконная замазка (ж)
mastic (m) (scellement) de joint (m) à base d'élastomère (m)	elastomeric sealant for joints	Elastomer-Dichtungsmasse (f) für Fugen (f)	уплотняющий материал (м) (эластомер) для швов
matelas (m) isolant	insulation, batt	Isoliermatte (f)	обёртывающая теплоизоляция (ж)
matelas (m) isolant en fibre (f) de verre	fibreglass batt insulation	Glasfaserisoliermatte (f)	обёртывающая теплоизоляция (ж) из стекловолокна
matériau (m) de protection contre le feu (m)	fire protection material	Feuerhemmstoff (m)	огнезадерживающий материал (м)
matériau (m) d'isolation	insulating material	Dämmaterial (n) / Isolierstoff (m) / Dämmstoff (m)	изоляционный материал (м)
matériaux (m) de toiture (f) / recouvrement de toiture	roofing / roof covering materials	Dacheindeckungsmaterialien (f)	кровельные материалы (м)
matériaux (m) d'isolation acoustique	sound insulation materials	Schalldämmstoffe (m)	звукоизоляционные материалы (м)
médecin (m)	doctor (medical) / physician	Arzt (m)	врач (м) / доктор (м)

Médecin

FRANÇAIS	ANGLAIS	ALLEMAND	RUSSE
médecin membre du personnel (m)	staff physician	Stationsarzt (m)	штатный врач
médecine (f) nucléaire	nuclear medicine	Nuklearmedizin (f)	ядерная медицина (ж)
mélange (m) à sec de chape (f) de béton	dry concrete topping	Trockenestrich (m)	сухая бетонная стяжка (ж) для сборного покрытия пола
membrane (f)	membrane	Membrane (f) / Wasserabdichtungsfolie (f)	мембрана (ж)
membrane (f) bitumineuse / membrane (f) asphaltique	asphalt membrane / bituminous membrane	bituminöse Membrane (f) / bituminöse Isolierhaut (f)	битумный гидроизолирующий слой (м)
membrane (f) de toiture (f) (couches)	roof membrane (layers)	Dachhaut (f) (mehrlagig)	многослойная рулонная кровля (ж) / гидроизолирующий ковёр (м) кровли (слои)
membrane (f) d'étanchéité multicouche	built-up waterproofing membrane	mehrschichtige Bitumen-Dichtungsbahn (f)	многослойная гидроизоляционная мембрана (ж)
membrane (f) d'étanchéité (toiture)	waterpoof membrane (roof)	wassersperrende Dichtungsschicht (f) (Dach)	кровельный ковёр (м) (гидроизоляционный)
membrane (f) hydrofuge	waterproof membrane	wasserdichte Folie (f) / Bitumen-Dichtungsschicht (f)	водонепроницаемая мембрана (ж), кровельный ковёр (м)
membrane (f) hydrofuge bitumeuse (couches)	bituminous waterproofing membrane (layers)	Bitumen-Dichtungsbahn (f) (Schichten)	мембрана (ж) битумной гидроизоляции (слои)
membrane (f) ignifuge, enduit (m) ignifuge	fireproof membrane, fireproof coating	Feuerschutzmembrane (f), Feuerschutzschicht (f)	огнезащитная мембрана (ж), огнезащитный слой (м)
membrane (f) imperméable	damp-proof membrane	Feuchtigkeitsisolierhaut (f)	гидроизоляционная мембрана (ж)
membrane (f) perméable à la vapeur	vapour (vapor) permeable membrane	dampfdurchlässige Unterspannbahn (f)	паропроницаемый слой (м)
même volée (f) (escalier)	same flight (stair)	gleicher Treppenlauf (m)	тот же лестничный марш (м)
meneau (m) central (fenêtre, porte)	central mullion (window, door)	Mittelpfosten (m) (Fenster, Tür)	средник (м) (окно, дверь)
meneau (m) de porte (f)	door mullion	Türzwischenpfosten (m)	средник (м) дверного полотна

Mesure

FRANÇAIS	ANGLAIS	ALLEMAND	RUSSE
mesure (f) modulaire	modular size	Modulmaß (n) / Richtmaßraster (m)	модульная величина (ж)
mesures (f) pour modifications (f)	measures for alterations	Umbaumaßnahmen (f)	меры (ж) для перестроек зданий
métal (m)	metal	Metall (n)	металл (м)
métal (m) creux	hollow metal	Stahlblech-Hohlprofil (n)	пустотелый металл (м)
métal (m) léger	lightweight metal	Leichtmetall (n)	лёгкий металл (м)
métal (m) perforé	perforated metal	perforiertes Metall (n)	перфорированный металл (м)
méthode (f) d'adhésif (m) mince	thin-set method	Dünnbettverfahren (n)	тонкослойный метод (м)
mezzanine (f)	mezzanine (floor)	Zwischengeschoß (n) / Mezzanin (n)	мезонин (м)
modification (f)	alteration / conversion	Umbau (m)	перестройка (ж)
module (m)	module	Modul (m)	модуль (м)
module (m) multiple	multiple module	Multimodul (m)	многочисленный модуль (м)
module (m) principal / module (m) de base	basic module	Grundmodul (m)	основной модуль (м)
moellon (m) brut	rubble stone	Bruchstein (m)	бутовый камень (м)
moitié (f) du bâtiment (m) / semi-détaché / logement (m) jumelé	semi-detached (house)	Haushälfte (f)	сблокированный дом (м)
montant (m), montant (m) total	amount, sum total	Betrag (m), der volle Betrag (m)	сумма (ж), общая сумма (ж)
monte-charge (m)	freight elevator	Lastenaufzug (m)	грузовой лифт (м)
monte-plats (m)	dumbwaiter	Speiseaufzug (m) / Aufzug (m)	кухонный лифт (м)
monture (f) à vis	screw-bracket	Schraublasche (f)	винтовая накладка (ж)
mortier (m)	mortar	Mörtel (m)	раствор (м)
mortier (m) de ciment (m), coulis (m) de ciment (m)	cement mortar, cement grout	Zementmörtel (m)	цементный раствор (м)
mortier (m) d'époxie (d'époxy)	epoxy mortar	Epoxydmörtel (m)	эпоксидный раствор (м)

Mortier

FRANÇAIS	ANGLAIS	ALLEMAND	RUSSE
mortier (m) mince	thin-set mortar	Dünnbettmörtel (m)	мелкодисперсный раствор (м)
mosaique (f) de céramique (plancher)	ceramic mosaic (floor)	Mosaikterrazzo (m) (Fußboden)	венецианская мозаика (ж) (пола)
motif (m) de planches (f) selon le devis (m)	board pattern according to specifications	Brettermuster (n) / Bretterabdruck (m) laut Leistungsbeschreibung (f)	рельеф (м) доски согласно со спецификациями
motte (f) de sol (masse)	earth lump (mass)	Erdmasse (f)	грунтовой ком (м) (масса земли)
moulure (f)	moulding (molding)	Deckleiste (f)	формование (ср)
moulure (f) de plafond (m)	ceiling moulding	Deckenleiste (f)	архитектурный облом (м)
moulure (f) en bois (m) / baguette (f) en bois (m)	wood moulding (molding)	Holzprofillatte (f)	деревянная профилированная раскладка (ж)
mouvement (m) de joint (m)	joint movement	Fugenbewegung (f)	движение (ср) шва
moyen-voltage (m)	medium voltage	Mittelspannung (f)	среднее напряжение (ср)
mur (m)	wall	Wand (f)	стена (ж)
mur (m) coupe-feu	fire wall	Brandwand (f)	противопожарная стена (ж)
mur (m) coupe-feu, mur (m) mitoyen	division firewall, mitoyen wall	Brandmauer (f), Brandwand (f)	брандмауэр (м), противопожарная стена (ж)
mur (m) creux	cavity wall	zweischaliges Mauerwerk (n)	пустотелая стена (ж)
mur (m) de béton (m)	concrete wall	Betonwand (f)	бетонная стена (ж)
mur (m) de béton (m) apparent	exposed concrete wall	Sichtbetonwand (f)	обнажённая бетонная стена (ж)
mur (m) de béton (m) coulé sur place	cast- / poured-in-place concrete wall (monolithic)	Ortbetonwand (f) (bauseits)	литая бетонная стена (ж)
mur (m) de briques pleines	solid brick wall	einschaliges Mauerwerk (n) / Ziegelmassivwand (f)	солидная кирпичная стена (ж)
mur (m) de fondation (f)	foundation wall	Grundmauer (f)	фундаментная стена (ж)
mur (m) de remplissage	backing wall	Wandhintermauerung (f)	забутовка (ж) стены

Mur

FRANÇAIS	ANGLAIS	ALLEMAND	RUSSE
mur (m) de séparation (f) d'appartement (m)	division wall of apartment	Wohnungstrennwand (f)	разделительная стена (ж) квартиры
mur (m) de soubassement (m)	basement wall	Kelleraußenwand (f)	подвальная стена (ж)
mur (m) de soutènement (béton apparent)	retaining wall (exposed concrete)	Stützmauer (f) (Sichtbeton)	подпорная стенка (ж) (обнажённый бетон)
mur (m) en colombage (m) apparent	half-timbered wall	Fachwerkwand (f)	фахверковая стена (ж)
mur (m) en colombage (m) apparent garni de maçonnerie (f)	half-timbered wall lined with masonry	ausgemauerte Fachwerkwand (f)	фахверковая стена (ж), облицованная каменной кладкой
mur (m) en retrait	recessed wall	zurückspringende Wand (f)	встроенная стена (ж)
mur (m) extérieur	exterior wall	Außenwand (f)	наружная стена (ж)
mur (m) extérieur à espace d'air (m) et isolation (f)	exterior wall including air space and insulation	Außenwand (f) mit Luftschicht und Dämmung (f)	наружная стена (ж) с паровоздушным пространством и изоляцией (ж)
mur (m) extérieur à l'espace d'air (m)	exterior wall with air space	Außenwand (f) mit Luftschicht (f)	наружная стена (ж) с паровоздушным пространством (ср)
mur (m) extérieur à noyau (m) d'isolation	exterior wall with core insulation	Außenwand (f) mit Kerndämmung (f)	наружная стена (ж) с центровой изоляцией
mur (m) extérieur avec bardage (m) de bois horizontal	exterior wall with horizontal wood weather boarding	Außenwand (f) mit waagerechter Stülpschalung (f)	наружная стена (ж) с горизонтальной деревянной обшивкой досками внакрой
mur (m) extérieur avec bardage (m) de bois vertical	exterior wall with vertical wood weather boarding	Außenwand (f) mit senkrechter Stülpschalung (f)	наружная стена (ж) с вертикальной деревянной обшивкой досками внакрой
mur (m) extérieur avec crépi (m) de ciment (m)	exterior wall with cement parging	Außenwand (f) mit Zement-Sperrschicht (f)	наружная стена (ж) с цементной штукатуркой (ж)

Mur

FRANÇAIS	ANGLAIS	ALLEMAND	RUSSE
mur (m) extérieur avec parement (m) horizontal surbaissé, parement de bois (m)	exterior wall with horizontal drop sidings, wood sidings	Außenwandbekleidung (f) mit waagerechten Profilbrettern (n)	наружная стена (ж) с горизонтальными обшивками досками внакрой, древянными облицовками
mur (m) extérieur en bardeaux (m)	exterior wall with shingles	Außenwand (f) mit Holzschindeln (f) / Außenwandbekleidung (f) mit Holzschindeln (f)	наружная стена (ж) с плоскими кровельными плитками
mur-pignon (m)	gable wall	Giebelwand (f)	фронтонная стена (ж) / щипцовая стена (ж)
mur (m) plein	solid wall	Vollwand (f)	сплошная стена (ж)
mur (m) portant	load-bearing wall	tragende Wand (f)	несущая стена (ж)
mur (m) portant / mur (m) de refend	bearing wall / load(-) bearing wall	tragende Mauerwand (f)	опорная стена (ж) / несущая стена (ж)
mur-rideau (m) léger	lightweight curtain wall	leichte Vorhangwand (f)	легковесная ненесущая стена (ж)
mur-rideau (m) lourd	heavyweight curtain wall	schwere Vorhangwand (f) / schwere Vorhangfassade (f)	тяжёлая ненесущая стена (ж)
mur sandwich (m)	sandwich wall	Sandwichwand (f)	многослойная стена (ж)

N

FRANÇAIS	ANGLAIS	ALLEMAND	RUSSE
neuf	new	neu	новый
nez (m) de marche (f) antidérapant (escalier)	non(-)slip nosing (stair)	rutschfeste Stufenvorderkante (f) / Stufenkante (f) (Treppe)	нескользкий выступ (м) ступени (лестницы)
nez (m) de marche (f) en plastique (m) antidérapant (escalier)	non(-)slip plastic nosing (stair)	rutschfeste Kunststoff-Stufenkante (f) (Treppe)	нескользкий пластической выступ (м) ступени (лестница)
nez (m) de marche (escalier)	nosing / tread-nosing (stair)	Kante (f) / Stufenvorderkante (f) (Treppe)	выступающая кромка (ж) ступени (лестница)
niche (f)	pocket	Nische (f)	ниша (ж)

Nid

FRANÇAIS	ANGLAIS	ALLEMAND	RUSSE
nid (m) de poule (dans une chaussée)	pothole (on street)	Schlagloch (n) (auf der Straße)	выбоина (ж) (на улице)
niveau (m)	elevation (level)	Höhe (f)	высотная отметка (ж) (уровень)
niveau (m) d'eau	water level	Wasserspiegel (m)	уровень (м) воды
niveau (m) d'entrée	entrance level	Eingangsebene (f)	плоскость (ж) входа
niveau (m) du rez-de-chaussée (m)	ground floor level	Erdgeschoßniveau (n) / Erdgeschoßebene (f)	уровень (м) первого этажа
niveau (m) du sol (m)	grade level	Geländehöhe (f)	уровень (м) грунта
niveau du sous-sol (m)	basement level	Kellersohle (f)	подвальная грань (ж)
niveau (m) du terrain (m) (emplacement du bâtiment)	site elevation	Höhe (f) des Baugeländes (n)	уровень (м) стройплощадки
niveau (m) existant	existing level	existierende Höhe (f)	существующая высота (ж)
niveau (m) fini / niveau (m) fini du sol (m)	finish grade	Oberkante (f) Gelände (n), Oberflächen-Fertigstellung (f) des Geländes (n)	верхняя грань (ж) земли (грунта)
niveau (m) futur	new elevation / new level	neue Geländehöhe (f)	новая высотная отметка (ж) / новый высотный уровень (м)
niveaux (m) existants du terrain (m) (du sol)	existing ground elevations (grade levels)	angegebene Geländehöhen (f)	существующие высотные отметки (ж) грунта
No. de projet (m)	project No.	Projekt (n) Nr.	№ проекта (м)
nom (m)	name	Name (m)	имя (ср)
nom (m) des espaces (m), nom (m) des pièces (f)	area names, room names	Raumbezeichnungen (f)	названия (ср) помещений (ср), названия (ср) комнат (ж)
nom (m) des pièces (f)	room name	Raumbezeichnung (f)	название (ср) комнаты
nombre (m) de pièces	number of items	Stückzahl (f)	номер (м) частей

Nombre

FRANÇAIS	ANGLAIS	ALLEMAND	RUSSE
nombre de ... (porte, fenêtre)	amount / number of ... (door, window)	Anzahl (f) von ... (Tür, Fenster)	число (ср) / количество (ср) (дверь, окно)
nomenclature (f) des fenêtres (f)	window schedule	Fenstertabelle (f) / Stückliste (f) der Fensterelemente (n)	спецификация (ж) окон
nomenclature (f) des fers à béton (m)	bar list (reinforcing bar)	Bewehrungsliste (f) (Armierungsstab)	спецификация (ж) арматурного стержня
noms de modèles (m) et items (m) similaires	model names and similar items	Bezeichnungen für Modelle (n) und dergleichen	имена (ср) моделей и похожие элементы
non-inflammable / à l'épreuve (f) du feu / ininflammable / incombustible	non-flammable / flame proof / noncombustible / fireproof	unentflammbar / nicht entzündbar / nicht feuergefährlich / nicht brennbar	невоспламеняющийся / негорючий
Norme (f) EURO	EURO-Standard	EURO-Norm (f)	Европейская норма (ж)
Norme (f) ISO	ISO-Standard	ISO-Norm (f)	Международная организация по стандартизации (МОС)
norme (f) vérifiée	norm checked / standard checked	Norm (f) geprüft	проверенный стандарт (м)
note (f)	note	Hinweis (m) / Vermerk (m)	заметка (ж)
note (f) de ...	note from ...	Vermerk (m) vom ...	заметка (ж) от ...
note (f) obligatoire	mandatory note	Hinweispflicht (f)	необходимая заметка (ж)
nouveau trottoir (m)	new sidewalk	neuer Gehsteig (m) / neuer Bürgersteig (m)	новый тротуар (м)
nouvelle rampe (f)	new ramp	neue Rampe (f)	новая рампа (ж)
noyau (m) d'isolation étanche	waterproof core insulation	wasserdichte Kerndämmung (f)	водонепроницаемое ядро (ср) изоляции
noyau (m) / pilastre (m)	newel	Antrittspfosten (m) / Austrittspfosten (m)	концевая опорная стойка (ж)
noyer (m)	walnut	Walnuß (f)	орех (м)

Numéro

FRANÇAIS	ANGLAIS	ALLEMAND	RUSSE
numéro de détail: ... , dessin (m) sur lequel le détail (m) est représenté ...	detail number: ... , drawing on which detail occurs ...	Detail-Blattnummer (f): ... , das Zeichenblatt, auf welchem das Detail (n) erscheint ...	номер (м) детали: ... , чертёж на котором деталь показана ...
numéro du dessin (m) ... montrant le détail (m)	drawing number ... on which detail occurs	Bauplan Nr. ... auf dem sich das Detail (n) befindet	чертёж (м) № ... на котором деталь показана
numéro (m) / No.	number / No.	Nummer (f) / Nr.	номер (м) / №
numérotage (m) des pièces (f)	numbering of rooms	Numerierung (f) der Räume (m)	номер (м) комнат

O

FRANÇAIS	ANGLAIS	ALLEMAND	RUSSE
oléandre (m)	oleander	Oleander (m)	олеандр (м)
ombre (f)	shadow	Schatten (m)	тень (ж)
ombre (f) projetée	cast shadow	Schattenwurf (m) / Schlagschatten (m)	отбрасенная тень (ж)
oratoire (m) / chapelle (f)	chapel	Kapelle (f)	капелла (ж)
ordre (m) de changement	change order	Modifikationsanordnung (f) / Abänderungsanordnung (f)	модификационный заказ (м)
orme (m)	elm	Ulme (f)	ильм (м)
ouverture (f) d'évacuation	exhaust opening	Abzugsöffnung (f) / Entlüftungsöffnung (f)	вытяжное отверстие (ср)
ouverture (f) en dessous	opening below	Öffnung (f) unterhalb	нижнее отверстие (ср)
ouverture (f) murale	wall opening	Wandöffnung (f)	стенной проём (м)
ouverture (f) nette	clear opening	lichte Öffnung (f)	свободное отверстие (ср)
ouverture (f) nette maçonnerie (f)	clear masonry opening	lichte Maueröffnung (f)	свободное отверстие (ср) на каменной кладке
ouverture (f) prise (f) d'air	air intake opening	Frischluftöffnung (f) / Zuluftöffnung (f)	отверстие (ср) воздухозаборника

Ouverture

FRANÇAIS	ANGLAIS	ALLEMAND	RUSSE
ouverture (f) retour (m) d'air	air exhaust opening	Abluftöffnung (f)	отверстие (ср) откачки воздуха
P			
paiement (m) en acompte	payment instalment	Teilzahlung (f)	взнос (м) уплаты
paillasson (m) de porte (f)	door mat	Fußmatte (f)	дверной ковёр (м)
palier (m) d'ascenseur (m)	elevator landing	Aufzugspodest (n)	посадочная площадка (ж) лифта
palier (m) d'escalier (m)	stair landing / stair platform	Treppenpodest (m) / Treppenabsatz (m)	лестничная площадка (ж)
palier (m) (escalier)	landing / platform (stair)	Treppenpodest (n) / Treppenabsatz (m)	площадка (ж) (лестницы)
palier (m) intermédiaire (escalier)	intermediate landing / intermediate platform (stair)	Zwischenpodest (n) (Treppe)	промежуточная площадка (ж) (лестница)
palmier (m)	palm	Palme (f)	пальма (ж)
palmier (m) royal	royal palm	Königspalme (f)	пальма (ж) / благородная пальма (ж)
panne (f)	purlin	Pfette (f)	прогон (м)
panne (f) centrale	centre (center) purlin	Mittelpfette (f)	центральный прогон (м)
panne (f) faîtière	ridge purlin	Firstpfette (f)	прогон (м) конька
panneau (m) de béton (m) léger	lightweight concrete panel	Leichtbetonplatte (f)	панель (ж) лёгкого бетона
panneau (m) de béton (m) précontraint	prestressed concrete panel	Spannbetonplatte (f)	предварительно напряжённая бетонная панель (ж)
panneau (m) de béton (m) précoulé	precast concrete panel	vorgefertigte Betonplatte (f)	сборная бетонная панель (ж)
panneau (m) de cloison (f) sèche (panneau de gypse)	dry wall panel (gypsum panel)	Trockenwandplatte (f) (Gipsplatte / Gipskartonplatte)	сухая штукатурка (ж) (гипсовая панель)
panneau (m) de construction (f) acoustique	acoustical building board	akustische Bauplatte (f) / Schalldämmplatte (f)	акустическая строительная доска (ж)

Panneau

FRANÇAIS	ANGLAIS	ALLEMAND	RUSSE
panneau (m) de contreplaqué	plywood panel	Sperrholzplatte (f)	фанерная панель (ж)
panneau (m) de copeaux (m) / panneau (m) en particules (f) de bois	particle board / wood chipboard	Spanplatte (f) / Holzspanplatte (f)	древесностружечная плита (ж)
panneau (m) de fibre-ciment ondulé	corrugated fibre(-)cement sheet	Faserzement-Wellplatte (f)	волнистый волокноцементный лист (м)
panneau (m) de gypse / planche de gypse	gypsum board / gypsum panel	Gipskarton-Bauplatte (f) / Trockenputzplatte (f)	сухая штукатурка (ж) / лист (м) сухой штукатурки (ж)
panneau (m) de mur (m) extérieur	exterior wall panel	Außenwandplatte (f)	наружная стеновая панель (ж)
panneau (m) de parement	cladding panel	Bekleidungsplatte (f) (Sichtplatte)	облицовочная панель (ж)
panneau (m) de plâtre	plasterboard	Gipskartonplatte (f)	сухая штукатурка (ж)
panneau (m) de polyuréthane expansé / planche (f) rigide d'isolation (f) (polyuréthane)	expanded polyurethane panel / rigid insulation board (polyurethane)	Polyurethan-Hartschaumplatte (f)	листовой пенополистирол (м) / жёсткозакреплённая изоляция (ж)
panneau (m) de pontage (m) d'acier	steel deck panel	Trapezblechtafel (f)	панель (ж) стального настила (м) (покрытия, полы)
panneau (m) de remplissage préfabriqué de mur-rideau (m)	prefabricated fill-in curtain wall panel	vorgefertigte Ausfachungswand-Tafel (f) / vorgefertigte Vorhangsfassadentafel (f)	сборная ненесущая стенная панель (ж) (для заполнения)
panneau (m) d'isolation en fibre (f) minérale	mineral fibre insulation panel	Mineralfaserdämmplatte (f)	изолационная плита (ж) минерального волокна
panneau (m) en bois (m)	wood panel	Holzplatte (f)	деревянная панель (ж)
panneau (m) isolant acoustique	sound-insulating panel	Akustikplatte (f)	звукоизолирующая панель (ж)
panneau (m) léger de laine (f) de bois	lightweight panel of wood wool	Leichtbauplatte (f) aus Holzwolle (f)	легковесная панель (ж) древесной шерсти
panneau (m) modulaire avec appareil (m) d'éclairage	modular panel with lighting fixture	Modulplatte (f) mit Leuchte (f)	модулярная плита (ж) со светительником

Panneau

FRANÇAIS	ANGLAIS	ALLEMAND	RUSSE
panneau (m) mur-rideau en métal (m) cannelé	metal fluted curtain wall panel	Well- oder Trapezprofilblechtafel (n) der Vorhangfassade (f)	металлическая гофрированная ненесущая стеновая панель (ж)
panneau (m) mural de gypse (m)	gypsum wallboard	Gipswandplatte (f)	гипсовый обшивочный лист (м)
panneau (m) mural en bois (m)	wood wallboard	Wandplatte (f) aus Holz (n)	деревянный обшивочный лист (м)
panneau (m) poreux en bois	porous wood panel	poröse Holzfaserplatte (f)	древесноволокнистая панель (ж) (ячеистая)
panneau portant (m) de mur-rideau (m)	self-bearing curtain wall panel	selbsttragende Großtafel (f) der Vorhangwand (f) / Vorhangfassade (f)	самоподшипниковая ненесущая стена (ж) (панель)
panneau sandwich (m)	sandwich panel	Mehrschichtplatte (f) / Sandwichplatte (f)	многослойная панель (ж)
panneau sandwich (m) en béton (m) préfabriqué / panneau (m) préfabriqué de béton (m) avec isolation (f) incorporée	prefabricated concrete sandwich-wall panel / prefabricated concrete panel with insulation between concrete shells	vorgefertigte Beton-Sandwichwandplatte (f) / vorgefertigte zweischalige Betonwand (f) mit Kerndämmung (f)	сборная бетонная многослойная стенная панель (ж) / сборная бетонная панель (ж) с изоляцией между двумя оболочками
panneaux (m) de métal cannelé pour revêtement (m) de murs extérieurs	metal fluted panels for exterior wall cladding	Well- oder Trapezprofilblechtafeln (f) für Außenwandbekleidung (f)	металлические гофрированные панели (ж) для наружных стеновых обшивок (ж)
panneaux (m) de remplissage (m) légers de murs-rideaux (m)	fill-in of lightweight curtain wall panels	ausgefachte leichte Vorhangwandplatten (f)	заполнение (ср) легковесных ненесущих стеновых панелей
panneaux (m) lourds de murs-rideaux (m)	heavyweight curtain wall panels	schwere Vorhangwandplatten (f) / schwere Vorhangfassadenplatten (f)	тяжёлые ненесущие стеновые панели (ж)
papier (m) coulisse (deux plis)	slip-sheet (two ply)	Gleitfolie (f) (zweilagig)	прокладочный лист (м) (двухслойный)
papier (m) coulisse / papier (m) ciré / papier de glissement (m) / feuille-coulisse (f)	slip-sheet	Gleitfolie (f)	прокладочный лист (м)
papier (m) de construction	building paper / construction paper	Baupappe (f)	строительный картон (м)

Papier

FRANÇAIS	ANGLAIS	ALLEMAND	RUSSE
papier (m) goudronné / carton (m) goudronné	tar paper	Teerpappe (f)	толь-кожа (м)
papier (m) goudronné / carton (m) goudronné (toit)	bituminous felt paper (roof)	Bitumendachpappe (f) / Bitumenbahn (f)	кровельный картон (м) битумной
papier (m) mural	wallpaper	Tapete (f)	обои (ср)
parapet (m)	parapet	Attika (f) / Brüstung (f)	парапет (м)
parapet (m) de balcon (m)	balcony parapet	Balkonbrüstung (f)	балконный парапет (м)
parapet (m) de toiture (f)	roof parapet	Dachbrüstung (f) / Attika (f)	парапет (м) крыши
parcelle (f) de terrain	lot	Grundstück (n)	земельный участок (м)
parement (m) de briques (f)	brick veneer / brick facing	Ziegelbekleidung (f) / Vormauersteine (m)	облицовочный кирпич (м)
parement (m) de briques avec enduit (m) intérieur	brick facing with interior plaster	Verblendmauerwerk (n), Sichtmauerwerk (n) mit Innenputz (m)	облицовка (ж) кирпича с внутренней штукатуркой
parement (m) de mur (m) extérieur en éléments (m) d'aluminium	exterior wall cladding of aluminium (aluminum) components	Fassadenbekleidung (f) aus Aluminium-Formteilen (n)	наружная обшивка (ж) стен с алюминиевыми элементами
parement (m) de mur (m) extérieur en verre (panneaux de verre)	exterior glass-wall cladding (glass panels)	Fassadenbekleidung (f) aus Glas (Glasplatten)	наружная стеклянная обшивка (ж) стен (стеклянные панели)
parement (m) de pierres (f)	stone veneer	Steinbekleidung (f)	каменная облицовка (ж) (фанера)
parement (m) de planches (f), embouvetées à languettes et rainures	board siding, tongue and groove	Bretterbekleidung (f), Nut (f) und Feder (f)	дощатая обшивка (ж), шпунт и паз
parement (m) en ardoise (f)	slate cladding	Schieferbekleidung (f)	покрытие (ср) из шифера
parement (m) en bois (m) sur mur (m) extérieur	wood cladding on exterior wall	Holzbekleidung (f) der Außenwand (f)	деревянная наружная обшивка (ж) на наружной стене
parement (m) en panneaux (m) de gypse (m)	gypsum board cladding	Gipskartonplatte (f) als Verkleidung (f)	оболочка (ж) сухой штукатурки

FRANÇAIS	ANGLAIS	ALLEMAND	RUSSE
parement (m) (extérieur)	cladding (exterior)	Außenbekleidung (f)	обшивка (ж) (наружная)
parement (m) extérieur, élément (m) de béton armé (m)	exterior shell, reinforced concrete element	Vorsatzschale (f), Stahlbetonelement (n)	наружная оболочка (ж), железобетонный элемент (м)
parement (m) extérieur en panneaux (m) céramiques de grande dimension	exterior wall cladding of large size ceramic panels	Fassadenbekleidung (f) aus großformatigen Keramikplatten (f)	наружная обшивка (ж) стен с большими керамическими панелями
parement (m) extérieur en panneaux (m) de fibre-ciment de grande dimension	exterior wall cladding of large size fibre-cement panels	Fassadenbekleidung (f) aus großformatigen Faserzementplatten (f)	наружная обшивка (ж) стен с большими наружными фиброцементными панелями
parement (m) extérieur en panneaux (m) de fibre-ciment de petite dimension	exterior wall cladding of small size fibre-cement boards	Fassadenbekleidung (f) aus kleinformatigen Faserzementplatten (f)	наружная обшивка (ж) стен с маленькими наружными фиброцементыми плитами
parement (m) extérieur en pierre (f) naturelle	exterior natural stone veneer	Naturstein-Außenwandbekleidung (f)	наружная природная каменная фанера (ж)
parement (m) extérieur en tuiles (f) céramiques de petite dimension	exterior wall cladding of small size ceramic tiles	Fassadenbekleidung (f) aus kleinformatigen Keramikplatten (f)	наружная обшивка (ж) стен с маленькими керамическими плитками
parement (m) intérieur (élément de béton armé)	interior shell (reinforced concrete element)	Innenschale (f) (Stahlbetonelement)	внутренняя оболочка (ж) (железобетонный элемент)
parement (m) métallique	metal cladding	Metallbekleidung (f)	металлическая наружная обшивка (ж)
parement (m) métallique de mur (m) extérieur	exterior wall cladding in metal	Metall-Außenwandbekleidung (f)	наружная металлическая обшивка (ж) стен
parloir (m)	parlour (parlor)	Salon (m)	отдельный кабинет (м)
paroi (f) de verre	window wall	Fensterwand (f)	остеклённая стена (ж)
parquet (m)	parquet flooring	Parkettfußboden (m)	паркет (м)
part (f) du propriétaire (m)	owner's share	Eigentümeranteil (m)	часть (ж) владельца

Partenariat

FRANÇAIS	ANGLAIS	ALLEMAND	RUSSE
partenariat (m) d'architecture (f)	architectural partnership	Architektengemeinschaft (f)	архитектурное партнёрство (ср)
partie (f)	part	Teil (m)(n)	часть (ж)
passage (m)	pathway / passageway / passage	Gehweg (m) / Verbindungsgang (m)	проход (м)
passage (m) pour véhicules (m)	driveway	Zufahrtsweg (m) / Ausfahrt (f)	подъездная дорога (ж)
passerelle (f)	catwalk	Laufsteg (m) / Hängesteg (m)	мостик (м) для пешеходов
patient (m) hospitalisé	in-patient	stationär behandelter Patient (m)	стационарный больной (м)
patients (m) externes / malades (m /f) externes	outpatients	ambulante Patienten (m)	амбулаторные больные (м)
patte (f) à scellement (pour cadre de fenêtre ou de porte)	jamb anchor (for window jamb or door jamb)	Befestigungsanker (m) (für Fensterleibung oder Türleibung)	анкер (м) дверной коробки (для оконной или дверной вертикальной обвязки)
pavage (m), dallage (m) (rue)	paving	Pflasterung (f)	мощение (ср) улиц
pavage (m) en asphalte	asphalt paving	Asphaltbelag (m)	асфальтовый тротуар (м)
pavement (m) en tuiles (f) céramiques posées à la colle (f) adhésive	ceramic floor tiles embedded (set) in glue (thin-set-method)	keramische Bodenfliesen (f) im Dünnbett (n)	керамические половые камени (м), положены в клее
paysagisme (m)	landscaping	Landschaftsgestaltung (f)	ландшафтная архитектура (ж)
peinture (f)	paint	Farbe (f) / Anstreichfarbe (f)	краска (ж)
peinture (f) à l'huile	oil paint	Ölfarbe (f)	масляная краска (ж)
peinture (f) laquée	varnish paint	Lackfarbe (f)	лаковая краска (ж)
peinture (f) mate	matt paint	Mattlack (m)	матовая краска (ж)
pente (f)	slope	Neigung (f) / Gefälle (n)	наклон (м)
pente (f) ... % de toit (m) plat	flat roof slope ... %	Flachdach (n) mit ... % Gefälle (n)	наклон (м) плоской крыши ... %
pente (f) de toiture (f)	roof slope	Abdachungswinkel (m)	наклон (м) крыши
pente (f) mininum de toiture (f)	minimum roof slope	Mindestdachneigung (f)	минимальный наклон (м) крыши

Pente

FRANÇAIS	ANGLAIS	ALLEMAND	RUSSE
pente (f) vers drain (m) (sol)	slope to drain (grade)	Gefälle (n) Richtung Gully (m) (Grund)	наклон (м) к ливнипуску (м) (отметка земли)
~	slope to drain (grade)	Gefälle (n) Richtung Gully (m) (Grund)	наклон (м) к ливнипуску (м) (отметка земли)
perméable à la vapeur (f)	steam-permeable	wasserdampfdurchlässig	проницаемый для пара (м)
permission (f)	permission	Erlaubnis (f) / Genehmigung (f)	позволение (ср) / разрешение (ср)
perron (m)	porch	offene Veranda (f)	крыльцо (ср)
peuplier (m)	poplar	Pappel (f)	тополь (м)
pièces (f) d'acier (m) incorporées	steel inserts	Stahleinlagen (f)	закладные стальные детали (ж) (стальой арматуры)
pied (m) de l'escalier (m), dernière marche (f)	foot of the stair, end-step	Antrittstufe (f), Austrittstufe (f)	подошва (ж) лестницы
pied (m) de poteau	heel of post	Stützenfuß (m)	опорная пятка (ж)
piédestal (m) / base (f)	pedestal	Stützensockel (m)	подколлонник (м)
pierre (f) calcaire	limestone	Kalkstein (m)	известняк (м)
pierre (f) de pavage	flagstone	Steinplatte (f)	плитняк (м)
pierre (f) de rive (f) / bordure (f)	edgestone / curb	Randstein (m) / Bordstein (m)	бордюрный камень (м) / бегун (м)
pierre (f) de taille	cut stone	Werkstein (m)	штучный камень (м)
pierre (f) naturelle	natural stone	Naturstein (m)	природный камень (м)
pierre (f) silico-calcaire	limestone / lime sandstone	Kalksandstein (m)	известняковый песчаник (м)
pieu (m) battu	driven pile / ram pile	Rammpfahl (m)	забивная свая (ж)
pieu (m) en béton (m)	concrete pile	Betonpfahl (m)	бетонная свая (ж)
pieu (m) en béton (m) précontraint	prestressed concrete pile	Spannbetonpfahl (m)	предварительно напряжённая железобетонная свая (ж)
pieu (m) précoulé	precast pile	Betonfertigpfahl (m)	сборная свая (ж)

Pignon

FRANÇAIS	ANGLAIS	ALLEMAND	RUSSE
pignon (m)	gable, gable end	Giebel (m), Ortgangabschluß (m)	щипец (м), торцевая стена (ж) с щипцом
pin (m) (arbre)	pine	Kiefer (m)	сосна (ж)
pin blanc (m)	white pine	Weißkiefer (f)	белая сосна (ж)
pin rouge (m)	red pine	Rotkiefer (f)	красная сосна (ж)
piscine (f)	swimming pool	Schwimmbad (n)	плавательный бассейн (м)
pivot (m)	pivot	Zapfen (m)	цапфа (ж)
placage (m) de bois (m)	wood veneer	Holzblende (f)	деревянная облицовка (ж) (фанера)
placard (m)	closet	Einbauschrank (m)	стенной шкаф (м)
placard (m) de concierge	janitor's closet	Abstellraum (m) des Hausmeisters (m)	чулан (м) привратника
placard (m) encastré	built-in closet	eingebauter Schrank (m) / Einbauschrank (m)	стенной (встроенный) чулан (м)
plafond (m) à caissons (m)	caisson ceiling / waffle-ceiling	Kassettendecke (f)	кессонный потолок (м)
plafond (m) à gorge (f)	cove(d) ceiling	Decke (f) mit Auskehlung (f)	потолок (м), соединённый со стенами выкружками
plafond (m) à panneaux (m) (intérieur, extérieur)	panelled ceiling (interior, exterior)	Kassettendecke (f) vertäfelte Decke (f) (innen, außen)	кессонный подшивной потолок (м) (внутренний, наружный)
plafond (m) accessible	accessible ceiling	Deckenzugang (m)	доступный потолок (м)
plafond (m) acoustique	acoustical ceiling	Akustikdecke (f)	акустический потолок (м)
plafond (m) apparent	exposed ceiling	Sichtdecke (f)	видный потолок (м)
plafond (m) d'aluminium (m)	aluminium (aluminum) ceiling	Aluminiumdecke (f)	алюминиевый потолок (м)
plafond (m) en panneaux (m) d'aluminium (m)	aluminium (aluminum) panelled ceiling	Aluminium-Paneeldecke (f)	алюминиевый кессонный подшивной потолок (м)

Plafond

FRANÇAIS	ANGLAIS	ALLEMAND	RUSSE
plafond (m) en plâtre (m)	plaster ceiling	Putzdecke (f)	штукатурное перекрытие (ср) (потолок)
plafond (m) fini à plancher (m) fini	finish ceiling to floor finish	Unterkante (f) Decke (f) bis Oberkante (f) Fertigfußboden (m)	нижняя грань (ж) потолка (м) до верхней грани поверхности покрытия
plafond (m) fini stuc (m) sur latte (f) métallique galvanisée	finished stucco ceiling on galvanized metal lath	fertiger Deckenputz (m) auf verzinktem Rippenstreckmetall (n)	верхняя грань (ж) штукатурного потолка (м) на оцинковой металлической сетке
plafond (m) métallique	metal ceiling	Metalldecke (f)	металлический потолок (м)
plafond (m), plafond (m) suspendu	ceiling, suspended ceiling	Decke (f), abgehängte Decke (f)	потолок (м), подвесной потолок
plafond (m): préfixe (m) ... signifie suspendu	ceiling: prefix ... denotes suspended	Decke (f): Präfix (n) ... weist auf abgehängte Decke (f) hin	потолок (м): префикс (м) ... обозначает подвесной
plafond (m) réfléchi	reflected ceiling	Deckenuntersicht (f)	отражающийся потолок (м)
plafond (m) suspendu continu / plafond (m) suspendu non-interrompu	uninterrupted suspended ceiling / continuous suspended ceiling	durchlaufende abgehängte Decke (f)	непрерывный подвесной потолок (м)
plafond (m) suspendu en enduit (m) de ciment	suspended cement plaster ceiling	abgehängte Zementputzdecke (f)	подвесной цементный штукатурный потолок (м)
plafond (m) suspendu en plâtre (m), plafond (m) en planches (f) de gypse suspendues	suspended plaster ceiling, suspended gypsum board ceiling	abgehängte Putzdecke (f), abgehängte Gipskartondecke (f)	подвесной штукатурный потолок (м), потолок (м) подвесных гипсовых листов (м)
plafonds (m) ou murs (m): préfixe (m) ... signifie apparent	ceilings or walls: prefix ... denotes exposed	Decken (f) oder Wände (f): Präfix (n) ... weist auf eine Sichtdecke (f) oder Sichtwand (f) hin	потолки (м) или стены (ж): префикс (м) ... обозначает видимые
plan (m) clé (clef)	key plan	Schlüsselplan (m) / Übersichtsplan (m)	генеральный план (м)
plan (m) clef des niveaux (m) finis	key plan of finished levels	Schlüsselplan (m) der Fertigstellung (f) sämtlicher Geländehöhen (f)	генеральный план (м) существующих высотных отметок

Plan

FRANÇAIS	ANGLAIS	ALLEMAND	RUSSE
plan (m) de détail (m) balustrade (f) fixe	detail plan of fixed balustrade	Detailplan (m) des befestigten Geländers (n)	план (м) деталей неподвижного перила
plan (m) de fondations (f)	foundation plan	Fundamentplan (m)	план (м) фундамента
plan (m) de plafond réfléchi	reflected ceiling plan	Untersichtsplan (m) der Decke (f)	нижняя поверхность (ж) потолка
plan (m) de situation, plan (m) d'emplacement	site plan	Lageplan (m)	ситуационный план (м) / ориентационный план (м)
plan (m) d'emplacement officiel	official site plan	amtlicher Lageplan (m)	официальный ситуационный план (м)
plan des voies (f) de secours / plan des routes (f) de secours	escape route plan	Fluchtwegeplan (m)	план (м) маршрута эвакуации
plan (m) d'étage (m)	floor plan	Grundrißplan (m)	поэтажный план (м)
plan (m) d'étage au-dessous du rez-de-chaussée (m)	floor plan below groundfloor	Grundrißplan (m) des Untergeschosses (n) / Untergeschoß-Grundrißplan (m) / Untergeschoß-Grundrißplan (m)	поэтажный план (м) под бельэтажем
plan (m) d'étage au-dessus du rez-de-chaussée (m)	floor plan above groundfloor	Grundrißplan (m) des Obergeschosses (n) / Obergeschoß-Grundrißplan (m)	поэтажный план (м) над бельэтажем
plan (m) d'étage, deuxième étage	floor plan, second floor plan	Grundrißplan (m), zweites Geschoß (n) / zweiter Stock / zweite Etage (f)	поэтажный план (м), план (м) второго этажа
plan (m) d'étage, échelle (f): ...	floor plan, scale: ...	Grundrißplan (m), Maßstab (m): ...	поэтажный план (м), масштаб: ...
plan (m) d'étage et coupes (f)	floor plan and sections	Grundrißplan (m) und Schnitte (m)	поэтажный план (м) и разрезы (м)
plan (m) d'étage (m), ... étage (m)	floor plan, ... floor	Grundrißplan (m), ... Etage (f)	поэтажной план (м), ... этаж (м)
plan (m) d'étage, premier étage	floor plan, first floor plan	Grundrißplan (m), erstes Geschoß (n) / erster Stock / erste Etage (f)	поэтажный план (м), план (м) первого этажа

Plan

FRANÇAIS	ANGLAIS	ALLEMAND	RUSSE
plan (m) d'étage, troisième étage etc. ...	floor plan, third floor plan etc. ...	Grundrißplan (m), drittes Geschoß (n) / dritter Stock / dritte Etage (f) u.s.w. ...	поэтажный план (м), план (м) третьего этажа и т. д.
plan (m) du rez-de-chaussée (m)	ground floor plan	Erdgeschoß-Grundrißplan (m)	первый поэтажный план (м)
plan (m) du sous-sol (m)	basement plan / basement floor plan	Kellergeschoß-Grundrißplan (m) / Untergeschoß-Grundrißplan (m)	подвальный план (м)
plan (m) du toit (m)	roof plan	Dachgrundriß (m)	план (м) крыши
plan (m) ... étage (m)	plan ... floor	Grundriß (m) ... Stock (m) / Grundriß (m) ... Etage (f)	план (м) ... этаж (м)
plan (m) mansarde (f)	attic plan /attic floor plan	Dachgeschoß-Grundrißplan (m)	план (м) мансарды
plan (m) typique d'étage	typical floor plan	typischer Etagen-Grundrißplan (m) / typischer Normalgeschoß-Grundrißplan (m)	типический план (м) этажа
planche (f) brute de protection (f)	rough sheathing board	Einschubbrett (n)	необрезная обшивочная доска (ж)
planche (f) d'amiante (m)	asbestos board	Asbestplatte (f)	асбестная плита (ж)
planche (f) de gypse ordinaire	regular gypsum board	einfache Gipskartonplatte (f)	стандартная сухая штукатурка (ж)
planche (f) de plafond (m) perforée	perforated ceiling board	perforierte Deckenplatte (f)	перфорированная панель (ж) подвесного потолка
planche (f) de protection	protection board / guard board	Schutzplatte (f)	защитная плита (ж)
planche (f) de protection asphaltée	asphalt protection board	asphaltierte Schutzplatte (f)	асфальтовая защитная плита (ж)
planche (f) d'isolation rigide	rigid insulating board / rigid insulating sheet	Hartschaumplatte (f) / harte / steife Dämmstoffplatte (f)	жёсткозакреплённая изоляционная плита (ж) / жёсткозакреплённый изоляционный лист (м)
planche (f) d'isolation (f) rigide en polystyrène (m) extrudé	extruded polystyrene rigid board insulation	extrudierte Polystyrol-Hartschaumplatte (f)	полистиролная экструзированная жёсткая изоляционная плита (ж)

Planche

FRANÇAIS	ANGLAIS	ALLEMAND	RUSSE
planche (f) d'isolation rigide posé au mortier (m)	rigid insulating board / sheet set in mortar bed	Hartschaumplatte (f) im Mörtelbett (n)	жёсткозакреплённый изоляционный лист (м), встроенный в растворной постели
planche (f) fascia	fascia board / eaves board	Stirnbrett (n)	бордюрная доска (ж)
planche (f) rigide d'isolation en mousse (f) de polyuréthane	polyurethane rigid foam insulation board	Polyurethan-Hartschaum-Tafel (f)	плита (ж) из пенополистирола
planchéiage (m) en diagonale	diagonal sheathing	Diagonal-Bretterverschalung (f) / Diagonal- Bretterverkleidung (f)	диагональная дощатая обшивка (ж)
plancher (m)	floor	Fußboden (m), Decke (f)	пол (м)
plancher(m) antidérapant	non(-)slip floor	rutschfester Boden (m)	нескользкий пол (м) / небуксующий пол (м)
plancher (m) de bois (m) sur solives (f) avec isolation (f) dans les cavités (f)	wood floor on joists with cavity insulation	Holzbalkendecke (f) mit Hohlraumdämmung (f)	деревянная балка (ж) перекрытия с изоляцией с воздушной прослойкой
plancher de bureaux (m)	office floor	Büroetage (f)	конторский этаж (м)
plancher (m) de ciment (m) sur solives (f) en bois (m)	cement floor over wood joists	Zementfußboden (m) über Holzbalken (m)	цементный пол (м) над деревянными балками (ж)
plancher (m) en béton (m)	concrete floor	Betonfußboden (m)	бетонный пол (м)
plancher (m) en béton armé (m)	reinforced concrete floor	Stahlbetondecke (f)	железобетонное перекрытие (ср)
plancher (m) en poutres (f) et dalles (f)	beam and slab floor	Plattenbalkendecke (f)	балочное и ребристое перекрытие (ср)
plancher (m) en solives (f) de bois (m)	wood joist flooring	Holzbalkendecke (f)	деревянный балочный настил (м)
plancher (m) (étage) de radiologie (f)	radiology floor (floor level)	Radiologieetage (f)	этаж (м) радиологии
plancher (m) (étage) exécutif	executive floor	Chefetage (f)	этаж (м) исполнительной власти

Plancher

FRANÇAIS	ANGLAIS	ALLEMAND	RUSSE
plancher (m) fini	finished floor	Oberkante (f) / Oberfläche (f) Fertigfußboden (m)	верхняя грань (ж) чистого пола
plancher (m) fini ... étage (m)	finished ... floor	Oberkante (f) ... Etage (f)	верхняя грань (ж) ... этажа (м)
plancher (m) fini mezzanine (f)	finished floor mezzanine	Oberkante (f) Zwischendecke (f)	верхняя грань (ж) мезонина
plancher (m) flottant	floating floor	schwimmender Boden (m) / schwimmender Fußboden (m)	плавающий пол (м)
plancher (m) massif	solid floor	Massivdecke (f)	монолитное бетонное перекрытие (ср)
plancher (m) (plancher en acier structural)	floor (floor construction in structural steel)	Decke (f) (Deckenkonstruktion aus Baustahl)	перекрытие (ср) (структурное стальное перекрытие)
plancher (m) structural	structural floor	Geschoßdecke (f)	структурный пол (м)
plancher (m) surélevé	raised flooring	aufgeständerter Fußboden (m)	фальшпол (м)
planches (f) bouvetées, languettes (f) et rainures (f)	planks with tongue and groove / tongue and groove planks	Bretter (n) mit Nut (f) und Feder (f)	доски (ж) со шпунтом и пазом
planches (f) embouvetées	boards in tongue and groove	Nut- und Federbretter (n)	доски (ж) в шпунтовым соединением
planches (f) / panneaux au-dessus des chevrons (m) et en dessous de la toiture (f)	boards / panels above rafters and below roofing	Unterdachtafeln (f)	панели (ж) над стропилами и под наращиванием крыши
plantation (f) d'arbres (m) et de buissons (m)	tree and shrub planting	Baum- und Strauchbeflanzung (f)	посадка (ж) деревьев и кустов
plantation (f) de haie (f)	hedge planting	Heckenbepflanzung (f)	зелёная изгородь (ж)
plaque (f) à pieds (porte)	kickplate (door)	Trittplatte (f) (Tür)	защитная накладка (ж) двери
plaque (f) couvre-joint	joint cover plate	Dehnungsfugenprofil (n)	плита (ж) стыковой накладки (ж)
plaque (f) d'acier (m)	steel plate	Stahlplatte (f)	стальная плита (ж)
plaque (f) d'acier (m) amovible	removable steel plate	abnehmbare Stahlplatte (f)	съёмная стальная плита (ж)

Plaque

FRANÇAIS	ANGLAIS	ALLEMAND	RUSSE
plaque (f) d'acier fixée au béton (m)	steel plate fastened to concrete	Stahlplatte (f) in Beton verankert	стальная плита (ж), прикреплённая к бетону
plaque (f) d'âme (f) (poutre)	web plate	Stegplatte (f)	стенка (ж) балки
plaque (f) d'amiante-ciment	asbestos(-)cement board	Asbestzementplatte (f)	асбестоцементная овлицовочная плита (ж)
plaque (f) d'appui	base plate	Fußplatte (f)	опорная плита (ж)
plaque (f) d'appui portante pour poutre (f) en acier	bearing plate for steel beam / load(-)bearing plate for steel beam	Auflagerplatte (f) für Stahlträger	опорная плита (ж) для стальной балки
plaque (f) de base standard, plaque (f) de base de colonne (f)	standard base plate, column base plate	genormte Fußplatte (f), Stützenfußplatte (f)	стандартная опорная плита (ж), колонная опорная плита (ж)
plaque (f) métallique d'assemblage	nailing plate (metallic)	Nagelblech (n)	металлическая накладка (ж), прибиваемая гвоздями
plaque (f) striée	checkered (check'd) plate	profilierte Platte (f) / Riffelplatte (f)	рифлёный лист (м)
plastique (m)	plastic	Kunststoff (m)	пластик (м)
plateforme (f) de chargement	loading platform	Verladebühne (f)	порузочная платформа (ж)
plâtre (m) armé	reinforced plaster	bewehrter Putz (m)	армированная штукатурка (ж)
plâtre (m) (intérieur)	plaster (interior)	Innenputz (m)	штукатурка (ж) (внутренняя)
plâtre (m) sur latte (f) métallique	plaster on metal lath	Putz (m) auf Drahtgeflecht (n) / Rippenstreckmetall (n)	штукатурка (ж) на металлической сетке
plâtre sur le limon (m) extérieur (escalier)	plaster on face stringer (stair)	verputzte Freiwange (f) (Treppe)	штукатурка (ж) на лицевой тетиве (ж) (лестница)
plâtre (m) sur treillis (m) de bamboo	plaster on bamboo-web	Putz (m) auf Bambusgeflecht (n)	штукатурный раствор (м) на бамбуковой сетке (ж)
pli (m), un pli (m)	ply, one-ply	Lage (f) / Bahn (f), einlagige Bahn (f)	слой (м), однослойный
plinthe (f)	base / plinth / baseboard	Fußleiste (f) / Scheuerleiste (f)	плинтус (м)

Plinthe

FRANÇAIS	ANGLAIS	ALLEMAND	RUSSE
plinthe (f) à talon (m) arrondi	cove base	Kehlsockel (m) (Fußleiste)	основание (ср) выкружки
plinthe (f) flexible	resilient base	elastische Scheuerleiste (f) / elastische Fußleiste (f)	упругий плинтус (м) / эластичный плинтус (м)
plinthe (f) hauteur (f) ...	base ... high	Fußleistenhöhe (f) ...	высотный плинтус (м) ...
plinthe-solin (f) (métal)	base flashing (metal)	Blechwinkel (m) / Winkelstreifen (m) aus Blech (n)	база (ж) фартука (металлическая) / нижний листовой металл (м) (угловой)
plis (m) de scellement de toiture (f) sur pontage (m) de bois	roof sealant plies on wood form	Dachdichtungsbahnen (f) / Lagen (f) auf Holzschalung (f)	слои (м) кровельного герметика на деревянной форме
plomb (m) fondu	molten lead	geschmolzenes Blei (n)	расплавленный свинец (м)
poche (f) d'air	air lock	Luftschleuse (f)	воздушный шлюз (м)
poche (f) d'oléorésine	pitch pocket	Teertasche (f)	засмолок (м) / стыковая накладка (ж)
poids (m) mort	dead load	Eigengewicht (n)	собственный вес (м)
poignée (f)	door handle	Türklinke (f)	дверная ручка (ж)
poignée (f) de fenêtre (f)	window handle	Fensterklinke (f)	оконная ручка (ж)
point (m) de référence	bench mark	Bezugspunkt (m)	реперная отметка (ж)
pointage (m) du béton (m)	concrete patching	Betonausbesserung (f)	ямочный ремонт (м) бетонного покрытия
polyuréthane (m) expansé	expanded polyurethane / foamed polyurethane	Polyurethan-Hartschaum (m)	пенополиуретан (м)
pompe (f)	pump	Pumpe (f)	насос (м)
pompe (f) de secours	standby pump	Reservepumpe (f)	резервный насос (м)
pontage (m) d'acier cannelé	corrugated steel deck	Trapezblech (n)	волнистый стальной настил (м)
pontage (m) d'acier cannelé pour construction de plancher (m)	corrugated steel deck for floor construction	Trapezblech (n) für Deckenkonstruktion (f)	стальной настил (м) для половой конструкции (волнистой)

Porte

FRANÇAIS	ANGLAIS	ALLEMAND	RUSSE
porte (f)	door	Tür (f)	дверь (ж)
porte (f) à deux battants (m)	double-leaf door	zweiflügelige Tür (f) (Drehflügeltür / Doppeltür)	двустворчатая дверь (ж)
porte-à-faux (m) de toit (m) / avant-toit (m)	roof overhang	Dachüberstand (m)	свес (м) крыши
porte (f) à moustiquaire (f)	screen door	Fliegengittertür (f)	проволочная сетка (ж) (дверь)
porte (f) à revêtement (m) métallique	kalamein door	stahlblechbekleidete Tür (f)	дверь (ж) с обшивкой из листового металла
porte (f) à un battant (m) / porte (f) simple	single-leaf door / single-swing door	einflügelige Drehflügeltür (f)	дверь (ж), открывающаяся в одну сторону
porte (f) accordéon, porte (f) pliante	accordion door, folding door	Harmonikatür (f), Falttür (f)	складная дверь (ж)
porte (f) basculante	overhead door	Klapptür (f) / Hebetür (f)	подъёмная дверь (ж)
porte (f) coulissant horizontalement	sliding door (horizontal)	Schiebetür (f) (horizontal), Hebe-Schiebetür (f)	раздвижная дверь (ж) (горизонтальная)
porte (f) coulissant verticalement	sliding door (vertical)	Vertikalschiebetür (f)	раздвижная дверь (ж) (вертикальная)
porte (f) coupe-feu	fire door	Feuerschutztür (f)	огнестойкая дверь (ж)
porte (f) creuse en métal (m)	hollow metal door	hohlkastenförmige Metalltür (f)	пустотелая металлическая дверь (ж)
porte (f) de barrière (f) à charnières (f)	gate door (hinged)	Torflügel (m)	навесная дверь (ж) ворот
porte (f) en bois (m)	wood door	Holztür (f)	деревянная дверь (ж)
porte (f) en planches	ledged door	Lattentür (f)	дощатая дверь (ж) на планках
porte (f) en verre	glass door	Ganzglastür (f)	стеклянная дверь (ж)
porte (f) en verre (m) à cadre (m) métallique	glass door with metal frame	Glastür (f) mit Metallrahmen (m)	стеклянная дверь (ж) с металлической рамой
porte (f) extérieure	exterior door / outside door	Außentür (f)	наружная дверь (ж)

Porte

FRANÇAIS	ANGLAIS	ALLEMAND	RUSSE
porte (f) hollandaise à guichet / porte (f) normande à guichet	Dutch door	holländische Tür (f)	голландская дверь (ж)
porte (f) intérieure	interior door	Innentür (f) / Zimmertür (f)	внутренняя дверь (ж)
porte (f) isolante	insulated door	isolierte Tür (f)	изоляционная дверь (ж)
porte (f) pare-feu (coupe-feu) revêtue de métal (m)	metal-clad fire door	metallbekleidete Feuerschutztür (f)	огнестойкая дверь (ж), обитая листовым металлом
porte (f) plane	flush door	Sperrtür (f)	щитовая дверь (ж)
porte (f) plane, battant (m) de porte plane	flush door leaf	glattes Türblatt (n)	гладкая створка (ж) двери
porte (f) plane, battant (m) de porte plane avec lucarne (f) vitrée	flush door leaf with glass panel	glattes Türblatt (n) mit Glasöffnung (f) (Glasplatte)	гладкая створка (ж) двери со стеклянной панелью
porte (f) pliante en plastique (m)	plastic folding door	Falttür (f) aus Kunststoff (m)	пластическая складывающаяся дверь (ж)
porte (f) pliante, porte (f)accordéon	folding door	Falttür (f), Harmonikatür (f)	складывающаяся дверь (ж)
porte (f) principale	front door	Eingangstür (f) / Hauseingangstür (f)	наружная входная дверь (ж)
porte (f) roulante	rolling door	Rolltor (n)	подъёмная дверь (ж) / катанная дверь (ж)
porte (f) suspendue coulissante horizontalement	overhung sliding door (horizontal)	Rolltür (f), horizontal angeordnet	подвесная раздвижная дверь (ж) (горизонтальная)
porte (f) terrasse	terrace door	Terrassentür (f)	террасная дверь (ж)
porte (f) tournante	revolving door	Drehtür (f)	вращающаяся дверь (ж)
porte (f) va-et-vient / porte oscillante	swing door / double-acting door	Pendeltür (f)	дверь (ж), открывающаяся в обе стороны
porte (f) vitrée pivotant latéralement	side-pivoted glazed door	Drehflügeltür (f) mit Glasfüllung (f)	остеклённая дверь (ж), открывающаяся в одну сторону

Portée

FRANÇAIS	ANGLAIS	ALLEMAND	RUSSE
portée (f) libre	clear span	lichte Tragweite (f) / freitragende Spannweite (f)	пролёт (м) в свету
poseur (m) de parquet (m)	parquet installer	Parkettverleger (m)	монтажник (м) паркета
poste (m) pneumatique	pneumatic post	Rohrpost (f)	пневматическая почта (ж)
poteau (m) d'électricité	electric pole	Kabelbaum (m)	электрический полюс (м)
poubelle (f)	garbage can	Mülleimer (m)	мусорный ящик (м) / контейнер (м) для пищевых отходов
pour détails (m) de l'entrée (f), rampe (f), marches (f) et main courante (f), voir dessin (m) No. ...	for details of entrance, ramp, steps and handrail, see drawing No. ...	für Eingangsdetails (n), Rampendetails (n), Stufendetails (n) und Handlaufdetails (n) siehe Bauzeichnung (f) Nr. ...	для деталей (ж) входа (м), рампы (ж), степеней (ж), порученя (м), смотри чертёж (м) № ...
pour détails (m) d'escalier (m) voir dessin (m) No. ...	for stair details see drawing No. ...	für Treppendetails (n) siehe Bauzeichnung (f) Nr. ...	для деталей (ж) лестницы (ж) смотри чертёж (м) № ...
pour emplacement (m) (bâtiment) voir ...	for location (building) see ...	für Standort (m) (Gebäude) siehe ...	для местоположения (ср) (здание) смотри ...
pour l'assemblage (m) des poutres (f) au moyen de paires (f) de cornières (f) structurales vissées, voir détail (m) ...	for beam connection with screwed-on pairs of structural angles, see detail ...	für Trägeranschluß (m) mit angeschraubten Winkelpaaren (n) siehe Detail ...	для балочного соединения (ср) с резьбовыми парами структурных уголов, смотри деталь ...
pour l'assemblage (m) des poutres (f) aux supports (m) d'acier (m) ... voir dessin (m) ...	for beam connection at steel support ... see drawing ...	für Trägeranschluß (m) an Stahlstütze (f) ... siehe Bauzeichnung (n) ...	для балочного соединения (ср) у стальной опоры ... смотри чертёж ...
pour le panneau (m) préfabriqué de béton à isolation (f) incorporée, voir détails (m) ...	for prefabricated concrete panel with insulation between concrete shells (core-insulation), see details ...	für vorgefertigte zweischalige Betonwand (f) mit Kerndämmung (f) siehe Details ...	для сборной бетонной панели (ж) с изоляцией между двумя оболочками, смотри детали ...
pour l'entrée (f), rampe (f), marches (f) et main courante (f), voir numéro de détail ...	for entrance, ramp, steps and handrail, see detail No. ...	für Eingang (m), Rampe (f), Stufen (f) und Handlauf (m) siehe Detail Nr. ...	для входа (м), рампы (ж), ступеней (ж) и порученя (м) смотри номер детали ...

FRANÇAIS	ANGLAIS	ALLEMAND	RUSSE
pour les panneaux (m) (éléments) de métal cannelé (m) grande dimension (f) de revêtement (m) des murs (m) extérieurs, voir dessin (m) ...	for big-size metal fluted panels (components) for exterior wall claddings, see drawing ...	für großformatige Metallprofile (n) (Bauteile) als Außenwandbekleidungen (f) siehe Bauzeichnung (f) ...	для больших металлических гофрированных панелей (ж) (элементов) для наружных стенных обшивок, смотри чертёж (м) ...
pour les portes (f) extérieures ... voir dessin (m) ...	for exterior doors ... see drawing ...	für Außentüren (f) ... siehe Bauzeichnung (f) ...	для наружных дверей (ж), смотри чертёж (м) ...
pour plan (m) du plafond (m) réfléchi, voir dessin (m) No. ...	for reflected ceiling plan, see drawing No. ...	für Unterdeckenplan (m) siehe Bauzeichnung (f) Nr. ...	для плана (м) отражённого потолка, смотри чертёж (м) № ...
pour ... voir dessin (m) de mécanique ...	for ... see mechanical drawing ...	für ... siehe Bauzeichnung (f) ... der Haustechnik (f) (Heizung, Lüftung, Sanitär- und Elektrotechnik)	для ... смотри сантехнический чертёж (м) ...
pour ... voir dessin (m) de structure ...	for ... see structural drawing ...	für ... siehe Konstruktionszeichnung (f) ...	для ... смотри строительный чертёж (м) ...
pour ... voir dessin (m) d'électricité ...	for ... see electrical drawing ...	für ... siehe Bauzeichnung (f) ... der Elektrotechnik (f)	для ... смотри элекротехнический чертёж (м) ...
poutre (f) à arbalète (f), arbalète à un poinçon (m), arbalète à deux poinçons	beam as hanging-post, king-posted beam for one post, queen-posted beam for two posts	unterspannter Profilräger (m) mit einem Steg (m), mit zwei Stegen (m)	балка (ж) как столб ворот, шпренгельная балка (ж) с одной стойкой, шпренгельная балка (ж) со двумя стойками
poutre (f) à armature (f) d'acier (m)	steel reinforced beam	verstärkter Stahlträger (m)	стальная армированная балка (ж)
poutre (f) à caisson	box beam, box girder	Kastenträger (m)	балка (ж) коробчатого сечения
poutre (f) annulaire / chaînage (m)	ring beam	Ringbalken (m)	кольцевая балка (ж)
poutre (f) continue	continuous beam	Durchlaufträger (m)	неразрезная балка (ж)
poutre (f) d'acier	steel beam	Stahlträger (m)	стальная балка (ж)
poutre (f) de colombage (m) apparent	half-timbered beam	Fachwerkbauträger (m)	фахверковая балка (ж)
poutre (f) de rive	spandrel beam	Randbalken (m)	перемычка (ж) / рандбалка (ж)

Poutre

FRANÇAIS	ANGLAIS	ALLEMAND	RUSSE
poutre (f) de rive (f) (sous dalle solide de plancher)	template (under solid floor slab)	Ringanker (m) (unterhalb Massivplattendecke)	кольцевой анкер (м) (под бетонного пола)
poutre (f) double Té	I-beam	mittelbreiter I-Täger (m)	балка (ж) двутаврового сечения
poutre (f) en béton (m)	concrete beam	Betonträger (m)	бетонная балка (ж)
poutre (f) en béton armé (m)	reinforced concrete beam	Stahlbetonträger (m)	железобетонная балка (ж)
poutre (f) en béton (m) précontraint	prestressed concrete beam	Spannbetonträger (m)	предварительно напряжённая железобетонная балка (ж)
poutre (f) en bois (m)	wood beam	Holzbalken (m)	деревянная балка (ж)
poutre (f) en encorbellement avec isolation (f) thermique	cantilever beam with thermal insulation	Kragbalken (m) mit Wärmedämmung (f)	консольная балка (ж) с теплоизоляцией
poutre (f) en I / poutre (f) double-Té à larges semelles (f)	I-beam / wide flange I-beam	mittelbreiter I-Träger (m)	балка (ж) двутаврового сечения / балка (ж) двутаврового сечения шерокой полки (балки)
poutre (f) en Té	Tee-beam / T-beam	beiderseitiger Plattenbalken (m) / T-Träger (m)	балка (ж) таврового сечения / тавровая балка (ж)
poutre (f) en tôle forte d'acier (composée)	steel-plate girder (composed of sheet steel)	Stahlblechträger (m) (zusammengesetzt)	стальная составная двутавровая балка (ж) со сплошной стенкой (тонколистовая сталь)
poutre (f) en U	channel beam	U-Träger (m)	швеллерная балка (ж)
poutre (f) encastrée	restrained beam	eingespannter Balken (m) / Träger (m)	балка (ж) с защемлёнными концами
poutre (f) encastrée aux deux extrémités (f) /encastré	fixed beam at both ends	zweiseitig eingespannter Balken (m) / Träger (m)	неподвижная балка (ж) на обоих концах
poutre (f) encastrée en acier (m)	fixed steel beam	eingespannter Stahlträger (m)	неподвижная стальная балка (ж)
poutre (f) et dalle (f) en béton	slab and beam (concrete) / concrete slab and concrete beam	Betonplatte (f) und Betonträger (m)	бетонная плита (ж) и бетонная балка (ж)

Poutre

FRANÇAIS	ANGLAIS	ALLEMAND	RUSSE
poutre (f) lamellée	laminated beam	Brettschichtträger (m)	дошатая (многослойная) клеёная балка (ж)
poutre (f) maîtresse	main beam / girder	Hauptträger (m) / Unterzug (m)	главная балка (ж)
poutre (f) / poutrelle (f)	beam	Balken (m) / Träger (m)	балка (ж) / прогон (м)
poutre (f) principale	girder	Unterzug (m) / Hauptträger (m)	главная балка (ж) / прогон (м)
poutre (f) rectangulaire	rectangular beam	rechteckiger Balken (m)	балка (ж) прямоугольного сечения
poutre (f) renversée	inverted beam	Überzug (m)	прогон (м) для подвешивания балки
poutre (f) secondaire	secondary beam	Nebenträger (m)	второстепенная балка (ж)
poutre-tirant (f), arbalétrier (m) (comble à deux versants sur arbalétriers avec pannes)	tie-beam / collar beam, purlins at base (couple roof with purlins)	Zangenbalken (m) / Kehlbalken (m), Fußpfette (f) (Kehlbalkendach)	анкерная балка (ж) / затяжка (ж), прогоны (м) у базы крыши (крыша с висячими стропильными фермами)
poutre (f) transversale	cross beam	Querbalken (m) / Wechsel (m)	поперечная балка (ж)
pouvoir (m) d'urgence	emergency power	Notstrom (m)	резервная мощность (ж) / резервный источник (м) питания
premiers soins (m)	first aid	Erste Hilfe (f)	первая помощь (ж)
principe (m) de construction (f)	construction principle	Konstruktionsprinzip (n)	строительный принцип (м)
prise (f) d'air	air intake	Zuluft (f)	воздухозаборник (м) / воздухоприёмник (м)
prix (m) de vente (f)	selling price	Verkaufspreis (m)	цена (ж)
prix (m) du lot (m) (terrain)	lot price	Grundstückspreis (m)	цена (ж) земельного участка
procédures (f) spéciales	special procedures	Sonderverfahren (n)	специальные процедуры (ж)
profilé (m) d'acier (m)	steel section	Stahlprofil (n)	профиль (м) стали
profilé (m) de coupe-froid (m)	weather stripping profile	Dichtungsstreifenprofil (n)	профиль (м) уплотнения швов
profilé (m) de plastique	plastic profile (section)	Kunststoffprofil (n)	пластический профиль (м)
profilé (m) en tôle (f) d'acier	rolled steel shape	Walzprofil (n)	стальная катанная форма (ж)

Profilé

FRANÇAIS	ANGLAIS	ALLEMAND	RUSSE
profilé (m) rectangulaire	rectangular profile	Rechteckprofil (n)	прямоугольная форма (ж) / прямоугольный профиль (м)
profilés (m) divers d'acier (m) structural	miscellaneous shapes of structural steel	verschiedenartige Baustahlprofile (n)	разнообразные формы (ж) структурной стали
profondeur (f) du gel (m)	frost depth	Frosttiefe (f)	глубина (ж) промерзания грунта
projet (m) de construction / projet (m)	building project / project	Bauprojekt (n) / Projekt (n)	проект (м) постройки / проект (м)
propriétaire (m)	owner	Eigentümer (m)	владелец (м)
propriétaire du terrain (m)	land owner / land proprietor	Grundbesitzer (m)	землевладелец (м)
protection(f) contre les intempéries (f) (joint feuilluré étanche)	weather protection (weather protection-rail for rabbet airtightness)	Wetterschutz (m) (Wetterschutzschiene für Falzdichtung)	защита (ж) от атмосферных воздействий для фальцевой воздухонепроницаемости
protection (f) contre l'incendie	fire protection	Brandschutz (m)	пожарная защита (ж)
protection (f) de surface (f)	surface protection	Oberflächenschutz (m)	защита (ж) поверхности
psychologue (m)	psychologist	Psychologe (m)	психолог (м)
puisard (m)	catch basin	Sinkkasten (m)	водосбор (м)
puisard (m) d'aisance, fosse (f) d'aisance	sump pit, cesspit	Pumpengrube (f), Senkgrube (f)	поглощающий колодец (м), выгребная яма (ж)
puisard (m) d'eau pluviale (f)	drainage inlet (rainwater)	Regeneinlauf (m) / Rinnenkasteneinlauf (m)	дренажный водовыпуск (м)
puits d'accès (m) (trou d'homme) d'inspection (f)	inspection manhole	Revisionsschacht (m)	смотровой колодец (м) / люк (м)
puits (m) de câbles (m)	cable shaft	Kabelschacht (m)	кабельная шахта (ж)
puits (m) de lumière (f)	light shaft	Lichtschacht (m)	световая шахта (ж)
puits (m) de prise (f) ou retour (m) d'air	air intake shaft or air exhaust shaft	Zuluft- oder Abluftschacht (m)	воздухозаборная шахта (ж) или шахта (м) откачки воздуха (м)

FRANÇAIS	ANGLAIS	ALLEMAND	RUSSE
puits (m) d'escalier (m) (espace entre limons extérieurs)	well (space between outside stringers)	Treppenauge (n) (Raum zwischen äußeren Treppenwangen)	лестничная шахта (ж) (пространство между наружными тетивами)

Q

FRANÇAIS	ANGLAIS	ALLEMAND	RUSSE
quadrillage (m)	grid	Raster (m)	сетка (ж)
quai (m) de chargement et de déchargement	loading and unloading dock	Auflade- und Ausladebühne (f)	док (м) погрузки и выгрузки
quantité (f) en dépôt	stock	Bestand (m) / Vorrat (m)	запас (м)
quartz (m)	quartz	Quarz (m)	кварц (м)
quincaillerie (f) de châssis (m)	sash hardware	Flügelrahmenbeschläge (m)	металлические изделия (ср) (метизы) оконной коробки
quincaillerie (f) de fenêtre (f)	window hardware	Fensterbeschläge (m)	оконные приборы (м)
quincaillerie (f) de portes (f)	door hardware	Türbeschläge (f)	дверные приборы (м)
quincaillerie (f) de sécurité (f)	security hardware	Sicherheitsbeschläge (m)	фурнитура (ж) (приборы) безопасности
quincaillerie (f) spéciale	special (purpose) hardware	Spezialbeschläge (m)	специализированная аппаратура (ж)

R

FRANÇAIS	ANGLAIS	ALLEMAND	RUSSE
raccordement (m) du gaz (m)	gas connection	Gasanschluß (m)	газовое включение (ср)
radiateur (m)	radiator	Radiator (m)	радиатор (м)
radiateur (m) en fonte (f)	cast iron radiator	gußeiserner Radiator (m)	чугунный радиатор (м)
radier (m) de fondation (f)	raft foundation	Fundamentplatte (f)	сплошной фундамент (м)
radio (f)	radio	Rundfunk (m)	радио (ср)
radio-fluoroscopie (f)	radio-fluoroscopy	Radiofluoroskopie (f)	радиорентгеноскопия (ж)
radiographie (f)	radiography	Radiographie (f)	радиография-рентгеноскопия (ж)

Radiologie

FRANÇAIS	ANGLAIS	ALLEMAND	RUSSE
radiologie (f)	radiology	Radiologie (f)	радиология (ж)
radiologiste en chef (m)	chief radiologist	Chefradiologe (m)	главный рентгенолог (м) / главный радиолог (м)
raidisseur (m)	stiffener	Versteifungselement (n)	элемент (м) жёсткости
rainure (f) d'ancrage (m)	anchor slot	Ankerführung (f)	анкерный паз (м)
rainure (f) de queue (f) d'aronde (femelle)	dovetailed slot	Schwalbenschwanznute (f)	паз (м) в форме ласточкина хвоста
rainure (f) (rail de persiennes roulantes)	groove (roller-blind rail)	Nute (f) (Rolladenführungsschiene)	канавка (ж) (направляющий рельс шторного затвора)
ralentissement (m) de la circulation (f) (du trafic)	traffic slowdown	Verkehrsberuhigung (f)	транспортное замедление (ср)
rampe (f)	ramp	Rampe (f)	уклон (м)
rampe (f) en pente (en bas)	slope of ramp (down)	Rampenneigung (f) (abwärts)	наклонная рампа (ж) (вниз)
rampe (f) pente (f) ... %	ramp slope ... %	Rampe (f) mit ... % Gefälle (n)	наклонная плоскость (ж), уклон (м) ... %
rapport (m) de sondage du sol (m)	soil test report	Bodengutachten (n)	сообщение (ср) определения свойств почвогрунта
réception (f)	reception	Anmeldung (f) / Rezeption (f)	приём (м)
réception (f) d'urgence	emergency admission	Notaufnahme (f)	неотложный приём (м)
réception (f) et dépôt (m)	receiving and storage	Annahme (f) und Aufbewahrung (f)	приём (м) и хранение (ср)
recouvrement (m) d'allège (f) de fenêtre (f)	window sill covering	Fensterbankabdeckung (f)	покрытие (ср) наружного подоконника (м)
recouvrement (m) de plancher (m) en PVC	PVC floor covering	PVC Bodenbelag (m)	настил (м) пола поливинилхлорида
recouvrement (m) de plancher (m) en tuiles (f) céramiques	ceramic tile flooring	keramischer Fliesenbelag (m)	покрытие (ср) керамических плиток

Recouvrement

FRANÇAIS	ANGLAIS	ALLEMAND	RUSSE
recouvrement (m) en béton (m) des armatures (f) d'acier	concrete cover of steel rods	Betonüberdeckung (f) der Stahleinlagen (f)	защитный слой (м) бетона на арматурных стерженях
réfrigération (f) mécanique	mechanical refrigeration	maschinelle Kühlung (f)	машинное охлаждение (ср)
règlement (m) de comptes (m)	settlement of accounts	Abrechnung (f)	уплата (ж) по счётам
remarque (f) générale	general note	allgemeiner Hinweis (m)	общая заметка (ж) / общее замечание (ср)
remarques (f)	remarks	Bemerkungen (f)	замечания (ср)
remblai (m)	earth(-)fill	Erdauffüllung (f) / Erdaufschüttung (f)	земляная насыпь (ж)
remblaiement (m) de terre	landfill	Erdauffüllung (f)	отсыпка (ж) грунта
remblayage (m) de ...	fill-up with ...	Auffüllen (n) von ...	насыпка (ж) ...
remblayage (m) en terre meuble	loose fill	lose Schüttung (f)	амортизационный сыпучий материал (м)
remblayage (m) / remplissage (m)	backfill	Hinterfüllung (f)	обратная засыпка (ж)
remplissage (m)	fill-in	Ausfachung (f)	заполнение (ср)
remplissage (m) de béton (m)	concrete fill	Aufbeton (m) / Betonfüllung (f)	бетонная насыпка (ж)
remplissage (m) de béton (m) avec agent (m) de scellement	watersealed concrete fill	wasserabdichtende Betonfüllung (f)	непроницаемая бетонная насыпка (ж)
remplissage (m) de béton (m) léger	lightweight concrete fill	Leichtbetonfüllung (f)	засыпка (ж) лёгкого бетона
remplissage (m) de maçonnerie (f)	fill-in with masonry	Ausfachung (f) mit Mauersteinen (m)	заполнение (ср) каменной кладкой
remplissage (m) des joints (m) (jointoiement)	joint grouting	Fugenvermörtelung (f)	заливка (ж) швов
remplissage (m) en béton (m) de scories (f)	cinder concrete fill	Schlackenbetonschüttung (f)	шлакобетонная насыпка (ж)
remplissage (m) en fibre (f) de verre	fibreglass packing	Glasfaser-Packung (f)	стекловолокная упаковка (ж)

Remplissage

FRANÇAIS	ANGLAIS	ALLEMAND	RUSSE
remplissage (m) grossier	coarse fill	grobkörnige Schüttung (f)	крупная насыпка (ж) гравия / крупный закладочный материал (м)
repère (m) d'arpentage (m) No. ...	survey point No. ...	Vermessungspunkt (m) Nr. ...	точка (ж) тригонометрической сеты № ...
réseau (m) de gaines (f) / conduits	ductwork	Kanalsystem (n)	система (ж) каналов / канализация (ж)
réseau (m) de gicleurs (m)	sprinkler layout	Sprinkleranlage (f)	устройсво (ср) спринклера
réserve sèche (f)	dry storage	Trockenaufbewahrung (f)	сухое хранение (ср)
réservoir (m) de mazout (m)	fuel oil tank	Öltank (m)	топливная цистерна (ж)
réservoir (m) d'eau (f) chaude	hot water tank	Warmwasserbehälter (m)	резервуар (м) для горячей воды
réservoir (m) d'eau pluviale / citerne (f) d'eau pluviale	rainwater tank / rainwater cistern	Regenzisterne (f)	цистерна (ж) дождя
responsabilité (f) de l'architecte	architect's liability	Architektenhaftpflicht (f)	ответственность (ж) архитектора
retour (m) vertical de toiture (f) bitumée	step-up of roofing bitumen	Dach-Bitumenaufkantung (f)	пошаговое повышение (ср) кровельного битума
retrait (m) dans le béton (m)	recess in concrete	Vertiefung (f) im Beton (m)	углубление (ср) в бетоне (м)
revêtement (m) antidérapant	non(-)slip surface	rutschfester Bodenbelag (m)	нескользящее покрытие (ср)
revêtement (m) de gravier (m)	gravel finish	Oberflächen-Fertigstellung (f) des Kiesbettes (n)	верхняя грань (ж) гравия
revêtement (m) de linoléum	linoleum covering	Linoleumbelag (m)	покрытие (ср) линолеума
revêtement (m) de plancher (m) en bois (m)	wood flooring	Holzfußboden (m)	деревянный настил (м) пола
revêtement (m) de sol (m) coulé sur place	cast- / poured-in-place flooring (monolithic)	Ortbetondecke (f) (bauseits)	монолитное бетонное покрытие (ср) (на стройплощадке)
revêtement (m) de sol sans joints (m)	seamless floor	fugenloser Fußboden (m)	безшовное покрытие (ср) пола

Revêtement

FRANÇAIS	ANGLAIS	ALLEMAND	RUSSE
revêtement (m) de toiture (f) en bois (m) embouveté	wood roof sheathing with tongue and groove	Holzdachschalung (f) mit Nut (f) und Feder (f)	оболочка (ж) деревянной крыши (ж) со шпунтом и пазом
revêtement (m) de toiture (f) en bois (m), embouveté à languette et rainure	roof sheathing with tongue and groove	Dachschalung (f) mit Nut (f) und Feder(f)	накат (м) крыши со шпунтом и пазом / настил (м) крыши со шпунтом и пазом
revêtement (m) d'émail cuit (m)	baked enamel finish	gebrannter Emailüberzug (m)	эмалевая отделка (ж)
revêtement (m) du sol (m)	flooring	Bodenbelag (m) / Fußbodenbelag (m)	покрытие (ср) пола
revêtement (m) du sol (m), plancher (m) fini	finished floor, floor covering	Fußbodenbelag (m), Oberkante Fußboden (m)	чистовой пол (м), покрытие (ср) пола
revêtement (m) en pierres (f)	stone facing	Natursteinverblendung (f)	каменная облицовка (ж)
revêtement (m) en résine (f) synthétique	synthetic resin cover	Kunstharzbeschichtung (f)	покрытие (ср) синтетической смолы
revêtement (m) extérieur horizontal en bois (m)	horizontal wood sheathing	horizontale Holzbekleidung (f)	горизонтальная деревянная обшивка (ж)
revêtement (m) (maçonnerie)	veneer (masonry)	Mauerverkleidung (f) (Blendmauerwerk)	облицовка (ж) каменной кладки
revêtement (m) mural en céramique (f)	ceramic wall veneer	keramische Wandblende (f)	стеновая облицовка (ж) керамических плиток (ж)
revêtement (m) mural textile	textile wall covering	Textil-Wandbekleidung (f)	текстильная облицовка (ж) стены
revêtement (m) plastique	plastic coating	Kunststoffbeschichtung (f)	покрытие (ср) для пластика (пластмассовое)
revêtement (m) résistant au feu (m) (ignifuge)	fire(-)resistant coating	feuerhemmender Anstrich (m)	огнезащитное покрытие (ср)
révisions (f)	revisions	Änderungen (f)	изменения (ср) (модификации)
rhododendron (m)	rhododendron	Rhododendron (m)	рододендрон (м)
robinet (m) d'eau	water faucet	Wasserhahn (m)	водопроводный кран (м)

Roc

FRANÇAIS	ANGLAIS	ALLEMAND	RUSSE
roc (m)	rock	Felsen (m)	горная порода (ж)
rocaille (f) / gravillon (m)	pebble	Kieselstein (f)	галька (ж)
rue (f)	street	Straße (f)	улица (ж)
ruisseau (m)	creek	Bach (m)	речка (ж)

S

FRANÇAIS	ANGLAIS	ALLEMAND	RUSSE
sable (m)	sand	Sand (m)	песок (м)
saignées (f) (chantepleures) aux ... c/c (centre à centre)	weepholes at ... c/c (centre (center) to centre (center))	Tropföffnungen (f) in ... Achsenabstand (m)	фильтрационные отверстия (ср) на ... межцентрового растоянии
saillie (f)	projection / overhang	Überstand (m)	выступ (м)
saillie (f) de pignon (m) / planche (f) de rive (avant-toit)	verge	Ortgang (m)	свес (м) крыши со стороны фронтона
salle à manger (f)	dining room	Eßzimmer (n) / Speiseraum (m)	столовая (ж)
salle à manger (f) du personnel (m)	dining room (staff)	Personalspeiseraum (m)	штатная столовая (ж)
salle (f) commune, huit lits	ward, eight beds	Krankensaal (m), Achtbettzimmer (n)	палата (ж), восемь кроватей
salle (f) commune, quatre lits	ward, four beds	Krankensaal (m), Vierbettzimmer (n)	палата (ж), четыре кровати
salle d'attente (f) (patients / malades externes et hospitalisés, visiteurs)	waiting area (outpatients, inpatients, visitors)	Warteraum (m) (ambulante- und Klinik- Patienten, Besucher)	приёмное отделение (ср) (амбулаторных больных, стационарных больных, гостей)
salle (f) de bains	bathroom	Badezimmer (n)	ванная (ж)
salle (f) de buanderie (f)	laundry room	Waschküche (f)	прачечная (ж) (комната)
salle (f) de comptabilité	accounting room	Kassenraum (m)	бухгалтерская комната (ж)
salle (f) de conférence / salle (f) de réunion	conference room / meeting room	Konferenzraum (m) / Besprechungsraum (m)	комната (ж) конференции
salle (f) de contrôle (m)	control room	Kontrollraum (m)	руководство (ср)

Salle

FRANÇAIS	ANGLAIS	ALLEMAND	RUSSE
salle (f) de déshabillage (employés)	changing room (staff)	Umkleideraum (m) (Personal)	комната (ж) для переодевания (персонала)
salle (f) de jeux	game room	Spielzimmer (n)	игротека (ж) / игорная комната (ж)
salle (f) de lecture	reading room	Leseraum (m)	читальня (ж)
salle (f) de mécanique	mechanical room	Heizungs-Lüftungsraum (m) / technischer Installationsraum (m)	механическое помещение (ср)
salle (f) de radiographie (f) de la poitrine (f)	chest X-ray room	Röntgenraum (m) (Brust)	рентгеновский кабинет (м) (грудь)
salle (f) de repos du personnel (m) / salon (m) du personnel (m)	staff lounge	Personal-Aufenthaltsraum (m)	штатное помещение (ср)
salle (f) de séchage	drying room	Trockenraum (m)	сушильная комната (ж)
salle (f) de séjour	living room	Wohnzimmer (n)	гостиная (ж)
salle (f) de visionnement (m)	viewing-room	Filmauswertungsraum (m)	просмотровой зал (м)
salle (f) d'électricité, installation (f) électrique	electrical room, electric installation	Schaltraum (m), elektrische Installationsanlage (f)	электрическое помещение (ср), электрическая установка (ж)
salle (f) d'entreposage	storage room	Abstellraum (m) / Lagerraum (m)	хранение (ср) (помещение)
salle (f) d'équipes	team quarters	Mannschaftsraum (m)	помещение (ср) команды
salle (f) des analyses (f), salle (f) d'examen	test room, examination room	Testraum (m), Untersuchungsraum (m)	осмотровой кабинет (м)
salle des casiers (m)	locker room	Umkleideraum (m)	раздевалка (ж)
salle des casiers (m) (femmes)	locker room (women)	Umkleideraum (m) (Frauen)	раздевалка (ж) (для женщин)
salle des casiers (m) (hommes)	locker room (men)	Umkleideraum (m) (Männer)	раздевалка (ж) (для мужчин)
salle (f) des ordinateurs (m)	computer room	Datenverarbeitungsraum (m)	вычислительная комната (ж)
salle (f) des professeurs	teachers' room	Lehrerzimmer (n)	учительская (ж)
salle (f) des services propres	clean utility room	reiner Versorgungsraum (m)	чисто хозяйственное помещение (ср)

Salle

FRANÇAIS	ANGLAIS	ALLEMAND	RUSSE
salle (f) des services souillés	soiled utility room	Versorgungsraum (m) (unrein)	хозяйственное помещение (ср) (для грязного белья)
salle (f) d'examens	examination room	Untersuchungsraum (m)	смотровой кабинет (м)
salle (f) d'examens (général)	examination room (general)	allgemeiner Untersuchungsraum (m)	общий смотровой кабинет (м)
salle (f) d'exercice	exercise room	Übungsraum (m)	зал (м) упражнения
salle (f) d'imprimerie	printing room	Vervielfältigungsraum (m) / Kopierraum (m)	типографическое помещение (ср)
salle (f) d'urologie (f)	urology room	Urologieraum (m)	урологическое помещение (ср)
salle (f) (espace) de repos	rest area, lounge	Aufenthaltsbereich (m), Aufenthaltsraum (m)	район (м) отдыха
salon (m) / salle de repos (f)	lounge / rest area	Aufenthaltsraum (m)	зал (м) ожидания / район (м) отдыха
sapin (m)	fir	Tanne (f)	пихта (ж)
sapin (m) Douglas	Douglas fir	Douglastanne (f)	пихта (ж) дугласова
saule pleureur (m)	weeping willow	Trauerweide (f)	плакучая ива (ж)
sauna (m)	sauna	Sauna (f)	финская парная баня (ж)
scellement (m), couche (f) de bitume, couche (f) de scellement en plastique, mastic (m) asphaltique à chaud	seal, bituminous layer, plastic-sealant layer, hot mastic asphalt	Abdichtung (f), Bitumenbahn (f), Kunststoffbahn (f), heißer Asphaltmastix (m)	уплотняюющий слой (м), битумная прокладка (ж), пластическая герметизирующая прокладка (ж), горячая асфальтовая мастика (ж)
scellement (m) horizontal (imperméabilisation horizontale)	horizontal sealing (damp-proofing)	waagerechte Abdichtung (f) (Feuchtigkeitssperre)	горизонтальное уплотнение (ср) (влагоизоляция)
sceller avec une membrane (f) d'étanchéité bitumineuse (couches)	seal-off with bituminous waterproofing membrane (layers)	Abdichtung (f) mit Bitumen-Dichtungshaut (f) (Schichten)	уплотнение (ср) с битумной гидроизоляционной мембраной (слои)
scène (f) / estrade (f)	stage	Bühne (f)	сцена (ж)
secrétaire (m / f)	secretary	Sekretärin (f), Sekretär (m)	секретарша (ж)

Secrétariat

FRANÇAIS	ANGLAIS	ALLEMAND	RUSSE
secrétariat (m)	secretariat	Sekretariat (n)	секретариат (м)
section (f) orthogonale (profilé carré)	square profile	Quadratprofil (n)	квадратный профиль (м)
section (f) tubulaire	tubular cross-section	Rohrquerschnitt (m)	трубчатое поперечное сечение (ср)
semelle (f) / aile (f) (poutre en acier)	flange (steel beam)	Gurt (m) (Stahlträger)	фланец (м) (стальная балка)
semelle (f) de fondation (f)	footing	Fundament (n) / Sockelfundament (m)	подошва (ж) фундамента
semelle (f) de fondation (f) / empattement (m) continu / empattement (m) de mur (m)	strip footing / continuous footing / wall footing	Streifenfundament (n)	ленточный фундамент (м) / фундамент (м) под стену
semelle (f) inférieure	bottom flange	Untergurt (m)	нижняя полка (ж)
séparateur (m) (feuille de protection) / feutre (m) un pli (m)	divider (cover sheet) / felt one(-)ply	Trennschicht (f) (Abdeckung) / einlagiger Filz (m)	разделитель (м) (покрывающий лист) / однослойный войлок (м)
serrure (f) à carte-clef (f)	key-card lock / smart card	Schlüsselkarte (f)	магнитная карта (ж) (замок)
serrure (f) de porte (f)	door lock	Türschloß (n)	дверной замок (м)
service (m) d'approvisionnement du gaz (m)	gas supply services	Gasversorgung (f)	служба (ж) газоснабжения
service (m) des eaux (f)	water service	Wasserversorgung (f)	водоснабжение (ср)
seuil (m) de porte	threshold / door saddle	Türschwelle (f)	порог (м) / дверной порог (м)
seuil (m) en aluminium (m)	aluminium (aluminum) threshold	Türschwelle (f) aus Aluminium (n)	алюминиевый порог (м)
seuil (m) en marbre et arrêt (m) de porte (f) au plancher (m)	marble threshold and floor doorstop	Türschwelle (f) aus Marmor (m) und Türstopper (m) am Fußboden (m)	мраморный порог (м) и половой ограничитель (м) открывания двери
siège (m) renforcé (cornière)	stiffened seat (angle)	Stützwinkel (m) mit Aussteifung (f) (Winkel)	жёстко заделываный монтажный поддерживающий уголок (м)
siège social (m) de la compagnie (f)	head office of company	Firmensitz (m) / Firmenniederlassung (f)	адрес (м) фирмы
signal (m)	beacon	Lichtsignal (n)	знак (м)

Signature

FRANÇAIS	ANGLAIS	ALLEMAND	RUSSE
signature (f)	signature	Unterschrift (f)	подпись (ж)
similaire à ... / égal(e) à ...	similar to ... / same as ...	ähnlich zu ... / wie ...	похожий на ... / как ...
similaire renversé	similar but reversed	ähnlich, doch umgekehrt	похожий но обратный
socle (m)	plinth	Sockel (m) / Mauersockel (m)	цоколь (м)
socle (m) de maçonnerie (f)	socle (base) of brickwork	Mauerwerksockel (m)	цоколь (м) (кирпичной) кладки
soffite (m)	soffit	Untersicht (f)	нижняя поверхность (ж)
sol (m) cohésif	cohesive soil	bindiger Boden (m)	связный грунт (м)
sol (m) existant	existing soil	vorhandener Erdboden (m)	существующий грунт (м) (земля)
sol (m) fini (variable)	finish grade (variable)	veränderliche Oberflächen-Fertigstellung (f) des Geländes (n)	верхняя грань (ж) отметки земли (ж) (переменная)
sol (m) meuble	loose soil	lockere Erde (f)	рыхлый грунт (м)
sol (m) naturel	natural ground	Erdreich (n) / Mutterboden (m)	натуральный грунт (м)
sol (m) non-portant (terre)	non(-)bearing ground (earth)	nicht tragfähiger Erdboden (m) (Erde)	ненесущий грунт (м) (земля)
sol (m) portant	bearing soil / load-bearing soil	tragender Untergrund (m) / tragfähiger Untergrund (m)	опорный грунт (м) / несущий грунт (м)
solin (m) d'aluminium (m)	aluminium (aluminum) flashing	Aluminium-Abdeckblech (n)	алюминиевый фартук (м)
solin (m) de cuivre (m)	copper flashing	Abdeckblech (n) aus Kupfer (n)	медный фартук (м)
solin (m) de fenêtre (f)	window flashing	Fensterverwahrung (f) / Brustblech (n)	оконный фартук (м)
solin (m) de noue (f)	valley flashing	Kehlblechverwahrung (f)	металлическое покрытие (ср) разжелобка
solin (m) en métal (m)	metal flashing	Abdeckblech (n) / Blechverwahrung (f) / Blechwinkel (m) / Winkelstreifen (m) aus Blech (n) /	металлический флашинг (м)

Solin

FRANÇAIS	ANGLAIS	ALLEMAND	RUSSE
solin (m) et contre-solin (m) en métal (m)	metal flashing and counter-flashing	Winkelstreifen (m) aus Blech (n) und Überhangsstreifen (m) aus Blech / Anschlußblech (n) und Überhangsblech (n)	металлический и противоположный флашинг (м)
solin (m), solin (m) métallique	flashing, metal flashing	Verwahrung (f), Abdeckblech (n) / Blechverwahrung (f)	фартук (м), металлический фартук (м)
solive (f) de grenier (m)	attic joist	Dachbalken (m)	мансардный брус (м)
solive (f) de plancher (m), poutre (f) de plancher	floor joist, floor beam	Deckenträger (m), Deckenbalken (m)	балка (ж) перекрытия
sondage (m) No. ... / trou (m) de forage No. ...	borehole No. ...	Bohrloch (n) Nr. ...	шпур (м) № ...
sortie (f)	exit	Ausgang (m)	выход (м)
sortie (f) de secours	fire escape / fire exit	Feuerfluchtweg (m)	запасной пожарный выход (м)
soudure (f) à l'atelier (m)	shop weld	Verschweißen (n) (werkseits)	сварной шов (м), выполняемый в заводских условиях
soudure (f) à recouvrement	lap weld	Schweißnahtüberlappung (f)	нахлёсточный сварной шов (м)
soudure (f) continue (soudure à la molette)	seam weld (continuous weld)	Nahtschweißung (f) (ununterbrochene Schweißung)	заварка (ж) шва (непрерывная сварка)
soudure (f) d'about	butt weld	Stumpfschweißung (f)	стыковое сварное соединение (ср)
soudure (f) de joint (m) à gorge (f)	coved seam weld	Kehlnahtschweißung (f)	угловой сварной шов (м)
soudure (f) étanche	waterproof weld	wasserdichte Schweißung (f)	водонепроницаемая сварка (ж)
soudure (f) par points	spot welding	Punktschweißung (f)	точечная сварка (ж)
soulèvement (m)	lifting / raising	Abhebung (f)	подъём (м)
soumission (f)	bid	Angebot (n) / Offerte (f)	заявка (ж) на подряд

Soumission

FRANÇAIS	ANGLAIS	ALLEMAND	RUSSE
soumission (f) (spécifications et dessins d'exécution inclus)	tender (specifications and working drawings included)	Ausschreibung (f) (muß Leistungsbeschreibungen und Ausführungszeichnungen beinhalten)	заявка (ж) на выполнение подряда (включая спецификации и рабочие чертежи)
soumissionnaire (m)	bidder (contractor)	Anbieter (m)	подрядчик (м), участвующий в торгах
soupape (f)	valve	Ventil (n)	клапан (м) / вентиль (м)
soupirail (m)	basement window	Kellerfenster (n)	подвальное окно (ср)
sous-dalle (f) en béton sur sous-sol (m)	concrete subslab on subsoil	Unterbeton (m) auf Erdreich (n)	бетонная подплита (ж) на подпочве
sous-sol (m)	basement / basement floor	Keller (m) / Kellergeschoßgrundriß (m) / Untergeschoßgrundriß (m)	подвал (м) / подвальный этаж (м)
sous-sol (m) partiel	partial basement	Teilunterkellerung (f)	полуподвал (м) (под зданием)
sous-sol (m) / sol (m) naturel	subsoil / natural ground	Erdreich (n) / gewachsener Boden (m)	подпочвенный слой (м) / естественный грунт (м)
sous-structure (f)	substructure	Unterbau (m) / Unterkonstruktion (f)	нижнее строение (ср)
sous-toit (m) non-isolé	non-insulated roof space	Kaltdach (n)	неизолированный чердак (м)
spécifications (f) / devis (m) descriptif	specifications	Leistungsbeschreibung (f)	технические условия (ср)
specimen (m)	specimen	Probe (f)	проба (ж)
store (m) (fenêtre)	window blind	Sonnenblende (f) (Fenster)	оконный навес (м)
store (m) roulant	roller blind	Rolladen (m)	шторный затвор (м)
structure (f) de toit (m) plat	flat roof structure	Flachdachkonstruktion (f)	структура (ж) плоской крыши
stuc (m)	stucco	Stuckgips (m)	штукатурка (ж)
stuc (m) de remplissage	fill-in stucco	Ausfachung (f) mit Außenputz (m) / Ausfachung (f) mit Stukkatur (f)	заполнение (ср) штукатуркой

FRANÇAIS	ANGLAIS	ALLEMAND	RUSSE
suintage (m) d'eau pluviale	rainwater trickle (seeping)	Regenwasserversickerung (f)	струйка (ж) дождевой воды
superstructure (f)	superstructure	Oberbau (m)	надземная часть (ж)
supervision (f) de projet (m)	project supervision	Projektbetreuung (f)	надзор (м) за проектом
support (m) d'acier (m)	steel support	Stahlstütze (f)	стальная опора (ж)
support (m) d'acier (m) extérieur, colonne (f)	exterior steel support, column	äußere Stahlstütze (f), Säule (f)	наружная стальная опора (ж), колонна (ж)
support (m) d'acier (m) intérieur (colonne)	interior steel support (column)	Innenstütze (f) aus Stahl (Säule)	внутренняя стальная опора (ж) (колонна)
support (m) de barrière (f) à neige (f) (toit)	snow barrier support (roof)	Schneefangstütze (f) (Dach)	опора (ж) снега (крыша)
support (m) de gouttière (f)	gutter hanger	Rinnenhalter (m)	хомут (м) (подвеска) крепления водосточного жёлоба
support (m) d'unité (f) de refroidissement d'air (sur le toit)	air cooling unit support (on roof)	Tragelement (n) des Luftkühlers (m) (auf dem Dach)	поддерживающий элемент (м) охлаждающего прибора (м) (на крыше)
support (m) en acier (m)	steel bracket	Stahllasche (f)	стальной кронштейн (м)
support (m) portant / console (f) portante	load-bearing support / load-bearing bracket	Abfangkonsole (f)	несущий опорный кронштейн (м)
sur la ligne (f) d'axe (m) ... seulement	on centre (center) line ... only	nur in Achsenlinie (f) ...	только на центровой линии (ж) ... / только на осевой линии (ж) ...
surcharge (f) de neige (f) additionnelle	additional snow load	zusätzliche Schneelast (f)	добавочный снеговой груз (м)
surface (f) bouchardée	bush hammered finish	aufgespitzte Oberflächenbehandlung (f)	точечная фактура (ж) (бетона)
surface (f) de porte (f)	door surface	Türfläche (f) / Türblattfläche (f)	поверхность (ж) двери
surface (f) d'habitation / espace (m) d'habitation	living area / dwelling area	Wohnfläche (f)	жилая площадь (ж)

Surface

FRANÇAIS	ANGLAIS	ALLEMAND	RUSSE
surface (f) lisse	smooth surface	glatte Oberfläche (f)	ровная порверхность (ж) / гладкая поверхность (ж)
surface (f) lissée à la truelle (f)	troweled surface	kellengeglättete Oberfläche (f)	железнённая бетонная поверхность (ж)
surface (f) marbrée	marbled surface	marmorierte Oberfläche (f)	мраморная поверхность (ж)
surface (f) saillante	offset plane (surface)	versetzte Ebene (f)	перемещённая плоскость (ж) (поверхность)
surface (f) totale brute (parcelle de terrain)	gross area / gross overall area (lot)	Außenfläche (f) / Gesamtfläche (f) / Grundstücksgröße (f)	общая площадь (ж) по наружному периметру (земельный участок)
surveillant (m) des travaux	clerk of the works	Bauleiter (m)	представитель (м) заказчика на стройплощадке
système (m) d'alarme	alarm system	Alarmanlage (f)	система (ж) аварийнойсигнализации
système (m) d'alarme-incendie (f)	fire alarm system	Feuermeldeanlage (f)	пожарная сигнализация (ж)
système (m) de conditionnement (m) d'air / conditionnement (m) d'air	air conditioning system / air conditioning	Klimatisierung (f) / Klimaanlage (f)	кондиционирование (ср) воздуха
système (m) de coordonnées (f)	grid system / coordinate system	Rastersystem (n) / Koordinatensystem (n)	объединённая энергосистема (ж) / система (ж) координат
système (m) de distribution	distribution system	Verteilungssystem (n)	система (ж) распределения
système (m) de génie mécanique	(mechanical engineering system)	System (n) der Haustechnik (f)	система (ж) сантехники
système (m) de gicleurs (m)	sprinkler system	Sprinklersystem (n)	система (ж) пожаротушения
système (m) de toiture (f) plate, préfabriquée et ventilée	prefabricated aerated flat roof construction	vorgefertigte, durchlüftete Flachdachkonstruktion (f)	конструкция (ж) сборной аэрированной плоской крыши
système d'égouts (m)	sewerage / sewage system	Kanalisation (f)	наружная канализационная сеть (ж)
système (m) d'évacuation	exhaust system	Entlüftungsanlage (f)	вытяжная система (ж)
systèmes (m) de mécanique et électricité	mechanical and electrical systems	Systeme (n) der Haustechnik (f)	системы (ж) механики и электротехники

Tableau

FRANÇAIS	ANGLAIS	ALLEMAND	RUSSE
T			
tableau (m) des finis (m)	finish schedule	Raum-Tabelle (f)	таблица (ж) комнат
tableau (m) des portes (f)	door schedule	Tür-Tabelle (f) / Tür-Stückliste (f)	спецификация (ж) дверей
tableau (m) / liste (f) des finis (m) intérieurs des pièces (f)	schedule of room interior finishes	Raumbuch (n)	книга (ж) о внутренней отделкой комнаты
tablette (f) de fenêtre (f) (intérieur)	window stool (interior)	Fensterbrett (n) / Holzunterfensterbank (f) / Unterfensterbank (f) / Innenfensterbank (f) (innen)	подоконная доска (ж) (внутренняя)
tablier (m) d'acier (m) en tôle (f) d'acier (cannelée ou plate)	steel deck of steel sheet (fluted or flat)	Trapezblech (n) oder flaches Stahlblech (n)	стальной настил (м) стальной листовой прокладки (каннелюранный или плоский)
tapis (m)	carpet	Teppich (m)	ковёр (м)
tapis (m) seulement (corridors)	carpets only (corridors)	nur Teppiche (m) (Gänge)	только ковры (м) (коридоры)
technique (f)	technique	Technik (f)	техника (ж) / методика (ж)
technologue en chef (m)	chief technologist	Cheftechniker (m)	главный техник (м)
teinture (f) à l'huile	oil stain	Ölbeize (f)	масляная протрава (ж)
télévision (f)	television	Fernsehen (n)	телевидение (ср)
terrain (m) de récréation / terrain (m) de jeux ou de sports	field / play-field	Spielfeld (n)	спортплощадка (ж) / площадка (ж) для игр
terrain (m) remblayé	filled soil	Auffüllung (f) mit Erde (f)	насыпной грунт (м)
terrasse (f)	terrace	Terrasse (f)	терраса (ж)
terrazzo (m)	terrazzo	Terrazzo (m)	терраццо (ср)
terre cuite (f)	terracotta	Terrakotta (m)	терракота (ж)
terre (f) / sol (m)	grade / terrain	Gelände (n) / Erdboden (m)	грунт (м)

Terreau

FRANÇAIS	ANGLAIS	ALLEMAND	RUSSE
terreau (m) / terre arable (f)	topsoil	Mutterboden (m)	растительный слой (м)
Tés (m) d'acier (ailes et âmes)	structural tees (flanges and webs)	T-Stahlsorten (Gurte und Stege)	структурные тройники (м) (полки и стенки)
tête (f) de chevron (m)	rafter head	Sparrenkopf (m)	вход (м) стропила
tête (f) de pieu (m)	pile head	Pfahlkopf (m)	оголовок (м) сваи
tige (f) d'acier (barre)	steel bar	Armierungsstab (m)	стальной арматурный стержень (м)
tige (f) de suspension	hanger rod	Abhänger (m) (Armierungsstab)	подвеска (ж) (стержневая)
tige de suspension (f) à ressort (m) à action rapide	quick-spring-loaded rod hanger	Ankerschnellabhänger (m) mit Feder (f)	быстроподпружиниванная стержневая подвеска (ж)
tige de suspension (f) à ressort (m) à ajustement rapide	quick-adjustable rod hanger with a built-in spring	Schnellspannabhänger (m)	быстрорегулируемая стержневая подвеска (ж) с встроенной пружиной
tiges (f) de suspension ajustables à ressort	adjustable rod hangers with built-in spring	Spannabhänger (m) mit Feder (f)	регулируемые стержневые подвески (ж) со встроенной пружиной (ж)
tilleul (m)	linden / lime tree	Linde (f)	липа (ж)
tirant (m) entre chevrons (m)	rafter tie	Firstlasche (f)	затяжка (ж) стропила
tire-fond (m)	lag bolt	Vierkantholzschraube (f)	глухарь (м), шуруп (м) с квадратной головкой под ключ
titre (m)	title	Aufschrift (f) / Titel (m)	титул (м)
titres (m) et remarques (f)	titles and remarks	Bezeichnungen (f) und Bemerkungen (f)	названия (ср) и замечания (ср)
toilette (f) d'invités	guest toilet	Gästetoilette (f)	туалет (м) / уборная (ж) для гостей
toilette (f) femmes	women's washroom	Damentoilette (f)	уборная (ж) для женщин
toilette (f) hommes	men's washroom	Herrentoilette (f)	уборная (ж) для мужчин
toilette (f) / salle (f) de toilette (f)	toilet / lavatory	Toilette (f) / Toilettenraum (m)	уборная (ж) / туалет (м)

toilettes

FRANÇAIS	ANGLAIS	ALLEMAND	RUSSE
toilettes (f) personnel	staff washroom	Personal WC (n)	уборная (ж) служебного персонала
toit (m) à pignon (m), pente (f) ... degrés	gabled roof, slope ... degrees	Satteldach (n), Neigung (f) ... Grad (m)	двускатная крыша (ж) / щипцовая крыша (ж), степень (ж) наклона ... градусов
toit (m) en croupe (f)	hipped roof	Walmdach (n)	вальмовая крыша (ж)
toit (m) en mansarde	gambrel roof	Mansarddach (n)	мансардная крыша (ж)
toit (m) plat / toiture (f) plate	flat roof	Flachdach (n)	плоская крыша (ж)
toit (m) saillant en appentis	offset lean-to roof	versetztes Pultdach (n)	перемещённая односкатная крыша (ж)
toiture (f) à pente (f) minimale avec plis de scellement de toiture (f) sur pontage de bois	roofing with a minimum slope and with roof sealant plies on wood form	Dach (n) mit minimaler Dachneigung (f) und mit Dachdichtungsbahnen (f) auf Holzschalung (f)	крыша (ж) с минимальным наклоном и со слоями (м) кровельного герметика на деревянной форме
toiture (f) à pignon (m) / toiture(f) à double pente	gable roof	Satteldach (n)	щипцовая крыша (ж) / двускатная крыша (ж)
toiture (f) de goudron (m) et gravier (m) (toiture lamellaire)	tar-gravel roofing (built-up roofing)	asphaltierte Dachschale (f) mit Kiesschüttung (f) (mehrschichtige Dachbahnen)	безрулонная кровля (ж) с щебёночной посыпкой (многослойная рулонная кровля)
toiture (f) en pente (f) raide	steep roof	Steildach (n)	крутая крыша (ж)
toiture (f) en porte-à-faux	cantilevered roof	auskragendes Dach (n)	консольная крыша (ж)
toiture (f) lamellaire	built-up roofing	mehrschichtige Dachhaut (f)	многослойная рулонная кровля (ж)
toiture (f) lamellaire à fini de gravier (m) sur tablier (m) de bois (m)	built-up flat roof with gravel finish on wood roof deck	Flachdach (n), mehrschichtige Dachhaut (f) mit Kiesschüttung (f) auf hölzerner Dachdecke (f)	многослойная рулонная кровля (ж) с гравийной поверхностью на деревянной плоской крыше
toiture (f) lamellaire posée sur madriers (m) de bois (m)	built-up roofing laid on wood planks	mehrschichtige Dachhaut (f) verlegt auf Holzbohlen (f)	многослойная рулонная кровля (ж), укладывана на деревянных досках (ж)

Toiture

FRANÇAIS	ANGLAIS	ALLEMAND	RUSSE
toiture (f) plate (surélevée et ventilée) au-dessus de la dalle (f) en béton armé (m)	flat roof structure (raised and ventilated) above reinforced concrete slab	gehobene, belüftete Flachdachkonstruktion (f) oberhalb Stahlbetonplatte (f)	структура (ж) вентилированной поднятой плоской крыши (ж) над железобетонной плитой (ж)
toiture (f) plate ventilée	aerated / ventilated flat roof	belüftetes Flachdach (n)	аэрированная плоская крыша (ж)
toiture (f) pleine en dalles (f) de béton (m) cellulaire	solid roof of cellular concrete roof slabs	Massivdach (n) aus Porenbeton-Dachplatten (f)	массивная крыша (ж) из ячеистых бетонных плит покрытия
toiture (f) pleine en pente de panneaux (m) de béton (m) cellulaire	solid sloped roof of cellular concrete panels	geneigtes Massivdach (n) aus Porenbeton-Dachplatten (f)	массивная наклонная крыша (ж) из ячеистых бетонных плит
toiture (f) portante	load-bearing roof	tragende Dachdecke (f)	опорная крыша (ж)
toiture (f) ventilée par le bas	vented roof from below	unterlüftetes Dach (n) / Kaltdach (n)	вентилированная крыша (ж) (снизу)
tôle (f) ondulée	corrugated sheet	Wellplatte (f)	волнистый лист (м)
tomographie (f)	tomography	Tomographie (f)	томография (ж)
tomographie (f) par ordinateur (m)	computer tomography	Computertomographie (f)	компьютерная томография (ж)
traitement (m) des égouts (m)	sewage treatment	Abwasserbehandlung (f)	обработка (ж) сточных вод
traitement (m) du bois (m)	wood treatment	Holzbehandlung (f)	деревянная обработка (ж)
trame (f) à angles (m) droits / coordonnées (f) orthogonales (f)	right-angle grid / orthogonal grid	rechtwinkliger Raster (m)	сетка (ж) под прямым углом
transmission (f) des données (f) informatiques	data transmission	Datenübertragung (f)	передача (ж) данных
trappe (f)	hatch	Klappe (f)	люк (м)
trappe (f) d'accès (m)	trapdoor, access panel	Falltür (f), Zugangsplatte (f)	люк (м), панель (ж) проступа
trappe (f) d'accès à la toiture (f)	roof hatch / hatchway to roof	Dachluke (f) / Dachausstiegsluke (f)	люк (м) в крыше
trappe (f) de plancher (m)	floor trap	Bodenklappe (f)	люк (м) пола
travailleur (m) social	social worker	Sozialarbeiter (m)	работник (м) социального обеспечения

Travaux

FRANÇAIS	ANGLAIS	ALLEMAND	RUSSE
travaux (m) de démolition (f)	demolition works	Abbrucharbeiten (m)	работы (ж) по сносу зданий
traverse (f) de tête (f) d'huisserie (f) (porte)	head jamb (door)	oberer Blockrahmen (m) / Blendrahmen (m) (Tür)	верхний брус (м) дверной коробки
traverse (f) supérieure de la fenêtre (f)	window head	Fensterriegel (m)	верхний брус (м) оконной рамы
travertin (m)	travertine	Travertin (m)	травертин (м)
treillis (m) d'armature	mesh reinforcement	Bewehrungsmatte (f)	арматурная сетка (ж)
treillis (m) d'armature en acier (m)	steel mesh reinforcing	Bewehrungsmatte (f) (Stahlgeflecht)	сварная стальная арматурная сетка (ж)
treillis (m) métallique	wire mesh	Drahtgewebe (n)	проволочная сетка (ж)
treillis (m) métallique (plâtre)	metal lath (plaster)	Metallgewebe (n) / Rippenstreckmetall (n) (Verputz)	металлическая сетка (ж) (под штукатурку)
treillis (m) Rabitz, treillis (m) métallique pour enduit	wire lath, Rabitz-wire lath	Drahtgeflecht (f), Rabitz-Drahtgeflecht (n)	металлическая ткань (ж), сетка (ж) Рабица (сетка для штукатурных работ)
trémie (f) d'ascenseur / cage (f) d'ascenseur (m)	elevator well / elevator shaft	Aufzugsschacht (m)	шахта (ж) лифта
trémie (f) de monte-plats (m)	dumbwaiter cage	Speiseaufzugskabine (f) / Aufzugskabine (f)	кабина (ж) кухонного лифта
tringle (f) biseautée (bois)	cant (wood)	Holzkeil (m) / Randkeil (m) aus Holz (n)	трёхкантный брус (м) (деревянный)
tringle (f) biseautée de toiture (f)	roof cant strip	Randkeil (m) / Keil (m) des Daches (n)	деревянное треугольное сечение (ср)
tringle (f) biseautée en bois (m)	wood cant strip	Holzkeil (m) / hölzerner Randkeil (m)	деревянный трёхкантный прут (м)
tringle (f) biseautée en isolant (m)	cant strip (insulation)	Dämmstoffkeil (m) / Randkeil (m) aus Dämmstoff (m)	изоляционный трёхкантный прут (м) (изоляционный материал)

Trois

FRANÇAIS	ANGLAIS	ALLEMAND	RUSSE
trois-plis de feutre (m) goudronné chacun imprégné d'une couche (f) de bitume (m) à chaud	three-ply tarred felt, each mopped with hot pitch	dreilagige Teerpappe (f), jede mit heißem Pech (n) bestrichen	трёхслойный толь-кожа (м), каждый покрыт жарким пеком (м)
tronc (m) d'arbre (m)	tree trunk	Baumstamm (m)	ствол (м) дерева
trottoir (m)	sidewalk	Bürgersteig (m)	тротуар (м)
trottoir (m) en béton (m)	concrete sidewalk	betonierter Bürgersteig (m)	бетонный тротуар (м)
trou (m) d'accès pour inspection (f) (trou d'homme)	opening for inspection (manhole)	Revisionsöffnung (f) (Einsteigloch)	отверстие (ср) для проверки (колодца)
trou (m) de forage	drill hole	Bohrloch (n)	шпур (м)
trou (m) de nettoyage	clean-out hole	Reinigungsöffnung (f)	лючок (м) для прочистки воздуховода
trou (m) d'homme	manhole	Einsteigloch (n) / Schachtloch (n)	лаз (м) / люк (м)
tubage (m) de pieu (m) coulé	pile casing	Pfahlrohr (n)	обсадная труба (ж)
tube (m) rectangulaire	rectangular tube	Vierkantrohr (n)	труба (ж) прямоугольного сечения
tuile (f) acoustique / carreau (m) acoustique	acoustical tile	Schallschluckfliese (f) / Schallschluckplatte (f)	акустическая облицовочная плитка (ж)
tuile (f) / carreau (m)	tile	Fliese (f)	плитка (ж)
tuile (f) de saillie (f) (d'avant-toit) de toiture (f)	roofing tile of verge	Ortgangziegel (m) / Ortgangstein (m)	свес (м) крыши со стороны фронтона кровельной черепицы
tuile (f) de toiture (f)	roofing tile	Dachziegel (m) / Dachstein (m)	кровельная черепица (ж)
tuile (f) de toiture (f) en béton (m)	concrete roof tile	Dachziegel aus Beton (m)	кровельная бетонная черепица (ж)
tuile (f) de toiture (f) en terre cuite (f)	clay roof tile	Dachziegel (m) aus Ton (m)	кровельная глиняная черепица (ж)
tuile (f) de vinyle, tuile (f) de PVC	vinyl tile, PVC tile	Vinyl-Fliese (f), PVC-Fliese (f)	поливинилхлоридная плитка (ж)
tuile (f) en béton (m)	concrete tile	Betonfliese (f)	бетонная черепица (ж)
tuile (f) en terre cuite (f)	clay tile	Tonziegel (m)	глиняная черепица (ж)

Tuile

FRANÇAIS	ANGLAIS	ALLEMAND	RUSSE
tuile (f) faîtière	arris hip tile	First- und Gratziegel (m)	коньковая вальмовая черепица (ж)
tuile (f) vinyle-amiante (amiante vinylique)	vinyl asbestos tile	Vinylasbest-Fliese (f)	виниласбестовая плитка (ж)
tuiles (f) de plafond apparentes	exposed ceiling tiles	Decken-Sichtplatten (f)	видные плитки (ж) потолка
tuiles (f) de plafond (m) en aluminium perforé	aluminium (aluminum) perforated ceiling tiles	Aluminium-Lochplattendecke (f)	алюминиевые перфорированные плитки (ж) потолка
tuiles (f) de plancher (m) à la colle (f) adhésive (méthode d'adhésif mince)	floor tiles in glue (thin-set method)	Bodenfliesen (f) im Dünnbettverfahren (n)	керамические плитки (ж) в клее (тонкослойный метод)
tuiles (f) de plancher (m) sur lit (m) de mortier (m) (méthode conventionnelle)	floor tiles in mortar bed (conventional method)	Bodenfliesen (f) im Mörtelbett (n) (im Dickbettverfahren (n))	керамические плитки (ж) на растворной постеле (обычный метод)
tuiles (f) murales (méthode d'adhésif mince)	wall tiles (thin-set method)	Wandfliesen (f) im Dünnbettverfahren (n)	стеновые плитки (ж) (метод мелкодисперсного раствора)
tunnel (m)	tunnel	Tunnel (m)	туннель (м)
tuyau (m)	tube	Rohr (n)	труба (ж)
tuyau (m) d'acier fixé au plomb (m) fondu	steel pipe set in molten lead	Stahlrohr (n) in geschmolzenes Blei (n) gesetzt (verankert)	стальная труба (ж), встроенная и поставленная в расплавленном свинце
tuyau (m) d'aération ouvert	open vent pipe	offenes Entlüftungsrohr (n)	открытая вентиляционная труба (ж)
tuyau (m) de drainage (m)	drain pipe	Entwässerungsrohr (n)	дренажная труба (ж)
tuyau (m) de drainage avec isolation (f) thermique	drain pipe with thermal insulation	Abflußrohr (n) / Entwässerungsrohr (n) mit Wärmedämmung (f)	дренажная труба (ж) с теплоизоляцией
tuyau (m) de fonte (f)	cast iron pipe	Gußeisenrohr (n)	чугунная труба (ж)
tuyau (m) de vapeur	vapour (vapor) stack	Dunstrohr (n)	паровая труба (ж)
tuyau (m) de ventilation	vent pipe	Entlüfterstutzen (m) / Entlüftungsrohr (n)	вытяжная труба (ж) / вентиляционная труба (ж)

Tuyauterie

FRANÇAIS	ANGLAIS	ALLEMAND	RUSSE
tuyauterie (f)	pipeline	Rohrleitung (f)	трубопровод (м)
type (m)	type	Typ (m)	тип (м)
type (m), bois (m): ...	type, wood: ...	Typ (m), Holz (n): ...	тип (м), дерево (ср): ...
type (m) d'assemblage (m) à soudure (f)	type of welded connection	Schweißnahtart (f)	тип (м) сварного соединения
type (m) de construction (f) (en bois, en acier, en béton armé)	type of building construction (in wood, in steel, in reinforced concrete)	Bauweise (f) (in Holz, in Stahl, in Stahlbeton)	тип (м) конструкции постройки (деревянная, стальная, железобетонная)
type (m) de construction (f) (urbanisme)	type of building construction (town planning / urban planning)	Bauweise (f) (Städtebau / Stadtplanung)	тип (м) домостроения (градостроительство)
type (m) de fenêtre (f)	window type	Fenstertyp (m)	оконный тип (м)
type (m) du bâtiment (m)	type of building	Bauart (f)	тип (м) здания
types (m) des portes (f)	door types	Türtypen (f)	типы (м) дверей
typique	typical	typisch	типический

U

FRANÇAIS	ANGLAIS	ALLEMAND	RUSSE
ultra-sonographie (f)	ultrasound	Ultraschall (m)	ультразвуковая диагностика (ж)
unité (f) modulaire	modular unit	Modulbauelement (n)	модульный строительный элемент (м)
urgence (f)	emergency	Unfallstation (f)	общая неотложная помощь (ж)
utilisation (f) du bâtiment (m)	building use	Gebäudenutzung (f)	использование (ср) постройки

V

FRANÇAIS	ANGLAIS	ALLEMAND	RUSSE
vacarme (m) / fracas (m)	noise burden	Lärmbelastung (f)	зашумлённость (ж)
vallée (f), chevron (m) de noue	valley, valley rafter	Kehle (f), Kehlsparren (m)	разжелобок (м), стропильная нога (ж) разжелобка

Vasistas

FRANÇAIS	ANGLAIS	ALLEMAND	RUSSE
vasistas (m) / imposte (f)	transom	Kämpfer (m)	горизонтальный импост (м) / фрамуга (ж)
vasistas (m), imposte (f)	transom window	Fensterbelüftungsklappe (f)	фрамуга (ж), окно (ср) с фрамугой (ж)
vente (f) en gros de quincaillerie (f), vente (f) de détail de quincaillerie (f)	hardware wholesale, hardware retail	Haushalt- und Eisenwarenhandlung (f), im Großen, im Kleinen	аппаратная оптовая торговля (ж), аппаратная розничная продажа (ж)
ventilateur (m)	fan / blower	Ventilator (m)	вентилятор (м)
ventilateur (m) de plafond	ceiling fan	Deckenventilator (m)	потолочный вентилятор (м)
ventilateur (m) de retour d'air (m)	return air fan	Umluftventilator (m)	вентилятор (м) рециркуляционного воздуха
ventilation (f)	ventilation	Lüftung (f)	вентиляция (ж)
ventilation (f) artificielle	artificial ventilation	künstliche Belüftung (f)	искусственная вентиляция (ж)
ventilation (f) entre chevrons	ventilation between rafters	Belüftung (f) zwischen Sparren (m)	вентиляция (ж) между стропилами
ventilation (f) entre fourrures (f) sous lattes (f)	ventilation between furrings under lattice (lath)	Belüftung (f) zwischen Grundlatten (f) / Grundlattung (f)	вентиляция (ж) между основаниями под рейкой
vérifier les dimensions sur les lieux avant de commander les portes (voir dessin No. ...)	verify dimensions on site before ordering doors (see drawing No. ...)	überprüfe die Dimensionen (Maße) auf der Baustelle vor der Türenbestellung (siehe Bauplannummer ...)	проверяйте размеры на стройплощадке до заказа двери (смотри чертёж № ...)
vernis (m) / laque (f)	varnish	Lack (m)	лак (м)
verre (m) à vitre	sheet glass	Tafelglas (n) / Plattenglas (n)	листовое оконное стекло (ср)
verre (m) à vitres (f)	window glass	Fensterglas (n)	оконное стекло (ср)
verre (m) armé (porte, fenêtre)	wire-glass (door, window)	Drahtglas (n) (Tür, Fenster)	армированное стекло (ср) (дверь, окно)
verre (m) dépoli	obscure glass / frosted glass	Mattglas (n)	дымчатое стекло (ср)

Verre

FRANÇAIS	ANGLAIS	ALLEMAND	RUSSE
verre (m) dépoli / verre (m) opalin	frosted glass / opal glass	Mattglas (n) / Milchglas (n)	матированное стекло (ср) / опаловое стекло (ср)
verre (m) laminé	laminated glass	Verbundglas (n)	многослойное стекло (ср)
verre (m) trempé (porte, fenêtre)	tempered glass (door, window)	gehärtetes Glas (n) (Tür, Fenster)	закалённое стекло (ср) (дверь, окно)
verre (m) / vitre (f)	glass	Glas (n) / Glasscheibe (f)	стекло (ср) / оконное стекло (ср)
verrière (f) (plate)	skylight (flat)	Dachflächenfenster (n)	плоский фонарь (м) верхнего света
verrou (m)	latch	Sperrklinke (f)	дверная пружинная защёлка (ж)
vert	green	grün	зелёный
vestiaire (m)	coatroom / cloakroom	Garderobe (f) / Kleiderablage (f)	гардероб (м) / раздевалка (ж)
vestibule (m)	vestibule	Vorraum (m)	вестибюль (м)
vis (f)	screw	Schraube (f)	винт (м)
vis (f) et manchon (m) en plomb	screw and lead shield	Dübelschraube (f) und Spreizdübel (m) aus Blei	винт (м) и свинцовая оболочка (ж)
vis (f) fraisée	countersunk screw	Spezial-Senkholzschraube (f)	винты (м) потайными головками
vis (f) taraud	tapping screw	selbstschneidende Schraube (f)	самонарезающий винт (м)
vitrage (m) isolant / double vitrage (m)	insulating glass / double glazing	Isolierverglasung (f) / Doppelscheibe (f) / Doppelverglasung (f)	двухслойное глазурование (ср) / двойное остекление (ср)
vitrage (m) multiple	multiple glazing	Mehrfachverglasung (f)	многослойное остекление (ср)
vitrage (m) simple	single glazing	Einfachverglasung (f)	одинарное остекление (ср)
vitre (f)	pane of glass	Glasscheibe (f)	листовое стекло (ср)
voie (f)	lane	Seitenweg (m)	переулок (м)
voie (f) de secours / route (f) de secours	escape route	Rettungsweg (m) / Fluchtweg (m)	маршрут (м) эвакуации
voir coupe (f) ...	see section ...	siehe Schnitt (m) ...	смотри разрез (м) ...

Voir

FRANÇAIS	ANGLAIS	ALLEMAND	RUSSE
voir dessin (m) ...	see drawing ...	siehe Bauzeichnung (f) ... / siehe Bauplan (m) ...	смотри чертёж (м) ...
voir détail (m) pour assemblage (m) de toiture (f)	see detail for roof connection	siehe Detail (m) für Dachanschluß (m)	смотри деталь (ж) для основания (ср) крыши
voir détail (m) pour empattements (m)	see detail for footings	siehe Fundamentdetail (n)	смотри деталь (ж) для оснований (ср)
voir détail (m) ... pour les consoles (f) soudées servant de supports (m) pour la dalle (f) nervurée en béton armé (m) (dalle de plancher)	see detail ... for welded brackets serving as supports for ribbed reinforced concrete slab (floor slab)	siehe Detail (m) ... für angeschweißte Konsolen (f), die als Auflager (n) der Stahlbetonrippendecke (f) dienen	смотри деталь ... для сварных кронштейнов, использовающихся как опоры для ребристой железобетонной плиты
voir détail (m) pour mur (m) extérieur sans espace d'air (m) ni isolation (f)	see detail for exterior wall without air space and insulation	siehe Detail (n) für Außenwand (f) ohne Hinterlüftung (f) und Wärmedämmung (f)	смотри деталь (ж) для наружной стены (ж) без воздушного пространства (ср) и изоляции (ж)
voir détail (m) pour socle (m) de béton (m) au niveau du sol (m) fini et des empattements (m)	see detail for concrete base at finish grade and footings	siehe Detail (n) für Sockel (m), Oberkante Gelände (n) und Fundamente (n)	смотри деталь (ж) для бетонного основания (ср) у поверхности отметки (ж) земли и оснований (ср)
voir détails (m) sur dessin (m) No. ...	for details see drawing No. ...	für Details (n) siehe Bauzeichnung (f) Nr. ...	для деталей (ж) смотри чертёж № ...
voir devis (m), chapitre (m) ...	see specification, section ...	siehe Leistungsbeschreibungstext (m), Abschnitt (m) ...	смотри спецификацию (ж), секцию ...
voir devis (m) pour la légende (f) des peintures (f)	see specification for legend of paints	siehe Leistungsbeschreibung (f) bezüglich Farbauswahl (f)	смотри спецификацию (ж) для объяснения красок (ж)
voir devis (m) section (f) ...	see section ... of specification	siehe Absatz (m) ... in der Leistungsbeschreibung (f)	смотри секцию (ж) ... спецификации
volée (f) d'escalier (m)	flight of stairs / stair flight	Treppenlauf (m)	марш (м) (лестничный)
volet (m)	damper	Drosselklappe (f)	дроссельный клапан (м)
volet (m) d'aération (porte)	door vent	Luftklappenprofil (n) (Tür)	дверной вентиляционная решётка (ж)

Volet

FRANÇAIS	ANGLAIS	ALLEMAND	RUSSE
volet (m) (registre) manuel	manual damper	Handluftklappe (f)	ручной воздушный клапан (м)
volume (m) du bâtiment (m)	building volume	Gebäudevolumen (n)	объём (м) постройки
volume (m) du trafic (m)	traffic volume	Verkehrsaufkommen (n)	интенсивность (ж) движения
vue (f) du: ...	view from: ...	Schaubild (n) von: ... / Sicht (f) von: ...	наблюдение (ср) с: ...

W

FRANÇAIS	ANGLAIS	ALLEMAND	RUSSE
W. C. (m) et douche (f)	W. C. and shower	WC (n) und Dusche (f)	уборная (ж) и душ (м)

Z

FRANÇAIS	ANGLAIS	ALLEMAND	RUSSE
zone (f) d'entrée	entrance area / entrance zone	Eingangsbereich (m)	входная зона (ж)
zone (f) pare-feu	fire zone	Brandabschnitt (m)	противопожарная зона (ж)

РУССКИЙ
АНГЛИЙСКИЙ
НЕМЕЦКИЙ
ФРАНЦУЗСКИЙ

Абразивное

A

РУССКИЙ	АНГЛИЙСКИЙ	НЕМЕЦКИЙ	ФРАНЦУЗСКИЙ
абразивное покрытие (ср) пола (бетонное)	abrasive topping (concrete)	rauher Estrich (m) (Beton)	chape (f) à fini (m) abrasif (béton)
аварийная лестница (ж)	emergency stair	Fluchttreppe (f)	escalier (m) de secours / d'urgence
аварийное освещение (ср)	emergency lighting	Notbeleuchtung (f)	éclairage (m) de secours
автоматический	automatic	automatisch	automatique
автоматический закрыватель (м) двери	automatic door closer	automatischer Türschließer (m)	ferme-porte (m) automatique
административное здание (ср)	office building	Bürohaus (n)	édifice (m) à bureaux
администрация (ж)	administration	Verwaltung (f)	administration (f)
адрес (м)	address	Anschrift (f) / Adresse (f)	adresse (f)
адрес (м) фирмы	head office of company	Firmensitz (m) / Firmenniederlassung (f)	siège social (m) de la compagnie (f)
акведуки (м) и канализационные трубы (ж)	water and sewage lines	Wasser- und Abwasserleitungen (f)	aqueducs (m) et conduits (m) d'égout
акустическая облицовочная плитка (ж)	acoustical tile	Schallschluckfliese (f) / Schallschluckplatte (f)	tuile (f) acoustique / carreau (m) acoustique
акустическая строительная доска (ж)	acoustical building board	akustische Bauplatte (f) / Schalldämmplatte (f)	panneau (m) de construction (f) acoustique
акустическая штукатурка (ж)	acoustical plaster	Akustikputz (m)	enduit (m) acoustique
акустический и теплоизоляционный слой (м) (плиты)	acoustical and thermal insulation layer (boards)	Schall- und Wärmedämmschicht (f) (Tafeln)	couche (f) d'isolation (f) thermique et acoustique (planches)
акустический потолок (м)	acoustical ceiling	Akustikdecke (f)	plafond (m) acoustique
альков (м) / ниша (ж)	alcove / bay	Alkoven (m) / Nische (f)	alcôve (f) / baie (f)
алюминиевая фольга (ж)	aluminium (aluminum) foil	Aluminiumfolie (f)	feuille (f) d'aluminium (m)

Алюминиевое

РУССКИЙ	АНГЛИЙСКИЙ	НЕМЕЦКИЙ	ФРАНЦУЗСКИЙ
алюминиевое окно (ср)	aluminium (aluminum) window	Aluminiumfenster (n)	fenêtre (f) en aluminium (m)
алюминиевое окно (ср) с теплоизолирующим разрывом (м)	aluminium (aluminum) window with thermo-break	thermisch getrenntes Aluminiumfenster (n)	fenêtre (f) en aluminium (m) avec arrêt (m) thermique
алюминиевые перфорированные плитки (ж) потолка	aluminium (aluminum) perforated ceiling tiles	Aluminium-Lochplattendecke (f)	tuiles (f) de plafond (m) en aluminium perforé
алюминиевый кессонный подшивной потолок (м)	aluminium (aluminum) panelled ceiling	Aluminium-Paneeldecke (f)	plafond (m) en panneaux (m) d'aluminium (m)
алюминиевый обшиванный фасад (м) (ненесущая стена)	aluminium-sheathed elevation (curtain wall)	Außenwandbekleidung (f) aus Aluminium (n) (Vorhangfassade)	façade (f) à parement (m) en aluminium (mur-rideau)
алюминиевый порог (м)	aluminium (aluminum) threshold	Türschwelle (f) aus Aluminium (n)	seuil (m) en aluminium (m)
алюминиевый потолок (м)	aluminium (aluminum) ceiling	Aluminiumdecke (f)	plafond (m) d'aluminium (m)
алюминиевый профиль (м) фартука	aluminium (aluminum) flashing profile	Aluminium-Abdeckblechprofil (n)	coupe (f) (profilé) du solin (m) en aluminium
алюминиевый фартук (м)	aluminium (aluminum) flashing	Aluminium-Abdeckblech (n)	solin (m) d'aluminium (m)
алюминий (м)	aluminium (aluminum)	Aluminium (n)	aluminium (m)
амбулаторные больные (м)	outpatients	ambulante Patienten (m)	patients (m) externes / malades (m /f) externes
амортизационный сыпучий материал (м)	loose fill	lose Schüttung (f)	remblayage (m) en terre meuble
амфитеатр (м)	amphitheatre	Amphitheater (n)	amphithéâtre (m)
ангидритная стяжка (ж) (бетонная, цементная)	anhydrite-topping (concrete, cement)	Anhydritestrich (m) (Beton, Zement)	chape (f) d'anhidrite (béton, ciment)
английская кирпичная перевязка (ж)	English brick bond	Blockverband (m)	appareil (m) de maçonnerie (f) anglais
английская (крестовая) кирпичная перевязка (ж)	English (cross) brick bond	Kreuzverband (m)	appareil (m) anglais (croisé) de maçonnerie (f)

Анкер

РУССКИЙ	АНГЛИЙСКИЙ	НЕМЕЦКИЙ	ФРАНЦУЗСКИЙ
анкер (м)	anchor	Anker (m)	ancre (f) /ancrage (m)
анкер (м) в форме ласточкина хвоста	dovetail anchor	Schwalbenschwanzanker (m)	ancrage (m) en queue (f) d'aronde
анкер (м) дверной коробки (для оконной или дверной вертикальной обвязки)	jamb anchor (for window jamb or door jamb)	Befestigungsanker (m) (für Fensterleibung oder Türleibung)	patte (f) à scellement (pour cadre de fenêtre ou de porte)
анкер (м) с резьбой	threaded anchorage	Gewindeverankerung (f)	ancrage (m) fileté
анкерная балка (ж) / затяжка (ж), прогоны (м) у базы крыши (крыша с висячими стропильными фермами)	tie-beam / collar beam, purlins at base (couple roof with purlins)	Zangenbalken (m) / Kehlbalken (m), Fußpfette (f) (Kehlbalkendach)	poutre-tirant (f), arbalétrier (m) (comble à deux versants sur arbalétriers avec pannes)
анкерный болт (м)	anchor bolt	Ankerbolzen (m)	boulon (m) d'ancrage
анкерный болт (м) на межцентровом расстоянии ...	anchor bolt ... centre (center) to centre (center)	Ankerbolzen (m) im Achsenabstand (m) von ...	boulon (m) d'ancrage ... centre à centre
анкерный паз (м)	anchor slot	Ankerführung (f)	rainure (f) d'ancrage (m)
анкеровка (ж) / крепление (ср)	anchoring	Verankerung (f)	ancrage (m)
анодирование (ср)	anodizing	Anodisieren (n)	anodisation (f)
аппаратная оптовая торговля (ж), аппаратная розничная продажа (ж)	hardware wholesale, hardware retail	Haushalt- und Eisenwarenhandlung (f), im Großen, im Kleinen	vente (f) en gros de quincaillerie (f), vente (f) de détail de quincaillerie (f)
арматура (ж)	reinforcing	Bewehrung (f)	armature (f)
арматура (ж) периодического профиля со крюками на конце	straight bar with hooked ends	gerader Stab (m) mit Winkelhaken (m)	barre (f) droite avec crochets (m) aux extrémités (f)
арматурная сетка (ж)	mesh reinforcement	Bewehrungsmatte (f)	treillis (m) d'armature
арматурная сталь (ж)	reinforcing steel	Bewehrungseisen (n)	acier (m) d'armature
арматурная сталь (ж) (бетонная)	reinforcing steel (concrete)	Betonstahl (m) / Bewehrungseisen (n)	acier (m) d'armature à béton

Арматурный

РУССКИЙ	АНГЛИЙСКИЙ	НЕМЕЦКИЙ	ФРАНЦУЗСКИЙ
арматурный стальный стержень (м) / арматурный стальный прокат (м)	reinforcing steel bar	Armierungsstab (m) / Stahlbetonstab (m)	barre (f) d'armature d'acier (m)
армированная кладка (ж)	reinforced masonry	Mauerwerk (n) mit Bewehrung (f)	maçonnerie (f) armée
армированная штукатурка (ж)	reinforced plaster	bewehrter Putz (m)	plâtre (m) armé
армированное стекло (ср) (дверь, окно)	wire-glass (door, window)	Drahtglas (n) (Tür, Fenster)	verre (m) armé (porte, fenêtre)
архитектор (м)	architect	Architekt (m)	l'architecte (m)
архитектор (м) по ландшафту	landscape architect	Garten- und Landschaftsarchitekt (m)	architecte (m) paysagiste
архитектура (ж) ландшафта	landscape architecture	Landschaftsarchitektur (f)	architecture (f) paysagiste
архитектурное бюро (ср)	architectural office	Architekturbüro (n)	bureau (m) d'architecture (f)
архитектурное партнёрство (ср)	architectural partnership	Architektengemeinschaft (f)	partenariat (m) d'architecture (f)
архитектурный институт (м)	architectural institute	Architektenkammer (f)	institut (m) d'architecture (f)
архитектурный облом (м)	ceiling moulding	Deckenleiste (f)	moulure (f) de plafond (m)
асбест (м)	asbestos	Asbest (m)	asbeste (m) / amiante (m)
асбестная плита (ж)	asbestos board	Asbestplatte (f)	planche (f) d'amiante (m)
асбестоцементная кровельная плитка (ж)	asbestos(-)cement shingle	Dachschindel (f) aus Asbestzement (m)	bardeau (m) de ciment (m) d'amiante
асбестоцементная овлицовочная плита (ж)	asbestos(-)cement board	Asbestzementplatte (f)	plaque (f) d'amiante-ciment
ассоциация (ж) владелцов	owners' association	Eigentümergemeinschaft (f)	association (f) des propriétaires
асфальтьтовый тротуар (м)	asphalt paving	Asphaltbelag (m)	pavage (m) en asphalte
асфальт (м) / битум (м)	asphalt / bitumen	Asphalt (m) / Bitumen (n)	asphalte (m) / bitume (m)
асфальт (м) и гравий (м)	asphalt and gravel	Asphalt (m) und Kies (m)	asphalte (m) et gravier (m)
асфальтовая защитная плита (ж)	asphalt protection board	asphaltierte Schutzplatte (f)	planche (f) de protection asphaltée

РУССКИЙ	АНГЛИЙСКИЙ	НЕМЕЦКИЙ	ФРАНЦУЗСКИЙ
асфальтовая мастика (ж)	mastic asphalt	Gußasphalt (m)	asphalte (m) coulé
аэрированная плоская крыша (ж)	aerated / ventilated flat roof	belüftetes Flachdach (n)	toiture (f) plate ventilée
аэрированное пространство (ср)	aerated / ventilated space	Durchlüftungsraum (m)	espace (m) ventilé

Б

РУССКИЙ	АНГЛИЙСКИЙ	НЕМЕЦКИЙ	ФРАНЦУЗСКИЙ
база (ж) фартука (металлическая) / нижний листовой металл (м) (угловой)	base flashing (metal)	Blechwinkel (m) / Winkelstreifen (m) aus Blech (n)	plinthe-solin (f) (métal)
балка (ж) / прогон (м)	beam	Balken (m) / Träger (m)	poutre (f) / poutrelle (f)
балка (ж) двутаврового сечения	I-beam	mittelbreiter I-Täger (m)	poutre (f) double Té
балка (ж) двутаврового сечения / балка (ж) двутаврового сечения шерокой полки (балки)	I-beam / wide flange I-beam	mittelbreiter I-Träger (m)	poutre (f) en I / poutre (f) double-Té à larges semelles (f)
балка (ж) как столб ворот, шпренгельная балка (ж) с одной стойкой, шпренгельная балка (ж) со двумя стойками	beam as hanging-post, king-posted beam for one post, queen-posted beam for two posts	unterspannter Profilräger (m) mit einem Steg (m), mit zwei Stegen (m)	poutre (f) à arbalète (f), arbalète à un poinçon (m), arbalète à deux poinçons
балка (ж) коробчатого сечения	box beam, box girder	Kastenträger (m)	poutre (f) à caisson
балка (ж) перекрытия	floor joist, floor beam	Deckenträger (m), Deckenbalken (m)	solive (f) de plancher (m), poutre (f) de plancher
балка (ж) прямоугольного сечения	rectangular beam	rechteckiger Balken (m)	poutre (f) rectangulaire
балка (ж) с защемлёнными концами	restrained beam	eingespannter Balken (m) / Träger (m)	poutre (f) encastrée
балка (ж) таврового сечения / тавровая балка (ж)	Tee-beam / T-beam	beiderseitiger Plattenbalken (m) / T-Träger (m)	poutre (f) en Té
балкон (м)	balcony	Balkon (m)	balcon (m)
балконная плита (ж)	balcony slab	Balkonplatte (f)	dalle (f) de balcon (m)

Балконная

РУССКИЙ	АНГЛИЙСКИЙ	НЕМЕЦКИЙ	ФРАНЦУЗСКИЙ
балконная плита (ж) на двусторонных стенках	balcony slab on two-sided wall tongues	Balkonplatte (f) auf seitlichen Mauerscheiben (f)	dalle (f) de balcon appuyée sur deux murets (m) latéraux
балконная плита (ж) на консольных балках	balcony slab on cantilevered beams	Balkonplatte (f) auf Trägern (m) / Balkonplatte (f) auf Kragträgern (m)	dalle (f) de balcon (m) sur poutres (f) en encorbellement
балконная плита (ж) на консолях и свободностоящих колоннах	balcony slab on consoles and freestanding columns	Balkonplatte (f) auf Konsolen (f) und freistehenden Stützen (f)	dalle (f) de balcon sur consoles (f) et colonnes (f) libres
балконный парапет (м)	balcony parapet	Balkonbrüstung (f)	parapet (m) de balcon (m)
балочное и ребристое перекрытие (ср)	beam and slab floor	Plattenbalkendecke (f)	plancher (m) en poutres (f) et dalles (f)
балюстрада (ж) / перила (ср) (лестница)	balustrade / railing (stair)	Geländer (n) / Treppengeländer (n)	balustrade (f) (éscalier)
балясина (ж)	baluster	Geländerpfosten (m)	balustre (m)
без асбеста (м)	free of asbestos	asbestfrei	libre d'amiante (f)
безбалочное грибовидное перекрытие (ср) / плоская железобетонная плита (ж) с надкапительными плитами	mushroom slab / flat slab with drop panels	Pilzkopfdecke (f) / Stahlbetonplattendecke (f) mit verdickten Auflagerbereichen (f)	dalle-champignon (f) / dalle (f) unie de plancher à panneaux (m) surbaissés
безрулонная кровля (ж) с щебёночной посыпкой (многослойная рулонная кровля)	tar-gravel roofing (built-up roofing)	asphaltierte Dachschale (f) mit Kiesschüttung (f) (mehrschichtige Dachbahnen)	toiture (f) de goudron (m) et gravier (m) (toiture lamellaire)
безшовное покрытие (ср) пола	seamless floor	fugenloser Fußboden (m)	revêtement (m) de sol sans joints (m)
белая сосна (ж)	white pine	Weißkiefer (f)	pin blanc (m)
берёза (ж)	birch	Birke (f)	bouleau (m)
бетон (м)	concrete	Beton (m) / Normalbeton (m)	béton (m)
бетон (м), приготовленный на стройплощадке	mixed in place concrete (construction site)	Baustellenbeton (m)	béton (m) préparé au chantier (m)

Бетонирование

РУССКИЙ	АНГЛИЙСКИЙ	НЕМЕЦКИЙ	ФРАНЦУЗСКИЙ
бетонирование (ср) / укладка (ж) бетона	concrete placement	Betonierung (f)	bétonnage (m)
бетонная балка (ж)	concrete beam	Betonträger (m)	poutre (f) en béton (m)
бетонная добавка (ж)	concrete additive	Betonzusatz (m)	additif (m) de béton (m)
бетонная колонна (ж)	concrete column	Betonsäule (f) / Betonstütze (f)	colonne (f) en béton (m)
бетонная лестница (ж) с покрытиями плитками на проступях и подступенках	concrete stair with tiles on treads and risers	betonierte Treppe (f) mit Plattenfliesen (f) auf Tritt- und Setzstufen (f)	escalier (m) en béton (m) fini avec marches (f) et contremarches (f) en tuiles (f)
бетонная насыпка (ж)	concrete fill	Aufbeton (m) / Betonfüllung (f)	remplissage (m) de béton (m)
бетонная плита (ж), железобетонная плита (ж)	concrete slab, reinforced concrete slab	Betonplatte (f), Stahlbetonplatte (f)	dalle (f) en béton (m), dalle (f) en béton armé (m)
бетонная плита (ж) и бетонная балка (ж)	slab and beam (concrete) / concrete slab and concrete beam	Betonplatte (f) und Betonträger (m)	poutre (f) et dalle (f) en béton
бетонная плита (ж) на подпочве	concrete slab on subsoil	erdreichberührende Betonplatte (f)	dalle (f) de béton (m) sur sous-sol (m)
бетонная подложка (ж) фундаментной стены	concrete base of foundation wall	Fundamentsockel (m) der Kelleraußenwand (f)	base (f) de béton (m) du mur (m) de fondation (f)
бетонная подплита (ж) на подпочве	concrete subslab on subsoil	Unterbeton (m) auf Erdreich (n)	sous-dalle (f) en béton sur sous-sol (m)
бетонная свая (ж)	concrete pile	Betonpfahl (m)	pieu (m) en béton (m)
бетонная стена (ж)	concrete wall	Betonwand (f)	mur (m) de béton (m)
бетонная ступень (ж)	concrete step	Betonstufe (f)	marche (f) en béton (m)
бетонная толщина (ж) и армирование (ср) в соотвествии с структурным проектированием	concrete thickness and reinforcment according to structural design	Betontärke (f) und Bewehrung (f) nach statischer Berechnung (f)	épaisseur (f) de béton et armature (f) suivant le dessin (m) structural
бетонная черепица (ж)	concrete tile	Betonfliese (f)	tuile (f) en béton (m)

Бетонное

РУССКИЙ	АНГЛИЙСКИЙ	НЕМЕЦКИЙ	ФРАНЦУЗСКИЙ
бетонное покрытие (ср) пола как защита	concrete topping for protection	Betonestrich (m) als Schutzestrich (m)	chape (f) de béton (m) de protection
бетонное покрытие (ср) с арматурой	concrete topping with reinforcement	Betonestrich (m) mit Bewehrung (f)	chape (f) en béton (m) avec armature (f)
бетонное покрытие (ср), цементное покрытие (ср)	concrete topping, cement topping	Betonestrich (m), Zementestrich (m)	chape (f) de béton, chape (f) de ciment
бетонные блоки (м) с замковым соединением	interlocking concrete blocks	ineinandergreifende Mauersteine (m) aus Beton	blocs (m) de béton à emboîtement
бетонный блок (м), налитый пенопластом	plastic foam-filled hollow concrete block	Hohlblockstein (m) mit Schaumstoff (m)	bloc (m) creux en béton rempli de mousse (f) plastique
бетонный блок (м), твёрдый бетонный блок, пустотелый бетонный блок	concrete block, solid block, hollow block	Betonstein (m), Vollblock (m), Hohlblock (m) / Hohlblockstein (m)	bloc (m) de béton (m), bloc plein, bloc creux
бетонный камень (м)	concrete brick	Vollstein (m) aus Beton (m)	brique (f) en béton (m)
бетонный опорный венец (м) ширина ... высота ...	concrete curb ... wide and ... high	Betonkante (f) ... breit und ... hoch	bordure (f) en béton (m) ... de largeur et ... de hauteur
бетонный пол (м)	concrete floor	Betonfußboden (m)	plancher (m) en béton (m)
бетонный тротуар (м)	concrete sidewalk	betonierter Bürgersteig (m)	trottoir (m) en béton (m)
бетонный фундамент (м)	concrete foundation	Betonfundament (n)	fondation (f) en béton (m)
библиотека (ж)	library	Bibliothek (f)	bibliothèque (f)
битумная грунтовка (ж)	asphalt primer / bituminous primer	Bitumengrundiermittel (n)	apprêt (m) en bitume (m)
битумная мастика (ж)	asphalt mastic	Asphaltmastix (m)	mastic (m) bitumineux / mastic (m) d'asphalte (m)
битумная плитка (ж)	asphalt tile	Asphaltfliese (f) / Asphaltplatte (f)	carreau (m) d'asphalte (m) / tuile (f) d'asphalte
битумное грунтовочное покрытие (ср)	bitumen prime coat / asphalt prime coat	Bitumengrundanstrich (m) / Asphaltgrundanstrich (m)	couche (f) d'apprêt / sous-couche (f) bitumineuse / asphaltique

Битумный

РУССКИЙ	АНГЛИЙСКИЙ	НЕМЕЦКИЙ	ФРАНЦУЗСКИЙ
битумный волнистый лист (м)	bitumen corrugated sheet	Bitumenwellplatte (f)	feuille (f) bitumineuse ondulée
битумный гидроизолирующий слой (м)	asphalt membrane / bituminous membrane	bituminöse Membrane (f) / bituminöse Isolierhaut (f)	membrane (f) bitumineuse / membrane (f) asphaltique
битумный раствор (м)	bituminous grout	Bitumenmörtel (m)	coulis (m) bitumineux
боковой вход (м)	secondary entrance	Nebeneingang (m)	entrée (f) secondaire
боковой фасад (м)	side elevation	Seitenansicht (f)	façade (f) latérale
болиголов (м) / цикута (ж)	hemlock	Hemlocktanne (f)	ciguë (f)
болт (м)	bolt	Bolzen (m)	boulon (m)
болт (м) на межцентровом растоянии (ср) ...	bolt ... centre (center) to centre (center)	Bolzen (m) im Achsenabstand (m) von ...	boulon (m) ... centre à centre
бордюрная доска (ж)	fascia board / eaves board	Stirnbrett (n)	planche (f) fascia
бордюрный камень (м) / бегун (м)	edgestone / curb	Randstein (m) / Bordstein (m)	pierre (f) de rive (f) / bordure (f)
брандмауэр (м), противопожарная стена (ж)	division firewall, mitoyen wall	Brandmauer (f), Brandwand (f)	mur (m) coupe-feu, mur (m) mitoyen
бронза (ж)	bronze	Bronze (f)	bronze (m)
брус (м) карнизного свеса	eaves plank	Traufbohle (f)	madrier (m) de rive
бук (м)	common beech	Buche (f)	hêtre (m) ordinaire
бутовый камень (м)	rubble stone	Bruchstein (m)	moellon (m) brut
бухгалтерская комната (ж)	accounting room	Kassenraum (m)	salle (f) de comptabilité
быстроподпружиниванная стержневая подвеска (ж)	quick-spring-loaded rod hanger	Ankerschnellabhänger (m) mit Feder (f)	tige de suspension (f) à ressort (m) à action rapide
быстрорегулируемая стержневая подвеска (ж) с встроенной пружиной	quick-adjustable rod hanger with a built-in spring	Schnellspannabhänger (m)	tige de suspension (f) à ressort (m) à ajustement rapide
быстросхватывающийся цемент (м)	quick-setting cement	schnell abbindender Zement (m)	ciment (m) à prise rapide

Валик

РУССКИЙ	АНГЛИЙСКИЙ	НЕМЕЦКИЙ	ФРАНЦУЗСКИЙ
В			
валик (м) / карниз (м)	fascia	Dachrandprofil (n)	fascia (f)
валун (м)	boulder	Feldstein (m)	gros galet (m)
вальмовая крыша (ж)	hipped roof	Walmdach (n)	toit (m) en croupe (f)
ванная (ж)	bathroom	Badezimmer (n)	salle (f) de bains
венецианская мозаика (ж) (пола)	ceramic mosaic (floor)	Mosaikterrazzo (m) (Fußboden)	mosaique (f) de céramique (plancher)
вентилированная крыша (ж) (снизу)	vented roof from below	unterlüftetes Dach (n) / Kaltdach (n)	toiture (f) ventilée par le bas
вентилятор (м)	fan / blower	Ventilator (m)	ventilateur (m)
вентилятор (м) рециркуляционного воздуха	return air fan	Umluftventilator (m)	ventilateur (m) de retour d'air (m)
вентиляционный стояк (м) / отводная труба (ж)	vent stack	Entlüftungsstrang (f)	évent (m)
вентиляция (ж)	ventilation	Lüftung (f)	ventilation (f)
вентиляция (ж) между основаниями под рейкой	ventilation between furrings under lattice (lath)	Belüftung (f) zwischen Grundlatten (f) / Grundlattung (f)	ventilation (f) entre fourrures (f) sous lattes (f)
вентиляция (ж) между стропилами	ventilation between rafters	Belüftung (f) zwischen Sparren (m)	ventilation (f) entre chevrons
вермикулитовая штукатурка (ж)	vermiculite plaster	Vermikulitputz (m)	enduit (m) de vermiculite
вермикулитовый бетон (м)	vermiculite concrete	Vermikulitbeton (m)	béton (m) de vermiculite
вертикальная обвязка (ж) дверной коробки	door jamb	Türleibung (f)	jambage (m) de porte (f)
вертикальная обвязка (ж), оконная вертикальная обвязка (ж), дверная вертикальная обвязка (ж)	jamb, window jamb, door jamb	Leibung (f), Fensterleibung (f), Türleibung (f)	jambage (m), jambage (m) de fenêtre, jambage (m) de porte
вертикальный разрез (м)	vertical section	Vertikalschnitt (m)	coupe (f) verticale

Вертикальный

РУССКИЙ	АНГЛИЙСКИЙ	НЕМЕЦКИЙ	ФРАНЦУЗСКИЙ
вертикальный шов (м)	vertical joint	Vertikalfuge (f)	joint (m) vertical
верхная грань (ж) ...	top of ...	Oberkante (f) von ... / OK von ...	dessus (m) de ...
верхнеподвесное окно (ср), открывающееся наружу	awning window / top-hung window (opening to the outside)	Klappflügelfenster (n) (nach außen aufgehend)	fenêtre (f) articulée à la tête ouvrant à l'extérieur (ouvrant à l'extérieur)
верхний арматурный стержень (м)	top bar	oberer Bewehrungsstab (m)	barre (f) supérieure
верхний брус (м) дверной коробки	head jamb (door)	oberer Blockrahmen (m) / Blendrahmen (m) (Tür)	traverse (f) de tête (f) d'huisserie (f) (porte)
верхний брус (м) оконной рамы	window head	Fensterriegel (m)	traverse (f) supérieure de la fenêtre (f)
верхний край (м) фундамента / выравнивание (ср) фундамента	top edge of foundation / footing	Fundamentoberkante (f)	arasement (m) de fondation (f)
верхняя арматура (ж)	top reinforcement	obere Bewehrung (f)	armature (f) supérieure
верхняя грань (ж) ... этажа (м)	finished ... floor	Oberkante (f) ... Etage (f)	plancher (m) fini ... étage (m)
-- балюстрады	top of balustrade	Oberkante (f) Geländer (n)	dessus (m) de la balustrade (f)
-- бетонного основания	top of concrete base	Oberkante (f) Betonsockel (m)	dessus (m) de la base (f) en béton (m)
-- бетонной плиты (ж)	top of concrete slab	Oberkante (f) Betonplatte (f)	dessus (m) de la dalle (f) de béton (m)
-- гравия	gravel finish	Oberflächen-Fertigstellung (f) des Kiesbettes (n)	revêtement (m) de gravier (m)
-- земли (грунта)	finish grade	Oberkante (f) Gelände (n), Oberflächen-Fertigstellung (f) des Geländes (n)	niveau (m) fini / niveau (m) fini du sol (m)
-- кирпича (м)	top of brick	Oberkante (f) Ziegel (m) / Mauerziegel (m)	dessus (m) de la brique (f)
-- консоли	top of cantilever	Oberkante (f) Auskragung (f)	dessus (m) de la console (f)

Верхняя

РУССКИЙ	АНГЛИЙСКИЙ	НЕМЕЦКИЙ	ФРАНЦУЗСКИЙ
верхняя грань (ж) конька	top of ridge	Oberkante (f) First (m)	dessus de faîte (m)
-- конька (крыши)	top of ridge (roof)	Oberkante (f) Dachfirst (m) / Oberkante (f) First (m)	dessus (m) de faîte (m) (toit)
-- крыши (ж)	top of roof	Oberkante (f) Dach (f)	dessus (m) de la toiture (f)
-- лаза	top of manhole	Oberkante (f) Einsteigloch (n)	dessus (m) du trou d'homme (m)
-- лестничной площадки	top of landing	Oberkante (f) Treppenpodest (n)	dessus (m) du palier (m)
-- мезонина	finished floor mezzanine	Oberkante (f) Zwischendecke (f)	plancher (m) fini mezzanine (f)
-- металлической конструкции	top of steel structure	Oberkante (f) Stahlkonstruktion (f)	dessus (m) de la structure (f) d'acier (m)
-- мостовой	top of asphalt paving	Oberkante (f) asphaltierter Straßenbelag (m)	dessus (m) du pavement (m) d'asphalte (m)
-- незаконченого пола	top of unfinished floor	Oberkante (f) Rohdecke (f)	dessus (m) du plancher (m) non-fini
-- отметки земли (ж) (грунта)	top of grade	Oberkante Gelände (n) / Oberfläche Gelände (n)	dessus (m) du sol (m)
-- отметки земли (ж) (переменная)	finish grade (variable)	veränderliche Oberflächen-Fertigstellung (f) des Geländes (n)	sol (m) fini (variable)
-- плиты покрытия (крыши)	top of roof slab (concrete slab)	Oberkante (f) Dachplatte (f) (Dachbetonplatte)	dessus (m) de la dalle (f) de toiture (dalle de béton)
-- (поверхность)	finish	Oberflächen-Fertigstellung (f)	fini (m)
-- подоконника	top of sill	Oberkante (f) Außenfensterbank (f)	dessus (m) de l'allège (f)
-- пола	top of floor	Oberkante Fußboden (m)	dessus (m) du plancher (m)
-- сборной железобетонной ступени	top of precast concrete step	Oberkante (f) vorgefertigte Betonstufe (f)	dessus (m) de marche (f) en béton (m) précoulé
-- стальной фермы (ж)	top of steel truss	Oberkante (f) Stahlbinder (m)	dessus (m) de la ferme (f) (charpente) d'acier (m)
-- структурной плиты	top of structural slab	Oberkante (f) Stahlbetonplatte (f)	dessus (m) de la dalle (f) structurale

Верхняя

РУССКИЙ	АНГЛИЙСКИЙ	НЕМЕЦКИЙ	ФРАНЦУЗСКИЙ
верхняя грань (ж) угла	top of angle	Oberkante (f) Winkeleisen (n)	dessus (m) de la cornière (f)
-- фундамента	top of foundation / top of footing	Oberkante (f) Fundament (n)	dessus (m) de la fondation (f)
-- чистового ...	top of finished ...	Oberkante (f) fertiger ...	dessus (m) du fini de ...
-- чистового пола	top of finished floor	Oberkante Fertigfußboden (m)	dessus (m) du plancher (m) fini
-- чистого пола	finished floor	Oberkante (f) / Oberfläche (f) Fertigfußboden (m)	plancher (m) fini
-- чистого пола (предпологаемая)	finished floor (assumed)	Oberkante (f) Fertigfußboden (m) / OKF (angenommen)	fini (m) du plancher (m) (assumé)
-- шахты лифта	top of elevator shaft	Oberkante (f) Aufzugsschacht (m)	dessus (m) de la cage (f) d'ascenseur (m)
-- штукатурного потолка (м) на оцинковой металлической сетке	finished stucco ceiling on galvanized metal lath	fertiger Deckenputz (m) auf verzinktem Rippenstreckmetall (n)	plafond (m) fini stuc (m) sur latte (f) métallique galvanisée
верхняя грянь (ж) подвального пола	top of basement floor	Oberkante (f) Kellerfußboden (m)	dessus (m) du plancher (m) du sous-sol (m)
верхняя полка (ж)	top flange	Obergurt (m)	aile (f) supérieure
верхняя полка (ж), нижняя полка (стальная балка)	top flange, bottom flange (steel beam)	Obergurt (m), Untergurt (m) (Stahlträger)	aile (f) supérieure, aile inférieure (poutre d'acier)
вестибюль (м)	vestibule	Vorraum (m)	vestibule (m)
ветровой раскос (м) / ветровая связь (ж)	wind angle brace / wind brace	Windrispe (f)	contreventement (m)
ветрозащитный	windproof	winddicht	à l'épreuve (f) du vent (m)
вечнозелёное дерево (ср)	evergreen tree	immergrüner Baum (m)	arbre (m) toujours vert
вечнозелёный кустарник (м)	evergreen shrub	immergrüner Strauch (m)	arbrisseau (m) toujours vert
взнос (м) уплаты	payment instalment	Teilzahlung (f)	paiement (m) en acompte
видные плитки (ж) потолка	exposed ceiling tiles	Decken-Sichtplatten (f)	tuiles (f) de plafond apparentes

Видные

РУССКИЙ	АНГЛИЙСКИЙ	НЕМЕЦКИЙ	ФРАНЦУЗСКИЙ
видные стропильные ноги (ж)	exposed rafters	sichtbare Sparren (m)	chevrons (m) apparents
видный ...	exposed ...	Sicht- ...	... apparent
видный потолок (м)	exposed ceiling	Sichtdecke (f)	plafond (m) apparent
виниласбестовая плитка (ж)	vinyl asbestos tile	Vinylasbest-Fliese (f)	tuile (f) vinyle-amiante (amiante vinylique)
винт (м)	screw	Schraube (f)	vis (f)
винт (м) и свинцовая оболочка (ж)	screw and lead shield	Dübelschraube (f) und Spreizdübel (m) aus Blei	vis (f) et manchon (m) en plomb
винтовая лестница (ж) с центральной стойкой (винтовой лестницы)	spiral stair with newel	Spindeltreppe (f) mit Treppenspindel (f)	escalier (m) circulaire à noyau (m) central
винтовая накладка (ж)	screw-bracket	Schraublasche (f)	monture (f) à vis
винтовое соединение (ср)	screwed joint	Schraubverbindung (f)	joint (m) à vis
винтовой анкерный болт (м)	threaded anchor bolt	gewundener Ankerbolzen (m)	boulon (m) d'ancrage fileté
винты (м) потайными головками	countersunk screw	Spezial-Senkholzschraube (f)	vis (f) fraisée
висячий замок (м)	padlock	Vorhängeschloß (n)	cadenas (m)
влагоизоляция (ж)	damp-proofing	Feuchtigkeitssperre (f)	imperméabilisation (f)
влагонепроницаемая жёсткозакреплённая изоляция (ж)	damp-proof rigid insulation	feuchtigkeitsunempfindlicher Dämmstoff (f) (harter)	isolation (f) rigide étanche
владелец (м)	owner	Eigentümer (m)	propriétaire (m)
вниз (лестница)	down (stair)	hinunter (Treppe)	en bas (escalier)
внутреннее освещение (ср)	indoor lighting	Innenbeleuchtung (f)	éclairage (m) intérieur
внутренний размер (м)	interior dimension	Innenmaß (n)	dimension (f) intérieure
внутренний стоп (м) (створка двери)	interior rabbet (door leaf)	Innenanschlag (m) (Türblatt)	feuillure (f) intérieure (battant de porte)

Внутренняя

РУССКИЙ	АНГЛИЙСКИЙ	НЕМЕЦКИЙ	ФРАНЦУЗСКИЙ
внутренняя дверь (ж)	interior door	Innentür (f) / Zimmertür (f)	porte (f) intérieure
внутренняя дымовая труба (ж)	interior chimney	innenliegender Schornstein (m)	cheminée (f) intérieure
внутренняя лестница (ж)	interior stair	Innentreppe (f)	escalier (m) intérieur
внутренняя ненесущая перегородка (ж) (стена)	non(-)bearing partition / non(-)load(-)bearing partition	nichttragende Innenwand (f)	cloison (f) non-portante
внутренняя оболочка (ж) (железобетонный элемент)	interior shell (reinforced concrete element)	Innenschale (f) (Stahlbetonelement)	parement (m) intérieur (élément de béton armé)
внутренняя стальная опора (ж) (колонна)	interior steel support (column)	Innenstütze (f) aus Stahl (Säule)	support (m) d'acier (m) intérieur (colonne)
внутренняя стена (ж), облицованная сухой штукатуркой	dry wall	Trockenbauwand (f)	cloison (f) sèche / parement (m) à sec
внутренняя стена (ж), облицованная сухой штукатуркой / каркасная перегородка (ж) с сухой штукатуркой	dry wall / stud construction with gypsum board	Trockenbauwand (f) / Gipskartonwand (f)	cloison (f) sèche / colombage (m) revêtu de placoplâtre
водоворот (м)	whirlpool	Strudelbad (n) / Strudelbecken (n)	bain tourbillon (m)
водонепроницаемая мембрана (ж), кровельный ковёр (м)	waterproof membrane	wasserdichte Folie (f) / Bitumen-Dichtungsschicht (f)	membrane (f) hydrofuge
водонепроницаемая сварка (ж)	waterproof weld	wasserdichte Schweißung (f)	soudure (f) étanche
водонепроницаемое покрытие (ср)	waterproof coating	wasserdichter Belag (m)	couche (f) d'étanchéité
водонепроницаемое уплотнение (ср) только у бетонной стены (ж)	waterstop at concrete wall only	Wassersperre (f) nur an der Betonwand (f)	arrêt (m) hydrofuge au mur (m) de béton (m) seulement
водонепроницаемое ядро (ср) изоляции	waterproof core insulation	wasserdichte Kerndämmung (f)	noyau (m) d'isolation étanche
водонепроницаемый бетон (м) (цемент)	waterproof concrete (cement)	wasserdichter Beton (m) (Zement)	béton (m) imperméable (ciment)
водонепроницаемый шов (м)	waterproof joint	wasserdichte Fuge (f)	joint (m) étanche

Водопровод

РУССКИЙ	АНГЛИЙСКИЙ	НЕМЕЦКИЙ	ФРАНЦУЗСКИЙ
водопровод (м)	water line	Wasserleitung (f)	conduite (f) d'eau (aqueduc)
водопроводная вода (ж)	tap water	Leitungswasser (n)	eau (f) de robinet (m)
водопроводные арматуры (ж)	plumbing fixtures	Sanitärarmaturen (f)	appareils (m) de plomberie
водопроводный кран (м)	water faucet	Wasserhahn (m)	robinet (m) d'eau
водосбор (м)	catch basin	Sinkkasten (m)	puisard (m)
водоснабжение (ср)	water service	Wasserversorgung (f)	service (m) des eaux (f)
водосток (м)	drain	Ablauf (m) / Entwässerung (f)	drain (m)
водосток (м) (дверь, окно)	drip cap (door, window)	Wetterschenkel (m) (Tür, Fenster)	chaperon-larmier (m) (porte, fenêtre)
водосточная труба (ж), водосточный стояк (м)	leader / rainwater pipe	Regenfallrohr (n)	conduite (f) / descente (f) / tuyau (m) d'eau pluviale (f)
водосточный жёлоб (м)	gutter	Regenrinne (f) / Dachrinne (f)	gouttière (f) / chéneau (m)
водосточный жёлоб (м) щипца	gable gutter	Ortgangrinne (f)	gouttière (f) de pignon
воздуховод (м)	air duct	Lüftungskanal (m)	conduit (m) d'air
воздуховоды (м) для распределения подачи и вытяжки воздуха	ducts for air supply and exhaust	Luftkanäle zur Be- und Entlüftung (f)	conduits (m) d'amenée et d'évacuation de l'air
воздухозаборная шахта (ж)	air intake shaft	Zuluftschacht (m)	gaine (f) de prise (f) d'air
воздухозаборная шахта (ж) или шахта (м) откачки воздуха (м)	air intake shaft or air exhaust shaft	Zuluft- oder Abluftschacht (m)	puits (m) de prise (f) ou retour (m) d'air
воздухозаборник (м) / воздухоприёмник (м)	air intake	Zuluft (f)	prise (f) d'air
воздухообмен (м)	air exchange / air change	Luftaustausch (m) / Luftwechsel (m)	échange (m) d'air (m) / changement (m) d'air (m)
воздухоосушитель (м)	dehumidifier	Luftentfeuchter (m)	déshumidificateur (m)
воздушный шлюз (м)	air lock	Luftschleuse (f)	poche (f) d'air

Войлок

РУССКИЙ	АНГЛИЙСКИЙ	НЕМЕЦКИЙ	ФРАНЦУЗСКИЙ
войлок (м)	felt	Filz (m)	feutre (m)
волнистый волокноцементный лист (м)	corrugated fibre(-)cement sheet	Faserzement-Wellplatte (f)	panneau (m) de fibre-ciment ondulé
волнистый лист (м)	corrugated sheet	Wellplatte (f)	tôle (f) ondulée
волнистый стальной настил (м)	corrugated steel deck	Trapezblech (n)	pontage (m) d'acier cannelé
воронка (ж) водосточной трубы / водосточная воронка (ж)	rainwater head	Regenwasserfang (m) / Rinnenkasten (m)	cuvette (f) de chéneau (m) d'eau pluviale (f)
ворота (ж)	gate	Tor (n)	barrière (f)
врач (м) / доктор (м)	doctor (medical) / physician	Arzt (m)	médecin (m)
врачебная практика (ж)	medical practise (practice)	Arztpraxis (f)	cabinet (m) médicale
вращающаяся дверь (ж)	revolving door	Drehtür (f)	porte (f) tournante
встроенная стена (ж)	recessed wall	zurückspringende Wand (f)	mur (m) en retrait
встроенные элементы (м)	built-ins	Einbauten (f)	éléments (m) incorporés / encastrés
встроенный светильник (м) (у потолка)	recessed lighting fixture (at ceiling)	Deckeneinbauleuchte (f)	appareil (m) d'éclairage encastré (au plafond)
вторичная сетка (ж)	secondary grid	Sekundärraster (m)	coordonnées (f) secondaires
второстепенная балка (ж)	secondary beam	Nebenträger (m)	poutre (f) secondaire
вход (м)	entrance	Hauseingang (m) / Eingang (m)	entrée (f)
вход (м) неотложной помощи	emergency entrance	Eingang zur Unfallstation (f)	entrée (f) d'urgence
вход (м) стропила	rafter head	Sparrenkopf (m)	tête (f) de chevron (m)
входная зона (ж)	entrance area / entrance zone	Eingangsbereich (m)	zone (f) d'entrée
выбоина (ж) (на улице)	pothole (on street)	Schlagloch (n) (auf der Straße)	nid (m) de poule (dans une chaussée)
выбор (м) цвета	colour (color) selection	Farbauswahl (f)	choix (m) de la couleur (f)

Выемка

РУССКИЙ	АНГЛИЙСКИЙ	НЕМЕЦКИЙ	ФРАНЦУЗСКИЙ
выемка (ж) грунта фундамента	foundation excavation	Fundamentaushub (m)	excavation (f) pour fondations (f)
выкружка (ж)	cove	Hohlkehle (f)	gorge (f)
выпрыскиваные швы (м)	joints drained by flushing	Fugen-Ausspritzung (f)	joints (m) drainés par jet (m) mécanique
высокое напряжение (ср)	high voltage	Hochspannung (f)	haut-voltage (m)
высота (ж) балюстрады	balustrade height	Geländerhöhe (f)	hauteur (f) de garde-corps (m)
высота (ж) (дверь, окно)	height (door, window)	Höhe (f) (Tür, Fenster)	hauteur (f) (porte, fenêtre)
высота (ж) комнаты	room height	Raumhöhe (f)	hauteur (f) de pièce (f) (chambre)
высота (ж) конька крыши	height of ridge	Firsthöhe (f)	hauteur du faîte (m)
высота (ж) помещения (лестница)	head clearance (stair)	lichte Treppendurchgangshöhe (f)	hauteur (f) libre (escalier)
высота (ж) потолка	ceiling height	Deckenhöhe (f) / Raumhöhe (f)	hauteur (f) du plafond (m)
высота (ж) проступки	height of riser	Höhe (f) der Setzstufe (f)	hauteur (f) de la contremarche (f)
высота (ж) свеса крыши	eaves height	Dachvorsprungshöhe (f) / Dachüberhangshöhe (f)	hauteur (f) d'avant-toit (m)
высота (ж) фальца	rabbet height	Falzhöhe (f)	hauteur (f) de rainure (f)
высота (ж) этажа	storey height	Geschoßhöhe (f)	hauteur (f) d'étage (m)
высотная отметка (ж) (уровень)	elevation (level)	Höhe (f)	niveau (m)
высотный плинтус (м) ...	base ... high	Fußleistenhöhe (f) ...	plinthe (f) hauteur (f) ...
высоты (м) находятся в следующем порядке:	elevations are given in the following order:	Höhen (f) sind in der folgenden Reihenfolge (f) angegeben:	les niveaux (m) sont donnés dans l'ordre (m) suivant:
выступ (м)	projection / overhang	Überstand (m)	saillie (f)
выступ (м) / проступь (ж)	tread	Trittstufe (f)	marche (f) / giron (m)
выступ (м) (консоль)	cantilever	Auskragung (f)	encorbellement (m) / porte-à-faux (m)

РУССКИЙ	АНГЛИЙСКИЙ	НЕМЕЦКИЙ	ФРАНЦУЗСКИЙ
выступающая кромка (ж) ступени (лестница)	nosing / tread-nosing (stair)	Kante (f) / Stufenvorderkante (f) (Treppe)	nez (m) de marche (escalier)
выступающий каменный косяк (м) (для окна или двери)	projecting masonry jamb (for window or door)	Mauerleibung (f) mit Außenanschlag (m) (für Fenster oder Tür)	jambage (m) de maçonnerie (f) en saillie (f) (pour fenêtre ou porte)
выступающий элемент (м) здания	protruding building component	vorspringendes Bauteil (n)	élément (m) de construction en saillie (f)
вытяжная решётка (ж)	exhaust grill	Entlüftungsgitter (n)	grille (f) d'évacuation
вытяжная система (ж)	exhaust system	Entlüftungsanlage (f)	système (m) d'évacuation
вытяжная труба (ж) / вентиляционная труба (ж)	vent pipe	Entlüfterstutzen (m) / Entlüftungsrohr (n)	tuyau (m) de ventilation
вытяжная шахта (ж)	exhaust shaft	Entlüftungsschacht (m)	gaine (f) d'évacuation
вытяжное отверстие (ср)	exhaust opening	Abzugsöffnung (f) / Entlüftungsöffnung (f)	ouverture (f) d'évacuation
вытяжной воздуховод (м)	exhaust duct	Abluftkanal (n)	conduit (m) d'évacuation (f) de retour (m) / conduit (m) d'évacuation (f) de renvoi (m)
вытяжной шкаф (м)	exhaust hood	Abzugshaube (f)	hotte (f) d'évacuation
выход (м)	exit	Ausgang (m)	sortie (f)
вычислительная комната (ж)	computer room	Datenverarbeitungsraum (m)	salle (f) des ordinateurs (m)

Вышеупомянутая

РУССКИЙ	АНГЛИЙСКИЙ	НЕМЕЦКИЙ	ФРАНЦУЗСКИЙ
вышеупомянутая информация воспользована из чертёжа № ... (имя испытательной лаборатории) сообщает об анализе разведочного шурфа; шпуры № ... показанны по плану ... (смотри структурные чертёжи для стратиграфии)	the above information is taken from drawing No. ... of (name of testing laboratory) reporting on test pit investigation; bore holes No. ... are shown on drawing No. ... (see structural drawings for soil stratigraphy)	die obige Information ist der Bauzeichnung Nr. ... entnommen, (Name des Untersuchungslabors) die die Beurteilung des Untersuchungsloches mitteilt; Bohrlöcher Nr. ... sind auf Bauplan Nr. ...verzeichnet (siehe Konstruktionspläne bezüglich Erdstratigraphie)	l'information ci-dessus est prise du dessin No. ... des (nom du laboratoire d'essai) montrant les sondages par excavation; les sondages par carotte No. ... sont indiqués au dessin No. ... (voir dessins de structure pour la coupe géologique du sol)

Г

РУССКИЙ	АНГЛИЙСКИЙ	НЕМЕЦКИЙ	ФРАНЦУЗСКИЙ
габарит (м) контактной сети (высота в свету)	overhead clearance	lichte Höhe (f)	hauteur (f) libre
габарит (м) контрактной сети, габаритная ширина (ж), пролёт (м) в свету	overhead clearance, clear width, clear span	lichte Höhe (f), lichte Breite (f), lichte Weite (f)	hauteur (f) libre / gabarit (m) net, largeur (f) nette, portée nette
габаритная длина (ж)	overall length	Gesamtlänge (f)	longueur (f) hors tout
газ (м)	gas	Gas (n)	gaz (m)
газобетон (м)	gas concrete	Gasbeton (m) / Porenbeton (m)	béton-gaz (m)
газовое включение (ср)	gas connection	Gasanschluß (m)	raccordement (m) du gaz (m)
газовое сжигание (ср)	gas firing	Gasfeuerung (f)	allumage (m) par gaz (m)
газовый водонагреватель (м)	gas hot water heater	Gastherme (f)	chauffage (m) d'eau au gaz (m)
газон (м) (дёрн)	lawn (sodding)	Rasen (m) (Rasenbelag)	gazon (m) (pelouse, engazonnement)
газопровод (м)	gas pipeline	Gasleitung (f)	conduite (f) de gaz (m) / gazoduc (m)
гайка (ж)	nut	Mutter (f) / Schraubenmutter (f)	écrou (m)
галька (ж)	pebble	Kieselstein (f)	rocaille (f) / gravillon (m)

Гараж

РУССКИЙ	АНГЛИЙСКИЙ	НЕМЕЦКИЙ	ФРАНЦУЗСКИЙ
гараж (м)	garage	Garage (f)	garage (m)
гардероб (м) / раздевалка (ж)	coatroom / cloakroom	Garderobe (f) / Kleiderablage (f)	vestiaire (m)
гвоздь (м)	nail	Nagel (m)	clou (m)
генеральный план (м)	key plan	Schlüsselplan (m) / Übersichtsplan (m)	plan (m) clé (clef)
генеральный план (м) существующих высотных отметок	key plan of finished levels	Schlüsselplan (m) der Fertigstellung (f) sämtlicher Geländehöhen (f)	plan (m) clef des niveaux (m) finis
герметик (м) / герметизирующая паста (ж)	joint sealant	Fugendichtungsmittel (n)	agent (m) de scellement de joint (m)
герметик (м) / уплотнение (ср)	sealer / sealing compound	Dichtungsmittel (n)	agent (m) de scellement
герметик (м) плоской крыши	flat roof sealing (sealer)	Flachdachabdichtung (f)	agent (m) de scellement de toiture (f) plate
гибкая теплоизоляция (ж)	flexible insulation	weiche Mattenisolierung (f)	isolant (m) flexible
гидроизолирующий слой (м) / запирающий слой (м) (цементной штукатурки)	parging	Sperrputz (m)	crépi (m)
гидроизоляционная мембрана (ж)	damp-proof membrane	Feuchtigkeitsisolierhaut (f)	membrane (f) imperméable
гидроизоляционное (ж) цементное покрытие (ср)	waterproofing cement coat	wasserdichte Zementschicht (f)	couche (f) de ciment (m) d'imperméabilisation (f)
гидроизоляционный слой (м) (барьерный)	damp-proof layer barrier	Feuchtigkeitsisolierschicht (f) / Feuchtigkeitssperrschicht (f)	couche (f) hydrofuge d'étanchéité
гидроизоляционный слой (м) (кровли)	roofing underlay	Dachdeckschicht (f)	dessous (m) de toiture (f) sous-couches (f)
гидроизоляционный строительный картон (м)	waterproofing felt	wasserdichte Filzpappe (f)	feutre (m) d'étanchéité
гидроизоляция (ж)	waterproofing	Wasserabdichtung (f)	étanchéité (f)

Гидроизоляция

РУССКИЙ	АНГЛИЙСКИЙ	НЕМЕЦКИЙ	ФРАНЦУЗСКИЙ
гидроизоляция (ж) на внутренной стене (ж)	waterproofing applied to inside wall	Wasserabdichtung (f) an der Innenwand (f)	imperméabilisation (f) appliquée au mur (m) intérieur
гильза (ж)	sleeve	Hülse (f)	manchon (m)
гипсовый обшивочный лист (м)	gypsum wallboard	Gipswandplatte (f)	panneau (m) mural de gypse (m)
гипсовый штукатурный раствор (м)	gypsum plaster	Gipsputz (m)	enduit (m) de plâtre (m)
главная балка (ж)	main beam / girder	Hauptträger (m) / Unterzug (m)	poutre (f) maîtresse
главная балка (ж) / прогон (м)	girder	Unterzug (m) / Hauptträger (m)	poutre (f) principale
главная спальня (ж)	main bedroom / master bedroom	Zweibett-Schlafzimmer (n) / Elternschlafzimmer (n)	chambre à coucher (f) principale
главная ферма (ж)	main truss	Hauptbinder (m)	ferme (f) principale
главный рентгенолог (м) / главный радиолог (м)	chief radiologist	Chefradiologe (m)	radiologiste en chef (m)
главный техник (м)	chief technologist	Cheftechniker (m)	technologue en chef (m)
главный фасад (м)	main elevation	Hauptansicht (f)	façade (f) principale
гладкая створка (ж) двери	flush door leaf	glattes Türblatt (n)	porte (f) plane, battant (m) de porte plane
гладкая створка (ж) двери со стеклянной панелью	flush door leaf with glass panel	glattes Türblatt (n) mit Glasöffnung (f) (Glasplatte)	porte (f) plane, battant (m) de porte plane avec lucarne (f) vitrée
гладкие арматурные стержни (м)	plain bars	glatte Stahlbetonstäbe (m)	armatures (f) lisses
глазурованный кирпич (м)	glazed brick	Glasurziegel (m)	brique (f) émaillée (vernissée)
глина (ж)	clay	Ton (m)	argile (f)
глиняная черепица (ж)	clay tile	Tonziegel (m)	tuile (f) en terre cuite (f)
глубина (ж) промерзания грунта	frost depth	Frosttiefe (f)	profondeur (f) du gel (m)
глухарь (м), шуруп (м) с квадратной головкой под ключ	lag bolt	Vierkantholzschraube (f)	tire-fond (m)

Глухая

РУССКИЙ	АНГЛИЙСКИЙ	НЕМЕЦКИЙ	ФРАНЦУЗСКИЙ
глухая фрамуга (ж) (дверь)	fixed transom (door)	feststehendes Oberlicht (n) (Tür)	imposte (f) fixe (porte)
глушёное стеклённое окно (ср)	tinted glass window	farbiges Glasfenster (n)	fenêtre (f) à vitre (f) teintée
голландская дверь (ж)	Dutch door	holländische Tür (f)	porte (f) hollandaise à guichet / porte (f) normande à guichet
горизонтальная деревянная обшивка (ж)	horizontal wood sheathing	horizontale Holzbekleidung (f)	revêtement (m) extérieur horizontal en bois (m)
горизонтально-вращающееся окно (ср)	horizontally pivoted window	Schwingflügelfenster (n)	fenêtre (f) pivotant horizontalement
горизонтальное уплотнение (ср) (влагоизоляция)	horizontal sealing (damp-proofing)	waagerechte Abdichtung (f) (Feuchtigkeitssperre)	scellement (m) horizontal (imperméabilisation horizontale)
горизонтальный импост (м) / фрамуга (ж)	transom	Kämpfer (m)	vasistas (m) / imposte (f)
горизонтальный разрез (м)	horizontal section	Horizontalschnitt (m)	coupe (f) horizontale
горизонтальный шов (м)	horizontal joint	Horizontalfuge (f)	joint (m) horizontal
горная порода (ж)	rock	Felsen (m)	roc (m)
горячая вода (ж)	hot water	Warmwasser (n)	eau (f) chaude
горячее водоснабжение (ср)	hot water supply	Warmwasserversorgung (f)	distribution (f) d'eau (f) chaude
гостиная (ж)	living room	Wohnzimmer (n)	salle (f) de séjour
гравий (м)	gravel / crushed stone	Kies (m)	gravier (m) / pierre (f) concassée
гравийная подготовка (ж) / гравийное основание (ср) (смотри ландшафтные архитектурные чертёжи)	gravel bed (see landscape drawings)	Kiesbett (n) (siehe Zeichnungen für Außenanlagen)	lit (m) de gravier (m) (voir dessins paysagistes)
граница (ж) деревьев	tree boundary	Baumgrenze (f)	limite (f) des arbres (m)
граница (ж) земельного участка	property line	Grundstücksgrenze (f)	limite (f) de propriété (f)
граница (ж) нулевой температуры	frost line	Frostgrenze (f)	ligne (f) de pénétration du gel (m)

График

РУССКИЙ	АНГЛИЙСКИЙ	НЕМЕЦКИЙ	ФРАНЦУЗСКИЙ
график (м) производства строительных работ	construction schedule / construction time table	Bauzeitenplan (m)	calendrier (m) d'avancement des travaux (m)
греющий электрокабель (м)	heating cable	Heizkabel (n)	câble (m) de chauffage (électrique)
грузовой лифт (м)	freight elevator	Lastenaufzug (m)	monte-charge (m)
грунт (м)	grade / terrain	Gelände (n) / Erdboden (m)	terre (f) / sol (m)
грунт (м), внешный гладкий слой (наружный)	floated coat / smooth level coat (exterior)	Kellenglattschicht (f) / Außenglattverputz (m)	finition (f) de surface par lissage à la truelle (f) / couche (f) lisse (extérieur)
грунт (м) на фронтонной (щипцовой) стене	floated coat on gable wall	Kellenglattschicht (f) auf Giebelwand (f)	couche (f) truellée sur mur-pignon
грунт (м) с битумом	prime coat with bitumen	Bitumenvoranstrich (m)	couche (f) d'apprêt au pinceau au bitume (m)
грунтовка (ж)	primer / primary brushcoat	Voranstrich (m)	couche (f) d'apprêt au pinceau (m)
грунтовой ком (м) (масса земли)	earth lump (mass)	Erdmasse (f)	motte (f) de sol (masse)
грунтовые условия (ср)	soil conditions	Bodenverhältnisse (n)	conditions (f) du sol
гудрон (м)	tar	Teer (m)	goudron (m)

Д

РУССКИЙ	АНГЛИЙСКИЙ	НЕМЕЦКИЙ	ФРАНЦУЗСКИЙ
дадо / облицовка (ж) нижней части стены	dado / band at base of wall	Anstrich (m) der unteren Raum-Trennwandfläche (f) / Wandsockelanstrich (m)	dado (m) / bande à la base d'un mur
дадо-полоса (ж)	dado band	Wandsockelanstrichstreifen (m)	bande (f) de dado (m)
дата (ж) издания	date of issue	Tag (m) der Herausgabe (f)	date (f) d'émission (f)
дата (ж) штемпеля / штемпель-календарь (м)	date of postmark	Datum (n) des Poststempels (m)	date (f) du tampon postal (m)
дверная высота (ж)	door height	Türhöhe (f)	hauteur (f) de la porte (f)

Дверная

РУССКИЙ	АНГЛИЙСКИЙ	НЕМЕЦКИЙ	ФРАНЦУЗСКИЙ
дверная коробка (ж) / рама (ж), прикреплённая к стене / царга (ж)	door(-)frame (fastened to wall)	Türrahmen (m) (mit Wandanschluß) / Tür-Blendrahmen (m) oder Zarge (f)	huisserie (f) (attaché au mur) / cadre (m) de porte (f)
дверная коробка (ж) (рама, прикреплённая к стене) / дверная царга (ж) (деревянная или стальная)	door(-)frame (fastened to wall) / door(-)frame (out of wood or steel)	Türrahmen (m) (mit Wandanschluß) / Tür-Blendrahmen (m) oder Zarge (f) (aus Holz oder aus Stahl)	huisserie (f) (attaché au mur) / cadre (m) de porte (f) (en bois ou en acier)
дверная пружинная защёлка (ж)	latch	Sperrklinke (f)	verrou (m)
дверная ручка (ж)	door handle	Türklinke (f)	poignée (f)
дверной вентиляционная решётка (ж)	door vent	Luftklappenprofil (n) (Tür)	volet (m) d'aération (porte)
дверной держатель (м)	door holder	Türhalter (m)	cale (f) de porte (f)
дверной замок (м)	door lock	Türschloß (n)	serrure (f) de porte (f)
дверной ковёр (м)	door mat	Fußmatte (f)	paillasson (m) de porte (f)
дверной механизм (м), замок (м) и металлический порог (м), смотри детали, чертёж № ...	door closer, door lock and metal threshold, see details, drawing No. ...	Türschließer (m), Türschloß (n) und Türschwelle (f) aus Metall (n), siehe Details, Bauplan Nr. ...	ferme-porte (m), serrure (f) et seuil (m) en métal (m), voir détails (m) sur dessin (m) No. ...
дверной размер (м)	door size / door dimension	Türgröße (f) / Türmaß (n)	dimension (f) de porte (f)
дверные механизмы (м) нужны для дверей: № ...	door closers required for doors: No. ...	Türschließer (n) werden für die Türen (f): Nr. ... gebraucht	ferme-portes (m) requis pour les portes (f): No. ...
дверные приборы (м)	door hardware	Türbeschläge (f)	quincaillerie (f) de portes (f)
дверь (ж)	door	Tür (f)	porte (f)
дверь (ж), открывающаяся в обе стороны	swing door / double-acting door	Pendeltür (f)	porte (f) va-et-vient / porte oscillante
дверь (ж), открывающаяся в одну сторону	single-leaf door / single-swing door	einflügelige Drehflügeltür (f)	porte (f) à un battant (m) / porte (f) simple

Дверь

РУССКИЙ	АНГЛИЙСКИЙ	НЕМЕЦКИЙ	ФРАНЦУЗСКИЙ
дверь (ж) с обшивкой из листового металла	kalamein door	stahlblechbekleidete Tür (f)	porte (f) à revêtement (m) métallique
движение (ср) шва	joint movement	Fugenbewegung (f)	mouvement (m) de joint (m)
двойное остекление (ср)	double-glazing	Zweischeibenverglasung (f)	double-vitrage (m)
двойной слой (м) жёсткозакреплённой изоляции	two-layers rigid insulation	zweilagige Wärmedämmung (f) aus Hartschaumplatten (f)	deux couches (f) d'isolation (f) rigide
двойной фальц (м)	double-rabbet / twin-rabbet	Doppelfalz (f)	double-feuillure (f) / rainure (f) doublée
двускатная крыша (ж) / щипцовая крыша (ж), степень (ж) наклона ... градусов	gabled roof, slope ... degrees	Satteldach (n), Neigung (f) ... Grad (m)	toit (m) à pignon (m), pente (f) ... degrés
двускатная крыша (ж) с висячими стропильными фермами без прогонов или со прогонами	couple roof without or with purlins (A-frame)	Sparrendach (n) ohne oder mit Pfetten (f)	comble (m) à deux versants sur arbalétriers sans ou avec pannes (f)
двускатная крыша (ж) с высячими стропильными фермами со стропильной затяжкой (ж)	couple roof with collar beam	Kehlbalkendach (n) mit Kehlbalken (m)	comble (m) à deux versants sur arbalétriers (m) avec poutre-tirant (f)
двустворчатая дверь (ж)	double-leaf door	zweiflügelige Tür (f) (Drehflügeltür / Doppeltür)	porte (f) à deux battants (m)
двухквартирный дом (м), квартира (ж) в двух уровнях	duplex, duplex apartment	Zweifamilienhaus (n) (zweigeschossiges), zweigeschossige Wohnung (f)	bâtiment (m) à deux logements (m), appartement (m) jumelé
двухосное растяжение (ср)	fixed at both ends	zweiachsig gespannt	fixe aux extrémités (f)
двухслойное глазурование (ср) / двойное остекление (ср)	insulating glass / double glazing	Isolierverglasung (f) / Doppelscheibe (f) / Doppelverglasung (f)	vitrage (m) isolant / double vitrage (m)
действительный размер (м)	actual size	natürliche Größe (f)	grandeur (f) nature
декан (м) (университета)	dean (of university)	Dekan (m) (der Universität)	doyen (m) (d'université)

Декоративная

РУССКИЙ	АНГЛИЙСКИЙ	НЕМЕЦКИЙ	ФРАНЦУЗСКИЙ
декоративная фанера (ж)	veneered plywood	furniertes Sperrholz (n)	contreplaqué (m) décoratif
дерево (ср)	tree	Baum (m)	arbre (m)
деревянная балка (ж)	wood beam	Holzbalken (m)	poutre (f) en bois (m)
деревянная балка (ж) перекрытия с изоляцией с воздушной прослойкой	wood floor on joists with cavity insulation	Holzbalkendecke (f) mit Hohlraumdämmung (f)	plancher (m) de bois (m) sur solives (f) avec isolation (f) dans les cavités (f)
деревянная блокировка (ж), деревянная рейка (ж)	wood blocking, wood nailer	Kantholz (n)	blocage (m) en bois (m), fond (m) de clouage
деревянная блокировка (ж), закреплённая болтами диаметр ...	wood blocking fastened with ... diameter bolts	Kantholz (n) mit Bolzen (m) befestigt, Durchmesser ...	blocage (m) de bois (m) fixé avec boulons (m) de ... diamètre
деревянная дверная коробка (ж)	wood door frame	Türrahmen (m) aus Holz (n)	huisserie (f) de porte (f) en bois (m)
деревянная дверь (ж)	wood door	Holztür (f)	porte (f) en bois (m)
деревянная дрань (ж)	wood lath	Holzlatte (f)	latte (f) en bois (m)
деревянная каркасная конструкция (ж)	wood frame construction	Holzrahmenkonstruktion (f) / Fachwerkkonstruktion (f)	charpente (f) en bois (m) / construction (f) à ossature (f) de bois (m)
деревянная наружная обшивка (ж) на наружной стене	wood cladding on exterior wall	Holzbekleidung (f) der Außenwand (f)	parement (m) en bois (m) sur mur (m) extérieur
деревянная облицовка (ж) (фанера)	wood veneer	Holzblende (f)	placage (m) de bois (m)
деревянная обработка (ж)	wood treatment	Holzbehandlung (f)	traitement (m) du bois (m)
деревянная обрешётка (ж)	wood furring	Holzlattung (f)	fourrure (f) en bois (m)
деревянная панель (ж)	wood panel	Holzplatte (f)	panneau (m) en bois (m)
деревянная планка (ж)	nailing strip	nagelbare Leiste (f)	bande (f) de clouage
деревянная профилированная раскладка (ж)	wood moulding (molding)	Holzprofillatte (f)	moulure (f) en bois (m) / baguette (f) en bois (m)

Деревянная

РУССКИЙ	АНГЛИЙСКИЙ	НЕМЕЦКИЙ	ФРАНЦУЗСКИЙ
деревянная царга (ж) (окно или дверь)	wood buck (window or door)	hölzerner Blockrahmen (m) / hölzerne Zarge (f) (Fenster- oder Tür)	châssis (m) de bloc / faux-cadre (m) en bois (fenêtre ou porte)
деревянная шерсть (ж)	wood wool	Holzwolle (f)	laine (f) de bois (m)
деревянное треугольное сечение (ср)	roof cant strip	Randkeil (m) / Keil (m) des Daches (n)	tringle (f) biseautée de toiture (f)
деревянные решётки (ж) (которые поддерживают необрезные обшивочные доски)	wood battens (for supporting rough sheathing boards)	Einschublatten (f) (zur Auflagerung von rohen Brettern)	lambourdes (f) de bois (m) (fond de clouage pour le planchéiage brut de protection)
деревянный балочный настил (м)	wood joist flooring	Holzbalkendecke (f)	plancher (m) en solives (f) de bois (m)
деревянный гонт (м) / деревянная плитка (ж)	wood shingle	Holzschindel (f)	bardeau (m) de bois
деревянный настил (м) пола	wood flooring	Holzfußboden (m)	revêtement (m) de plancher (m) en bois (m)
деревянный обшивочный лист (м)	wood wallboard	Wandplatte (f) aus Holz (n)	panneau (m) mural en bois (m)
деревянный трёхкантный прут (м)	wood cant strip	Holzkeil (m) / hölzerner Randkeil (m)	tringle (f) biseautée en bois (m)
детали (ж) двери	door details	Türdetails (n)	détails (m) des portes (f)
детали (ж) окон и вентиляционных решёток	window and louvre details	Fenster- (n) und Jalousettedetails (n)	détails (m) de fenêtres (f) et louvres (m)
деталь (ж)	detail	Detail (n)	détail (m)
деталь (ж) ветровой фронтонной доски	detail of verge	Ortgangdetail (n)	détail (m) de la planche (f) de rive
деталь (ж) дверной коробки (царга)	frame section in detail (door)	Türzargenprofil (n) im Detail(n) / Türrahmenprofil (n) im Detail (n)	détail (m) du cadre (m) (porte)
деталь (ж) нивелирной марки	detail of bench mark	Bezugspunkt (m) im Detail (n)	détail (m) de la borne (f) repère

Деталь

РУССКИЙ	АНГЛИЙСКИЙ	НЕМЕЦКИЙ	ФРАНЦУЗСКИЙ
деталь (ж) у базовой линии	detail at base	Fußpunkt-Detail (n)	détail (m) à la base (f)
деталь (ж) у конька (м) (ферма)	detail at ridge (truss)	Firstpunktdetail (n) (Binder)	détail (m) à la faîtière (f) (charpente)
деталь (ж) фасада	detail of elevation / detail of façade (facade)	Fassadendetail (n)	détail (m) de l'élévation (f) / détail de la façade (f)
детальный разрез (м)	detail section	Schnitt (m) im Detail (n)	coupe (f) de détail
детальный чертёж (м)	detailed drawing	Detailzeichnung (f)	dessin (m) détaillé
деформационный шов (м)	control joint	Arbeitsfuge (f) / Baufuge (f)	joint (m) de contrôle
диагональная / укосная стропильная нога (ж)	hip rafter	Gratsparren (m)	chevron (m) d'arête (f) / chevron de rive (f)
диагональная дощатая обшивка (ж)	diagonal sheathing	Diagonal-Bretterverschalung (f) / Diagonal- Bretterverkleidung (f)	planchéiage (m) en diagonale
директор (м)	director	Direktor (m)	directeur (m)
директор (м) (школы)	principal (school)	Rektor (m) (Schule)	directeur (m) (d'école)
для ... смотри сантехнический чертёж (м) ...	for ... see mechanical drawing ...	für ... siehe Bauzeichnung (f) ... der Haustechnik (f) (Heizung, Lüftung, Sanitär- und Elektrotechnik)	pour ... voir dessin (m) de mécanique ...
для ... смотри строительный чертёж (м) ...	for ... see structural drawing ...	für ... siehe Konstruktionszeichnung (f) ...	pour ... voir dessin (m) de structure ...
для ... смотри электротехнический чертёж (м) ...	for ... see electrical drawing ...	für ... siehe Bauzeichnung (f) ... der Elektrotechnik (f)	pour ... voir dessin (m) d'électricité ...
для балочного соединения (ср) с резьбовыми парами структурных уголков, смотри деталь ...	for beam connection with screwed-on pairs of structural angles, see detail ...	für Trägeranschluß (m) mit angeschraubten Winkelpaaren (n) siehe Detail ...	pour l'assemblage (m) des poutres (f) au moyen de paires (f) de cornières (f) structurales vissées, voir détail (m) ...
для балочного соединения (ср) у стальной опоры ... смотри чертёж ...	for beam connection at steel support ... see drawing ...	für Trägeranschluß (m) an Stahlstütze (f) ... siehe Bauzeichnung (n) ...	pour l'assemblage (m) des poutres (f) aux supports (m) d'acier (m) ... voir dessin (m) ...

Для

РУССКИЙ	АНГЛИЙСКИЙ	НЕМЕЦКИЙ	ФРАНЦУЗСКИЙ
для больших металлических гофрированных панелей (ж) (элементов) для наружных стенных обшивок, смотри чертёж (м) ...	for big-size metal fluted panels (components) for exterior wall claddings, see drawing ...	für großformatige Metallprofile (n) (Bauteile) als Außenwandbekleidungen (f) siehe Bauzeichnung (f) ...	pour les panneaux (m) (éléments) de métal cannelé (m) grande dimension (f) de revêtement (m) des murs (m) extérieurs, voir dessin (m) ...
для входа (м), рампы (ж), ступеней (ж) и порученя (м) смотри номер детали ...	for entrance, ramp, steps and handrail, see detail No. ...	für Eingang (m), Rampe (f), Stufen (f) und Handlauf (m) siehe Detail Nr. ...	pour l'entrée (f), rampe (f), marches (f) et main courante (f), voir numéro de détail ...
для деталей (ж) входа (м), рампы (ж), степеней (ж), порученя (м), смотри чертёж (м) № ...	for details of entrance, ramp, steps and handrail, see drawing No. ...	für Eingangsdetails (n), Rampendetails (n), Stufendetails (n) und Handlaufdetails (n) siehe Bauzeichnung (f) Nr. ...	pour détails (m) de l'entrée (f), rampe (f), marches (f) et main courante (f), voir dessin (m) No. ...
для деталей (ж) лестницы (ж) смотри чертёж (м) № ...	for stair details see drawing No. ...	für Treppendetails (n) siehe Bauzeichnung (f) Nr. ...	pour détails (m) d'escalier (m) voir dessin (m) No. ...
для деталей (ж) смотри чертёж № ...	for details see drawing No. ...	für Details (n) siehe Bauzeichnung (f) Nr. ...	voir détails (m) sur dessin (m) No. ...
для местоположения (ср) (здание) смотри ...	for location (building) see ...	für Standort (m) (Gebäude) siehe ...	pour emplacement (m) (bâtiment) voir ...
для наружных дверей (ж), смотри чертёж (м) ...	for exterior doors ... see drawing ...	für Außentüren (f) ... siehe Bauzeichnung (f) ...	pour les portes (f) extérieures ... voir dessin (m) ...
для плана (м) отражённого потолка, смотри чертёж (м) № ...	for reflected ceiling plan, see drawing No. ...	für Unterdeckenplan (m) siehe Bauzeichnung (f) Nr. ...	pour plan (m) du plafond (m) réfléchi, voir dessin (m) No. ...
для сборной бетонной панели (ж) с изоляцией между двумя оболочками, смотри детали ...	for prefabricated concrete panel with insulation between concrete shells (core-insulation), see details ...	für vorgefertigte zweischalige Betonwand (f) mit Kerndämmung (f) siehe Details ...	pour le panneau (m) préfabriqué de béton à isolation (f) incorporée, voir détails (m) ...

До

РУССКИЙ	АНГЛИЙСКИЙ	НЕМЕЦКИЙ	ФРАНЦУЗСКИЙ
до начинания конструкции или до предъявления рабочих чертежов, подрядчик-строитель должен проверить все размеры и все уровени и он будет за них ответственным	before starting construction or producing shop drawings, the contractor shall verify all dimensions and levels, and will be held responsible for them	vor Baubeginn oder Herstellung von Werkplänen soll der Bauunternehmer alle Maße und Höhenangaben eigenverantwortlich überprüfen	avant le début de tout travail ou avant de produire les dessins d'atelier, l'entrepreneur devra vérifier toutes les dimensions et tous les niveaux et il en sera tenu responsable
--	before starting construction or producing shop drawings, the contractor shall verify all dimensions and levels, and will be held responsible for them	vor Baubeginn oder Herstellung von Werkplänen soll der Bauunternehmer alle Maße und Höhenangaben eigenverantwortlich überprüfen	avant le début de tout travail ou avant de produire les dessins d'atelier, l'entrepreneur devra vérifier toutes les dimensions et tous les niveaux et il en sera tenu responsable
добавочная арматура (ж)	additional reinforcment	Zusatzarmierung (f)	armature (f) supplémentaire
добавочная изоляция (ж)	additional insulation	Zusatzdämmung (f) / Zusatzisolierung (f)	isolation (f) supplémentaire
добавочный снеговой груз (м)	additional snow load	zusätzliche Schneelast (f)	surcharge (f) de neige (f) additionnelle
дождевая вода (ж)	rainwater	Regenwasser (f)	eau (f) de pluie
док (м) погрузки и выгрузки	loading and unloading dock	Auflade- und Ausladebühne (f)	quai (m) de chargement et de déchargement
домачный коридор (м)	entrance vestibule (building)	Hausflur (m)	couloir (m) du bâtiment
дорога (ж)	road	Weg (m) / Fahrweg (m)	chemin (m) / route (f)
доска (ж) / деревянная доска (ж)	plank / wooden plank	Bohle (f) / Holzbohle (f)	madrier (m) / madrier (m) de bois
доски (ж) в шпунтовым соединением	boards in tongue and groove	Nut- und Federbretter (n)	planches (f) embouvetées
доски (ж) со шпунтом и пазом	planks with tongue and groove / tongue and groove planks	Bretter (n) mit Nut (f) und Feder (f)	planches (f) bouvetées, languettes (f) et rainures (f)
доступный потолок (м)	accessible ceiling	Deckenzugang (m)	plafond (m) accessible
дощатая дверь (ж) на планках	ledged door	Lattentür (f)	porte (f) en planches

Дощатая

РУССКИЙ	АНГЛИЙСКИЙ	НЕМЕЦКИЙ	ФРАНЦУЗСКИЙ
дощатая (многослойная) клеёная балка (ж)	laminated beam	Brettschichtträger (m)	poutre (f) lamellée
дощатая обшивка (ж) (досками)	boarding	Verbretterung (f)	bardage (m) en bois
дощатая обшивка (ж), шпунт и паз	board siding, tongue and groove	Bretterbekleidung (f), Nut (f) und Feder (f)	parement (m) de planches (f), embouvetées à languettes et rainures
древесина (ж) / дерево (ср)	wood	Holz (n)	bois (m)
древесина (ж) / строительный лесоматериал (м)	timber / structural timber	Bauholz (n)	bois (m) de construction / bois (m) de charpente
древесина (ж) лиственных пород	hardwood	Hartholz (n)	bois (m) dur (bois franc)
древесноволокнистая изоляция (ж)	wood fibre insulation	Holzfaserdämmung (f)	isolation (f) en fibre (f) de bois
древесноволокнистая панель (ж) (ячеистая)	porous wood panel	poröse Holzfaserplatte (f)	panneau (m) poreux en bois
древесностружечная плита (ж)	particle board / wood chipboard	Spanplatte (f) / Holzspanplatte (f)	panneau (m) de copeaux (m) / panneau (m) en particules (f) de bois
дренажная труба (ж)	drain pipe	Entwässerungsrohr (n)	tuyau (m) de drainage (m)
дренажная труба (ж) с теплоизоляцией	drain pipe with thermal insulation	Abflußrohr (n) / Entwässerungsrohr (n) mit Wärmedämmung (f)	tuyau (m) de drainage avec isolation (f) thermique
дренажный водовыпуск (м)	drainage inlet (rainwater)	Regeneinlauf (m) / Rinnenkasteneinlauf (m)	puisard (m) d'eau pluviale (f)
дроблёный гравий (м)	crushed gravel	Brechkies (m)	gravier (m) concassé
дроссельный клапан (м)	damper	Drosselklappe (f)	volet (m)
дуб (м)	oak	Eiche (f)	chêne (m)
дымовая труба (ж) нержавеющей стали	stainless steel chimney	Edelstahlschornstein (m)	cheminée (f) d'acier (m) inoxydable

РУССКИЙ	АНГЛИЙСКИЙ	НЕМЕЦКИЙ	ФРАНЦУЗСКИЙ
дымовой детектор (м)	smoke detector	Rauchdetektor (m) / Rauchmelder (m)	détecteur (m) de fumée (f)
дымоход (м)	flue	Schornsteinzug (m)	conduit (m) de fumée
дымоход (м) / дымовая труба (ж)	chimney	Schornstein (m)	cheminée (f)
дымчатое стекло (ср)	obscure glass / frosted glass	Mattglas (n)	verre (m) dépoli

Е

Европейская норма (ж)	EURO-Standard	EURO-Norm (f)	Norme (f) EURO
ель (ж)	spruce	Fichte (f)	épinette (f)

Ж

жалюзи (ср)	blind, window blind	Jalousie (f), Sonnenblende (f) (Fenster)	jalousie (f), store (m) (fenêtre)
жалюзи (ср), жалюзи (ср) воздухозаборника, жалюзи (ср) откачки воздуха	louvre (louver), air intake louvre (louver), air exhaust louvre (louver)	Jalousette (f), Jalousette-Zuluftprofil (n), Jalousette-Abluftprofil (n)	louvre (m), louvre prise (f) d'air, louvre retour (m) d'air
железная лестница (ж)	metal stair	Metalltreppe (f) / Eisentreppe (f)	escalier (m) métallique
железнённая бетонная поверхность (ж)	troweled surface	kellengeglättete Oberfläche (f)	surface (f) lissée à la truelle (f)
железо (ср)	iron	Eisen (n)	fer (m)
железобетон (м)	reinforced concrete	Stahlbeton (m)	béton armé (m)
железобетонная балка (ж)	reinforced concrete beam	Stahlbetonträger (m)	poutre (f) en béton armé (m)
железобетонная колонна (ж)	reinforced concrete column	Stahlbetonstütze (f)	colonne (f) en béton armé (m)
железобетонная крыша (ж)	concrete roof	Betondach (n)	couverture (f) en béton (m)
железобетонная плита (ж)	reinforced concrete slab	Stahlbetonplatte (f)	dalle (f) de béton armé (m)

Железобетонная

РУССКИЙ	АНГЛИЙСКИЙ	НЕМЕЦКИЙ	ФРАНЦУЗСКИЙ
железобетонная плита (ж) на отметке грунта	reinforced concrete slab on ground	erdreichberührte Stahlbetonplatte (f)	dalle (f) sur sol (m) en béton armé (m)
железобетонная плита (ж) на отметке земли	reinforced concrete slab on grade	Stahlbetonplatte (f) auf Erdreich (n)	dalle (f) de béton armé (m) sur sol (m)
железобетонная плита (ж) с теплоизоляцией	reinforced concrete slab with thermal insulation	Stahlbetonplatte (f) mit Wärmedämmung (f)	dalle (f) de béton armé (m) avec isolation (f) thermique
железобетонное основание (ср)	reinforced concrete footing	Fundament (n) aus Stahlbeton (m)	empattement (m) en béton armé (m)
железобетонное перекрытие (ср)	reinforced concrete floor	Stahlbetondecke (f)	plancher (m) en béton armé (m)
железобетонный кронштейн (м)	reinforced concrete bracket	Stahlbetonkonsole (f)	console (f) (support) en béton armé (m)
жёлоб (м), отодвинутый полуквадратный жёлоб с дренажным водовыпуском, похожим на воронку	gutter with a funnel-like drain inlet, recessed semi-square	Kastenrinne (f) mit trichterförmigem Einlauf (m)	gouttière (f) en retrait de forme demi-carrée avec écoulement au drain (m) en entonnoir
жёстко заделываный монтажный поддерживающий уголок (м)	stiffened seat (angle)	Stützwinkel (m) mit Aussteifung (f) (Winkel)	siège (m) renforcé (cornière)
жёсткое соединение (ср)	rigid joint	starre Verbindung (f)	joint (m) rigide
жёсткозакреплённая изоляционная плита (ж) / жёсткозакреплённый изоляционный лист (м)	rigid insulating board / rigid insulating sheet	Hartschaumplatte (f) / harte / steife Dämmstoffplatte (f)	planche (f) d'isolation rigide
жёсткозакреплённая изоляция (ж)	rigid insulation	harte / steife Wärmedämmung (f)	isolation (f) rigide
жёсткозакреплённый изоляционный клин (м) из минеральной ваты	rigid insulating wedge out of rock wool	Dämmstoffkeil (m) aus Steinwolle (f)	cale (f) d'isolation rigide en laine (f) minérale
жёсткозакреплённый изоляционный лист (м), встроенный в растворной постели	rigid insulating board / sheet set in mortar bed	Hartschaumplatte (f) im Mörtelbett (n)	planche (f) d'isolation rigide posé au mortier (m)
живая изгородь (ж)	hedge	Hecke (f)	haie (f)

РУССКИЙ	АНГЛИЙСКИЙ	НЕМЕЦКИЙ	ФРАНЦУЗСКИЙ
жилая площадь (ж)	living area / dwelling area	Wohnfläche (f)	surface (f) d'habitation / espace (m) d'habitation
жимолость (ж)	honeysuckle	Geißblatt (n)	chèvrefeuille (m)

З

РУССКИЙ	АНГЛИЙСКИЙ	НЕМЕЦКИЙ	ФРАНЦУЗСКИЙ
забивка свай (ж)	pile driving	Pfahlbohrung (f)	forage (m) de pieux (m)
забивная свая (ж)	driven pile / ram pile	Rammpfahl (m)	pieu (m) battu
забор (м)	fence	Zaun (m)	clôture (f)
забор (м) (ограждение)	fence (enclosure)	Zaun (m) (Einzäunung)	clôture (f) (barrière)
забутка (ж) / каменная кладка (ж)	backing masonry	Hintermauerung (f)	maçonnerie (f) de remplissage
забутовка (ж) стены	backing wall	Wandhintermauerung (f)	mur (m) de remplissage
заварка (ж) шва (непрерывная сварка)	seam weld (continuous weld)	Nahtschweißung (f) (ununterbrochene Schweißung)	soudure (f) continue (soudure à la molette)
задний вход (м)	rear entrance / back entrance	Hintereingang (m)	entrée (f) arrière / entrée (f) secondaire
задний фасад (м)	rear elevation	Rückansicht (f)	façade (f) arrière
заказчик (м)	client	Bauträger (m) / Bauherr (m)	client (m)
закалённое стекло (ср) (дверь, окно)	tempered glass (door, window)	gehärtetes Glas (n) (Tür, Fenster)	verre (m) trempé (porte, fenêtre)
закладные стальные детали (ж) (стальной арматуры)	steel inserts	Stahleinlagen (f)	pièces (f) d'acier (m) incorporées
заклёпочное соединение (ср)	riveted connection	Nietverbindung (f)	assemblage (m) riveté
законченная мансарда (ж)	finished attic	ausgebautes Dachgeschoß (n)	grenier (m) fini
закрыватель (м) двери с дверной державкой	door closer with door holder	Türschließer (m) mit Türhalter (m)	ferme-porte (m) avec cran (m) d'arrêt

Закрытая

РУССКИЙ	АНГЛИЙСКИЙ	НЕМЕЦКИЙ	ФРАНЦУЗСКИЙ
закрытая лестница (ж) со проступями и подступенками	closed stair with treads and risers	geschlossene Treppe (f) mit Trittstufen (f) und Setzstufen (f)	escalier (m) sans claires-voies (f) avec marches (f) et contremarches (f)
закусочная (ж) / буфет (м) утреннего завтрака	breakfast bar	Frühstücksbüfett (n)	buvette (f) de petit déjeuner (m)
зал (м) ожидания / район (м) отдыха	lounge / rest area	Aufenthaltsraum (m)	salon (m) / salle de repos (f)
зал (м) упражнения	exercise room	Übungsraum (m)	salle (f) d'exercice
заливка (ж) швов	joint grouting	Fugenvermörtelung (f)	remplissage (m) des joints (m) (jointoiement)
заметка (ж)	note	Hinweis (m) / Vermerk (m)	note (f)
заметка (ж) от ...	note from ...	Vermerk (m) vom ...	note (f) de ...
замечания (ср)	remarks	Bemerkungen (f)	remarques (f)
запас (м)	stock	Bestand (m) / Vorrat (m)	quantité (f) en dépôt
запасной пожарный выход (м)	fire escape / fire exit	Feuerfluchtweg (m)	sortie (f) de secours
заполнение (ср)	fill-in	Ausfachung (f)	remplissage (m)
заполнение (ср) каменной кладкой	fill-in with masonry	Ausfachung (f) mit Mauersteinen (m)	remplissage (m) de maçonnerie (f)
заполнение (ср) кирпичной (каменной) кладки	fill-in brickwork	ausgefachtes Mauerwerk (n)	maçonnerie (f) de remplissage (m) en briques (f)
заполнение (ср) легковесных ненесущих стеновых панелей	fill-in of lightweight curtain wall panels	ausgefachte leichte Vorhangwandplatten (f)	panneaux (m) de remplissage (m) légers de murs-rideaux (m)
заполнение (ср) штукатуркой	fill-in stucco	Ausfachung (f) mit Außenputz (m) / Ausfachung (f) mit Stukkatur (f)	stuc (m) de remplissage
заполнитель (м) швов (эластический)	joint filler (flexible)	elastische Fugeneinlage (f)	garniture (f) de joint (flexible / élastique)
запрос (м) для разборки	request for demolition	Abbruchantrag (m)	demande (f) de démolition (f)

Запросы

РУССКИЙ	АНГЛИЙСКИЙ	НЕМЕЦКИЙ	ФРАНЦУЗСКИЙ
запросы (м) для модификаций	requests for revisions	Änderungswünsche (m)	demandes (f) de révisions (f)
засмолок (м) / стыковая накладка (ж)	pitch pocket	Teertasche (f)	poche (f) d'oléorésine
застеклённая фрамуга (ж)	transom light	oberer Belichtungsflügel (m)	imposte (f) vitrée
засыпка (ж) лёгкого бетона	lightweight concrete fill	Leichtbetonfüllung (f)	remplissage (m) de béton (m) léger
засыпная теплоизоляция (ж)	loose-fill insulation	Schüttisolierung (f)	isolant (m) thermique en vrac
затяжка (ж) стропил (крыша (ж) с висячими стропильными фермами с прогонами с двумя стойками)	tie-joist / tie-beam	Zangenträger (m) / Zangenbalken (m)	entrait (m) de ferme / poutre-tirant (f)
затяжка (ж) стропила	rafter tie	Firstlasche (f)	tirant (m) entre chevrons (m)
зашумлённость (ж)	noise burden	Lärmbelastung (f)	vacarme (m) / fracas (m)
защемление (ср)	restraint	Einspannung (f)	encastrement (m)
защемлённая плита (ж) (железобетон)	restrained slab (reinforced concrete)	eingespannte Platte (f) (Stahlbeton)	dalle (f) encastrée (en béton armé)
защита (ж) от атмосферных воздействий для фальцевой воздухонепроницаемости	weather protection (weather protection-rail for rabbet airtightness)	Wetterschutz (m) (Wetterschutzschiene für Falzdichtung)	protection(f) contre les intempéries (f) (joint feuilluré étanche)
защита (ж) поверхности	surface protection	Oberflächenschutz (m)	protection (f) de surface (f)
защитная накладка (ж) двери	kickplate (door)	Trittplatte (f) (Tür)	plaque (f) à pieds (porte)
защитная плита (ж)	protection board / guard board	Schutzplatte (f)	planche (f) de protection
защитное смотровое окно (ср)	shielding window	Strahlenschutzfenster (n)	fenêtre (f) de protection contre le rayonnement (m) radioactif
защитные очки (ср)	goggles (protective)	Schutzbrille (f)	lunettes (f) protectrices
защитный слой (м) бетона на арматурных стержнях	concrete cover of steel rods	Betonüberdeckung (f) der Stahleinlagen (f)	recouvrement (m) en béton (m) des armatures (f) d'acier

Защитный

РУССКИЙ	АНГЛИЙСКИЙ	НЕМЕЦКИЙ	ФРАНЦУЗСКИЙ
защитный слой (м) (однослойная фольга)	covering (one(-)ply foil)	Abdeckung (f) (einlagige Folie)	couverture (f) (feuille un pli)
заявка (ж) на выполнение подряда (включая спецификации и рабочие чертежи)	tender (specifications and working drawings included)	Ausschreibung (f) (muß Leistungsbeschreibungen und Ausführungszeichnungen beinhalten)	soumission (f) (spécifications et dessins d'exécution inclus)
заявка (ж) на подряд	bid	Angebot (n) / Offerte (f)	soumission (f)
звуковая защита (ж) / звукоизоляция (ж)	soundproofing / sound damping	Schallschutz (m)	insonorisation (f)
звукоизолирующая панель (ж)	sound-insulating panel	Akustikplatte (f)	panneau (m) isolant acoustique
звукоизолирующая преграда (ж)	noise barrier	Lärmsperre (f)	écran (m) d'insonorisation
звукоизоляционные материалы (м)	sound insulation materials	Schalldämmstoffe (m)	matériaux (m) d'isolation acoustique
звукоизоляция (ж)	sound insulation / acoustical insulation	Schalldämmung (f) / akustische Isolierung (f)	isolation (f) acoustique
звуконепроницаемый экран (м)	sound barrier / sound-proof barrier	Schallwand (f)	barrière (f) contre le bruit (m) / barrière (f) acoustique
звукопоглощающая теплоизоляция (ж)	noise-absorbing thermal insulation	schallabsorbierende Wärmedämmung (f)	isolation (f) thermique et acoustique
здание (ср) с разными отметками перекрытий в смежных секциях	split-level house	halbgeschossiges Haus (n)	maison (f) à mi-étage
зелёная изгородь (ж)	hedge planting	Heckenbepflanzung (f)	plantation (f) de haie (f)
зелёный	green	grün	vert
земельный участок (м)	lot	Grundstück (n)	parcelle (f) de terrain
землевладелец (м)	land owner / land proprietor	Grundbesitzer (m)	propriétaire du terrain (m)
земляная насыпь (ж)	earth(-)fill	Erdauffüllung (f) / Erdaufschüttung (f)	remblai (m)

Зенитный

РУССКИЙ	АНГЛИЙСКИЙ	НЕМЕЦКИЙ	ФРАНЦУЗСКИЙ
зенитный фонарь (м)	skylight	Oberlicht (n)	lucarne (f) vitrée (verrière)
знак (м)	beacon	Lichtsignal (n)	signal (m)

И

РУССКИЙ	АНГЛИЙСКИЙ	НЕМЕЦКИЙ	ФРАНЦУЗСКИЙ
игротека (ж) / игорная комната (ж)	game room	Spielzimmer (n)	salle (f) de jeux
известняк (м)	limestone	Kalkstein (m)	pierre (f) calcaire
известняковый песчаник (м)	limestone / lime sandstone	Kalksandstein (m)	pierre (f) silico-calcaire
изменения (ср) (модификации)	revisions	Änderungen (f)	révisions (f)
изогнутая арматура (ж) (стержень)	bent bar	aufgebogener Stab (m)	barre (f) pliée
изолационная плита (ж) минерального волокна	mineral fibre insulation panel	Mineralfaserdämmplatte (f)	panneau (m) d'isolation en fibre (f) minérale
изолирующая фольга (ж)	insulation foil	Isolierfolie (f)	feuille (f) isolante
изоляционная дверь (ж)	insulated door	isolierte Tür (f)	porte (f) isolante
изоляционная толщина (ж)	insulation thickness	Dämmstoffdicke (f) / Dämmstoffstärke (f)	épaisseur (f) d'isolation
изоляционный кабинет (м) (одна кровать)	isolation room (one bed)	Isolierzimmer (n) (Einbettzimmer)	chambre (f) d'isolement (un lit)
изоляционный материал (м)	insulating material	Dämmaterial (n) / Isolierstoff (m) / Dämmstoff (m)	matériau (m) d'isolation
изоляционный слой (м)	insulating layer	Isolierschicht (f) / Dämmschicht (f)	couche (f) isolante
изоляционный трёхкантный прут (м) (изоляционный материал)	cant strip (insulation)	Dämmstoffkeil (m) / Randkeil (m) aus Dämmstoff (m)	tringle (f) biseautée en isolant (m)
изоляция (ж)	insulation	Dämmung (f) / Isolierung (f)	isolation (f)
изоляция (ж) кровли	roof insulation	Dachdämmung (f)	isolation (f) de toiture (f)
изоляция (ж) крутой крыши	steep roof insulation	Steildachdämmung (f)	isolation (f) de toiture (f) à pente raide

Изоляция

РУССКИЙ	АНГЛИЙСКИЙ	НЕМЕЦКИЙ	ФРАНЦУЗСКИЙ
изоляция (ж), наносимая набрызгом	sprayed-on insulation	Spritzisolierung (f)	isolant (m) appliqué par pulvérisation
изоляция (ж) плоской крыши	flat roof insulation	Flachdachdämmung (f)	isolation (f) de toiture (f) plate
иллюминатор (м) бокового обзора	side-viewing window	Seitenfenster (n)	fenêtre (f) latérale
ильм (м)	elm	Ulme (f)	orme (m)
имена (ср) моделей и похожие элементы	model names and similar items	Bezeichnungen für Modelle (n) und dergleichen	noms de modèles (m) et items (m) similaires
имя (ср)	name	Name (m)	nom (m)
индикация (ж) нагрузки	weight (load) indication	Gewichtsangabe (f)	charge (f)
инженер-акустик (м)	acoustical engineer	Akustiker (m) (Ingenieur)	ingénieur (m) en acoustique
инженер-консультант (м), проектировщик (м) строительных конструкций / инженер-строитель (м)	consulting structural engineer / civil engineer	beratender Bauingenieur (m) / beratender Statiker (m)	ingénieur-conseil (m) en structure / ingénieur civil (m)
инженер-консультанты сантехники (теплотехники, вентиляции воздуха и электрики)	consulting mechanical and electrical engineers	beratende Ingenieure der Haustechnik (f) (Heizung, Lüftung, Sanitär- und Elektrotechnik)	ingénieurs-conseils en mécanique et électricité
инженер-механики (м) и электротехники (м)	mechanical and electrical engineers	Ingenieure (m) der Haustechnik (f) (Heizung, Lüftung, Sanitär- und Elektrotechnik)	ingénieurs en mécanique et électricité
инженер-проектировщик (м) строительных конструций / инженер-строитель (м)	structural engineer / civil engineer	Bauingenieur (m) / Baustatiker (m) / Statiker (m)	ingénieur (m) en structure / ingénieur civil (m) en structure
инженер-строитель (м)	civil engineer	Bauingenieur (m)	ingénieur (m) civil
интенсивность (ж) движения	traffic volume	Verkehrsaufkommen (n)	volume (m) du trafic (m)
информация (ж)	information	Auskunft (f)	information (f)
искусственная вентиляция (ж)	artificial ventilation	künstliche Belüftung (f)	ventilation (f) artificielle

Искусственное

РУССКИЙ	АНГЛИЙСКИЙ	НЕМЕЦКИЙ	ФРАНЦУЗСКИЙ
искусственное освещение (ср)	artificial lighting	künstliche Beleuchtung (f) / künstliches Licht (n)	éclairage (m) artificiel
использование (ср) постройки	building use	Gebäudenutzung (f)	utilisation (f) du bâtiment (m)

К

РУССКИЙ	АНГЛИЙСКИЙ	НЕМЕЦКИЙ	ФРАНЦУЗСКИЙ
к верхней грани (ж) ...	to top of ...	zur Oberkante (f) von ... / zur OK von ...	jusqu'au dessus de ...
к нижней грани (ж) ...	to underside of ...	zur Unterkante (f) von ... / zur UK von ...	jusqu'au dessous de ...
к оси (ж) колонны ...	to column line ...	zur Säulenachse (f) ...	à l'axe (m) de la colonne (f) ...
к поверхности (ж) ...	to finish of ...	zum fertigen ...	jusqu'au fini de ...
к чистовому полу (м)	to finished floor	zum Fertigfußboden (m)	au plancher (m) fini
кабель (м)	cable	Kabel (n)	câble (m)
кабель (м) лучистого отопления	underfloor heating cable	Fußbodenheizungskabel (n)	câble (m) de chauffage (m) sous-plancher
кабельная труба (ж) / кабелепровод (м)	conduit	Kabelrohr (n)	conduit (m)
кабельная шахта (ж)	cable shaft	Kabelschacht (m)	puits (m) de câbles (m)
кабина (ж)	booth	Kabine (f)	cabine (f)
кабина (ж) кухонного лифта	dumbwaiter cage	Speiseaufzugskabine (f) / Aufzugskabine (f)	trémie (f) de monte-plats (m)
кабина (ж) лифта	elevator car	Aufzugskabine (f)	cabine (f) d'ascenseur (m)
калибр (м) листовой стали	gauge (gage)	Blechdicke (f) / Blechstärke (f)	calibre (m) / jauge (f)
каменная кладка (ж)	masonry / brickwork	Mauerwerk (n)	maçonnerie (f)
каменная кладка (ж) из клинкеров	brickwork of clinkers	Klinkermauerwerk (n)	maçonnerie (f) de mâchefer

Каменная

РУССКИЙ	АНГЛИЙСКИЙ	НЕМЕЦКИЙ	ФРАНЦУЗСКИЙ
каменная кладка (ж) с природной каменной облицовкой	masonry veneer in natural stone	Mauerwerkverblendung (f) aus Naturstein (m)	maçonnerie (f) de parement en pierres (f) naturelles
каменная облицовка (ж)	stone facing	Natursteinverblendung (f)	revêtement (m) en pierres (f)
каменная облицовка (ж) (фанера)	stone veneer	Steinbekleidung (f)	parement (m) de pierres (f)
каменная размерность (ж)	stone dimension	Steinmaß (n)	dimension (f) de pierre (f)
каменные плитки (ж)	quarry tiles	Natursteinplatten (f)	carreaux (m) de carrière (grès cérame)
каменный упорный косяк (м), отодвинутый каменный упорный косяк (м), выступающий каменный упорный косяк (м)	masonry jamb stop, recessed masonry jamb, projected masonry jamb	Mauerleibung (f), Mauerleibung (f) mit Innenanschlag (m), mit Außenanschlag (m)	arrêt (m) de jambage (m) de maçonnerie, jambage (m) de maçonnerie (f) en retrait, jambage de maçonnerie (f) en saillie
каменный формат (м)	shape of stone	Steinformat (n)	forme (f) de la pierre (f)
канавка (ж) (направляющий рельс шторного затвора)	groove (roller-blind rail)	Nute (f) (Rolladenführungsschiene)	rainure (f) (rail de persiennes roulantes)
канализационный выпуск (м)	sewer discharge	Abwasserentsorgung (f)	débouché (m) d'égout (m)
капелла (ж)	chapel	Kapelle (f)	oratoire (m) / chapelle (f)
каркасная перегородка (ж)	stud partition	Fachwerktrennwand (f) (Holzständerbauweise als Trennwand)	cloison (f) à colombage (m)
каркасная структура (ж) (обнажённая)	frame structure (exposed)	sichtbare Rahmenkonstruktion (f)	charpente (f) structurale apparente
карнизный водосточный жёлоб (м) (крыша)	gutter / eaves gutter (roof)	Dachrinne (f)	chéneau (m) / gouttière (f) (toiture)
квадратная стальная трубчатая колонна (ж)	square steel pipe column	quadratische Stahlrohrstütze (f)	colonne (f) en acier (m) tubulaire carré
квадратная штанга (ж) / квадратный стержень (м)	square bar	Vierkantstab (m)	barre (f) carrée

Квадратный

РУССКИЙ	АНГЛИЙСКИЙ	НЕМЕЦКИЙ	ФРАНЦУЗСКИЙ
квадратный каменный косяк (м) (для окна или двери)	square masonry jamb (for window or door)	Mauerleibung (f) ohne Anschlag (m) (für Fenster oder Tür)	jambage (m) de maçonnerie (f) orthogonal (pour fenêtre ou porte)
квадратный профиль (м)	square profile	Quadratprofil (n)	section (f) orthogonale (profilé carré)
квартира (ж)	apartment	Wohnung (f)	appartement (m)
кварц (м)	quartz	Quarz (m)	quartz (m)
керамическая плитка (ж)	ceramic tile	Keramikfliese (f)	carreau (m) de céramique (f) / tuile (f) de céramique
керамические плитки (ж) в клее (тонкослойный метод)	floor tiles in glue (thin-set method)	Bodenfliesen (f) im Dünnbettverfahren (n)	tuiles (f) de plancher (m) à la colle (f) adhésive (méthode d'adhésif mince)
керамические плитки (ж) на растворной постеле (обычный метод)	floor tiles in mortar bed (conventional method)	Bodenfliesen (f) im Mörtelbett (n) (im Dickbettverfahren (n))	tuiles (f) de plancher (m) sur lit (m) de mortier (m) (méthode conventionnelle)
керамические половые камени (м), положены в клее	ceramic floor tiles embedded (set) in glue (thin-set-method)	keramische Bodenfliesen (f) im Dünnbett (n)	pavement (m) en tuiles (f) céramiques posées à la colle (f) adhésive
кессонная плита (ж) перекрытия	waffle slab	Kassettenplatte (f)	dalle-caissons (f)
кессонный подшивной потолок (м) (внутренний, наружный)	panelled ceiling (interior, exterior)	Kassettendecke (f) vertäfelte Decke (f) (innen, außen)	plafond (m) à panneaux (m) (intérieur, extérieur)
кессонный потолок (м)	caisson ceiling / waffle-ceiling	Kassettendecke (f)	plafond (m) à caissons (m)
кирпич (м), поставленный на торец	soldier brick / soldier rowlock	Hochschicht (f) / Grenadierschicht (f)	brique (f) de champ
кирпич (м), твёрдый кирпич (м), пустотелый кирпич (м)	brick, solid brick, hollow brick	Ziegel (m), Vollziegel (m), Lochziegel (m)	brique (f), brique pleine, brique creuse
кирпичное заполнение (ср) впустошовку	raked brick joint	zurückspringende Verfugung (f)	joint (m) de briques (f) raclé
кирпичное здание (ср)	brick building	Backsteingebäude (n)	bâtiment (m) en briques (f)

Кладка

РУССКИЙ	АНГЛИЙСКИЙ	НЕМЕЦКИЙ	ФРАНЦУЗСКИЙ
кладка (ж) из естественного камня	natural stonework	Naturstein-Mauerwerk (n)	maçonnerie (f) de pierres (f) naturelles
кладовая (ж)	food storage	Speisekammer (f)	dépense (f)
клапан (м) / вентиль (м)	valve	Ventil (n)	soupape (f)
класс (м)	classroom	Klassenraum (m) / Klassenzimmer (n)	classe (f)
класс (м) истории	history classroom	Geschichts-Klassenzimmer (n)	classe (f) d'histoire
клей (м) ковра	carpet glue	Teppichkleber (m)	colle (f) à tapis (m)
клейкий состав (м) для крепления плиток	tile adhesive	Fliesenkleber (m)	adhésif (m) pour tuiles (f)
клён (м)	maple	Ahorn (m)	érable (m)
клин (м)	wedge	Keil (m)	cheville (f) / cale (f)
клинкер (м)	clinker	Klinker (m)	mâchefer (m)
клинкер (м) / клинкерный кирпич (м)	clinker brick	Klinker (m) / Vollklinker (m)	brique (f) de mâchefer (m)
клинообразные изоляционные элементы (м)	wedge-shaped insulation elements	keilförmige Isolierungselemente (n)	isolant (m) en plaques (f) biseautées
книга (ж) о внутренней отделкой комнаты	schedule of room interior finishes	Raumbuch (n)	tableau (m) / liste (f) des finis (m) intérieurs des pièces (f)
ковёр (м)	carpet	Teppich (m)	tapis (m)
кокосовая пальма (ж)	coconut palm	Kokospalme (f)	cocotier (m)
коллектор (м) ливневой канализации (ж)	storm sewer	Regenwasserkanal (m)	égout (m) d'eau pluviale (f)
колонна (ж), столб (м)	column, post	Säule (f) / Stütze (f), Pfosten (m)	colonne (f), poteau (m)
кольцевая балка (ж)	ring beam	Ringbalken (m)	poutre (f) annulaire / chaînage (m)

Кольцевой

РУССКИЙ	АНГЛИЙСКИЙ	НЕМЕЦКИЙ	ФРАНЦУЗСКИЙ
кольцевой анкер (м) (под бетонного пола)	template (under solid floor slab)	Ringanker (m) (unterhalb Massivplattendecke)	poutre (f) de rive (f) (sous dalle solide de plancher)
комната (ж) больного	patient's room	Patientenzimmer (n) / Krankenzimmer (n)	chambre (f) de malade (de patient)
комната (ж) для переодевания (персонала)	changing room (staff)	Umkleideraum (m) (Personal)	salle (f) de déshabillage (employés)
комната (ж) конференции	conference room / meeting room	Konferenzraum (m) / Besprechungsraum (m)	salle (f) de conférence / salle (f) de réunion
компьютерная томография (ж)	computer tomography	Computertomographie (f)	tomographie (f) par ordinateur (m)
конвектор (м)	convector	Konvektor (m)	convecteur (m)
конденсация (ж)	condensation	Kondensation (f)	condensation (f)
кондиционирование (ср) воздуха	air conditioning system / air conditioning	Klimatisierung (f) / Klimaanlage (f)	système (m) de conditionnement (m) d'air / conditionnement (m) d'air
конёк (м) / конёк (м) крыши	ridge / roof ridge	First (m) / Dachfirst (m)	faîte (m) / faîte (m) de toiture (f) / arête (f) de toiture (f)
конёк (м) фермы	ridge of truss	Firstpunkt (n) (Binder)	faîtière (f) de la charpente (f)
конопатка (ж) на заполнительным шве	caulking on joint filler	Fugenmasse (f) auf Fugeneinlage (f)	calfeutrage (m) sur bourrelet (m) de joint (m)
конопатка (ж), упругая конопатка (ж)	caulking, elastic caulking	Dichtungsmasse (f), elastische Dichtungsmasse (f)	calfeutrage (m), calfeutrage (m) élastique / calfeutrage (m) flexible
конопатка (ж), упругая конопатка (ж) на несущей ленте	caulking, elastic caulking on backing strip	elastische Dichtungsmasse (f) / Fugendichtungsmasse (f) auf Hinterfüllungsband (n)	calfeutrage (m), calfeutrage (m) élastique sur bourrelet (m)
конопатка (ж) (шов)	caulking (joint)	Fugenmasse (f) / Fugendichtungsmasse (f)	calfeutrage (m) (joint)
консоль (ж)	console	Konsole (f)	console (f)

Консоль

РУССКИЙ	АНГЛИЙСКИЙ	НЕМЕЦКИЙ	ФРАНЦУЗСКИЙ
консоль (ж) как оцинковыванный стальный угол (м)	console as galvanized steel angle	verzinkter Winkelstahl (m) als Konsole (f)	console (f) en cornière (f) d'acier (m) galvanisé
консольная балка (ж) с теплоизоляцией	cantilever beam with thermal insulation	Kragbalken (m) mit Wärmedämmung (f)	poutre (f) en encorbellement avec isolation (f) thermique
консольная крыша (ж)	cantilevered roof	auskragendes Dach (n)	toiture (f) en porte-à-faux
консольная плита (ж)	cantilevered slab	Kragplatte (f)	dalle (f) en console / dalle (f) en encorbellement
консольная ступень (ж)	cantilevered step	einseitig eingespannte Stufe (f) / auskragende Stufe (f)	marche (f) en porte-à-faux / marche (f) en console
конструкция (ж) затяжки	tie-joist construction	Zangenträgerkonstruktion (f)	construction (f) par solives (f) et entretoises (f)
конструкция (ж) пола в мокрых площадях с гидроизоляционной мембраной (листы) над плитой	floor construction with waterproofing membrane (sheets) over slab in wet areas	Fußbodenkonstruktion (f) mit Membranisolierung / Fußbodenkonstruktion (f) mit Wasserabdichtungsfolie (f) (Lagen) in Naßräumen (m) auf Betonplatte (f)	construction de plancher (m) avec membrane (f) d'étanchéité (en feuilles) sur la dalle (f) aux emplacements humides
конструкция (ж) пола на плитном фундаменте (на подпочве)	floor construction (f) on raft foundation (on subsoil)	Fußbodenkonstruktion (f) auf erdreichberührter Sohlplatte (f) / Bodenplatte (f) / Gründungsplatte (f)	construction (f) de plancher (m) sur radier de fondation (m) (sur sous-sol)
конструкция (ж) (постройка)	shape of building	Bauform (f)	aspect (m) visuel de la structure du bâtiment (m)
конструкция (ж) сборной аэрированной плоской крыши	prefabricated aerated flat roof construction	vorgefertigte, durchlüftete Flachdachkonstruktion (f)	système (m) de toiture (f) plate, préfabriquée et ventilée
контора (ж) / бюро (ср)	office	Büro (n)	bureau (m)
конторская группа (ж)	office team	Bürogemeinschaft (f)	équipe (f) de bureau (m)
конторский этаж (м)	office floor	Büroetage (f)	plancher de bureaux (m)

Контрольная

РУССКИЙ	АНГЛИЙСКИЙ	НЕМЕЦКИЙ	ФРАНЦУЗСКИЙ
контрольная шахта (ж)	control shaft	Kontrollschacht (m)	gaine (f) de contrôle / puits (m) de contrôle
контрфорс (м)	counterfort	Mauerpfeiler (m)	contrefort (m)
конфигурация (ж) / расположение (ср) кухни	kitchen layout	Küchenanordnung (f)	aménagement (m) de cuisine (f)
конфигурация (ж) цветов	configuration of colours	Farbgestaltung (f)	configuration (f) des couleurs (f)
концевая опорная стойка (ж)	newel	Antrittspfosten (m) / Austrittspfosten (m)	noyau (m) / pilastre (m)
коньковая вальмовая черепица (ж)	arris hip tile	First- und Gratziegel (m)	tuile (f) faîtière
коньковая деталь (ж)	ridge detail	Firstdetail (n)	détail (m) du faîte (m)
коньковая доска (ж)	ridge board	Firstbrett (n)	faîtière (f)
коньковая остановка (ж)	ridge limit	Firstabschluß (m)	arrêt (m) de faîte (m)
координатная сетка (ж)	square grid	Quadratraster (m)	coordonnées (f) carrées
координационная модульная линия (ж)	reference line	Bezugslinie (f)	ligne (f) de référence
коридор (м)	corridor	Flur (m) / Korridor (m)	couloir (m)
коридор (м) больных	patient corridor	Patientenflur (m)	corridor (m) des patients
коричневый	brown	braun	brun
котельная (ж)	boiler room	Heizungskeller (m), Kesselraum (m)	chaufferie (f), salle (f) des chaudières
котлован (м)	excavation / construction pit (building)	Baugrube (f) (Gebäude)	excavation (f) (bâtiment)
краевая металлическая полоса (ж) карнизного свеса	eaves metal sheetstrip	Traufblech (n)	bande (f) métallique de rive (f)
краска (ж)	paint	Farbe (f) / Anstreichfarbe (f)	peinture (f)

Красная

РУССКИЙ	АНГЛИЙСКИЙ	НЕМЕЦКИЙ	ФРАНЦУЗСКИЙ
красная сосна (ж)	red pine	Rotkiefer (f)	pin rouge (m)
кровельная бетонная черепица (ж)	concrete roof tile	Dachziegel aus Beton (m)	tuile (f) de toiture (f) en béton (m)
кровельная глиняная черепица (ж)	clay roof tile	Dachziegel (m) aus Ton (m)	tuile (f) de toiture (f) en terre cuite (f)
кровельная плитка (ж) / шиферная плитка (ж)	roofing slate	Dachschiefer (m)	bardeau (m) d'ardoise (f) de toiture (f)
кровельная черепица (ж)	roofing tile	Dachziegel (m) / Dachstein (m)	tuile (f) de toiture (f)
кровельное покрытие (ср)	roofing / roof covering	Dacheindeckung (f)	couverture (f) de toit (m)
кровельные материалы (м)	roofing / roof covering materials	Dacheindeckungsmaterialien (f)	matériaux (m) de toiture (f) / recouvrement de toiture
кровельный асфальт (м) / кровельный битум (м)	roofing asphalt / roofing bitumen	Dachasphalt (m) / Dachbitumen (n)	asphalte (m) / bitume (m) de couverture (f) de toiture (f)
кровельный гонт (м) / кровельная плитка (ж)	roofing shingle	Dachschindel (f)	bardeau (m) de toiture (f)
кровельный гравий (м)	roofing gravel	gewaschener Kies (m) (Dach)	gravier (m) de toiture (f)
кровельный картон (м) битумной	bituminous felt paper (roof)	Bitumendachpappe (f) / Bitumenbahn (f)	papier (m) goudronné / carton (m) goudronné (toit)
кровельный ковёр (м) / изоляционный слой (м) (крыша)	barrier shield (roof)	Sperrschicht (f) (Dach)	barrière (f) de protection (toit)
кровельный ковёр (м) (гидроизоляционный)	waterpoof membrane (roof)	wassersperrende Dichtungsschicht (f) (Dach)	membrane (f) d'étanchéité (toiture)
кровельный край (м)	roof edge	Dachkante (f)	bord (m) de toiture (f)
кронштейн (м)	bracket	Konsole (f), Winkellasche (f)	console (f), éclisse (f)
кронштейн (м) / опорный кронштейн (м)	angle bracket	Stützwinkel (m) / Abfangkonsole (f) / Winkelkonsole (f)	console (f) en cornière (f)
круглая водосточная труба (ж)	round leader	zylindrisches Regenfallrohr (n)	conduite (f) cylindrique
круглая дверная ручка (ж)	door knob	Türknauf (m)	bouton (m) de porte (f)

РУССКИЙ	АНГЛИЙСКИЙ	НЕМЕЦКИЙ	ФРАНЦУЗСКИЙ
круглая штанга (ж), круглый стержень (м)	steel round bar	Stahlrundstab (m)	barre (f) ronde d'acier (fer rond)
круговая лестница (ж)	circular stair with open well	Wendeltreppe (f), Treppe (f) mit Treppenauge (n)	escalier (m) circulaire à cage (f) ouverte
крупная насыпка (ж) гравия / крупный закладочный материал (м)	coarse fill	grobkörnige Schüttung (f)	remplissage (m) grossier
крутая крыша (ж)	steep roof	Steildach (n)	toiture (f) en pente (f) raide
крыло (ср) (здание)	wing (building)	Seitenflügel (m) (Gebäude)	aile (f) (bâtiment)
крыльцо (ср)	porch	offene Veranda (f)	perron (m)
крыша (ж) с висячими стропильными фермами	couple roof	Sparrendach (n)	comble (m) à deux versants sur arbalétriers (m)
крыша (ж) с висячими стропильными фермами без стропильной затяжки (ж)	couple roof without collar beam	Sparrendach (n) ohne Kehlbalken (m)	comble (m) à deux versants sur arbalétriers (m) sans poutre-tirant (f)
крыша (ж) с висячими стропильными фермами со прогонами с 1, 2, 3 столбами (м)	couple roof with purlins, with one, two, three pillars	Pfettendach (n), mit einfach, zweifach, dreifach stehendem Dachstuhl (m)	comble (m) à deux versants sur arbalétriers (m) avec pannes (f), avec un, deux, trois poteaux (m)
крыша (ж) с минимальным наклоном и со слоями (м) кровельного герметика на деревянной форме	roofing with a minimum slope and with roof sealant plies on wood form	Dach (n) mit minimaler Dachneigung (f) und mit Dachdichtungsbahnen (f) auf Holzschalung (f)	toiture (f) à pente (f) minimale avec plis de scellement de toiture (f) sur pontage de bois
крышка (ж) лаза / крышка (ж) люка	manhole cover	Verschlußdeckel (m) des Einsteiglochs (n) / Schachtdeckel (m)	couvercle (m) de trou d'homme
курительная комната (ж)	smoking room	Raucherzimmer (n)	fumoir (m)
куст (м) сваи	pile cluster	Pfahlgruppe (f)	groupe (m) de pieux (m)
кустарник (м)	shrub	Strauch (m)	arbrisseau (m)

Кухня

РУССКИЙ	АНГЛИЙСКИЙ	НЕМЕЦКИЙ	ФРАНЦУЗСКИЙ
кухня (ж)	kitchen	Küche (f)	cuisine (f)
кухонный лифт (м)	dumbwaiter	Speiseaufzug (m) / Aufzug (m)	monte-plats (m)
кухонька (ж)	kitchenette	Kleinküche (f)	cuisinette (f)

Л

РУССКИЙ	АНГЛИЙСКИЙ	НЕМЕЦКИЙ	ФРАНЦУЗСКИЙ
лаборатория (ж)	laboratory	Labor (n)	laboratoire (m)
лаборатория (ж) естественных наук	natural sciences laboratory	Naturwissenschaftslabor (n)	laboratoire (m) de sciences naturelles
лаборатория (ж) обработки фотоплёнок	film processing room	Filmbearbeitungsraum (m)	développement (m) des films
лаборатория (ж) физики	physics laboratory	Physiklabor (n)	laboratoire (m) de physiques
лавровое дерево (ср)	mountain laurel	Lorbeer (m)	laurier (m) de montagne
лага (ж) на упругих прокладках	sleeper on resilient pads	Schwelle (f) auf flexiblen Unterlagen (f)	lambourde (f) sur coussinets (m) flexibles
лаз (м) / люк (м)	manhole	Einsteigloch (n) / Schachtloch (n)	trou (m) d'homme
лак (м)	varnish	Lack (m)	vernis (m) / laque (f)
лаковая краска (ж)	varnish paint	Lackfarbe (f)	peinture (f) laquée
ландшафтная архитектура (ж)	landscaping	Landschaftsgestaltung (f)	paysagisme (m)
легковесная ненесущая стена (ж)	lightweight curtain wall	leichte Vorhangwand (f)	mur-rideau (m) léger
легковесная панель (ж) древесной шерсти	lightweight panel of wood wool	Leichtbauplatte (f) aus Holzwolle (f)	panneau (m) léger de laine (f) de bois
ленточная сетка (ж)	band grid	Bandraster (m)	coordonnées (f) en bandes (f)
ленточное окно (ср)	continuous window / window-band	Fensterband (n)	fenêtre (f) continue / bande (f) vitrée
ленточный фундамент (м) / фундамент (м) под стену	strip footing / continuous footing / wall footing	Streifenfundament (n)	semelle (f) de fondation (f) / empattement (m) continu / empattement (m) de mur (m)

Лестница

РУССКИЙ	АНГЛИЙСКИЙ	НЕМЕЦКИЙ	ФРАНЦУЗСКИЙ
лестница (ж)	stair	Treppe (f)	escalier (m)
лестница (ж) № ...	stair No. ...	Treppe (f) Nr. ...	escalier (m) No. ...
лестница (ж) двух лестничных маршов в 45 градусов	one stair of two quarter-turn flights	einläufige, viertelgewendelte Treppe (f)	escalier (m) à deux volées de quart de tour
лестница (ж) одного лестничного марша с полуворотом	stair of one half-turn flight	einläufige, halbgewendelte Treppe (f)	escalier (m) d'une volée (f) semi-circulaire
лестница (ж) с двумя лестничными маршами (м) с промежуточной площадкой (ж) (окружённая лестница)	two-flight stair with intermediate landing (enclosed stair)	zweiläufige Podesttreppe (f) (abgeschlossenes Treppenhaus)	escalier (m) de deux volées (f) avec palier (m) intermédiaire (escalier encagé)
лестница (ж) с двумя лестничными маршами и одной лестничной площадкой	stair with two flights and one landing	zweiläufige gerade Treppe (f) mit Zwischenpodest	escalier (m) de deux volées (f) et un palier (m)
лестничная деталь (ж)	stair detail	Treppendetail (n)	détail (m) d'escalier (m)
лестничная клетка (ж)	staircase	Treppenhaus (n) / Treppenraum (m)	cage (f) d'escalier (m)
лестничная площадка (ж)	stair landing / stair platform	Treppenpodest (m) / Treppenabsatz (m)	palier (m) d'escalier (m)
лестничная шахта (ж) (пространство между наружными тетивами)	well (space between outside stringers)	Treppenauge (n) (Raum zwischen äußeren Treppenwangen)	puits (m) d'escalier (m) (espace entre limons extérieurs)
лестничные перила (ср) со стальными опорами, связаными со ступеньками	handrail with steel supports attached to steps	Handlauf (m) mit Stahlstützen (f) auf Stufen (f) befestigt	main courante (f) d'escalier (m) sur supports (m) d'acier fixés aux marches (f)
лестничные сборные бетонные компоненты (м)	precast concrete units of stairs	Treppenelemente (n) aus Betonfertigteilen (n)	éléments (m) d'escalier (m) en béton (m) précoulé
лестничный поручень (м)	stair handrail	Treppenhandlauf (m)	main courante (f) d'escalier (m)
лестничный поручень (м) / перила (ср)	wall handrail	Wandhandlauf (m)	main courante (f) murale

Лёгкий

РУССКИЙ	АНГЛИЙСКИЙ	НЕМЕЦКИЙ	ФРАНЦУЗСКИЙ
лёгкий бетон (м)	lightweight concrete	Leichtbeton (m)	béton (m) léger
лёгкий металл (м)	lightweight metal	Leichtmetall (n)	métal (m) léger
ливневый спуск (м)	gulley	Gully (m)	égout (m)
линзовый компенсатор (м), мехи (м)	bellows	Dehnungsstück (n) / Dehnungsausgleicher (m)	compensateur (m) / soufflet (m) expansible
линия (ж) вершины	apex line	Scheitellinie (f)	ligne (f) de faîte (m)
линия (ж) горной породы	rock line	Felsenlinie (f)	ligne (f) du roc (m)
линия (ж) конька (крыша)	roof line / roof-ridge line	Firstlinie (f) (Dach)	faîtière (f) (toiture)
линия (ж) пересечения	intersecting line / line of intersection	Schnittlinie (f)	ligne (f) sécante
линия (ж) постройки	building line	Baulinie (f) / Baugrenze (f)	alignement (m) des bâtiments (m) / alignement (m) de la construction (f)
линия (ж) постройки согласно с постановлениями	building line according to by-laws	Baulinie (f) / Baugrenze (f) laut Landesbauordnung (f) oder Bundesbaugesetz (n)	alignement (m) de la construction conformément aux règlements (m)
линолеум (м)	linoleum	Linoleum (n)	linoléum (m)
липа (ж)	linden / lime tree	Linde (f)	tilleul (m)
лист (м) деревянной волокнистой изоляции	wood fibre insulation sheet	Holzfaserdämmplatte (f)	feuille (f) d'isolation (f) en fibres de bois
лист (м) деталей	detail sheet	detailliertes Zeichenblatt (n) / Detail-Zeichenblatt (n)	feuille (f) de détail
лист (м) полиэтилен / плита (ж) полистирол	polyethylene sheathing / polystyrene board	Polyäthylenplatte (f) / Styroporplatte (f)	feuille (f) de polyéthylène / planche (f) de polystyrène
листовое оконное стекло (ср)	sheet glass	Tafelglas (n) / Plattenglas (n)	verre (m) à vitre
листовое стекло (ср)	pane of glass	Glasscheibe (f)	vitre (f)
листовое стекло (ср) (дверь, окно)	plate glass (door, window)	Tafelglas (n) (Tür, Fenster)	glace (f) de vitrage (m) (porte, fenêtre)

Листовой

РУССКИЙ	АНГЛИЙСКИЙ	НЕМЕЦКИЙ	ФРАНЦУЗСКИЙ
листовой пенополистирол (м) / жёсткозакреплённая изоляция (ж)	expanded polyurethane panel / rigid insulation board (polyurethane)	Polyurethan-Hartschaumplatte (f)	panneau (m) de polyuréthane expansé / planche (f) rigide d'isolation (f) (polyuréthane)
листопадное дерево (ср)	deciduous tree	Laubbaum (m)	arbre (m) caduc
листопадный кустарник (м)	deciduous shrub	Laubstrauch (m)	arbrisseau (m) caduc
литая бетонная стена (ж)	cast- / poured-in-place concrete wall (monolithic)	Ortbetonwand (f) (bauseits)	mur (m) de béton (m) coulé sur place
литейный чугун (м)	cast iron	Gußeisen (n)	fonte (f)
лифт (м)	elevator (passenger)	Personenaufzug (m)	ascenseur (m) (personnes)
лифт (м) / подъёмник (м) сцены	stage elevator	Bühnenaufzug (m)	ascenseur (m) de la scène (f)
лицевая тетива (ж) ... толщины (внешняя)	face stringer ... thick	Freiwange (f) ... stark	limon (m) extérieur ... d'épaisseur
лицевая тетива (ж) (внешняя)	face stringer / outer stringer	Freiwange (f) / äußere Treppenwange (f)	limon (m) extérieur
ложковая перевязка (ж)	stretcher running bond	Läuferverband (m)	appareil (m) de briques en panneresses (f)
ложковый ряд (м)	stretcher course	Läuferschicht (f)	assise (f) de panneresses (f)
лучистое отопление (ср)	underfloor heating	Fußbodenheizung (f)	chauffage (m) sous-plancher
люк (м)	hatch	Klappe (f)	trappe (f)
люк (м) в крыше	roof hatch / hatchway to roof	Dachluke (f) / Dachausstiegsluke (f)	trappe (f) d'accès à la toiture (f)
люк (м), панель (ж) проступа	trapdoor, access panel	Falltür (f), Zugangsplatte (f)	trappe (f) d'accès (m)
люк (м) пола	floor trap	Bodenklappe (f)	trappe (f) de plancher (m)
лючок (м) для прочистки воздуховода	clean-out hole	Reinigungsöffnung (f)	trou (m) de nettoyage

Магнитная

РУССКИЙ	АНГЛИЙСКИЙ	НЕМЕЦКИЙ	ФРАНЦУЗСКИЙ
М			
магнитная карта (ж) (замок)	key-card lock / smart card	Schlüsselkarte (f)	serrure (f) à carte-clef (f)
магнолия (ж)	magnolia	Magnolie (f)	magnolia (m)
малярная мастерская (ж)	paint workshop	Malerwerkstatt (f)	atelier (m) de peinture
маммография (ж)	mammography	Mammographie (f)	mammographie (f)
мансарда (ж)	attic	Dachboden (m) / Dachraum (m)	grenier (m)
мансардная крыша (ж)	gambrel roof	Mansarddach (n)	toit (m) en mansarde
мансардный брус (м)	attic joist	Dachbalken (m)	solive (f) de grenier (m)
марш (м) (лестничный)	flight of stairs / stair flight	Treppenlauf (m)	volée (f) d'escalier (m)
маршрут (м) эвакуации	escape route	Rettungsweg (m) / Fluchtweg (m)	voie (f) de secours / route (f) de secours
масляная краска (ж)	oil paint	Ölfarbe (f)	peinture (f) à l'huile
масляная протрава (ж)	oil stain	Ölbeize (f)	teinture (f) à l'huile
массивная крыша (ж) из ячеистых бетонных плит покрытия	solid roof of cellular concrete roof slabs	Massivdach (n) aus Porenbeton-Dachplatten (f)	toiture (f) pleine en dalles (f) de béton (m) cellulaire
массивная наклонная крыша (ж) из ячеистых бетонных плит	solid sloped roof of cellular concrete panels	geneigtes Massivdach (n) aus Porenbeton-Dachplatten (f)	toiture (f) pleine en pente de panneaux (m) de béton (m) cellulaire
масштаб (м) (чертежи)	scale (drawings)	Maßstab (m) (Pläne)	échelle (f) (dessins)
мат (м) минеральных волокон	mat of mineral fibres	Mineralfasermatte (f)	coussin (m) de fibres (f) minérales
матированное стекло (ср) / опаловое стекло (ср)	frosted glass / opal glass	Mattglas (n) / Milchglas (n)	verre (m) dépoli / verre (m) opalin
матовая краска (ж)	matt paint	Mattlack (m)	peinture (f) mate
машинное отделение (ср) лифта	elevator machine room	Aufzugsmaschinenraum (m)	chambre (f) de machinerie d'ascenseur (m)
машинное охлаждение (ср)	mechanical refrigeration	maschinelle Kühlung (f)	réfrigération (f) mécanique

РУССКИЙ	АНГЛИЙСКИЙ	НЕМЕЦКИЙ	ФРАНЦУЗСКИЙ
медное покрытие (ср)	copper covering	Kupferdeckung (f)	couverture (f) en cuivre (m) / revêtement (m) en cuivre (m)
медный фартук (м)	copper flashing	Abdeckblech (n) aus Kupfer (n)	solin (m) de cuivre (m)
медь (ж)	copper	Kupfer (n)	cuivre (m)
между колоннами (ж)	between columns	zwischen Säulen (f)	entre colonnes (f)
междубалочный ригель (м) / обвязка (ж) проёма	header joist / header	Wechsel (m)	chevêtre (m)
Международная организация по стандартизации (МОС)	ISO-Standard	ISO-Norm (f)	Norme (f) ISO
межцентровое расстояние (ср)	centre (center) to centre (center)	Achse (f) zu Achse (f) / Achsenlinie (f) zu Achsenlinie (f)	centre (m) à centre
мезонин (м)	mezzanine (floor)	Zwischengeschoß (n) / Mezzanin (n)	mezzanine (f)
мелкий гравий (м)	fine gravel	Feinkies (m)	gravier (m) fin
мелкий кровельный гравий (м)	fine roof gravel	Feinsplittdachbeschichtung (f)	gravier (m) fin de toiture (f)
мелкодисперсный раствор (м)	thin-set mortar	Dünnbettmörtel (m)	mortier (m) mince
мембрана (ж)	membrane	Membrane (f) / Wasserabdichtungsfolie (f)	membrane (f)
мембрана (ж) битумной гидроизоляции (слои)	bituminous waterproofing membrane (layers)	Bitumen-Dichtungsbahn (f) (Schichten)	membrane (f) hydrofuge bitumeuse (couches)
меры (ж) для перестроек зданий	measures for alterations	Umbaumaßnahmen (f)	mesures (f) pour modifications (f)
место (ср) для автомобиля	space for car	Autoabstellplatz (m)	espace (m) pour auto (f)
место (ср) стоянки	parking space	Parkplatz (m)	espace (m) de stationnement
местоположение (ср) армирования	placement of reinforcing steel	Bewehrungslage (f)	emplacement (m) de l'armature (f)
местоположение (ср) (дверь, окно)	location (door, window)	Standort (m) (Tür, Fenster)	emplacement (m) (porte, fenêtre)

Местоположение

РУССКИЙ	АНГЛИЙСКИЙ	НЕМЕЦКИЙ	ФРАНЦУЗСКИЙ
местоположение (ср) деревянных балок (ж)	location of wooden beams / position of wooden beams	Holzbalkenlage (f)	emplacement (m) des poutres (f) en bois
металл (м)	metal	Metall (n)	métal (m)
металлическая гофрированная ненесущая стеновая панель (ж)	metal fluted curtain wall panel	Well- oder Trapezprofilblechtafel (n) der Vorhangfassade (f)	panneau (m) mur-rideau en métal (m) cannelé
металлическая накладка (ж)	metal bracket	Metallasche (f)	éclisse (f) en métal (m)
металлическая накладка (ж), прибиваемая гвоздями	nailing plate (metallic)	Nagelblech (n)	plaque (f) métallique d'assemblage
металлическая наружная обшивка (ж)	metal cladding	Metallbekleidung (f)	parement (m) métallique
металлическая оболочка (ж) бордюрной доски	metal fascia	Stirnblech (n)	fascia (f) métallique
металлическая сетка (ж)	expanded metal lath	Streckmetall-Putzträger (m)	grillage (m) en métal déployé
металлическая сетка (ж) (под штукатурку)	metal lath (plaster)	Metallgewebe (n) / Rippenstreckmetall (n) (Verputz)	treillis (m) métallique (plâtre)
металлическая стойка (ж)	metal stud	Metallständer (m)	colombage (m) métallique
металлическая ткань (ж), сетка (ж) Рабица (сетка для штукатурных работ)	wire lath, Rabitz-wire lath	Drahtgeflecht (f), Rabitz-Drahtgeflecht (n)	treillis (m) Rabitz, treillis (m) métallique pour enduit
металлические гофрированные панели (ж) для наружных стеновых обшивок (ж)	metal fluted panels for exterior wall cladding	Well- oder Trapezprofilblechtafeln (f) für Außenwandbekleidung (f)	panneaux (m) de métal cannelé pour revêtement (m) de murs extérieurs
металлические изделия (ср) (метизы) оконной коробки	sash hardware	Flügelrahmenbeschläge (m)	quincaillerie (f) de châssis (m)
металлический защитный слой (м)	metal covering	Blechdeckung (f)	couverture (f) en métal (m) (métallique)

Металлический

РУССКИЙ	АНГЛИЙСКИЙ	НЕМЕЦКИЙ	ФРАНЦУЗСКИЙ
металлический и противоположный флашинг (м)	metal flashing and counter-flashing	Winkelstreifen (m) aus Blech (n) und Überhangsstreifen (m) aus Blech / Anschlußblech (n) und Überhangsblech (n)	solin (m) et contre-solin (m) en métal (m)
металлический подоконник (м) с гнутыми концами	metal sill with uplifted ends	Metallfensterbank (f) mit seitlicher Aufkantung (f)	allège (f) métallique retroussée sur les côtés (m)
металлический потолок (м)	metal ceiling	Metalldecke (f)	plafond (m) métallique
металлический флашинг (м)	metal flashing	Abdeckblech (n) / Blechverwahrung (f) / Blechwinkel (m) / Winkelstreifen (m) aus Blech (n) /	solin (m) en métal (m)
металлическое покрытие (ср) разжелобка	valley flashing	Kehlblechverwahrung (f)	solin (m) de noue (f)
механическое помещение (ср)	mechanical room	Heizungs-Lüftungsraum (m) / technischer Installationsraum (m)	salle (f) de mécanique
минеральная волокнистая изоляция (ж)	insulation, mineral fibre	Mineralfaserdämmung (f)	isolation (f) de fibres (f) minérales
минимальный наклон (м) крыши	minimum roof slope	Mindestdachneigung (f)	pente (f) mininum de toiture (f)
многослойная гидроизоляционная мембрана (ж)	built-up waterproofing membrane	mehrschichtige Bitumen-Dichtungsbahn (f)	membrane (f) d'étanchéité multicouche
многослойная панель (ж)	sandwich panel	Mehrschichtplatte (f) / Sandwichplatte (f)	panneau sandwich (m)
многослойная рулонная кровля (ж)	built-up roofing	mehrschichtige Dachhaut (f)	toiture (f) lamellaire
многослойная рулонная кровля (ж) / гидроизолирующий ковёр (м) кровли (слои)	roof membrane (layers)	Dachhaut (f) (mehrlagig)	membrane (f) de toiture (f) (couches)
многослойная рулонная кровля (ж) с гравийной поверхностью на деревянной плоской крыше	built-up flat roof with gravel finish on wood roof deck	Flachdach (n), mehrschichtige Dachhaut (f) mit Kiesschüttung (f) auf hölzerner Dachdecke (f)	toiture (f) lamellaire à fini de gravier (m) sur tablier (m) de bois (m)

Многослойная

РУССКИЙ	АНГЛИЙСКИЙ	НЕМЕЦКИЙ	ФРАНЦУЗСКИЙ
многослойная рулонная кровля (ж), укладывана на деревянных досках (ж)	built-up roofing laid on wood planks	mehrschichtige Dachhaut (f) verlegt auf Holzbohlen (f)	toiture (f) lamellaire posée sur madriers (m) de bois (m)
многослойная стена (ж)	sandwich wall	Sandwichwand (f)	mur sandwich (m)
многослойное остекление (ср)	multiple glazing	Mehrfachverglasung (f)	vitrage (m) multiple
многослойное стекло (ср)	laminated glass	Verbundglas (n)	verre (m) laminé
многочисленный модуль (м)	multiple module	Multimodul (m)	module (m) multiple
многоэтажное здание (ср)	multi-storey building	mehrgeschossiges Gebäude (n)	bâtiment (m) à étages multiples / immeuble (m) à étages multiples
модификационный заказ (м)	change order	Modifikationsanordnung (f) / Abänderungsanordnung (f)	ordre (m) de changement
модификация (ж) / исправление (ср)	correction / amendment	Berichtigung (f) / Verbesserung (f)	changement (m) / modification (f)
модуль (м)	module	Modul (m)	module (m)
модульная величина (ж)	modular size	Modulmaß (n) / Richtmaßraster (m)	mesure (f) modulaire
модульная конструкция (ж)	modular construction	Modulbau (m)	construction (f) modulaire
модульная линия (ж)	grid line	Rasterlinie (f)	ligne (f) de quadrillage (m) / coordonnée (f)
модульная сетка (ж) / трёхмерная модульная сетка (ж)	modular coordination / three dimensional modular coordination	modularer Raumraster (m) / Modulraumraster (m) von dreidimensionaler Maßordnung (f)	coordination (f) modulaire / coordonnées (f) modulaires cartésiennes à trois dimensions
модульный размер (м)	modular dimension	Moduldimension (f) / Modulgröße (f)	dimension (f) modulaire
модульный строительный элемент (м)	modular unit	Modulbauelement (n)	unité (f) modulaire
модулярная лентная сетка (ж)	modular band grid	modularer Bandraster (m)	coordonnées (f) modulaires en bandes (f)

Модулярная

РУССКИЙ	АНГЛИЙСКИЙ	НЕМЕЦКИЙ	ФРАНЦУЗСКИЙ
модулярная плита (ж) со светительником	modular panel with lighting fixture	Modulplatte (f) mit Leuchte (f)	panneau (m) modulaire avec appareil (m) d'éclairage
мозаичная плитка (ж)	mosaic tile	Mosaikfliese (f) / Mosaikplatte (f)	carreau (m) mosaique
мойка (ж)	sink	Waschbecken (n)	évier (m)
монолитная бетонная оконная перемычка (ж) (на стройплощадке)	cast- / poured-in-place concrete window lintel (monolithic)	Ortbetonfenstersturz (m) (bauseits)	linteau (m) de béton (m) coulé sur place pour fenêtre
монолитная бетонная плита (ж) и монолитная фундаментная стена (ж)	monolithic slab and foundation wall	Ortbetonplatte (f) und Ortbetonwand (f)	dalle (f) et mur (m) de fondation coulés monolithes
монолитное бетонное перекрытие (ср)	solid floor	Massivdecke (f)	plancher (m) massif
монолитное бетонное покрытие (ср) (на стройплощадке)	cast- / poured-in-place flooring (monolithic)	Ortbetondecke (f) (bauseits)	revêtement (m) de sol (m) coulé sur place
монолитный бетон (м) (на стройплощадке)	cast-in-place concrete / poured-in place concrete (monolithic)	Ortbeton (m) (bauseits)	béton (m) coulé sur place
монолитный бетонный фундамент (м) (на стройплощадке)	cast- / poured-in-place concrete foundation (monolithic)	Ortbetonfundament (n) (bauseits)	fondation (f) de béton (m) coulé sur place
монтажник (м) паркета	parquet installer	Parkettverleger (m)	poseur (m) de parquet (m)
мостик (м) для пешеходов	catwalk	Laufsteg (m) / Hängesteg (m)	passerelle (f)
мостовая (ж)	pavement	Pflaster (n), Straßenbelag (m)	dallage (m), pavage (m)
мощение (ср) улиц	paving	Pflasterung (f)	pavage (m), dallage (m) (rue)
мрамор (м)	marble	Marmor (m)	marbre (m)
мраморная поверхность (ж)	marbled surface	marmorierte Oberfläche (f)	surface (f) marbrée
мраморный порог (м) и половой ограничитель (м) открывания двери	marble threshold and floor doorstop	Türschwelle (f) aus Marmor (m) und Türstopper (m) am Fußboden (m)	seuil (m) en marbre et arrêt (m) de porte (f) au plancher (m)
мусорное хранение (ср)	garbage storage	Müllaufbewahrungsstelle (f) / Müllraum (m)	dépôt (m) d'ordures (f)

Мусорный

РУССКИЙ	АНГЛИЙСКИЙ	НЕМЕЦКИЙ	ФРАНЦУЗСКИЙ
мусорный ящик (м) / контейнер (м) для пищевых отходов	garbage can	Mülleimer (m)	poubelle (f)
мягкая древесина (ж)	softwood	Weichholz (n)	bois (m) tendre

Н

РУССКИЙ	АНГЛИЙСКИЙ	НЕМЕЦКИЙ	ФРАНЦУЗСКИЙ
наблюдение (ср) с: ...	view from: ...	Schaubild (n) von: ... / Sicht (f) von: ...	vue (f) du: ...
наверх (лестница)	up (stair)	herauf (Treppe)	en haut (escalier)
навес (м), выступающая крыша (ж)	canopy, projecting roof	Vordach (n), Vorsprung (m) des Daches (n) / Überhang (m) des Daches (n)	auvent (m), toiture (f) projetante
навес (м) крыши	coping at roof	Dachrandabschluß (m) / Dachrandabdeckung (f)	couronnement (m) au toit (m)
навес (м) (наверху)	canopy (above)	Vordach (n) (oberhalb)	avant-toit (m) (au-dessus)
навес (м) (парапет)	coping (parapet)	Dachrandabdeckung (f) (Attika)	couronnement (m) (parapet)
навес (м) стены	coping	Mauerabdeckung (f)	couronnement (m)
навесная дверь (ж) ворот	gate door (hinged)	Torflügel (m)	porte (f) de barrière (f) à charnières (f)
навинчивающаяся крышка (ж)	screw cap	Schraubenkopf (m)	bouchon (m) à vis (f)
над	above	oberhalb	au-dessus
надземная часть (ж)	superstructure	Oberbau (m)	superstructure (f)
надзор (м) за проектом	project supervision	Projektbetreuung (f)	supervision (f) de projet (m)
название (ср) комнаты	room name	Raumbezeichnung (f)	nom (m) des pièces (f)
названия (ср) и замечания (ср)	titles and remarks	Bezeichnungen (f) und Bemerkungen (f)	titres (m) et remarques (f)

Названия

РУССКИЙ	АНГЛИЙСКИЙ	НЕМЕЦКИЙ	ФРАНЦУЗСКИЙ
названия (ср) помещений (ср), названия (ср) комнат (ж)	area names, room names	Raumbezeichnungen (f)	nom (m) des espaces (m), nom (m) des pièces (f)
накат (м) крыши со шпунтом и пазом / настил (м) крыши со шпунтом и пазом	roof sheathing with tongue and groove	Dachschalung (f) mit Nut (f) und Feder(f)	revêtement (m) de toiture (f) en bois (m), embouveté à languette et rainure
накладка (ж) температурного шва	expansion joint cover	Dehnungsfugenprofil (n) / Fugenüberdeckungsprofil (n)	couvre-joint (m) de dilatation (f)
накладка (ж) температурного шва пола (м) и стены (ж)	floor and wall expansion joint cover / expansion joint cover for floor and wall	Dehnungsfugenprofil (n) des Fußbodens (m) und der Wand (f)	couvre-joint (m) de dilatation de plancher (m) et mur (m)
наклон (м)	slope	Neigung (f) / Gefälle (n)	pente (f)
наклон (м) к ливнипуску (м) (отметка земли)	slope to drain (grade)	Gefälle (n) Richtung Gully (m) (Grund)	pente (f) vers drain (m) (sol)
--	slope to drain (grade)	Gefälle (n) Richtung Gully (m) (Grund)	pente (f) vers drain (m) (sol)
наклон (м) крыши	roof slope	Abdachungswinkel (m)	pente (f) de toiture (f)
наклон (м) плоской крыши ... %	flat roof slope ... %	Flachdach (n) mit ... % Gefälle (n)	pente (f) ... % de toit (m) plat
наклонная односкатная крыша (ж)	lean-to roof / monopitch roof	Pultdach (n)	appentis (m) / toiture (f) monoplane
наклонная плоскость (ж), уклон (м) ... %	ramp slope ... %	Rampe (f) mit ... % Gefälle (n)	rampe (f) pente (f) ... %
наклонная рампа (ж) (вниз)	slope of ramp (down)	Rampenneigung (f) (abwärts)	rampe (f) en pente (en bas)
наклонное бетонное покрытие (ср)	sloped concrete topping	Gefälleestrich (m)	chape (f) de béton (m) en pente (f)
наклонное бетонное покрытие (ср) на железобетонной плите	sloped concrete topping on reinforced concrete slab	Gefälleestrich (m) auf Stahlbetonplatte (f)	chape (f) de béton (m) de pente sur dalle (f) de béton armé (m)
наклонное железобетонное покрытие (ср)	sloped reinforced concrete topping	Gefälleestrich (m) mit Bewehrung (f)	chape (f) de béton armé (m) en pente
наклонный бетон (м)	sloped concrete	Gefällebeton (m)	béton (m) de pente

Накрывочный

РУССКИЙ	АНГЛИЙСКИЙ	НЕМЕЦКИЙ	ФРАНЦУЗСКИЙ
накрывочный слой (м)	finish coat	Oberputz (m)	couche (f) de finition
наливная (монолитная) железобетонная плита (ж)	cast- / poured-in-place reinforced concrete slab (monolithic)	Ortbetonplatte (f) mit Bewehrung (f) (bauseits)	dalle (f) de béton armé (m) coulé sur place
наполнитель (м) древесинных лиственных пород	hardwood filler	Fugenfüller (m) aus Hartholz (n)	fourrure (f) en bois (m) dur (bois franc)
направление (ср) проекта	project steering / project management	Projektsteuerung (f) / Projektleitung (f)	direction (f) du projet (m) / gérance
направление (ср) транспортного движения	direction of traffic	Verkehrsführung (f)	direction (f) de la circulation (f)
нарожник (м) (короткая стропильная нога)	valley jack / jack rafter	Kehlschifter (m) / Kehlriegel (m)	empanon (m) de noue / chevron (m) de noue
наружная входная дверь (ж)	front door	Eingangstür (f) / Haustür eingangstür (f)	porte (f) principale
наружная дверь (ж)	exterior door / outside door	Außentür (f)	porte (f) extérieure
наружная дымовая труба (ж)	exterior chimney	außenliegender Schornstein (m)	cheminée (f) extérieure
наружная канализационная сеть (ж)	sewerage / sewage system	Kanalisation (f)	système d'égouts (m)
наружная лестница (ж)	exterior stair	Außentreppe (f)	escalier (m) extérieur
наружная металлическая обшивка (ж) стен	exterior wall cladding in metal	Metall-Außenwandbekleidung (f)	parement (m) métallique de mur (m) extérieur
наружная оболочка (ж), железобетонный элемент (м)	exterior shell, reinforced concrete element	Vorsatzschale (f), Stahlbetonelement (n)	parement (m) extérieur, élément (m) de béton armé (m)
наружная обшивка (ж) стен с алюминиевыми элементами	exterior wall cladding of aluminium (aluminum) components	Fassadenbekleidung (f) aus Aluminium-Formteilen (n)	parement (m) de mur (m) extérieur en éléments (m) d'aluminium
наружная обшивка (ж) стен с большими керамическими панелями	exterior wall cladding of large size ceramic panels	Fassadenbekleidung (f) aus großformatigen Keramikplatten (f)	parement (m) extérieur en panneaux (m) céramiques de grande dimension

Наружная

РУССКИЙ	АНГЛИЙСКИЙ	НЕМЕЦКИЙ	ФРАНЦУЗСКИЙ
наружная обшивка (ж) стен с большими наружными фиброцементными панелями	exterior wall cladding of large size fibre-cement panels	Fassadenbekleidung (f) aus großformatigen Faserzementplatten (f)	parement (m) extérieur en panneaux (m) de fibre-ciment de grande dimension
наружная обшивка (ж) стен с маленькими керамическими плитками	exterior wall cladding of small size ceramic tiles	Fassadenbekleidung (f) aus kleinformatigen Keramikplatten (f)	parement (m) extérieur en tuiles (f) céramiques de petite dimension
наружная обшивка (ж) стен с маленькими наружными фиброцементыми плитами	exterior wall cladding of small size fibre-cement boards	Fassadenbekleidung (f) aus kleinformatigen Faserzementplatten (f)	parement (m) extérieur en panneaux (m) de fibre-ciment de petite dimension
наружная планировка (ж)	exterior lay(-)out	Außenanlagen (f)	aménagement (m) extérieur
наружная поверхность (ж) ...	face of ...	Oberfläche (f) von ...	face (f) du ...
-- балки (ж)	face of beam	Trägeroberfläche (f)	face (f) de la poutre (f)
-- бетона	face of concrete	Betonoberfläche (f)	face (f) du béton (m)
-- бетона, налитая в плоскую опалубку	face of concrete poured in planed formwork	Betonoberfläche (f) in gehobelter Schalung (f) hergestellt	face (f) du béton (m) coulé dans un coffrage (m) à fini raboté
-- бетонного блока (м)	face of concrete block	Oberfläche Hohlblock (m)	face (f) du bloc (m) de béton (m)
-- бетонной колонны	face of concrete column	Oberfläche Betonsäule (f)	face (f) de la colonne (f) en béton
-- внутренной перегородки	face of interior partition	Oberfläche Innenwand (f)	face (f) de la cloison (f) intérieure
-- каменной кладки (ж) / необлицованная кладка (ж)	face of brick wall / face of masonry / exposed masonry	Sichtmauerwerk (n)	face (f) de mur en briques / face (f) de la maçonnerie (f) / maçonnerie (f) apparente
-- кирпича (м)	face of brick	Ziegeloberfläche (f)	face (f) de la brique (f)
-- кирпичной кладки (показывает перевязку кирпичной кладки)	face of brickwork (showing brick bond)	Oberfläche Mauerwerk (n) (Ziegelverband zeigend)	face (f) de maçonnerie (f) (montrant appareillage de brique)
-- колонны	face of column	Säulenoberfläche (f)	face (f) de la colonne (f)
-- парапета (м)	face of parapet	Brüstungsoberfläche (f)	face (f) du parapet (m)

Наружная

РУССКИЙ	АНГЛИЙСКИЙ	НЕМЕЦКИЙ	ФРАНЦУЗСКИЙ
наружная поверхность (ж) потолочных плиток	face of ceiling tiles	Deckenplattenoberfläche (f)	face (f) des tuiles (f) du plafond (m)
-- сборного бетонного многослойного стенного элемента (м)	face of prefabricated exterior concrete sandwich-wall component	Oberfläche des vorgefertigten Beton-Sandwichwandelementes (n)	face (f) de l'élément (m) du mur sandwich (m) extérieur en béton (m) préfabriqué
-- фанеры	face of plywood	Sperrholzoberfläche (f)	face (f) du contreplaqué (m)
-- фундаментной стены (ж)	face of foundation wall	Oberfläche Kellerwand (f) / Kellerwandoberfläche (f)	face (f) du mur (m) de fondation (f)
наружная природная каменная фанера (ж)	exterior natural stone veneer	Naturstein-Außenwandbekleidung (f)	parement (m) extérieur en pierre (f) naturelle
наружная стальная опора (ж), колонна (ж)	exterior steel support, column	äußere Stahlstütze (f), Säule (f)	support (m) d'acier (m) extérieur, colonne (f)
наружная стеклянная обшивка (ж) стен (стеклянные панели)	exterior glass-wall cladding (glass panels)	Fassadenbekleidung (f) aus Glas (Glasplatten)	parement (m) de mur (m) extérieur en verre (panneaux de verre)
наружная стена (ж)	exterior wall	Außenwand (f)	mur (m) extérieur
наружная стена (ж) с вертикальной деревянной обшивкой досками внакрой	exterior wall with vertical wood weather boarding	Außenwand (f) mit senkrechter Stülpschalung (f)	mur (m) extérieur avec bardage (m) de bois vertical
наружная стена (ж) с горизонтальной деревянной обшивкой досками внакрой	exterior wall with horizontal wood weather boarding	Außenwand (f) mit waagerechter Stülpschalung (f)	mur (m) extérieur avec bardage (m) de bois horizontal
наружная стена (ж) с горизонтальными обшивками досками внакрой, древянными облицовками	exterior wall with horizontal drop sidings, wood sidings	Außenwandbekleidung (f) mit waagerechten Profilbrettern (n)	mur (m) extérieur avec parement (m) horizontal surbaissé, parement de bois (m)
наружная стена (ж) с паровоздушным пространством (ср)	exterior wall with air space	Außenwand (f) mit Luftschicht (f)	mur (m) extérieur à l'espace d'air (m)

Наружная

РУССКИЙ	АНГЛИЙСКИЙ	НЕМЕЦКИЙ	ФРАНЦУЗСКИЙ
наружная стена (ж) с паровоздушным пространством и изоляцией (ж)	exterior wall including air space and insulation	Außenwand (f) mit Luftschicht und Dämmung (f)	mur (m) extérieur à espace d'air (m) et isolation (f)
наружная стена (ж) с плоскими кровельными плитками	exterior wall with shingles	Außenwand (f) mit Holzschindeln (f) / Außenwandbekleidung (f) mit Holzschindeln (f)	mur (m) extérieur en bardeaux (m)
наружная стена (ж) с цементной штукатуркой (ж)	exterior wall with cement parging	Außenwand (f) mit Zement-Sperrschicht (f)	mur (m) extérieur avec crépi (m) de ciment (m)
наружная стена (ж) с центровой изоляцией	exterior wall with core insulation	Außenwand (f) mit Kerndämmung (f)	mur (m) extérieur à noyau (m) d'isolation
наружная стеновая панель (ж)	exterior wall panel	Außenwandplatte (f)	panneau (m) de mur (m) extérieur
наружная теплоизоляция (ж) опалубки	form insulation	Schalungswärmedämmung (f)	coffrage (m) en isolant (m) thermique
наружная цементная штукатурка (ж) на бетонных блоках (м)	cement parging on concrete blocks	Zement-Sperrschicht (f) / Zement-Sperrputz (m) auf Betonblöcken (m)	crépi (m) de ciment (m) sur blocs (m) de béton (m)
наружная штукатурка (ж)	stucco (exterior)	Außenglattputz (m) / Außenputz (m)	crépi (m) extérieur / stuc (m) extérieur
наружные размеры (м)	overall dimensions	Außenmaße (n)	dimensions (f) hors tout
наружный вход (м)	exterior entrance	Außeneingang (m)	entrée (f) extérieure
наружный угловой выступ (м)	arris	Grat (m) / First (m)	arête (f) vive
насадка (ж) дымовой трубы	chimney cap	Schornsteinkappe (f)	chaperon (m) de cheminée (f)
насос (м)	pump	Pumpe (f)	pompe (f)
настил (м) пола поливинилхлорида	PVC floor covering	PVC Bodenbelag (m)	recouvrement (m) de plancher (m) en PVC
насыпка (ж) ...	fill-up with ...	Auffüllen (n) von ...	remblayage (m) de ...
насыпной грунт (м)	filled soil	Auffüllung (f) mit Erde (f)	terrain (m) remblayé

Натуральный

РУССКИЙ	АНГЛИЙСКИЙ	НЕМЕЦКИЙ	ФРАНЦУЗСКИЙ
натуральный грунт (м)	natural ground	Erdreich (n) / Mutterboden (m)	sol (m) naturel
нахлёсточный сварной шов (м)	lap weld	Schweißnahtüberlappung (f)	soudure (f) à recouvrement
не в контракте (м)	not in contract / N. I. C.	nicht im Vertrag (m)	hors-contrat (m) / h. c.
неармированный бетон (м)	plain concrete	unbewehrter Beton (m)	béton (m) simple
небольшая выемка (ж)	chamfer	Abschrägung (f) / Abkantung (f)	chanfrein (m) / biseau (m)
небуксующий / нескользкий	non(-)skid / non(-)slip	rutschfest	anti(-)dérapant
невоспламеняющийся / негорючий	non-flammable / flame proof / noncombustible / fireproof	unentflammbar / nicht entzündbar / nicht feuergefährlich / nicht brennbar	non-inflammable / à l'épreuve (f) du feu / ininflammable / incombustible
неглазурованная плитка (ж)	unglazed tile	unglasierte Fliese (f)	carreau (m) non vitrifié
незаконченный пол (м) мансарды	unfinished attic floor	nicht ausgebautes Dachgeschoß (n)	étage (plancher) de mansarde (f) inachevé (non-fini)
незакреплённая перемычка (ж)	loose lintel	freiaufliegender Sturz (m)	linteau (m) libre
незакреплённая стальная перемычка (ж) (для каменной кладки)	loose steel lintel (for masonry)	freiaufliegender Stahlwinkel (m) (für Mauerwerk)	linteau (m) libre en acier (m) (pour maçonnerie)
неизолированный чердак (м)	non-insulated roof space	Kaltdach (n)	sous-toit (m) non-isolé
ненесущий грунт (м) (земля)	non(-)bearing ground (earth)	nicht tragfähiger Erdboden (m) (Erde)	sol (m) non-portant (terre)
необлицованная поверхность (ж) модулярной плиты	exposed face of modular panel	modulare Sichtplatte (f)	face (f) apparente du panneau (m) modulaire
необрезная доска (ж)	rough planks	Schwarten (f)	madriers (m) bruts
необрезная обшивочная доска (ж)	rough sheathing board	Einschubbrett (n)	planche (f) brute de protection (f)
необрезные доски (ж) на рейках (ж)	rough planks on battens	Schwarten (f) auf Dachlatten (f)	madriers (m) bruts sur lambourdes (f)
необходимая заметка (ж)	mandatory note	Hinweispflicht (f)	note (f) obligatoire

РУССКИЙ	АНГЛИЙСКИЙ	НЕМЕЦКИЙ	ФРАНЦУЗСКИЙ
неотделанный бетон (м)	rough concrete	Rohbeton (m)	béton (m) brut
неоткрывающееся окно (ср)	fixed window	feststehende Verglasung (f) / unbeweglicher Fensterflügel (m)	fenêtre (f) fixe
неотложный приём (м)	emergency admission	Notaufnahme (f)	réception (f) d'urgence
непрерывный подвесной потолок (м)	uninterrupted suspended ceiling / continuous suspended ceiling	durchlaufende abgehängte Decke (f)	plafond (m) suspendu continu / plafond (m) suspendu non-interrompu
неподвижная балка (ж) на обоих концах	fixed beam at both ends	zweiseitig eingespannter Balken (m) / Träger (m)	poutre (f) encastrée aux deux extrémités (f) /encastré
неподвижная лестница (ж)	fixed ladder	eingebaute Leiter (f) / unbewegliche Leiter (f)	échelle (f) fixe
неподвижная стальная балка (ж)	fixed steel beam	eingespannter Stahlträger (m)	poutre (f) encastrée en acier (m)
неподвижный	fixed	unverstellbar / unbeweglich	fixe
неполная перегородка (ж)	dwarf partition	halbhohe Trennwand (f)	cloison (f) à mi-hauteur
неполный отодвинутый балкон (м)	partially recessed balcony	teilweise eingezogener Balkon (m)	balcon (m) partiellement en retrait
непрерывная армированная кладка (ж) в каждом втором ряде	continuous masonry reinforcement at every second block course	durchgehende Mauerarmierung (f), jede zweite Blockreihe (f)	armature (f) de maçonnerie (f) continue tous les deux rangs (m) de blocs (m)
непрерывная нагрузка (ж)	continuous load	Linienlast (f)	charge (f) continue et uniforme
непрерывный шов (м)	continuous joint	ununterbrochene Fuge (f)	joint (m) continu
непроницаемая бетонная насыпка (ж)	watersealed concrete fill	wasserabdichtende Betonfüllung (f)	remplissage (m) de béton (m) avec agent (m) de scellement
неразрезная балка (ж)	continuous beam	Durchlaufträger (m)	poutre (f) continue
неразрезная плита (ж)	continuous slab	Durchlaufplatte (f)	dalle (f) continue

Нерегулированная

РУССКИЙ	АНГЛИЙСКИЙ	НЕМЕЦКИЙ	ФРАНЦУЗСКИЙ
нерегулированная плоская металлическая подвеска (ж) с гвоздодёрами	adjustable flat metal hanger with claws	verstellbarer Abhänger (m) mit Krallen (f)	crochet (m) ajustable en métal plat (m) avec crampons (m)
нержавеющая сталь (ж)	stainless steel	rostfreier Stahl (m)	acier (m) inoxydable
несвязанный стальной угол (м) (внутренний) для опоры (ж) задних каменных кладок (ж)	loose steel angle to support backing masonry	freiaufliegender Stahlwinkel (m) zur Abfangung (f) der Hintermauerung (f)	cornière (f) libre en acier (m) pour porter la maçonnerie (f) de renforcement
несвязанный стальной угол (м) поддерживать кирпичную облицовку (ж)	loose steel angle to support brick veneer	freiaufliegender Stahlwinkel (m) zur Abfangung (f) der Verblendsteine (m)	cornière (f) libre en acier (m) pour porter le parement (m) de briques (f)
нескользкий выступ (м) ступени (лестницы)	non(-)slip nosing (stair)	rutschfeste Stufenvorderkante (f) / Stufenkante (f) (Treppe)	nez (m) de marche (f) antidérapant (escalier)
нескользкий пластической выступ (м) ступени (лестница)	non(-)slip plastic nosing (stair)	rutschfeste Kunststoff-Stufenkante (f) (Treppe)	nez (m) de marche (f) en plastique (m) antidérapant (escalier)
нескользкий пол (м) / небуксующий пол (м)	non(-)slip floor	rutschfester Boden (m)	plancher (m) antidérapant
нескользящее покрытие (ср)	non(-)slip surface	rutschfester Bodenbelag (m)	revêtement (m) antidérapant
нескользящее покрытие (ср) пола (настил пола)	non(-)slip floor finish (floor cover)	rutschfester Fertigfußboden (m) (Bodenbelag)	fini (m) de plancher (m) antidérapant (recouvrement de plancher)
несущая каменная кладка (ж)	load-bearing masonry	tragendes Mauerwerk (n)	maçonnerie (f) portante
несущая стена (ж)	load-bearing wall	tragende Wand (f)	mur (m) portant
несущий опорный кронштейн (м)	load-bearing support / load-bearing bracket	Abfangkonsole (f)	support (m) portant / console (f) portante
неусиливанный монтажный уголок (м)	unstiffened seat angle	unversteifter Stützwinkel (m)	cornière (f) de support sans raidisseur (m)
нефтяное отопление (ср)	oil heating	Ölheizung (f)	chauffage (m) à l'huile (f)

Нивелирная

РУССКИЙ	АНГЛИЙСКИЙ	НЕМЕЦКИЙ	ФРАНЦУЗСКИЙ
нивелирная метка (ж) высоты: ... смотри деталь (ж)	bench mark, elevation: ... see detail	Bezugspunkt (m), Höhe: ... siehe Detailzeichnung (f)	borne (f) repère niveau: ... voir détail (m)
нижнее отверстие (ср)	opening below	Öffnung (f) unterhalb	ouverture (f) en dessous
нижнее строение (ср)	substructure	Unterbau (m) / Unterkonstruktion (f)	sous-structure (f)
нижний слой (м) / обрызг (м) штукатурки	base coat / undercoat / first coat	Unterputzlage (f) / Unterputz (m)	couche (f) de base / sous-couche (f) / couche (f) d'apprêt
нижный горизонтальный герметик (м) у наружной стены	lower horizontal sealant at exterior wall	untere waagerechte Außenwandabdichtung (f)	hydrofuge (m) horizontal inférieur au mur (m) extérieur
нижняя арматура (ж), нижняя сталь (ж)	bottom rod, bottom steel	untere Bewehrung (f), untere Stahleinlage (f)	barre (f) inférieure, armature (f) inférieure
нижняя грань (ж) ...	underside of ...	Unterkante (f) von ... / UK von ...	dessous de ...
-- балки (ж)	underside of beam	Unterkante (f) Träger (m)	dessous (m) de la poutre (f)
-- кирпича	underside of brick	Unterkante (f) Ziegel (m)	dessous (m) de brique (f)
-- потолка	underside of ceiling	Unterkante (f) Decke (f)	dessous (m) du plafond (m)
-- потолка (м) до верхней грани поверхности покрытия	finish ceiling to floor finish	Unterkante (f) Decke (f) bis Oberkante (f) Fertigfußboden (m)	plafond (m) fini à plancher (m) fini
-- фермы	underside of truss	Unterkante (f) Binder (m)	dessous (m) de ferme (f)
нижняя обрешётка (ж) (крыша)	bottom-lath (roof)	Grundlatte (f) (Dach)	lattage (m) inférieur (toit)
нижняя поверхность (ж)	soffit	Untersicht (f)	soffite (m)
нижняя поверхность (ж) потолка	reflected ceiling plan	Untersichtsplan (m) der Decke (f)	plan (m) de plafond réfléchi
нижняя полка (ж)	bottom flange	Untergurt (m)	semelle (f) inférieure
нижняя часть (ж) рампы	bottom of ramp	unterer Rampenansatz (m)	bas de la rampe (f)
нижняя часть (ж) шахты лифта	elevator pit	Aufzugsschachtgrube (f)	fosse (f) d'ascenseur (m)
низкое напряжение (ср)	low voltage	Niederspannung (f)	bas-voltage (m)
ниша (ж)	pocket	Nische (f)	niche (f)

Новая

РУССКИЙ	АНГЛИЙСКИЙ	НЕМЕЦКИЙ	ФРАНЦУЗСКИЙ
новая высотная отметка (ж) / новый высотный уровень (м)	new elevation / new level	neue Geländehöhe (f)	niveau (m) futur
новая рампа (ж)	new ramp	neue Rampe (f)	nouvelle rampe (f)
новостройка (ж)	newly erected building	Neubau (m)	bâtiment (m) érigé récemment
новый	new	neu	neuf
новый тротуар (м)	new sidewalk	neuer Gehsteig (m) / neuer Bürgersteig (m)	nouveau trottoir (m)
номер (м) / №	number / No.	Nummer (f) / Nr.	numéro (m) / No.
номер (м) детали: ... , чертёж на котором деталь показана ...	detail number: ... , drawing on which detail occurs ...	Detail-Blattnummer (f): ... , das Zeichenblatt, auf welchem das Detail (n) erscheint ...	numéro de détail: ... , dessin (m) sur lequel le détail (m) est représenté ...
номер (м) комнат	numbering of rooms	Numerierung (f) der Räume (m)	numérotage (m) des pièces (f)
номер (м) частей	number of items	Stückzahl (f)	nombre (m) de pièces
номер (м) чертёжа / № чертёжа	drawing number / drawing No.	Zeichnungsnummer (f) / Zchng. Nr. / Bauzeichnungsnummer (f) / Bauplan Nr.	dessin (m) numéro / dessin No.

О

РУССКИЙ	АНГЛИЙСКИЙ	НЕМЕЦКИЙ	ФРАНЦУЗСКИЙ
обёртывающая теплоизоляция (ж)	insulation, batt	Isoliermatte (f)	matelas (m) isolant
обёртывающая теплоизоляция (ж) из стекловолокна	fibreglass batt insulation	Glasfaserisoliermatte (f)	matelas (m) isolant en fibre (f) de verre
облицовка (ж) каменной кладки	veneer (masonry)	Mauerverkleidung (f) (Blendmauerwerk)	revêtement (m) (maçonnerie)
облицовка (ж) кирпича с внутренней штукатуркой	brick facing with interior plaster	Verblendmauerwerk (n), Sichtmauerwerk (n) mit Innenputz (m)	parement (m) de briques avec enduit (m) intérieur
облицовочная панель (ж)	cladding panel	Bekleidungsplatte (f) (Sichtplatte)	panneau (m) de parement

Облицовочный

РУССКИЙ	АНГЛИЙСКИЙ	НЕМЕЦКИЙ	ФРАНЦУЗСКИЙ
облицовочный кирпич (м)	brick veneer / brick facing	Ziegelbekleidung (f) / Vormauersteine (m)	parement (m) de briques (f)
обнажённая бетонная балюстрада (ж)	exposed concrete balustrade	Sichtbetongeländer (n)	balustrade (f) de béton (m) apparent
обнажённая бетонная стена (ж)	exposed concrete wall	Sichtbetonwand (f)	mur (m) de béton (m) apparent
обнажённый бетон (м)	exposed concrete	Sichtbeton (m)	béton (m) apparent
обои (ср)	wallpaper	Tapete (f)	papier (m) mural
оболочка (ж) деревянной крыши (ж) со шпунтом и пазом	wood roof sheathing with tongue and groove	Holzdachschalung (f) mit Nut (f) und Feder (f)	revêtement (m) de toiture (f) en bois (m) embouveté
оболочка (ж) сухой штукатурки	gypsum board cladding	Gipskartonplatte (f) als Verkleidung (f)	parement (m) en panneaux (m) de gypse (m)
оборудование (ср) ванной (комнаты)	bathroom outfitting	Badezimmerausstattung (f)	équipement (m) de salle (f) de bains
обработка (ж) поверхности террасы	terrace surfacing	Terrassenbelag (m)	finition (f) de la surface (f) de la terrasse (f)
обработка (ж) сточных вод	sewage treatment	Abwasserbehandlung (f)	traitement (m) des égouts (m)
-образное русло (ср) (поперечное русло)	U-channel (cross-channel)	U-Schiene (f) (Tragprofil)	entretoise (f) en profilé (m) en U
U-образный арматурный хомут (м) / открытый хомут (м)	U-stirrup / open stirrup	U- Bügel (m) / offener Bügel (m)	étrier (m) en U
обрамление (ср) оконного проёма	casing (window)	Fenstereinfassung (f)	encadrement (m) / cadre (m) (fenêtre)
обрамленная металлическая накладка (ж)	casing bead	Metallprofil (n)	baguette (f) d'encadrement (m)
обратная засыпка (ж)	backfill	Hinterfüllung (f)	remblayage (m) / remplissage (m)
обратная крыша (ж)	inverted roofing	Umkehrdach (n)	couverture (f) de toiture (f) inversée
обрешётка (ж)	furring	Putzträger (m)	fourrure (f)

475

Обрешётки

РУССКИЙ	АНГЛИЙСКИЙ	НЕМЕЦКИЙ	ФРАНЦУЗСКИЙ
обрешётки (ж) крыши	roof battens	Dachlatten (f)	lattes (f) de toiture
обрешётки (ж) крыши, поставленые на крае	roof battens put on edge	hochkant gestellte Dachlatten (f)	lattes (f) de toiture posée sur champ
обсадная труба (ж)	pile casing	Pfahlrohr (n)	tubage (m) de pieu (m) coulé
обшивка (ж)	sheathing	Bekleidung (f)	bardage (m)
обшивка (ж) (наружная)	cladding (exterior)	Außenbekleidung (f)	parement (m) (extérieur)
общая заметка (ж) / общее замечание (ср)	general note	allgemeiner Hinweis (m)	remarque (f) générale
общая неотложная помощь (ж)	emergency	Unfallstation (f)	urgence (f)
общая площадь (ж) по наружному периметру (земельный участок)	gross area / gross overall area (lot)	Außenfläche (f) / Gesamtfläche (f) / Grundstücksgröße (f)	surface (f) totale brute (parcelle de terrain)
общее хранение (ср)	general storage	allgemeine Aufbewahrungsstelle (f)	dépôt (m) général
общий смотровой кабинет (м)	examination room (general)	allgemeiner Untersuchungsraum (m)	salle (f) d'examens (général)
объединённая энергосистема (ж) / система (ж) координат	grid system / coordinate system	Rastersystem (n) / Koordinatensystem (n)	système (m) de coordonnées (f)
объём (м) постройки	building volume	Gebäudevolumen (n)	volume (m) du bâtiment (m)
огнезадерживающий материал (м)	fire protection material	Feuerhemmstoff (m)	matériau (m) de protection contre le feu (m)
огнезащитная мембрана (ж), огнезащитный слой (м)	fireproof membrane, fireproof coating	Feuerschutzmembrane (f), Feuerschutzschicht (f)	membrane (f) ignifuge, enduit (m) ignifuge
огнезащитное покрытие (ср)	fire(-)resistant coating	feuerhemmender Anstrich (m)	revêtement (m) résistant au feu (m) (ignifuge)
огнестойкая дверь (ж)	fire door	Feuerschutztür (f)	porte (f) coupe-feu
огнестойкая дверь (ж), обитая листовым металлом	metal-clad fire door	metallbekleidete Feuerschutztür (f)	porte (f) pare-feu (coupe-feu) revêtue de métal (m)
огнестойкое окно (ср)	fire window	Feuerschutzfenster (n)	fenêtre (f) de secours

Огнетушитель

РУССКИЙ	АНГЛИЙСКИЙ	НЕМЕЦКИЙ	ФРАНЦУЗСКИЙ
огнетушитель (м)	fire extinguisher	Feuerlöscher (m)	extincteur (m) d'incendie
огнеупорный кирпич (м)	fire brick	Schamottziegel (m)	brique (f) à feu
оголовок (м) дымовой трубы	chimney head	Schornsteinkopf (m)	couronne (f) de tête (f) de cheminée (f)
оголовок (м) сваи	pile head	Pfahlkopf (m)	tête (f) de pieu (m)
ограничитель (м) открывания двери	(doorstop)	Türanschlag (m)	butoir (m) de porte (f)
одинарное остекление (ср)	single glazing	Einfachverglasung (f)	vitrage (m) simple
одноэтажный наружный железобетонный стенной элемент (м) (ненесущая наружная стеновая многослойная панель)	storey-high exterior reinforced concrete wall component (curtain wall sandwich panel)	geschoßhohes Stahlbeton-Außenwandelement (n) (Sandwich-Fassadenplatte)	élément (m) de mur (m) extérieur en béton armé (m) à hauteur (f) d'étage (panneau sandwich de mur-rideau)
ожедание (ср) стационарных больных	in-patient waiting room	Warteraum (m) für stationär behandelte Patienten (m)	attente (f) des patients (m) internes
окно (ср)	window	Fenster (n)	fenêtre (f)
окно (ср), вращающееся вокруг вертикальной оси	vertically pivoting window	Wendeflügel (m)	fenêtre (f) pivotant verticalement
окно (ср) высотой от пола до потолка	floor-to-ceiling window	raumhohes Fenster (n)	fenêtre (f) à hauteur de la pièce (f)
окно (ср) на приём (калитка)	wicket	Durchreiche (f)	guichet (m)
окно (ср) с деревянной коробкой и переплётами	wood window	Holzfenster (n)	fenêtre (f) en bois (m)
окно (ср) с нижней фрамугой	hopper window	Kippflügelfenster (n) (nach innen aufgehender Flügelrahmen)	fenêtre (f) de trémie (f) (battant basculant à l'intérieur)

Окно

РУССКИЙ	АНГЛИЙСКИЙ	НЕМЕЦКИЙ	ФРАНЦУЗСКИЙ
окно (ср) со двумя коробками (у квадратной вертикальной обвязки), две оконного переплёта со двумя оконной рамой, прикреплёнными к стене и со внутренным наличником	double window (at square masonry jamb), two sashes with two window frames (fastened to wall) and jamb lining	Kastenfenster (n) (bei Mauerleibung ohne Anschlag), zwei bewegliche Flügel (m) mit zwei Fenster-Blendrahmen (m) / Zargen (f) und Fenster-Futter (n)	fenêtre (f) double (à jambage de maçonnerie orthogonal), fenêtre (f) à deux battants (m) et deux cadres (m) / deux châssis (m) de fenêtre (attaché au mur) et chambranle (m)
окно (ср) со двумя коробками (у отодвинутой вертикальной обвязки), две оконного переплёта со двумя оконной рамой, прикреплёнными к стене / царга (ж)	double window (at recessed masonry jamb), two sashes with two window frames (fastened to wall)	Doppelfenster (n) (bei Mauerleibung mit Innenanschlag), zwei bewegliche Flügel (m) mit zwei Fenster- Blendrahmen (m) / Zargen (f)	fenêtre (f) double (à jambage de maçonnerie en retrait), fenêtre (f) à deux battants (m) et deux cadres (m) / deux châssis (m) de fenêtre (attaché au mur)
окно (ср) типа ...	window of type ...	Fenster (n) vom Typ ...	fenêtre (f) type ...
оконная высота (ж)	window height	Fensterhöhe (f)	hauteur (f) de la fenêtre (f)
оконная замазка (ж)	putty (window)	Fensterkitt (m)	mastic (m) (fenêtre)
оконная перемычка (ж)	window lintel	Fenstersturz (m)	linteau (m) de fenêtre (f)
оконная петля (ж) / оконной шарнир (м)	window hinge	Fensterscharnier (n)	charnière (f) de fenêtre (f)
оконная противомоскитная сетка (ж)	flyscreen (window)	Fliegengitter (n) / Insektenschutzgitter (n) (Fenster)	écran-moustiquaire (m) (fenêtre)
оконная рама (ж), прикреплённая к стене / царга (ж)	window frame (fastened to wall)	Fensterrahmen- Wandanschluß (m) / Fenster- Blendrahmen (m) / Zarge (f)	châssis (m) de fenêtre (attaché au mur) / cadre (m) de fenêtre (f)
оконная ручка (ж)	window handle	Fensterklinke (f)	poignée (f) de fenêtre (f)
оконная створка (ж) (подвижная)	window sash (movable)	Flügelrahmen (m) (beweglich)	battant (m) de fenêtre (f) (mobile)
оконная створка (ж) с двойным остеклением или с изоляционным остеклением	window sash with double glazing or insulating glass	Flügelrahmen (m) mit Isolier- oder Doppelverglasung (f)	battant (m) à double vitrage (m) ou verre (m) isolant
оконная створка (ж) с одинарным остеклением	window sash with single glazing	einfachverglaster Flügelrahmen (m)	battant (m) à simple vitrage (m)

Оконное

РУССКИЙ	АНГЛИЙСКИЙ	НЕМЕЦКИЙ	ФРАНЦУЗСКИЙ
оконное стекло (ср)	window glass	Fensterglas (n)	verre (m) à vitres (f)
оконной откос (м)	window jamb	Fensterleibung (f)	jambage (m) de fenêtre (f)
оконные приборы (м)	window hardware	Fensterbeschläge (m)	quincaillerie (f) de fenêtre (f)
оконный блок (м)	window unit	Fensterteil (m)	élément-fenêtre (m)
оконный навес (м)	window blind	Sonnenblende (f) (Fenster)	store (m) (fenêtre)
оконный переплёт (м) с двойными стёклами, две оконного переплёта (м) и одна оконная рама (ж), прикреплённая к стене / царга (ж)	combination window, two sashes and one window frame (fastened to wall)	Verbundfenster (n), zwei bewegliche Flügel (m) und ein Fenster- Blendrahmen (m) / Zarge (f)	fenêtre (f) combinée, fenêtre (f) à deux battants et cadre (m) unique
оконный проём (м)	window opening	Fensteröffnung (f)	baie (f) de fenêtre (f)
оконный стеновый элемент (м) как наружная стеновая обшивка (ж)	window wall component of exterior wall cladding	Fensterfassadenelement (n) als Außenwandbekleidung (f)	élément (m) mur-fenêtre formant parement (m) de mur (m) extérieur
оконный тип (м)	window type	Fenstertyp (m)	type (m) de fenêtre (f)
оконный фартук (м)	window flashing	Fensterverwahrung (f) / Brustblech (n)	solin (m) de fenêtre (f)
оконный шпингалетный затвор (м) / оконный шпингалет (м)	window catch	Fenster-Baskülverschluß (m)	loqueteau (m) de fenêtre (f)
окончание (ср) проекта	project completion	Projektabwicklung (f)	achèvement (m) du projet (m)
олеандр (м)	oleander	Oleander (m)	oléandre (m)
опалубка (ж)	formwork	Verschalung (f)	coffrage (m)
описание (ср)	description	Beschreibung (f)	description (f)
опора (ж) снега (крыша)	snow barrier support (roof)	Schneefangstütze (f) (Dach)	support (m) de barrière (f) à neige (f) (toit)
опорная крыша (ж)	load-bearing roof	tragende Dachdecke (f)	toiture (f) portante
опорная плита (ж)	base plate	Fußplatte (f)	plaque (f) d'appui

Опорная

РУССКИЙ	АНГЛИЙСКИЙ	НЕМЕЦКИЙ	ФРАНЦУЗСКИЙ
опорная плита (ж) для стальной балки	bearing plate for steel beam / load(-)bearing plate for steel beam	Auflagerplatte (f) für Stahlträger	plaque (f) d'appui portante pour poutre (f) en acier
опорная пятка (ж)	heel of post	Stützenfuß (m)	pied (m) de poteau
опорная стена (ж) / несущая стена (ж)	bearing wall / load(-) bearing wall	tragende Mauerwand (f)	mur (m) portant / mur (m) de refend
опорный грунт (м) / несущий грунт (м)	bearing soil / load-bearing soil	tragender Untergrund (m) / tragfähiger Untergrund (m)	sol (m) portant
орех (м)	walnut	Walnuß (f)	noyer (m)
осадочный шов (м)	settlement joint	Setzungsfuge (f)	joint (m) de tassement (m)
осветильник (м) у потолка	lighting fixture at ceiling	Deckenbeleuchtung (f)	appareil (m) d'éclairage au plafond (m)
осветление (ср) сточных вод	sewage purification	Abwasserklärung (f)	épuration (f) des égouts
осевая линия сетки (ж)	grid centre (center) line	Achsenraster (m)	coordonnées (f) d'axes (m)
осмотровой кабинет (м)	test room, examination room	Testraum (m), Untersuchungsraum (m)	salle (f) des analyses (f), salle (f) d'examen
основание (ср) / фундамент (м)	foundation	Fundament (n) / Grundmauer (f)	fondation (f)
основание (ср) выкружки	cove base	Kehlsockel (m) (Fußleiste)	plinthe (f) à talon (m) arrondi
основная сетка (ж)	primary grid	Primärraster (m)	coordonnées (f) primaires
основной модуль (м)	basic module	Grundmodul (m)	module (m) principal / module (m) de base
остеклённая дверь (ж), открывающаяся в одну сторону	side-pivoted glazed door	Drehflügeltür (f) mit Glasfüllung (f)	porte (f) vitrée pivotant latéralement
остеклённая раздвижная перегородка (ж)	glazed partition	Ganzglas-Trennwand (f)	cloison (f) vitrée
остеклённая стена (ж)	window wall	Fensterwand (f)	paroi (f) de verre
острый угол (м)	acute angle	spitzer Winkel (m)	angle (m) aigu

Отбрасенная

РУССКИЙ	АНГЛИЙСКИЙ	НЕМЕЦКИЙ	ФРАНЦУЗСКИЙ
отбрасенная тень (ж)	cast shadow	Schattenwurf (m) / Schlagschatten (m)	ombre (f) projetée
отверстие (ср) воздухозаборника	air intake opening	Frischluftöffnung (f) / Zuluftöffnung (f)	ouverture (f) prise (f) d'air
отверстие (ср) для проверки (колодца)	opening for inspection (manhole)	Revisionsöffnung (f) (Einsteigloch)	trou (m) d'accès pour inspection (f) (trou d'homme)
отверстие (ср) откачки воздуха	air exhaust opening	Abluftöffnung (f)	ouverture (f) retour (m) d'air
ответственность (ж) архитектора	architect's liability	Architektenhaftpflicht (f)	responsabilité (f) de l'architecte
отдельный кабинет (м)	parlour (parlor)	Salon (m)	parloir (m)
отдельный кабинет (м) (одна кровать)	private room (one bed)	Ein-Bettzimmer (n) / Privatzimmer (n) / Einzelzimmer (n)	chambre (f) privée (un lit)
отдельный фундамент (м)	single footing / pad foundation	Einzelfundament (n)	empattement (m) simple / fondation (f) isolée
откачка (ж) воздуха	air exhaust	Abluft (f)	évacuation (f) d'air / retour (m) d'air
открытая вентиляционная труба (ж)	open vent pipe	offenes Entlüftungsrohr (n)	tuyau (m) d'aération ouvert
открытая лестница (ж)	open stairway	Freitreppe (f)	escalier (m) intérieur dégagé (libre)
открытая лестница (ж) только с поступами	open stair with treads only	offene Treppe (f), nur mit Trittstufen (f)	escalier (m) à claires-voies (f) avec marches (f) seulement
открытый камин (м)	fireplace	offener Kamin (m)	cheminée (f) (intérieure)
открытый шов (м)	open joint	offene Stoßfuge (f)	joint (m) ouvert
открытый шов (м) как фильтрационное отверстие (ср)	open joint as weephole (brick)	offene Stoßfuge (f) als Tropföffnung (f) (Ziegel)	joint (m) ouvert en guise de chantepleure (f) (brique)
отодвигнутый, полуквадратный жёлоб (м)	gutter, recessed semi-square	Kastenrinne (f)	gouttière (f) en retrait de forme demi-carrée
отодвинутый каменной косяк (м) (для окна или двери)	recessed masonry jamb (for window or door)	Mauerleibung (f) mit Innenanschlag (m) (für Fenster oder Tür)	jambage (m) de maçonnerie (f) en retrait (pour fenêtre ou porte)

Отопление

РУССКИЙ	АНГЛИЙСКИЙ	НЕМЕЦКИЙ	ФРАНЦУЗСКИЙ
отопление (ср)	heating	Heizung (f)	chauffage (m)
отражающийся потолок (м)	reflected ceiling	Deckenuntersicht (f)	plafond (m) réfléchi
отсыпка (ж) грунта	landfill	Erdauffüllung (f)	remblaiement (m) de terre
официальный ситуационный план (м)	official site plan	amtlicher Lageplan (m)	plan (m) d'emplacement officiel
оцинкованная сталь (ж)	galvanized steel	verzinkter Stahl (m)	acier (m) galvanisé

П

РУССКИЙ	АНГЛИЙСКИЙ	НЕМЕЦКИЙ	ФРАНЦУЗСКИЙ
падение (ср) ... в бетоне только в комнате ...	drop of ... in concrete in room ... only	Betonvertiefung (f) von ... nur im Raum (m) ...	dépression (f) de ... dans le béton (m) dans la pièce (f) ... seulement
падуб (м) / остролист (м)	holly	Stechpalme (f)	houx (m)
паз (м) в форме ласточкина хвоста	dovetailed slot	Schwalbenschwanznute (f)	rainure (f) de queue (f) d'aronde (femelle)
пазовый шов (м) (горизонтальный, вертикальный)	groove joint / rustication (horizontal, vertical)	Scheinfuge (f) (horizontale, vertikale)	joint (m) à rainure (horizontal, vertical)
пакля (ж)	oakum	Werg (n)	filasse (f)
палата (ж), восемь кроватей	ward, eight beds	Krankensaal (m), Achtbettzimmer (n)	salle (f) commune, huit lits
палата (ж) (две кровати)	semi-private room (two beds)	Zweibettzimmer (n)	chambre (f) semi-privée (deux lits)
палата (ж), четыре кровати	ward, four beds	Krankensaal (m), Vierbettzimmer (n)	salle (f) commune, quatre lits
пальма (ж)	palm	Palme (f)	palmier (m)
пальма (ж) / благородная пальма (ж)	royal palm	Königspalme (f)	palmier (m) royal
панели (ж) над стропилами и под наращиванием крыши	boards / panels above rafters and below roofing	Unterdachtafeln (f)	planches (f) / panneaux au-dessus des chevrons (m) et en dessous de la toiture (f)

Панель

РУССКИЙ	АНГЛИЙСКИЙ	НЕМЕЦКИЙ	ФРАНЦУЗСКИЙ
панель (ж) лёгкого бетона	lightweight concrete panel	Leichtbetonplatte (f)	panneau (m) de béton (m) léger
панель (ж) стального настила (м) (покрытия, полы)	steel deck panel	Trapezblechtafel (f)	panneau (m) de pontage (m) d'acier
парадная лестница (ж)	main stairway	Haupttreppe (f)	escalier (m) principal
парадный вход (м) / передний вход (м)	main entrance	Haupteingang (m)	entrée (f) principale
парапет (м)	parapet	Attika (f) / Brüstung (f)	parapet (m)
парапет (м) крыши	roof parapet	Dachbrüstung (f) / Attika (f)	parapet (m) de toiture (f)
паркет (м)	parquet flooring	Parkettfußboden (m)	parquet (m)
паровая труба (ж)	vapour (vapor) stack	Dunstrohr (n)	tuyau (m) de vapeur
паровуздушное пространство (ср)	air space	Luftschicht (m)	espace (m) d'air
пароизоляция (ж) / паронепроницаемый слой (м)	vapour (vapor) barrier	Dampfsperre (f)	coupe-vapeur (m)
паронепроницаемый слой (м) с грунтовочным покрытием (ср) уравневания (ср) насыщенного пара	vapour (vapor) barrier with a pressure equalizer undercoating	Dampfsperre (f) mit Dampfdruckausgleichsschicht (f)	coupe-vapeur (m) avec sous-couche (f) d'égalisation de pression (f)
паропроницаемый слой (м)	vapour (vapor) permeable membrane	dampfdurchlässige Unterspannbahn (f)	membrane (f) perméable à la vapeur
патрубок (м) для пропуска трубы через перекрытие в плите перекрытия	floor sleeve in floor slab	Fußbodenhülse (f) in der Deckenplatte (f)	manchon (m) encastré dans le plancher (m)
пенобетон (м) с полистиролом	polystyrene foam concrete	Leichtbeton (m) mit Styroporzusatz (m)	béton (m) à base de polystyrène expansé
пенополиуретан (м)	expanded polyurethane / foamed polyurethane	Polyurethan-Hartschaum (m)	polyuréthane (m) expansé
первая помощь (ж)	first aid	Erste Hilfe (f)	premiers soins (m)

Первый

РУССКИЙ	АНГЛИЙСКИЙ	НЕМЕЦКИЙ	ФРАНЦУЗСКИЙ
первый поэтажный план (м)	ground floor plan	Erdgeschoß-Grundrißplan (m)	plan (m) du rez-de-chaussée (m)
пергамин (м)	asphalt paper	Bitumenpappe (f)	carton (m) bitumé
перевязочный кирпич (м), поставленный на ребро	rowlock	Ziegel (m) auf Seitenkante (f) gelegt	brique (f) posée de champ
передача (ж) данных	data transmission	Datenübertragung (f)	transmission (f) des données (f) informatiques
передний поручень (м), односторонный, двустороный	handrail, one sided, two sided	Handlauf (m), einseitig, zweiseitig	main courante (f) d'un côté, des deux côtés
передний фасад (м) (главный фасад)	front elevation (main elevation)	Vorderansicht (f) (Hauptansicht)	façade (f) principale (élévation principal)
перекрёстное армирование (ср)	two-way reinforcement	kreuzweise Bewehrung (f)	armature (f) dans les deux sens
перекрывающий фартук (м) / вертикальный отлив (м)	cover flashing (vertical)	Brustblech (n) / vertikales Abdeckblech (n)	bande (f) de solin (m) en métal verticale
перекрывающий фартук (м) (металлический)	counter(-)flashing (metal)	überlappendes Abdeckblech (n) / überlappendes Anschlußblech (n) / Überhangsstreifen aus Blech (n)	contre-solin (m) (métallique)
перекрытие (ср) (структурное стальное перекрытие)	floor (floor construction in structural steel)	Decke (f) (Deckenkonstruktion aus Baustahl)	plancher (m) (plancher en acier structural)
перелив (м)	overflow	Überlauf (m)	débordement (m)
перемещение (ср) (боковое смещение)	offset	Versatz (m)	en saillie (f) (décalé)
перемещённая односкатная крыша (ж)	offset lean-to roof	versetztes Pultdach (n)	toit (m) saillant en appentis
перемещённая плоскость (ж) (поверхность)	offset plane (surface)	versetzte Ebene (f)	surface (f) saillante
перемычка (ж) / рандбалка (ж)	spandrel beam	Randbalken (m)	poutre (f) de rive
перемычка (ж) (окно, дверь)	lintel (window, door)	Sturz (m) (Fenster, Tür)	linteau (m) (fenêtre, porte)

Перестройка

РУССКИЙ	АНГЛИЙСКИЙ	НЕМЕЦКИЙ	ФРАНЦУЗСКИЙ
перестройка (ж)	alteration / conversion	Umbau (m)	modification (f)
переулок (м)	lane	Seitenweg (m)	voie (f)
перила (ср) балкона	balcony railing	Balkongeländer (n)	garde-corps (m) de balcon (m)
перфорированная панель (ж) подвесного потолка	perforated ceiling board	perforierte Deckenplatte (f)	planche (f) de plafond (m) perforée
перфорированный металл (м)	perforated metal	perforiertes Metall (n)	métal (m) perforé
песок (м)	sand	Sand (m)	sable (m)
песчаная постель (ж)	sand bed	Sandbett (n)	lit (m) de sable (m)
петлевой трубный компенсатор (м)	expansion loop	Dehnungsschlaufe (f)	boucle (f) compensatrice
питьевой фонтанчик (м)	drinking fountain	Trinkbrunnen (m)	fontaine (f) à boire
пихта (ж)	fir	Tanne (f)	sapin (m)
пихта (ж) дугласова	Douglas fir	Douglastanne (f)	sapin (m) Douglas
плавательный бассейн (м)	swimming pool	Schwimmbad (n)	piscine (f)
плавающее бетонное перекрытие (ср)	floating concrete topping	schwimmender Betonestrich (m)	chape (f) de béton (m) truellée
плавающий пол (м)	floating floor	schwimmender Boden (m) / schwimmender Fußboden (m)	plancher (m) flottant
плакучая ива (ж)	weeping willow	Trauerweide (f)	saule pleureur (m)
план (м) ... этаж (м)	plan ... floor	Grundriß (m) ... Stock (m) / Grundriß (m) ... Etage (f)	plan (m) ... étage (m)
план (м) деталей неподвижного перила	detail plan of fixed balustrade	Detailplan (m) des befestigten Geländers (n)	plan (m) de détail (m) balustrade (f) fixe
план (м) крыши	roof plan	Dachgrundriß (m)	plan (m) du toit (m)
план (м) мансарды	attic plan / attic floor plan	Dachgeschoß-Grundrißplan (m)	plan (m) mansarde (f)

План

РУССКИЙ	АНГЛИЙСКИЙ	НЕМЕЦКИЙ	ФРАНЦУЗСКИЙ
план (м) маршрута эвакуации	escape route plan	Fluchtwegeplan (m)	plan des voies (f) de secours / plan des routes (f) de secours
план (м) фундамента	foundation plan	Fundamentplan (m)	plan (m) de fondations (f)
пластик (м)	plastic	Kunststoff (m)	plastique (m)
пластическая складывающаяся дверь (ж)	plastic folding door	Falttür (f) aus Kunststoff (m)	porte (f) pliante en plastique (m)
пластическая стыковая лента (ж)	plastic joint strip	Fugendichtungsband (n) aus Kunststoff (m)	bande (f) de jointoiement (jointoyage) en plastique
пластический профиль (м)	plastic profile (section)	Kunststoffprofil (n)	profilé (m) de plastique
пластмассовое окно (ср)	plastic window	Kunststofffenster (f)	fenêtre (f) en plastique (m)
платяной шкаф (м) / гардероб (м)	wardrobe	Kleiderschrank (m)	garde-robe (f) / penderie (f)
плинтус (м)	base / plinth / baseboard	Fußleiste (f) / Scheuerleiste (f)	plinthe (f)
плинтусное отопление (ср)	baseboard heating	Fußleistenheizung (f)	chauffage (m) par plinthe (f) chauffante
плита (ж), армированная в двух направлениях	two-way reinforcement concrete slab	zweiseitig eingespannte Betonplatte (f)	dalle (f) de béton à armature (f) croisée (dans les deux sens)
плита (ж), армированная в одном направлении	one-way reinforced concrete slab	einseitig bewehrte Betonplatte (f)	dalle (f) en béton armé (m) dans un sens
плита (ж) из пенополистирола	polyurethane rigid foam insulation board	Polyurethan-Hartschaum-Tafel (f)	planche (f) rigide d'isolation en mousse (f) de polyuréthane
плита (ж) перекрытия	floor slab	Deckenplatte (f) / Stahlbetondecke (f)	dalle (f) de plancher (m)
плита (ж) перекрытия балкона	balcony floor slab	Balkondeckenplatte (f)	dalle (f) de plancher (m) de balcon
плита (ж) плавучего фундамента (железобетон)	floating slab (reinforced concrete)	schwimmende Stahlbetonplatte (f)	dalle (f) flottante en béton armé (m)
плита (ж) прокрытия	roof slab	Dachplatte (f)	dalle (f) de toiture (f)

Плита

РУССКИЙ	АНГЛИЙСКИЙ	НЕМЕЦКИЙ	ФРАНЦУЗСКИЙ
плита (ж) стыковой накладки (ж)	joint cover plate	Dehnungsfugenprofil (n)	plaque (f) couvre-joint
плитка (ж)	tile	Fliese (f)	tuile (f) / carreau (m)
плитняк (м)	flagstone	Steinplatte (f)	pierre (f) de pavage
плиты (ж) покрытия ячеистого бетона (или газобетона)	roof slab of cellular concrete	Dachplatte (f) aus Porenbeton (m)	dalle (f) de toiture (f) en béton (m) cellulaire
плоская железобетонная плита (ж) (без надкапительных плит)	flat slab (without drop panels)	flache Geschoßdecke (f) / flache Stahlbetondecke (f) (ohne verdickte Auflagerbereiche)	dalle (f) de plancher (m) sans nervures (f) (sans panneaux surbaissés)
плоская железобетонная плита (ж) с надкапительными плитами / плита (ж) безбалочного перекрытия	flat slab with drop panels / mushroom slab	flache Stahlbetondecke (f) / Pilzkopfdecke (f) mit verdickten Auflagerbereichen (f)	dalle (f) de plancher-champignon (m) avec panneaux (m) surbaissés
плоская крыша (ж)	flat roof	Flachdach (n)	toit (m) plat / toiture (f) plate
плоская полоса (ж)	flat bar	Flachstahl (m)	barre (f) plate
плоские стальные подвески (ж)	flat steel hangers	flache Metallabhänger (m)	crochets (m) an acier (m) plat
плоский фонарь (м) верхнего света	skylight (flat)	Dachflächenfenster (n)	verrière (f) (plate)
плоскость (ж) входа	entrance level	Eingangsebene (f)	niveau (m) d'entrée
площадка (ж) (лестницы)	landing / platform (stair)	Treppenpodest (n) / Treppenabsatz (m)	palier (m) (escalier)
пневматическая почта (ж)	pneumatic post	Rohrpost (f)	poste (m) pneumatique
поверхность (ж) безшовного покрытия пола	seamless floor finish	fugenloser Fertigfußboden (m)	fini (m) de plancher (m) sans joints (m)
поверхность (ж) двери	door surface	Türfläche (f) / Türblattfläche (f)	surface (f) de porte (f)
поверхность (ж), отделанная лопаткой	trowel finish	Kellenglattstrich (m)	fini (m) à la truelle (f)
поверхность (ж), отделанная тёркой	float finish	Reibeputz (m)	finition (f) sur face

Поверхность

РУССКИЙ	АНГЛИЙСКИЙ	НЕМЕЦКИЙ	ФРАНЦУЗСКИЙ
поверхность (ж) под штукатуркой, обрешётка (ж) под штукатуркой	lathing, plaster base	Putzträger (m), Lattung (f)	lattage (m), base (f) d'enduit
поглощающий колодец (м), выгребная яма (ж)	sump pit, cesspit	Pumpengrube (f), Senkgrube (f)	puisard (m) d'aisance, fosse (f) d'aisance
подача (ж) воздуха	air supply	Luftzufuhr (f) / Zuluft (f)	approvisionnement (m) / amenée d'air
подача (ж) и выпуск (м) воздуха	air supply and exhaust	Be- und Entlüftung (f) / Zuluft (f) und Abluft (f)	amenée (f) et retour (m) d'air (m)
подвал (м) / подвальный этаж (м)	basement / basement floor	Keller (m) / Kellergeschoßgrundriß (m) / Untergeschoßgrundriß (m)	sous-sol (m)
подвальная грань (ж)	basement level	Kellersohle (f)	niveau du sous-sol (m)
подвальная стена (ж)	basement wall	Kelleraußenwand (f)	mur (m) de soubassement (m)
подвальное окно (ср)	basement window	Kellerfenster (n)	soupirail (m)
подвальный план (м)	basement plan / basement floor plan	Kellergeschoß-Grundrißplan (m) / Untergeschoß-Grundrißplan (m)	plan (m) du sous-sol (m)
подведение (ср) фундамента	underpinning	Abfangung (f) / Unterfangung (f)	en sous-oeuvre (f) / en étayage (m)
подвеска (ж), металлическая подвеска (ж)	hanger, metal	Metallabhänger (m)	crochet (m) en métal (m)
подвеска (ж) (стержневая)	hanger rod	Abhänger (m) (Armierungsstab)	tige (f) de suspension
подвесная раздвижная дверь (ж) (горизонтальная)	overhung sliding door (horizontal)	Rolltür (f), horizontal angeordnet	porte (f) suspendue coulissante horizontalement
подвесной потолок (м)	false ceiling, suspended ceiling	Blinddecke (f), Hängedecke (f) / abgehängte Decke (f)	faux-plafond (m), plafond (m) suspendu
подвесной цементный штукатурный потолок (м)	suspended cement plaster ceiling	abgehängte Zementputzdecke (f)	plafond (m) suspendu en enduit (m) de ciment

Подвесной

РУССКИЙ	АНГЛИЙСКИЙ	НЕМЕЦКИЙ	ФРАНЦУЗСКИЙ
подвесной штукатурный потолок (м), потолок (м) подвесных гипсовых листов (м)	suspended plaster ceiling, suspended gypsum board ceiling	abgehängte Putzdecke (f), abgehängte Gipskartondecke (f)	plafond (m) suspendu en plâtre (m), plafond (m) en planches (f) de gypse suspendues
подвесный потолочный светильник (м)	suspended luminaire	hängende Deckenleuchte (f)	luminaire (m) suspendu
поддерживающий элемент (м) охлаждающего прибора (м) (на крыше)	air cooling unit support (on roof)	Tragelement (n) des Luftkühlers (m) (auf dem Dach)	support (m) d'unité (f) de refroidissement d'air (sur le toit)
подземный кабель (м)	underground cable	unterirdisches Kabel (n)	câble (m) souterrain
подземный телефонный кабель (м)	telephone cable below grade	unterirdisches Telefonkabel (n)	câble (m) de téléphone (m) souterrain
подземный трубопровод (м)	underground pipeline	unterirdische Rohrleitung (f)	conduit (m) souterrain
подколонник (м)	pedestal	Stützensockel (m)	piédestal (m) / base (f)
подоконная доска (ж) (внутренняя)	window stool (interior)	Fensterbrett (n) / Holzunterfensterbank (f) / Unterfensterbank (f) / Innenfensterbank (f) (innen)	tablette (f) de fenêtre (f) (intérieur)
подоконник (м) (наружный)	window sill (exterior)	Fensterbank (f) (außen) / Außenfensterbank (f)	allège (f) de fenêtre (f) (extérieur)
подоконник (м) с боком, гнутый наверх (окно)	window sill upbent at the ends	seitliche Fensterbankaufkantung (f)	allège (f) retroussée sur les côtés (m) de la fenêtre (f)
подошва (ж) лестницы	foot of the stair, end-step	Antrittstufe (f), Austrittstufe (f)	pied (m) de l'escalier (m), dernière marche (f)
подошва (ж) фундамента	footing	Fundament (n) / Sockelfundament (m)	semelle (f) de fondation (f)
подошва (ж) фундамента (подпочва)	footing (subsoil)	Fundament (n) (Erdreich)	empattement (m) / semelle (f) (sous-sol)
подпись (ж)	signature	Unterschrift (f)	signature (f)

Подплита

РУССКИЙ	АНГЛИЙСКИЙ	НЕМЕЦКИЙ	ФРАНЦУЗСКИЙ
подплита (ж) / стяжка (ж) на отметке грунта под сплошным фундаментом	mat on subsoil under raft foundation / screed on subsoil under raft foundation	Unterbeton (m) auf Erdreich (n) unter Stahlbetonplatte (f) / Plattenfundament (n)	chape (f) sur sous-couche (f) sous radier (m) de fondation
подпольный канал (м)	floor duct (under floor)	Unterdeckenkanal (m)	conduit (m) (sous-plancher)
подпорка (ж) из уголка	angle cleat	Winkellasche (f)	éclisse (f) cornière
подпор(к)а (ж), распорка (ж)	strut	Kopfband (n)	entretoise (f) / contre-fiche (f)
подпорная стенка (ж) (обнажённый бетон)	retaining wall (exposed concrete)	Stützmauer (f) (Sichtbeton)	mur (m) de soutènement (béton apparent)
подпочвенный слой (м) / естественный грунт (м)	subsoil / natural ground	Erdreich (n) / gewachsener Boden (m)	sous-sol (m) / sol (m) naturel
подрядчик (м)	contractor	Bauunternehmer (m)	entrepreneur (m/f)
подрядчик (м) разборки	demolition contractor, demolition firm	Abbruchunternehmer (m), Abbruchunternehmen (n)	entrepreneur (m) de démolition (f), compagnie (f) de démolition (f)
подрядчик (м), участвующий в торгах	bidder (contractor)	Anbieter (m)	soumissionnaire (m)
подрядчик-строитель должен проверить все размеры и на стройплощадке и в здании	contractor shall verify all dimensions on the site and in the building	Bauunternehmer soll alle Maßangaben auf der Baustelle und im Gebäude überprüfen	l'entrepreneur devra vérifier toutes les dimensions au chantier et au bâtiment
подрядчик-строитель должен проверить все размеры и состояния на стройплощадке и в здании	the contractor shall verify all dimensions and conditions at the site and at the building	der Bauunternehmer soll alle Größenmaße und Zustände auf der Baustelle und im Gebäude überprüfen	l'entrepreneur vérifiera toutes les dimensions et les conditions du site et du bâtiment
подход (м)	access	Zugang (m)	accès (m)
подшивки (ж) фотоплёнок (фильмотека)	film files	Filmarchiv (n)	dossiers (m) des films
подъездная дорога (ж)	driveway	Zufahrtsweg (m) / Ausfahrt (f)	passage (m) pour véhicules (m)
подъём (м)	lifting / raising	Abhebung (f)	soulèvement (m)

РУССКИЙ	АНГЛИЙСКИЙ	НЕМЕЦКИЙ	ФРАНЦУЗСКИЙ
подъёмная дверь (ж)	overhead door	Klapptür (f) / Hebetür (f)	porte (f) basculante
подъёмная дверь (ж) / катанная дверь (ж)	rolling door	Rolltor (n)	porte (f) roulante
подъёмное окно (ср) с двумя подвижными переплётами	double-hung window	Vertikalschiebefenster (n)	fenêtre (f) à guillotine (f)
пожарная защита (ж)	fire protection	Brandschutz (m)	protection (f) contre l'incendie
пожарная лестница (ж) (у наружной стены)	escape stair (at exterior wall)	Nottreppe (f) (an der Außenwand)	escalier (m) de sauvetage (m) (au mur extérieur)
пожарная сигнализация (ж)	fire alarm system	Feuermeldeanlage (f)	système (m) d'alarme-incendie (f)
пожарный гидрант (м)	fire hydrant	Feuer-Hydrant (m)	bouche (f) d'incendie
позволение (ср) / разрешение (ср)	permission	Erlaubnis (f) / Genehmigung (f)	permission (f)
позволительный прогиб (м)	allowable deflection	erlaubte Durchbiegung (f)	fléchissement (m) permissible
показано пунктиром	shown dotted	punktiert gezeigt	indiqué en pointillé (m)
показано пунктиром (наверху, внизу)	shown dotted (above, below)	punktiert gezeigt (oberhalb, unterhalb)	indiqué en pointillé (au-dessus, au-dessous)
покрывающий лист (м) (однослойный войлок)	cover sheet (one(-)ply felt)	Abdeckungspappe (f) (einlagiger Rohfilz)	feuille (f) de protection (f) (feutre un pli)
покрытие (ср) для пластика (пластмассовое)	plastic coating	Kunststoffbeschichtung (f)	revêtement (m) plastique
покрытие (ср) из шифера	slate cladding	Schieferbekleidung (f)	parement (m) en ardoise (f)
покрытие (ср) керамических плиток	ceramic tile flooring	keramischer Fliesenbelag (m)	recouvrement (m) de plancher (m) en tuiles (f) céramiques
покрытие (ср) линолеума	linoleum covering	Linoleumbelag (m)	revêtement (m) de linoléum
покрытие (ср) наружного подоконника (м)	window sill covering	Fensterbankabdeckung (f)	recouvrement (m) d'allège (f) de fenêtre (f)

Покрытие

РУССКИЙ	АНГЛИЙСКИЙ	НЕМЕЦКИЙ	ФРАНЦУЗСКИЙ
покрытие (ср) пола	flooring	Bodenbelag (m) / Fußbodenbelag (m)	revêtement (m) du sol (m)
покрытие (ср) проступи	tread topping	Trittstufenbelag (m)	chape (f) sur marche (f)
покрытие (ср) синтетической смолы	synthetic resin cover	Kunstharzbeschichtung (f)	revêtement (m) en résine (f) synthétique
покрытие (ср) тонкого сланца	thin slate covering	Schieferfeindeckung (f)	couverture (f) d'ardoise (f) mince
пол (м)	floor	Fußboden (m), Decke (f)	plancher (m)
полезная площадь (ж)	usable area	Nutzfläche (f)	espace (m) utilisable
поливинилхлоридная плитка (ж)	vinyl tile, PVC tile	Vinyl-Fliese (f), PVC-Fliese (f)	tuile (f) de vinyle, tuile (f) de PVC
полистиролная экструзированная жёсткая изоляционная плита (ж)	extruded polystyrene rigid board insulation	extrudierte Polystyrol-Hartschaumplatte (f)	planche (f) d'isolation (f) rigide en polystyrène (m) extrudé
полная высота (ж)	total height	Gesamthöhe (f)	hauteur (f) totale
полновстроенный балкон (м)	fully recessed balcony	innenliegender Balkon (m)	balcon (m) complètement en retrait
полный кирпичный шов (м)	flush brick joint	bündige Verfugung (f) (Ziegel)	joint (m) de briques (f) affleuré (de niveau)
полный размер (м)	total dimension	Gesamtmaß (n)	dimension (f) totale
половая дрена (ж) регулируемой высоты	height-adjustable floor drain	höhenverstellbarer Bodenablauf (m)	drain (m) de plancher (m) à hauteur (f) ajustable
половая плитка (ж)	floor tile, flooring tile	Bodenfliese (f)	carreau (m) (tuile) de plancher (m)
половик (м) (остов с решётками)	foot grill (frame with slats)	Schuhabstreifer (m) (Rahmen mit Rost)	gratte-pieds (m) (cadre avec lattes)
половой диффузор (м)	floor diffuser	Fußbodendiffusor (m)	diffuseur (m) au plancher (m)
полокруглый водосточный жёлоб (м)	gutter, half round	Halbrundrinne (f)	gouttière (f) demi-ronde
полувальмовая крыша (ж)	hipped-gable roof	Krüppelwalmdach (n)	comble (m) en demi-croupe

РУССКИЙ	АНГЛИЙСКИЙ	НЕМЕЦКИЙ	ФРАНЦУЗСКИЙ
полуглянцевая масляная поверхность (ж)	semi-gloss oil finish	halbglänzender Ölanstrich (m)	fini (m) semi-lustre à l'huile (f)
полуподвал (м) (под зданием)	partial basement	Teilunterkellerung (f)	sous-sol (m) partiel
полупроходное подполье (ср)	crawl space	Kriechraum (m)	espace (m) de rampement (m)
полупроходное подполье (ср), полупроходный подвал (м)	crawl space, crawl basement	Kriechraum (m), Kriechkeller (m)	espace (m) de rampement, sous-sol (m) de rampement
помещение (ср) команды	team quarters	Mannschaftsraum (m)	salle (f) d'équipes
поперечная балка (ж)	cross beam	Querbalken (m) / Wechsel (m)	poutre (f) transversale
поперечный разрез (м)	cross section	Querschnitt (m)	coupe (f) transversale
поперечный разрез (м), масштаб: ...	cross section, scale: ...	Querschnitt (m), Maßstab (m): ...	coupe (f) transversale, échelle (f): ...
поперечный разрез (м) по направлению к главному входу (м)	cross section looking at main entrance	Querschnitt (m) in Richtung Haupteingang (m)	coupe (f) transversale montrant l'entrée (f) principale
поперечный разрез (м) через дверь	cross section through door	Querschnitt (m) durch die Tür (f)	coupe (f) en travers de la porte (f)
пористый бетон (м)	porous concrete	Porenbeton (m)	béton (m) poreux / béton (m) cellulaire
порог (м) / дверной порог (м)	threshold / door saddle	Türschwelle (f)	seuil (m) de porte
портативная дуплексная радиостанция (ж)	walkie-talkie	Hand-Funksprechgerät (n) / tragbares Sprechfunkgerät (n) / Walkie-Talkie (n)	émetteur-récepteur (m) portatif
портландцемент (м)	Portland cement	Portlandzement (m)	ciment (m) portland
порузочная платформа (ж)	loading platform	Verladebühne (f)	plateforme (f) de chargement
поручень (м) / перила (ср)	handrail	Handlauf (m)	main courante (f)
посадка (ж) деревьев и кустов	tree and shrub planting	Baum- und Strauchbeflanzung (f)	plantation (f) d'arbres (m) et de buissons (m)
посадочная площадка (ж) лифта	elevator landing	Aufzugspodest (n)	palier (m) d'ascenseur (m)

Последная

РУССКИЙ	АНГЛИЙСКИЙ	НЕМЕЦКИЙ	ФРАНЦУЗСКИЙ
последная ступень (ж)	end step	Austrittstufe (f)	dernière marche (f)
постель (ж) больного	hospital bed	Krankenbett (n)	lit (m) d'hôpital (m)
постоянная высота (ж)	constant height	konstante Höhe (f)	hauteur (f) constante
постройка (ж) / здание (ср)	building	Gebäude (n)	bâtiment (m)
поступенок (м)	riser	Setzstufe (f)	contremarche (f)
потолки (м) или стены (ж): префикс (м) ... обозначает видимые	ceilings or walls: prefix ... denotes exposed	Decken (f) oder Wände (f): Präfix (n) ... weist auf eine Sichtdecke (f) oder Sichtwand (f) hin	plafonds (m) ou murs (m): préfixe (m) ... signifie apparent
потолок (м), подвесной потолок	ceiling, suspended ceiling	Decke (f), abgehängte Decke (f)	plafond (m), plafond (m) suspendu
потолок (м): префикс (м) ... обозначает подвесной	ceiling: prefix ... denotes suspended	Decke (f): Präfix (n) ... weist auf abgehängte Decke (f) hin	plafond (m): préfixe (m) ... signifie suspendu
потолок (м), соединённый со стенами выкружками	cove(d) ceiling	Decke (f) mit Auskehlung (f)	plafond (m) à gorge (f)
потолочное отопление (ср)	ceiling heating	Deckenheizung (f)	chauffage (m) au plafond (m)
потолочный вентилятор (м)	ceiling fan	Deckenventilator (m)	ventilateur (m) de plafond
потолочный диффузор (м) / вентиляционная решётка (ж) у потолка	ceiling air diffuser / air diffuser at ceiling	Decken-Diffusor (m) / Luftverteiler (m) an der Decke (f)	diffuseur (m) d'air au plafond (m)
похожий на ... / как ...	similar to ... / same as ...	ähnlich zu ... / wie ...	similaire à ... / égal(e) à ...
похожий но обратный	similar but reversed	ähnlich, doch umgekehrt	similaire renversé
почвенно-геологическая изыскания (ж)	soil investigation	Bodenuntersuchung (f)	étude (f) du sol
пошаговое повышение (ср) кровельного битума	step-up of roofing bitumen	Dach-Bitumenaufkantung (f)	retour (m) vertical de toiture (f) bitumée
поэтажной план (м), ... этаж (м)	floor plan, ... floor	Grundrißplan (m), ... Etage (f)	plan (m) d'étage (m), ... étage (m)
поэтажный план (м)	floor plan	Grundrißplan (m)	plan (m) d'étage

Поэтажный

РУССКИЙ	АНГЛИЙСКИЙ	НЕМЕЦКИЙ	ФРАНЦУЗСКИЙ
поэтажный план (м) и разрезы (м)	floor plan and sections	Grundrißplan (m) und Schnitte (m)	plan (m) d'étage et coupes (f)
поэтажный план (м), масштаб: ...	floor plan, scale: ...	Grundrißplan (m), Maßstab (m): ...	plan (m) d'étage, échelle (f): ...
поэтажный план (м) над бельэтажем	floor plan above groundfloor	Grundrißplan (m) des Obergeschosses (n) / Obergeschoß-Grundrißplan (m)	plan (m) d'étage au-dessus du rez-de-chaussée (m)
поэтажный план (м), план (м) второго этажа	floor plan, second floor plan	Grundrißplan (m), zweites Geschoß (n) / zweiter Stock / zweite Etage (f)	plan (m) d'étage, deuxième étage
поэтажный план (м), план (м) первого этажа	floor plan, first floor plan	Grundrißplan (m), erstes Geschoß (n) / erster Stock / erste Etage (f)	plan (m) d'étage, premier étage
поэтажный план (м), план (м) третьего этажа и т. д.	floor plan, third floor plan etc. ...	Grundrißplan (m), drittes Geschoß (n) / dritter Stock / dritte Etage (f) u.s.w. ...	plan (m) d'étage, troisième étage etc. ...
поэтажный план (м) под бельэтажем	floor plan below groundfloor	Grundrißplan (m) des Untergeschosses (n) / Untergeschoß-Grundrißplan (m) / Untergeschoß-Grundrißplan (m)	plan (m) d'étage au-dessous du rez-de-chaussée (m)
прачечная (ж) (комната)	laundry room	Waschküche (f)	salle (f) de buanderie (f)
преграда (ж) снега (крыша)	snow-catch barrier (roof)	Schneefanggitter (n) (Dach)	barrière (f) à neige (toit)
предварительно напряжённая бетонная панель (ж)	prestressed concrete panel	Spannbetonplatte (f)	panneau (m) de béton (m) précontraint
предварительно напряжённая железобетонная балка (ж)	prestressed concrete beam	Spannbetonträger (m)	poutre (f) en béton (m) précontraint
предварительно напряжённая железобетонная свая (ж)	prestressed concrete pile	Spannbetonpfahl (m)	pieu (m) en béton (m) précontraint
предварительно напряжённая сталь (ж)	prestressed steel	Spannstahl (m)	acier (m) de précontrainte
предварительно напряжённый железобетон (м)	prestressed concrete	Spannbeton (m)	béton (m) précontraint

Предварительно

РУССКИЙ	АНГЛИЙСКИЙ	НЕМЕЦКИЙ	ФРАНЦУЗСКИЙ
предварительно напряжённый железобетонный элемент (м)	prestressed concrete component	Spannbetonelement (n)	élément (m) de béton (m) précontraint
предел (м) выемки	limit of excavation	Aushubgrenze (f)	limite (f) d'excavation (f)
предел (м) огнестойкости в часах	degree of fire(-)resistance (classification)	Feuerwiderstandsdauer (f) (Klassifikation)	degré (m) de résistance au feu (m) (classification)
представитель (м) заказчика на стройплощадке	clerk of the works	Bauleiter (m)	surveillant (m) des travaux
привратник (м)	janitor	Hausmeister (m)	concierge (m)
приём (м)	reception	Anmeldung (f) / Rezeption (f)	réception (f)
приём (м) и хранение (ср)	receiving and storage	Annahme (f) und Aufbewahrung (f)	réception (f) et dépôt (m)
приёмная (ж)	admissions	Aufnahme (f)	bureau (m) d'admission
приёмное отделение (ср) (амбулаторных больных, стационарных больных, гостей)	waiting area (outpatients, inpatients, visitors)	Warteraum (m) (ambulante- und Klinik- Patienten, Besucher)	salle d'attente (f) (patients / malades externes et hospitalisés, visiteurs)
природный камень (м)	natural stone	Naturstein (m)	pierre (f) naturelle
притвор (м), угловая защитная накладка (ж)	bead, corner bead	Anschlagleiste (f), Ecklasche (f)	baguette (f), baguette (f) de coin (m)
прихожая (ж) / вестибюль (м)	entrance hall / lobby	Vorhalle (f) / Vestibül (n)	hall d'entrée (m) / vestibule (m)
проба (ж)	specimen	Probe (f)	specimen (m)
пробковая изоляция (ж)	cork insulation	Korkdämmung (f)	isolation (f) en liège (m)
пробковая плитка (ж)	cork tile	Korkfliese (f)	carreau (m) de liège (m) / tuile (f) de liège (m)
пробковый лист (м)	cork sheet	Korkplatte (f)	feuille (f) de liège (m)
пробочный сварной шов (м) (на местоположении)	plug weld on site	Punktverschweißung (f) (bauseits)	bouchon (m) soudé sur place (f)
проверенный стандарт (м)	norm checked / standard checked	Norm (f) geprüft	norme (f) vérifiée

Проверяйте

РУССКИЙ	АНГЛИЙСКИЙ	НЕМЕЦКИЙ	ФРАНЦУЗСКИЙ
проверяйте размеры на стройплощадке до заказа двери (смотри чертёж № ...)	verify dimensions on site before ordering doors (see drawing No. ...)	überprüfe die Dimensionen (Maße) auf der Baustelle vor der Türenbestellung (siehe Bauplannummer ...)	vérifier les dimensions sur les lieux avant de commander les portes (voir dessin No. ...)
проволочная сетка (ж)	wire mesh	Drahtgewebe (n)	treillis (m) métallique
проволочная сетка (ж) (дверь)	screen door	Fliegengittertür (f)	porte (f) à moustiquaire (f)
проволочный анкер (м)	wire tie	Drahtanker (m)	broche (f) d'attache
прогон (м)	purlin	Pfette (f)	panne (f)
прогон (м) для подвешивания балки	inverted beam	Überzug (m)	poutre (f) renversée
прогон (м) конька	ridge purlin	Firstpfette (f)	panne (f) faîtière
продольный разрез (м)	longitudinal section	Längsschnitt (m)	coupe (f) longitudinale
проект (м) постройки / проект (м)	building project / project	Bauprojekt (n) / Projekt (n)	projet (m) de construction / projet (m)
№ проекта (м)	project No.	Projekt (n) Nr.	No. de projet (m)
проектирование (ср) постройки	building design	Gebäudeplanung (f)	étude (f) de bâtiment (m) (design, conception)
проекционная кабина (ж)	projection room	Vorführraum (m)	cabine (f) de projection
прозрачная отделка (ж) (древесина)	natural finish (wood)	Naturton (m) (Holz)	fini (m) naturel (bois)
прокатный профиль (м) (вальма)	hipped end	Walmfläche (f)	croupe (f)
прокладка (ж)	backing strip	Fugendichtungsband (n)	bourrelet (m) de remplissage / bande (f) de remplissage
прокладочный лист (м)	slip-sheet	Gleitfolie (f)	papier (m) coulisse / papier (m) ciré / papier de glissement (m) / feuille-coulisse (f)
прокладочный лист (м) (двухслойный)	slip-sheet (two ply)	Gleitfolie (f) (zweilagig)	papier (m) coulisse (deux plis)

Пролёт

РУССКИЙ	АНГЛИЙСКИЙ	НЕМЕЦКИЙ	ФРАНЦУЗСКИЙ
пролёт (м) в свету	clear span	lichte Tragweite (f) / freitragende Spannweite (f)	portée (f) libre
промежуточная площадка (ж) (лестница)	intermediate landing / intermediate platform (stair)	Zwischenpodest (n) (Treppe)	palier (m) intermédiaire (escalier)
проницаемый для пара (м)	steam-permeable	wasserdampfdurchlässig	perméable à la vapeur (f)
пропитанное дерево (ср)	impregnated wood	imprägniertes Holz (n)	bois (m) imprégné
просмотровой зал (м)	viewing-room	Filmauswertungsraum (m)	salle (f) de visionnement (m)
противопожарная защита (ж)	fireproofing	Feuerschutzmaßnahmen (f)	ignifugation (f)
противопожарная зона (ж)	fire zone	Brandabschnitt (m)	zone (f) pare-feu
противопожарная стена (ж)	fire wall	Brandwand (f)	mur (m) coupe-feu
профиль (м) балки коробчатого сечения	box beam section	Kastenträgerprofil (n)	coupe (f) de poutre-caisson (f)
профиль (м) металлического фартука	metal flashing profile (shape)	Abdeckblechprofil (n)	coupe (f) du solin (m) métallique (profilé)
профиль (м) рельса	rail profile (section)	Schienenprofil (n)	coupe (f) (profilé) du rail (m)
профиль (м) стали	steel section	Stahlprofil (n)	profilé (m) d'acier (m)
профиль (м) уплотнения швов	weather stripping profile	Dichtungsstreifenprofil (n)	profilé (m) de coupe-froid (m)
проход (м)	pathway / passageway / passage	Gehweg (m) / Verbindungsgang (m)	passage (m)
пруд (м)	pond	Teich (m)	étang (m)
прямая лестница (ж) одного лестничного марша	one flight stair (straight run)	einläufige gerade Treppe (f)	escalier (m) d'une volée (f) droite
прямой арматурный стержень (м)	straight reinforcing bar	gerader Bewehrungsstab (m)	barre (f) d'armature droite
прямой стержень (м)	straight rod	gerader Stab (m)	barre (f) droite
прямоугольная водосточная труба (ж)	rectangular leader	rechteckiges Regenfallrohr (n)	conduite (f) (descente) rectangulaire

Прямоугольная

РУССКИЙ	АНГЛИЙСКИЙ	НЕМЕЦКИЙ	ФРАНЦУЗСКИЙ
прямоугольная расчётная сетка (ж)	rectangular grid	Rechteckraster (m)	coordonnées (f) rectangulaires
прямоугольная стальная трубчатая колонна (ж)	rectangular steel pipe column	rechteckige Stahlrohrstütze (f)	colonne (f) en acier (m) tubulaire rectangulaire
прямоугольная форма (ж) / прямоугольный профиль (м)	rectangular profile	Rechteckprofil (n)	profilé (m) rectangulaire
психолог (м)	psychologist	Psychologe (m)	psychologue (m)
птице-заградительная решётка (ж)	bird screen	Vogelschutzgitter (n)	écran (m) pare-oiseaux
пустотелая металлическая дверь (ж)	hollow metal door	hohlkastenförmige Metalltür (f)	porte (f) creuse en métal (m)
пустотелая стена (ж)	cavity wall	zweischaliges Mauerwerk (n)	mur (m) creux
пустотелый бетонный блок (м)	hollow concrete block	Hohlblockstein (m)	bloc (m) de béton (m) creux
пустотелый кирпич (м)	hollow brick	Lochziegel (m)	brique (f) creuse
пустотелый лёгкий бетонный блок (м)	hollow lightweight concrete block	Leichtbeton-Hohlblockstein (m)	bloc (m) de béton (m) léger creux
пустотелый металл (м)	hollow metal	Stahlblech-Hohlprofil (n)	métal (m) creux

Р

РУССКИЙ	АНГЛИЙСКИЙ	НЕМЕЦКИЙ	ФРАНЦУЗСКИЙ
работник (м) социального обеспечения	social worker	Sozialarbeiter (m)	travailleur (m) social
работы (ж) по сносу зданий	demolition works	Abbrucharbeiten (m)	travaux (m) de démolition (f)
рабочие чертежи (м) / сборочные чертежи (м)	working drawings, shop drawings	Ausführungszeichnungen (f), Werk- oder Arbeitspläne (m)	dessins (m) d'exécution, dessins (m) d'atelier
радиатор (м)	radiator	Radiator (m)	radiateur (m)
радиационный нагрев (м)	radiant heating	Strahlungsheizung (f)	chauffage (m) rayonnant
радио (ср)	radio	Rundfunk (m)	radio (f)
радиография-рентгеноскопия (ж)	radiography	Radiographie (f)	radiographie (f)

Радиология

РУССКИЙ	АНГЛИЙСКИЙ	НЕМЕЦКИЙ	ФРАНЦУЗСКИЙ
радиология (ж)	radiology	Radiologie (f)	radiologie (f)
радиорентгеноскопия (ж)	radio-fluoroscopy	Radiofluoroskopie (f)	radio-fluoroscopie (f)
разборная перегородка (ж) / раздвижная перегородка (ж)	movable partition	verstellbare Trennwand (f)	cloison (f) amovible
раздвижная дверь (ж) (вертикальная)	sliding door (vertical)	Vertikalschiebetür (f)	porte (f) coulissant verticalement
раздвижная дверь (ж) (горизонтальная)	sliding door (horizontal)	Schiebetür (f) (horizontal), Hebe-Schiebetür (f)	porte (f) coulissant horizontalement
раздвижное окно (ср) (горизонтальное)	sliding window (horizontal)	Schiebefenster (n) (horizontal)	fenêtre (f) coulissant (horizontalement)
раздвижный элемент (м)	sliding element	Schiebeelement (n)	élément (m) coulissant
раздевалка (ж)	locker room	Umkleideraum (m)	salle des casiers (m)
раздевалка (ж) / комната (ж) для одевания	dressing room	Ankleideraum (m)	chambre (f) d'habillage
раздевалка (ж) (для женщин)	locker room (women)	Umkleideraum (m) (Frauen)	salle des casiers (m) (femmes)
раздевалка (ж) (для мужчин)	locker room (men)	Umkleideraum (m) (Männer)	salle des casiers (m) (hommes)
разделитель (м) (покрывающий лист) / однослойный войлок (м)	divider (cover sheet) / felt one(-)ply	Trennschicht (f) (Abdeckung) / einlagiger Filz (m)	séparateur (m) (feuille de protection) / feutre (m) un pli (m)
разделительная стена (ж) квартиры	division wall of apartment	Wohnungstrennwand (f)	mur (m) de séparation (f) d'appartement (m)
разжелобок (м), стропильная нога (ж) разжелобка	valley, valley rafter	Kehle (f), Kehlsparren (m)	vallée (f), chevron (m) de noue
разжимная оправка (ж)	expansion anchor	Spreizanker (m)	ancrage (m) à écartement
размер (м) / измерение (ср) (дверь, окно)	size (door, window)	Größe (f) / Abmessung (f) (Tür, Fenster)	dimension (f) (porte, fenêtre)
размер (м) земельного участка	lot size	Grundstücksgröße (f)	grandeur de lot (m) (terrain)

Размер

РУССКИЙ	АНГЛИЙСКИЙ	НЕМЕЦКИЙ	ФРАНЦУЗСКИЙ
размер (м) комнаты	room size	Raumgröße (f)	grandeur (f) de pièce (f) (chambre)
размер (м) отверстия	opening dimension	Öffnungsmaß (n)	dimensions (f) d'ouverture (f)
размер (м) плитки	tile dimension	Fliesenmaß (n)	dimension (f) de la tuile (f)
размер (м) сетки / размер (м) решётки	grid dimension	Rastermaß (n)	dimensions (f) du quadrillage (m)
размер (м) сетки с осевой линии к осевой линией	centre (center) line to centre (center) line distance between grid lines	Achsrastermaß (n)	distance (f) entre les lignes (f) de centre du quadrillage
размер (м) трещины	crack dimension	Rißmaß (n)	dimension (f) de la fissure (f)
размерность (ж) шва	joint dimension	Fugenmaß (n)	dimension (f) de joint (m)
разнообразные формы (ж) структурной стали	miscellaneous shapes of structural steel	verschiedenartige Baustahlprofile (n)	profilés (m) divers d'acier (m) structural
разрез (м)	section	Schnitt (m)	coupe (f)
разрез (м) на центровой / разрез (м) на осевой линие (ж)	section on centre (center) line	Schnitt (m) in Achsenlinie (f)	coupe (f) sur l'axe (m)
разрез (м) парапета между осевыми линиями (ж) ...	parapet section between centre (center) lines ...	Schnitt (m) durch Attika (f) zwischen Achsenlinien (f) ...	coupe (f) du parapet (m) entre axes (m) ...
разрез (м) у высоты: ...	section at elevation: ...	Schnitt (m) bei Höhe (f): ...	coupe (f) au niveau (m): ...
разрез (м) через ...	section through ...	Schnitt (m) durch ...	coupe (f) en travers de ...
разрез (м) через наружную лестницу (ж)	section through exterior stair	Schnitt (m) durch Außentreppe (f)	coupe (f) à travers escalier (m) extérieur
разрез (м) через окно	section through window	Schnitt (m) durch Fenster (n)	coupe (f) dans fenêtre (f)
разрез (м) через слуховое окно с крышой со скатами	section through dormer with a pitched roof	Schnitt (m) durch Schleppgaube (f)	coupe (f) en travers de la lucarne (f) à toit incliné
разрезная свинцовая втулка (ж)	lead shield	Spreizdübel (m) aus Blei (n)	manchon (m) en plomb (m)
разширительный болт (м)	expansion bolt	Spreizbolzen (m)	boulon (m) de scellement

Район

РУССКИЙ	АНГЛИЙСКИЙ	НЕМЕЦКИЙ	ФРАНЦУЗСКИЙ
район (м) отдыха	rest area, lounge	Aufenthaltsbereich (m), Aufenthaltsraum (m)	salle (f) (espace) de repos
район (м) отдыха служащих	employees' lounge area	Angestellten-Pausenraum (m)	foyer (m) des employés (m) / salle(f) commune
рамная конструкция (ж)	frame construction	Rahmenkonstruktion (f)	construction (f) à ossature
расклеивание (ср) кровельного материала плоской крыши	ungluing of flat roof covering / unsticking of flat roof covering	Flachdachabklebung (f)	décollement (m) du recouvrement (m) de toit (m) plat
расплавленный свинец (м)	molten lead	geschmolzenes Blei (n)	plomb (m) fondu
расположенные вразбежку стыки (м) (швы)	offset joints / staggered joints	versetzte Fugen (f)	joints (m) décalés
распорка (ж)	spacer	Abstandhalter (m)	espaceur (m)
распределение (ср)	distribution	Verteilung (f)	distribution (f)
распределено для сметы (ж) / издано для предложения (ср)	issued for tender	verteilte Ausschreibung (f)	émis pour soumission (f)
расстояние (ср) в свету	clear distance	Abstandsfläche (f)	écartement (m) net
раствор (м)	mortar	Mörtel (m)	mortier (m)
растворная выкружка (ж)	mortar valley	Mörtelkehle (f)	gorge (f) en mortier (m)
растворная постель (ж)	mortar bed	Mörtelbett (n)	lit (m) de mortier (m)
растительный слой (м)	topsoil	Mutterboden (m)	terreau (m) / terre arable (f)
ребристая панель (ж) перекрытия	ribbed floor slab	Stahlbeton-Rippendecke (f)	dalle (f) de plancher (f) à nervures
ребристый арматурный стержень (м)	ribbed reinforcing bar	schräggerippter Betonstahlstab (m)	barre (f) d'armature crénelée
ребро (ср) / кромка (ж) крыши	arris hip	Firstbohle (f)	chevron (m) d'arête
регулируемая плоская металлическая подвеска (ж) со шлицем	slotted adjustable flat metal hanger	Schlitzbandabhänger (m)	crochet (m) ajustable en métal plat (m) rainuré

РУССКИЙ	АНГЛИЙСКИЙ	НЕМЕЦКИЙ	ФРАНЦУЗСКИЙ
регулируемая решётка (ж)	adjustable grill	Verstellgitter (n)	grille (f) ajustable
регулируемые стержневые подвески (ж) со встроенной пружиной (ж)	adjustable rod hangers with built-in spring	Spannabhänger (m) mit Feder (f)	tiges (f) de suspension ajustables à ressort
резервная мощность (ж) / резервный источник (м) питания	emergency power	Notstrom (m)	pouvoir (m) d'urgence
резервный насос (м)	standby pump	Reservepumpe (f)	pompe (f) de secours
резервуар (м) для горячей воды	hot water tank	Warmwasserbehälter (m)	réservoir (m) d'eau (f) chaude
резиновая подкладка (ж)	rubber pad	Gummiunterlage (f)	base (f) en caoutchouc
рейка (ж)	lath	Latte (f)	latte (f)
рейка (ж) треугольного сечения	arris rail	Dreikantleiste (f)	latte (f) triangulaire
рельеф (м) доски согласно со спецификациями	board pattern according to specifications	Brettermuster (n) / Bretterabdruck (m) laut Leistungsbeschreibung (f)	motif (m) de planches (f) selon le devis (m)
рентгеновский кабинет (м) (грудь)	chest X-ray room	Röntgenraum (m) (Brust)	salle (f) de radiographie (f) de la poitrine (f)
реперная отметка (ж)	bench mark	Bezugspunkt (m)	point (m) de référence
речка (ж)	creek	Bach (m)	ruisseau (m)
решётка (ж)	grill	Gitter (n)	grille (f)
решётка (ж) подачи воздуха	air supply grill	Zuluftgitter (n)	grille (f) d'amenée (f) d'air
решётка кондиционера	diffuser / air diffuser	Diffusor (m) / Luftverteiler (m)	diffuseur (m) / diffuseur (m) d'air
рифлёный лист (м)	checkered (check'd) plate	profilierte Platte (f) / Riffelplatte (f)	plaque (f) striée
ровная порверхность (ж) / гладкая поверхность (ж)	smooth surface	glatte Oberfläche (f)	surface (f) lisse
рододенрон (м)	rhododendron	Rhododendron (m)	rhododendron (m)
розовое дерево (ср)	rosewood	Rosenholz (n)	bois (m) de rose

Рояльный

РУССКИЙ	АНГЛИЙСКИЙ	НЕМЕЦКИЙ	ФРАНЦУЗСКИЙ
рояльный шарнир (м)	piano hinge	Klavierscharnier (n)	charnière-piano (f)
рубероид (м) (однослойный)	bituminous felt (one ply)	Teerpappe (f) (eine Bitumenbahn)	feutre (m) bitumé de toiture (f) (un pli)
рубероидная кровельная плитка (ж)	asphalt shingle	asphaltierte Schindel (f)	bardeau (m) d'asphalte (m)
рубероидная кровельная плитка (ж) / битумная кровельная плитка (ж)	asphalt roof shingle / bituminous roof shingle	Bitumendachschindel (f)	bardeau (m) d'asphalte de toiture / bardeau (m) de toiture (f) bitumé
руководство (ср)	control room	Kontrollraum (m)	salle (f) de contrôle (m)
руст (м)	false joint	Scheinfuge (f)	faux-joint (m)
рустика (ж) / проёмный шов (м)	rustication	zurückspringende Fuge (f)	joint (m) en niche (f)
ручной воздушный клапан (м)	manual damper	Handluftklappe (f)	volet (m) (registre) manuel
рым-болт (м)	eyebolt	Ringbolzen (m)	boulon (m) à oeillet
рыхлый грунт (м)	loose soil	lockere Erde (f)	sol (m) meuble
ряд (м) каменной кладки	block course	Blockreihe (f)	assise (f) de blocs

С

РУССКИЙ	АНГЛИЙСКИЙ	НЕМЕЦКИЙ	ФРАНЦУЗСКИЙ
с завода (м)	from factory	werkseitig	de la fabrique (f)
самонарезающий винт (м)	tapping screw	selbstschneidende Schraube (f)	vis (f) taraud
самоподшипниковая ненесущая стена (ж) (панель)	self-bearing curtain wall panel	selbsttragende Großtafel (f) der Vorhangwand (f) / Vorhangfassade (f)	panneau portant (m) de mur-rideau (m)
сблокированный дом (м)	semi-detached (house)	Haushälfte (f)	moitié (f) du bâtiment (m) / semi-détaché / logement (m) jumelé
сборная бетонная многослойная стенная панель (ж) / сборная бетонная панель (ж) с изоляцией между двумя оболочками	prefabricated concrete sandwich-wall panel / prefabricated concrete panel with insulation between concrete shells	vorgefertigte Beton-Sandwichwandplatte (f) / vorgefertigte zweischalige Betonwand (f) mit Kerndämmung (f)	panneau sandwich (m) en béton (m) préfabriqué / panneau (m) préfabriqué de béton (m) avec isolation (f) incorporée

Сборная

РУССКИЙ	АНГЛИЙСКИЙ	НЕМЕЦКИЙ	ФРАНЦУЗСКИЙ
сборная бетонная панель (ж)	precast concrete panel	vorgefertigte Betonplatte (f)	panneau (m) de béton (m) précoulé
сборная бетонная проступь (ж)	precast concrete tread	vorgefertigte Betontrittstufe (f)	marche (f) en béton (m) précoulé
сборная железобетонная перемычка (ж)	precast reinforced concrete lintel	vorgefertigter Stahlbetonsturz (m)	linteau (m) en béton armé (m) précoulé
сборная ненесущая стенная панель (ж) (для заполнения)	prefabricated fill-in curtain wall panel	vorgefertigte Ausfachungswand-Tafel (f) / vorgefertigte Vorhangsfassadentafel (f)	panneau (m) de remplissage préfabriqué de mur-rideau (m)
сборная свая (ж)	precast pile	Betonfertigpfahl (m)	pieu (m) précoulé
сборная ступень (ж) (лестница)	finished step, prefabricated (stair)	Fertigstufe (f) (Treppe)	marche (f) (d'escalier) finie préfabriquée
сборная ферма (ж)	prefabricated truss	vorgefertigter Binder (m)	ferme (f) préfabriquée
сборные бетонные проступи (ж), подступенки (м) и лестничные площадки (ж)	precast concrete treads, risers and landings	vorgefertigte Beton-Trittstufen (f), Beton-Setzstufen und Beton-Podeste (n)	marches (f), contremarches (f) et paliers (m) en béton (m) précoulé
сборный бетонный элемент (м)	precast concrete element	vorgefertigtes Betonteil (m) / Betonfertigteil (n)	élément (m) en béton (m) précoulé
сборный железобетонный элемент (м)	precast reinforced concrete element	vorgefertigtes Stahlbetonelement (n) / Stahlbetonfertigelement (n) / Stahlbetonfertigteil (m)	élément (m) de béton armé (m) précoulé
сборный ненесущий стенной элемент (м)	precast non-bearing concrete wall element	vorgefertigtes nichttragendes Beton-Wandelement (n)	élément (m) précoulé de mur (m) non-portant en béton (m)
сборный несущий стенной элемент (м)	precast load-bearing concrete wall element	vorgefertigtes tragendes Beton-Wandelement (n)	élément (m) précoulé de mur (m) portant en béton (m)
сборный несущий ячеистый бетонный стенной элемент (м)	precast load-bearing cellular concrete wall component / element	vorgefertigtes tragendes Porenbeton-Wandelement (n)	élément (m) précoulé de murs (m) portants en béton (m) cellulaire / poreux
сборный предварительно напряжённый бетонный элемент (м)	precast prestressed concrete element	Spannbetonfertigteil (n)	élément (m) de béton précontraint et précoulé

Сборный

РУССКИЙ	АНГЛИЙСКИЙ	НЕМЕЦКИЙ	ФРАНЦУЗСКИЙ
сборный ячеистый бетонный стенной элемент (м) (вертикальный)	precast cellular concrete wall component in upright position	vorgefertigtes stehendes Porenbeton-Wandelement (n)	élément (m) précoulé de mur (m) en béton (m) cellulaire / poreux en position verticale
свайный фундамент (м)	pile foundation	Pfahlgründung (f)	fondation (f) sur pieux (m)
сварная арматура (ж)	welded reinforcement	geschweißte Bewehrung (f)	armature (f) soudée
сварная стальная арматурная сетка (ж)	steel mesh reinforcing	Bewehrungsmatte (f) (Stahlgeflecht)	treillis (m) d'armature en acier (m)
сварное соединение (ср)	welded connection	Schweißverbindung (f)	assemblage (m) soudé
сварной шов (м), выполняемый в заводских условиях	shop weld	Verschweißen (n) (werkseits)	soudure (f) à l'atelier (m)
свес (м) крыши	roof overhang	Dachüberstand (m)	porte-à-faux (m) de toit (m) / avant-toit (m)
свес (м) крыши / выступающий свес (м) крыши	eaves / overhanging eaves / overhang	Dachüberhang (m) / Dachvorsprung (m) / Überstand (m)	avant-toit (m) / encorbellement (m)
свес (м) крыши со стороны фронтона	verge	Ortgang (m)	saillie (f) de pignon (m) / planche (f) de rive (avant-toit)
свес (м) крыши со стороны фронтона кровельной черепицы	roofing tile of verge	Ortgangziegel (m) / Ortgangstein (m)	tuile (f) de saillie (f) (d'avant-toit) de toiture (f)
световая шахта (ж)	light shaft	Lichtschacht (m)	puits (m) de lumière (f)
светофор (м)	traffic light	Verkehrsampel (f)	feux de circulation (f)
свободно-подвесной балкон (м)	free-hanging balcony	Freibalkon (m) / außenliegender Balkon (m)	balcon (m) en console
свободно уложенный стальный угол (м)	loose steel angle	freiaufliegender Stahlwinkel (m)	cornière (f) d'acier (m) libre
свободное отверстие (ср)	clear opening	lichte Öffnung (f)	ouverture (f) nette
свободное отверстие (ср) на каменной кладке	clear masonry opening	lichte Maueröffnung (f)	ouverture (f) nette maçonnerie (f)

Связный

РУССКИЙ	АНГЛИЙСКИЙ	НЕМЕЦКИЙ	ФРАНЦУЗСКИЙ
связный грунт (м)	cohesive soil	bindiger Boden (m)	sol (m) cohésif
северный фасад (м), восточный фасад (м), южный фасад (м), западный фасад (м)	North elevation, East elevation, South elevation, West elevation	Nord-Ansicht (f), Ost-Ansicht (f), Süd-Ansicht (f), West-Ansicht (f)	façade (f) nord, façade (f) est, façade (f) sud, façade (f) ouest
северо-западный фасад (м), северо-восточный фасад (м), юго-восточный фасад (м), юго-западный фасад (м)	North-West elevation, North-East elevation, South-East elevation, South-West elevation	Nordwest-Ansicht (f), Nordost-Ansicht (f), Südost-Ansicht (f), Südwest-Ansicht (f)	façade (f) nord-ouest, façade (f) nord-est, façade (f) sud-est, façade (f) sud-ouest
сейф (м)	safe	Tresor (m)	coffre-fort (m)
секретариат (м)	secretariat	Sekretariat (n)	secrétariat (m)
секретарша (ж)	secretary	Sekretärin (f), Sekretär (m)	secrétaire (m / f)
семинар (м)	seminar	Seminar (n)	études (f)
сердечная (кардиальная) лаборатория (ж) для упражнения	cardiac exercise laboratory	Übungslabor (n) für Herzkranke (f)	laboratoire (m) d'exercice (m) cardiaque
сердечно-сосудистая лаборатория (ж)	cardiovascular laboratory	Labor (n) für Herz- und Gefäßkrankheiten (f)	laboratoire (m) cardiovasculaire
сетка (ж)	grid	Raster (m)	quadrillage (m)
сетка (ж) под прямым углом	right-angle grid / orthogonal grid	rechtwinkliger Raster (m)	trame (f) à angles (m) droits / coordonnées (f) orthogonales (f)
сигнал (м) тревоги	alarm signal / warning signal	Alarmsignal (n)	avertisseur (m)
сирень (ж)	lilac	Flieder (m)	lilas (m)
система (ж) аварийнойсигнализации	alarm system	Alarmanlage (f)	système (m) d'alarme
система (ж) диагональных связей между балками перекрытия	cross-bridging	Kreuzstreifen (m)	entretoise (f)
система (ж) каналов / канализация (ж)	ductwork	Kanalsystem (n)	réseau (m) de gaines (f) / conduits

Система

РУССКИЙ	АНГЛИЙСКИЙ	НЕМЕЦКИЙ	ФРАНЦУЗСКИЙ
система (ж) пожаротушения	sprinkler system	Sprinklersystem (n)	système (m) de gicleurs (m)
система (ж) распределения	distribution system	Verteilungssystem (n)	système (m) de distribution
система (ж) сантехники	(mechanical engineering system)	System (n) der Haustechnik (f)	système (m) de génie mécanique
системы (ж) механики и электротехники	mechanical and electrical systems	Systeme (n) der Haustechnik (f)	systèmes (m) de mécanique et électricité
ситуационный план (м) / ориентационный план (м)	site plan	Lageplan (m)	plan (m) de situation, plan (m) d'emplacement
скальный грунт (м)	bedrock	Felsuntergrund (m)	fond (m) rocheux
сквозной болт (м)	through bolt	Durchsteckschraube (f)	boulon (m) de part en part
складная дверь (ж)	accordion door, folding door	Harmonikatür (f), Falttür (f)	porte (f) accordéon, porte (f) pliante
складывающаяся дверь (ж)	folding door	Falttür (f), Harmonikatür (f)	porte (f) pliante, porte (f)accordéon
складывающаяся перегородка (ж)	folding partition	Falttrennwand (f)	cloison (f) pliante
скошенная кромка (ж)	bevel	Schrägkante (f)	biseau (m) / chanfrein (m)
сливная (спускная) труба (ж) (ванная, кухня)	waste pipe (bathroom, kitchen)	Abwasserohr (n) (Bad, Küche)	descente (f) d'eaux ménagères (f)
сливнипуск (м) крыши / водосточная воронка (ж)	roof drain	Dachablauf (m)	drain (m) de toiture (f)
слои (м) кровельного герметика на деревянной форме	roof sealant plies on wood form	Dachdichtungsbahnen (f) / Lagen (f) auf Holzschalung (f)	plis (m) de scellement de toiture (f) sur pontage (m) de bois
слой (м) облицованной нижней части стены (раз, два, три раза)	coating of dado (once, twice, three times)	Beschichtung (f) der unteren Raum-Trennwandfläche (f) (einfach, zweifach, dreifach)	enduit (m) de dado (m) (une, deux, trois fois)
слой (м), однослойный	ply, one-ply	Lage (f) / Bahn (f), einlagige Bahn (f)	pli (m), un pli (m)
слой (м), покрытие (ср)	coat, coating	Anstrich (m), Beschichtung (f)	couche (f), enduit (m)

Слой

РУССКИЙ	АНГЛИЙСКИЙ	НЕМЕЦКИЙ	ФРАНЦУЗСКИЙ
слой (м) штукатурки с поверхностной затиркой	floated coat	Kellenglattschicht (f) / Ziehschicht (f)	couche (f) truellée / couche (f) d'enduit (m) à la truelle (f)
слойная прокладка (ж)	sealant strip	Dichtungsband (n)	bande (f) de scellement
слом (м)	demolition	Abbruch (m)	démolition (f)
служба (ж) газоснабжения	gas supply services	Gasversorgung (f)	service (m) d'approvisionnement du gaz (m)
служебный вход (м)	service entrance	Lieferanteneingang (m)	entrée (f) de service
слуховое окно (ср)	dormer, dormer window	Gaube (f), Gaubenfenster (n)	lucarne (f) / verrière (f), fenêtre (f) en mansarde (f)
слуховое окно (ср) с крышой со скатами	dormer with pitched roof	Schleppgaube (f)	lucarne (f) avec toiture (f) en pente
слуховое окно (ср) щипца	gable dormer	Giebelgaube (f)	lucarne (f) de pignon (m)
смотри деталь (ж) для бетонного основания (ср) у поверхности отметки (ж) земли и оснований (ср)	see detail for concrete base at finish grade and footings	siehe Detail (n) für Sockel (m), Oberkante Gelände (n) und Fundamente (n)	voir détail (m) pour socle (m) de béton (m) au niveau du sol (m) fini et des empattements (m)
смотри деталь (ж) для наружной стены (ж) без воздушного пространства (ср) и изоляции (ж)	see detail for exterior wall without air space and insulation	siehe Detail (n) für Außenwand (f) ohne Hinterlüftung (f) und Wärmedämmung (f)	voir détail (m) pour mur (m) extérieur sans espace d'air (m) ni isolation (f)
смотри деталь (ж) для оснований (ср)	see detail for footings	siehe Fundamentdetail (n)	voir détail (m) pour empattements (m)
смотри деталь (ж) для основания (ср) крыши	see detail for roof connection	siehe Detail (m) für Dachanschluß (m)	voir détail (m) pour assemblage (m) de toiture (f)
смотри деталь ... для сварных кронштейнов, использующихся как опоры для ребристой железобетонной плиты	see detail ... for welded brackets serving as supports for ribbed reinforced concrete slab (floor slab)	siehe Detail (m) ... für angeschweißte Konsolen (f), die als Auflager (n) der Stahlbetonrippendecke (f) dienen	voir détail (m) ... pour les consoles (f) soudées servant de supports (m) pour la dalle (f) nervurée en béton armé (m) (dalle de plancher)
смотри разрез (м) ...	see section ...	siehe Schnitt (m) ...	voir coupe (f) ...

Смотри

РУССКИЙ	АНГЛИЙСКИЙ	НЕМЕЦКИЙ	ФРАНЦУЗСКИЙ
смотри секцию (ж) ... спецификации	see section ... of specification	siehe Absatz (m) ... in der Leistungsbeschreibung (f)	voir devis (m) section (f) ...
смотри спецификацию (ж) для объяснения красок (ж)	see specification for legend of paints	siehe Leistungsbeschreibung (f) bezüglich Farbauswahl (f)	voir devis (m) pour la légende (f) des peintures (f)
смотри спецификацию (ж), секцию ...	see specification, section ...	siehe Leistungsbeschreibungstext (m), Abschnitt (m) ...	voir devis (m), chapitre (m) ...
смотри чертёж (м) ...	see drawing ...	siehe Bauzeichnung (f) ... / siehe Bauplan (m) ...	voir dessin (m) ...
смотровой кабинет (м)	examination room	Untersuchungsraum (m)	salle (f) d'examens
смотровой колодец (м) / люк (м)	inspection manhole	Revisionsschacht (m)	puits d'accès (m) (trou d'homme) d'inspection (f)
снеговой груз (м)	snow load	Schneelast (f)	charge (f) de neige (f)
снимающиеся перила (ср) / разборные перила (ср)	removable railing	abnehmbares Geländer (n)	balustrade (f) amovible
собственный вес (м)	dead load	Eigengewicht (n)	poids (m) mort
соединение (ср) для фундаментной и стеновой тетивы (ж)	connection for base and wall stringer	Sockel- und Wandwangenanschluß (m)	assemblage (m) de plinthe (f) et limon (m) mural
соединение (ср) карнизного свеса с черепичной крыши	eaves connection with finished tiled roof	Verbindung (f) des Dachüberhangs mit Ziegeldach (n)	assemblage (m) de toiture (f) en tuile avec l'avant-toit (m)
соединение (ср) с последним слоем сварного шва и с элементом жёсткости	connection with welded cap and stiffener	Anschluß (m) mit aufgeschweißter Kopfplatte (f) und Aussteifung (f)	assemblage (m) avec couronnement (m) et raidisseur (m) soudés
соединительная ветка (ж) канализации	sewer connection	Kanalisationsanschluß (m)	branchement (m) d'égout (m)
соединительный шов (м)	joint connection	Anschlußfuge (f)	joint (m) d'assemblage
соединительный штырь (м)	tie-rod	Zuganker (m)	barre-tirant (f)

Солидная

РУССКИЙ	АНГЛИЙСКИЙ	НЕМЕЦКИЙ	ФРАНЦУЗСКИЙ
солидная кирпичная стена (ж)	solid brick wall	einschaliges Mauerwerk (n) / Ziegelmassivwand (f)	mur (m) de briques pleines
сообщение (ср) определения свойств почвогрунта	soil test report	Bodengutachten (n)	rapport (m) de sondage du sol (m)
сооружение (ср) наружной стены	erection of exterior wall	Außenwandaufbau (m)	érection du mur (m) extérieur
сосна (ж)	pine	Kiefer (m)	pin (m) (arbre)
сосредоточенная нагрузка (ж)	point load	Punktlast (f)	charge (f) concentrée
составной пол (м)	floor build-up	Deckenaufbau (m)	composition (f) de plancher (m)
спальня (ж)	bedroom	Schlafzimmer (n)	chambre à coucher (f)
спасательная лестница (ж) (лестничная клетка)	fire escape (staircase)	Sicherheitstreppenhaus (n) (Treppe im abgeschlossenen Treppenhaus)	escalier (m) de secours (cage d'escalier)
спасательная лестница (ж) (наружная стена)	fire escape (exterior wall)	Feuertreppe (f) (Außenwand)	escalier (m) de secours (mur extérieur)
специализированная аппаратура (ж)	special (purpose) hardware	Spezialbeschläge (m)	quincaillerie (f) spéciale
специальные процедуры (ж)	special procedures	Sonderverfahren (n)	procédures (f) spéciales
спецификация (ж) арматурного стержня	bar list (reinforcing bar)	Bewehrungsliste (f) (Armierungsstab)	nomenclature (f) des fers à béton (m)
спецификация (ж) дверей	door schedule	Tür-Tabelle (f) / Tür-Stückliste (f)	tableau (m) des portes (f)
спецификация (ж) окон	window schedule	Fenstertabelle (f) / Stückliste (f) der Fensterelemente (n)	nomenclature (f) des fenêtres (f)
список (м) нехваток	deficiency list	Mängelliste (f)	liste (f) de déficiences (f)
сплошная плита (ж)	solid slab	Massivplatte (f)	dalle (f) pleine
сплошная стена (ж)	solid wall	Vollwand (f)	mur (m) plein
сплошной фундамент (м)	raft foundation	Fundamentplatte (f)	radier (m) de fondation (f)
спортивный зал (м)	gymnasium	Turnhalle (f)	gymnase (m)

Спортплощадка

РУССКИЙ	АНГЛИЙСКИЙ	НЕМЕЦКИЙ	ФРАНЦУЗСКИЙ
спортплощадка (ж) / площадка (ж) для игр	field / play-field	Spielfeld (n)	terrain (m) de récréation / terrain (m) de jeux ou de sports
спринклер (м)	sprinkler	Sprinkler (m)	gicleur (m)
среднее напряжение (ср)	medium voltage	Mittelspannung (f)	moyen-voltage (m)
средник (м) дверного полотна	door mullion	Türzwischenpfosten (m)	meneau (m) de porte (f)
средник (м) (окно, дверь)	central mullion (window, door)	Mittelpfosten (m) (Fenster, Tür)	meneau (m) central (fenêtre, porte)
сталь (ж)	steel	Stahl (m)	acier (m)
стальная арматурная сетка (ж)	steel mesh reinforcement	Stahlbetonmatte (f)	armature (f) en treillis (m) d'acier
стальная армированная балка (ж)	steel reinforced beam	verstärkter Stahlträger (m)	poutre (f) à armature (f) d'acier (m)
стальная балка (ж)	steel beam	Stahlträger (m)	poutre (f) d'acier
стальная катанная форма (ж)	rolled steel shape	Walzprofil (n)	profilé (m) en tôle (f) d'acier
стальная колонна (ж)	steel column	Stahlsäule (f) / Eisensäule (f)	colonne (f) en acier
стальная лестница (ж)	steel stair	Stahltreppe (f)	escalier (m) en acier (m)
стальная (металлическая) подвеска (ж)	steel (metal) hanger	Noniusabhänger (m)	crochet (m) en acier (m) (métal)
стальная обрешётка (ж)	steel grating	Stahlrost (m)	grillage (m) en acier (m)
стальная опора (ж)	steel support	Stahlstütze (f)	support (m) d'acier (m)
стальная плита (ж)	steel plate	Stahlplatte (f)	plaque (f) d'acier (m)
стальная плита (ж), прикреплённая к бетону	steel plate fastened to concrete	Stahlplatte (f) in Beton verankert	plaque (f) d'acier fixée au béton (m)
стальная составная двутавровая балка (ж) со сплошной стенкой (тонколистовая сталь)	steel-plate girder (composed of sheet steel)	Stahlblechträger (m) (zusammengesetzt)	poutre (f) en tôle forte d'acier (composée)

Стальная

РУССКИЙ	АНГЛИЙСКИЙ	НЕМЕЦКИЙ	ФРАНЦУЗСКИЙ
стальная труба (ж), встроенная и поставленная в расплавленном свинеце	steel pipe set in molten lead	Stahlrohr (n) in geschmolzenes Blei (n) gesetzt (verankert)	tuyau (m) d'acier fixé au plomb (m) fondu
стальная трубчатая колонна (ж) без шва	seamless steel pipe column	nahtlose Stahlrohrstütze (f)	colonne (f) d'acier (m) tubulaire sans joints
стальное окно (ср)	steel window	Stahlfenster (f)	fenêtre (f) en acier (m)
стальной арматурный стержень (м)	steel bar	Armierungsstab (m)	tige (f) d'acier (barre)
стальной арматурный стержень (м) у каждой ... бетонной ступени	reinforcing steel bar at every ... concrete step	Armierungsstab (m) an jeder ... Betonstufe (f)	barre (f) d'armature d'acier (m) à chaque ... marche (f) de béton
стальной болт (м)	steel bolt	Stahlbolzen (m)	boulon (m) d'acier (m)
стальной канат (м)	steel rope	Stahlseil (n)	cable (m) d'acier
стальной кронштейн (м)	steel bracket	Stahllasche (f)	support (m) en acier (m)
стальной настил (м) для половой конструкции (волнистой)	corrugated steel deck for floor construction	Trapezblech (n) für Deckenkonstruktion (f)	pontage (m) d'acier cannelé pour construction de plancher (m)
стальной настил (м) стальной листовой прокладки (каннелюранный или плоский)	steel deck of steel sheet (fluted or flat)	Trapezblech (n) oder flaches Stahlblech (n)	tablier (m) d'acier (m) en tôle (f) d'acier (cannelée ou plate)
стальной угол (м)	steel angle	Stahlwinkel (m)	cornière (f) d'acier
стальные ступеньки (ж)	steel rungs	Steigeisen (n)	échelons (m) d'acier
стальные ступеньки (ж) лестницы	ladder rungs (steel)	Leitersprossen (f) aus Stahl (m)	échelons (m) en acier
стальный косяк (м)	steel jamb	Anschlageisen (n) / Stahlleibung (f)	jambage (m) en acier
стальный судовой трап (м)	steel ship's ladder	Stahlleiter (f)	échelle (f) marine en acier (m)
стандартная опорная плита (ж), колонная опорная плита (ж)	standard base plate, column base plate	genormte Fußplatte (f), Stützenfußplatte (f)	plaque (f) de base standard, plaque (f) de base de colonne (f)
стандартная сухая штукатурка (ж)	regular gypsum board	einfache Gipskartonplatte (f)	planche (f) de gypse ordinaire
стандартный шов (м)	regular joint	normale Fuge (f)	joint (m) régulier

Стационарный

РУССКИЙ	АНГЛИЙСКИЙ	НЕМЕЦКИЙ	ФРАНЦУЗСКИЙ
стационарный больной (м)	in-patient	stationär behandelter Patient (m)	patient (m) hospitalisé
ствол (м) дерева	tree trunk	Baumstamm (m)	tronc (m) d'arbre (m)
створ (м) улицы	street alignment	Straßenflucht (f)	alignement (m) de rue (f)
створка (ж) двери	door leaf	Türblatt (n) / Türflügel (m)	battant (m) de porte (f)
створное окно (ср), один оконный переплёт (м) и одна оконная рама (ж), прикреплённая к стене / царга (ж)	casement window, one sash and one window frame (fastened to wall)	Einfachfenster (n), ein beweglicher Flügel (m) und ein Fenster-Blendrahmen (m) / Zarge (f)	fenêtre (f) à battant (m), fenêtre (f) à un battant (m) et un cadre (m) unique
створный оконный переплёт (м) (нижнеподвесный)	revolving tilt-up window	Drehkippflügel (m)	fenêtre (f) oscillobattante
стекло (ср) / оконное стекло (ср)	glass	Glas (n) / Glasscheibe (f)	verre (m) / vitre (f)
стеклоблок (м)	glass brick	Glasbaustein (m)	brique (f) de verre
стеклобрус (м) / стеклоблок (м)	glass block	Glasstein (m)	bloc (m) de verre
стекловолокная упаковка (ж)	fibreglass packing	Glasfaser-Packung (f)	remplissage (m) en fibre (f) de verre
стекловолокно (ср)	fibreglass	Glasfaser (f)	fibre (f) de verre
стеклянная дверь (ж)	glass door	Ganzglastür (f)	porte (f) en verre
стеклянная дверь (ж) с металлической рамой	glass door with metal frame	Glastür (f) mit Metallrahmen (m)	porte (f) en verre (m) à cadre (m) métallique
стеклянная направляющая створка (ж)	glass stop-bead	Glashalteleiste (f)	baguette (f) en verre
стеклянный притвор (м)	glass-fillet / glass-bead	Glasdichtungsleiste (f)	baguette (f) de vitrage (m) en verre
стена (ж)	wall	Wand (f)	mur (m)
стенка (ж)	web	Steg (m)	âme (f)
стенка (ж) балки	web plate	Stegplatte (f)	plaque (f) d'âme (f) (poutre)

Стенной

РУССКИЙ	АНГЛИЙСКИЙ	НЕМЕЦКИЙ	ФРАНЦУЗСКИЙ
стенной (встроенный) чулан (м)	built-in closet	eingebauter Schrank (m) / Einbauschrank (m)	placard (m) encastré
стенной проём (м)	wall opening	Wandöffnung (f)	ouverture (f) murale
стенной шкаф (м)	closet	Einbauschrank (m)	placard (m)
стеновая облицовка (ж) керамических плиток (ж)	ceramic wall veneer	keramische Wandblende (f)	revêtement (m) mural en céramique (f)
стеновые плитки (ж) (метод мелкодисперсного раствора)	wall tiles (thin-set method)	Wandfliesen (f) im Dünnbettverfahren (n)	tuiles (f) murales (méthode d'adhésif mince)
стержень (м)	rod	Armierungstab (m)	barre (f) / tige (f) d'acier
стержень (м) (резьбовой)	rod (threaded)	Armierungsstab (m) (gerippt)	barre (f) (filetée)
стержневые распорки (ж)	rod spacers	Armierungsstab-Abstandhalter (m)	espaceurs (m) pour ferraillage
стоечнобалочный каркас (м)	post-and-beam structure	Ständerbau (m)	construction (f) à poteaux (m) et poutres (f)
стоимость (ж) (бюджет) строительства	construction budget	Baukosten (f)	budget (m) de construction
стоимость (ж) перестройки	alteration cost / conversion cost	Umbaukosten (f)	coût (m) de modification (f)
стойка (ж)	stud (column)	Brettschichtholz (n) (Stütze)	colombage (m)
столовая (ж)	dining room	Eßzimmer (n) / Speiseraum (m)	salle à manger (f)
сточные воды (ж)	sewage	Abwasser (n)	eaux (f) usées
стремянка (ж)	ladder	Leiter (f)	échelle (f)
стремянка (ж) / складная лестница (ж)	step(-)ladder	Leiter (f) / Trittleiter (f)	escabeau (m)
строительная площадка (ж)	building site / construction site	Baustelle (f)	chantier (m) / chantier (m) de construction

Строительные

РУССКИЙ	АНГЛИЙСКИЙ	НЕМЕЦКИЙ	ФРАНЦУЗСКИЙ
строительные чертежи (м)	structural drawings	Bauingenieurpläne (m) / Ingenieurpläne (m) (Standsicherheitsnachweis)	dessins (m) de structure
строительный картон (м)	building paper / construction paper	Baupappe (f)	papier (m) de construction
строительный принцип (м)	construction principle	Konstruktionsprinzip (n)	principe (m) de construction (f)
строительный участок (м)	building lot	Baugrundstück (n)	lot (m) de construction (f)
строительный шов (м)	construction joint	Arbeitsfuge (f)	joint (m) de construction (f)
строительство (ср) домов свободной постройки	construction of detached houses	offene Bauweise (f) (Bau in Einzelgebäuden)	bâtiments des maisons (f) séparées
стропило (ср)	rafter	Sparren (m)	chevron (m)
стропильная затяжка (ж)	collar beam, tie(-)beam	Zangenbalken (m), Spannbalken(m)	entrait (m), poutre-tirant (f)
стропильная нога (ж) разжелобка	valley rafter	Kehlsparren (m)	chevron (m) de noue
стропильная ферма (ж)	roof truss	Dachbinder (m)	ferme (f) de toiture (f)
стропильная ферма (ж) типа ...	truss (roof) type ...	Dachbindertyp (m) vom Profil ...	ferme (f) (de toiture) type ...
струйка (ж) дождевой воды	rainwater trickle (seeping)	Regenwasserversickerung (f)	suintage (m) d'eau pluviale
структура (ж) вентилированной поднятой плоской крыши (ж) над железобетонной плитой (ж)	flat roof structure (raised and ventilated) above reinforced concrete slab	gehobene, belüftete Flachdachkonstruktion (f) oberhalb Stahlbetonplatte (f)	toiture (f) plate (surélevée et ventilée) au-dessus de la dalle (f) en béton armé (m)
структура (ж) плоской крыши	flat roof structure	Flachdachkonstruktion (f)	structure (f) de toit (m) plat
структурная неравнобойкая опорная нога (ж) угла (стальный угол)	structural unequal leg angle (steel angle)	ungleichschenkliger, rundkantiger Winkelstahl (m)	cornière (f) structurale à ailes (f) inégales (cornière d'acier)
структурная параллельная опорная нога (ж) угла (стальный угол)	structural equal leg angle (steel)	gleichschenkliges Winkeleisen (n) aus Stahl (m)	cornière (f) isocèle structurale (acier)
структурная сталь (ж)	structural steel	Baustahl (m)	acier (m) structural

Структурные

РУССКИЙ	АНГЛИЙСКИЙ	НЕМЕЦКИЙ	ФРАНЦУЗСКИЙ
структурные тройники (м) (полки и стенки)	structural tees (flanges and webs)	T-Stahlsorten (Gurte und Stege)	Tés (m) d'acier (ailes et âmes)
структурный пол (м)	structural floor	Geschoßdecke (f)	plancher (m) structural
структурный угол (м)	structural angle	Winkeleisen (n)	cornière (f) structurale
струя (ж) песка	sandblasting	Sandstrahlen (n)	jet (m) de sable (m)
студенческое помещение (ср)	student lounge	Studentenaufenthaltsraum (m)	foyer (m) des étudiants
ступени (ж) и площадка (ж)	steps and landing	Stufen (f) und Podest (n)	marches (f) et palier (m)
ступени (ж) с равномерным лестничным софитом	steps with even soffit	Stufen (f) mit unterer, ebener Treppenfläche (f)	marches (f) à surface (f) de soffite (m) unie (plane)
ступенчатый фундамент (м)	stepped footing	abgetrepptes Fundament (n)	fondation (f) en gradins (m)
ступень (ж)	step	Stufe (f)	marche (f)
ступень (ж), поддерживанная на обоих сторонах	tread supported on both sides	zweiseitig aufgelagerte Trittstufe (f)	marche (f) appuyée sur deux côtés (m) / marche (f) supportée sur deux côtés (m)
ступенька (ж)	rung	Sprosse (f) / Steigbügel (m)	échelon (m)
стыковая прокладка (ж)	joint spacer / joint filler	Fugenhinterfüller (m)	bourrelet (m) d'espacement
стыковое сварное соеденение (ср)	butt weld	Stumpfschweißung (f)	soudure (f) d'about
стыковой шов (м)	butt joint	Stumpfstoß (m) (Fuge)	joint (m) d'about
стыковые швы (м) вразбежку (теплоизоляционный лист)	butt joints staggered (thermal insulation sheet)	versetzte Stumpfstöße (m) (Wärmedämmplatte)	joints (m) d'about en quinconce de plaque (f) isothermique
стыковые швы (м) изоляции многослойных элементов (панелей)	butt joints of thermal insulation sheet of sandwich components	Stumpfstöße (m) der Wärmedämmung (f) von Sandwichelementen (n)	joints (m) d'about de plaque (f) isothermique d'éléments (m) en sandwich (m)
стяжка (ж)	topping / screed	Estrich (m)	chape (f)
стяжка (ж) литого асфальта	screed of mastic asphalt	Gußasphaltestrich (m)	chape (f) de mastic (m) bitumineux (asphaltique)

Стяжной

РУССКИЙ	АНГЛИЙСКИЙ	НЕМЕЦКИЙ	ФРАНЦУЗСКИЙ
стяжной хомут (м)	clip	Spannbügel (m)	étrier (m)
сумма (ж), общая сумма (ж)	amount, sum total	Betrag (m), der volle Betrag (m)	montant (m), montant (m) total
суммарная стоимость (ж) строительства	total building contract costs	Gesamtbaukosten (f)	coût (m) total du contrat (m) de construction (f)
сухая бетонная стяжка (ж) для сборного покрытия пола	dry concrete topping	Trockenestrich (m)	mélange (m) à sec de chape (f) de béton
сухая штукатурка (ж)	plasterboard	Gipskartonplatte (f)	panneau (m) de plâtre
сухая штукатурка (ж) / лист (м) сухой штукатурки (ж)	gypsum board / gypsum panel	Gipskarton-Bauplatte (f) / Trockenputzplatte (f)	panneau (m) de gypse / planche de gypse
сухая штукатурка (ж) (гипсовая панель)	dry wall panel (gypsum panel)	Trockenwandplatte (f) (Gipsplatte / Gipskartonplatte)	panneau (m) de cloison (f) sèche (panneau de gypse)
сухое хранение (ср)	dry storage	Trockenaufbewahrung (f)	réserve sèche (f)
сушильная комната (ж)	drying room	Trockenraum (m)	salle (f) de séchage
существующая высота (ж)	existing level	existierende Höhe (f)	niveau (m) existant
существующие высотные отметки (ж) грунта	existing ground elevations (grade levels)	angegebene Geländehöhen (f)	niveaux (m) existants du terrain (m) (du sol)
существующие показанные уровени (м) взяты из чертёжа (м) № ... датирован ...	the existing levels as shown are taken from drawing No. ... dated ...	die bestehenden Geländehöhen (f), wie vermerkt, sind der Bauzeichnung (f), Blatt Nr. ... datiert ... entnommen	les niveaux (m) existants tels qu'indiqués sont pris du dessin (m) No. ... daté ...
существующий	existing	bestehend / existierend / vorhanden / angegeben	existant
существующий грунт (м) (земля)	existing soil	vorhandener Erdboden (m)	sol (m) existant
сцена (ж)	stage	Bühne (f)	scène (f) / estrade (f)
съёмная стальная плита (ж)	removable steel plate	abnehmbare Stahlplatte (f)	plaque (f) d'acier (m) amovible

РУССКИЙ	АНГЛИЙСКИЙ	НЕМЕЦКИЙ	ФРАНЦУЗСКИЙ
съёмная стыковая накладка (ж), завинчиванная к ...	removable steel joint cover screwed to ...	abnehmbares Dehnungsfugenprofil (n) aus Stahl, geschraubt an ...	couvre-joint (m) amovible d'acier (m) vissé à ...

Т

РУССКИЙ	АНГЛИЙСКИЙ	НЕМЕЦКИЙ	ФРАНЦУЗСКИЙ
Т-образное русло (ср), треугольное русло (ср)	Tee-channel, cross channel	T-Schiene (f) mit Wulsten (f), Tragprofil (n)	entretoise (f) en profilé en Té
Т-образный кронштейн (м) (стальный)	Tee bracket / steel Tee bracket	T-Stahlkonsole (f)	console (f) en Té en acier (m)
таблица (ж) комнат	finish schedule	Raum-Tabelle (f)	tableau (m) des finis (m)
твёрдые ступени (ж) на железобетонной плите (ж)	solid steps on reinforced concrete slab	Massivstufen (f) auf Stahlbetonplatte (f)	marches (m) massives sur dalle (f) de béton armé (m)
твёрдый кирпич (м)	solid brick	Vollziegel (m) / Vormauervollziegel (m)	brique (f) pleine
текстильная облицовка (ж) стены	textile wall covering	Textil-Wandbekleidung (f)	revêtement (m) mural textile
телевидение (ср)	television	Fernsehen (n)	télévision (f)
телевизионная антенна (ж)	television antenna	Fernsehantenne (f)	antenne (f) de télévision
телефонная станция (ж)	telephone exchange centre	Telefonzentrale (f)	centrale (f) téléphonique
температурно-усадочный шов (м)	contraction joint	Schwindfuge (f)	joint (m) de retrait
температурное армирование (ср) (усадка)	temperature reinforcement (shrinkage)	Schwindbewehrung (f)	armature (f) de température (f) (de distribution)
температурный шов (м)	expansion joint	Dehnungsfuge (f)	joint (m) de dilatation (f)
температурный шов (м) у главного здания	expansion joint against main building	Anstoß (m) der Dehnungsfuge (f) an Hauptgebäude (n)	joint (m) de dilatation à l'endroit du bâtiment (m) principal
температурный шов (м) у каждой колонны	expansion joint at each column	Dehnungsfuge (f) an jeder Säule (f)	joint (m) de dilatation à chaque colonne (f)
тенный шов (м)	shadow joint	Schattenfuge (f)	joint (m) en retrait

Тень

РУССКИЙ	АНГЛИЙСКИЙ	НЕМЕЦКИЙ	ФРАНЦУЗСКИЙ
тень (ж)	shadow	Schatten (m)	ombre (f)
теплоизоляционная прослойка (ж) (тепловая пробка)	thermal barrier (thermo-break)	Wärmedämmsperre (f) (Thermosperre)	barrière (f) thermique (arrêt thermique)
теплоизоляционная фольга (ж)	thermal foil	wärmedämmende Folie (f)	feuille (f) thermique
теплоизоляционный бетон (м)	insulating concrete	Leichtdämmbeton (m)	béton (m) isolant
теплоизоляция (ж)	thermal insulation	Wärmedämmung (f)	isolation (f) thermique
теплоизоляция (ж) жёсткозакреплённого изоляцинного листа (м) над стропилами	thermal insulation of rigid insulation sheet above rafters	Wärmedämmung (f) aus Hartschaumplatten (f) über den Sparren (m)	feuille (f) d'isolation (f) thermique rigide au-dessus des chevrons (m)
теплоизоляция (ж) из миниральных волокон между стропилами	thermal insulation of mineral fibres between rafters	Wärmedämmung (f) aus Mineralfaser (f) zwischen den Sparren (m)	isolation (f) thermique de fibres (f) minérales entre les chevrons (m)
теплоизоляция (ж) кровли	thermal roof insulation	Dachwärmedämmung (f)	isolation (f) thermique de toiture (f)
теплоизоляция (ж) на грунте (почва)	thermal-insulation on soil	Wärmedämmung (f) auf Erdreich (n)	isolation (f) thermique sur le sol (m)
теплоизоляция (ж) на паронепроницаемом слое	thermal insulation on vapour (vapor) barrier	Wärmedämmung (f) auf Dampfsperre (f)	isolation (f) thermique sur coupe-vapeur (m)
теплоизоляция (ж) над, под стропилами	thermal insulation above, below rafters	Wärmedämmung (f) über, unter den Sparren (m)	isolation (f) thermique en dessus, en dessous des chevrons (m)
теплоизоляция (ж) под, между, над стропилами	thermal insulation below, between, above rafters	Wärmedämmung (f) unter, zwischen, über den Sparren (m)	isolation (f) thermique au-dessous, entre, au-dessus des chevrons (m)
терракота (ж)	terracotta	Terrakotta (m)	terre cuite (f)
терраса (ж)	terrace	Terrasse (f)	terrasse (f)
террасная дверь (ж)	terrace door	Terrassentür (f)	porte (f) terrasse
терращевая плитка (ж)	terrazzo tile	Terrazzo-Fliese (f)	carreau (m) de terrazzo (m)
терращо (ср)	terrazzo	Terrazzo (m)	terrazzo (m)
тетива (ж) (лестница)	stringer (stair)	Treppenwange (f) (Treppe)	limon (m) (escalier)

Тетива

РУССКИЙ	АНГЛИЙСКИЙ	НЕМЕЦКИЙ	ФРАНЦУЗСКИЙ
тетива (ж) стены	wall stringer	Wandwange (f)	limon (m) mural
техника (ж) / методика (ж)	technique	Technik (f)	technique (f)
технические условия (ср)	specifications	Leistungsbeschreibung (f)	spécifications (f) / devis (m) descriptif
тёмная комната (ж)	dark room	Dunkelkammer (f)	chambre (f) noire
тип (м)	type	Typ (m)	type (m)
тип (м), дерево (ср): ...	type, wood: ...	Typ (m), Holz (n): ...	type (m), bois (m): ...
тип (м) домостроения (градостроительство)	type of building construction (town planning / urban planning)	Bauweise (f) (Städtebau / Stadtplanung)	type (m) de construction (f) (urbanisme)
тип (м) здания	type of building	Bauart (f)	type (m) du bâtiment (m)
тип (м) конструкции постройки (деревянная, стальная, железобетонная)	type of building construction (in wood, in steel, in reinforced concrete)	Bauweise (f) (in Holz, in Stahl, in Stahlbeton)	type (m) de construction (f) (en bois, en acier, en béton armé)
тип (м) сварного соединения	type of welded connection	Schweißnahtart (f)	type (m) d'assemblage (m) à soudure (f)
типические конструктивные характеристики (ж) / типические расчётные характеристики (ж)	typical design characteristics	Typenentwurf (m)	caractéristiques (f) typiques du design (m) (conception)
типический	typical	typisch	typique
типический план (м) этажа	typical floor plan	typischer Etagen-Grundrißplan (m) / typischer Normalgeschoß-Grundrißplan (m)	plan (m) typique d'étage
типический разрез (м)	typical section	typischer Schnitt (m)	coupe (f) typique
типическое проектирование (ср) конструкций (стандартизованное)	typical structural design (standardized)	Typenstatik (f) (genormt)	design (m) structural typique (standard)
типичная деталь (ж) (повторяющаяся)	typical detail (recurrent)	typisches Detail (n) (wiederhold)	détail (m) typique (fréquent)

Типографическое

РУССКИЙ	АНГЛИЙСКИЙ	НЕМЕЦКИЙ	ФРАНЦУЗСКИЙ
типографическое помещение (ср)	printing room	Vervielfältigungsraum (m) / Kopierraum (m)	salle (f) d'imprimerie
типы (м) дверей	door types	Türtypen (f)	types (m) des portes (f)
титул (м)	title	Aufschrift (f) / Titel (m)	titre (m)
титульный блок (м)	title block	Schriftfeld (n)	cartouche (f) d'identification
товарный бетон (м)	ready-mix concrete	Fertigbeton (m)	béton (m) prémélangé
толщина (ж)	thickness	Dicke (f) / Stärke (f)	épaisseur (f)
толщина (ж) двери	door thickness	Türstärke (f)	épaisseur (f) de porte (f)
толщина (ж) перекрытия	floor thickness	Deckendicke (f)	épaisseur (f) de plancher (m)
толщина (ж) стены	wall thickness	Wandstärke (f)	épaisseur (f) du mur (m)
толь-кожа (м)	tar paper	Teerpappe (f)	papier (m) goudronné / carton (m) goudronné
только ковры (м) (коридоры)	carpets only (corridors)	nur Teppiche (m) (Gänge)	tapis (m) seulement (corridors)
только на центровой линии (ж) ... / только на осевой линии (ж) ...	on centre (center) line ... only	nur in Achsenlinie (f) ...	sur la ligne (f) d'axe (m) ... seulement
томография (ж)	tomography	Tomographie (f)	tomographie (f)
тонкослойный метод (м)	thin-set method	Dünnbettverfahren (n)	méthode (f) d'adhésif (m) mince
топливная цистерна (ж)	fuel oil tank	Öltank (m)	réservoir (m) de mazout (m)
тополь (м)	poplar	Pappel (f)	peuplier (m)
торчащие кирпичные швы (м)	protruding brick joints	vorspringende Verfugung (f)	joints (m) de briques (f) en saillie (f)
тот же лестничный марш (м)	same flight (stair)	gleicher Treppenlauf (m)	même volée (f) (escalier)
точечная сварка (ж)	spot welding	Punktschweißung (f)	soudure (f) par points
точечная фактура (ж) (бетона)	bush hammered finish	aufgespitzte Oberflächenbehandlung (f)	surface (f) bouchardée

Точка

РУССКИЙ	АНГЛИЙСКИЙ	НЕМЕЦКИЙ	ФРАНЦУЗСКИЙ
точка (ж) тригонометрической сеты № ...	survey point No. ...	Vermessungspunkt (m) Nr. ...	repère (m) d'arpentage (m) No. ...
точное место и размер дренажных труб показаны на конструкционных чертёжах; этот план показывает только общее место труб	the exact location and size of farm tiles are shown on structural drawings; this plan shows only the general layout of tiles	die genaue Stelle und Größe der Dränrohre ist in den Konstruktionsplänen vermerkt; dieser Plan zeigt nur die allgemeine Lage der Rohre	la localisation exacte et dimensions des drains agricoles sont indiquées sur les dessins de structure; ce plan indique seulement l'aménagement général des drains
тощий бетон (м)	lean concrete	Magerbeton (m)	béton (m) maigre
травертин (м)	travertine	Travertin (m)	travertin (m)
транспортное замедление (ср)	traffic slowdown	Verkehrsberuhigung (f)	ralentissement (m) de la circulation (f) (du trafic)
транспортный шум (м)	traffic noise	Verkehrslärm (m)	bruit (m) de la circulation (f) (du trafic)
траншея (ж)	ditch / trench	Graben (m)	fossé (m) / tranchée (f)
трап (м), водоотвод (м)	floor drain	Bodenablauf (m), Bodeneinlauf (m)	drain (m) de plancher (m)
трап (м) (водосток (м) пола)	floor gully	Bodenablauf (m)	caniveau (m) de plancher (m)
треугольное русло (ср) (поперечное русло)	triangular channel (cross-channel)	Dreieckschiene (f) (Tragprofil)	entretoise (f) en profilé (m) triangulaire
трёхкантный брус (м) (деревянный)	cant (wood)	Holzkeil (m) / Randkeil (m) aus Holz (n)	tringle (f) biseautée (bois)
трёхслойный толь-кожа (м), каждый покрыт жарким пеком (м)	three-ply tarred felt, each mopped with hot pitch	dreilagige Teerpappe (f), jede mit heißem Pech (n) bestrichen	trois-plis de feutre (m) goudronné chacun imprégné d'une couche (f) de bitume (m) à chaud
тротуар (м)	sidewalk	Bürgersteig (m)	trottoir (m)
труба (ж)	tube	Rohr (n)	tuyau (m)
труба (ж) прямоугольного сечения	rectangular tube	Vierkantrohr (n)	tube (m) rectangulaire
трубопровод (м)	pipeline	Rohrleitung (f)	tuyauterie (f)

Трубопровод

РУССКИЙ	АНГЛИЙСКИЙ	НЕМЕЦКИЙ	ФРАНЦУЗСКИЙ
трубопровод (м) отопления	heating duct	Heizungskanal (m)	gaine (f) de chauffage
трубчатое поперечное сечение (ср)	tubular cross-section	Rohrquerschnitt (m)	section (f) tubulaire
туалет (м) / уборная (ж) для гостей	guest toilet	Gästetoilette (f)	toilette (f) d'invités
туннель (м)	tunnel	Tunnel (m)	tunnel (m)
тупой угол (м)	obtuse angle	stumpfer Winkel (m)	angle (m) obtus
тычковый ряд (м)	header course	Binderschicht (f)	assise (f) de boutisses (f)
тычок (м) перевязочного кирпича (м), поставленного на ребро	rowlock header	Rollschicht (f)	boutisse (f)
тяжело грузовое движение (ср)	oversize truck traffic	Schwerlastverkehr (m)	circulation (f) (trafic) de camions (m) surdimensionnés
тяжёлая ненесущая стена (ж)	heavyweight curtain wall	schwere Vorhangwand (f) / schwere Vorhangfassade (f)	mur-rideau (m) lourd
тяжёлые ненесущие стеновые панели (ж)	heavyweight curtain wall panels	schwere Vorhangwandplatten (f) / schwere Vorhangfassadenplatten (f)	panneaux (m) lourds de murs-rideaux (m)
тяжёлый бетон (м)	heavyweight concrete	Schwerbeton (m)	béton (m) lourd

У

РУССКИЙ	АНГЛИЙСКИЙ	НЕМЕЦКИЙ	ФРАНЦУЗСКИЙ
у колонны (ж)	at column	an der Säule (f) / an der Stütze (f)	à la colonne (f)
уборная (ж) / туалет (м)	toilet / lavatory	Toilette (f) / Toilettenraum (m)	toilette (f) / salle (f) de toilette (f)
уборная (ж) для женщин	women's washroom	Damentoilette (f)	toilette (f) femmes
уборная (ж) для мужчин	men's washroom	Herrentoilette (f)	toilette (f) hommes
уборная (ж) и душ (м)	W. C. and shower	WC (n) und Dusche (f)	W. C. (m) et douche (f)
уборная (ж) служебного персонала	staff washroom	Personal WC (n)	toilettes (f) personnel
увлажнитель (м) воздуха	humidifier	Luftbefeuchter (m)	humidificateur (m)
угловая защитная накладка (ж)	corner bead	Putzeckprofil (n) / Kantenprofil (n)	arête (f) de coin (m)

Угловая

РУССКИЙ	АНГЛИЙСКИЙ	НЕМЕЦКИЙ	ФРАНЦУЗСКИЙ
угловая защитная накладка (ж) для наружной штукатурки	corner bead for exterior stucco	Putzeckprofil (n) für den Außenputz (m)	arête (f) de coin (m) pour le stuc (m) extérieur
угловая защитная накладка (ж) для тонькослойного метода растворной постели (облицовка стены)	corner bead for thin-set method (wall covering)	Putzeckprofil (n) für Dünnbeschichtung (f) (Wandbeschichtung)	arête (f) de coin (m) pour couche (f) de mortier (m) mince (recouvrement mural)
угловая защитная накладка (ж) с острым углом	corner bead with an acute angle	Putzeckprofil (n) im spitzen Winkel (m)	arête (f) de coin (m) à angle (m) aigu
угловой сварной шов (м)	coved seam weld	Kehlnahtschweißung (f)	soudure (f) de joint (m) à gorge (f)
углубление (ср)	depression	Vertiefung (f)	dépression (f)
углубление (ср) в бетоне (м)	recess in concrete	Vertiefung (f) im Beton (m)	retrait (m) dans le béton (m)
углубление (ср) для циновки	floor mat sinkage	Vertiefung (f) für Fußmatte (f)	dépression (f) pour gratte-pieds (m)
угол (м)	angle	Winkel (m)	cornière (f)
угол (м) выступом (м) ступени	tread-nosing corner	Trittstufenvorderkante (f)	coin (m) de nez (m) de marche (f)
угол (м) с круглым выступом (м) первой ступени	rounded corner nosing of first step	abgerundete Ecke (f) der Antrittsvorderkante (f)	coin (m) arrondi de nez (m) de marche (f) de départ
угол (м) со скошенным выступом (м) ступени	chamfered tread-nosing corner	abgekantete Stufenvorderkante (f)	coin (m) de nez (m) de marche (f) chanfreiné / biseauté
уголок (м) завтрака	breakfast corner	Frühstücksecke (f)	coin (m) de petit-déjeuner (m)
угольный балкон (м)	corner balcony	Eckbalkon(m)	balcon (m) de coin
удаление (ср) мусора	garbage disposal	Müllentsorgung (f)	élimination (f) des ordures (f)
уклон (м)	ramp	Rampe (f)	rampe (f)
улица (ж)	street	Straße (f)	rue (f)
ультразвуковая диагностика (ж)	ultrasound	Ultraschall (m)	ultra-sonographie (f)
ультразвуковая лаборатория (ж)	ultrasound laboratory	Ultraschallabor (n)	laboratoire (m) ultra-sonographique
уплата (ж) по счётам	settlement of accounts	Abrechnung (f)	règlement (m) de comptes (m)

Уплотнение

РУССКИЙ	АНГЛИЙСКИЙ	НЕМЕЦКИЙ	ФРАНЦУЗСКИЙ
уплотнение (ср) с битумной гидроизоляционной мембраной (слои)	seal-off with bituminous waterproofing membrane (layers)	Abdichtung (f) mit Bitumen-Dichtungshaut (f) (Schichten)	sceller avec une membrane (f) d'étanchéité bitumineuse (couches)
уплотнение (ср) швов	weather stripping	Dichtungsstreifen (m)	coupe-froid (m)
уплотнённый шов (м)	packed joint / filled-up joint	abgedichtete Fuge (f) / vergossene Fuge (f)	joint (m) bourré
уплотняюущий слой (м), битумная прокладка (ж), пластическая герметизирующая прокладка (ж), горячая асфальтовая мастика (ж)	seal, bituminous layer, plastic-sealant layer, hot mastic asphalt	Abdichtung (f), Bitumenbahn (f), Kunststoffbahn (f), heißer Asphaltmastix (m)	scellement (m), couche (f) de bitume, couche (f) de scellement en plastique, mastic (m) asphaltique à chaud
уплотняющая мастика (ж) для заливки швов в бетонных конструкциях	concrete joint sealing compound	Betonfugenvergußmasse (f)	mastic (m) de scellement des joints (m) de béton (m)
уплотняющий материал (м) (эластомер) для швов	elastomeric sealant for joints	Elastomer-Dichtungsmasse (f) für Fugen (f)	mastic (m) (scellement) de joint (m) à base d'élastomère (m)
упор (м) двери / ограничитель (м) двери	doorstop	Türstopper (m)	arrête (m) de porte (f)
управляющая таблица (ж) / контрольный перечень (м)	check list / control list	Kontrolliste (f)	liste (f) de contrôle
упругая чеканка (ж) / конопатка (ж)	elastic caulking	elastische Dichtungsmasse (f)	calfeutrage (m) élastique / flexible
упругий плинтус (м) / эластичный плинтус (м)	resilient base	elastische Scheuerleiste (f) / elastische Fußleiste (f)	plinthe (f) flexible
уровень (м) воды	water level	Wasserspiegel (m)	niveau (m) d'eau
уровень (м) грунта	grade level	Geländehöhe (f)	niveau (m) du sol (m)
уровень (м) первого этажа	ground floor level	Erdgeschoßniveau (n) / Erdgeschoßebene (f)	niveau (m) du rez-de-chaussée (m)
уровень (м) стройплощадки	site elevation	Höhe (f) des Baugeländes (n)	niveau (m) du terrain (m) (emplacement du bâtiment)

Урологическое

РУССКИЙ	АНГЛИЙСКИЙ	НЕМЕЦКИЙ	ФРАНЦУЗСКИЙ
урологическое помещение (ср)	urology room	Urologieraum (m)	salle (f) d'urologie (f)
установка (ж)	installation	Einbau (m)	installation (f)
устройсво (ср) спринклера	sprinkler layout	Sprinkleranlage (f)	réseau (m) de gicleurs (m)
утверждение (ср) для сноса	approval for demolition	Abbruchgenehmigung (f)	approbation (f) / permission (f) de démolition (f)
учительская (ж)	teachers' room	Lehrerzimmer (n)	salle (f) des professeurs

Ф

РУССКИЙ	АНГЛИЙСКИЙ	НЕМЕЦКИЙ	ФРАНЦУЗСКИЙ
файл (м)	file	Akte (f)	dossier (m)
фальшпол (м)	raised flooring	aufgeständerter Fußboden (m)	plancher (m) surélevé
фанера (ж)	plywood	Sperrholz (n)	contreplaqué (m)
фанера (ж) на твёрдой изоляции (ж)	plywood on rigid insulation	Sperrholz (n) auf harte / steife Wärmedämmung (f)	contreplaqué (m) sur isolant (m) rigide
фанерная панель (ж)	plywood panel	Sperrholzplatte (f)	panneau (m) de contreplaqué
фартук (м), металлический фартук (м)	flashing, metal flashing	Verwahrung (f), Abdeckblech (n) / Blechverwahrung (f)	solin (m), solin (m) métallique
фасад (м)	façade (facade) / elevation	Fassade (f) / Ansicht (f)	façade (f) / élévation (f)
фасад (м) ...	elevation of ...	Ansicht (f) des ...	façade (f) de ...
фасад (м) боковой с левой стороны	left side elevation	linke Seitenansicht (f)	façade (f) latérale gauche / élévation (f) latérale gauche
фасад (м) боковой с правой стороны	right-side elevation	rechte Seitenansicht (f)	façade (f) (élévation) latérale droite
фасад (м), виден от ...	elevation seen from ...	Ansicht (f) / Fassade (f) von ... gesehen	façade (f) / élévation (f) vue du ...
фасад (м) и поперечный разрез (м)	elevation / façade (facade) and cross section	Ansicht (f) / Fassade (f) und Querschnitt (m)	façade (f) / élévation (f) et coupe (f) transversale

Фасад

РУССКИЙ	АНГЛИЙСКИЙ	НЕМЕЦКИЙ	ФРАНЦУЗСКИЙ
фасад (м), масштаб (м): ...	elevation, scale: ...	Ansicht (f) / Fassade, Maßstab (m): ...	façade (f) / élévation, échelle (f): ...
фасад (м) металлической оболочки / ненесущая стена (ж)	metal-sheathed façade (facade) / curtain wall	Außenwandbekleidung (f) aus Leichtmetall (n) / Vorhangwand (f) / Vorhangfassade (f)	façade (f) à parement (m) métallique / mur-rideau (m)
фахверковая балка (ж)	half-timbered beam	Fachwerkbauträger (m)	poutre (f) de colombage (m) apparent
фахверковая конструкция (ж) (фахверк)	half-timbered construction (half-timbered framing)	Fachwerkbauweise (f) (Fachwerk)	construction (f) en colombage (m) apparent
фахверковая стена (ж)	half-timbered wall	Fachwerkwand (f)	mur (m) en colombage (m) apparent
фахверковая стена (ж), облицованная каменной кладкой	half-timbered wall lined with masonry	ausgemauerte Fachwerkwand (f)	mur (m) en colombage (m) apparent garni de maçonnerie (f)
фахверковая ферма (ж)	half-timbered truss	Fachwerkbaubinder (m)	ferme (f) de colombage (m) apparent
фахверковый дом (м)	half-timbered house / timbered frame house	Fachwerkhaus (n)	maison (f) en colombage (m) apparent (à demi-boisage)
ферма (ж)	truss	Binder (m)	ferme (f)
фермерская дрена (ж) в песчаной постели	farm drain / farm tile in sand bed	Dränrohr (n) in Sandbett (n)	drain (m) agricole sur lit (m) de sable (m)
фильтрационные отверстия (ср) на ... межцентрового растояния	weepholes at ... c/c (centre (center) to centre (center))	Tropföffnungen (f) in ... Achsenabstand (m)	saignées (f) (chantepleures) aux ... c/c (centre à centre)
финиковая пальма (ж)	date palm	Dattelpalme (f)	dattier (m)
финская парная баня (ж)	sauna	Sauna (f)	sauna (m)
фирма (ж)	firm	Firma (f)	compagnie (f)
фламандская кирпичная перевязка (ж)	Flemish brick bond	flämischer Ziegelverband (m)	appareil (m) de brique flamand
фламандская перевязка (ж)	Flemish bond	flämischer Verband (m)	appareil (m) flamand

Фланец

РУССКИЙ	АНГЛИЙСКИЙ	НЕМЕЦКИЙ	ФРАНЦУЗСКИЙ
фланец (м) (стальная балка)	flange (steel beam)	Gurt (m) (Stahlträger)	semelle (f) / aile (f) (poutre en acier)
фойе (ср)	foyer	Foyer (n)	foyer (m)
фольга (ж)	foil	Folie (f)	feuille (f)
фонарный столб (м)	lamp post	Laternenpfahl (m) / Beleuchtungspfosten (m)	lampadaire (m)
фонарь (м) верхнего света	skylight, skydome	Oberlicht (n), Dachfenster (n)	coupole (f) (dôme)
формирования (ж) карнизного свеса шиферной крыши со кровельными герметическими слоями	eaves formation of a slate roof with roof sealing plies	Traufausbildung (f) beim Schieferdach (n) mit Dachdichtungsbahnen (f) / Dachdichtungslagen (f)	façon de rive (f) de toiture (f) en ardoise (f) avec plis de scellement de toiture
формование (ср)	moulding (molding)	Deckleiste (f)	moulure (f)
фрамуга (ж), окно (ср) с фрамугой (ж)	transom window	Fensterbelüftungsklappe (f)	vasistas (m), imposte (f)
фронтонная стена (ж) / щипцовая стена (ж)	gable wall	Giebelwand (f)	mur-pignon (m)
фундамент (м) до границы нулевой температуры / глубина (ж) ниже горизонта промерзания (грунта)	foundation to frost line / foundation to frost depth	Fundament (n) bis frostfreie Gründung (f)	fondation (f) jusqu'à la ligne (f) de pénétration du gel (m) / profondeur (f) du gel (m)
фундамент (м) колонны	column footing	Säulenfundament (n) / Stützenfundament (n)	base (f) de colonne (f)
фундамент (м) на естественном основании	spread footing	Flächenfundament (n)	fondation (f) continue
фундаментная подушка (ж)	foundation pad	Fundamentauflager (n)	base (f) de fondation (f)
фундаментная стена (ж)	foundation wall	Grundmauer (f)	mur (m) de fondation (f)
фундаментное основание (ср) к границе (ж) нулевой температуры	foundation base down to frostline	Fundament (n) bis zur Frostgrenze (f)	base (f) de fondation (f) jusqu'à la ligne (f) de gel (m)

Фурнитура

РУССКИЙ	АНГЛИЙСКИЙ	НЕМЕЦКИЙ	ФРАНЦУЗСКИЙ
фурнитура (ж) (приборы) безопасности	security hardware	Sicherheitsbeschläge (m)	quincaillerie (f) de sécurité (f)

Х

химическая лаборатория (ж)	chemistry laboratory	Chemielabor (n)	laboratoire (m) de chimie
ходовые скобы (ж) (железо)	manhole rungs (iron)	Steigeisen (n) im Einsteigloch (n) / im Schachtloch (n)	échelons (m) de trou d'homme (fer)
хозяйственное помещение (ср) (для грязного белья)	soiled utility room	Versorgungsraum (m) (unrein)	salle (f) des services souillés
холодная вода (ж)	cold water	Kaltwasser (n)	eau (f) froide
хомут (м) (арматурный)	stirrup (steel)	Bügel (m) (Stahl)	étrier (m) (acier)
хомут (м) (подвеска) крепления водосточного жёлоба	gutter hanger	Rinnenhalter (m)	support (m) de gouttière (f)
хранение (ср) (помещение)	storage room	Abstellraum (m) / Lagerraum (m)	salle (f) d'entreposage
№ хранения (ср) (номер)	storage No. (number)	Lager-Nr. (Nummer)	dépôt (m) No. (numéro)

Ц

цапфа (ж)	pivot	Zapfen (m)	pivot (m)
царга (ж), стальная или деревянная царга (ж) для окна или двери, стальная -царга (ж) для окна	buck, steel buck or wood buck for window or door, U-steel buck for window	Zarge (f), Zarge (f) aus Stahl oder Holz für Fenster (n) oder Tür (f), U-Stahlzarge (f) für Fenster (n)	chevreuil (m), chevreuil en acier ou en bois pour fenêtre (f) ou porte (f), U-chevreuil (m) en acier pour fenêtre (f)
цвет (м)	colour (color)	Farbe (f)	couleur (f)
цветной цемент (м)	coloured (colored) cement	farbiger Zement (m)	ciment (m) coloré
цемент (м)	cement	Zement (m)	ciment (m)
цементационный раствор (м)	grout	dünnflüssiger Zementmörtel (m)	coulis (m)

Цементная

РУССКИЙ	АНГЛИЙСКИЙ	НЕМЕЦКИЙ	ФРАНЦУЗСКИЙ
цементная гидроизоляция (ж) на подплите	cement waterproofing on sub-slab	Zementabdichtung (f) auf Unterbeton (m)	imperméabilisation (f) au ciment (m) sur la sous-dalle (f)
цементная штукатурка (ж) / штукатурный (ж) раствор	cement parging	Zement-Sperrschicht (f) / Zement-Sperrputz (m)	crépi (m) de ciment (m)
цементное защитное покрытие (ср)	cement protective coating	Zementschutzschicht (f)	couche (f) de protection (f) en ciment (m)
цементный подстилающий слой (м)	cement setting bed	Zementlagerfuge (f)	lit (m) de pose (f) en ciment (m)
цементный пол (м) над деревянными балками (ж)	cement floor over wood joists	Zementfußboden (m) über Holzbalken (m)	plancher (m) de ciment (m) sur solives (f) en bois (m)
цементный раствор (м)	cement mortar, cement grout	Zementmörtel (m)	mortier (m) de ciment (m), coulis (m) de ciment (m)
цементный слой (м) (бетонного покрытия)	cement topping	Zementestrich (m)	chape (f) de ciment (m)
цементный штукатурный раствор (м)	cement plaster	Zementputz (m)	enduit (m) de ciment (m)
цементный штукатурный раствор (м) на изоляции	cement plaster on insulation	Zementputz (m) auf Isolierung (f)	enduit (m) de ciment (m) sur isolant (m)
цена (ж)	selling price	Verkaufspreis (m)	prix (m) de vente (f)
цена (ж) земельного участка	lot price	Grundstückspreis (m)	prix (m) du lot (m) (terrain)
центральное отопление (ср)	central heating	Zentralheizung (f)	chauffage (m) central
центральный прогон (м)	centre (center) purlin	Mittelpfette (f)	panne (f) centrale
центровая (осевая) линия (ж)	centre (center) line	Achsenlinie (f) / Achse (f)	axe (m)
центровая (осевая) линия (ж) двери	centre (center) line of door	Türachse (f)	axe (m) de la porte (f)
центровая (осевая) линия (ж) колонны	centre (center) line of column	Säulenachse (f)	ligne (f) de centre de la colonne (f) / axe (m) de la colonne (f)

Центровая

РУССКИЙ	АНГЛИЙСКИЙ	НЕМЕЦКИЙ	ФРАНЦУЗСКИЙ
центровая (осевая) линия (ж) лестницы	centre (center) line of staircase	Treppenachse (f)	ligne (f) d'axe de l'escalier (m)
цех (м)	workshop	Werkstatt (f)	atelier (m)
цистерна (ж) дождя	rainwater tank / rainwater cistern	Regenzisterne (f)	réservoir (m) d'eau pluviale / citerne (f) d'eau pluviale
цоколь (м)	plinth	Sockel (m) / Mauersockel (m)	socle (m)
цоколь (м) (кирпичной) кладки	socle (base) of brickwork	Mauerwerksockel (m)	socle (m) de maçonnerie (f)

Ч

РУССКИЙ	АНГЛИЙСКИЙ	НЕМЕЦКИЙ	ФРАНЦУЗСКИЙ
частично дублирующие кровельные плитки (ж)	overlapping asphalt shingles	überlappende asphaltierte Dachschindeln (f)	bardeaux (m) d'asphalte (m) chevauchés
часть (ж)	part	Teil (m)(n)	partie (f)
часть (ж) владельца	owner's share	Eigentümeranteil (m)	part (f) du propriétaire (m)
черный пол (м)	subfloor	Blindboden (m)	faux-plancher (m) / sous-plancher (m)
чертежи (м) законченной постройки	as-built drawings	Bestandszeichnungen (f) / Baubestandspläne (m)	dessins (m) tels qu'exécutés
чертежи (м) отопления и вентиляции	heating and ventilation drawings	Heizung (f) und Lüftungszeichnungen (f)	dessins (m) de chauffage et ventilation
чертёж (м)	drawing	Zeichnung (f) / Bauzeichnung (f) / Bauplan (m)	dessin (m)
чертёж (м) № ... на котором деталь показана	drawing number ... on which detail occurs	Bauplan Nr. ... auf dem sich das Detail (n) befindet	numéro du dessin (m) ... montrant le détail (m)
чертёж (ж) натуральной величины (ж)	full size detail	Detail (n) in wahrer Größe (f)	détail (m) grandeur (f) nature
чертёж (м) не в масштабе	drawing not to scale	Zeichnung (f) nicht maßstäblich	dessin (m) hors-échelle

Чертёжи

РУССКИЙ	АНГЛИЙСКИЙ	НЕМЕЦКИЙ	ФРАНЦУЗСКИЙ
чертёжи (м) механики и электрики	mechanical and electrical drawings	Bauzeichnungen (f) / Baupläne der Haustechnik (f) (Heizung, Lüftung, Sanitär- und Elektrotechnik)	dessins (m) de mécanique et d'électricité
чертёжная (ж)	drafting room	Zeichenraum (m)	atelier (m) de dessin
чертил	drawn by	gezeichnet von	dessiné par
число (ср)	date	Datum (n)	date (f)
число (ср) / количество (ср) (дверь, окно)	amount / number of ... (door, window)	Anzahl (f) von ... (Tür, Fenster)	nombre de ... (porte, fenêtre)
чистая обшивка (ж)	siding(s)	Stülpschalungsbretter (n)	bardage (m) de finition (f)
чисто хозяйственное помещение (ср)	clean utility room	reiner Versorgungsraum (m)	salle (f) des services propres
чистовой пол (м), покрытие (ср) пола	finished floor, floor covering	Fußbodenbelag (m), Oberkante Fußboden (m)	revêtement (m) du sol (m), plancher (m) fini
чистый слой (м)	clean layer	Sauberkeitsschicht (f)	couche (f) propre
читальня (ж)	reading room	Leseraum (m)	salle (f) de lecture
чугунная труба (ж)	cast iron pipe	Gußeisenrohr (n)	tuyau (m) de fonte (f)
чугунный радиатор (м)	cast iron radiator	gußeiserner Radiator (m)	radiateur (m) en fonte (f)
чулан (м) привратника	janitor's closet	Abstellraum (m) des Hausmeisters (m)	placard (m) de concierge

Ш

РУССКИЙ	АНГЛИЙСКИЙ	НЕМЕЦКИЙ	ФРАНЦУЗСКИЙ
шаг (м) хомутов	stirrup spacing	Bügelabstand (m)	espacement (m) des étriers (m)
шарнир (м) (дверь, окно)	hinge (door, window)	Scharnier (n) / Beschlag (m) (Tür, Fenster)	charnière (f) (porte, fenêtre)
шарнир (м) створного окна	casement window hinge	Flügelrahmenbeschlag (m)	charnière (f) de battant (m) de fenêtre (f)
шахта (ж)	shaft	Schacht (m)	gaine (f) / puits (m)

Шахта

РУССКИЙ	АНГЛИЙСКИЙ	НЕМЕЦКИЙ	ФРАНЦУЗСКИЙ
шахта (ж) кухонного лифта	dumbwaiter shaft	Speiseaufzugsschacht (m) / Aufzugsschacht (m)	cage (f) de monte-plats (m)
шахта (ж) лифта	elevator well / elevator shaft	Aufzugsschacht (m)	trémie (f) d'ascenseur / cage (f) d'ascenseur (m)
шашка (ж)	blocking	Abstandshalter (m)	blocage (m)
швеллерная балка (ж)	channel beam	U-Träger (m)	poutre (f) en U
шероховатая плитка (ж) / нескользкая плитка (ж)	non(-)slip tile	rauhe Bodenfliese (f) / rutschfeste Bodenfliese (f)	carreau (m) antidérapant
шероховатая ступень (ж)	roughed-in step	Rohstufe (f)	gros-oeuvre (m) de marche (m)
ширина (ж) двери	door width	Türbreite (f)	largeur (f) de porte (f)
ширина (ж) дверного проёма	width of door opening	Türöffnungsbreite (f)	largeur (f) d'ouverture (f) de porte (f)
ширина (ж) дверной коробки (рамы, царги)	width of door frame	Türzargenbreite (f) / Türrahmenbreite (f)	largeur (f) de la huisserie (f) de porte
ширина (ж) (лестница)	width (stair)	Breite (f) (Treppe)	largeur (f) (escalier)
ширина (ж) лестницы	stair width	Treppenlaufbreite (f)	largeur (f) d'escalier (m)
ширина (ж) проступи	tread width	Trittstufenbreite (f)	largeur (f) de giron (m) (marche)
ширина (ж) фальца	rabbet width	Falzbreite (f)	largeur (f) de rainure (f)
ширина (ж) шва	joint width	Fugenbreite (f)	largeur (f) de joint (m)
шифер (м) (натуральный)	slate	Schiefer (m)	ardoise (f)
шкафчик (м) (запирающийся)	locker	Schließfach (n)	casier (m)
шлак (м)	cinder / slag	Schlacke (f)	cendre (f) / scories (f)
шлакобетон (м)	cinder concrete	Schlackenbeton (m)	béton (m) de scories (f)
шлакобетонная насыпка (ж)	cinder concrete fill	Schlackenbetonschüttung (f)	remplissage (m) en béton (m) de scories (f)

Шов

РУССКИЙ	АНГЛИЙСКИЙ	НЕМЕЦКИЙ	ФРАНЦУЗСКИЙ
шов (м), заливаемый цементным раствором	grouted joint	Vergußfuge (f)	joint (m) scellé
шов (м) связанной (плоской) каменной кладки (ж)	flush masonry joint	bündige Mauerwerksfuge (f)	joint (m) affleuré de maçonnerie (f)
шов (м) строительного раствора	joint of mortar	Mörtelfuge (f)	joint (m) de mortier (m)
шов (м) ступени (изоляция)	step-seam (insulation)	Stufenfalz (m) (Isolation)	joint (m) en gradins (m) (isolation)
шов (м) у здания	joint at building	Fuge (f) am Gebäude (n)	joint (m) à l'endroit du bâtiment (m)
шпур (м)	drill hole	Bohrloch (n)	trou (m) de forage
шпур (м) № ...	borehole No. ...	Bohrloch (n) Nr. ...	sondage (m) No. ... / trou (m) de forage No. ...
шрифтовой шаблон (м)	lettering template	Schriftschablone (f)	gabarit (m) de lettrage (m)
штапик (м)	glazing bead	Glasleiste (f)	baguette (f) de vitrage
штатная столовая (ж)	dining room (staff)	Personalspeiseraum (m)	salle à manger (f) du personnel (m)
штатное помещение (ср)	staff lounge	Personal-Aufenthaltsraum (m)	salle (f) de repos du personnel (m) / salon (m) du personnel (m)
штатный врач	staff physician	Stationsarzt (m)	médecin membre du personnel (m)
штатный коридор (м)	staff corridor	Personalflur (m)	corridor (m) du personnel
шторный затвор (м)	roller blind	Rolladen (m)	store (m) roulant
штукатурка (ж)	stucco	Stuckgips (m)	stuc (m)
штукатурка (ж) (внутренняя)	plaster (interior)	Innenputz (m)	plâtre (m) (intérieur)
штукатурка (ж) на лицевой тетиве (ж) (лестница)	plaster on face stringer (stair)	verputzte Freiwange (f) (Treppe)	plâtre sur le limon (m) extérieur (escalier)
штукатурка (ж) на металлической сетке	plaster on metal lath	Putz (m) auf Drahtgeflecht (n) / Rippenstreckmetall (n)	plâtre (m) sur latte (f) métallique

Штукатурка

РУССКИЙ	АНГЛИЙСКИЙ	НЕМЕЦКИЙ	ФРАНЦУЗСКИЙ
штукатурка (ж), наносимая набрызгом	sprayed-on plaster	Spritzputz (m)	enduit (m) appliqué par pulvérisation
штукатурка (ж) стены и потолка	wall and ceiling plaster	Wand- und Deckenputz (m)	enduit (m) de plâtre (m) pour murs et plafonds
штукатурное перекрытие (ср) (потолок)	plaster ceiling	Putzdecke (f)	plafond (m) en plâtre (m)
штукатурный раствор (м) на бамбуковой сетке (ж)	plaster on bamboo-web	Putz (m) auf Bambusgeflecht (n)	plâtre (m) sur treillis (m) de bamboo
штучный камень (м)	cut stone	Werkstein (m)	pierre (f) de taille
штырь (м)	dowel	Ankerdorn (m) / Stift (m)	goujon (m) / douille (f)

Щ

РУССКИЙ	АНГЛИЙСКИЙ	НЕМЕЦКИЙ	ФРАНЦУЗСКИЙ
щебёночная подготовка (ж)	crushed stone bed	Schotterbett (n)	lit (m) de pierre (f) concassée
щипец (м), торцевая стена (ж) с щипцом	gable, gable end	Giebel (m), Ortgangabschluß (m)	pignon (m)
щипцовая крыша (ж) / двускатная крыша (ж)	gable roof	Satteldach (n)	toiture (f) à pignon (m) / toiture (f) à double pente
щитовая дверь (ж)	flush door	Sperrtür (f)	porte (f) plane

Э

РУССКИЙ	АНГЛИЙСКИЙ	НЕМЕЦКИЙ	ФРАНЦУЗСКИЙ
экономическое и социальное положение (ср) владелца	socio-economic condition of owner	Eigentümerverhältnisse (f)	condition (f) socio-économique du propriétaire
экскавация (ж) грунта / выемка (ж) грунта	earth excavation	Bodenaushub (m) / Erdaushub (m)	excavation (f) du sol / excavation (f) de terre
эластический шов (м)	elastic joint	elastische Fuge (f)	joint (m) élastique (flexible)
эластичное покрытие (ср)	resilient flooring	elastischer Fußbodenbelag (m)	couvre-sol (m) flexible
эластомер (м)	elastomeric	Elastomer (m)	élastomère (m)

Электрическая

РУССКИЙ	АНГЛИЙСКИЙ	НЕМЕЦКИЙ	ФРАНЦУЗСКИЙ
электрическая плита (ж)	electrical range	Elektroherd (m)	four (m) électrique
электрический выключатель (м)	electric switch	Lichtschalter (m)	commutateur (m) électrique
электрический полюс (м)	electric pole	Kabelbaum (m)	poteau (m) d'électricité
электрическое помещение (ср), электрическая установка (ж)	electrical room, electric installation	Schaltraum (m), elektrische Installationsanlage (f)	salle (f) d'électricité, installation (f) électrique
электропровод (м), электрический кабель (м)	electric conduit, electric cable	elektrisches Kabel (n), Elektrokabel (n)	conduite d'électricité, câble (m) d'électricité (f)
электротехнические чертежи (м)	electrical drawings	elektrotechnische Pläne (m)	dessins (m) d'électricité
элемент (м) железобетонной стены	reinforced concrete wall element	Stahlbeton-Wandelement (n)	élément (m) de mur en béton armé (m)
элемент (м) жёсткости	stiffener	Versteifungselement (n)	raidisseur (m)
элемент (м) (конструкции)	component (construction)	Bauteil (m) (Konstruktion)	élément (m) (construction)
элемент (м) парапета	parapet component	Brüstungselement (n)	élément (m) de parapet
элемент (м) постройки (здания)	building component	Bauteil (n)	élément (m) de construction (f)
элемент (м) сборной плоской крыши	prefabricated flat roof component / prefabricated flat roof element	vorgefertigtes Flachdachelement (n)	élément (m) préfabriqué de toiture (f) plate
элементы (м) на подпочвенном слое (м)	components on subsoil	erdreichberührte Bauteile (n)	éléments (m) sur sous-sol (m)
элементы (м) наружной стеновой обшивки как: анодный лёгкий металл (м), окрашенный лёгкий металл (м), эмалированная сталь (ж)	exterior wall-cladding components such as: anodized light metal, coloured light metal, enameled steel	Außenwandbekleidungselemente (f) wie: eloxiertes Leichtmetall (n), farbbeschichtetes Leichtmetall (n), emailliertes Stahlblech (n)	éléments de parement (m) de mur extérieur tels que: métal léger anodisé (m), métal léger coloré (m), acier émaillé (m)
эмалевая отделка (ж)	baked enamel finish	gebrannter Emailüberzug (m)	revêtement (m) d'émail cuit (m)
эмаль (ж)	enamel	Emaillelack (m)	émail (m)
эпоксидная смола (ж)	epoxy	Epoxyd (m)	époxie (f)

Эпоксидный

РУССКИЙ	АНГЛИЙСКИЙ	НЕМЕЦКИЙ	ФРАНЦУЗСКИЙ
эпоксидный износостойкий бетон (м)	(epoxy-granolithic concrete)	Epoxydhartbeton (m)	époxie-béton (m) dur
эпоксидный полимербетон (м)	epoxy concrete	Epoxydbeton (m)	béton (m) de résine (f) époxide (époxyde)
эпоксидный раствор (м)	epoxy mortar	Epoxydmörtel (m)	mortier (m) d'époxie (d'époxy)
эркер (м) (с несущими стенами)	bay window	Erkerfenster (n)	fenêtre (f) en saillie (f) / fenêtre en baie (f)
эскалатор (м)	escalator	Rolltreppe (f)	escalier (m) roulant
эскизный проект (м)	preliminary design	Vorentwurf (m)	dessin (m) préliminaire
этаж (м) исполнительной власти	executive floor	Chefetage (f)	plancher (m) (étage) exécutif
этаж (м) радиологии	radiology floor (floor level)	Radiologieetage (f)	plancher (m) (étage) de radiologie (f)

Я

РУССКИЙ	АНГЛИЙСКИЙ	НЕМЕЦКИЙ	ФРАНЦУЗСКИЙ
ядерная медицина (ж)	nuclear medicine	Nuklearmedizin (f)	médecine (f) nucléaire
ядерная сердечно-сосудистая лаборатория (ж)	nuclear cardiovascular laboratory	Nuklearlabor (n) für Herz- und Gefäßkrankheiten	laboratoire (m) nucléaire cardiovasculaire
ямочный ремонт (м) бетонного покрытия	concrete patching	Betonausbesserung (f)	pointage (m) du béton (m)
ясень (м)	ash	Esche (f)	frêne (m)
ячеистая бетонная кровельная плита (ж) (панель покрытия)	cellular concrete roof slab panel	Porenbeton-Dachplatte (f)	élément (m) de dalle (f) de toiture (f) en béton (m) cellulaire
ячеистая бетонная облицованная панель (ж)	cellular concrete veneer panel	Porenbeton-Verblendplatte (f)	élément (m) de parement en béton (m) cellulaire
ячеистая бетонная половая плита (ж) (панель покрытия)	cellular concrete floor slab panel	Porenbeton-Deckenplatte (f)	élément (m) de dalle (f) de plancher (m) en béton (m) cellulaire
ячеистый бетон (м)	cellular concrete / gas concrete	Porenbeton (m) / Gasbeton (m)	béton (m) cellulaire / béton-gaz (m)

Ячеистый

РУССКИЙ	АНГЛИЙСКИЙ	НЕМЕЦКИЙ	ФРАНЦУЗСКИЙ
ячеистый бетонный блок (м)	cellular concrete brick	Porenbetonstein (m)	brique (f) de béton (m) cellulaire
ячеистый бетонный элемент (м)	cellular concrete element	Porenbetonelement (n)	élément (m) de béton (m) cellulaire / élément (m) de béton (m) poreux

Weitere Fachwörterbücher aus dem Werner Verlag

Magdlung

Baufachwörterbuch

Teil 1: Englisch/Deutsch
Teil 2: Deutsch/Englisch

2. Auflage 1998. 440 Seiten 11,5 x 18 cm, gebunden
DM 78,–/öS 569,–/sFr 78,– · ISBN 3-8041-4406-3

Das Baufachwörterbuch enthält Fachausdrücke aus dem Bereich des Bauwesens, die in den einschlägigen Fachwörterbüchern noch keine Aufnahme fanden. Es wird vor allem Wortgut aus folgenden Fachbereichen angeführt: Architektur, Gebietsplanung und Städtebau, Bauingenieurwesen, Verfahrenstechnik, Verkehrsplanung und Straßenwesen, Wasserversorgung und Abwasserbehandlung, Stahl- und Spannbeton, Glas, Keramik und andere Baustoffe.

**Erhältlich im Buchhandel
oder direkt beim**

Führ

Architekturbildfachwörterbuch

Englisch/Deutsch/Ungarisch/
Polnisch/Russisch/Slowakisch

Hochbau, Stadtplanung und Städtebau
in sechs Sprachen

1996. 504 Seiten 24 x 24 cm, gebunden
DM 148,–/öS 1080,–/sFr 148,– · ISBN 3-8041-1588-8

Mit Architektur beschäftigte Fachleute müssen sich oft genug vor dem Gegenstand, an Ort und Stelle, über ihn verständigen. Deshalb wurden in diesem Fachwörterbuch die Begriffe nach thematischen Zusammenhängen klassifiziert. Als weitere Übersetzungshilfe werden Abbildungen angeboten, da sie einen Gegenstand präzis fassen und somit Kürze und Eindeutigkeit erlauben. Ein weiterer Vorteil: Eine Definition durch Abbildungen kommt dem visuellen Denken von Architekten näher.

Werner Verlag

Postfach 10 53 54, 40044 Düsseldorf
Telefon (02 11) 3 87 98-0, Fax (02 11) 38 31 04